新
思
THINKR

有思想和智识的生活

# 世界史的故事 I

11000 B.C.—700 B.C.

王权从天而降

文明的开端——前7世纪

SUSAN WISE BAUER

[美]苏珊·怀斯·鲍尔——著

徐彬 张宇 宋爽——译

中信出版集团 | 北京

图书在版编目（CIP）数据

世界史的故事．从文明诞生到罗马帝国崛起 / ( 美 )
苏珊・怀斯・鲍尔著 ; 张宇 , 宋爽 , 徐彬译 . -- 北京 :
中信出版社 , 2019.6（2020.11重印）
书名原文：The History of the Ancient World:
From the Earliest Accounts to the Fall of Rome
ISBN 978-7-5086-9621-8

Ⅰ . ①世… Ⅱ . ①苏… ②张… ③宋… ④徐… Ⅲ .
①世界史—通俗读物 Ⅳ . ① K109

中国版本图书馆 CIP 数据核字 (2018) 第 231081 号



世界史的故事・从文明诞生到罗马帝国崛起

著　　者：[ 美 ] 苏珊・怀斯・鲍尔
译　　者：徐彬　张宇　宋爽
出版发行：中信出版集团股份有限公司
（北京市朝阳区惠新东街甲 4 号富盛大厦 2 座　邮编　100029）
承 印 者：河北鹏润印刷有限公司

开　　本：880mm × 1230mm　1/32　　印　　张：30.25　　字　　数：686 千字
版　　次：2019 年 6 月第 1 版　　印　　次：2020 年 11月第 2 次印刷
京权图字：01－2015－7859
审 图 号：GS（2018）3325 号　GS（2018）3326 号
书　　号：ISBN 978－7－5086－9621－8
定　　价：148.00 元（全二册）

献给

克里斯托弗

# 目　录

# 前　言

公元前 1770 年左右，幼发拉底河畔的马里（Mari）城邦的国王齐姆里-里姆（Zimri-Lim），被他的小女儿弄得身心疲惫。

十年前，齐姆里-里姆把大女儿什玛土姆嫁给了依兰苏拉（Ilansura）城邦的国王。这场婚姻很般配，婚宴持续多日，还有成堆的礼物（主要是新娘家送给新郎的礼物）。最终，齐姆里-里姆的孙儿们会继承依兰苏拉的王位，同时依兰苏拉的国王也会成为他的盟友，而不再是一大批独立城邦中的另一个竞争者。这些独立城邦竞相争夺幼发拉底河两岸有限的沃土。

不幸的是，孙儿们没有像期待的那么快到来。三年后，齐姆里-里姆仍然寄希望于跟依兰苏拉的结盟关系能够永续，又将另一个女儿嫁了过去：什玛土姆的妹妹吉鲁姆。吉鲁姆心高气傲，嘴巴灵巧。按规矩，她应算是妃子，同时也是她姐姐的奴仆。然而，她决定说服国王，让她当正室。她还参与了朝政，任意支使奴仆，嘲笑她的姐姐，在宫殿里面颐指气使——直到什玛土姆生下了一对双胞胎。

未生育子女的吉鲁姆在宫殿里的地位一落千丈。“没有人再来问我的意见，”她写信给父亲抱怨说。“我丈夫把我最后一个仆人也剥夺了。我姐姐说，她会随意处置我！”

考虑到吉鲁姆嫁过来之后头几年对她姐姐的所作所为，所谓的“随意处置”估计不会是什么好事情。实际上，吉鲁姆很快就写信让父亲来救她。刚开始她在信里还只是说：“把我带回家吧，不然我就死定了！”后来发展成了：“你要是不把我带回马里，我就会从依兰苏拉最高的屋顶上跳下来！”

齐姆里-里姆本来希望依兰苏拉的国王成为他的盟友。不幸的是，把吉鲁姆留在这个人家里也不会增加两个家族之间的善意。在把小女儿嫁过去七年后，齐姆里-里姆放弃了希望，亲自前往北方的这个城邦，按照他的朝廷的记载，他“解放了依兰苏拉王宫”，把吉鲁姆带回了家。[1]

数千年前，一群狩猎采集者在亚洲和欧洲大陆游荡，追逐以野生牧草为食的大型哺乳动物。慢慢地，冰川开始退缩。草原的分布发生了变化，大型食草动物向北迁徙，在人们眼前消失了。一些狩猎者也跟着走了。另外一些人，由于没有了肉食来源，开始收获野草的种子食用，久而久之，他们自己也开始种植其中的一些草。

情形大概如此吧。

尽管大部分的世界史都从史前时代开始讲，但是我总觉得，从史前史开始，对历史学家来说是一个错误的起始点。其他一些领域的专家有更好的工具，可以更好地深入了解史前昏暗而遥远的过去。考古学家发掘出了用猛犸象骨建成的村庄的遗迹，人类学家则试图重建失落的村民的世界。他们都在寻找某种能够适合这些证据的假说，这个假说将揭示一群人如何从东向西移动，放弃了猛犸肉而改食大麦，并挖掘洞穴储存多余的谷物。

但是一些历史学家希望不只是解释人们做了什么，而且在某种程度上，希望解释有些事情他们为什么做，以及是如何做的。对于这些历史学家而言，史前史——人们开始记述有关他们的国王、英雄遗迹以及他们自己的故事之前的时代——仍然是不透明的。无论考古学家对于所谓的“新石器时代的人”做出了什么结论，我对于新石器时代的在法国南部的村庄制作圆盆的某个陶工的白天和夜里的活动都一无所知。狩猎采集者的踪迹（陶器、石片、人和动物的骨头、悬崖和洞穴墙壁上的绘画）揭示了一种生活模式，却没有讲述任何故事。没有史前时代的君王和王后的故事。史前人类被剥夺了个性，在地图上往往用移动的色块表示：向北、向西，开辟出一块种粮食的土地，或是聚集起一群新驯化的动物。这些无名氏的故事，必须以无人称的语气讲出来，使得历史显得不够生动：“文明在新月沃地萌芽，在幼发拉底河畔，小麦第一次被人们所种植。书写随后发展起来，城市也建立了。”*

只要历史学家被迫对“人类行为”进行一般性的陈述，他就好像是离开了自己的祖国，说着某种外语，而且说起来往往既不流利也不优雅。这种无人称的历史（在英语中大量使用被动语态）往往极度枯燥。更糟的是，它还不够准确。农业不是新月沃地所独有的；随着气候变暖，亚洲和欧洲有很多人类族群开始种植粮食，而同一时期新月沃地的大部分地方还都是荒原。

人类学家可以推测人类的行为，考古学可以推测人类定居的模

---

* 作者这里抱怨英文在无主语的情况下，常使用死气沉沉的被动语态。此处刻意使用“被”字表达。——译者注

式，哲学家和神学家可以把人当作无差别的群体推测所谓“人性”的动机。但是历史学家却肩负着不同的任务——他们要寻找特殊的个体，给人类行为赋予血肉和精神。

在古代近东当一个小国的国王很是不易。齐姆里-里姆的一生中，有一半时间都在与其他城邦的国王打来打去，另一半时间则试图就他复杂的个人生活进行谈判。他的王后叫西普图，能力很强，政治嗅觉敏锐，在丈夫出征作战的时候，就负责管理马里城。在地中海的盛夏季节，她给国王写信：“在太阳底下时，大王一定要记得照顾好自己！……穿上我给你缝制的长袍和斗篷！……我整日为大王担惊受怕。记得写信给我，报个平安！”齐姆里-里姆回信道：“敌人的武器奈何不了我。一切安好。尽管放心。”[2] 在幼发拉底河岸边出土的成千上万个楔形文字泥板中，齐姆里-里姆既是一个典型的美索不达米亚国王，又是一个个体：娶了多个妻子，但不怎么会当父亲。

所以，我在开始撰写本书的时候，没有从洞穴画开始，也没有从平原上游荡的无名的游牧者开始，而是选择了这样一个时刻：在史前时期难以分辨的人群中，渐渐开始显现出具体的个体的生活，开始能听见具体的个体的声音。在后面的章节中，你会发现一些从考古学和人类学著作中借来的史前史材料（伴随这些史料，不可避免要使用无人称的语气）。但是，之所以要采用那些史前史的材料，是要为在侧翼等待出场的人物布置好舞台。

在讲述这段史前史的时候，我小心翼翼地挑选并使用了一些史诗故事和神话。从古代历史的表面上浮现出来的第一批人物似乎多是半人半神的形象。最早的国王的统治都长达数千年，而最早的英雄都骑着雄鹰升到了天堂。自 18 世纪（至少）以来，西方历史学家一直怀疑此类故事的真实性。历史学家都是在大学体系中受过训练的人，他们尊重科学，认为科学就得是精确可靠的。历史学家经常试图将自己视作科学家：寻找冰冷、客观的事实，抛弃任何似乎背离了牛顿宇宙观下的现实的历史资料。毕竟，像苏美尔王表那样的文献，一开头就说“王权从天而降”，是不可能作为历史被采信的。历史学家最好还是依靠考古学，重建苏美尔、埃及以及印度河流域最早的定居点的历史。

但是对于那些关心人类行为的原因和方式的历史学家来说，发掘出的陶片和房屋地基的作用是有限的。它们无法让人洞察历史人物的灵魂。另一方面，史诗故事则展示了讲述者的担心和希望，这一点是解释他们的行为的关键。正如历史学家约翰·凯伊（John keay）所说，神话就是“历史的烟雾”。你得使劲给它扇风，可能才有希望看到烟雾遮盖下的火苗；但是当你最先只看到烟雾时，最好不要假装没看见。

无论如何，我们都应该记住，所有的古代史都包含大量的猜测。以实物证据为依托的猜测，有时并不比以人们选择保留下来，讲给他们孩子的故事为依托的猜测更可靠。每一位历史学家都要对证据进行分类，丢弃似乎不相关的东西，并将其余部分排列成某种模式。古代传下来的故事所提供的证据，同商人在贸易路线上留下的证据一样重要。两者都需要人去收集、筛选、评估并加以使用。把注意力集中在实物证据上，排除神话和故事，等于只相信那些可以被触及、闻到、看到、权衡的东西，认为只有它们才能解释人类行为。这种做法展现了一种机械的解释人性的观念，是对用科学方法来解释人类行为所有奥秘的盲目的信仰。

然而，围绕非常古老的故事构建的历史，与围绕古代遗址所构建的历史一样，都需要大量的理论阐释。所以，在书面记录开始增加，猜测也逐渐变得不完全是猜测的时候，我会试图指出这一点（“第二部分”）。历史学家并不总是想着给读者提这个醒。很多历史著作从“中石器时代人制造的武器越来越好”，一下子跳到“萨尔贡的统治遍及美索不达米亚地区”，却没有说明，这两种说法基于非常不同的证据，并且模糊程度也不同。

在这一卷中，我们不会在澳大利亚、美洲，或者是非洲等地花太多时间，不过略过非洲是出于某种稍微不同的原因。尽管这些文化的口述历史也很悠久，但其年代并没有超出美索不达米亚最古老的王表，或是埃及国王最早建立的纪念碑。不过，把历史按照线性的时间轴分成史前史、古代史、中世纪史，然后一直延伸到未来这种做法，不是源自非洲或是美洲原住民。这是一种非常西方化的创举（当然这一事实绝不会削弱这一划分法的用处）。正如考古学家克里斯·戈斯登（Chris Gosden）在他所著的史前史入门书中指出的那样，澳大利亚等地的原住民没有产生本土的“史前史”概念。据我们所知，他们认为过去和现在是一体的，这种观念一直持续到西方人到来，带来了“历史”的观念——这时，他们的史前史就突然终结了。我们将会在那个时刻遇见他们：这种做法可能不是最理想的，但至少可以避免过于粗暴地对待他们的时间观念。

另一个需要注意的地方是，给汉穆拉比（约公元前 1750 年）之前的历史事件确定纪年都会存在问题。甚至汉穆拉比登基也有 50 年左右的误差。而当我们上溯到公元前 7000 年左右时，误差更是接近五六百年之多。公元前 7000 年之前，历史纪年充满了不确定性。要想描述从人类历史的开端，直到公元前 4000 年前发生的任何事情，由于存在几种不同的体系来标记“史前史”的时代，事情变得更加混乱。这些体系中没有任何一个与其他的某个完全一致，而且其中至少有一个体系是完全错误的。

本书中我选择使用传统的 BC 和 AD 来表示公元前和公元后。西方有许多历史学家试图避免完全从犹太教和基督教的角度看待历史，选择使用 BCE 和 CE 来表示公元前和公元后；但是，一方面使用 BCE，一方面却又承认基督诞生的那一年是公元元年，这种做法对我来说似乎是毫无意义的。*

* BCE，Before Common Era 的缩写，意为“公元前”。而 BC 是 before Christ 的缩写，意为“基督诞生前”。CE 是 Common Era 的缩写，而 AD 源自拉丁语 Anno Domini，意为自基督诞生后多少年，即公元。两种写法指的是同一种公元纪年，只是字面改了，避免了宗教意味，故作者有此说。——译者注

# / 01

# 王权的诞生

波斯湾以北，在十分久远的过去，苏美尔人发现城市需要统治者。

数万年前，苏美尔国王阿鲁利姆（Alulim）统治着整个埃利都（Eridu）。这座城市四周建有围墙，在情况复杂难料且难于扼守的河谷地带中，成了一个安全的所在。这个河谷后来被罗马人称作美索不达米亚。阿鲁利姆的掌权标志着文明的开始，传说他的统治延续了约3万年。

在当时的苏美尔人眼里，超自然世界和物质世界尚未被截然分开，因此看到“统治延续了约3万年”，不会觉得有何不对。另一方面，他们会认为，把阿鲁利姆放在“文明的开端”让他们难以接受。在他们看来，苏美尔人一直都生活在文明社会。在苏美尔王表的记录（也许是世界上最古老的历史记录）中，阿鲁利姆的王国是“从天而降”，而且在抵达人间之时已臻完美。

但是回溯过往，现在我们会以不同的角度看待第一位国王的出现。这对于人类来说是一个巨大变化，是人与人、人与大地，以及人与其统治者之间一种全新关系的开始。

我们无法判定阿鲁利姆在位的时间，因为没有任何其他历史记录提到他，此外我们也不知道苏美尔王表本身有多么古老。这个王表刻在公元前 2100 年的泥板上，但它记录的无疑是更为古老的传统。更重要的是，苏美尔王表所给出的年代跟我们所知的历史并不完全匹配。“王权自天而降，”苏美尔王表写道，“阿鲁利姆在位 28 800 年；（他的后人）阿拉勒伽又统治了 36 000 年。”[1]

这两位王在位时间如此之久，可能表明，这两个君王其实是半神，其故事来源于神话而不是真正的历史；或者，仅仅是表明阿鲁利姆及其后人统治了很长时间。据苏美尔人的传说，八位国王曾先后统治，之后苏美尔历史上发生了巨大的灾难：“洪水漫过”土地。每个王的统治时间都是 3600 年的倍数，这表明王表所使用的纪年方式可能是某种我们所不懂的体系。*

我们所能做的，就是把第一位苏美尔国王的时代置于遥远的过去。不论阿鲁利姆何时在位，他所居住的土地，很可能跟我们今天所知的美索不达米亚有很大不同。如今，在美索不达米亚平原上，有两条众所周知的河流（底格里斯河和幼发拉底河）流过，最终汇入波斯湾。地质学家告诉我们，恰在历史开始之前（约公元前 11000 年——这个时间远谈不上精确，但毕竟给了我们一个参考），冰川从极冠一直延伸到遥远的南方，几乎下探到地中海。大量的水凝结在冰川中，因此当时的海平面较低。如今的波斯湾北段，当时

---

* 苏美尔王表还存在其他问题，包括：泥板有破损，导致部分缺失；还有就是一些可以通过其他碑刻、铭文或独立证据表明存在的统治者，在王表中却不见踪影。尽管如此，这份王表仍然是有关久远的苏美尔人历史的最好指南。

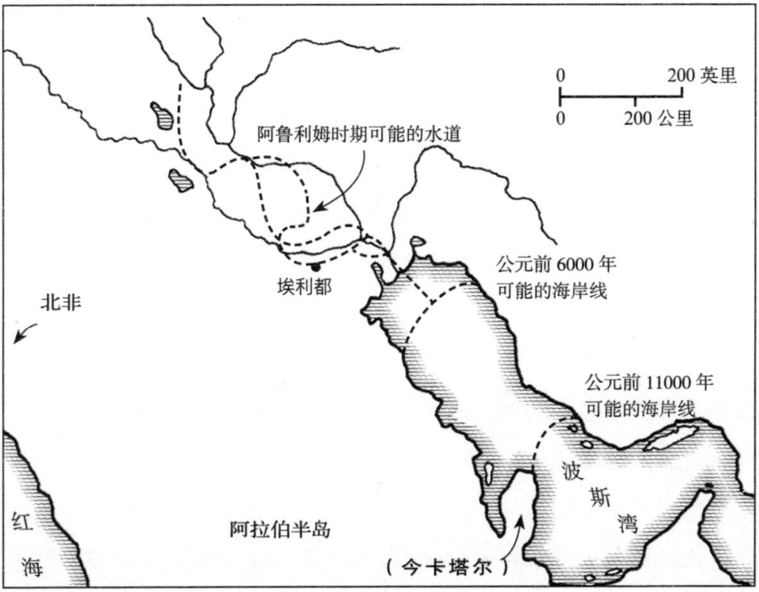


**地图 1-1　古老的美索不达米亚**

可能是平原，有多条河流流过，海岸则在现在的卡塔尔附近。当时雨水较多，土地能够得到浇灌。

随着气候逐渐变暖，冰盖开始融化——地质学家认为这一过程发生在公元前 11000 年到公元前 6000 年之间——海洋没过卡塔尔，又没过了现在巴林的领土。在上涨的海水面前，人类不断后退。海平面的上涨可以从英国的地理情况窥得一斑。英国最早是从欧洲大陆伸出来的一个半岛，到了大约公元前 6000 年时，这里已经成为一个孤岛，而波斯湾的海岸也已延伸到了现在科威特的南部边界附近。从这里往北的平原上水路纵横，而不是现在这样只有两条大河。如今，在卫星照片上仍能看见当年那些河流流经的路径。《创世记》

中就描述过其中一条有“四个源头”的河穿过这片平原。[2]

然而，尽管这片土地上河道纵横，它还是日渐变得干燥。随着冰川退却，气温开始上升。波斯湾以北地区降雨减少，只有到冬季才会偶尔出现降水。夏季，灼热的风横扫整个平原。每一年，河流都会泛滥，河水漫过河岸冲刷两旁的土地，然后再退回河道，在平原上留下淤泥。淤泥在河流两岸堆积，让河流之间的土地越来越宽。波斯湾继续向北延伸。

住在平原南部最接近波斯湾的民族，必须在不断变化而且不可预测的环境中挣扎求生。每年，洪水都会漫过他们的土地。而洪水刚一消退，地面就会变得干硬。在这块土地上，他们周围没有石头，没有可提供木材的森林，没有广阔的草原。他们所有的只是沿着溪流生长的芦苇，以及大量的泥巴。把泥巴混上芦苇，使之成形、干燥，就变成了他们房子的基础，也变成了他们建造城墙的砖块，还变成了他们用的锅和碗。他们是依赖土地而生的人。*

---

* 在许多历史书中，这些居住在村庄里的人都不叫“苏美尔人”。历史学家把这个名词保留给了从大约公元前 3200 年起占据美索不达米亚平原的文化，因为多年来，有证据似乎说明，虽然从大约公元前 4500 年起早期的村庄就存在，但是苏美尔人似乎是一个独特的群体，在公元前 3500 年后的某个时间，他们从北部侵入并占领了这里。然而，更晚近的发掘以及利用声呐技术对被水淹没土地的侦测表明，苏美尔地区在公元前 4500 年前就有人居住。仔细检查考古遗迹，我们发现外部的人侵并没有强加给“当地的美索不达米亚人”以新的文化；早期的村庄的模式、房屋建筑样式、装饰等都跟后来的“苏美尔”村庄相同。更可能的情况是，多个民族，有的自北而下，有的自南而上，有的自东而西，来到这里。他们不是一下子涌来，而是渐渐渗入，跟此地最早的村民混杂而居。尽管如此，对最古老的苏美尔人定居点所使用的名称似乎已经深入人心。住在美索不达米亚平原上的人，生活于公元前 5000 年至公元前 4000 年的，被称为“欧贝德人”（Ubaid），在公元前 4000 年至公元前 3200 年之间的，被称为“乌鲁克人”（Uruk）。还存在一个阶段，被称为“耶姆达特・纳萨”（Jemdat Nasr），据称是在公元前 3200 年至公元前 2900 年之间，不过这些年代似乎都有冲突。而公元前 5000 年前的定居点则有多种称呼，如萨迈拉（Samarra）、哈苏纳（Hassuna）和哈拉夫（Halaf）等。这些时期一部分是根据陶器风格的创新而划分的，并按这一时期最典型的考古遗址命名。[ 语言学家则使用一组不同的名称，结果这个问题变得更加混乱，如欧贝德人就被称作“原幼发拉底人”（Proto-Euphrateans）。] 我觉得还是自始至终使用“苏美尔人”这一称谓更简单、更准确。

这些定居者所说的语言——苏美尔语（Sumerian），显然跟地球上的其他任何语言都不一样。但是等到苏美尔人发明了书写系统之时，他们的语言已经夹杂了来自另一种语言的词。苏美尔语的词建立在单音节的词根上，但是在最古老的碑文中，有几十个陌生的双音节词根：这个平原上两条大河的名称，农夫、渔夫、木匠、织工等十多种职业的名称，甚至包括城市的名称埃利都。

这些词语来自闪米特语，这也证明苏美尔人并不是在平原南部生活的唯一的民族。这些闪米特语词汇属于另外一个民族，他们的家园位于美索不达米亚平原的南部和西部。美索不达米亚北部和东部的群山阻挡了外来民族的涌入，但是从阿拉伯半岛或是通过非洲北部来到这里却并不困难。闪米特人就是这样过来的，他们与苏美尔人混杂而居，并向苏美尔人的语言输送了一些自己的词汇。而且，他们输送的还不仅仅是词汇：从闪米特语中来的词几乎都是有关耕作技术（犁、犁沟），以及跟农业有关的和平的职业（编篮者、皮匠、木匠）的名字。把这些技能带到美索不达米亚平原的是闪米特人，而不是苏美尔人。

那么，闪米特人是如何学会耕种的呢？

他们可能像居住在欧洲和更往北地区的人那样，是逐步学会的。也许，随着冰原后撤，提供肉类的动物由于北迁而变得更加稀少，原本靠狩猎为生的人放弃了狩猎生活，改为收获生长在温暖的平原地带的野生谷物，只有当天气变化了才改变居所（例如，当雅克·卡蒂埃*来到北美的时候，如今生活在加拿大地区的土著仍保持着这种生活方式）。也许这些早期的游牧民族通过收获并照看野生

* 雅克·卡蒂埃（Jacques Cartier，1491—1557），法国探险家，是最先调查西北航道是否存在的众多人员之一。——译者注

的谷物学会了培植农作物，并最终放弃了四处游牧的生活，定居下来，过起了乡村生活。在食物充足的条件下，出生婴儿的数量增加了。在从现在的土耳其一直到尼罗河谷地区所发现的镰刀和磨石表明，随着这些婴儿长大成人，他们会离开自己的人口过剩的村庄，游荡到其他地方，同时带去他们的种植技能，并将这些技能教给其他人。

这些古老的故事为传说再添深意：受到闪米特人影响的苏美尔人在自己的村庄周围种植庄稼，因此其生活也变得复杂起来，导致他们发现需要一个王来帮助他们处理难题。

由此，埃利都之王阿鲁利姆登场了，文明亦由此发端。

提及“文明之发端”，人们很容易会借机抒情一番。毕竟，文明使我们脱离了混乱状态。文明的城市用城墙将有序的街道和荒蛮的野地分隔开来。考古学家斯图尔特 · 皮戈特（Stuart Piggott）在给马克斯 · 马洛温（Max Mallowan）研究古代苏美尔的经典著作所写的引言里，将文明解释为一种勇于开拓、不满足现状所带来的结果。“偶然之间，”皮戈特写道，“有些民族发现，能够带给他们满足感和使他们释放心理压力的不是坚持传统，而是创新和变革：我们可以把这些创新的社会视为文明的奠基者。”[3]

其实，文明似乎是一种更基本的迫切需求所导致的结果：确保没有任何一个人会攫取过多的食物或水。文明在新月沃地发源，并不是因为这里是一个自然资源丰富的伊甸园般的所在，而是因为这里对于定居来说并不适宜，这里的任何村庄，不论大小，都需要人们更精心地去管理才能存续。农民必须通过合作才能建造运河和堤坝，控制洪水。还需要有人站出来强制执行这种合作，并且监督有限的水资源得到公平的分配。还要有人确保那些收获的粮食超过自家需求的农民会将余粮出售给不从事耕种的人（制篮子的人、皮匠、木匠等）。只有蛮荒之地才真正需要这样的官僚体系——这才是文明的真正发端。在特别肥沃的地方，水、食物、动物、矿石和木材应有尽有，人们一般就不去费力建立什么官僚体系了。*

在新月沃地，村庄逐渐发展为城市，人口增加，但是干旱的土地还是像原来那么多，而这些土地却需要维系越来越多的人的生存。此时比以往任何时候都更需要强有力的领导。基于人的本性，城市的领导者需要一些强制性的手段：动用武装人员维持治安。

由此，城市的领导者就变成了国王。

苏美尔人所生活的这片土地，要么会遭遇洪水，冲走田地；要么是洪水完全退去，留下庄稼受阳光炙烤。在这样的地方，王权是来自神的礼物。苏美尔人没有上帝所赐的花园。这里的城市用厚厚的泥砖墙抵御洪水和饥饿的袭击者的入侵，这里是人类的第一个，也是最好的家园。王权从天而降的第一个地方是埃利都，在巴比伦神话中，它是由神王一体的马杜克（Marduk）创建的，作为苏美尔人的伊甸园重新出现：

> 所有的土地都变成了大海……
> 然后，埃利都被建成……
> 马杜克在水面上用芦苇建起框架。
> 他创造了泥土，用芦苇的框架倾倒出来……

---

* 这一解释与把官僚制度的产生归因于需要控制大型灌溉系统的观点并不全然相同；贾雷德·戴蒙德（Jared Diamond）在《枪炮、病菌与钢铁》中指出，在“复杂的灌溉系统”形成之前，中央化的城市官僚系统就已存在，而且“在富饶的新月地带，食品生产和农村生活起源于丘陵和山地，而非低地河谷”。在这些系统得以建立和维护之前，官僚机构的形成是必要的。而且，“文明”起源于山中的事实（这样的地方比河谷地带更不适宜居住）也证明了我的观点。

> 他创造了人类。[4]

就像《创世记》中的伊甸园一样，埃利都永远不会消失。这座圣城是捕猎者和采集者的旧世界与文明的新世界之间的分水岭。

但是，捕猎者和采集者并没有完全消失。早在王权出现和第一座城市建立的初期，定居下来的农民跟游牧民族和牧羊人之间就矛盾不断。

苏美尔王表中的第五位国王是杜木茨（Dumuzi），他是个牧人（王表如此描述，语气中还略带惊讶）。在《追求依南那》（The Wooing of Inanna）这则故事中，主角是杜木茨和女神依南那。故事讲述了牧羊人杜木茨变成了国王，他对依南那的追求，是两个对立的人的相遇。* 在这则故事中，杜木茨不仅是牧人兼国王，而且他的血管里还流着神的血；然而，尽管他具有神性，但是依南那还是瞧不上他。“牧羊人要跟你同床共眠！”太阳神乌图说。但是依南那（一般她都不怎么犹豫就会同意他人的意见）不答应：

> 牧羊人！我不要嫁给牧羊人！
> 他的衣服那么粗糙；他的羊毛也那么粗糙。
> 我要嫁给农人。
> 农人种植亚麻，做我的衣裳。
> 农人种植大麦，做我的食粮。[5]

但是，杜木茨坚持不懈地追求。对于究竟是农人还是牧人的家

---

* 略晚些时候，美索不达米亚平原生活的闪米特人将依南那称为伊什塔尔（Ishtar）；她演变成了爱神和战争之神，这种合二为一的现象，在古代神话中相当普遍。

更好，他们做了一大通争论，他拿出了奶油和新鲜牛奶，赢得了与依南那同床的机会。她立即请他“耕耘她潮湿的土地”（他接受了这一邀请）。

依南那对农人的偏爱，反映了一种真实存在的紧张关系。随着南部平原越来越干旱少雨，城市开始沿河岸聚集。但是，在城市之外，沙漠仍然既是绵羊和山羊的牧场，也是游牧民的家，这些人仍保持着四处流浪的生活方式。牧民和农民互有所求。牧民为农民提供肉类、新鲜牛奶和羊毛，以换取维持生命的粮食。但是，相互的需要没有带来相互的尊重。城市居民嘲笑牧民土里土气、蓬头垢面；牧民则取笑城市居民柔弱、腐朽。

这片土地上有城市和国王，居住着农人和游牧者，苏美尔的前八个国王相继统治这里，直到灾难来袭。

# / 02

# 最早的历史

稍晚些时候，苏美尔暴发了一场大洪水。

一连数月滴雨未降。在海湾最顶部附近的一片布满盐碱的农田里，一位农妇正在收割干瘪的小麦。她身后，铅色天空下矗立着高耸的城墙。而她脚下是像石头一样坚硬的土地。蓄水池里曾经蓄满了每年汛期的洪水，如今却仅剩几厘米深的泥浆。灌渠也干涸见底。

一滴水落在她的胳膊上，激起了上面的灰尘。她抬头望向天空，只见密布的乌云正从地平线蔓延到她的头顶。她朝着城内大喊，但此时街道上早已站满了人，人们互相推挤着将盆子、罐子、空的贝壳等一切能盛水的容器摆满了每一寸空地。暴风掠过草原，雨水稍纵即逝，这样的情况出现过太多次。

但这次不同于往常。雨势越来越强，继而暴雨如注。雨水汇集，形成池塘，水位不断上涨。在远处，一阵人们已经感觉有些陌生的轰鸣声在渐渐增强，大地为之震颤。

古代没有深井、大坝，也没有城市供水系统，古人一生中用大量的时间找水、运水、储水，以及计算在找不到水的情况下还能活多久，而且还要绝望地求雨，或是祈求水能从地下涌上来。但在美索不达米亚，人们一方面离不开水，一方面对水有着出人意料的恐惧。深水中潜藏着邪恶与仇恨；水是生命之源，但也可能成为灾难之源。

历史上，地球隔一段时期就会有一场大灾难（地质学家也这样告诉我们），这些大灾难显然使一些物种遭受了灭顶之灾。但这些灾难事件中只有一个能在多个民族口口相传的故事中觅到踪影。人类并没有一个以“然后气候开始变得非常非常冷”开头的一致的故事。但是在人类讲述的故事中，有某一个时刻会提及，水威胁到了人类在地球上脆弱的生存境况。历史学家都无法忽视“大洪水”事件，这一事件最接近于一个人类共同拥有的故事。

除了苏美尔王表简略地提到了洪水的故事之外，苏美尔人对洪水的故事没有直接的讲述。而在数千年后，这一故事被翻译成阿卡德语（一种后来在美索不达米亚流行的闪族语）并被记载下来，保存于亚述人的图书馆中。恩利尔（Enlil）是众神之王，地球上人类的喧哗吵得他睡不着，这令他十分恼火。于是，他说服其他诸神，决定消灭人类。但伊阿（Ea）得知了这一消息，他曾发誓要保护人类，于是托梦给智者乌特纳庇什提（Utnapishtim），把恩利尔的阴谋悄悄告诉了他。* 随后，灾难发生了：

深渊之神开始发狂
大坝的坝基被冲毁，

---

* 在某些版本中，苏美尔语中的“挪亚”被叫作济乌苏德拉（Ziusudra）。

地狱的七名判官用他们的火炬点燃了大地
白昼变为黑夜，
土地像杯子一样被砸碎，
随着巨浪袭来，人们被卷入水中。[1]

事先得到警告的乌特纳庇什提带着他的家人和一些动物逃上一条船，并尽其所能救了一些人。

这个故事的巴比伦版本叫作《阿特拉哈西斯*之歌》。阿特拉哈西斯是地球上最聪明的国王，他在灾难到来之前就得到了警告。他建造了一只方舟，因为他知道方舟只能承载有限的人，于是便邀请余下的臣民参加了一场盛大的宴会，好让他们在世界末日来临之前度过愉快的一天。人们尽情享用着盛宴，感谢国王的慷慨；但阿特拉哈西斯知道这顿饭其实是最后的晚餐，他不安地走来走去，内心充满悲伤和内疚。

于是，人们享受盛宴，
酒足饭饱，
但是国王却什么也没吃，他只是走进来又走出去，
进来又出去，
一刻也坐不住。
他满怀忧虑和绝望。[2]

在巨大的灾难面前，即使是地球上最聪明的国王也不能保证他

---

* “阿特拉哈西斯”（Atrahasis）的意思类似于“超级智者”。

的臣民都能安然无恙。

但是，人们最熟悉的有关洪水的故事无疑是《创世记》所讲的那一个。上帝决定清除腐败的人类，于是他让挪亚这个“义人”建造一只方舟，用于在大灾难当中拯救他及其家人的性命。雨一直下，“大地深处的大泉源都裂开了，天上洪水的闸门也打开了”，洪水吞噬了大地。

三种文化，三个故事，它们之间存在太多无法忽略的巧合。*

19 世纪的地质学家以《创世记》中的故事为指导，勘察大洪水留下的痕迹，也经常会有所发现：地层排列顺序混乱，或是在高山顶上发现贝壳等。但是路易·阿加西（Louis Agassiz）于 1840 年首次提出了冰川在大陆表面缓慢移动的理论，这一理论也能解释很多这样的地质构造形成的原因，而先前人们把这些构造的形成统统归因于一场世界范围的大洪水。这也与日渐形成的科学共识达成一致。科学家认为，宇宙的发展是统一的、渐进的，总是受相同的逻辑过程影响，向着一个可预知的方向平稳移动，其中并不存在独特的、不可重复的事件。**

然而，大洪水的故事依然存在。研究美索不达米亚的学者始终坚信大洪水的真实存在——由于在哲学上人们不再推崇世界性的大洪水的理念，因此他们也不再寻求找到世界范围内大洪水的证据，

---

*　苏美尔人的洪水故事最早被翻译过来的时候，大多数历史学家认为《创世记》中的记载是从它派生出来的；对这两则故事所存在的重大区别的进一步研究显示，它们更可能是基于同一事件的各自独立的叙述。

**　但是，这种观点后来也受到了挑战。有证据表明，一些不可重复的灾难确实会偶尔影响地球，改变地球的气候，或者导致一些物种的灭绝。例如，人们通常认为是一颗小行星的撞击导致了白垩纪的结束。要想了解关于古代全球自然灾害方面不是过于专业的概述，请参阅彼得·詹姆斯（Peter James）和尼克·索普（Nick Thorpe）所著的《远古之谜》（*Ancient Mysteries*）。

而是试图找寻一场限于美索不达米亚范围内，但破坏力足以让世人铭记千年的洪水。考古学家伦纳德·伍利（Leonard Woolley）因发掘乌尔（Ur）闻名于世。他写道：“灾害当然不会使人类彻底灭绝，甚至都不能使栖息于三角洲地区的居民彻底毁灭……但它所造成的破坏，足以使之成为划分时代的里程碑。”[3] 在寻找洪水的痕迹的过程中，伍利发现（这并不奇怪），有 3 米厚的淤泥层将早期美索不达米亚的定居点和后来的隔开。

70 多年以后，地质学家威廉·瑞恩（William Ryan）和沃尔特·皮特曼（Walter Pitman）表示，故事里的洪水代表的不是美索不达米亚的大洪水灾害，而是永恒的水灾，“一场从未消退的洪水……它将人们驱离旧的家园，迫使他们去寻找新的居住地”。[4] 随着冰川融化，地中海水位上涨，淹没原来的陆地，并由此形成了博斯普鲁斯海峡。黑海海平面上升，形成了新的海床，永久性地淹没了沿岸的村庄；侥幸生还的人逃往南方，而关于灾难的记忆也留在了他们脑海里。

关于大洪水，还出现过一些不太超乎寻常的猜测。洪水传说也许代表了人们心中对洪水的焦虑——毋庸置疑，在河流纵横的美索不达米亚，时常会有洪水泛滥。[5] 或许，有关引发地貌改变的洪水的故事反映了苏美尔人家园的变迁：随着波斯湾向北扩张，上涨的潮水吞没了村庄。

但所有这些解释自身都有说不通之处。进一步的发掘发现，伦纳德·伍利所找到的淤泥层，其分布范围过于有限，带来这些淤泥的洪水不足以毁灭美索不达米亚的居民，造成文明的终结（而且其年代测定为大约公元前 2800 年，正好处于苏美尔文明的中期）。很难想象，在几个世纪当中，洪水反反复复，来了又退去，怎么可能突然变成一场大灾难，永远改变土地的面貌。并且，虽然海湾朝北

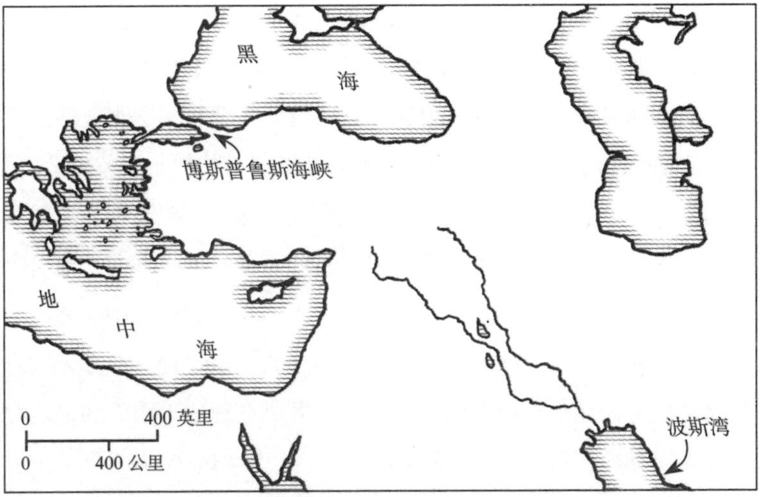


**地图 2-1 瑞恩与皮特曼考古发现的洪水发生之前**

扩张可能淹没村庄，但是海水上涨的速度在每十年 30 厘米左右，这不可能给人造成太大的焦虑。

瑞恩和皮特曼的理论更具吸引力，他们的理论依据是黑海的海底取样。但是根据他们的理论，测定的洪水发生年代是约公元前 7000 年，这就留下了一个无法解答的问题：全球性的大洪水故事是怎样进入了这么多民族口口相传的故事中的呢？不论怎样计算，在公元前 7000 年的时候，这些民族都距美索不达米亚甚远。

在苏美尔人建造城邦的几个世纪中，同时期的中国形成了两个独立的农耕文明——仰韶文化和龙山文化。在中国人的传说中，一个背信弃义的战争领导者把天撕开了一道裂缝，大水喷涌而出，淹没了万物。一个尊贵的王后带着一小队士兵逃到山顶避难，只有他们幸存下来。在印度，传说一条鱼警告智慧的国王摩奴，一场大洪水即将到来，要他造一艘船，一旦水位开始上涨就爬进去。《梨俱吠陀》记载道，“海水卷走了三重天”，“只有摩奴幸存”。[6]

美洲的洪水故事更耐人寻味，一些情节与美索不达米亚的故事出奇地相似（而且似乎故事产生时间早于基督教传教士把《创世记》带到美洲的时间，虽然这并不总是确定无疑的）。在玛雅人的版本中，“四百个子民”在洪水发生时变成鱼幸存下来；事后，他们为庆祝重生喝得酩酊大醉，然后他们升到天上变成了昴星团（留心的读者会注意到此处与挪亚的故事有个离奇的相似之处，在挪亚方舟的故事里，天空中也出现过神兆，并且挪亚在到达干燥的陆地之后也曾喝得酩酊大醉）。在秘鲁的故事中，一匹美洲驼不吃食。主人问它为什么不吃食，这头美洲驼警告他说在五天之内水会上升，淹没土地。这个人爬到最高的山上幸存下来，得以重新繁衍子嗣，让人类重新在地球上生活（遗憾的是，这个故事似乎疏忽了一点，那就是没有女人随他一起爬上山）。如果美洲的这些洪水的故事与美索不达米亚的故事存在关系，那么这场洪水不可能发生在公元前7000年左右；正如历史学家约翰·布莱特（John Bright）指出的，这次共同的灾难应该是发生在约公元前10000年，那时猎人们越过白令海峡迁移到了美洲。[7]

那么，其间到底发生了什么？

大水淹没了世界；在洪水暴发之前，就有人怀疑灾难即将来临。

洪水过后，大地干透了。人们在这个更加荒蛮的世界上重新开始生活。一些物种灭绝了。在《创世记》中，上帝告诉挪亚现在可以杀掉动物，取它们的肉作为食物；在苏美尔的洪水故事中，上帝为世界的毁灭而哀叹：

但愿是饥荒使世界如此荒芜，
而不是洪水。
但愿是瘟疫使世界如此荒芜，
而不是洪水。[8]

当然，这么多国家的起源传说都以洪水开始并非巧合，只有洪水退去，人们才可以在陆地上生存。同时，人们在刻着《吉尔伽美什史诗》（Epic of Gilgamesh）的残破泥板上找到了阿卡德人的创世故事，前几行是这样写的：

当天堂还未出现：
地面植物尚未生长；
提亚玛特还掌控着深渊，
未让洪水冲出界限。[9]

在创造世界时，地母神提亚玛特（Tiamat，有盐水之意）被杀害，她的身体一半被扔到天上，这样由她的死带来的盐水就不会淹没新的陆地。

米斯特克人创世传说的开头是："在那一年，整日浓云密布，世界一片黑暗。一切都处于混乱之中，大水先是淹没了污泥，继而淹没陆地。"[10] 印度圣书《百道梵书》（Satapatha Brahmana）中讲道："起初只有水，除了一汪海水什么都没有。"班图人（Bantu）神话的开头是："一开始，在黑暗中除了水什么都没有。"也许生于基督教或犹太教国家的人最为熟知的是《创世记》中的描述："起初……地是空虚混沌，渊面黑暗；神的灵运行在水面上。"

大水毁灭了什么，我们不得而知。但是，像许多其他民族一样，苏美尔人也有类似失乐园的故事。在古老的苏美尔诗歌《恩基和宁哈沙格》(Enki and Ninhusag)的描述中，天堂是这样一个地方：

> 狮子不捕猎，
> 狼不抓羊，
> 野狗吞食小孩的事情不曾有，
> 眼疼的人不会说："我的眼睛疼。"
> 头疼的人也不说："我的头疼。"[11]

这里果树飘香，清溪流淌，水中没有盐碱，但是人们失去了这个梦想中的城市。

我们至今仍对水的故事感到着迷，痴迷于我们曾经干燥并且井然有序的居住地是怎样被淹没的。我们至今对电影《泰坦尼克号》着迷：甲板开始倾斜，海水慢慢向上蔓延，然而即使船员们知道灾难即将到来，也无能为力。和深水有关的故事依然震撼但同时又吸引着我们。就像哲学家毛瑞琪(Richard Mouw)说的那样，"与'愤怒的深渊'有关的图像在人的想象中有种持久的力量，这与其所处的地域没有太大关系"。[12]

但这属于神学和哲学研究的领域。历史学家可能只是发现，人们酿造啤酒的历史似乎同耕种的历史一样悠久，而世界上最古老的葡萄酒（在今伊朗境内一处村落发现）却可追溯到公元前 6 千纪。那是因为人类自学会耕种起就试图重塑——哪怕是暂时重塑——那个原本更美好的世界，但那样的世界再也找不到了。

## / 03

# 贵族的崛起

公元前 3600 年左右，苏美尔开始实行王权世袭制。

从苏美尔王表中可以看出，大洪水过后，苏美尔北部处在玉米地包围之中的城市基什（Kish）成为新的王权中心。王表继续往下列，这一批国王在位的朝代统称为“第一基什王朝”。基什的第一位统治者名叫高尔（Gaur）；紧接着是古拉-尼达巴-阿那帕得（Gulla-Nidaba-annapad）；此后，又有十九位国王进行统治，一直传续到恩美巴拉格西（Enmebaraggesi），他是洪水之后的第二十二位国王。从发掘的一些铭文中我们获悉，恩美巴拉格西统治的时间是在公元前 2700 年左右，他是我们第一位能知晓年代的苏美尔国王。

这仍然给我们留下一个问题，就是如何叙述从苏美尔发生洪水（具体时间不确定）到公元前 2700 年这段时间的历史。洪水过后，国王统治的时间不再是 3600 年的整数倍。相反，他们的统治逐渐脱离正轨，统治时间变得越来越短。总而言之，从洪水暴发到恩美巴拉格西掌权一共经历了 22 985 年 3 个月零 3 天，这个数字虽然看起来精确，实际上对我们却没有什么帮助（苏美尔文学方面的学者通常将洪水之前的国王称作是“神话的”，洪水之后的国王则是“半历史的”，这种区别着实让我困惑）。

关于恩美巴拉格西在位之前的 21 位国王的描述大多都只有一句短短的话：名字和在位时长，除此之外，别无他话。这一规则的唯一一个例外是位于王表中间稍偏后位置的伊塔那（Etana），他是洪水之后的第十三位君主，让他的前辈们黯然失色。

> 伊塔那升到了天堂，
> 他让所有土地变得坚实，
> 他在位 1560 年；
> 伊塔那的儿子巴里，
> 统治了 400 年。

这其中的历史比表面看上去的要复杂得多。

到苏美尔王表在中断后又继续时，两河流域河谷的形态开始跟现今的有了相似之处。海湾的顶部继续朝北延伸。原本如织般的溪流开始被累积起来的淤泥往两边推，渐渐变成支流众多的两条大河。如今，我们将这两条河流称作幼发拉底河（Euphrates）和底格里斯河（Tigris），这两个名字是希腊人起的；在更古老的年代，靠西部的那条河流被称为乌鲁吐（Uruttu），而更湍急的东部的那条河则被称为伊底格拉特（Idiglat），意思是“飞箭”。*

在这两条河之间，城市开始出现并发展起来。考古学告诉我们，到公元前 3200 年，大多数乡村居民转变了生活方式，迁往被城墙环绕的城市，这种现象被称为“人口流入”。

这种过渡并不总是平静的。《创世记》和与它类似的洪水故事从一个有趣的视角向我们讲述了其中的混乱。挪亚重新定居后，他的后代在这片土地上逐渐散布开来。在示拿地（Shinar，美索不达米亚平原南部的闪族语名称），城市建设水平提升到了前所未有的高度。城市居民对他们所掌握的技能很有信心，决定给自己建造一座通往天堂的塔，这座塔不仅可以令他们超越地球上的一切生物，而且可以使他们凌驾于上帝之上。这种傲慢的行为带来了语言的混乱、隔阂，最终导致了战争。

巴别塔（Tower of Babel）就像《圣经》里提到的洪水一样，存在于无法确定年代的久远过去。但是它给我们打开了一个窗口，呈现出一个古老的世界。在这里，用土坯砌筑、建有城墙和塔楼的城市在美索不达米亚逐渐兴起。[1] 有十几个建有城墙的城市，其郊区向外延伸多达 10 千米，为了扩充自己的势力范围而互相竞争。这些城市包括埃利都、乌尔、乌鲁克（Uruk）、尼普尔（Nippur）、阿达布（Adab）、拉格什（Lagash）、基什等。这些古老城市中也许住有多达 4 万名居民。

每座城市都有一位守护神，周围乡村的朝圣者都会前往供奉它

---

* 《创世记》第 2 章提到四条河流——比逊河、基训河、希底结河和伯拉河。比逊河和基训河似乎消失了，希底结河的名称后来变成了伊底格拉特，即后来的底格里斯河；伯拉河后来改称乌鲁吐，后来被称为幼发拉底河。《创世记》第 2 章的现代英文译本倾向于偷懒，将希底结河（חדקל）译为“底格里斯河”，而将伯拉河（פרת）直接译为“幼发拉底河”。

的神殿朝拜。而每座城市又将势力范围扩展到农村，企图统治越来越多的土地。牧羊人和牧民带着献祭给神的礼物来到城市，并在此做买卖，与此同时向神职人员和国王纳税。他们依赖城市进行买卖和拜祭，但这座城市向他们索取的和能向他们提供的一样多。早期的采集狩猎的平等主义的群体结构已经遭到破坏。现在出现了等级结构：城市第一，乡村第二。

大洪水之后经历了大概十代人，等级结构又呈现出新的面貌。男人第一次不是凭借力量和智慧获取统治权，而是根据血统。

洪水之后基什的第十位国王是阿塔布（Atab），他是第一位将王位传给儿孙的国王。这个三代王朝是有历史记载以来最早的依据血缘传承的王朝。然而，当下一任国王伊塔那即位时，他面临着一个全新的难题。

关于伊塔那，苏美尔王表中只说他“升到了天堂”——关于这一细节，王表并没有做进一步的说明。要想发现更多的细节，我们必须查阅一篇更晚一些的诗歌，那里面似乎保留着苏美尔更古老的历史。在这首诗中，伊塔那虽是一位虔诚信神的国王，但是他内心也有一个最大的伤痛：他没有子嗣。他在祷告中悲恸地说道：

> 我虔诚信神，尊重亡灵，
> 释梦人无拘束地焚烧我的香，
> 我向诸神献祭了无数屠宰过的羔羊，
> 不要再让我蒙羞了，赐予我一个儿子吧！[2]

伊塔那做了个噩梦，他了解到，如果他不能为王位提供继承人的话，那么整个城市都会遭受苦难。

基什在哭泣
人们沉浸在悲痛之中……
伊塔那不能为王室提供继承者！[3]

在不经意间，人类社会已发生了另一个剧变。王位已经是世袭的了。从那时起，承担国民福祉的领袖是生而就肩负这一重任的，这是由血缘关系所确立的。我们也第一次看到了贵族阶层的崛起——他们成了天生的统治阶级。

众神怜悯伊塔那，告诉了他一个办法。他必须骑在老鹰的背上飞到天堂，在那里他会找到生育之草，那是让人繁衍子嗣的秘密。可是泥板到这里破损了，剩下的故事我们无从知晓。但是从苏美尔王表中可以看出，伊塔那死后，他的儿子巴里继承了王位，所以我们猜测，他上天寻求生育之草的努力奏效了。

不平等已经注入人们的血液之中。就像王权本身一样，天生尊贵这一理念从来都没有消失过。

由于那些天生的统治者显然希望控制尽可能多的领土，因此伊塔那也为他的儿子“占领了土地”。

美索不达米亚平原上的城市都是各自独立的，每个城市都有自己的国王。但是基什坐落在两条大河之间，这个位置为基什成为霸主提供了机会。毕竟，苏美尔当地没有本土的树木，只有一些从外面引种的棕榈树，而这些树木只能作为三流的建筑材料。那里也没有石头，没有铜，没有黑曜石，有的只是泥土和沥青（用作火把的燃料和砂浆黏合剂）。木材只能从东北的扎格罗斯山区运来，或者从西北的黎巴嫩山区运来。铜来自阿拉伯半岛南部的山区，青金石来自北部和东部的多山地带，石材来自西部的沙漠，而黑曜石来自遥远的北方。作为交换，苏美尔城市的人们可以提供的是农业社会的商品：粮食、布匹、皮革和陶器。欧洲东部和亚洲北部的小的定居点和城镇里都发现过苏美尔人制造的盆和碗。

其中有些贸易是穿过东部和西部的沙漠进行的，但是绝大部分贸易都发生在两河流域；幼发拉底河的原名乌鲁吐，就是“铜河”的意思。考古学家查尔斯·佩莱格里诺（Charles Pellegrino）指出，美索不达米亚河谷是一个狭长的条状文明定居地：“这个绿洲长达几千英里，宽度却不到十英里。”*[4] 如果一个下游城市里的人想要把货物运到上游，到黎巴嫩的山区换取雪松原木，他们的货物就必须经过基什。基什国王向过往的货商征收一部分税，就能让自己变得富足。

到伊塔那的儿子继承王位时，基什已经取代更古老的南部城市埃利都，成为两河流域最强大的城市。到公元前 2500 年，其他城市的国王有时也自称“基什国王”，就好像它已经成为一种荣誉的标签，昭示着凌驾于其他苏美尔城市之上的权威。[5]

但是，收取贡品是一回事，实际的征服则是另外一回事。伊塔那和他的继承者从来没有将帝国统治扩展到苏美尔的其他城市。在如此狭长的平原上来回调遣军队绝非易事，这也打消了基什国王征服其他城市的念头，或许他们只是没有想过用帝国统治来巩固王权和贵族地位。第一帝国的缔造者将完全来自另外一个国家。

---

* 1 英里 ≈1.61 千米。——编者注

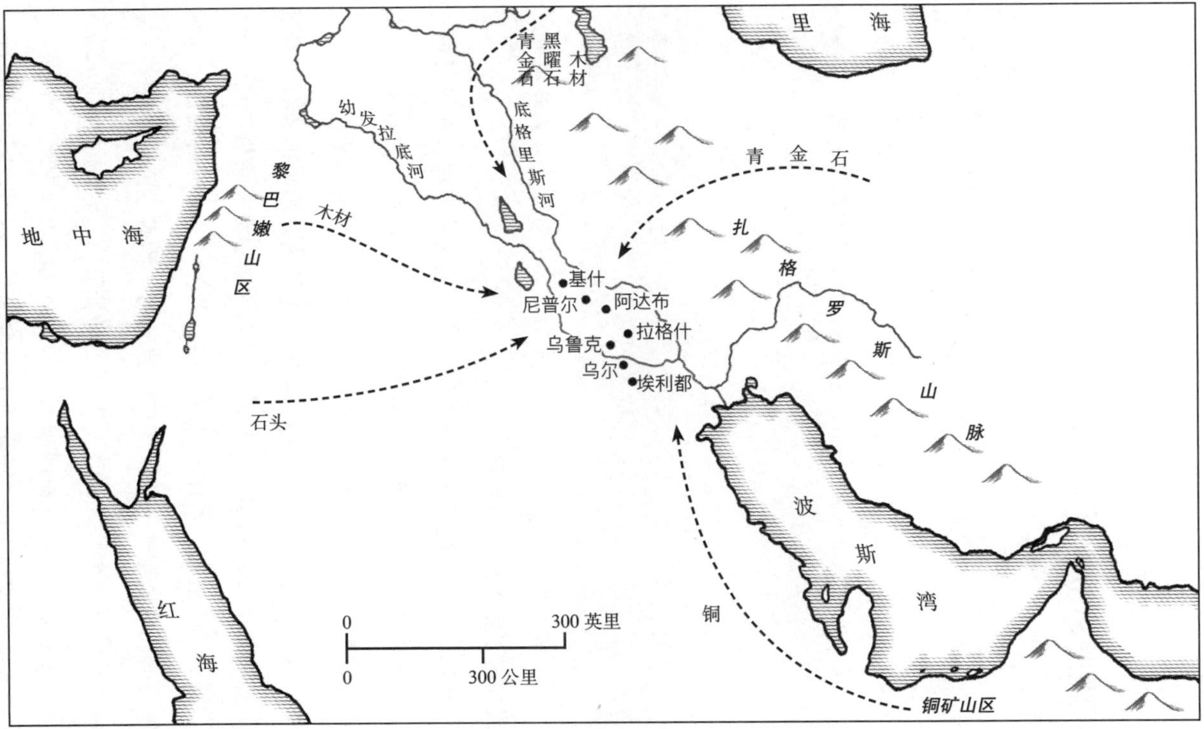


地图 3–1　苏美尔早期城市

# / 04

# 帝国的建立

约公元前 3200 年，尼罗河谷地带的蝎子王统一了南北埃及，第一王朝的纳尔迈实现了永久统一。

在苏美尔西南部、地中海沿岸往南，首位帝国建立者暴风骤雨般地攻占了整个尼罗河河谷。

与苏美尔最早的几位国王相似，蝎子王这个人物也介于历史与神话之间。任何王表上都找不到他；只有一个用作仪仗的武器顶端刻着他的图像。但是跟苏美尔最早的几位国王不同的是，那些国王生活在模糊的远古时代，而蝎子王似乎生活在有文字记载的历史时期。大约在公元前 3200 年，他经过努力征服了整个埃及。

蝎子王的祖先是曾住在尼罗河河谷两侧的一个非洲民族。在他出生前的几个世纪——传说中的阿鲁利姆统治着苏美尔之时——尼罗河流域很可能还无法居住。每一年，倾盆大雨落在南部山区之后，雨水汇集起来，顺着尼罗河倾泻而下，向北注入地中海，洪水漫过河岸，淹没周围的土地。由于洪水过于凶猛，极少有狩猎采集部落敢在河谷地带逗留。他们住在尼罗河东、西部更适宜生存的土地上：在红海岸边定居，游走于撒哈拉沙漠。在那些温和多雨的年代里，撒哈拉地区水草丰美。考古学家在沙子下面发现了树叶、树木和被猎获的动物的残骸。

但是，炎热干燥的气候改变了美索不达米亚平原，也使撒哈拉地区寸草不生。撒哈拉的居民往东迁移到了水源丰富的尼罗河河谷。得益于降雨的减少，尼罗河的洪水已变得更加温和；逃难而来的人发现他们能够应付每年的洪水，他们挖掘蓄水的池子，在洪水泛滥时蓄水，并且开凿水渠，在旱季引水灌溉。他们在尼罗河两岸定居下来，在洪水留下的黑淤泥上种植粮食，并在沼泽地里捕猎野生动物，猎物有野牛、山羊、鳄鱼、河马，以及各种鱼和鸟。其他民族也从红海的西岸过来加入他们的行列。他们是尼罗河流域的第一批定居者，最早的埃及人。*

与苏美尔不同，尼罗河流域有可作为猎物的野兽和鱼，还有石、铜、金、亚麻、纸莎草——几乎什么都有，唯独没有木材。埃及人确实也曾与周边的民族贸易，从西部换取象牙，从东部换取贝

* 与早期苏美尔历史相似，约公元前 3000 年以前（埃及前王朝时期）的早期埃及历史可分成若干考古时期，每个时期的命名方式有两种：一部分以陶器的样式命名，一部分以发现某种陶器的城镇的名字命名。最早的定居者大概生活在公元前 5000 年至公元前 4000 年之间，称为巴达里人（Badarian）。约公元前 4000 年至公元前 3000 年这段时期称为涅伽达时期（Naqada Period），曾经分为三个阶段：约公元前 4000 年至公元前 3500 年为阿姆拉时期（Amratian），约公元前 3500 年至公元前 3200 年为格尔塞时期（Gerzean），约公元前 3200 年至公元前 3000 年则是前王朝后期。一些埃及学家还将涅伽达时期划分为两个阶段：涅伽达一期（约公元前 4000 年至公元前 3400 年）和涅伽达二期（约公元前 3400 年至公元前 3200 年）。还有的埃及学家认为约公元前 4000 年至公元前 3500 年为涅伽达一期，约公元前 3500 年至公元前 3100 年为涅伽达二期，他们避免使用阿姆拉和格尔塞这两个名称，同时又划分了第三个时期，称为涅伽达三期，时间为约公元前 3100 年至公元前 3000 年，这个世纪有时也称为“始王朝”（Dynasty 0）。没有理由认为埃及文化与这些聚居在尼罗河流域的早期居民无关，因此我将使用“埃及”这一名词贯穿始终。（传统上曾经认为，埃及文化来自尼罗河河谷之外，于公元前 3400 年左右由侵略者带来，但后续的考古不支持这一理论。）

壳，从北部换取半宝石；可如果仅仅为了生存，只需要尼罗河足矣。

尼罗河是埃及的命脉，在埃及境内奔流穿越长达约 800 千米的河谷，有些地方两岸是悬崖峭壁，有些地方则是广袤的平原。每年的洪水都始于上游（今埃塞俄比亚高原），流经第二瀑布奔向第一瀑布，在此水流迂回，拐了一个弯，那里就是埋葬历代国王之处。河水滚滚奔向平原，最终分为十几条分叉，形成尼罗河三角洲。

由于尼罗河的流向是自南向北，因此埃及人认为其他河流都是逆向的。从后来出现的象形文字来看，他们用一个词来同时指北、下游、背部，用另一个词描述上游、南、脸；[1] 埃及人在确定方向时始终转向南，迎着滚滚而来的尼罗河水。定居伊始，埃及人就把逝者葬在沙漠边缘，逝者头向南，脸转向西，朝向撒哈拉沙漠。生命源自南方，但死亡之地在西方，朝着沙漠，因为那里水源消失，草木枯萎，他们被迫从那里离开。

埃及人给国家取了两个不同的名字。每年因洪水肆虐积聚下淤泥的土地是凯麦特（Kemet），即黑土地；黑色代表生命和复活。黑土地之外便是德施莱特（Deshret），即代表死亡的红土地。生死界线竟如此清晰，一个人弯下腰，可以将一只手置于肥沃的黑土地，将另一只手置于烈日炙烤的沙漠红土地上。

这种两个极端之间的双重性，可在埃及日渐灿烂的文明中寻找到共鸣。像苏美尔的城市一样，埃及的城市在公元前 3200 年也出现了“人口流入”的现象。努布特（Nubt，也称涅伽达）位于通向金矿的东西路线上，成为南部最强大的城市，紧随其后的是耶拉孔波利斯（Hierakonpolis），至少有 1 万人口。早前，这些南方城市并不独立、没有主权，它们同属一个国家：白王国（White Kingdom，也称为“上埃及”，因为相对于地中海方向，它位于尼罗河的上游），由头戴白色圆柱形王冠的国王统治。埃及北部（“下埃及”）各城市组成一个联盟，称为红王国（Red Kingdom）；赫利奥波利斯（Heliopolis）和布托（Buto）两城逐渐强大起来。下埃及国王戴一顶红冠，前端有一条卷曲的眼镜蛇（包含这顶王冠的最早画像可追溯到约公元前 4000 年）[2]，国王由一位眼镜蛇女神保护，她可以向敌人喷吐毒液。[3] 白王国和红王国如同红土地和黑土地，反映了埃及的现实：世界由平衡但对立的势力构成。

苏美尔王表旨在记录历史的开始，但是埃及的记录显然与之不同，最古老的埃及王表并没有记录白王国和红王国的事情，所以这两个王国的所有国王的名字也失传了。但是对于蝎子王的存在，我们却有另外的证据：在耶拉孔波利斯的一个神庙出土的权杖头上面，白王国的国王戴着显眼的白色王冠，在被他打败的红王国士兵面前庆祝胜利（他还手持一种灌溉工具，用来显示其威力足以养育他的人民）；右边用象形文字写着他的名字：蝎子。*

蝎子王本人可能就是耶拉孔波利斯人，这座城市是个双子城。尼罗河从中间流过，将其分为两个城市：位于河西岸的尼肯（Nehken），崇拜猎鹰神；位于河东岸的尼赫布（Nekheb），守护神为秃鹫女神。随着时间的推移，这两个独立的城市融为一体，秃鹫成为它们共同的守护神。也许蝎子王是看到了两个城市合二为一，才首先想到要统一白王国和红王国。

蝎子王在约公元前 3200 年取得了一场胜利，但只是暂时的。另一处铭文记录表明，似乎是在 100 年之后，在白王国国王领导下，

---

* 有关埃及前王朝的一些研究提出曾经有两个蝎子王存在。蝎子王二世是帝国的创建者。更早的那个国王蝎子王一世，其统治范围可能限于南方，显然没有实现国家的统一；他可能葬在阿拜多斯的乌吉特。

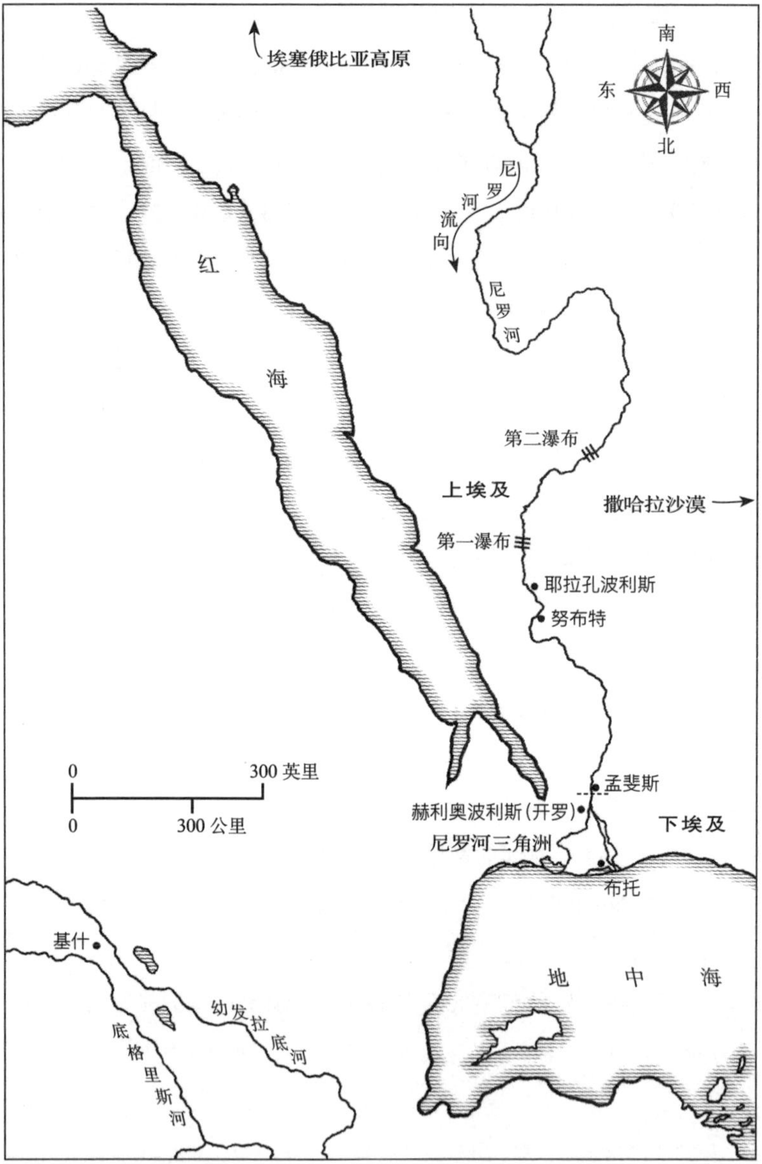


**地图 4–1　上埃及和下埃及**

埃及完成了另一次统一。在耶拉孔波利斯的神庙也发现了相关的雕刻图像，与蝎子王的权杖类似。这个图像雕刻在一个石板上，正面刻着一位头戴红色王冠的国王，背面则刻着一位戴白色王冠的国王。象形文字记录了国王的名字：纳尔迈（Narmer）。

“纳尔迈”这个名字的意思是“愤怒的鲇鱼”，或者解释得更诗意一点，是“凶猛险恶的鲇鱼”。这是一种恭维，因为鲇鱼是最勇敢、攻击性最强的鱼。在雕像石板背面，纳尔迈作为白王国的国王，抓住了一个红王国士兵的头发。在雕像石板正面，纳尔迈摘下了白色王冠，戴上红色王冠，在被斩首的敌兵尸体之间骄傲地巡行。最终，他把红王国纳入了白王国的统治之下。

**图 4–1　蝎子王的权杖顶部**

在权杖的顶部，由头部左侧的蝎子可以看出，这个人物是“蝎子王”。阿什莫林博物馆，牛津。

图片来源：沃纳·福尔曼 / 艺术资源，纽约

**图 4–2 纳尔迈石板**

埃及的统一者在攻击一个被征服的敌人，荷鲁斯猎鹰则带来了另一个俘虏。埃及博物馆，开罗。

图片来源：沃纳 · 福尔曼 / 艺术资源，纽约

纳尔迈可能是美尼斯（Menes）的另一个名字，美尼斯在王表上是埃及第一位君王。* 有关他的事迹，埃及祭司曼涅托（Manetho）写道：

（神）和半神的时代过去后，

---

* 当然，关于这个问题存在长期的争论。从公元前1500年起，碑文称埃及的统一者为“美尼”（Meni）。这可能是曼涅托的“美尼斯”、雕刻石板上的“纳尔迈”、后来一位名为阿哈（Aha）的国王。这种看法可能能够将埃及统一者全部联系在一起——这甚至只是一种语法形式，意思是“到来者”（The one who came）。无论他是谁，他似乎都已经率先实现了两个王国的统一。

开始了第一王朝，共有八位国王。
第一位便是美尼斯。
他率领军队越过边境，胜利而归。[4]

清除两个王国之间的藩篱，创建第一个帝国，而且还是世界上存续时间最长的帝国之一，这的确是一项丰功伟绩。

事实上关于曼涅托的记载是距离真实事件很久之后才做出的。2700 年后，曼涅托曾在赫利奥波利斯的太阳神拉（Ra）的神庙中担任祭司。约公元前 300 年，他认为自己有责任把不同版本的埃及王表整合起来，他利用了记录在莎草纸上的“都灵王表”（Turin Canon，外加许多其他的记录）。他编制的王表确定美尼斯为埃及第一个国王。* 曼涅托在编写王表的时候，对从公元前 3100 年起的君主进行了分组。每当某个新的家族掌权，或是王国的领地变化时，就开始新的一组。他把这些组称作王朝（dynasteia），这是一个希腊语词，意为“统治权力”。曼涅托的“王朝”并不总是准确的，但它们已经成为埃及历史重要的时代标志。

曼涅托认为，埃及两部分统一于一个国王之下后，第一王朝便开始了。据希腊历史学家希罗多德（Herodotus）的观点，美尼斯或纳尔迈在孟斐斯（Memphis）建立新首都来庆祝胜利，孟斐斯成为新王国的中心。孟斐斯意为“白墙”，其城墙都被抹上了灰泥，在阳光照耀下熠熠生辉。在这座白城，统一的埃及的国王可以同时控制南部的山谷和北部的三角洲。孟斐斯恰位于两个王国平衡的支点上。

权杖顶部的另一个图像上显示，纳尔迈 / 美尼斯戴着红王冠参

* 在坟墓或宫殿墙壁上所发现的许多王表，主要是称颂某个单独法老的威名；都灵王表成于公元前 1250 年，是一个相对独立的王表，似乎记录下了更古老的口口相传的历史。

| 时间线 4 | |
|---|---|
| **美索不达米亚** | **埃及** |
| 气候开始变暖（约前 11000） | |
| 苏美尔人和闪米特人混居 | |
| 王权的开始 | |
| 大洪水 | |
| | 首批埃及人在尼罗河流域定居 |
| 欧贝德时期（约前 5000—前 4000） | 巴达里时期（约前 5000—前 4000） |
| 乌鲁克时期（约前 4000—前 3200） | 涅伽达时期（约前 4000—前 3000） |
| 耶姆达特·纳萨时期（约前 3200—前 2900） | |
| **阿塔布** | 早王朝时期（约前 3100—前 2686） |
| **伊塔那** | *第一王朝*（约前 3100—前 2890） |
| **巴里** | **美尼斯（纳尔迈）** |

注意：在所有的时间线上，统治者的名字均使用加粗字体，统治者名字后的年份表示其在位时间而非生卒年。

加一场类似婚礼的庆典；可能是第一王朝的缔造者与红王国公主联姻，由此其继承人头戴双王冠，长久地统治着两个王国。

在埃及以后的历史中，每个国王都会铭记埃及起源的双重性。埃及国王被称作“两地之主”，他的双王冠是由下埃及的红王冠与上埃及的白王冠组成，红色位于白色之上。代表南部的秃鹫和代表北部的眼镜蛇，一个雄踞于天，一个盘踞在地，守卫这个大一统的王国。两种不同力量合二为一，汇集成一个强大而平衡的整体。

纳尔迈在位约 64 年，后来有一次，他出去捕猎河马——传统上，国王出去捕猎河马是为了向威胁其文明的敌人显示权威。据曼涅托记载，他被河马围攻，当场身亡。

# / 05

# 争斗时代

约公元前3102年，北方的游牧民族游荡到印度河流域，在这里定居并建立城镇。

基什王在向幼发拉底河上来往的船只征收贡品时，孟斐斯的白墙已经在埃及的中心矗立，而这时，第三大古文明印度还只是冲积平原上沿河分布的一系列小村落。自此往后，在至少600年的时间里，印度既没有出现大城市，也没有出现帝国建构。

沿印度河定居的人不是城市居民，他们也不像苏美尔人一样保存有王表的记录。他们没有在石头上刻画出首领的肖像，也没有在泥板上刻下首领的丰功伟绩。因此，对于印度最初几百年中发生了什么，我们知之甚少。

我们可以从印度的史诗中尽力挖掘出一些线索。这些史诗尽管是很晚才写下来的（在印度最早的定居点出现几千年而不是几百年后），但有可能记录下了一些更古老的资料。但即使在这些记录中，也只有一个国王和一个年代是清晰明了的。根据史诗的记载，公元前 3102 年，英明的君王摩奴（Manu）统治印度，他开创了我们现今所处的这个时代，而这个时代还将持续 40 多万年。

早在公元前 3102 年之前，就有牧羊人和游牧民游荡到印度。其中一部分人来自中亚，他们是穿过北部山区的垭口（今开伯尔山口）来到印度的。其他人可能是直接翻越喜马拉雅山来的（这里偶尔发现的人类尸骨表明，这条路线在当时和现在一样危险）。

他们发现山的另一边气候温暖，水源充足。喜马拉雅山是一道天然屏障，可以抵御严寒，因此即使在冬季，温度也几乎不会降到 10 摄氏度以下。到了夏季，阳光炙烤着印度的村庄，但印度河和恒河这两条大河使次大陆免于成为贫瘠的沙漠。山上的冰雪融化流入印度河。印度河从西北穿过印度，注入阿拉伯海。这些山脉还为恒河提供了水源，融水从喜马拉雅山的斜坡流下汇入恒河，最终向东注入孟加拉湾。当撒哈拉沙漠还是一片葱绿的时候，印度河东岸的塔尔沙漠同样郁郁葱葱，那时还有一条大河（现在早已干涸）穿过这片地区流入阿拉伯海。[1]

也许在美索不达米亚和埃及最先种植粮食作物的 2000 年后，北方的游牧民族在印度河以西的山区定居。这些人如今被称为俾路支人（Baluchistan）。小村庄沿着印度河下游扩展，位于印度河上游五条支流流域的旁遮普（Punjab，或 panj-ab，意为“五条河”）逐步发展起来。其他的村落则沿着恒河发展起来。考古学家在印度南部发现了与非洲南部使用的工具相似的工具，这意味着少数勇敢的人可能从非洲海岸航行至印度的西南海岸，并在那里定居下来。

但是，这三个地区——南部、东部和西北部——都被巨大的天然屏障分隔开。绵延数百千米的高原和温迪亚山脉以及萨特普拉山脉两大山脉，阻断了南北部地区人们的往来。相较于北部地区，南

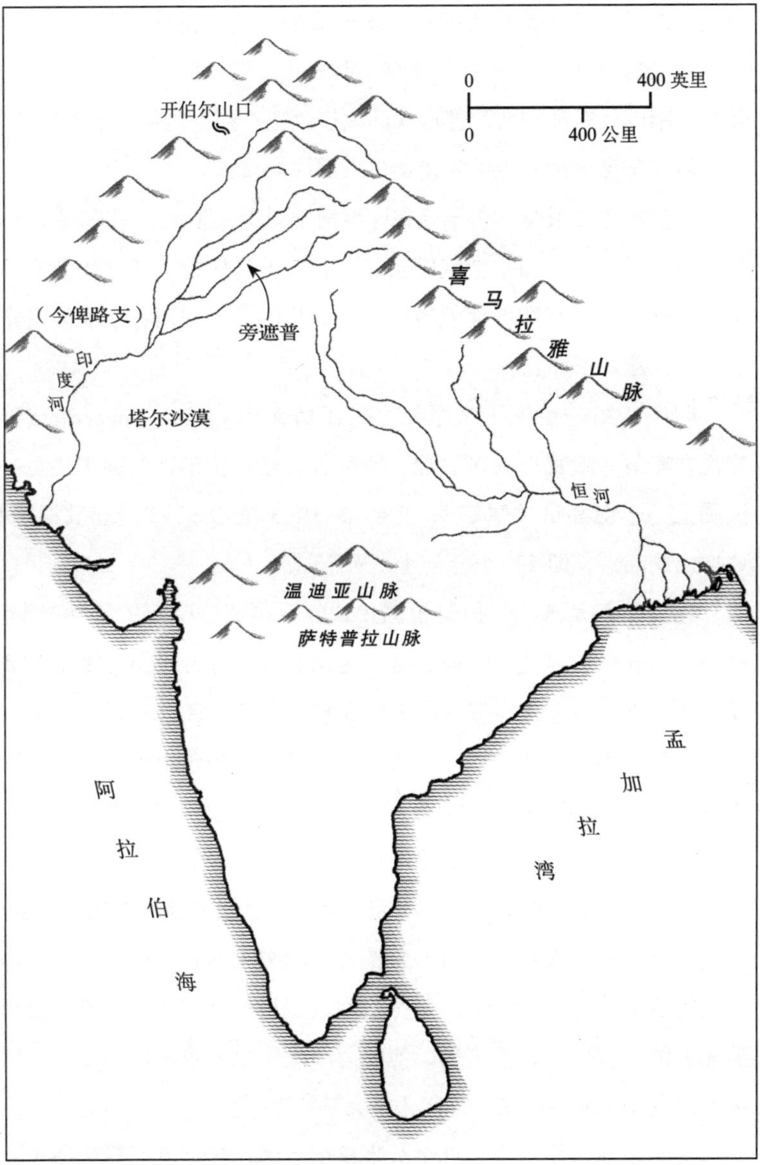
0
400 英里
0
400 公里
开伯尔山口
（今俾路支）
旁遮普
印
度
河
塔尔沙漠
喜
马
拉
雅
山
脉
恒河
温迪亚山脉
萨特普拉山脉
阿
拉
伯
海
孟
加
拉
湾

**地图 5-1　印度**

部地区的已知历史出现得要晚很多。后来，气候变暖，恒河河谷和西北部的村落之间出现了绵延 500 千米的沙漠。从印度最初的历史开始，南部、东部和西北部地区的人们就各自独立生活，素无来往。

西北部印度河附近的村落最早发展成为城镇。

印度河流域最早的房子建在印度河平原上，距河约 1600 米，远高于洪水水位线。河水会泡解土坯，并且冲走庄稼。同在埃及和苏美尔一样，生活在印度河流域的人们面临同一个现实：水既能带来生命，也能带来死亡。

印度的第一位国王是摩奴 · 毗瓦斯瓦多（Manu Vaivaswata）。传说在摩奴 · 毗瓦斯瓦多之前，印度曾有过六位半神的国王。每一位国王的名衔都是“摩奴”，并且每一位都统治了一个曼梵塔拉期（Manwantara），即 400 万年以上。

这显然都是神话，但是根据传说，在第七位摩奴的统治时期，神话开始和历史事实交织在一起。这位摩奴，有时我们直接用“摩奴”来代指他一个人，有时则称呼他的全名“摩奴 · 毗瓦斯瓦多”。一天上午，他在河边洗手，一条小鱼游到他身边乞求他的保护，因为根据“河流的规矩”，大鱼会捕食小鱼。出于怜悯，摩奴救了小鱼。

逃过了被大鱼捕食的危险之后，为了报答摩奴的恩情，小鱼警告摩奴，一场毁天灭地的大洪水将要来临，天空和陆地都将被淹没。摩奴就造了一艘大木舟，与七位圣贤一起登上木舟。这七位圣贤是印度神话中的仙人（Rishis）。大洪水消退后，摩奴将船停靠在遥远的北方的一座山上，下了船，他成为印度历史上第一位国王，七位仙人则变成了北斗七星。那年是公元前 3102 年。

为了重建印度历史，这个故事仅供参考，其传说意味远超过其真实性。摩奴 · 毗瓦斯瓦多事迹的可靠性远不如埃及的蝎子王，尽

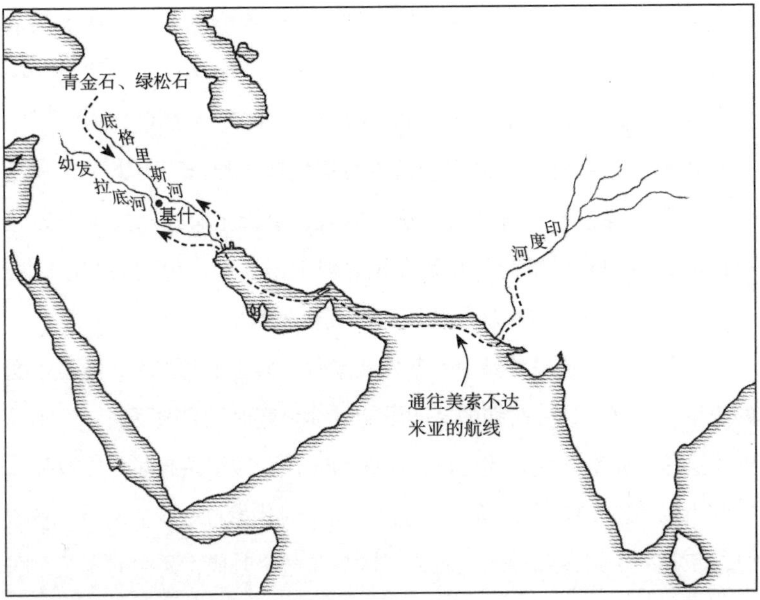


**地图 5–2 印度贸易之路**

管他们似乎生活在同一个世纪。而公元前 3102 年这个准确得出奇的年份是至少在 2000 年以后由文献学家倒推得出的，因为直到那时，印度人才开始将口述历史记录下来。但是这个年份却出现在许多印度的历史故事中；古印度历史上确定的年份很难考证，因此坚持使用这一纪年的历史学家，仅仅是有了它能稍感宽慰，其实它并不确定。（“这是印度历史上第一个有据可依的年份，”约翰·凯伊写道，“虽然这个年份不可能如此准确，但是值得我们尊重。”[2]）

对于公元前 3102 年，唯一可以确定的是，大约在这个时间，印度河流域的村落开始发展成为城镇。两层的房子开始出现；印度河流域的居民开始在转轮上制作陶器，并使用铜制的工具。他们开始砍伐森林，把黏土放到窑里烧制陶器。用炉火烧制的砖比在太阳下晒成的砖更耐用，而且在洪水袭来时不再那么不堪一击。而且，在公元前 3102 年以后，洪水也渐渐不再具有那么强大的破坏力。

人们在最富有人家的房子的废墟里发现了原产于美索不达米亚北部平原的绿松石和青金石。这一阶段，城镇上有些居民甚至离开自己的家乡到底格里斯河和幼发拉底河上做生意，他们的贸易对象正是向基什、尼普尔和乌尔的国王们提供宝石的那些商人。

尽管印度河流域的城镇不断发展繁荣，面积不断扩大，但是印度的史诗告诉我们这一时期的文明没能继续兴盛而是衰败下去。洪水毁灭了这段宝贵的年代，代之以一个新的时代。城镇兴起的时代被称作迦利由伽（Kali Yuga），即争斗时代。这个时代始自摩奴从山上下来的时候，是一个财富和生产的时代。也是在这个时代，人们的真诚、同情、慈善、奉献等精神越来越淡，减少到从前的 1/4 左右。* 圣典警告说，在争斗时代，首领会以财政需要为借口霸占其子民的财产。强者会掠夺弱者的财产，把他人来之不易的财富牢牢抓在自己的手里。富人会抛弃他们的田地和畜群，他们终日所想就是如何保护自己的钱财。他们成为世俗财产的奴隶，而不再是知道如何使用土地的自由人。

鉴于这些可怕的警告写成的日期相对较晚，它们可能反映出人们对更成熟社会的担心——在这个社会中，已经有了一个庞大的不从事生产的官僚阶层，他们只会消耗国家金库里的财富。但讲故事的人把这种堕落的开端放到了遥远的公元前 3102 年，在那一年，印度河流域的村落才刚开始发展成为城镇。

---

* 在印度人的宇宙观里，前三个时代分别是圆满时代（Satya Yuga）、三分时代（Treta Yuga）和二分时代（Duapara Yuga）。每个时代的良好品行都较上一个时代衰减 3/4。争斗时代是第四个时代，也是最邪恶的一个时代。

| 时间线 5 | |
|---|---|
| 埃及 | 印度 |
| 首批埃及人在尼罗河流域定居 | |
| 巴达里时期（约前 5000—前 4000） | |
| 涅伽达时期（约前 4000—前 3000） | 印度河下游和旁遮普出现早期定居点 |
| 早王朝时期（约前 3100—前 2686） | 争斗时代（约前 3102 至今） |
| *第一王朝*（约前 3100—前 2890） | 村庄开始发展为城镇 |
| **美尼斯（纳尔迈）** | **摩奴·毗瓦斯瓦多** |

有关印度历史的相关资料的一些注释：研究印度的历史学家是在一个充满政治气氛的舞台上工作。我们拥有的书面材料，包括属于神话阶段的摩奴，以及圆满时代、三分时代、二分时代和争斗时代四个时代的传说，都是口头流传的传说，在很久之后才用梵语记录下来。印度的政治运动“印度民族主义”或“印度教至上主义”（Hindutva）声称，这后来的“印度教的”（或“婆罗门教的”）传统从根本上说是印度本土的传统。许多史学专家，其中最著名的是罗米拉·撒帕尔（Romila Thapar），认为我们现今所谓的“印度教”是在当地原住民和来自中亚的移民（即所谓的“雅利安入侵者”，参见第 25 章和第 37 章）的相互作用下产生的，并且认为梵文著作代表的是少数的、精英的雅利安移民群体的思想。从历史学的角度说，这就意味着实际上摩奴和争斗时代的传说与印度最早的文明之间几乎没有连续性。然而，雅利安人入侵的理论在 19 世纪末受到种族主义猜忌和政治部门的扭曲，从而使“印度教民族主义者”将任何雅利安人入侵的理论都看作心怀叵测的种族主义阴谋。因此，那些认为语言学方面的证据支持存在某种形式外来入侵的学者，常常给任何使用梵文神话阐释早期印度历史的人贴上“印度教原教旨主义”的标签。摩奴显然是神话中的人物，他与印度在公元前 4 千纪历史的关系仍然非常不明朗。

摩奴此时正跪在水边，发现自己在跟一条小鱼说话，这条小鱼为了免于被捕食弱者的强者伤害，不得不乞求摩奴的保护。洪水即将暴发，冲走从前的时代，并使得争斗时代衰落。在印度，文明的旅程才刚刚开始；但是像在苏美尔一样，人们在这条路上走得越远，离天堂也就越远。

## / 06

# 内圣外王

约公元前3000年到公元前2100年间，在黄河流域，中国早期的居民拥立了国王，但是拒绝接受他们的子嗣继承王位。

在美索不达米亚和印度更东的东方，相似的历史再次上演。

这一次，人们最先在黄河两岸定居。黄河发源于现在被称作青藏高原的地方，并向东最终流入渤海。黄河以南还有一条大河长江，也同样流向东部的海岸。

当撒哈拉沙漠还是一片葱郁，塔尔沙漠也有河流滋养的时期，长江和黄河之间的广袤土地可能还是一片沼泽，湖泊和泥沼纵横交错。今日两条河流之间的山东半岛，在当时几乎还是一个岛屿。狩猎者和采集者虽然可能在沼泽间徘徊，但他们绝不会在这片浸泡在水中的土地上定居。

后来撒哈拉地区的气温升高，尼罗河的洪水开始减弱，曾经浇灌着塔尔沙漠的河流也消失了，美索不达米亚平原上纵横交织的河流慢慢地变成了两条独立的大河，在它们之间逐渐露出土地。与此同时，长江和黄河之间的土地也开始变得干燥。

到了公元前 5000 年左右，长江和黄河之间的广阔土地成为一大片平原，地势较高的地方覆盖着森林。人们开始在这里定居下来，并且在河流周围的湿地里种植水稻。随后，房屋越来越多，村落发展壮大。考古研究已经发现了黄河附近最早的大规模聚居区。在这里，村落里渐渐演变出一种文化：人们拥有同样的习俗，使用同样的房屋建筑方法，加工同一种风格的陶器，想必也使用同一种语言。

这一时期，黄河中游出现了仰韶文化，但这里并不是中国唯一的人类聚居地。在东南沿海地区和台湾岛，出现了大坌坑文化；在长江流域，屈家岭文化和良渚文化兴起。[1] 在黄河下游地区，龙山文化发展起来。人们在发掘时发现龙山文化遗址在仰韶文化遗址的上层，这意味着龙山文化可能至少和平地取代了黄河流域的一部分文化。

我们对这五个文化中先民的生活和习俗几乎一无所知。我们只知道他们使用的陶器风格不同，农业和建筑方法也不同，所以我们就利用这些差异来给它们命名；仰韶文化的村落周围可能环绕着沟渠，龙山文化的村落则可能用土墙与荒野隔开。但是，除了一些基本的推测（黄河南岸一个村庄附近墓地的构造似乎揭示出一种早期祖先崇拜的方式；死者周围还随葬有食物，可能表明人们相信人死后还能继续享乐）外，对这些先民我们毫无线索，有的只是一些据说有关中华文明起源的传说。

像摩诃婆罗多的传说一样，这些讲述中国早期情况的传说也是在传说中的事件发生数千年后才被记录下来的。然而，这些传说除了记录了悠久的传统，还讲到了发现万物之道的第一位君王。这个人就是伏羲。

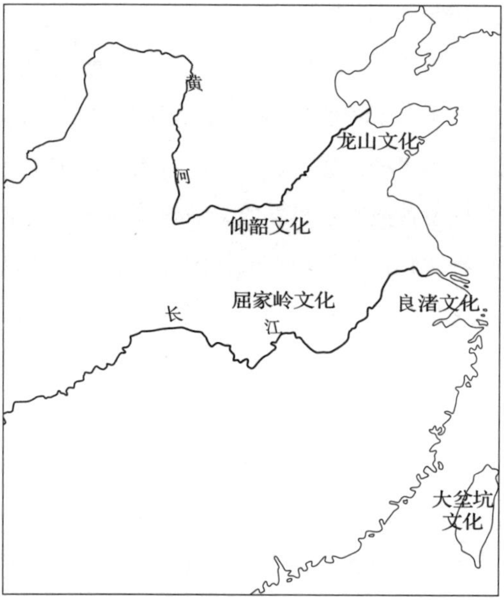


**地图 6–1　中国早期的文明**

司马迁是中国古代伟大的史学家，他收集中国古代传说，并将其写进不朽的历史著作《史记》。根据他在《史记》中的记载，伏羲发明了八卦，这是一种由长短的横线组成的图案，用于保存记录、占卜未来，以及解读事件。《易经》中写道：

> （伏羲）仰则观象于天，俯则观法于地，旁观鸟兽之文，与地之宜，近取诸身，远取诸物。始画八卦，以通神明之德，以类万物之情。[2]

八卦的图案模仿了龟背的纹路。中国的第一个君王，没有救民于洪水，没有接受天赋的权力，也没有将两个王国统一起来。但是，他的成就对于中国人来说更为重要。他发现了世界和自我之间，以及自然规律和人的内心渴望控制周围一切的冲动之间的联系。

在中国的传说中，继伏羲之后第二个伟大的君王是神农，他发明了用木头制造的耒耜，用来犁田种地。据《淮南子》记载，神农教人们如何找到最好的土壤，教人们种植维持生命的五谷，教人们打谷，还尝遍百草，辨别药材。神农是一位重视农业的君王，之后出现的第三位君王也许是这三个人（三皇）中最伟大的一位，他就是黄帝。*

传统上认为黄帝的统治大概在公元前 2696 年至公元前 2598 年之间。在他统治时期，他首先打败了炎帝，而后将其统治扩展到炎帝的领地。南方另一位首领蚩尤之后也发动了反对黄帝的叛乱。蚩尤是个不好对付的人物，他挑起了战争，锻造出第一把金属剑，他坚硬的牙齿可以咬碎鹅卵石，并统领着一支由邪恶的武士和巨人组成的军队。蚩尤与黄帝交战时，战场大雾弥漫，黄帝不得不使用指南车来指引道路，以此找到了战场的中心，取得了胜利。

但上述说法从时间上讲不通。公元前 2696 年中国尚无指南针，更没有魔法。** 那时黄河流域的村落仍然只是一些由篱笆圈起来的木屋，周围是沟渠和土墙。居住在这里的人们学会了捕鱼、种植和收获谷物，并且（我们猜想）也学会了反击入侵者。假使黄帝打败了炎帝和蚩尤，那么他赢得的并非一个城市繁荣、商人活跃的帝国，而是一些简陋的村落，周围环绕着种有水稻和粟米的田地。

---

* 中国的史书中，关于三皇有不同的说法。一些史书记载的最早的三位半人半神的帝王分别是伏羲、神农、女娲，之后是五帝，即黄帝、颛顼、帝喾、尧、舜。舜之后的禹建立了半传说性质的夏朝。公元前 1600 年，夏朝灭亡，商朝建立。商朝是第一个有明确历史纪年的朝代。

** 黄帝使用的指南车并非作者所理解的带有指南针的战车。——译者注

但是，黄帝统一中原之后，中国统治的结构发生了某种变化。在苏美尔，权力世袭的想法此时已经根深蒂固。相比之下，世袭制的想法在中国几乎立刻就出现了。黄帝是三皇之中最后一位，在他之后继位的君王叫作尧。尧十分英明（他是三位圣贤君王之首）。显然，在尧生活的年代，君主将权力传给自己的儿子已经成为惯例。然而，尧认为自己的儿子不配继承王位，于是他没有把王位传给自己的儿子。相反，他选择了一个名叫舜的农民作为他的继承人。舜贫穷却充满智慧，而且以德行闻名于世，对其父的孝顺也是众人皆知。舜是一位贤明而公正的君王（也是三贤君中的第二位），他也效仿先王尧的方式，没有将王位传给自己的儿子，而是将王位禅让给了德才兼备的禹。禹是第三位贤君。现在人们认为是他建立了中国的第一个朝代——夏朝。

换言之，中国最早的传说表明，王位继承并非必须以血缘关系为准，如果君王的儿子不够贤德，就会失去继承权。中国人一方面拥护王权，另一方面又反对滥用王权。权力当然是该有的，但是没有人可以认为，仅仅凭借出身就能自然而然地享有权力。一个人是否有资格统治国家，其先决条件是其智慧，而非出身。基什的民众可能会因其国王伊塔那膝下无子而感到悲痛，但黄河流域的人们就无须为此忧虑。

**时间线 6**

| **印度** | **中国** |
|---|---|
| 印度河下游和旁遮普出现早期定居点 | 中国早期文化：仰韶文化、大坌坑文化、屈家岭文化、良渚文化、龙山文化 |
| 争斗时代（约前 3102至今） | |
| 村庄开始发展为城镇 | |
| **摩奴·毗瓦斯瓦多** | |
| | **伏羲** |
| | **神农** |
| | **黄帝** |
| | **尧、舜** |
| | *夏朝*（约前 2070—前 1600） |
| | **禹** |

## / 07

# 第一份文字记录

公元前3800年至公元前2400年间，苏美尔人和埃及人就开始使用封印和符号。

人类有文字记载的历史始于公元前3000年左右。在那个千年之始之际，值得人们跨越空间和时间把信息传递给后人的只有两件非常重要的事情：伟人的事迹，以及奶牛、粮食和羊的所有权问题。在苏美尔的城邦里，一种伟大的史诗文学传统开始形成，一个由多个部门组成的官僚机构开始负责清点粮食。

出于人类的天性，在上述二者中，官僚体系是最早形成的。写作的起源，不是为了讴歌人性的美好，而是为了言之凿凿：这是我的，不是你的。但是，随着他们为了维护私有财产而发明的人造符号不断演变，这些会计师也给了讲故事的人一件礼物：一种使他们的英雄永垂不朽的方法。从一开始，文学就和商业联系在一起。

自从人类在洞穴中绘制壁画的时代开始，人们就已经开始用标记来记录事物的数量。我们可以把这些标记称为文字的种子，因为一个标记并不意味着“这里有一个标记”，而是代表其他的含义。但是这种标记无法超越时空。除非做标记的人站在那里解释说“这条线代表一头牛，这个代表一只羚羊，这些代表我的孩子”，否则标记本身无法自我表达。

在苏美尔，标记的使用有了进一步发展。从很早的时候起，一个苏美尔人若是拥有宝贵的资源（粮食、牛奶或油），他就会扎紧他的粮袋，在打结的地方粘上一个黏土球，然后盖一个封印。这个封印，不论是方形的还是圆形的，上面都会刻有一个特殊的图案。当黏土球干燥了，所有者的标记（“这是我的！”）就被牢牢印在了黏土里。这个标记代表了物品所有者的存在。在他不在场的时候，印章替他看管他的粮食。

这些封印就像洞穴画家绘制的标记一样，其含义依赖于大家的共识。看到封印的人都得知道这个标记代表了谁，然后才能从中获取信息：“这个东西是伊术（Ilshu）的。”但是跟洞穴画家绘制的标记不同的是，封印的图案独一无二。一个普通的标记可能意味着女人或男人，羊或牛。至于封印，一旦你知道了其含义，它只能代表一个特定的苏美尔人，如“伊术”。而伊术也不需要经常站出来解释这一点。

人类在成功跨越空间障碍的道路上又前进了一步。

大概与此同时，人们也开始使用另一种类型的标记。像洞穴画家一样，苏美尔人用标记和数符来记录他们拥有的奶牛的数量（或粮食的袋数）。计算他们财物的数符一般会刻在圆形黏土板（“筹码”）上。农民养殖奶牛的时间有多悠久，这些筹码的历史就有多悠久：大概有几百年了。但在公元前3000年左右，最富有的苏美尔人（那些需要很多很多筹码计数的人）会把这些筹码放在一块用黏土做的薄薄的湿泥板上，用泥板包裹住，在接口的地方盖上封印。

黏土干燥后，泥板就成了一种类似信封的东西。

遗憾的是，打开信封的唯一方法是打破黏土，这样一来，它就不能再用了（这跟纸质的信封不同）。记录信封里有多少筹码的更经济方式是在信封外面写一个新的计数符号，显示里面有多少筹码。

如此一来，“信封”外的标记代表里面的筹码的数量，筹码则代表牛群的数量。换句话说，外面的标记跟其所代表的物已经隔了两层关系。物和标记之间的关系已经变得更加抽象。[1]

接下来的演变就是要完全超越简单的标记。随着苏美尔城邦不断发展，所有权关系变得越来越复杂。人们拥有和需要进行交易的东西的种类越来越多。因此，会计师需要某种比标记更复杂的东西。除了筹码，他们还需要象形符号来代表所要计数的物。

人们使用的象形符号也逐渐得到简化。这是因为，一方面，象形符号是要画在泥板上的，而这种东西不适合记录细节；另一方面，绘制一头逼真的牛会很费时间。所以，需要表示一头牛的时候，只需要让看到泥板的人看见上面用一个方块加上一个简单的头再加一条尾巴表示一头牛就够了；就像孩子画简笔画，虽然我们难以看出他画的是谁（甚至不成人形），可是仍能判断出他画的是自己的妈妈，因为妈妈就站在他跟前。

不过这仍然是一个标记系统，还算不上真正的文字。但是另一方面，这是一种变得越来越复杂的标记系统。

此时，封印再次起到了自己的作用，这一次它传递的是全新的信息。伊术曾经用自己的封印来标记自己的粮食和油，现在，他会在用象形符号记录了信息（比如住在他左边的邻居卖了多少头牛给右边的邻居）的泥板的底部盖上自己的封印。如果双方彼此不太信任，他们就会喊上伊术过来做个见证；他在泥板上盖上自己的封印，表明他见证了这笔交易。在泥板底部，伊术的封印图案代表的不再是“伊术在这里”或“这是伊术的东西”，而是“伊术曾在场见证了这笔交易，如果你有任何问题，可以找他解答”。

这已经不再是一个简单的标记。对于读者而言，这是一段话。

截至此时，苏美尔人的“书写”都依赖所有参与人的记忆；其作用更像是绕在手指头上的线绳，而不是发达的符号系统。但随着城邦间贸易的不断增长，经济得到发展，用于记录的泥板需要承载更多的信息，不再仅仅是记录交易了哪些货品以及多少数量。农民和商人需要记录田里何时种下了作物，种的是什么；派了哪个仆人去做哪件事；有多少头牛被送到了恩利尔寺来献祭，免得里面的神职人员数错了；供奉给了国王多少贡品，以防他数错了再来索要。为了表达这一层面的信息，苏美尔人需要一些符号来代表具体物以外的词语。他们既需要一个象形符号来表示“牛”，也需要表意符号来表示“借”或者“买”；既需要象形符号表示“小麦”，也需要表意符号来表示“种植”或者“毁坏”。

随着对符号的需求成倍增长，文字开始朝两个方向发展。一个方向是，符号不断增多，每个符号代表一个单独的词。另一个方向是象形符号演变成一个语音系统，这样符号代表的就是声音，它只是词的一部分，而不是其全部。通过这种方式，用有限数量的符号就能组成任意多数量的词汇。当一个苏美尔人看到“奶牛”的象形符号时，他的唇形变成苏美尔语中的“奶牛”这个词，声音自然而然就出来了。从“奶牛”的象形符号慢慢演变成代表“奶牛”这个词的第一个音，这并不是很难的跨越。接下来，这个符号就能在一系列包括“奶牛”这个词读音的单词中代表这个音。

在至少 600 年的演变过程中，苏美尔人的象形符号走上了第二

**图 7–1　楔形文字泥板**

这块楔形文字泥板的年代是公元前 2600 年左右，记录了一座房子和田地的销售情况。藏于巴黎卢浮宫。

图片来源：埃里希 · 莱辛 / 艺术资源，纽约

条发展道路，演变成了语音符号。* 这些符号是用带有楔形边缘的硬笔在湿的黏土上写成的，具有独特的形状，每个笔触的开始比结束都要宽一些。至于苏美尔人如何称呼他们的文字，我们不得而知。在任何改变世界的技术发展的最初阶段，人们都很难认识到其意义，苏美尔人也同样没有对他们的创新做过任何评论。但是到了 1700 年，

* 有关文字的发展，很多人已经撰写了大量的论著。本章只是把它置于特定的历史背景中做一简单描述。如果想看一下语言学专家对此的详细描述，可以阅读史蒂芬 · 罗杰 · 费希尔（Stephen Roger Ficher）的《文字的历史》（*A History of Writting*）；要想了解最早的书写系统及其发展过程，可以阅读 C. B. F. 沃克（C. B. F Walker）的《楔形文字：解读历史》（*Cuneiform: Reading the Past*），以及 W. V. 戴维斯（W. V. Davis）写的该系列的第 2 卷《埃及象形文字：解读历史》（*Egyptian Hieroglyphs: Reading the Past*）。

一位名叫托马斯·海德（Thomas Hyde）的古波斯语学者把这种文字命名为“楔形文字”（cuneiform），我们至今仍在使用这个名词。这个名词来源于拉丁文中的“楔形”一词，该名词本身并未揭示楔形文字的重要性。海德当时以为这种书写在黏土上的漂亮符号是某种装饰性的东西。

象形符号在埃及的使用略晚于苏美尔。当埃及成为一个帝国之时，象形符号已经变得非常普及。在纳尔迈石板上，国王纳尔迈头的右侧就是“鲇鱼”的象形文字符号；这是纳尔迈的名字，写在他的肖像旁边。

我们现在称古埃及的象形符号为“象形文字”（pictogram）。它们似乎不是从计数系统演变而来的。最有可能的是，埃及人从他们东北部的邻居那里学习到了象形符号的技巧。苏美尔人的楔形文字失去了和原来象形符号之间的相似之处，但是埃及的文字与此不同，这里的象形文字在很长一段时间里都保留了象形的特征。即便是在这些象形文字变成了语音符号，即代表的是声音而不再是事物之后，从它们的外观仍然能看出表示的是什么事物：举起双手的人、牧羊人的曲柄手杖、皇冠、鹰等。用象形文字书写的文本就像一个放满了杂物的袋子。一些符号仍然是象形符号，另一些则是语音符号；有时，鹰的符号代表一个发音，但有时它又确实仅仅是代表一只鹰。因此，埃及人发展出一种叫决定符（determinant）的东西，这是一种放在象形文字旁边的符号，表明该象形符号到底是充当了语音符号还是象形符号。

但无论是象形文字还是楔形文字，最终都没有演变成完整的语音书写形式，即字母文字。

苏美尔人从未有过这种机会。苏美尔语在得到完全发展之前，就被征服了苏美尔人的阿卡德人的语言取代了。而埃及的象形文字则存在了几千年，从未彻底失去其图解的功能。或许这要归因于埃及人对书写的态度。对于埃及人来说，书写带来不朽。文字是一种神奇的形式，字里行间就带有生命和力量。一些象形文字的力量是如此强大，以至于不能将其刻在一个神奇的地方，而只能写在一些不那么神奇的地方，否则这些文字就会带来人们所不想要的力量。用象形文字把某个国王的名字刻在纪念碑或者雕像上，他就能得到永生。而抹掉一个国王的名字，就等于是将他永远地杀死。

苏美尔人则更务实，他们的文字没有这样的目的。不过像埃及人一样，苏美尔人也有一个守卫文字的女神尼沙巴（Nisaba），她也是（就我们所知）谷物女神。但是埃及人相信，书写是神灵发明的。这个神叫作托特（Thoth），他用自己的文字的力量创造了自身。托特是文字之神，也是智慧和魔力之神。他测量土地的面积，清点星星的数量，并且记录每个被带到阴曹地府接受末日审判的人的行为。但是他却不在乎数粮袋的数量这种琐事。

由于人们相信象形文字的图形具有神秘的力量，因此象形文字的图形形式得以保留。象形文字根本不是一种语音系统，它的设计使人们在不掌握其意义的关键的情况下难以解读它们。古埃及的祭司是这些信息的掌管者，他们充满戒备地巡视着自己知识的边界，以确保这种解读信息的工具只掌握在他们自己手里。自此以后，书写和阅读就是一种行使权力的行为。

事实上，由于象形文字非常难以识读，因此即使在古埃及历史尚在延续的年代，人们识读这种文字的能力就已经开始减弱。到了公元 500 年时，埃及人开始讲希腊语，他们要想解释符号及其意义之间的关系，往往要做一些长篇大论。例如，贺拉波洛（Horapollo）在他的《象形文字集》（*Hieroglyphika*）中曾解释过象形文字中“秃鹫”的符号与语义间的关系，他下了很大功夫，但结果还是搞错了很多地方。他写道：

> 当他们想表达母亲、景色、边界或预知时，他们会画一只秃鹫。秃鹫之所以能代表母亲，是因为这种动物没有雄性；之所以能代表景色，是因为在所有动物中秃鹫拥有最敏锐的视觉；之所以能代表边界，是因为当战争即将爆发时，它会在要发生战争的地方上空盘旋七天；之所以能代表预知，是因为……它期待着战争中的杀戮会带给它尸体作为食物。[2]

解读象形文字的能力失传之后，埃及人的文字就一直是个谜。后来，拿破仑想在尼罗河三角洲附近修建一座城堡，他的一支队伍在挖掘地基的时候发现了一块重达300公斤的玄武岩石板，上面分别用埃及象形文字、更晚近的埃及文字，以及希腊文字刻了同样的内容。这块石头后来被称为“罗塞塔石碑”，它为语言学家破译象形文字提供了所需的钥匙。因此我们可以说，军事活动有时也为几个世纪的文学创作提供了素材，这件事情也帮我们找到了阅读早期诗歌和史诗的办法。（伟大的文学作品一直和战争紧密相关，这种紧密程度甚至超过了文学与商业活动的关系。）

象形文字之所以能保持它们的魔力和神秘性，是因为埃及人后来又发明了一种新的更便于日常使用的文字（即所谓的“草书体”）。草书是象形文字的简化版，那些图形符号简化成了几笔，可以被快速勾勒出来（用戴维斯的话说，就是相应文字的草书版本）。人们在写商务信函、行政公文的时候更乐于使用草书体。这种字体的存在还依赖于埃及人的另一种发明——莎草纸。无论线条多么简单，只要是在黏土上书写，必定是快不起来的。

数百年来，黏土一直都是苏美尔人和埃及人书写用的材料。它取之不尽，并且可重复使用。写在表面平滑的泥板上的文字，在太阳下晒干之后可以保留好多年；需要修改或是抹掉上面的文字的时候，可以把泥板打湿，然后磨掉表层的文字。相反，如果要防止篡改某些记录，则可以把泥板烘烤烧制成陶，使其变成永久的存档记录。

但是泥板很重，不便于储存，也不便于携带，这严重限制了所能写下的每条信息的内容（不过我们可以把它看成鼓励人们用词精练的手段，这一点与电脑文字处理软件所造成的写作越来越冗长的效果恰恰相反）。公元前3000年左右，古埃及的抄写员意识到，用作埃及房屋建筑材料的纸莎草也可以用来书写（将纸莎草茎软化，交叉着叠放，然后捣碎成浆，铺成薄片晾干）。* 借助笔刷和墨水，人们可以快速地在莎草纸上书写草书体文字。

在苏美尔，由于不存在这种原材料，在接下来好几个世纪的时间里，人们继续使用泥板书写。1500年以后，当摩西带领游牧者亚伯拉罕的闪族后代走出埃及，进入近东的干燥荒原时，上帝将其指示刻在石板上，而不是写在莎草纸上。以色列人不得不特地做了一个箱子来存放这些难以携带的石板。

相比之下，纸就容易携带得多。书写在纸上的信息可以卷起来，

---

* 关于莎草纸的叙述似乎有误。一般认为，埃及人并不知道把纸莎草捣成纸浆来造纸，而仅仅是将其一层层叠起来压成类似纸的东西。——译者注

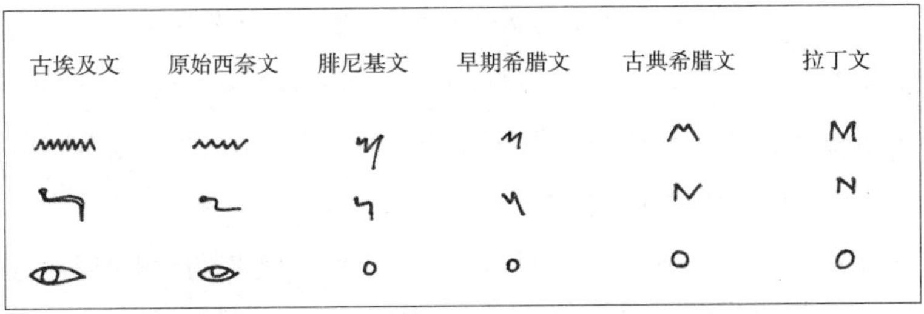


**图 7–2　字母演化对照表**

三个字母从古埃及象形文字到拉丁字母的演变。感谢里奇·冈恩（Richie Gunn）提供图表

掖在衣服或口袋里。统治尼罗河河谷的官员们往往相隔较远，南北之间的沟通需要这种简单的方法；相比之下，要是让信使带着 40 磅重的泥板从尼罗河上游走到下游，显然非常不便。

古埃及人非常欢迎这种高效率的新技术。人们当然继续使用象形文字，将其刻在坟墓的石墙、纪念碑和雕像上。但是，信函、诉状、指示和恐吓信等则写在莎草纸上，不过这种纸湿了就会分解，放久了就会碎裂，用不了很久就会分解成一堆尘土。

我们可以想见，苏美尔王齐姆里-里姆的子民在美索不达米亚被灼晒的城邦之间搬运泥板的时候有多么不便，可是不管怎样，我们仍能从保存至今的泥板上的记录中发现这段历史的蛛丝马迹。而在莎草纸发明之后，我们对法老和大臣们的日常生活就所知甚少了。他们的忧愁之事和那些紧急信息都不复存在；史官详细记录的历史也已经消失得无影无踪，就好像电子信息一样被删除得一干二净。因此，虽然在 5000 年前我们就有了最早的文字，也有了第一次的技术进步，但这一技术反过来让我们付出了代价。

苏美尔人的楔形文字后来湮没在历史之中。但是象形文字延续至今。后来出现了另一种书写形式，我们称之为“原始西奈文”（Protosinaitic），因为它出现在西奈半岛的各个地方。这种文字中的符号几乎有一半来自古埃及的象形文字。接下来，原始西奈文中的一些字母似乎又被腓尼基人借鉴了。再往后，希腊人借鉴了腓尼基字母，将其转换了一下方向，并传给了罗马人，再往后就传给了我们（西方人）；结果，古埃及人的神奇符号实际上真的成了我们所知的最近乎不朽的人类的发明。

# / 08

# 第一份战争编年史

约公元前2700年，在苏美尔，乌鲁克国王吉尔伽美什征服了他的数个邻邦。

当苏美尔人开始使用楔形文字时，他们的历史就从“曾经如何”演化为可知的确凿的过去。这里的人开始把打赢战争、谈判交易和建造寺庙等事件都记录下来。到了这个时期，人们已经可以用碑文和铭文详细地列出王表。

史诗故事虽然往往描述了恶魔般的对手和超自然的能力，但是在这层幻想的外衣下仍然保留了重大历史事件的轮廓。而到此时，人们可以把史诗故事和更倾向于描述事实的文字记录结合起来。这并不是说石碑等上面的铭文显示的就是一种新的令人震惊的客观事实；撰写这些铭文的人是国王任命的史官，国王花钱让他们记录国王的成就，所以他们自然会夸大和美化恩主的事迹。据亚述铭文记载，几乎没有哪个亚述国王曾经打过败仗。但是，通过比较交战双方中两个都宣称取得胜利的国王的铭文，我们通常可以推断出谁是真正的胜利者。

在苏美尔，文明的出现是为了区分并隔离开穷人和富人，最早从公元前 4000 年起，城邦之间就不断爆发战争。根据寺庙铭文、王表和人们搜集来的传说故事，我们可以梳理出最早的一系列战役，这构成了第一份战争编年史。

公元前 2800 年左右，苏美尔国王梅斯克亚加什（Meskiaggasher）统治着乌鲁克城。乌鲁克就是今天伊拉克东南部的城市瓦尔卡（Warka），它是苏美尔最古老的城市之一，最晚在公元前 3500 年就被苏美尔人占领了。* 在梅斯克亚加什统治时期，乌鲁克是苏美尔所有城邦中最大的（据我们所知是如此）。它的城墙有 2.6 公里长，5 万人住在城里及其周围。城里有两个巨大的寺庙建筑群。在被称作库拉巴（Kullaba）的寺庙群中，苏美尔人聚集在这里供奉朝拜遥远而又沉默的天神安（An）；在伊安纳（Eanna）寺庙群里，人们虔诚地供奉与生活密切相关的爱情与战争女神依南那。**

这么一座巨大且历史悠久的城市实际上并不是苏美尔王冠上的明珠，梅斯克亚加什当年对此一定备感屈辱。苏美尔王冠上的明珠这一荣誉仍然属于基什，这座城邦的国王宣称拥有最高的王权。那时，基什已经将圣城尼普尔置于自己的保护（控制）范围内，而尼

---

* 考古学家把从约公元前 4000 年到公元前 3200 年这段苏美尔的历史称作乌鲁克时期，这是因为这一时期的陶器具有某种特定的特征，而不是因为乌鲁克城邦。而“早王朝时期”（Early Dynastic Period）指的大致是从公元前 2900 年至公元前 2350 年这段时期。这个时期通常被细分成早王朝一期（ED Ⅰ，约公元前 2900 年至公元前 2750 年）、早王朝二期（ED Ⅱ，约公元前 2750 年至公元前 2600 年）和早王朝三期（ED Ⅲ，约公元前 2600 年至公元前 2350 年）三个时期。

** 在梅斯克亚加什统治时期，有一尊依南那的小雕像矗立在伊安纳寺庙建筑中，而且可能是安放在一个祭坛上。雕像的面部，又被称作瓦尔卡的面具，出土于 1938 年。2004 年 4 月美国出兵伊拉克期间，该面具被人从伊拉克国家博物馆劫走。偷盗者被邻居告发，他向伊拉克警方供述称，依南那的头被埋在了自家的后院；同年 9 月，警方用铲子将其挖出，并交还给伊拉克文化部。

普尔是供奉主神恩利尔的神殿的所在地，每一个苏美尔城邦的国王都要来这里献祭供奉，寻求神灵的保护。基什虽然不是苏美尔最强大的城市，但是在这个区域却享有与自身实力不相匹配的影响力。就像纽约市，它既不是美国的政治中心，也不是其军事中心，但是仍然被视作美国的文明中心——尤其是对于外国人来说。

梅斯克亚加什似乎并不是一个甘当“老二”的人。他的王权可能是从乌鲁克法定的统治者那里夺来的；在苏美尔王表中，他被描述为太阳神乌图（Utu）的儿子，这是篡位者试图使自己的权力变得合法化的惯用手段。而且，苏美尔王表还告诉我们，在位期间他曾“上山下海”。这似乎比伊塔那升天还要简单直接。控制了乌鲁克之后，梅斯克亚加什就开始扩大其统治；不过他并没有染指苏美尔其他城邦（乌鲁克没有足够的实力来进攻拉格什或基什），而是控制了穿越海上和周围崇山的贸易道路。

在发动战争之前，他必须先控制贸易通道。梅斯克亚加什需要刀剑、战斧、头盔和盾牌，但是在两河流域的平原地带金属很稀缺。基什的铸造匠人可以从北方获得原材料，沿着河道将其运输过来；乌鲁克则需要在南方找到两河之间的平原地带所缺乏的这些原材料。

其实有一个位于南方的资源产地就近在咫尺。一座极好的铜矿坐落在马根（Magan）——阿拉伯半岛东南部，也就是今天阿曼所在的地方。根据拉格什和其他地方的楔形文字泥板上的记载，很早的时候，铜矿山（阿尔·哈吉尔山）的矿藏有 20 米厚，当地还有冶炼矿石的熔炉。

但是到达马根的道路要穿越阿拉伯沙漠，非常难走。在马根的多个港口，苏美尔人的芦苇船（用沥青堵住缝隙后能够携带 20 吨的金属）用粮食、羊毛、油等来换取铜。梅斯克亚加什备战时首先要

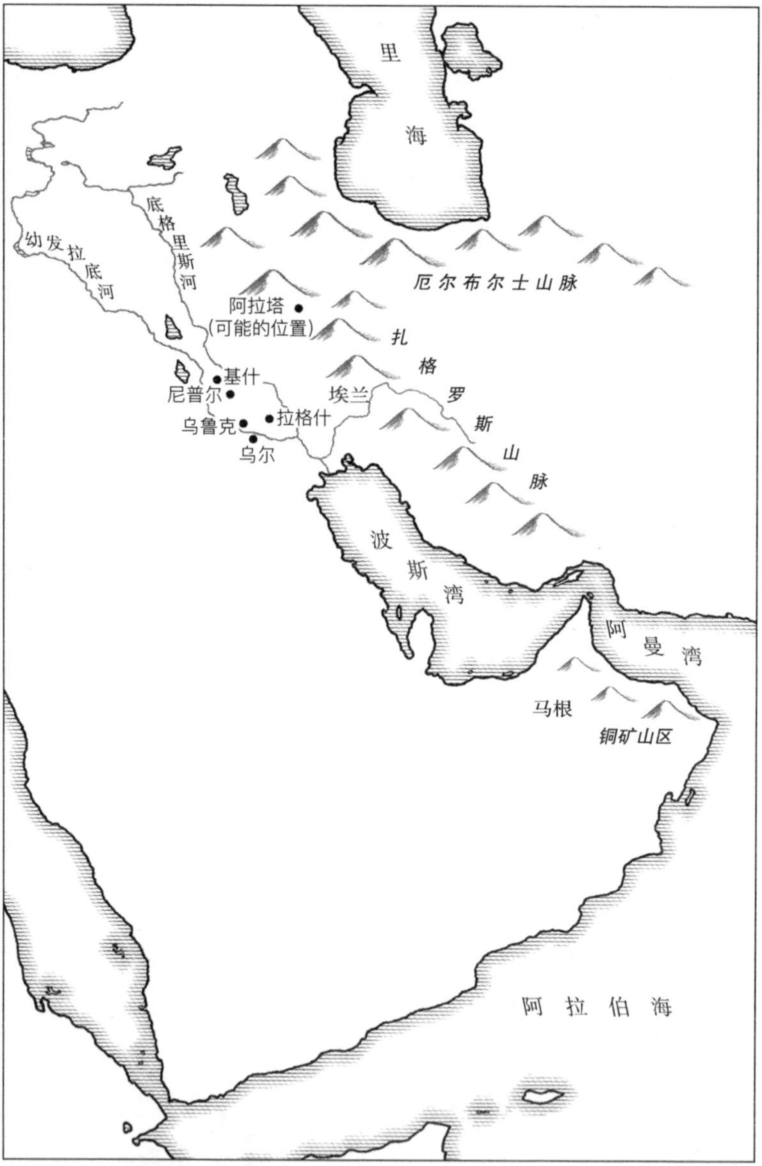


地图 8-1　梅斯克亚加什的贸易

做到的，就是确保（无论是通过谈判还是通过战争）乌鲁克商人从阿曼湾到马根的道路畅通无阻。

但是，苏美尔的金属冶炼匠人需要的不仅仅是纯铜。早在梅斯克亚加什开始统治的300多年前，金属冶炼匠人就知道往铜里添加10%的锡或砷，由此混合而成的合金就是青铜。青铜的强度比黄铜高，更容易铸造成形，打磨后也会得到锋利的边缘。*

为了获得最好的青铜，梅斯克亚加什还需要锡。加入了砷的青铜强度要弱一些，打磨起来比较困难。而且，时间久了，砷会让手艺精湛的工匠中毒而死，这样下去可没法建立兵工厂。所以，梅斯克亚加什所谓的“上山”很可能就是上山寻找锡，这种锡出产于扎格罗斯山脉的岩质山坡，也可能在更远的北部，也就是里海南部陡峭的冰封的厄尔布尔士山脉。梅斯克亚加什带领着他的士兵深入到群山的隘口，迫使山地部落为他提供可以将铜转变成青铜的金属。

乌鲁克武装好了军队，但是梅斯克亚加什在有生之年却没能看到胜利。他去世后，他的儿子恩麦卡尔（Enmerkar）继承了王位。

恩麦卡尔要想不负众望，延续他父亲的盛名，恐怕很不容易。要想超过一个“上山下海”无所不能的人是件很难的事。后来，出现了一篇很长的史诗故事，名叫《恩麦卡尔和阿拉塔王》（Enmerkar and the Lord of Aratta），讲述了他是如何赢得自己的声誉的。

阿拉塔并不是一个苏美尔城邦。它坐落在东部山区，大致是在

---

*　换句话说，苏美尔人早已经走出石器时代，进入铜器时代。这些特殊的时代名称就像是移动的宴会，从一个文明转移到另一个文明。苏美尔的青铜时代是从公元前5500年左右到公元前3000年左右，此时金属冶炼匠人开始制造青铜，美索不达米亚平原进入青铜时代；对于北欧人来说，他们很晚才学会将软的纯铜制造成工具和武器，他们处在石器时代的时间更长，而且他们的铜器时代一直延续到公元前2250年，比苏美尔人晚了700年。

里海南边的某个地方。这里的居民是埃兰人（Elamites），所说的语言和苏美尔语毫无关联（事实上，这种语言至今尚未被破译）。埃兰人的城邦并不出产锡或铜，但是出产贵金属和宝石，如银、金、青金石等，而且多年来他们一直用青金石这种半宝石来和苏美尔人交换粮食。

恩麦卡尔感到自己一直站在“上山下海”的父亲的影子里，所以决定挑战一下他的贸易伙伴。他并没有令人信服的政治理由去这样做，但阿拉塔本身或许就是一个借口。如果他能把阿拉塔纳入自己的版图，他就可以掌控一个乌鲁克一直垂涎的城市，因为这个城市拥有丰富的矿藏、锻造金属的匠人和磨石匠人，他肯定也能因此获得盛名。

于是，他传话给阿拉塔王，宣称依南那（恰好也是阿拉塔的主神）喜欢乌鲁克更甚于阿拉塔，所以阿拉塔人应该无偿送给恩麦卡尔金银珠宝，以示臣服。

这实际上等于是宣战，于是阿拉塔进行了反击。不幸的是，恩麦卡尔似乎高估了自己的实力。在史诗故事里，两个国王相互之间试探了一下，女神依南那出面解决了这个问题，她让恩麦卡尔相信，她当然是更爱乌鲁克，但是对阿拉塔也是有感情的，因此她希望恩麦卡尔不要踏平阿拉塔。在故事的结尾，阿拉塔的埃兰人最终并没有臣服于恩麦卡尔。

由于这个故事是由苏美尔人而不是由埃兰人记录的，所以这种模棱两可的结局很可能是苏美尔人对战败的一种粉饰。恩麦卡尔死时膝下无子，也没能扩大他父亲的帝国，却让梅斯克亚加什王朝过早地结束了。

恩麦卡尔的王位由他手下的一个叫卢加尔班达（Lugulbanda）

的武士继承，有好几个史诗故事专门记述他的事迹。卢加尔班达之后，另一个与他没有血缘关系的武士获得了王位。由此，父位子承的血缘继承似乎被打破了，而乌鲁克也暂时没有再试图兼并其他城邦。

然后，在大约 100 年之后，乌鲁克试图再次主宰苏美尔。此时乌鲁克有了一个新国王，他也是一个篡位者，叫吉尔伽美什（Gilgamesh）。

根据王表记载，吉尔伽美什的父亲并不是国王。他很可能是库拉巴寺庙里的一位高级祭司，主持太阳神安的祭仪，而且本人也受人敬仰。苏美尔王表说他是个“力鲁”（lillu），意为他具有神力。虽然在苏美尔有一段时期国王同时也是大祭司，但是那个时期早已一去不复返。很多年来，苏美尔城邦的神权和政权都是分离的；吉尔伽美什作为祭司的权力可能是继承来的，但是他同时也攫取了本不属于他的君权。

吉尔伽美什上台后不久，就有一个史诗故事说恩麦卡尔的贴身武士卢加尔班达是他的父亲。表面上看这么说是很愚蠢的，因为在吉尔伽美什出生的（至少）数十年前，卢加尔班达就已经夺得了王座。但是如果我们从一个企图改写自己个人历史的人的角度来看，认卢加尔班达作父却是一个不错的选择。他是一个出类拔萃的武士国王，他骁勇善战，但又总是能够历经浴血奋战而安然无恙。在吉尔伽美什统治时期，卢加尔班达（也许已经死了 30 年了）被奉为苏美尔人的英雄。再过 100 年，他甚至会被人奉为一个神。因此，他给吉尔伽美什的世俗政权披上了不朽的光环。

吉尔伽美什的第一次冒险是试图获得乌鲁克的王权，取得成功之后，他就开始谋划新的任务。那时基什仍然从未被征服过，基什的国王也保护着圣城尼普尔，并声称对所有城邦拥有不容置疑的权威。

史诗故事先是把吉尔伽美什的时代提前了，后又对其进行了颇多美化吹捧，但是，当我们把史诗故事中对这位年轻的乌鲁克国王的虚构剥去之后，还是能看到他鲜明的个性。吉尔伽美什想得到一切：忠实的同伴、王位、王室头衔、“基什之王”的称号，以及永生。

吉尔伽美什在向其邻国宣战前的第一项准备工作就是加固城墙。《吉尔伽美什史诗》的序言说：“在乌鲁克，（吉尔伽美什）修建城墙，一座宏伟的防御土墙……即使在现在看来，这堵外墙……它仍然闪耀着黄铜的光芒；内墙也无与伦比。”[2]

所谓的铜是后来夸张的说法。此时的乌鲁克的城墙连石头的都不是，更不用说是铜的了；城墙是用从北方运来的木头建成的。吉尔伽美什北上取得木材的过程在史诗里也有所反映。史诗中说，他冒险去了北方的雪松林，想在那里为诸神建立一座纪念碑，但是在建碑之前他必须战胜森林巨人——“一个伟大的战士，一头善战的公羊”，也就是那位巨人；或者，用苏美尔语来说，就是“洪巴巴”（Humbaba）。[3]实际上，吉尔伽美什碰到的并不是什么巨人，而是生活在森林里的埃兰人，他们不愿意将自己最有价值的资源拱手交给别人。

加固城墙之后，吉尔伽美什严阵以待，要跟基什王叫板。

当时的基什王名叫恩美巴拉格西（Enmebaraggesi），在傲慢的吉尔伽美什夺取乌鲁克政权之前，他就已经统治基什很多年了。*他

---

* 恩美巴拉格西是第一位在位时间能够被估算出来的苏美尔国王。他在公元前2700年左右掌权，这使我们也能够确定吉尔伽美什的时代。参见第3章。

不仅是基什的国王，还是圣城尼普尔的保护人。

在那里发现的铭文告诉我们，恩美巴拉格西在尼普尔建造了一座“恩利尔圣殿”。恩利尔是苏美尔的主神，主管空气、风和暴雨，兼掌命运牌，所有人的命运都掌握在他手里。据记载，有一次恩利尔发怒了，让人间洪水泛滥。可以看出，他是一个受人爱戴的神。但是，由于恩美巴拉格西建的神庙是恩利尔最喜欢的，因此基什王对得到这位神的庇佑很有信心，根本就没把南部那位年轻的挑战者当回事。

与此同时，吉尔伽美什正在调动乌鲁克的军队。所有的战争器械都被投入使用：步兵举着皮革盾牌、长矛和斧头；用从北方运来的木头做的战车，由人力和牛拉着；还有一根沿着幼发拉底河逆流而上拖来的巨大的雪松圆木，用于撞击基什的城门。在古代世界，战争是人类最发达的技能。早在约公元前 4000 年，壁画上就刻画有以下场景：手执长矛的士兵、活着的和已经被处死的囚犯、被攻破的城门，以及被包围的城墙。

攻打开始——然后很快就失败了。我们之所以知道这个结果，是因为苏美尔王表记录了恩美巴拉格西是老死的，他的儿子阿伽（Agga）顺顺当当地继承了基什王位。[4]

吉尔伽美什为什么撤退？

在所有以吉尔伽美什为主角的传说中，这位核心人物的形象始终如一：年轻、进取、冲动、精力过人，放在今天就是那种每晚只睡三个小时，从床上爬起来立即就能投入工作，不到 25 岁就建立了一家航空公司的人，要不就是那种不到 28 岁就建立并卖掉了四家公司的人，或者是那种不到 30 岁就写了一本自传的人。另外，还有一点是一成不变的，那就是这种旺盛的精力把吉尔伽美什治下的民众折磨得疲惫不堪。史诗记载，人们被无休止的冒进搞得疲惫不堪，最终不得不祈求诸神救他们于水火之中。在实际的历史中，他们可能只是退缩不前；没有了民众的支持，吉尔伽美什被迫退兵。

毕竟，任何苏美尔城市的王，都不是绝对的统治者。在吉尔伽美什北上的故事中，在出发前他要得到长老会的批准。对于苏美尔人来说，他们生活的环境迫使他们必须时刻警惕，防止邻邦入侵，只有这样才能生存下去，所以人人都有很强的保护自己权利的意识。他们是最早编写法典的人，法典中规定了他人自由的权限，以避免任何人犯错。对于国王滥用自己的权力，他们不可能长期保持沉默。在这种情况下，他们应该是拒绝再次发动战争的。

吉尔伽美什仍然决心要征服基什。但是另一方的基什王阿伽却打算讲和。一则名叫“吉尔伽美什与基什的阿伽”的诗歌故事提到，阿伽派遣使节去见吉尔伽美什，表示希望建立友好关系。

吉尔伽美什似乎认为这是软弱的表现，没有把它看作和平的信号。故事中说他先是召集长老会成员，告知了他们阿伽送来的消息。可是，接下来，他没有接受求和，反而提出要再次发动进攻：“在这片土地上，还有许多口水井要去征占。我们是否应该臣服于基什的圣殿？不，我们应该拿起武器攻击它！”[5]

长老会拒绝攻打基什，他们告诉吉尔伽美什，他应该修好自家的水井，而不是去抢占别人的。但是吉尔伽美什却扭头求助于另一个议事会：青年会（苏美尔语称为“体格健全者”）。“你们以前从未屈从于基什！”他对他们说。在他又说了一番煽动的话后，他们开始朝他不断欢呼。他们朝他喊：“忠于职守，同仇敌忾，士兵护卫着（基什）王之子——谁人能敌？你是众神的宠儿！你充满活力！”

不要臣服于基什的圣殿！
我们年轻人难道不应该拿起武器去攻打它？
伟大的神灵创造了乌鲁克，
巨大的城墙高耸入云。
基什的军队不堪一击，
那些士兵看到我们会望风而逃。

由于得到了这些人的支持，吉尔伽美什决定再次攻打基什。

在苏美尔城邦中，由长老会（睿智但是无力作战）和青年会（健壮但是头脑发热）组成的双重议事会制度非常普遍。在古代近东地区，这种议事结构存在了几个世纪；很久以后，伟大的希伯来国王所罗门的儿子在继位的时候就采纳了青年会的鲁莽冒进的提议，而忽略了长老会的和平提议，把他的国家一分为二。

吉尔伽美什跟所罗门之子一样，也采纳了青年会的提议，但是结局令人扼腕。对基什的这一次攻打旷日持久；后来，乌鲁克的民众开始反对；最后，吉尔伽美什再次撤兵。我们之所以知道这些，是因为最终打败基什并且获得基什王和尼普尔守护人头衔的不是吉尔伽美什，而完完全全是另一个国王：乌尔王。

乌尔在乌鲁克南边，离基什很远，几十年来它一直都在暗中积蓄力量。乌尔国王美撒尼帕达（Mesannepadda）的寿命似乎超乎寻常的长。在吉尔伽美什对基什的第二次攻打节节败退之时，美撒尼帕达已经在位数十年。他的年岁比吉尔伽美什大得多，甚至比此时已经去世的恩美巴拉格西还要大。他也想拿下基什；同时，他也不是乌鲁克的盟友。

**时间线 8**

| **中国** | **美索不达米亚** |
|---|---|
| 中国早期文化：仰韶文化、大坌坑文化、屈家岭文化、良渚文化、龙山文化 | 乌鲁克时期（约前 4000—前 3200） |
| | 耶姆达特·纳萨时期（约前 3200—前 2900） |
| | **阿塔布** |
| | **伊塔那** |
| | **巴里** |
| | 早王朝一期（约前 2900—前 2750） |
| **伏羲** | |
| **神农** | 早王朝二期（约前 2750—前 2600） |
| **黄帝** | **吉尔伽美什** |
| **尧、舜** | 早王朝三期（约前 2600—前 2350） |
| *夏朝*（约前 2070—前 1600） | |
| **禹** | |

但是在发动进攻之前，他愿意等待。吉尔伽美什撤退后，基什已经变得很弱，美撒尼帕达乘机进攻，取得了胜利。所以说，最终是美撒尼帕达，而不是吉尔伽美什，终结了基什的第一个王朝，控制了圣城尼普尔。由于吉尔伽美什的子民不愿意再次发动战争，他那超人的精力只能被禁锢在城墙以内。

不过，继承机制再次发挥了作用。恩美巴拉格西在去世时，把守卫城池的重任交给了他的儿子，结果基什陷落了；吉尔伽美什则静观其变，等着掌权的年迈的美撒尼帕达去世，把王位传给他的儿子麦斯克亚古纳（Meskiagunna），让他来做乌尔、基什和尼普尔的统治者（也许是要等到目睹过他两次失败的长老都去世之后）。时机一到，吉尔伽美什发动了第三次战争。*

这一次，他胜利了。经过艰苦鏖战，他打败了麦斯克亚古纳，夺取了后者的城邦，同时获得了麦斯克亚古纳通过战争获得的领土。经过这最后一搏，吉尔伽美什终于成为苏美尔的四大城邦基什、乌尔、乌鲁克和圣城尼普尔的统治者。

几十年来，吉尔伽美什一直处心积虑想要征服基什，现在他所统治的苏美尔领土比以前任何国王的都大。但是，他的统治没能维持多久。即使是精力过人的吉尔伽美什也无法抵抗衰老，他在取得胜利后不久就去世了。他死后，他的四边形王国、基什王的头衔，以及所有有关他的传奇故事都转移到了他儿子身上。

---

* 王位的传承似乎是这样的：

| | 乌鲁克 | 基什 | 乌尔 |
|---|---|---|---|
| 公元前 2800 年 | 梅斯克亚加什 | | |
| | 恩麦卡尔 | | |
| | 卢加尔班达 | | 美撒尼帕达 |
| | | 恩美巴拉格西 | |
| 公元前 2700 年 | 吉尔伽美什 | | |
| | | 阿伽 | |
| | | | 麦斯克亚古纳 |

# / 09

# 第一次内战

约公元前3100年至公元前2686年间，埃及第一王朝的法老变成了神，第二王朝陷入了内战，第三王朝的法老则重新得以统治再度统一的国家。

美索不达米亚地区那些相互之间战乱频仍的城邦没有统一的国家认同感，每个城邦都是一个独立的小王国。公元前3000年左右的时候，作为当时世界上唯一的国家，埃及的领土从地中海的南海岸顺着尼罗河往南延伸，至少到达了再往上游的地方。埃及这个王国就像是一条打了结的绳索，有700多千米长，但是某些地方如此狭窄，以至于一个埃及人站在埃及东部边境的沙漠中，其目力可以越过尼罗河，一眼望到西部边界上的不毛之地。

埃及的首都是白城孟斐斯，它位于尼罗河三角洲南部，处在古代上埃及和下埃及的交界处。这个地方实在是乏善可陈。这块平原过于湿润，据希罗多德记载，纳尔迈上任后的首个任务就是修建堤坝阻拦河水泛滥。希罗多德记录这段历史已经是2500年之后的事儿了。他写道："人们密切关注尼罗河中的这段弯道……他们每年都加固河堤，以防河水泛滥。一旦河水冲破堤岸，孟斐斯就会被完全淹没。”[1]

纳尔迈统一了埃及，并且把孟斐斯确立为唯一的首都，终结了埃及的前王朝时代。纳尔迈之后，他的儿子继承了王位。此后又有另外六个国王依次继位，而曼涅托认为这六个国王属于埃及第一王朝；实际存在的正式的王室继承模式已经形成。[*]

对于这八位国王在统治统一的埃及王国的大约600年间究竟做了什么，我们基本上还不得而知。但是我们能够看到一个中央集权国家的成长过程：王室和权力机构建立起来，开始征税，经济得到发展，足以让埃及养活一批不从事农业却能过上奢华生活的阶层。比如全职祭司，他们为国王举行祭祀活动；还有熟练的金属工匠，他们为王室贵族打造礼器珠宝，史官则负责记录日益发达的官僚阶层的活动。[2]

第一王朝的第三个国王哲尔派出了第一支远征军，让埃及士兵越过了纳尔迈国王圈定的边界。在耶拉孔波利斯以南约400千米、靠近第二瀑布的地方有一块巨石，上面刻着哲尔和他的军队获得胜利、抓获俘虏的场面。这些俘虏很可能是下努比亚的原住民，不久后，这些土著由于天气恶劣，以及埃及人的入侵，就从这个地区全

---

* 按照传统说法，埃及“第一王朝”的八个国王应该是纳尔迈、荷尔–阿哈（Hor-Aha）、哲尔（Djer）、杰特（Djet，有时称为瓦地）、登（Den）、阿涅吉布（Anedjib）、塞麦尔凯特（Semerkhet）和卡阿（Qaa）。荷尔–阿哈可能是纳尔迈的儿子，埃及大祭司曼涅托称他为阿索提斯法老。由于不能明确纳尔迈的真实身份，荷尔–阿哈很可能是美尼斯，跟纳尔迈没有关系（这样的话，曼涅托所说的阿索提斯指的就应该是哲尔）。为了应对这个问题，有的资料将纳尔迈和蝎子王一起列入一个专门的“王朝”期，称之为“始王朝”。我一直坚信纳尔迈就是美尼斯，所以在此我避免提及埃及的“始王朝”。蝎子王不属于任何王族世系，所以他应该属于埃及前王朝才对。[确定古埃及各王朝的时间难以做到精确。本书中，一般情况下我采用彼得·克莱顿（Peter Clayton）在《法老编年史》（*Chronicles of the Pharaohs*）中的纪年，不过我没有采用他的“始王朝”这一提法。]

部搬走了。埃及军队沿着地中海向东北方向进军，他们的前方后来被称为南巴勒斯坦。

哲尔之后，隔了一代，登成为国王，他也小心翼翼地派人探索了埃及边境以外的地区。他带人进入了西奈半岛，这是位于红海北部两片水域之间的一片三角地区。我们从他墓葬中的壁画知道，他用棍棒逼迫当地酋长屈服。登的这一次胜利被称作“第一次征服了东部”。

从理论上讲，这些胜利代表了南北合在一起的整个埃及的胜利。但是在死后，埃及第一王朝的统治者们都恢复了上埃及国王的身份。他们都被埋葬在自己的家乡，也就是孟斐斯往南很远的阿拜多斯（Abydos）。

当然，这片墓地可不是平平常常的墓地。普通埃及人死后被埋葬在沙漠边缘的沙土中，面朝西方。但是埃及的贵族是社会的第二等级，他们死后被埋葬在孟斐斯西边萨卡拉（Saqqara）的高原沙漠上一个豪华的墓地中。* 葬在阿拜多斯的国王们都被安放在由砖块或石块砌成的地下墓室中，并且有人为其殉葬。登的周围有近 200 个侍从殉葬，而哲尔则有 300 个侍臣和仆人殉葬。

这些国王在世时可能对北方的忠诚度感到惴惴不安，但他们在去世时却表现出了惊人的专制。如果有人能够在自己死的时候强迫他人殉葬，以作为自己丧礼的一部分，这说明他已经拥有了远远超出最早的苏美尔统治者拥有的那种临时性权力。

究竟为什么这种权力要通过人殉的方式来表达，这并不容易弄

---

* 一些埃及学家认为，最早的一批法老的尸身葬在萨卡拉，同时在阿拜多斯建造了一座名义上的墓地，这样的话他们就可以同时在北部和南部安息。然而现在的学者更倾向于认为阿拜多斯是埃及第一王朝唯一的王室墓地。

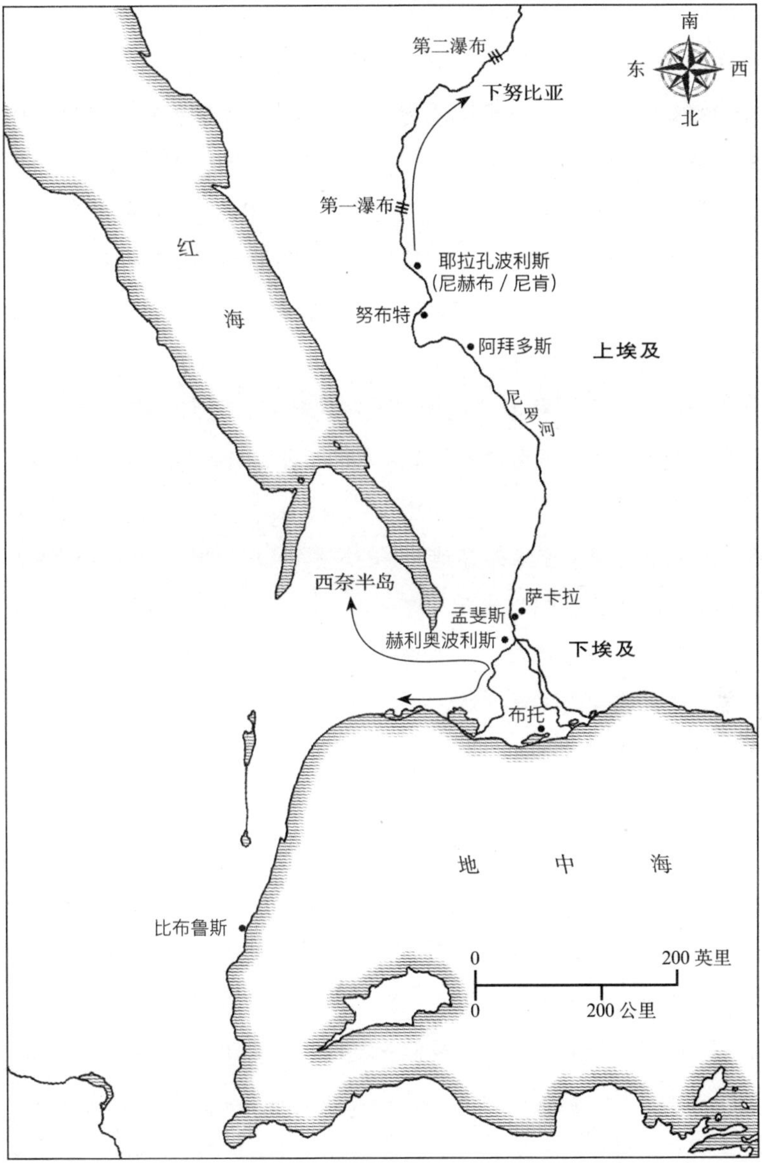
南
东
西
北
第二瀑布
下努比亚
第一瀑布
红
海
耶拉孔波利斯
(尼赫布 / 尼肯)
努布特
阿拜多斯
上埃及
尼
罗
河
西奈半岛
萨卡拉
孟斐斯
赫利奥波利斯
下埃及
布托
地
中
海
比布鲁斯
0
200 英里
0
200 公里

地图 9-1　埃及的扩张

清楚。到了第五王朝和第六王朝的法老安葬的时候，埃及人已经开始在其墓室的墙壁上刻下他们死后整个要做的事：穿过金字塔漆黑的内室升天，经过一道分隔阴阳两界的河流，在那里会有等候多时的众神欢迎他们。但是对这些“金字塔铭文”进行的年代测定表明，它们最早也是在阿拜多斯的人殉之后 500 年才被刻上去的。第一王朝的国王下葬的时候，埃及人甚至还没有开始对他们的尸体进行防腐处理。这些金贵的尸体只是被包裹在破布里，有时也拿松脂浸泡一下，但是这并不能保护尸体。

但是我们可以推断，这些国王在其升天的路上会跟太阳会合。阿拜多斯的国王陵寝旁埋葬着很多木船，有些船有 30 米长，放置在狭长的墓道中，四周和上面还用土坯砌了墓墙和墓顶。第一王朝的石刻上有太阳神乘坐木船穿越天空的场景。[3] 可以推测，法老和为他殉葬的人可以乘船陪伴太阳神在天空巡行（不过，在阿拜多斯墓葬群里，有一个墓室中没有木船陪葬，而是用驴子殉葬，这表明人们认为死去的国王去了别的地方）。

假设国王穿过地平线，到达了另一端的冥界，他们会在那里做什么呢？

可能的话，法老还将继续进行统治；不过在埃及没有任何证据证实这种猜测。但是我们知道，吉尔伽美什在死后就跟统治冥界的神明会合了，并帮助神明统治那里。如果古埃及人想象早期的法老在冥界将继续进行统治，那么人殉的做法就能讲得通了。毕竟，如果一个国王的权力只能延续到他死之前，那么在他活着的时候人们必须得服从他，但是在他死后人们就没有什么理由继续追随他了。但是假如他会在另一个世界等待你的话，那么他的权威就会无所不在。这样一来，通往未知世界的道路无非是把一个阶段的效忠转移到另一个阶段而已。

鉴于南北之间关系紧张，第一王朝的国王需要这种权威来使国家保持统一。王权的神学理论的巩固奠基于“孟斐斯的神学”，它被刻在一块被称作沙巴卡（现存于大英博物馆）的石碑上。石碑的年代测定表明，它是在埃及有历史之后很久才出现的，但是很多埃及学家认为，它上面记载的内容可以追溯到埃及最早的王朝。

对于这个故事，后来有许多不同的阐释，但是故事的核心却很简单。奥西里斯（Osiris）被赋予了统治整个尘世的权力，但是他的弟弟塞特（Set）嫉妒他的权力，设计谋杀了他。他把奥西里斯淹死在尼罗河里。奥西里斯的妻子（也是他妹妹）是女神伊西斯（Isis），她到处找寻失踪的丈夫。当她找到他沉入河底的尸体后，她伏在他身上，使他恢复了部分生命。奥西里斯的生命力能够使他妻子怀孕，却不能使他继续活在世间。他变成了冥王。奥西里斯屈尊去了新的统治领域之后，伊西斯生下的儿子荷鲁斯（Horus）成为统治尘世的国王。

作为尘世的统治者，荷鲁斯神是与太阳、星星和月亮联系在一起的；也就是说，[ 根据埃及学家鲁道夫·安特斯（Rudolf Anthes）的说法 ]“他那星辰般的身体无论在白天还是夜晚都光耀无比……他是天空永恒的主宰者，不像太阳那样到了夜晚就消失不见”[4]。荷鲁斯的权力是永恒不变的。

早期的埃及法老都自称是荷鲁斯在尘世间的化身，他们的力量不会“像太阳那样到了夜晚就消失不见”，或者随死亡而终结。然而，所有的国王毕竟都会死去。因此，埃及神学对这种不可避免的死亡结局也做了一些调整。法老死去之后，他就不再被认为是荷鲁斯的化身，而是变成了奥西里斯的化身，既是冥王，又是尘世国王荷鲁斯的父亲。*死去的法老留在尘世间的儿子被视为荷鲁斯的化身，这展示了这样一个体系的实用性，它提供了一种便捷的办法，使继承者变得合法化。新国王不再仅仅是老国王的儿子。从某种意义上说，他是他父亲转世的化身。虽然法老终究会死，但是王权却永远不会灰飞烟灭。最重要的是，埃及的国王不是一个独立个体，他不是纳尔迈，不是登，也不是哲尔。他是一个至高权力的承载者。

社会学家称这种安排为“位置继承”。这也解释了为什么埃及的国王们都倾向于继承前任的名字，这些名字不仅是名字，还代表了不朽的王权。[5]这也解释了为什么埃及的国王们都倾向于娶自己的妹妹（有时甚至是女儿）。当一个法老继承了他父亲的王位时，他的母亲（即前任法老的妻子）从某种意义上说就成了他的妻子，因为他从某种意义上说已经变成了自己的父亲。[6]直到几个世纪以后，俄狄浦斯才为此而苦恼。对于古埃及人来说，从家人中找一个女性做妻子是很自然的。

阿涅吉布是第一王朝的第六任国王，他在他的王室称谓上又加了一个新的描述性的头衔：上下埃及之王（nesu-bit）。虽然这两个古埃及语单词意为“上”和“下”，但是“上下埃及之王”并不是指法老对上埃及和下埃及的统治，而是指上天和尘世。nesu 是指政府的神圣权力，即由上一任国王传递给新国王的神授的王权。bit 是指这一权力的世俗持有者，即尘世的国王。[7]

阿涅吉布是第一位使用这种称号的国王，但是他在保留世俗王权时遇到了不少麻烦。这或许称得上是历史上第一个因为反对而采取了过度行为的事件。他的墓室中共有 64 个人殉葬，这是为了表明

---

* 讨论到埃及神学，一定要牢记鲁道夫·安特斯的一段话：“埃及的宗教……完全不具备要消除两个对立的观念中的任一个的逻辑。”（“Egyptian Theology in the Third Millennium B. C.”）

他是“神授王权”的持有者。另一方面，他的墓和尘世的纪念碑又是阿拜多斯最寒酸的。更糟的是，他的名字本来被刻在多块纪念碑上，但是后来被人刮去了。

刮去他名字的人是他的继任者塞麦尔凯特。他之所以要把他前任的名字刮掉，是因为他想重写历史。如果说法老为自己取的名字代表他们可以永远掌握神授王权，那么，把自己的名字用有魔力的象形文字写下来，就能使其进入冥世的体系中。而把刻下的法老名字从石碑上抹除就等于是抹除了世界对他的记忆。

塞麦尔凯特刮除阿涅吉布的名字的做法，往好里说，他是个篡位者，往坏里说，他是个谋杀犯。他对冥界王权的争夺似乎是成功的，他给自己修建了一座豪华的陵墓，比阿涅吉布的大得多，并往里面注入了很多神圣的香料，那些香料油脂浸入了 1 米深的泥土中。在 20 世纪初发掘他的陵墓的时候，人们还能闻到香料的味道。[8]但是，他想要掌握上埃及王权的努力不太成功。曼涅托写道：“在他统治期间，发生了许多非同寻常的事件，还有一场大灾难。”

后世没有任何评论家对这句语焉不详的评论加以阐述。但是研究尼罗河流域的土壤可以发现，埃及第一王朝快要结束的时候，尼罗河洪水泛滥的次数急剧减少。到了第二王朝，尼罗河洪水的水位比 100 年以前平均低了 1 米。[9]如果洪水减少从而导致埃及农民的收成慢慢减少*，那么整个埃及人的不满情绪就可能达到爆发的临界点，而此时塞麦尔凯特正忙着刮掉遍布埃及的石碑上阿涅吉布的名字。

埃及人民的生活依赖尼罗河的定期泛滥，虽然每年洪水的情况都会有变化，但是总体上是有规律的。作为太阳神，荷鲁斯本身代

---

* 尼罗河的定期泛滥会给两岸的土地带来丰富的养分。如果洪水泛滥减少，两岸的土地就会变得贫瘠，从而导致农业减产。——译者注

表着变化和稳定的结合：每天的日出和日落都不尽相同，但是每天早晨太阳都会从东边的地平线冉冉升起。法老这个头衔本身就表明国王也开始自认为代表了这种双重性：既有不变的永恒的权力，又有总是处在变化中的世俗的王权。国王死后被人埋葬，但又以自己的儿子的身份转世，两人有相似之处，但又有所不同。他就像一株多年生的植物，花朵不断凋谢又重新盛开，虽然花色不同，根基却永不改变。

据我们所知，塞麦尔凯特刮掉一个前任法老的名字的做法，还是首例。这对于尚处于萌芽状态的王权观念肯定构成了一种巨大的侮辱，这有点像我们突然发现，一个多年前就已经发表了最权威声明的教皇当初之所以当选却是因为当年枢机主教团计票出错。* 如果尼罗河的洪水水位开始下降，而退去的水却不知去了哪里，这意味着国王所代表的一系列不变的真理中的一条骤然发生改变。接下来会发生什么呢？太阳是不是也会不再升起？

塞麦尔凯特的统治被一场王室的动荡终结。这场动荡声势浩大，导致曼涅托甚至认为第一王朝也到此终结，第二王朝由此开始。对于法老来说，最不吉利的就是用人殉葬的做法被取消了——这对仆人们来说倒并非什么不吉之兆。

之所以如此，不太可能是因为像某些历史学家声称的那样，埃及国王突然开始尊重人的生命了（“殉葬这一劳民伤财的举动随着第一王朝的终结而终结了”）。更可能的是，人们开始不再相信国王宣称拥有的荷鲁斯那种不容置疑的权威。第二王朝的国王们无法再强迫人们进行殉葬，也许是因为他们再也无法保证他自己能独自

* 当然，我知道这并不可能。但假如真是这样，那可真够令人震惊的。

掌握法老的位置。他们再也无法保证，他们有不容置疑的权力去护送那些排成王室纵队的殉葬的灵魂越过阴阳分界去往另一个世界。

人们通常认为第二王朝是从公元前 2890 年左右开始的，但是不清楚总共有多少位国王在位。旱灾（证明国王无法掌控生死）之后，内战爆发并持续了数年之久。战争的高潮发生在倒数第二位国王塞赫密伯（Sekhemib）统治期间，有段铭文记载说，那时南方军队在“尼赫布城抗击北方的敌人”。[10] 尼赫布城是信奉秃鹫女神的古城，是耶拉孔波利斯城的东半部。它位于阿拜多斯南部约 150 千米处，深入到上埃及地区。来自下埃及的叛乱能够打到这么远的地方，这表明在第二王朝期间，上埃及对整个帝国的统治几近崩溃。

尽管塞赫密伯自己是个南方人，但是刻有他名字的铭文表明，他很可能摇摆不定：他很同情北方，甚至他自己就带有北方血统。他的头衔旁边没有刻荷鲁斯神的名字，而是刻着塞特神的名字。

塞特是奥西里斯的弟弟，也是谋杀他的凶手（也是奥西里斯的儿子荷鲁斯的敌人），一直以来都是在北方更受人拥戴。后来他的形象被描绘成为长着红头发，披着红色斗篷，红色是代表下埃及红王国的颜色。他是狂风暴雨之神，召唤的乌云和沙尘暴足以遮住太阳，并在白天再次来临之前把它带到地平线以下。

塞特对他的兄弟奥西里斯和他兄弟的儿子荷鲁斯的恨不仅仅是出自简单的嫉妒。毕竟，塞特本人也是这位众神之王的血亲。他觉得他也有权统治埃及。埃及有一个古老的传说：即使是在谋杀了奥西里斯之后，塞特和荷鲁斯仍然就谁最强、谁最阳刚、谁最应该统治世间而争吵不断。有一次，他们的争吵演变成了一场肉搏。塞特抠掉了荷鲁斯的左眼，但是荷鲁斯把他叔叔打得更惨，他扯下了塞特的睾丸。

这场搏斗的胜负很明显。这两个人既是亲人又是敌人，一直在争夺王位的继承权。荷鲁斯消除了他叔叔成为继承者的能力，并最终继承了王位。但是塞特的忌妒已经使他犯下了世界上最古老的一种罪行：谋杀兄弟。

塞特与荷鲁斯之间的仇恨反映了南北之间的敌意，北方人和南方人虽是同宗同脉，却无法共处。塞赫密伯选择效忠于塞特而不是荷鲁斯，这一点表明，对于谁应该统治埃及这个问题，双方仍然是各不相让。塞赫密伯去世后，一位信奉荷鲁斯的国王哈塞海姆（Khasekhem）继位。他拿起宝剑准备战斗。他召集起南方军队，经过一番苦战，打败了北方的敌人。在尼肯（耶拉孔波利斯的西半部）发现了两座哈塞海姆国王的坐像，都只戴着上埃及的白色王冠，王位底下有很多战败的北方人的尸骨。

埃及随后度过了这段内战时期。在哈塞海姆的领导下，埃及进入了第三王朝时期。对于哈塞海姆国王，我们有必要深入了解一下，因为他使埃及进入了一个和平繁荣的盛世，在这一时期，修建埃及金字塔的工匠也能充分锻炼自己的手艺。

第三王朝的繁荣昌盛主要应该归功于哈塞海姆重建埃及贸易路线的努力。埃及不再越过尼罗河三角洲进行武装远征。在哈塞海姆统治期间，沿海城市比布鲁斯（Byblos，又称迦巴勒）的铭文上记载了埃及商船的往来情况。这座城市主要做雪松圆木的生意，从山坡上砍下的雪松被运到这里，再销往其他地区。第三王朝时期埃及的统一也要归因于哈塞海姆的政治联姻。他娶了下埃及的一位公主那迈莎（Nemathap）为妻。这位公主的名字和身份之所以能被记录下来，是因为她后来被尊奉为埃及第三王朝的伟大女创始人。此外，埃及的统一也要归功于哈塞海姆胸怀宽广，而且在处理塞特的问题上非常精明。

战争结束后，哈塞海姆改了个名字。然而，他既没有选择崇拜塞特的北方名字，也没有选择崇拜荷鲁斯的南方名字。他选择了一个折中的方法。他的新名字成了哈塞海姆威（Khasekhemwy，意为“两种强大力量合二为一”），在书写这个名字的时候，他在名字的上方既写下代表荷鲁斯的猎鹰，也写下代表塞特的动物。由此，这两大力量暂时融为一体。

这次和解也体现在了古代的神话中。荷鲁斯和塞特之间的争斗结束后，荷鲁斯从塞特那里找回了自己的左眼球，并献祭给了他的父亲（现在已经是冥王）。塞特也要回了他的睾丸。

这两股冲突的力量暂时达到均衡，但是二者之争并没有消失。荷鲁斯成功地保住了对埃及的控制，但是塞特在恢复了生儿育女的能力之后（理论上说是如此）继续蓄谋篡权。在几个世纪后的一系列故事中，荷鲁斯和塞特继续斗智斗勇，他们争夺的东西，有时甚至是荷鲁斯的精液和一片菜叶。这些可笑的故事，几乎总是涉及某个人的生殖器，其实蕴含了真实世界存在的一种威胁。塞特的权力并没有被削弱。他从未离开。他总是在一旁逡巡，虎视眈眈，准备在法老将“上下埃及之王”这一头衔传给后人的时候横插进来，打乱继承的顺序。

在奥西里斯故事的晚些的版本中，塞特不仅淹死了他的兄弟，还肢解了他，将其残肢撒在埃及各处，为的是彻底抹去他的名字。1000多年后，塞特成了埃及的路西法（Lucifer），一个代表黑暗力量的红眼睛的王子，一个威胁要让埃及众神葬身火海的洛基

| 时间线 9 | |
|---|---|
| **美索不达米亚** | **埃及** |
| 乌鲁克时期（约前 4000—前 3200） | 涅伽达时期（约前 4000—前 3000） |
| 耶姆达特 · 纳萨时期（约前 3200—前 2900） | |
| **阿塔布** | 早王朝时期（约前 3100—前 2686） |
| **伊塔那** | *第一王朝*（约前 3100—前 2890） |
| **巴里** | **美尼斯（纳尔迈）** |
| 早王朝一期（约前 2900—前 2750） | |
| | *第二王朝*（约前 2890—前 2686） |
| 早王朝二期（约前 2750—前 2600） | |
| | 古王国（约前 2686—前 2181） |
| **吉尔伽美什** | *第三王朝*（约前 2686—前 2613） |
| 早王朝三期（约前 2600—前 2350） | |

（Loki）*。重新统一南北的国王哈塞海姆在阿拜多斯有一座巨大的陵墓，镶嵌着金、铜和大理石。但是没有人为他殉葬，没有侍从跟随他而死。王位之争表明法老并不是神，其他人也可以宣称自己拥有王权。

* 洛基，北欧神话的恶作剧之神、火神和邪神。——译者注

/ 10

# 第一位史诗英雄

约公元前 2600 年，在苏美尔，
吉尔伽美什成为一个传奇。

吉尔伽美什在死后还不到 100 年就已经成为传奇英雄，而这时埃及国王正试图建立属于自己的神圣王权。吉尔伽美什杀死了大巨人和天牛，拒绝了女神依南那的求爱，甚至潜入了众神花园，他身上人的气味还惊动了太阳神。《吉尔伽美什史诗》是我们所知的最古老的史诗故事，它流传至今，使吉尔伽美什的性情即使在他死后 5000 年仍然栩栩如生。

文学作品中的吉尔伽美什和真实历史中的他的关系，就好像莎士比亚剧作中的麦克白与真实的麦克白之间的关系——历史上的麦克白在公元 1056 年杀了国王与其他王族成员，最终也付出了自己的生命。现实生活为此类伟大的英雄故事提供了一块跳板，人们借助这些故事创造出更为宏大、高于生活的故事。英雄人物本身在故事中被保留，经过夸大和改编，但故事基本上还是真实的。

我们很容易就能把莎士比亚的戏剧《麦克白》和其背后的历史事件区分开。毕竟，苏格兰国王麦克白的生活细节可以在其他资料中查到。然而，除了史诗之外，有关吉尔伽美什的生活细节只能在两段铭文、苏美尔王表，以及一两首诗中找到只言片语。前文所述的阿伽向吉尔伽美什求和未果的故事就来自一首诗歌。这首诗用苏美尔语创作，而且很可能是在口耳相传了几十年（甚至几百年）之后才被写在泥板上的。我们现在掌握的副本大约写于公元前2100年，当时乌尔王下令让抄写员把吉尔伽美什的故事记录下来。这位名叫舒尔吉（Shulgi）的国王之所以想记录下吉尔伽美什这位伟大国王的事迹，是因为他声称吉尔伽美什是他的祖先（其实这很可能说明舒尔吉像吉尔伽美什一样也是个篡位者，跟他根本没有任何关系）。[1]这些诗歌创作的年代与吉尔伽美什生活的年代已经相隔甚远，所以我们只能小心翼翼地推论说，它们确实传达了一些关于这位历史上的国王的事实。

史诗里也包含一些历史事实，但是要把它们梳理出来却比较困难。

大家可以去书店翻阅一下《吉尔伽美什史诗》，你会看到，史诗由六个相互关联的故事组成，就像由六个单元组成的长篇小说。在第一部分“恩基都的故事”中，吉尔伽美什与上帝派来驯服他的怪兽恩基都交上了朋友；在第二部分“雪松森林之旅”中，他打败了怪兽洪巴巴；在第三部分“天牛”中，吉尔伽美什惹怒了依南那，恩基都为此受到了惩罚；在第四部分“吉尔伽美什之旅”中，他找到了长生不老的乌特纳庇什提（他是苏美尔人传说中类似挪亚的形象，经历了大洪水并长生不老）的处所；第五部分是乌特纳庇什提向吉尔伽美什讲述的“洪水的故事”；第六部分是“吉尔伽美什的探索”，其中吉尔伽美什试图探索永生的奥秘，却劳而无功，就连重获青春的愿望都没能实现。全书的后记表达了对吉尔伽美什之死的悲伤之情。

这部由六个整齐的章节构成的吉尔伽美什探险故事，多少带有一些误导性。史诗曾多次反复被刻在泥板上，而泥板破碎也是常有的事。这些碎裂的泥板分散在古代近东各处，从苏美尔到亚述，所用的语言也五花八门，记录年代在公元前 2100 年到公元前 612 年之间。最早的苏美尔语的版本可以追溯到舒尔吉所刻写的泥板，其中只包含了前两个故事和结尾的挽歌。我们无从确定其余的四个故事是原作中本来就有，后来一度遗失的，还是后来添加的。在公元前 1800 年到公元前 1500 年间的泥板上，第三个故事“天牛”和第四个故事“吉尔伽美什之旅”的一部分开始以阿卡德语的形式跟前两个故事一同出现（阿卡德语出现于苏美尔语之后，苏美尔衰落后使用这种语言的阿卡德人占领了两河流域的平原）。到了公元前 1000 年左右，四个故事的零散碎片开始出现在地中海沿岸，并散布到小亚细亚。关于大洪水的故事，早在公元前 2000 年前就存在很多种版本，它很可能是在吉尔伽美什死后 1000 多年被硬塞进史诗作为第五个故事的，因为它显然独立于史诗的其余部分。（乌特纳庇什提对吉尔伽美什说：“坐下，让我给你讲个故事。”然后马上就开始讲述洪水的故事了，好像自从他下了船就没机会讲一样。）而“吉尔伽美什的探索”讲到他寻找永生之草并得而复失，对此我们所知的只是这个故事直到公元前 626 年才被加进史诗。

存世的六章完整史诗的断代信息大抵如此。它来自亚述巴尼拔（Ashurbanipal）的图书馆。这位亚述国王非常喜欢收藏书籍。亚述巴尼拔在公元前 668 年成为国王。在位的 30 多年里，他摧毁巴比伦，杀死了自己的弟弟（当时是巴比伦国王），并对一个叫约拿的希伯来先知非常恼火，因为他说亚述巴尼拔的都城尼尼微注定要毁灭。到公元前 626 年他死的时候，亚述巴尼拔已经收集了 2.2 万块泥板，并将它们藏于世界上第一个真正的图书馆中。这些泥板中有 12 块刻着《吉尔伽美什史诗》，其内容跟我们现在看到的样子差不多。

鉴于距离吉尔伽美什生活的年代久远，因此只有前两个故事有一定的可信度。吉尔伽美什精力过剩，这让其子民备受其苦，他北上雪松林的经历和人们在他葬礼上所唱的挽歌都反映了一些历史事实，尽管其中肯定存在扭曲。

更重要的是，在这部世界上最早的史诗中，这些故事毋庸置疑是整部史诗的核心。在史诗中，死亡既是灾难又是解脱。

在第一个故事“恩基都的故事”中，乌鲁克王蛮横暴虐，人民开始怨声载道：

> 吉尔伽美什把战争当作娱乐，
> 不分白昼与黑夜，他的残暴毫无收敛，
> 他把儿子从父亲身边夺走，
> 虽然国王应当是个牧羊人，保护他的子民。[2]

众神赐予苏美尔的王权具有巨大的权威，可以守护城邦，现在却演变成了一种暴政。乌鲁克的子民祈求众神解救他们。听到他们的呼声后，众神用黏土造了一个叫恩基都的巨兽，并把它放到苏美尔的荒原上。恩基都“丝毫不了解耕地，对人类和人类的生活方式一无所知”，也不认识已经成为苏美尔文化中心的筑有城墙的城邦。

恩基都看上去是一个天神般的强壮巨人，但是行动起来像一头野兽，在平原上流浪，吃草，和动物一起生活。实际上，这是一个与城市居民格格不入的游牧民的漫画般的写照。

吉尔伽美什听说来了这个新人之后，派一个妓女到荒野诱惑他，从而制伏了他。（诗歌中这样写道：“她脱光了身上的衣服。”）恩基都就这样被简单的策略轻易征服了，六天七夜都沉迷于肉体的享乐。当他最终起身并打算回去和其他的动物一起生活时，它们却都从他的身边逃走了——他已经变成了人。

> 恩基都的力量减弱了。
> 他的身体变得虚弱，野兽从他身边逃走。
> 但是他也变强了，
> 因为他拥有了智慧，
> 他拥有了人类的头脑。

恩基都既然拥有了人类的头脑，那他就必须到城里去生活，那里才是适合他居住的地方。那个妓女说可以带他去“高墙耸立的乌鲁克，在那里吉尔伽美什像驯服野牛一样管理自己的子民”。

当他们来到乌鲁克时，吉尔伽美什正在搅乱一场婚礼，他要求得到新娘的初夜，多年来他一直是这么荒淫无度。《吉尔伽美什史诗》说：“乌鲁克的国王要求得到新娘的初夜，这是他与生俱来的权力。”恩基都对这种滥用权力的行为感到愤愤不平，他挡在吉尔伽美什去新娘卧房的路上。两人开始搏斗。这是一场势均力敌的较量，吉尔伽美什以往从未遇到过能跟他较量的对手。最后虽然国王赢了，他却对恩基都过人的力量备感惊异，二人最终盟誓结拜。两人的友谊驯服了吉尔伽美什的暴虐倾向。乌鲁克人大松了一口气，和平终于降临到他们的城市。

当然，这场角力并不仅仅是场简单的角力。故事的主线是苏美尔人对王权的一种模糊认知。王权是众神为了保护人类而赐予人类的礼物；人们期望国王能带来正义，禁止恃强凌弱。所以，很显然，一个国王要想匡扶正义，就必须足够强大，那样才能实现自己的意愿。

然而，这种力量同时也是十分危险的，因为它会带来压迫。一旦出现压迫，苏美尔城邦的机制便开始扭曲和耗损。在乌鲁克，国王就是法律，如果国王自身腐败，那么法律的本质就会被扭曲。

史诗中尽管只是隐晦地提到这一点，但它仍然是十分可怕的。吉尔伽美什不是和他自己角力，而是和从城外来的怪兽打斗。在这场在新娘门外进行的角力中，吉尔伽美什实际的对手是他自身的不文明的影子。毕竟，众神在造恩基都的时候：

> 是照着他的影子造的，
> 第二个自我，就如同他那狂暴的心：
> 让他们互相争斗，
> 这样城市才能得到和平。

吉尔伽美什雪松林之旅的故事与此并无太大不同。吉尔伽美什再次展现出为了追寻自己的欲望而一意孤行的倾向：

> 我将战胜大巨人，

这将使我的声名永远流传。

他在乌鲁克的长老会上这样说。他们试图控制他的野心，对他说：

你还年轻，吉尔伽美什。
你的心把你拉得太远。
巨人不像我们人类，人会死去。

但是他固执己见，最终长老们屈服了。吉尔伽美什和恩基都一起出发去攻打巨人。长老们安排恩基都保护国王的安全。

吉尔伽美什之所以一意孤行北上，是因为他渴望成名，同样出于对名声的渴求，他逼迫自己的人民加入战争。但是，威胁乌鲁克和平的力量又一次以外力的形式出现。邪恶一直潜伏在那里，是在北部的森林里，而不是在国王的灵魂中。

还有另一个危险也潜伏着。在最早的故事中，吉尔伽美什已经深为死亡所困扰。甚至在出发之前，他就思考了关于自己的死亡一事。他似乎已经能平静地接受死亡这一不可避免的结局：

谁能升入天堂？
只有众神永远住在那里。
人们都数着自己的时日过活。
但是即使我倒下，我也将赢得美名，
万古流芳。

但是，在他的脑海中，他也想到自己可能在战斗中倒下。在去和洪巴巴以及大巨人搏斗的路上，他做了三个梦，每次醒来的时候他都会大叫：“一个神从我身边经过，我的肉体在颤抖！”第三个梦最让他担忧：

日光消退，黑暗扩张。
电闪雷鸣，大火奔突。
死亡从天而降。

他被吓坏了，想要回头，但是恩基都说服他继续前行。然后，在与洪巴巴决斗的前夜，吉尔伽美什酣然入睡，恩基都好不容易才在战前叫醒他。

尽管凶兆不断，但他仍然避免了死亡。到了故事的结尾，乌鲁克安然无恙，而大巨人被打死了。但是吉尔伽美什承认，他的时日不多了。他由于知道自己无法永生而生出的对死亡的恐惧，成了史诗剩余内容的核心。无论其余的故事是何时被纳入整个史诗中的，每个故事都表现出对死亡越来越多的恐惧和为了避免死亡的越来越大的决心。吉尔伽美什潜入到众神的花园里，希望能找到让死去的恩基都复活的办法；他在寻找长生不老的秘方时恰好听闻了大洪水的故事；他想方设法找到了能让人重返青春的药草，吃了这种药草即使无法长生不老，也会延年益寿，但是这株神草却被水蛇偷走了。他为了避免死亡而拼尽全力，多方谋划，上下求索，四处探寻，但始终没有成功。*

对于苏美尔人来说，这却是一件好事。史诗结尾处的葬礼挽歌从最开始时就有。这一部分并没有被收录在亚述巴尼拔图书馆的版本中；显然，亚述人觉得这个结尾和以前那些追寻长生不老的努力所带来的结局大相径庭，太不和谐。这首挽歌把苏美尔人对王权的忧虑融入几行诗句中，表达得比其他任何地方都更为直接。

你被赋予王权，
却不能拥有不朽的生命。
你有权力抓捕或释放他人，
也有至高无上的权力，
可以赢得战争。
但是不要滥用这项权力。
请公正地对待官殿里的仆人。

国王已经躺下，
他进入了深山，

---

* 苏美尔人死后要去的世界实在是一个让人难以忍受的地方。到目前为止，据我们所知，苏美尔人认为人死后会来到这样一个地下世界：那里既不完全明亮也不完全黑暗，既不温暖也不寒冷，吃的喝的都寡淡无味。据一首苏美尔诗歌记载，那里所有的人都一丝不挂地四处游荡。要到达这个地方，还要跨越一条吞噬血肉的河流，它是那么遥远而又令人不快，吉尔伽美什在恩基都死后整整一个星期都不想让他到那儿去，直到最后不得不埋葬恩基都的尸体。

恩基都，我的朋友……
我哭了他六天七夜，
我不让人埋葬他
直到蛆虫从他的鼻孔里钻出来。

[《吉尔伽美什史诗》泥板 X 号，斯蒂芬妮·达利（Stephane Dalley）翻译，引自《美索不达米亚神话》（*Myths from Mesopotamia*），第 106 页]

对任何一个苏美尔人来说，永远生活在这个灰色的、毫不吸引人的地方都是可怕的前景。

再也不会回来。
那些没有手脚的敌人，
他们没有水喝，也没有肉吃，
敌人沉重地压在他身上。[3]

在苏美尔，吉尔伽美什死后没多久，人们就开始把他奉为神明。但是他的神性显然是通过他为城邦付出的艰苦卓绝的努力（毕竟，国王和神的作用都是保护自己的城邦，并使其变得更加强大）而获得的，这种神性最终无法避免死亡的限制。就像很久以后北欧神话中的巴德尔（Baldar），吉尔伽美什是神圣的，但是这种神性无法使他拥有不死之躯。

实际上，由于吉尔伽美什精力过人，这反而使他的死亡显得更为必要。就算他一直很邪恶，他的力量最终也会耗尽。即使是苏美尔最强的王也会死去。权力这种骇人的力量，既可以为子民效力，也可以与子民为敌，但是史诗中提到的没有手脚的无形敌人却能限制这种权力。在这世界上第一部史诗故事中，就像在苏美尔王国历史上那样，国王吉尔伽美什尽管曾经战无不胜，或是打败了敌人，或是伏击了敌人，或是劝服了对手，但最终还是没能战胜这最后一个敌人。

# / 11

# 第一次战胜死亡

公元前 2686 年至公元前 2566 年，埃及第三王朝和第四王朝的法老为自己建造了陵寝。

本章我们再来看埃及的情况。第三王朝的法老开始用他们各自的方式来寻找战胜死亡的方法。

这一阶段埃及处于相对和平的状态，第三王朝早期的法老左塞（Djoser，亦译作“乔塞尔”）向西奈的铜矿以及绿松石矿进行了数次远征行动。* 那时埃及的官僚机构开始有了雏形；埃及被划分为若干个省份，每个省都由其省长管理，省长向王室汇报。左塞不断扩大疆域，将埃及南部边境一直扩大到第一瀑布。据后来在阿斯旺发现的一块铭文记载，他将新征服的土地中的一部分献给了当地的克奴姆（Khnum）神，以报答他结束了 7 年的饥荒。[1] 这里的“7”可能只是传统上“很久”的一种表达方式，不管怎样，这也证明了尼

---

* 除了左塞之外，我们对第三王朝的其他国王也像对第二王朝的国王一样，知之甚少。

罗河洪水泛滥次数的减少，给法老们宣称自己拥有神权这一说法带来了不少麻烦。

左塞在位时，法老们扮演着对抗变革的缓冲器，这种角色已经固化成一种仪式。一块浮雕显示左塞参加了一次赫卜–塞德节（heb-sed，一种狂欢节），在这次节日庆典中，国王要绕着赛马场象征性地跑上一段。人们都希望他赢得这次体能比赛，因为在某种程度上，他的体能与国家的兴旺发达是息息相关的。赢得赫卜–塞德节的比赛可以重新印证法老保护埃及的权力并确保尼罗河的水位会继续规律性地涨落。

埃及人觉得需要这样一种定期举行的节日，这表明人们担心，如果没有这种礼仪性的活动来加以强化，法老的力量可能会逐渐消失。毫无疑问，法老仍然象征着一种神性，但是前两个王朝中的斗争也使法老人性的一面展现得非常明显。当一种观念开始失去原有的某些惊人的力量时，有人就会用一些仪式和制度来辅助它，而之前这些东西是完全不必要的。在这种情况下，依靠魅力或神赐而选出领导者的制度就让位于一个规则和继承机制。权力的自然展示在节日庆典上被神化；法老在执行国家意志的时候，其人性的一面被抹杀了。

左塞去世后并没有葬在阿拜多斯这个传统的法老墓地。他已经在北部的萨卡拉为自己建好了陵寝。他也没有沿袭第二王朝时期用土坯砖修墓室的传统。他的陵墓用石块建成，可保永不毁坏，因为陵墓不是他的灵魂进入另一个世界的始发地，而是法老继续生活的地方。

左塞的坟墓周围是为其灵魂存在而准备的整个城市。这里修了一条赫卜–塞德节的跑道，这样国王就可以继续跑步，保持青春。在墓葬群周围，还建起了各式各样的石头建筑，采用的是传统的埃及式样：石墙上雕刻着芦苇，石头围栏则好像芦苇束，甚至一个半开着的木栅栏也是用石头雕成的。这些用石头雕刻的芦苇和木头不会腐朽分解，它们可以永远存在于世上。法老的灵魂也是如此。在一个小型的墓室里有一个真人大小的左塞雕像，面朝东坐着，裹着一件用石灰石雕刻的白色斗篷。墓室的墙上钻有两个孔，这样雕像就可以看到窗外初升的太阳。孔的下面是一个祭坛，祭司将食物供奉于此；左塞可以闻到食物的香味，在精神上继续享用。

法老再也不用长途跋涉前往冥王奥西里斯的领地（不论是否有殉葬的随从陪同），他会一直待在这里，继续使用建筑物，食用祭品，在赫卜-塞德跑道上使自己和埃及重新焕发青春。他无须人殉来确保拥有安逸的死后生活。活着的人可以在他的死亡之城中继续照顾他。

在死亡之城的中心，建立了埃及的第一座金字塔：阶梯金字塔（Step Pyramid）。六级石台一级一级垒起，高度大约是 60 米。金字塔最底层的下面挖有通道，一直通到国王及其家人的墓室。

这个奇怪的建筑是由左塞的宰相伊姆霍特普（Imhotep）设计并指导建设的。曼涅托告诉我们，伊姆霍特普是历史上第一位设计石制建筑的人。虽然考古学家认为，阶梯金字塔的形状仅仅是一种早期埃及建筑形式的延伸，但我们仍然无法准确得知，到底是什么启发了伊姆霍特普设计出这种新奇的坟墓。阿拜多斯的陵墓周围砌有石墙，顶部是石头砌的方形平顶，或者上面建有一个石头建筑，这种结构称作马斯塔巴式结构（mastaba）。从本质上来说，阶梯金字塔就是一个巨大的马斯塔巴式结构，它的上面又依次有五个较小的马斯塔巴式结构。也许伊姆霍特普只是在这里的陵墓群中间设计了一个巨大的马斯塔巴式结构，然后在它上面一层一层地垒起同样的结构。

但是我们找不到任何有说服力的理由说明他为什么要堆叠这些马斯塔巴式结构。伊姆霍特普更可能是从苏美尔人那里借鉴了阶梯金字塔的形状，后者使用塔庙（ziggurat）这种阶梯式神庙来进行祭祀。考虑到古时贸易路线的发展程度，埃及人无疑是在苏美尔看到过这些高耸入云的神庙。

我们并不十分清楚苏美尔人的塔庙本身的功能。它们可能是偶然被设计出来的。在苏美尔最神圣的地方，像古城埃利都，当神庙变得破败之后，人们会拆掉老的建筑，在其周围用夯实的黏土包裹一层，然后在上面建一座新庙。长此以往，这里就会产生一些阶梯状的平台，每一层都会围有一堵土墙。很可能在几个世纪的过程中，这种阶梯式结构逐步变成一种被普遍接受的形式，随着年岁久远而变得神圣，而且塔庙也变得越来越高，在此苏美尔祭司所举行的仪式变得更加神秘难测，因此也十分有用。[*] 塔庙的顶部可能是众神的基座，他们下凡的时候可以把脚踏在上面。[**] 我们并不确切知道左塞的灵魂打算在阶梯金字塔里做些什么，但是伊姆霍特普的创新为他赢得了很多荣誉。左塞统治时期竖立的伊姆霍特普的一座雕塑的基座上刻有他的头衔：他是下埃及国王的财政大臣、上埃及国王之下第一人、

---

* 在 1980—1988 年的两伊战争中，萨达姆在乌尔就将那里最大的苏美尔金字塔当作高射炮阵地，因为这里比周围的任何建筑物都要高。

** 在古代近东地区，为神设置一个放脚的地方是一种很常见的崇拜形式。这种做法一直延续到所罗门圣殿的建造，它的门廊上就有两根 8 米高的铜柱。南边那根柱子的希伯来文名称的意思是“他所竖立”和“在他身上存在力量”，很可能它们是用作亚伯拉罕神的象征性的基座。（《列王纪》记录了这两根柱子，或许暗示所罗门建立神庙并不是纯粹出于宗教的目的，参见第 43 章。）

王宫的总管，以及太阳神赫利奥波利斯的大祭司、太阳神的仆人。[2]他死后还被追尊为埃及最伟大的祭司和最伟大的智者。不久，他又被奉为医神，医学是人类为了对抗死亡创造的另一个领域。[3]

阶梯金字塔是了不起的埃及金字塔中的第一个，它更多的是展示人们试图重新定义死亡的努力：死亡只是肉体消失，而精神仍然存在。它还展示了一个崭新的埃及王朝的开始：和平、统一，并拥有一个有序的官僚体制。左塞在位只有 19 年，这对于建设这样一个庞大的石头建筑项目来说是很短的一段时间。在这 19 年中，人们必须用铜制的工具来开采石头，并从很远的地方把石块搬运过来；据希罗多德记载，建造金字塔所用的石头是从埃及东部的山脉以及红海西岸开采并运过来的。[4]建造金字塔则需要组织良好的壮丁来完成，这些人不能继续务农或参加征战。建造金字塔需要社会的繁荣与和平，并需要大量的税金。伊姆霍特普的头衔是“宰相”或“元老”，表明监督税收征管也是他的一项工作职责。这标志着埃及首次有了正式的国家税务局。

只有一个强大而富裕的国家才能派遣大批工匠去采石场工作，并有能力供他们吃穿。埃及社会的繁荣和组织能力已经达到了一个新的水平。为此，金字塔时代的开始也标志着埃及开始进入历史上的一个新时代：埃及古王国时期。

前两个古王国朝代建筑的金字塔有九座留了下来，其中有一些建得比别的更成功，但是所有的金字塔都显示出对人力和资源掌控达到了极高的水平。左塞之后的法老是塞汉赫特（Sekhemkhet），他也尝试了同样的壮举。我们对塞汉赫特所知甚少，只知道他时时自危。他犯有典型的“我的要更大”的心病，所以计划修建一个七层的金字塔，而不像左塞那样建造六层。但是塞汉赫特的金字塔从未完成。他在位六年之后便过世了，因此他的金字塔才建到第一层就停工了。

第三王朝的第四个国王哈巴（Khaba）也建了一座金字塔。哈巴的阶梯式金字塔并没有建在萨卡拉，而是建在了往北几千米远，几乎已经进入下王国的地方，不过当时埃及南北方之间的紧张局势已经缓解。这座金字塔原计划也要建成七层的，比左塞的更高。建筑哈巴的金字塔超出了埃及人的能力，所以这座金字塔也没有完成。第三王朝的最后一座金字塔美杜姆金字塔（Meydum Pyramid）也未完成；这座金字塔是由第三王朝的最后一位国王胡尼（Huni）建造，本打算建八层。

与之前的两座不同，这座金字塔由下一个王朝的第一位国王建成。在我们看来，第四王朝与第三王朝最显著的不同在于，第四王朝的国王终于弄清楚了该怎么修建金字塔。

斯奈夫鲁（Snefru）甫一即位就开创了新的局面。首先，他使美杜姆金字塔完工，并进行了一些创新。一方面，美杜姆金字塔的墓室建在金字塔的内部，而不是像之前的阶梯金字塔、层级金字塔和那些未完成的金字塔那样，将墓室置于金字塔的下层或附近的地下。他还给美杜姆金字塔内部添加了一条很宽的通道，向下一直通到“祭庙”。祭庙是位于金字塔东边的一个神殿，面朝东方，迎着初升的太阳，人们在那里献祭。不久，这两个创新都变成了金字塔的标准结构。

最有趣的是斯奈夫鲁还试图给美杜姆金字塔加上一个外层。前四座金字塔全都是阶梯式金字塔，它们都像塔庙那样有着带阶梯的四边。但是美杜姆金字塔周围堆着很多碎石瓦砾，这表明工匠曾试图用一种石材给金字塔加上一层光滑的表面。[5]

如果这项工作得以完成，美杜姆金字塔就会是第一个我们所熟悉的那种有着光滑表面的金字塔。然而，斯奈夫鲁的建筑师（他没有被神化）并没有伊姆霍特普的那种高超技艺。这座金字塔坍塌了。美杜姆金字塔剩下的部分仍然在那里屹立着，就像被吃了一半的结婚蛋糕一样，周围是塌下来的碎石。

这座塌了的金字塔地下没有埋葬任何法老。通道尽头那间狭小的没有窗户的小祭庙看上去也不起眼，不会让人觉得这是什么了不起的东西。几个世纪后，一些埃及人路过这个小祭庙，在上面潦草地写下了“斯奈夫鲁国王美丽的祭庙”。这可以说是历史上第一个涂鸦讽刺的例子。

斯奈夫鲁并没有放弃。除了远赴西奈矿山挖矿和去黎巴嫩港口贸易的记载之外，我们对第四王朝的第一位法老知之甚少（在威斯卡莎草纸档案中有这样一个故事：一天，斯奈夫鲁觉得无聊，就让他后宫最漂亮的二十个女孩不穿衣服，身上只披着一张渔网，在围绕宫殿的湖上为他划船），但是他至少很固执。美杜姆金字塔的建筑实验失败之后，他重新开始修建一座新的金字塔，这一次是在另外一个地方达赫舒尔（Dahshur）——位于萨卡拉往南一点的地方。

从一开始，这座金字塔就与众不同。它被设计成斜坡面，表面是光滑的石灰石，在阳光下闪闪发光。

关于这座金字塔有很多猜测，其中最吸引人的未解之谜就是：为什么人们原本以为没有什么建筑才能的斯奈夫鲁可以发明一种新的建筑形式，把金字塔的表面建成光滑的而不是阶梯式的？这里面有什么宗教意义吗？这是否象征着对金字塔的一种新的理解——把它当作某种地标而不是灵魂居住地的建筑群中心？

我们不知道这是为什么。但是由于斯奈夫鲁并没有彻底搞清楚

**图 11–1 曲折金字塔**

曲折金字塔的侧边角度突然发生的变化。图片来源：理查德 · 希曼

如何计算角度，他的新的平滑面金字塔后来变成了曲折金字塔。这座金字塔原本应该有光滑且陡峭的侧面，但是建到中途，斯奈夫鲁和他的工头似乎就意识到他们的测量出了偏差。如果金字塔继续以如此陡的角度往上建，由于基底过于狭窄，那么石头的重量很可能会压垮整座金字塔。所以，他们立即修改了角度，结果金字塔变得既驼背又耸肩，其侧面在中间拐了个弯。

这座金字塔最后完工了，但是从未使用过。斯奈夫鲁还未能建好一个令他满意的永恒的安息之地。在统治末期，他开始修建第三座金字塔。

北金字塔（Northern Pyramid）坐落在曲折金字塔北部约 2 千米的地方，比之前那些金字塔基座更大，高度也更低。曲折金字塔上部侧面的角度从底部的 52° 改成了较为平缓的 43° ；北金字塔在设计的时候，侧面的角度就是 43° 。在这次最后的尝试中，斯奈夫鲁精心设计，直到 4000 多年后的现在，处在 200 万吨重石头之下的墙壁或天花板也没有出现裂缝。

北金字塔（也被称为“红色金字塔”，因为石灰石表面脱落后露出下层的砂岩在阳光下闪耀着红色）可能就是斯奈夫鲁最后安葬的地方。考古学家在里面发现了一具尸体，并将其运送到大英博物馆进行鉴定；但这具尸体在途中遗失了，再也没有找回来。

不论斯奈夫鲁的尸体最终遗落何处，他都接连建了三座金字塔，表明埃及人相信法老死后其灵魂是永存的，这一信念通过宗教仪式的形式固定了下来。斯奈夫鲁决心为自己建好一个最后的安息之地，这里不仅得是他去世后灵魂活动的好去处，而且还要比其他法老的长眠之地要好。从某种意义上说，死亡现在已经被驯服了。此时的法老都相信自己死后仍会继续活在他的子民心中，这让他们感到无比欣慰。这样，他就会考虑如何超越之前的那些法老。

斯奈夫鲁能够完成一座金字塔并且另外还建造过两座金字塔这一事实表明，埃及现在比以往任何时候都富裕和平，人们也更服从法老的权威。斯奈夫鲁的儿子胡夫继承了他的王位，并将王权发挥到了极致。* 他继续进行此前的法老就做过的军事远征，这对于埃及国王来说已经变成平常之事。他派人前往西奈，通过贸易得到绿松石；他还计划修建自己的金字塔。

据希罗多德记载，胡夫统治了 50 年。埃及历史学家估算，他统治的时间只有 25 年，但是这一段时间也足以让他建设历史上规模最

---

* 希罗多德在提到胡夫的时候，使用的是他的希腊名字基奥普斯（Cheops）。

大的建筑工程。他的金字塔即“大金字塔”（Great Pyramid）以斯奈夫鲁的完美设计为基础，是一个完整的建筑整体：大金字塔本身有一段堤道通往放置祭品的河谷神庙，此外，还有三座小的金字塔，可能是用于安葬胡夫的王后的。

这座金字塔建在一个新位置，即吉萨平原上，最高处约有 147 米。四边的坡度是 51º52′，比斯奈夫鲁最终建成的北金字塔更陡一些，但又不像那个失败的曲折金字塔那么陡；胡夫的工头吸取了此前建筑金字塔的经验教训。大金字塔的侧面都非常光滑；每一面都大约是 230 米长，每个面的长度都一样，误差不超过 20 厘米。北面的轴线连接着国王的墓室，被设计指向北极星。

虽然我们对胡夫的生活所知甚少，但是关于他在位时的各种故事越聚越多。其中一个故事说，为了给修建大金字塔的那些成千上万的工匠提供饮水，胡夫建造了世界上第一座大坝：卡夫拉大坝（Sadd al-Kafara），位于开罗以南约 32 千米处。大坝建好后所形成的湖泊约有 24 米深，这是世界上第一个水库。另一个故事说，大金字塔的建造者对诸神非常不屑，连续好几年都在嘲笑诸神，可是最后他悔改了，并写了一系列“圣书”（Sacred Books）。[6] 希罗多德提到，为了建造大金字塔，胡夫“使埃及处于一种非常可怕的境况……命令所有的埃及人为他干活”。[7] 他还一本正经地补充说：“他实在是一个恶棍。”

希罗多德把所有法老的次序都搞错了，所以在这个问题上他也是靠不住的；从来没有人发现他所谓的“圣书”，可能它们从来都没有存在过。但是有关胡夫为人邪恶的记载却有多个来源。为了修建他的纪念碑——一座由 250 万块石头组成的建筑物，每块石头平均重 2.5 吨——胡夫调动了世界上最大规模的劳动大军。即使这些工匠不是地位卑微的奴隶，一个国王能够调动如此多的劳力，也突出说明了他对国人有着至高无上的权威。矗立在那里的金字塔，本身就证实了这种权威。

然而有关胡夫残酷无情的故事表明，他为了自己的利益牺牲他的子民，这使他的权力行使得并不特别顺畅。他的野心也导致人们对他不再虔诚；他忙于建设，于是关闭了寺庙，并告诉人们停止祭祀。希罗多德曾经讲述了一个特别讽刺的故事：胡夫由于缺乏资金，需要再征收一些钱财，于是把他女儿关在一间屋子里，命令她要招待好任何人，前提是去看她的人要给他交钱；她这样做了，而且在每个人离开的时候告诉他在工地为她堆一块石头。居中的那座皇后的金字塔就这样建成了，它位于大金字塔附近，这座金字塔代表着高级妓女拉客的某种世界纪录。[8] 到胡夫在位期间，伊姆霍特普建造第一个金字塔作为墓地的最初目的已经变得模糊不清。大金字塔以及随之而来的其他金字塔建筑，都属于我们所谓的“纪念性建筑”的古老实例，这些建筑规模超级宏大，远远超过了实用性要求。用考古学家布鲁斯·特里格（Bruce Trigger）的话说，“消耗资源的能力，特别是以非功利性方式动用他人的劳力，是威权最基本的、最为人所知的象征”。[9] 金字塔越是不必要，越是缺乏使用价值，就越证明命令建设它们的人的权威。供灵魂栖居的房子已经变成了闪闪发光的权力的实证。

我们所知的有关胡夫的一切几乎都与他的金字塔有关。无论他有什么其他成就，它们都已经湮没在历史中。

相对于历史上的其他建筑而言，围绕大金字塔出现了更多的理论——唯一的例外可能是巨石阵。有关金字塔的理论，从“虽然有

**地图 11-1　古王国的金字塔**

道理但是极难证明”到“彻头彻尾的荒唐之论”，林林总总，各式各样。其中的一些理论认为：吉萨平原上的金字塔的布局，对应了从地球上观察到的猎户星座的图案（有可能，但是缺失的星星未免太多，不够让人信服）；大金字塔位于地球的地理中心（只有当你使用墨卡托投影法观察时才成立，但是古埃及人不太可能利用这种方法）；古埃及人使用了一种名为“双蛇杖线圈”（Caduceus Coil）

的能量圈，接入并借用了“行星能源网”（planetary energy grid），使他们可以将石块运到指定的地方。可以说这个理论非常神奇诱人，只不过把时代搞错了，“控制这种网络的是约柜”。[10] 也有人认为，大金字塔是由亚特兰蒂斯的居民所建，他们从传说中神秘的大陆乘着神秘的大船，漂洋过海到这里来建造了金字塔，但是又不知出于什么特别的原因，抛弃了这些金字塔。还有一些理论家坚持认为，数学计算表明，大金字塔是一个“按比例放大的半球体”，并指出，建造大金字塔的人“知道地球精确的周长，知道一年究竟有多长，而且能够将这一数字精确到小数点后好几位”。[11]

有关金字塔的奇谈怪论的鼻祖是埃里希·冯·丹尼肯（Erich von Däniken），他是瑞士人，是个酒店管理员，20 世纪 60 年代他转行写书，出版了《众神的战车》（*Chariots of the Gods*）一书。丹尼肯坚持认为金字塔不可能是由埃及人建成的，因为他们当时不具备必要的技术能力；并且，金字塔是没有任何征兆突然出现的，这意味着它们极有可能是外星人建造的。

埃及人不擅长抽象的数学计算的确是事实。然而，通过目测确保金字塔底座的直线准确并不是多么复杂的任务；这需要合格的计算能力，但不需要掌握更高等的数学概念。搬运巨石是一项艰巨的任务，但是这也仅仅是机械上的困难。据希罗多德记载，古埃及人是通过土坡把石块拖上去的，这并不是不可能完成的任务；实验表明，100 个人可以用纸莎草编的绳子拖动一块 2.5 吨重的石头 [12]，特别是，如果在巨石块下面垫上用坚硬的白云石做成的光滑的球，将其作为滚轮来用，那就更容易了。

至于亚特兰蒂斯的传说和外星人，胡夫之前那些失败的金字塔清楚地表明，建设金字塔的想法不是从什么外星人的头脑里一下子

| 时间线 11 | |
|---|---|
| **美索不达米亚** | **埃及** |
| 耶姆达特 · 纳萨时期（约前 3200—前 2900） | |
| **阿塔布** | 早王朝时期（约前 3100—前 2686） |
| **伊塔那** | *第一王朝*（约前 3100—前 2890） |
| **巴里** | **美尼斯（纳尔迈）** |
| 早王朝一期（约前 2900—前 2800） | |
| | *第二王朝*（约前 2890—前 2686） |
| 早王朝二期（约前 2800—前 2600） | |
| | 古王国（约前 2686—前 2181） |
| **吉尔伽美什** | *第三王朝*（约前 2686—前 2613） |
| | **左塞** |
| 早王朝三期（约前 2600—前 2350） | *第四王朝*（前 2613—前 2498） |
| | **斯奈夫鲁** |
| | **胡夫** |

跳出来就完善了的。从左塞最初的灵魂之城到胡夫的庞大的安息地，金字塔一直沿着一个明显的轨道发展。金字塔像是一种证明，但不是证明外星人曾到访过地球，而是证明了古埃及人在面临死亡之时不愿意放弃人间的权力。吉尔伽美什已经走进深山，不会再回来。但是对于古埃及人来说，如果总是能看到国王的灵魂居所就在远处若隐若现，法老的权力就将永世长存。

## / 12

# 第一位改革者

大约在公元前2350年，一位苏美尔国王因对抗腐败与贫穷而失去王位。

苏美尔人的独立性非常强，因此很难想象他们会认可自己的统治者拥有像埃及法老那么多的权力。要是统治者要求苏美尔公民为了彰显他们统治的辉煌而辛苦劳动二十年来建一座纪念碑，人民可能早就造反了。而且，苏美尔的任何一个国王也不会想到要去强迫其子民做这样的事。吉尔伽美什建立了四个城邦的联盟，这恐怕是苏美尔人见过的最接近统一王国的事情，而这次联盟差一点没等吉尔伽美什过世就瓦解了。他的儿子乌尔伽尔（Ur-Lugal）继承了他的王位，想方设法要保住这个统一的王国，但是由于连年战争，这些城邦的实力都被削弱了。另外，古埃及没有受到过边境以外的迫在眉睫的威胁，但是苏美尔就没有这么幸运了。在苏美尔东边，埃兰人一直虎视眈眈。

埃兰人一直生活在自己的小城市里，它们位于海湾的东部，其历史和居住在美索不达米亚平原的苏美尔人的差不多一样长。像大多数远古时代的人一样，他们最初的起源也不为人所知，但是他们的城邦不仅在里海以南发展起来，而且沿着扎格罗斯山脉东部广袤的盐性沙漠高原的南部边界发展起来。

大约从公元前2700年起，埃兰人也有了国王。苏萨（Susa）和阿万（Awan）是他们文明的中心。其中阿万（其确切位置尚不清楚）是两个城市中地位更重要的一个。埃兰人的任何国王对整个埃兰王国都有管辖权，阿万王的所作所为跟基什城邦的苏美尔国王没有什么不同。

吉尔伽美什死后200年出现的铭文，向我们展示了两个王国之间的竞争。埃兰王国与苏美尔平原上的城邦，如乌鲁克、基什、乌尔、拉格什和后来实力不断增强的乌玛（Umma）等，为了争夺这片地区的控制权进行了一系列无休止的战争。

苏美尔王表上有不少名字都被遗漏了，而且由于它在罗列同时在位的不同城邦的国王名字的时候，给人的感觉就像是他们有先后的继承关系似的，所以很难据此判断出确切的年代关系。不过我们确切地知道，吉尔伽美什的儿子继承父亲的王位之后过了一段时间，乌尔就征服了乌鲁克城，而后来乌尔“在战争中失败，阿万夺得了王权”。这似乎表明埃兰曾大举入侵；而且，基什的下一个王朝的诸位国王都有一个埃兰人的名字。

但是，实际上并不是所有的苏美尔城邦都落入了埃兰人之手。埃兰人入侵后过了一段时间，另一个几乎位于美索不达米亚平原正中心的城邦阿达布的苏美尔王聚集起人马，挑战埃兰人的霸主地位。

这位国王名叫卢伽尔安尼蒙杜（Lugulannemundu），在位时间

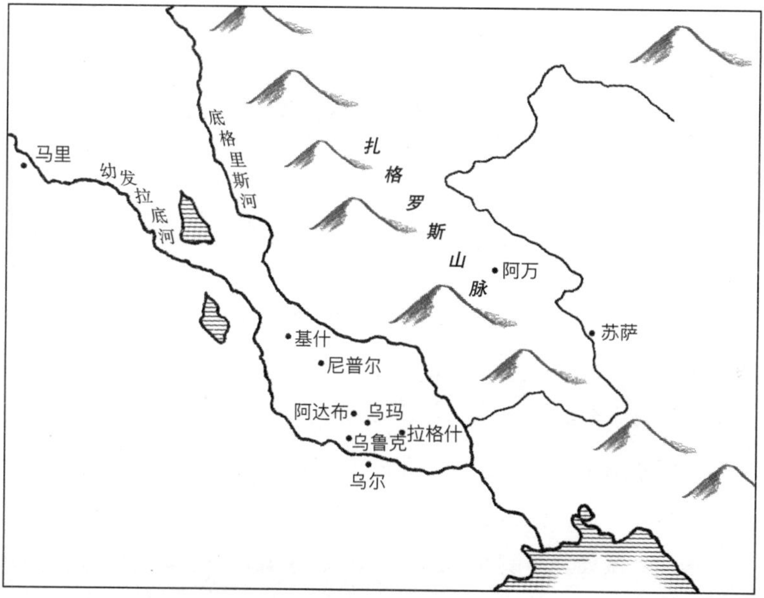

**地图 12–1 苏美尔和埃兰之间征战不休的城邦**

约在公元前2500年前后。为了驱逐埃兰人，他向由13个埃兰人控制的主要城邦组成的强大联盟发起了进攻。他在战争结束后刻写了铭文，记载了自己的胜利；他称自己是“四方之王”（即整个世界的霸主），并宣称他“让所有的异域都定期向他进贡，（并）为其子民带来了和平……（他）复兴了苏美尔”。

如果他确实征服了那些地方，他就会组建起一个比吉尔伽美什所统治的大得多的临时帝国。但是卢伽尔安尼蒙杜的征战虽然可能从埃兰人手里拯救了苏美尔人，并且让其作为一种独立文化存在得更久一点，但是他同时代的人对之无动于衷。没有任何史诗提到过这次征服活动。他的王国存在的时间也没有超过吉尔伽美什的王国。

接下来发生在苏美尔平原上的事件是拉格什和乌玛两个城邦之间的边界争端，这是在一块普普通通的土地上的一场再普通不过的无聊争端，但是它最终葬送了整个苏美尔文化。

记录这场争端起点的铭文是在卢伽尔安尼蒙杜统治结束两三代后写成的，但那时他的王国已经分崩离析了。苏美尔国王统治所依靠的是武力外加人格魅力。他们的王国没有固定的官僚机构来维持国家运转。当王冠从一个勇士传给一个没有多大才能的儿子的时候，王国必然会崩溃。

卢伽尔安尼蒙杜的王国衰落的速度非常之快，以至于他的家乡阿达布这座城市在苏美尔都丧失了原有的地位。拉格什和乌玛发生纷争期间，基什再度崛起，其国王也参与其中。拉格什和乌玛两个城邦大约相距80千米，相互都侵占有对方的领土。基什王麦西里姆（Mesilim）介入进来，并宣布苏美尔的审判神萨塔然（Sataran）向他显灵，告诉了他这两个城邦间应该遵守的合适边界。他提出立一座碑来标出边界线。碑文记述了这件事："基什之王麦西里姆根据萨塔然的话做出了划分。"[2] 显然，这两个城邦同意了这一裁决。其实，直到现在，你也很难反驳神直接跟你说的话。

然而，该协议并没有持续多久。麦西里姆去世之后，乌玛的新国王推倒了石碑，吞并了有争议的土地（这表明此前是由于他们慑于麦西里姆的威严，而不是出于对萨塔然神的尊重，才实现了短暂的和平）。乌玛霸占这片土地达两代之久。之后，拉格什的一位颇具军事才能的国王恩纳图姆（Eannatum）又将其夺回。

我们对恩纳图姆的了解比对其他许多苏美尔王多，这是因为他非常喜欢让人竖立纪念碑并刻写铭文。他留下了苏美尔最著名的纪

**图 12–1 秃鹫碑**

秃鹫碑上刻着秃鹫叼走战败士兵的头颅的图像，目的是庆祝拉格什国王的胜利。卢浮宫，巴黎。图片来源：埃里希 · 莱辛 / 艺术资源，纽约

念碑——秃鹫碑。这块碑以连环画的形式展示了恩纳图姆战胜乌玛的情形。恩纳图姆的士兵戴着头盔，手持盾牌和长矛，一队一队地踩着敌人的尸体向前行进。秃鹫啄食尸体，叼走他们的头。铭文中写道："敌人的尸体堆叠在平原上，他们倒地拜服，为自己的命运哭泣。"[3]

秃鹫碑显示了战争的一种超前形态。就武器而言，恩纳图姆的士兵不仅有矛，而且配有战斧和镰形剑；他们武装统一，这表明他们是一支组织严密的军队（而不是由多个单独的战士临时组织起来的），而且这种概念已深入人心；他们排成整齐紧密的方阵前进，后

来的战争证明，这种队形对于挡在亚历山大大帝征战道路上的那些国家是非常致命的；碑上的图案还显示，恩纳图姆自己驾着一辆骡子拉的战车。* 拉格什的恩纳图姆不仅利用这支组织严密的军队与乌玛对战，而且几乎打遍了苏美尔平原上的所有城邦。他与基什作战，与马里作战，还在边境上跟入侵的埃兰人作战。一生征战之后，他显然是战死在了沙场上。他的弟弟继承了王位。

在接下来的第三代、第四代国王统治期间，拉格什和乌玛经常就边界线的具体位置而征战不休，另外，这些血腥的内战也偶然被埃兰人的入侵打断。乌玛的下一位国王让人焚烧麦西里姆的墓碑和高大的秃鹫碑。这么做基本上没有什么意义，因为碑都是石头做的，烧不坏，不过可能会让他的心情平复一些。恩纳图姆的弟弟将拉格什的王位传给了自己的儿子，后来他被篡位者推翻。[4]

两个王国的纷争开始大约 100 年后，战争仍然在继续。拉格什现在的国王名叫乌鲁卡基那（Urukagina）。乌鲁卡基那算得上是“古代中东的吉米 · 卡特 **”，是第一个有社会公德心的苏美尔国王。他的这一了不起的长处同时也是他的弱点。

与乌玛之间的战争并非拉格什所面临的唯一一个问题。乌鲁卡基那统治时期的一系列铭文描述了这个城邦衰落到了何种程度。它完全是由腐败的祭司和富人统治着，而弱者和穷人却饥寒交迫，充

---

*　类似的战斗场景也显示在“乌尔王军旗”（Standard of Ur）中，这是另外一个重要的苏美尔战争纪念物，制作年代在公元前 3000 年到公元前 2500 年之间。这件文物在乌尔王室陵墓中被发现，这个陵墓的年代属于早王朝三期（约公元前 2600 年至公元前 2350 年）。这是一件镶饰板，几千年之后它仍然色彩鲜艳，上面展示了战士的方阵、战车，甚至有不同种类的护甲，这是一种似乎是用金属线缝制的斗篷。拉格什并不是唯一一个参与高度组织化和专业化战争的城邦。

**　吉米 · 卡特，美国第 39 任总统。在任期间，卡特积极调停以色列和埃及之间的战争，并和中国正式建立外交关系；卸任后致力于促进和平及人道主义，2002 年获诺贝尔和平奖。——译者注

满恐惧。寺庙的土地本应在代表拉格什人民的情况下使用，此时却被不法的寺庙人员占为己有。工匠不得不乞讨食物，学徒拿不到工钱，就去垃圾桶捡拾剩饭剩菜。政府官员则想尽办法征收苛捐杂税，从剪羊毛到埋葬死尸都要交税（一个人要想埋葬自己的父亲，就要支付 7 罐啤酒和 420 块面包来给承办人作为好处费）。由于税负十分沉重，一些父母只有卖儿卖女为奴才能还债。[5] 一块碑文抱怨道："从边界到大海，税吏无处不在。"这种沮丧的词句至今能够使我们产生共鸣。[6]

乌鲁卡基那撤销了大部分税吏，并且减轻了税负。他取消了公共事业的费用。他禁止官员和祭司抢占任何人的土地或财产来抵债，并赦免了大批的债务人。拉格什的官僚机构曾经是藏污纳垢之所，官员在里面进行政治分赃（这些官僚包括船夫的头头儿、钓捕鱼监察员以及"粮店监事"）。他显然还实行了政教分离，剥夺了祭司的权力，从而防止再出现麦西里姆借助萨塔然神的权威建立石碑的权力。他的史官写道："无论在哪儿，都没有人再进一步谈及祭司法官……祭司再也不能侵占那些可怜人的家园。"[7]

乌鲁卡基那想要让拉格什重返公正的状态，就像诸神创立它时那样。"他使拉格什的居民从高利贷、饥饿、盗窃与谋杀之中解脱了出来，"史籍中写道，"他建立了 amagi。寡妇和孤儿不再受有权有势的人欺侮：那是乌鲁卡基那跟拉格什的守护神宁吉尔苏（Ningirsu）所做的约定。"[8]"amagi"是个楔形文字符号，意思似乎是免于恐惧的自由，代表了拉格什公民的生活是由某种不变的法典而不是强者的意志统治着。这可能是人类文字史上第一次出现意指"自由"的词汇；amagi 的字面意思是"回到母亲身边"，反映了乌鲁卡基那渴望让拉格什返回更早、更纯洁的状态。乌鲁卡基那认为拉格什应该变成一个尊重神尤其是这座城市的守护神宁吉尔苏的意愿的城市。拉格什应当回到曾经的模式，回到理想的过去。从人类最早的时候开始，对不曾存在的辉煌过去的怀念往往就与社会改革联系在一起。*

乌鲁卡基那本人并没有从他发起的改革中获得什么好处。在近5000年过去之后，我们想要了解他内心的所思所想是不可能的，但是他的行动表明，他是一个虔诚的人，这种信念超越了任何的政治私心。事实证明，乌鲁卡基那的正直是一种政治自杀。由于他禁止神职人员滥用职权，因此他很不受宗教人士的欢迎。更为严重的是，他代表穷人利益所采取的行动，让这个城市的富人也都记恨他。每一个苏美尔国王都是在长老会和青年会的辅佐下统治国家的，而长老会中的老人不可避免地有很多是城邦中的富人。这些人被称为卢加尔（lugal，意为“大人”）。在乌鲁卡基那的铭文中，这些人都因欺侮他们的穷邻居而受到过严厉的批评。他们不可能默默地承受这种公开指责而不怀恨在心。

同时，拉格什的宿敌乌玛的王座被一个叫卢加尔扎格西（Lugalzaggesi）的人获得，他贪婪且野心勃勃。他带领大军向拉格什进攻，乌鲁卡基那的城邦沦陷了。

很显然，卢加尔扎格西的征服进行得十分顺利，拉格什几乎没有进行什么抵抗。有关胜利的铭文中说：“当土地之王恩利尔将王权授予卢加尔扎格西的时候，在他目光所及之处，从日出到日落，都是他的土地；（而且）他让所有人都拜服于他……土地在他的统治之下欣欣向荣；苏美尔的所有酋长……都向他鞠躬。”[10] 这段铭文的

* 苏美尔学者提出了对这组楔形文字符号的解释之后，这一符号立即被自由基金会（Liberty Fund）采纳作为其标志，这也恰恰证明所有好的社会改革都会被人利用。

| 时间线 12 | |
| --- | --- |
| **美索不达米亚** | **埃及** |
| 耶姆达特·纳萨时期（约前 3200—前 2900） | |
| **阿塔布** | 早王朝时期（约前 3100—前 2686） |
| **伊塔那** | *第一王朝*（约前 3100—前 2890） |
| **巴里** | **美尼斯（纳尔迈）** |
| 早王朝一期（约前 2900—前 2750） | |
| | *第二王朝*（约前 2890—前 2686） |
| 早王朝二期（约前 2750—前 2600） | |
| | 古王国（约前 2686—前 2181） |
| **吉尔伽美什** | *第三王朝*（约前 2686—前 2613） |
| | **左塞** |
| 早王朝三期（约前 2600—前 2350） | *第四王朝*（前 2613—前 2498） |
| | **斯奈夫鲁** |
| | **胡夫** |
| **卢伽尔安尼蒙杜**（约前 2500） | |
| **麦西里姆** | |
| （乌玛）**卢加尔扎格西** （拉格什）**乌鲁卡基那** | |

用词表明，不仅拉格什的祭司，而且恩利尔的圣城尼普尔的祭司也跟征服者联手了。[11] 尼普尔强大的神职人员不可能因为他们南方城邦神职人员权力的被削弱而感到紧张，但这开了一个非常糟糕的先例。即便长老会并未真的出手帮忙推翻乌鲁卡基那，他们肯定也没有奋力地为乌鲁卡基那而战。他的改革为他的政治生涯，甚至也可能包括他的生命带来了一个暴力的结局。

一位史官的记述肯定了乌鲁卡基那的做法，并且预言这位好国王的大仇肯定有人会替他报。这位史官提醒人们说："乌玛人摧毁了拉格什的砖墙，他们对守护神宁吉尔苏犯下了大罪；宁吉尔苏会砍下那些举起武器反对他的人的手。”这个记录的结尾是这样的：拉格什向卢加尔扎格西的守护神发出了乞求，乞求这位女神来看看他的罪恶带来了什么样的恶果。[12]

由于拉格什之战轻松获胜，卢加尔扎格西备受鼓舞，将他的网撒得更广了。他花了20年的时间在苏美尔四处征战。按他自己的说法，他的国土“从波斯湾沿着底格里斯河和幼发拉底河而上，一直到达地中海”。[13]但是把这片土地称为帝国未免有些夸张。卢加尔扎格西吹嘘说他的统治直达“高海”，可能是指他派兵攻打过黑海海滨。[14]但是毫无疑问，在苏美尔历史上，卢加尔扎格西所做的努力，是到那时为止最有野心的征服行动，他要把苏美尔零星散布的城邦都纳入他的统治之下。

当卢加尔扎格西背对北方，巡视他的新帝国时，报应来了。

# / 13

# 第一位军事独裁者

约公元前2334年至公元前2279年间，在苏美尔，司酒官萨尔贡建立起一个帝国。

在基什城，一个名叫萨尔贡（Sargon）的司酒官正在制订建立一个帝国的计划。

萨尔贡的身世不为人知。一段记录了他出生情况的铭文以萨尔贡自己的口吻告诉人们：

> 我的母亲身份不明，我与父亲也素未谋面
> 我的叔叔喜爱小山小丘，
> 我的家在高原上，那里也是香草生长的地方。*

---

* 这里的原话的字面意思是“我的城市是阿苏皮拉努（Azupiranu）”，但阿苏皮拉努并不是一个真正意义上的城市。亚述专家格温德琳·莱克（Gwendolyn Leick）指出，“阿苏皮拉努”指的是北部的一块山区，那里生长着一种香草，名字就叫“阿苏皮拉努”。参见莱克所著《美索不达米亚：城市的诞生》（*Mesopotamia: The Invention of the City*），第94页。

我的母亲偷偷地怀上了我，又瞒着他人生下了我。
她把我放到灯芯草编的篮子里，
用防水的焦油把篮子的盖子封起来。*
她把我放入河中，但河水并没有将我淹没，
河水把我带到阿基（Akki）身边；他到河边取水，
把我从河里捞了出来，可他的水罐掉到了河里，
阿基把我当成自己的儿子抚养，
让我做他的园丁。[1]

这段关于萨尔贡的出生的故事并没有告诉我们有关他的具体身世。我们既不知道他的种族，也不知道他小时候的名字。连“萨尔贡”这个名字也是他后来自己起的，所以这个名字也不能帮我们答疑解惑。“萨尔贡”这个名字最初的形式是萨鲁姆–坚（Sharrum-kin），意思是“正统合法的国王”。它就像绝大多数宣布合法的声明一样，等于向世人承认萨尔贡出生时其实没有合法身份。**

如果萨尔贡来自高原，那他更有可能是闪米特人，而不是苏美尔人。在美索不达米亚平原的定居村落形成初期，来自西部和南部的闪米特人就与苏美尔人混杂而居。我们之前也提到过，较早期的苏美尔文字中出现过一些闪米特语的外来词，基什最早的王也拥有闪族名字。

不过，南方的苏美尔人和那些大多居住在北方的闪米特人之间却存在真正的分歧，因为这两个种族各自的祖先在踏上美索不达米

---

* 凡是上过主日学校的人读到这里都会好奇，猜测萨尔贡的传说是否与摩西的故事存在某种联系。在本书第 32 章，笔者也给出了自己的推测。

** “Sharrum-kin”后来简写为“Sharken”，在希伯来语里拼写为“Sargon”；这个名字出现在《以赛亚书》（20:1）中（根据对萨尔贡二世的记载，他于公元前 700 年左右开始沿用 1500 年前他伟大祖先的名字）。这个名字的希伯来语拼法最为流行。

亚平原之前分属不同的部落，来自世界上不同的地区。闪族语主要在北方使用，与后来的以色列的语言、巴比伦语和亚述语关系密切；而在南方苏美尔人的城市，人们使用苏美尔语，这种语言跟我们现在所知的任何一种语言都没有联系。即便在苏美尔人和阿卡德人混居的地区，种族鸿沟也依然存在。一个半世纪前，当阿达布的卢伽尔安尼蒙杜驱逐了埃兰人，并宣称自己是“四方之王”（即整个苏美尔的统治者）的时候，13 个城邦的国王联合起来反对他，这些人都有一个闪米特名字。[2]

不过，萨尔贡的故事并不能让我们确定他的闪族起源，因为这个人一直小心翼翼地掩盖其生身父母的信息。他声称对自己的父亲一无所知，如此就可以干净利落地掩盖他的低贱出身或是叛国者的血统。他那“身份不明”的母亲同样令人难以捉摸。据推测，她曾在某个时候改变了自己的身份。或许她放弃了世俗生活而选择担任神职（有些译者在翻译时用了“女祭司”一词），或许她成功地改变了自己的身份，从下等阶层跻身更高的社会阶层，又或许她与别的种族的人住在一起。

不管她有怎样的身份，这位母亲都没有把这一身份传给她的儿子。她把儿子弃于河边，让他有机会重新选择自己的身份。在后来希伯来人和基督教的文献中也有与“从水中生还”类似的故事。苏美尔人认为，河流分开了人的今生与来世，而浸入过河水就等于一个人改头换面。被人从水中救出之后，萨尔贡就获得了养父母的性格和身份。救他的人叫阿基，这是个闪米特人的名字；萨尔贡也就变成了闪米特人。阿基在基什王的王宫工作，他让他的养子当上了国王的园丁。

萨尔贡成年后，个子很高。根据苏美尔王表记载，他成了基什的苏美尔王乌尔扎巴巴（Ur-Zababa）的司酒官。[3]

古代的司酒官可不只是个管家。苏美尔的铭文从没有描述过司酒官的职责，但是在不久之后的亚述王朝，司酒官的地位仅次于国王。据色诺芬（Xenophon）记载，司酒官不仅能品尝到国王的食物，而且掌管国王的印章，这样他就有了批准国王签署的文件的权力。他有权决定谁能被国王接见，这意味着他控制着国王与外人的接触；色诺芬在《居鲁士的教育》（*The Education of Cyrus*）中写道，波斯王的司酒官"有职责向国王引见……那些与其有事务关系的人，对于那些他认为国王没必要见的人，也可以拒绝"[4]。由于司酒官的权力太大，因此他也被要求品尝国王的葡萄酒和食物，这倒不是为了保护国王免受别人毒害（把司酒官这样的高官作为国王的人体盾牌着实有些可惜），而是为了防止他自己为了谋取更大的权力而毒害国王。

萨尔贡还在服侍基什王乌尔扎巴巴的时候，卢加尔扎格西为了扩充自己的帝国，正忙于派兵攻打苏美尔各城邦，将其领土一点点纳入自己的版图。当萨尔贡在为基什王端酒的时候，卢加尔扎格西已攻入拉格什，打败了乌鲁卡基那。他还包围了吉尔伽美什的家乡乌鲁克，将其纳入他的疆界。然后，像每一个苏美尔征服者一样，卢加尔扎格西将目光转向了平原上的"明珠"基什。

记载当时历史的一个片段为我们还原了当时发生的事情。这个片段中写道："恩利尔决定让基什王宫繁荣不再。"这句话的意思是，卢加尔扎格西是侵略者，恩利尔则是他的保护神。征服者的军队越来越近，乌尔扎巴巴得知以后害怕得"酒都撒到了腿上"，面对即将到来的攻击，他"像鱼在咸水里挣扎一般惊恐不安"。[5]

乌尔扎巴巴不知如何是好，而且他对司酒官的怀疑也与日俱增，这更加使他不知所措。萨尔贡的言行也让他有正当的理由怀疑这个他所信任的二把手到底会不会站在他这一边。于是，他派萨尔贡将刻着信的泥板送交给卢加尔扎格西。表面上，这封信的内容是想跟对方达成某种和解，实际上，乌尔扎巴巴在信中却希望敌人能够杀死他的司酒官。卢加尔扎格西拒绝了他的要求，命令军队继续向基什逼近。

这部分故事可能是杜撰的。亚述的国王视萨尔贡为伟大的祖先，对他的故事恐怕多有润色；在接下来的故事里，萨尔贡受到卢加尔扎格西妻子的欢迎，她献上“她的柔情，保护他”。这就落入长久以来的俗套之中：伟大的征服者总是具有非凡的性魅力。然而，从基什受到攻击这件事来看，萨尔贡确实并没有完全站在国王这一边。卢加尔扎格西雄赳赳地开进基什，乌尔扎巴巴被迫逃离。此时，他的左膀右臂萨尔贡却不见人影。

当卢加尔扎格西还沉醉于胜利的喜悦之中时，萨尔贡可能就已经召集起了自己的军队（可能是几年之前就悄悄从乌尔扎巴巴的军队之中抽调士兵重新组建的）向乌鲁克进发。我们之所以这样推断，是因为当时的战争记录显示，当萨尔贡率领军队出现在地平线上，出其不意地占领乌鲁克时，卢加尔扎格西并不在乌鲁克城中。“他把乌鲁克变为一片废墟，”萨尔贡的胜利铭文记载道，“他率领士兵摧毁了城墙，与乌鲁克人厮杀并取得了胜利。”[6]

卢加尔扎格西在得知乌鲁克遭到袭击之后，迅速离开基什返回乌鲁克，想要消灭这一威胁他统治的势力。但是现在的萨尔贡已经变得势不可当。他与卢加尔扎格西在战场相遇，生擒了对方，在他的脖子上套上轭，牵着他进入了圣城尼普尔。在尼普尔，他逼迫这个落败的国王以俘虏的身份走过那扇专门给恩利尔神献祭的大门——卢加尔扎格西曾衷心感谢这位庇护他成功的神明，感谢他授予权力让自己能掌管这片土地。这真是极其苦涩的嘲讽。在卢加尔扎格西征服拉格什 20 年之后，乌鲁卡基那的诅咒终于应验了。

萨尔贡立即登基，成为基什之王。在记载他击败卢加尔扎格西的铭文中还写道，萨尔贡向南进发，占领了乌尔，消灭了乌玛，一路铲除了苏美尔所有的残存势力，最终到达波斯湾尽头。在那里，他以一种代表着胜利的神秘手势“在海水中清洗了自己的武器”。

萨尔贡征服了整个美索不达米亚平原，速度快得让人惊讶，要知道此前的诸多苏美尔王的控制能力仅限于两三个城邦而已。他自身的实力和苏美尔的弱点结合在一起，显得更有优势。大量使用弓箭也让他的军队比苏美尔的守城兵更加强悍，由于缺乏木材，弓这种武器当时在苏美尔并不常见。而萨尔贡显然有获得紫杉木的渠道，这也表明他早前就已经将他的势力扩展到波斯湾东侧的扎格罗斯山脉一带。他的士兵的作战队形也有所改变。秃鹫碑和《乌尔王军旗》都显示，苏美尔人在战斗过程中采用了密集方阵战术，士兵们聚集成方阵队形，共同前进，石雕上萨尔贡的士兵装备轻便，负重少，移动灵活，在战场上能够自如地发起攻击或是重组方阵。[7]

此外，苏美尔人内部也存在各种矛盾和裂痕，这削弱了他们的力量。在萨尔贡攻打之前，苏美尔上层统治阶级与下层贫困劳动者之间的差距就越来越大。虽然乌鲁卡基那发誓要纠正社会不公，但是苏美尔社会的腐败深入骨髓，贵族与神职人员沆瀣一气，世俗权力与宗教权力相勾结，霸占了整个城邦接近 3/4 的土地。而萨尔贡能相对容易地占领苏美尔的这些地区也表明，他自身非贵族的身份（他不断强调自己的草根出身）也成功地吸引了大批受压迫的苏美尔人投奔到他的麾下。[8]

无论苏美尔人的弱点对萨尔贡的成功起了多大的作用，结果都是出现了一个新的局面。萨尔贡成就了一项其他苏美尔国王都未能成就的伟业——他将一个松散的联盟凝聚成了一个帝国。*

征战结束之后，新的疆域急需管理和控制。

为了管理距离较远的城市，萨尔贡决定设立一个新的首都——阿加德（Agade），这个名词来源于希伯来语中的阿卡德（Akkad）。萨尔贡的帝国的名字就是来自希伯来语的这个拼法。** 阿加德的遗迹始终没有找到。它很有可能坐落在苏美尔平原北部，靠近现在的巴格达，位于西帕尔（Sippar）的咽喉处。阿加德位于基什北部不远处，萨尔贡在这里不仅可以控制河流航运，还能始终监视国土的两端。

可在这个国度，苏美尔人不久便发现他们就好像是住在自己国家的外国人。萨尔贡带来的人是来自北部平原的闪米特人，他们的方言被称为阿卡德语，是闪米特语的一种。他们的习俗和语言跟住在南部的苏美尔人完全不同。萨尔贡每占领一个城市，这个城市就变为阿卡德人的据点，同时会涌入一部分阿卡德官员与军人驻防。

萨尔贡与其先辈不同，他对当地人的管理相当粗暴。卢加尔扎格西在占领基什期间虽然称王，但是没有开除苏美尔的官员，让其继续运行基什的官僚体制。因为卢加尔扎格西认为这些苏美尔人毕竟是他的子民，只要他们选择效忠于他，他就允许他们继续保持原来的职位。萨尔贡可没有这样温和。他每占领一座城市，就要另外

---

* 萨尔贡的登基大典目前暂时被认为是在公元前 2334 年，这是从古巴比伦王国第十代王阿米萨杜卡倒推 700 年获得的。公元前 2334 年这个时间可能有 200 年的误差。然而，这个时间已经成了划分美索不达米亚历史上早王朝时期（约公元前 2900 年至公元前 2334 年）和阿卡德时期（约公元前 2334 年至公元前 2100 年）的传统分界点。

** 《创世记》（10:10）中特别提到了在示拿地的巴别（巴比伦）、以力（乌鲁克）和亚甲（阿加德）。

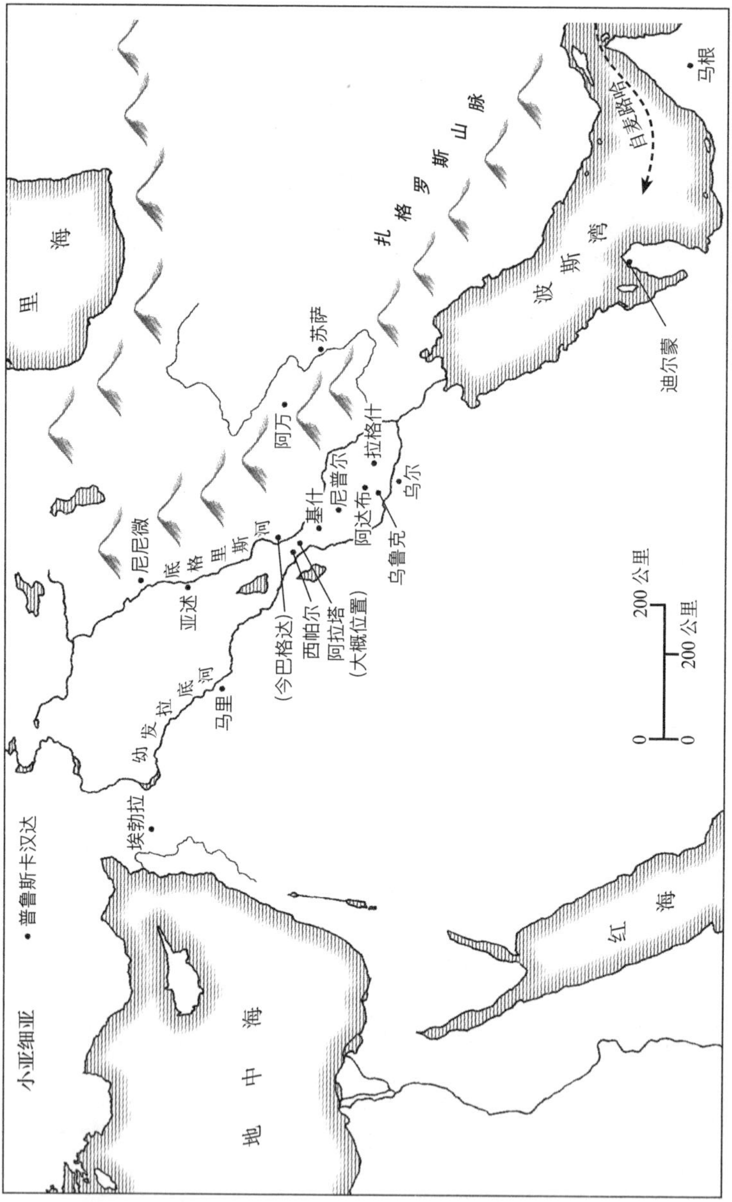


地图 13-1　萨尔贡的帝国

派遣自己的人去领导。“从地中海到波斯湾，不管在哪个城市，”有关他的铭文这样写道，“阿卡德的儿子都是这个城市的首领。”闪米特阿卡德人在与苏美尔人长期混居之后终于掌握了统治权。阿加德城的常驻兵力就有5400人，这些士兵每天都“在国王面前吃面包”。成千上万的阿卡德士兵遍布整个美索不达米亚平原。

萨尔贡在控制了美索不达米亚平原之后，开始创建一个领土超越美索不达米亚平原的帝国。他带领他的士兵征战四方；其中一块纪念碑上的铭文写道：“萨尔贡，基什之王，取得了三十四场战争的胜利。”[9] 他横渡底格里斯河，夺取埃兰人的土地，逼得埃兰人把他们王国的中心从阿万迁到了更远的苏萨，此后苏萨一直是他们的首都。他还一路打到马里，将其收入囊中；然后又将领土扩张到另一个闪米特人部落——亚摩利人（Amorite）的土地，这个部落控制着里海以西的土地，他们比阿卡德人更加豪放，更喜爱游牧生活。他的大军横扫底格里斯河，抵达并攻下北部小城亚述，那里在萨尔贡出生前三百年前就是祭拜伊什塔尔神的中心。在此之后，他继续北进160千米，把跟亚述差不多大小的小城尼尼微也纳入自己的控制范围。尼尼微是这个帝国在北方的一个偏远的前哨阵地；从这个有利的位置，他的儿子们可以监控北方的情况，首都阿加德的位置则可以让他坐镇南方。[10]

萨尔贡甚至可能入侵过小亚细亚。后来有个故事提到，“战争之王”萨尔贡描述了自己前往普鲁斯卡汉达城（Purushkhanda）的征程，那里的人向他求救，希望萨尔贡能够帮助他们对抗其残暴的君主努尔-达加尔（Nur-daggal）。流传下来的诗句告诉我们，努尔-达加尔对萨尔贡可能到来的传言嗤之以鼻：

他不可能会来这么远的地方，
两岸的河堤与汹涌的河水会阻挡他的去路，
重峦叠嶂的山脉会阻拦他。

可是努尔–达加尔语音未落，萨尔贡就已经攻破了他的城门：

努尔–达加尔惊讶得张口结舌！
萨尔贡包围了这座城池，
把城门拓宽了两亩！[11]

萨尔贡是否真的到达普鲁斯卡汉达并不重要，可这个故事向我们揭示了一个事实：对于当时的人来说，他就像是世界的主宰，不可阻挡；就如同奇迹一般，闻名于世。他声称自己曾一路向西打到地中海[12]，甚至还放言控制了麦路哈（Meluhha，位于印度河流域）、马根（位于阿拉伯半岛东南部）和迪尔蒙（Dilmun，位于波斯湾南岸）的航运。

要想控制这片广袤的土地，需要一支常备军；那些天天在萨尔贡面前“吃面包”的军人可能是历史上第一支职业军队。统治多个部族要求统治者对宗教有清醒的认识，处理问题的时候要灵活，萨尔贡具备这个能力。他每到一处，都会给当地供奉的神明献上祭品；他就像真正的苏美尔人一样在尼普尔修建庙宇；他还让他的女儿去乌尔担任月神的最高女祭司。

萨尔贡王室留下来的记录表明，这个帝国的官僚体系的发展程度远远超过苏美尔。萨尔贡试图在自己境内规范度量衡，采用埃及式的税收体系，任命政府官员管理帝国的财政。[13]他的治国举措还不仅限于税收和行政机构。他允许那些古老的统治家族选出代表在朝廷中担任一定职位，这一手段也成为后来许多帝国的一种标准做法。表面上，萨尔贡对这些代表以礼相待，表示对他们高贵血统的尊重；实际上，这些代表是作为人质待在朝廷里，以警告他们各自的家族要谨言慎行，服从统治。[14]

采用这一手段也反映出这个庞大帝国一直都动荡不安，由于国土面积过大，随时都有可能在某个地方爆发内部冲突。

根据苏美尔王表，萨尔贡一共在位 56 年。在他的统治后期——那时他很可能已经 70 多岁了，爆发了一场严重的叛乱。古巴比伦的铭文记载说：被剥夺了权力的"掌管这片土地的长老们"聚集起来，在基什的依南那神庙与萨尔贡对垒。

当然，萨尔贡声称他很快就平息了这次叛乱。但根据古巴比伦的记录（当然这是后人的记录，而且记录者大体上是反对萨尔贡的），至少有一支军队在镇压反抗的时候表现很差，导致在叛军经过时，年迈的萨尔贡只能狼狈不堪地躲在路边的沟渠里。[15] 而且，毋庸置疑的是，萨尔贡刚过世，他的儿子里姆什（Rimush）就不得不对包括乌尔、拉格什和乌玛在内的五个叛乱城市的联盟宣战。[16] 里姆什在位不到十年就暴死了。稍后的铭文显示是他的仆人刺杀了他。

尽管萨尔贡死后局面一度混乱，但他的后代仍然将他的家族在阿卡德的统治延续了 100 多年，持续时间远远超过任何一代苏美尔王朝。阿卡德帝国的统一不单单是靠统治者个人的能力。萨尔贡采用了类似埃及的官僚体系和行政管理体系，终于为在美索不达米亚构建帝国提供了合理的国家结构。即便王位从一位伟大的父亲传给一个没有多少能力的儿子，帝国也可以维持下去。

**时间线 13**

| 美索不达米亚 | 埃及 |
|---|---|
| 早王朝一期（约前 2900—前 2750） | |
| | *第二王朝*（约前 2890—前 2686） |
| 早王朝二期（约前 2750—前 2600） | |
| | 古王国（约前 2686—前 2181） |
| **吉尔伽美什** | *第三王朝*（约前 2686—前 2613） |
| | **左塞** |
| 早王朝三期（约前 2600—前 2350） | *第四王朝*（前 2613—前 2498） |
| **卢伽尔安尼蒙杜**（约前 2500） | **斯奈夫鲁** |
| **麦西里姆** | **胡夫** |
| （乌玛）**卢加尔扎格西**　（拉格什）**乌鲁卡基那** | |
| 阿卡德时期（约前 2334—前 2100） | |
| **萨尔贡** | |
| **里姆什** | |

# / 14

## 第一个有规划的城市

公元前 2300 年以前，印度河流域的村庄就已经发展成为哈拉帕的城市。

与萨尔贡大帝交易的船只来自“麦路哈”，也就是当时的印度，那是一个孕育了伟大文明的地方。但是，这一伟大的文明自诞生以来，尚未能留存下一个单一的文明个性。

从摩奴·毗瓦斯瓦多时代到萨尔贡时代的 700 年间，沿印度河流域的村庄已经发展成为城市群。住在这些城市的人与埃兰人彼此联系，相隔不远。正如亚摩利人和阿卡德人是同一迁移人群的不同分支一样，阿拉伯海北部埃兰平原的原始居民和沿印度河流域建立城市的民族似乎是同一种族。

这是我们知道的全部信息。印度河流域的城市文明在发现哈拉帕（Harappa，最早发现的遗址之一）之后通常被称为“哈拉帕文明”，其遗迹包括城市废墟、一整套确认交易商品的印章，以及几条简短的铭文（这些铭文一直没人能解读）。哈拉帕城市群中最大

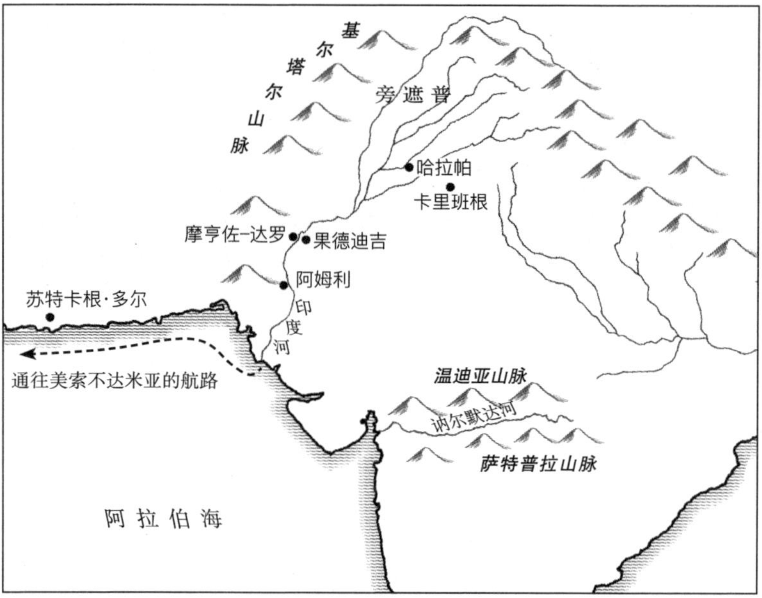


**地图 14–1 哈拉帕的城市**

的两个城市是印度河北部支流岸边的哈拉帕和更远的南部的摩亨佐-达罗（Mohenjo-Daro）*。我们可以努力想象这里住满了不知名的工匠、商人和劳工，但哈拉帕文明没有留下有关战斗、围攻、权力斗争和英雄事迹的记录。

这种情况对于人类学家和考古学家来说，可能不会造成特别的困扰，但给历史学家带来了无穷无尽的烦恼。我们可以推测，这些城市有国王；在城市废墟中找到的唯一一个与众不同的文物是一个

---

* 这两个名字均不是来源于哈拉帕文明本身。“哈拉”是人们后来给湿婆神起的名字，我们不确定湿婆神早前是否受人尊崇；“摩亨佐-达罗”的意思是“死丘”，这个名字是挖掘者给城市废墟起的。

**图 14–1　摩亨佐–达罗人**

印度河流域的一个石灰岩男性雕像，大约公元前 2000 年。巴基斯坦国家博物馆，卡拉奇。图片来源：斯卡拉 / 艺术资源，纽约

男人的雕像，此人蓄着胡须，穿着华丽的长袍，戴着头盔，他的眼睛半闭着，脸上没有任何表情。[1] 他可能是摩亨佐–达罗的国王，因为雕像就是在那里发现的。这个城市拥有一系列建筑，似乎是兵营或者公职人员的宿舍，这表明国王或祭司以前可能需要一个工作班子来管理自己的事务。[2] 但也许根本就不存在国王。哈拉帕遗址没有留下泥板、记载着文字的莎草纸或者任何有记录的东西，即使当时那里的人拥有的书写系统（不管是什么书写系统）似乎足以记录下这些东西。[3] 我们很难弄明白，那里的祭司、国王和官员为何竟然会觉得不需要记录自己的日常工作就能完成自己的职责。

不管存不存在官僚机构，哈拉帕商人都与遥远的地区进行交易。自萨尔贡统治乌尔以来，哈拉帕印章就出现在这里了。这两种文明可能在阿拉伯半岛东南部的马根首次相遇，他们都从这里的矿山带回铜矿石，然后他们就开始了首次直接交易。乌尔靠近波斯湾的末端，是印度和阿卡德商品交流的中心，是适合他们交易的好地方。印度商人可以避开阻断北部平原的基尔塔尔山脉，从印度河流域驾船进入阿拉伯海，向北穿过阿曼湾，到达波斯湾，并由此进入幼发拉底河。在苏特卡根·多尔（Sutkagen Dor）已经发现了一所商栈，这里几乎已经到了埃兰的边界。据推测，这两种文化至少经历过一段和平共处的时期。

一段时间以来，哈拉帕和摩亨佐–达罗都被视为哈拉帕城市群仅有的两个城市。但目前已发现了超过 70 个哈拉帕城镇，它们从印度河口几乎是一路延伸到北部的溪流之地，从西部的苏特卡根·多尔延伸到东部的讷尔默达河。哈拉帕文明可能覆盖了 130 万平方千米的面积。[4]

城市位于低洼宽阔地带，城墙由在炉子里烧硬的泥砖建成；房子很奇特，高度超过两层楼，整齐地列在街边；街道非常宽，能同时容纳两辆牛车经过。[5] 储物的库房可能是为人们供给粮食的粮仓，位于最大的城市群摩亨佐–达罗和哈拉帕旁边，每个粮仓大约可以为三万人提供口粮。

“洗”在这些人心目中显然处于很高的地位。街道上都配备有精心修造的排水沟和污水处理系统，房子里也配备了浴室。哈拉帕城市群最突出的特色是有巨大的泳池大小的浴池，浴池周围建有很多单间，可能是供人们换衣服的房间。没有人能确定哈拉帕人渴望洁净是出于宗教原因还是纯粹的个人爱好。哈拉帕城镇和城市遗址并没有给考古学家留下任何一座独立的建筑，以致他们无法一致判定某处为一座寺庙。

哈拉帕城市群最鲜明的特色是城堡，这是一种由高墙和瞭望塔围绕的高层建筑。一般来说，很多房屋都分布在城堡东部较远的地带。整个城市周边还环绕着另一堵厚厚的砖墙。一旦城墙被毁，人们还能退到城堡里去，这是他们最后的安全庇护所。

这引起了我们的好奇：到底是什么使哈拉帕人如此害怕，以至于他们需要建造双重城墙？苏美尔人和埃兰人都不曾派遣军队到如此远的东方地区。而且，没有多少证据表明该地区存在野蛮的游牧部落。然而，双重城墙既高又厚，而且建有壁垒和瞭望塔，用来抵御敌人入侵。

或许这些加固城墙的措施可以为我们了解哈拉帕人的性格提供线索。

长期以来，人们一直认为城堡城市是大约 1000 年之前从山谷里起源的村庄发展成熟的结果。然而，还有另一种可能性。在印度河对岸离摩亨佐–达罗 50 千米远的地方，坐落着一座名叫果德迪吉

（Kot Diji）的小镇。进一步的发掘显示，在哈拉帕城市群发展成熟之前的几个世纪里，果德迪吉的城墙被数次加固以抵御外来的攻击。在哈拉帕统治的早期，城墙又被重新加固。之后一场大火肆虐了整座城市，城墙尽毁，城市中的建筑也未能幸免于难。后来人们在老果德迪吉的基础上建了一座新的城市。新城市有宽阔的街道和砖砌的排水沟，房子里有浴室。这是一座哈拉帕风格的城市，其风格与之前坐落在这里的城镇不同。[6]

果德迪吉不是在哈拉帕城市群占主导地位期间被强行接管的城市的唯一代表。另一座印度河边的城市阿姆里（Amri，它与摩亨佐-达罗位于河流同一边，在其以南 160 千米处，是一个非常古老的定居点）却突然被一半的居民抛弃了。在旧的城市废墟上，一座新的哈拉帕城市拔地而起，新建的城市拥有宽阔的街道和砖砌的排水沟，房子里有浴室。

卡里班根（Kalibangan）是一座靠北部的城市，离哈拉帕不远，同样是一个古老且持久的定居点，后来也为人们所遗弃。在旧的城市废墟上，一座新的哈拉帕城市拔地而起，新建的城市拥有宽阔的街道、砖砌的排水沟和带有浴室的房子。[7]

这里很难找到真实战争的痕迹。然而，这种城市的发展模式表明，哈拉帕城市文明按其蔓延情况来看，并不是一种自然的、有机发展的文明。至少一些城市的发展是通过战争来实现的。推己及人（或者可能是害怕报复），他们建造城墙是用来防止攻击和报复的。

哈拉帕的武力征服没什么特别之处，但是哈拉帕建筑的扩散确实非常奇特。甚至在 130 万平方千米范围内的定居点走一遭，你会发现这些城市的构造也十分相似。城市的总体规划是一样的，城堡与房屋和商店都被分隔开，城市总体向西发展。房屋和商店或“下游的村庄”分布在规划良好的街道两边。根据预测的交通承受能力，街道设计分为主干道（一定是 7.3 米宽）、大街（5.5 米宽或者主干道的 3/4 宽）和侧车道（3.65 米宽，或者主干道的一半宽）。街道一定是正南正北或者正东正西方向，按照规划的模式进行。城市建设普遍采用标准尺寸，正如萨尔贡的阿卡德帝国和埃及人已经开始沿街道的同一侧行驶一样，只不过稍微有点怪异的是，标准尺寸扩展到用于建筑的泥砖身上，泥砖当时已经开始采用完全相同的规格：17.5cm × 15cm × 30cm。[8]

这非常实用，任何堆过积木的人都明白这个道理，但它也证明了一些奇怪的、强迫的、以某些未知的方式执行的一致性。约翰·凯伊称此为“强迫的一致性”，并指出它甚至延伸到了建筑工具和工匠的用具，这些用具被组织成一个“标准化成套工具”（standardised kit），从阿拉伯海海岸一路向北到遥远的旁遮普，这个工具组合都能被一眼认出来。

日常生活的模式很可能仍旧因城市而异。哈拉帕文明的传播模式并不能被视为博格（Borg）入侵的古代翻版。[*]但地域如此分散的城市，其设计却极其相似，这表明它们之间必然需要某种密切的联系（更不用说强制执行），而即便如此它们也没有给我们留下任何信息。在此期间，哈拉帕文字（不管内容是什么）也具有了标准化的

---

* 对于太年轻或者学识过高的读者来说，理解这句话可能有些难度：博格是《星际迷航》中出现的最可怕的文明，在《星际迷航：下一代》的不同场景中都威胁到整个宇宙。博格人是组装在一起的半机械人，他们的集体认同感非常强烈，所以他们不能用“我”字。他们在宇宙中横行，四处吸取其他文化，将其纳入这个集合，并造就了博格，同时宣布：“我们是博格人。抵抗是徒劳的。你们会被同化。”任何人都无法阻止他们。可是到了《星际迷航》第八部，编剧好像是喝醉了，给了他们每人一个个体的身份，这样“进取号”上的乘员才想办法了结了他们（《星际迷航：第一次接触》）。至于这一切为什么是有价值的知识，请参见《受过良好教育的心灵》（*The Well-Educated Mind*），第 186—187 页。

| 时间线 14 | |
|---|---|
| **美索不达米亚** | **印度** |
| 早王朝一期（约前 2900—前 2750） | |
| | 农业村落沿着印度河发展起来 |
| 早王朝二期（约前 2750—前 2600） | |
| **吉尔伽美什** | |
| 早王朝三期（约前 2600—前 2350） | 哈拉帕文明沿着印度河发展起来并延伸至旁遮普 |
| **卢伽尔安尼蒙杜**（约前 2500） | |
| **麦西里姆** | |
| （乌玛）<br>**卢加尔扎格西** （拉格什）<br>**乌鲁卡基那** | |
| | 与美索不达米亚贸易往来 |
| 阿卡德时期（约前 2334—前 2100） | |
| **萨尔贡** | 哈拉帕文明趋于成熟 |
| **里姆什** | |

形式，据推测，其用法也是标准化的。

然而，它们还是没给我们留下任何信息。哈拉帕的城市保持着自由的个性。如果它们像博格一样，那么在哈拉帕集体主义的经验中就不会有任何声音发出“我”字。

# / 15

# 帝国的第一次瓦解

公元前2450年至公元前2181年，由于法老过度压榨埃及人民，古王国时代结束。

在与上一章所谈内容的同一时期，埃及出现了与之前情况相反的难题：法老们个性不一，而且都渴望永载史册。

大金字塔的建造者胡夫将王位首先传给长子，然而长子在位时间不长，没建出什么特别的东西，之后由胡夫的次子哈夫拉（Khafre）继承了王位。按照曼涅托的记载，哈夫拉在位66年，然而希罗多德的计算结果却是56年。* 无论如何，他都在位了很长一段时间。

希罗多德说哈夫拉与其父“贯彻同样的统治方式”。跟胡夫一样，他花了很多时间大兴土木，但是忽略了神灵的存在，而且没有重开圣殿。“埃及人非常厌恶齐夫林（哈夫拉）和基奥普斯（胡夫），他们真的不想提到他们的名字。”希罗多德补充道。[1] 胡夫在建造金

---

* 曼涅托称哈夫拉为苏菲斯二世（Suphis Ⅱ），希罗多德称他为齐夫林（Chephren）。

**图 15–1　狮身人面像**

狮身人面像位于吉萨，它背后是大金字塔。图片来源：盖伦 · R. 弗赖辛格

字塔的时候所用到的所有残酷的刑罚，他的儿子都如法炮制。哈夫拉的金字塔，即所谓的第二大金字塔，仅仅比大金字塔矮 10 米。但哈夫拉很狡猾，他将金字塔建在地势较高的地方，所以一般的观众容易产生错觉，以为第二大金字塔比较高。

他还留下了另一座壮观的纪念碑：狮身人面像（斯芬克司）。这是一座神秘的石灰岩雕塑，雕塑的身体一部分是狮子，一部分是鹰，却有一张人脸（可能是哈夫拉自己的肖像，但目前这一观点仍存在不少争议）。这个巨型动物凝视着东方。一般认为这座雕像由“活石”（living rock）刻成，简单来说就是在一块本就凸出地面的石头上雕刻而成的，而不是在别的地方雕好后搬运过来的。

关于狮身人面像的起源，人们无从得知。后来，希腊人为它编造了神奇的故事，然而公元前第 3 千纪时这些故事尚未流传。狮身人面像甚至可能就是哈夫拉自己创造的，因为唯一可能更早的小型斯芬克司像 * 是雌性的，它是在他大儿子雷吉德夫（Djedefre）未完工的陵墓的废墟里发现的。我们不知道它是雷吉德夫时期的作品，还是之前就雕刻完成，后来被搬到那里的。[2]

和大金字塔一样，狮身人面像还被赋予古怪的传说：它始建于公元前 10000 年，当时的先进文明如今已经消失；抑或是狮身人面像的建造者是亚特兰蒂斯人（或其他外国人）；还有的说它代表一个黄道带或全球力量的中心。

其实这么追根溯源根本没有必要。鹰代表荷鲁斯，狮子代表太阳，所以它是太阳神拉和他的神友阿蒙（阿蒙是当地的神灵，他被认为等同于太阳神拉，所以有时候将二者合称为阿蒙-拉）的化身。建造一座半狮半鹰的雕塑守卫法老灵魂永存的地方，目的是请求埃及最强大的神灵的庇护。把自己的脸刻在雕像上是为了表明身份。“斯芬克司”的名字是一个希腊文变体；该雕塑原先的埃及名字可能是“shesepankh”，意思是“活的形象”。[3]

哈夫拉可能需要新的证据证明他的神圣性，因为正如希罗多德所暗示的那样，埃及人民越来越厌倦其统治者苛刻的要求。其实，哈夫拉是最后一个建造大型金字塔的人，同时也是最后一个劳民伤财、大兴土木的人。他的儿子孟卡拉（Menkaure）继位后被迫紧缩开支，进行改革。

希罗多德告诉我们，按照埃及的传统，孟卡拉重新开放埃及的

---

* 还有一座前王朝时期的雕塑呈现了半狮半鹫的形象，但与狮身人面像相去甚远，这一形象被称为“狮鹫”（griffin）。

神庙和圣殿，把他的人民从前任统治者带来的苦难中解救出来，转而施以仁政。* 如今依然矗立的孟卡拉金字塔是他施行改革的又一项证明：第三金字塔只有 70 米高，规模只有胡夫金字塔的一半。这仍然需要消耗大量的资源，但不像之前建造金字塔时那样，需要消耗所有建造者毕生的时间。

希罗多德解释说，孟卡拉之所以相对仁慈是因为良心发现；他“不赞成父亲的做法”[4]。也许，孟卡拉确实反对他的父亲和祖父建造纪念性建筑。然而，他也可能只是屈从于不可避免的现实：第四王朝的法老由于权力衰退，已无力征发大量的埃及人去建造更大的金字塔。如果他疑心人民随时可能起义，那么实行人民可见的、大范围的紧缩开支的办法，施以仁政，并不能说明统治者有多么精明，而只是说明这些措施是不得已而为之。

这个办法也必须持续下去。对于很多学生来说，庞大的第四王朝的金字塔是整个埃及历史的代表，在埃及景观中作为历史珍品矗立着；后来，没有法老能够突破它们。埃及的法老们测试了他们的神圣权威的界限，同时他们拥有的这种神圣的权威也即将结束。孟卡拉无法再像他的父亲和祖父一样强迫人民无条件服从他。

人民发现法老神威的极限似乎加速了法老命运的衰败，孟卡拉的放权似乎使埃及开始走下坡路，直至国家陷入无政府的沼泽不能自拔。

有关孟卡拉统治时期的传统叙述是希罗多德从孟斐斯的祭司那里转述的。孟卡拉发现自己已经身陷困境。神灵不满孟卡拉的统治，于是他们传递消息给他：孟卡拉将在他统治的第七年年末驾崩。他

---

* 希罗多德以希腊化的名字“孟卡尼奥斯”（Mycerinus）称呼孟卡拉。他还收集族谱，确定哈夫拉（齐夫林）是胡夫（基奥普斯）的弟弟，孟卡拉是胡夫的儿子而不是他的孙子。

感觉极其不公：

> 胡夫和哈夫拉封闭圣坛，藐视神灵，毁了人民的生活，他们却活了好多年，而像自己这样敬畏神灵的人却要很快死去。神谕答复说，他折寿正是因为他是一个敬畏神灵的人——他没有做他该做的事。埃及会遭受一场一百五十年一遇的浩劫，他的两位祖先意识到了这一点，他却没有。[5]

这种极其诡异的惩罚故事表明，神权和仁政之间存在一种内在的紧张。其实，法老神一样的地位与他是否有意愿探索这种权力有关。同情就是示弱。如此一来，神一样的统治者拥有的无限权力有其自身的局限性；权力最终只能把自身带到一种境地，即要么法老退位，要么人民起义。

其实这正是第四王朝的遭遇。孟卡拉突然驾崩，把王位传给他的儿子谢普塞斯卡弗（Shepseskaf）。谢普塞斯卡弗仅顺利统治了四年，而且他没能拥有一座金字塔；他死后被埋葬在旧式的马斯塔巴式墓中，坟墓位于第三王朝的萨卡拉老墓园。到此，第四王朝结束。

暴政可能导致王朝统治的结束，但还可能有另外一个原因。

由于国王是神圣的，他显然需要娶一位神圣的妻子来确保继承人的神性。王室并不承认埃及任何人都具有这种神性，所以国王的姐妹是唯一符合要求的妻子人选。

遵从先例，哈夫拉娶了他同父异母的妹妹卡蒙罗内比提一世；卡蒙罗内比提一世生了一儿一女，即孟卡拉和卡蒙罗内比提二世。孟卡拉即位后娶了自己的亲妹妹，同时她也是他的堂妹，因为卡蒙罗内比提一世嫁给了自己同父异母的哥哥，成了她亲生女儿的姑姑。（她同时是孟卡拉的亲生母亲和岳母，这个角色对任何女人都是很有挑战性的。）因此谢普塞斯卡弗是他父亲的儿子、他祖母的侄孙、他母亲的远房堂兄弟。

细心的读者可能会提出疑问，埃及人近亲结婚都到了这样的程度，为什么这些人还没有变成长三个脑袋的怪物呢？血亲通婚易于产生一个受限制的基因池，所以其中的致病基因更可能凸显出来。数千年间欧洲王室血亲之间的通婚导致了大量疾病和低能现象。奥地利大公斐迪南一世和他的母亲同时也是远房表兄妹关系，他喜欢钻进一个废纸篓后在大厅里来回滚动，据说他能说得最连贯的话是："我是皇帝！我想吃汤团！"

可能在很久以前，遗传密码没那么脆弱。此外，自己的选择可能也起作用，如果你可以从几个姊妹或者兄弟中选择自己的配偶，你很可能会挑选最有活力、最健康的那个，这样一来就可能会避开致病基因。另一方面，孟卡拉之后法老权力的迅速衰减可能也暗示王室血统存在某种问题。从孟卡拉的雕像看，他脑袋的形状稍微有点古怪，眼睛奇怪地凸出来，尽管孟卡拉本人似乎充满智慧。孟卡拉的妹妹卡蒙罗内比提二世给他生的大儿子库恩拉王子虽被宣布为继承人，但他在父亲驾崩之前就死于某些不为人知的疾病；孟卡拉本人似乎是突然离世；之后，孟卡拉的次子谢普塞斯卡弗稀里糊涂地统治了极其短暂的一段时间。

还有另一种说法（也是出自希罗多德），孟卡拉爱上了自己的女儿并强奸了她，于是她非常伤心，上吊自杀了。希罗多德评价说："在我看来，这全是胡说八道。"[6] 希罗多德可能是对的。由于这般愉快的乱伦在埃及王室实属常见，所以埃及的公主有了这种遭遇时

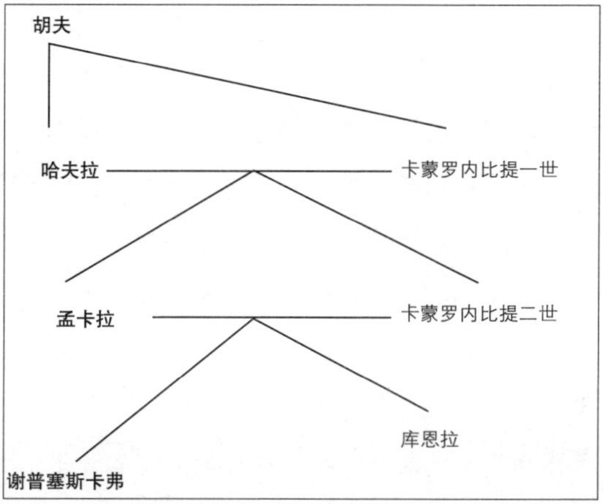


图 15-2　哈夫拉的后裔

可能不会像我们那样震惊，而且同一个传说中说这个女儿是孟卡拉唯一的孩子，这一点简直是大错特错。然而，这个近亲通婚的传说是目前唯一流传下来的对埃及王朝灭亡的解释。

第五王朝的法老没有为王朝注入大量新鲜血液。第五王朝的第一位法老乌塞尔卡夫（Userkaf）是孟卡拉的堂兄弟；他娶了他的表侄女，也就是孟卡拉的女儿。然而，这种打破父子相传的继承方式也暗示了其他变化。

人们发现了一张大约出自乌塞尔卡夫时代后 500 年但要比曼涅托时期早很久的莎草纸，上面的记载把这些变化归因于一个预言。胡夫曾被告知，他的儿子和孙子会统治王朝，但是之后王位会落入太阳神拉的大祭司的三个儿子手里，这位大祭司在赫利奥波利斯的太阳神庙里工作。孩子出生时神灵都会下凡。[7]

换句话说，权力正从宫殿转移到寺庙。第五王朝的法老——可能有九位，他们大多数都没什么名气——建造的金字塔都非常小，但是在同一时代为太阳神建造了五座新寺庙。第一座寺庙是由乌塞尔卡夫亲自指挥建造的；一艘供拉使用的船位于寺庙南边，并且它面前的方尖塔格外著名，这座石塔朝向天空，那里是太阳神拉的家。方尖塔的顶部是一座小型的表面贴有金箔的微型金字塔，金字塔在太阳光的照耀下闪闪发光，好似一个小小的太阳。

第五王朝期间，法老与太阳神的关系更加紧密。法老曾经是荷鲁斯和欧西里斯的化身，现在他是拉的儿子。[8] 这可能使他更加受制于太阳神的大祭司，因为大祭司能够传达他父亲的旨意。

国王不再是神灵的俗身，他变成了神灵的儿子，这是细微却有意义的降级。神力的范围逐渐向外扩展，法老不再是位于权力中心的不容置疑的传递者。法老死后会继续存在的观念已经开始淡化。第五王朝期间，书面记载中第一次出现了人死后精神会进入另一个世界的整个过程。王朝的最后一位法老乌纳斯（Unas）死后葬在一座小型金字塔里，金字塔内的墙壁上刻着详细的咒语，以保证他能到达目的地。后来成为下一王朝法老墓室标准装饰的金字塔铭文（Pyramid Text），叙述了乌纳斯离开他的人民的过程。*"啊，拉，"第 217 条咒语一开始如此写道，"乌纳斯国王来找你了，你儿子来找你了。"对于乌纳斯国王与荷鲁斯和欧西里斯的关系，咒语则一语带过，更多的是在描述这样一个场景：他和拉一起飞翔，飞上天空，"向上飞"，住在"他父亲的怀抱里，高高在上又遥不可及的拉的怀

---

* 金字塔铭文最终挪到了棺材的顶部和两侧，成为棺椁铭文；后来又从棺材里转到莎草纸上，成为著名的"死亡之书"，书中详细记载人死后灵魂的命运。然而，直到大约一千年后的新王国时期这一切才发展成熟。

抱里”。[9]

乌纳斯离开他的人民之际，显然还没有子女，于是一场争夺王位的短暂斗争爆发了。下一个王朝即第六王朝，对自身的神性的认识更加模糊；王朝的法老迎娶了平民。这一做法为王室注入了新的活力，使王室重拾王权，但为时已晚。其他血统的继承人势力变强，挑战着王室一脉的权力。埃及各省的省长原本是由王室任命，在后来的 100 多年间，这些官僚抓住孟斐斯混乱的机会，纷纷将权位直接传给自己的儿子。*

因此，第六王朝的第一位法老特悌（Teti）当时统治的埃及从本质上讲是一些各自拥有“王室”的世袭的邦国构成的联邦。特提给自己荷鲁斯的名字制定了“塞赫特普威”（Seheteptawy）的王号，意思是“他平定了两地”。[10] 南北敌对状态再次惊人地出现，这种敌对一度隐藏在埃及表面的和平之下，这反映出不止有一种力量要把埃及分裂。曼涅托也注意到了其他的分裂力量，他补充说，特悌被自己的保镖暗杀了；由于法老具有神性，人们一度认为他是不可触及的，但是现在这个说法开始站不住脚了。特悌的继承人佩皮（Pepi）一世不得不动手处置他自己后宫的一场谋杀阴谋。[11] 他的大儿子被废黜，六岁的佩皮二世取而代之，佩皮二世显然是一个强大的宫廷派系的傀儡。

一般认为佩皮二世在位 94 年，是埃及历史上在位时间最长的帝王。然而随之而来的并不是一段较稳定的时期，本世纪的突出特点是法老只是名义上的国王，贵族、祭司和宫廷官员瓜分国家权力的行为愈演愈烈。佩皮二世是埃及古王国时期的最后一位法老，他在

---

* 希腊人称这些省长为 nomarch，称各省为 nome，而且这些旧称已经成为传统。

位如此之久的原因是他基本没有实权。

在佩皮二世长期统治的后半期，埃及出现了数个各自为政的邦国，实际上仅靠一份孟斐斯的王权统治全国时期的协议维持着表面的统一，埃及实质上已经分裂。很难指出到底是哪一件突发事件导致了国家的瓦解，但几乎可以肯定的是，第一王朝终结的时候，尼罗河的洪水再次减弱。西部沙漠似乎已经逼近埃及耕地的边缘，这一现象引起了一定程度的恐慌。

有记载的和第六王朝统治结束相关的事件极其稀少。最可靠的来源是埃及国王列表，正如科林 · 麦克伊夫迪（Colin McEvedy）在他的古代世界地图集中所说，佩皮二世之后出现了一个“彻头彻尾的愚蠢王朝”——第七王朝，这个王朝在 70 天的时间里换了 70 位法老。[12] 70 只是象征性的数字。数字 7 在以色列人的神学著作里有“圆满”的含义，但是当时它肯定还没有这层含义；更有可能是抄写员在记录国王名单时，把王朝序号乘以十，好表现当时的混乱局面有多么严重。*

第四王朝大肆挥霍，耗尽了埃及的人力物力，王室基因的缺陷、法老神性与生俱来的自限性和干旱成为压垮这个国家的最后一根稻草。之后的一百多年间，在不同的城市中，互相敌对的王朝你方唱罢我登场，埃及进入邦国混战的时期。第六王朝是埃及古王国时期的最后一个王朝；之后四个朝代混乱不堪，是为埃及第一中间期（First Intermediate Period）。

---

* 在《出埃及记》第 10 章之前，描述了瘟疫肆虐埃及，因此“10”成为最具毁灭性的数字：这可能也反映出人们为何认为“10”具有强调的作用（另一实例参见第 36 章的注释）。

| 时间线 15 | |
|---|---|
| **印度** | **埃及** |
| | *第二王朝*（约前 2690—前 2686） |
| 农业村落沿着印度河发展起来 | |
| | 古王国（约前 2686—前 2181） |
| | *第三王朝*（约前 2686—前 2613） |
| | **左塞** |
| 哈拉帕文明沿着印度河发展起来并延伸至旁遮普 | *第四王朝*（前 2613—前 2498） |
| | **斯奈夫鲁** |
| | **胡夫** |
| | **哈夫拉** |
| | **孟卡拉** |
| | *第五王朝*（前 2498—前 2345） |
| 与美索不达米亚贸易往来 | *第六王朝*（前 2345—前 2181） |
| 哈拉帕文明趋于成熟 | |
| | 第一中间期（前 2181—前 2040） |

/ 16

# 第一次蛮族入侵

公元前2278年至公元前2154年之间，古提人成群侵入阿卡德人的土地，乌尔第三王朝将他们驱逐。

现在，处在萨尔贡的儿子玛尼什图苏（Manishtushu）统治下的阿卡德帝国正企图扩张。阿卡德人发现，与埃及不同，他们最强劲的敌人在自己的边界之外。

玛尼什图苏的碑文自夸他像他父亲一样好战。他吹嘘自己为帝国征服了更多领土，甚至为了打击“三十二位联合对抗他的国王”乘船横跨波斯湾，他在波斯湾击败了他们，并一举拿下他们的城市。[1]这通说辞中烟雾可能比火焰更多。虽然他吹嘘自己的征服能力，但是那些向他进贡的地区可能是里姆什早已征服了的地区。记载一场胜仗的铭文这样结束：“这些都不是谎言！这千真万确！”[2]（这句话大有此地无银三百两的意思，就像篡位者总是称自己为“名正言顺的王”。）

玛尼什图苏统治的十四年非常有趣，因为他生出了纳拉姆辛大帝（Naram-Sin the Great）这样的儿子，亦即萨尔贡大帝的孙子。纳拉姆辛带领阿卡德人最大限度地扩张了帝国的疆域。他像他的祖父一样征战不止。他立的一块石碑宣扬他一年内取得了九场胜利；另外，还有一块名字毫无新意的胜利碑，这块碑纪念他征服了埃兰西部的一个部落。阿卡德人的边境也悄悄地逼近苏萨，苏萨是埃兰的两座都城之一。但因为埃兰人抵抗住了来自西部的越来越大的威胁，所以阿万依然保持着独立。

纳拉姆辛无视埃兰国王的独立性，他自封“世界之王”和“宇宙之王”，对自己对美索不达米亚的功劳过度吹嘘。他的用楔形文字写出的名字出现在表示神灵的标志旁边[3]，胜利碑上刻着他站在作战军队中的高大身影，在早期的雕刻中这里是神灵的位置。纳拉姆辛不需要任何神灵来保佑他作战，他自己就可以保佑自己。目前为止，我们知道纳拉姆辛是美索不达米亚平原上第一位在有生之年拥有神一般地位的国王，这一举动表明王权在某种程度上趋于成熟。

纳拉姆辛在位期间，阿卡德人对自己民族的认识也在某种程度上成熟起来。萨尔贡已经把美索不达米亚平原上相互交战的城邦统一为一个国家，但是阿卡德文化与阿卡德的政治氛围从来都没有实现统一。你可以住在阿卡德帝国，服从阿卡德国王，但你仍是苏美尔人。萨尔贡的子孙歌颂他们统一苏美尔楔形文字（面对被征服者时）和阿卡德楔形文字（面对他们自己人时）的功绩。虽然国家的官员和军队驻在苏美尔人的城市，但他们知道自己的文化与苏美尔人的文化截然不同，并不是当地文化的一部分。

这种日益强烈的对自身文化的认同感在帝国最危险的时候表现得最突出。这种认同感来自扎格罗斯山脉，那是底格里斯河东部的山脉，然后横扫了古提人（Gutian）的部落，并一直延伸到纳拉姆辛王国的边境。

混乱会威胁到一个国家已经建立起来的秩序，这并不是什么新鲜事。中国历史上有很多统治者平定内乱的记录，这是一种残酷压迫和剥削的行动。由于埃及分裂成不同的王国，埃及人的故事中也提到了兄弟相残。在《吉尔伽美什史诗》中，吉尔伽美什同一个野人打仗，但这个敌人也是他自己的影子。

然而，纳拉姆辛面临着一些新东西：那些外部野蛮人的入侵，这些人之所以来这里就是意图破坏和摧毁他的国家。阿卡德人靠暴力强占了苏美尔，但萨尔贡的子民有自己的一套语言和文字。到了纳拉姆辛即位时，阿卡德帝国已经更像一个国家，而不是在扩张中偶尔停下来吃饭的军队。它拥有自己的历史，拥有自己的开国之君。直到现在，他们才可能谈到一种跟自己截然不同的人："野蛮人"。

历史学家大卫·麦卡洛（David McCullough）曾说："没有人自称是野蛮人，野蛮人是敌人的叫法。"[4]阿卡德人的文化与散居的古提人的文化背道而驰，古提人虽然通用一种口语，却没有留下任何铭文和传说，甚至他们身后也没有留下什么历史。当然，阿卡德的所有铭文都没有使用"野蛮人"这个字眼，这个词在很久以后才由希腊语传入。但是阿卡德人看到，古提人来到这里就是为了搞破坏，而不是建立另一种代替他们文化的文化。亚述研究者利奥·奥本海姆（Leo Oppenheim）指出，在阿卡德人写的编年史中，他们对古提人的入侵充满仇恨，他发现这种纯粹的仇恨在古代世界很罕见，他说："唯有埃及人对希克索斯的憎恶能与之相较。"[5]这件事发生在200年后，那是埃及第一次遭到具有破坏性的外来游牧民族的入侵。苏美尔人称古提人是蛇、蝎子和半人：

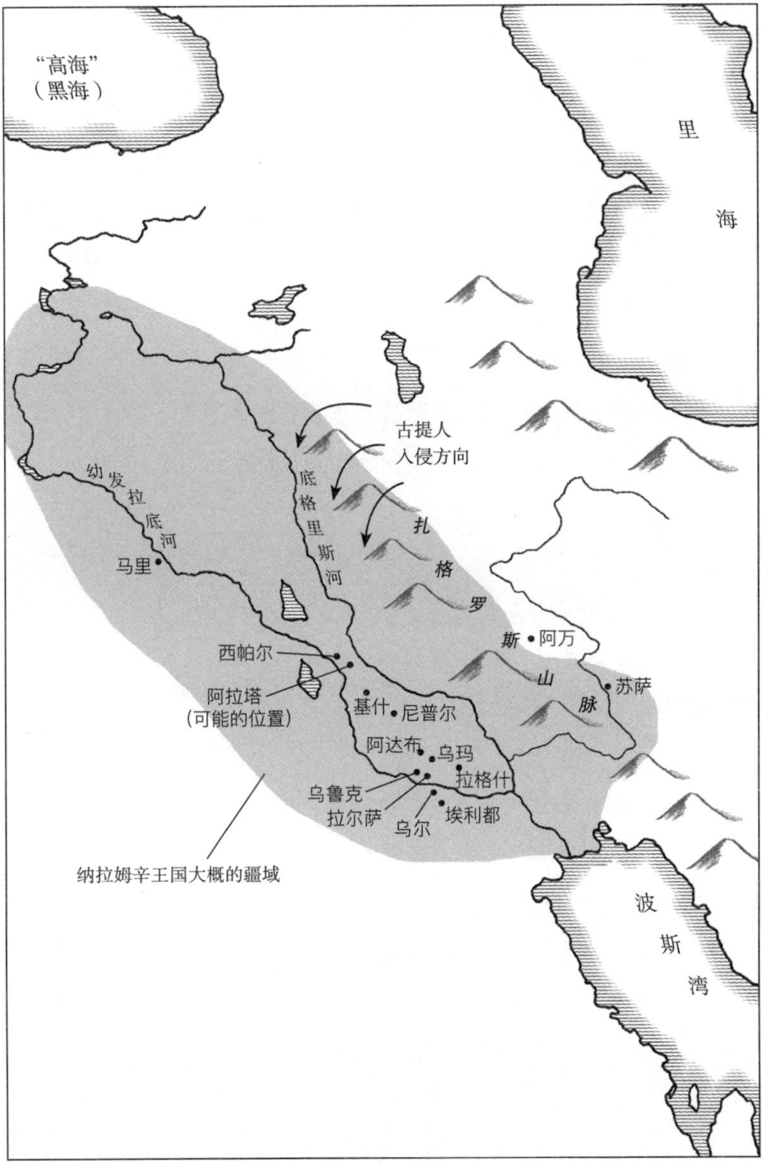


地图 16–1　纳拉姆辛统治时期的美索不达米亚平原

他们不是这片土地上的一部分：
古提人，不受限制的人，
有人的头脑，却有狗的情感，
猴子的特性。
他们像鸟一样，成群地掠过地面……
任何东西都逃脱不了他们的控制，
没有人能逃脱他们的魔爪。[6]

纳拉姆辛无法把古提部落驱逐出去；他们成群涌入，占据了一个又一个城市。古提人占领阿卡德人的城市后，把一切秩序都颠覆了。

信使不能再走在大路上，
信使的船也不能再在河里航行……
囚犯制服看守，
土匪占据道路……
他们在城市里为自己建造花园，
而不似往常，将花种在野外。
田里不长庄稼，水里没有了鱼，
果园里没有了果汁和葡萄酒，
乌云没有带来雨水……
诚实的人与叛国者混杂在一起，
英雄受戮，尸首堆积，
叛徒的血流淌过诚实的人的血液。[7]

野蛮人推翻了社会秩序引起动荡不安，之后不久，有人就写了一个很长的故事来描述这场灾难。天神发怒了：这是第一次对野蛮人的入侵给出这样的解释，但绝不是最后一次。

在《阿加德的诅咒》(The Cursing of Agade) 里，纳拉姆辛毁坏了都城恩利尔的圣殿，还偷走了那里的金银铜。这些亵渎行为注定让他的国家遭到诅咒；他把金银财宝运上船拉走，“船一离开港口，城市就失去了智慧”。

智慧是文明人独有的特征，但是他们丢失了它。恩利尔决定放任古提人复仇，让他们来对付阿卡德人，像“吞噬整片大地的咆哮的风暴，人类无法应对的泛滥的洪水”。那些游牧民族的人只是神灵借以发泄愤怒的工具。“确实如此，”这是故事的结尾，“青草蔓生到了河两岸的曳船道。”一个刚刚成型的文明就此消失。

从苏美尔王表看，我们得知古提勇士攻下了吉尔伽美什的故乡乌鲁克。由于他们当时一路向西进军，他们几乎肯定也打破了阿卡德人对苏美尔南部的控制。

到公元前 2218 年纳拉姆辛去世时，古提人已经让他的国家缩小到原来的一半。纳拉姆辛把烂摊子留给了他的儿子沙尔卡利沙瑞 (Shar-kali-sharri)，他面临着驱逐野蛮人的重任。他没能做到；就连拉格什也落入了古提人手中，沙尔卡利沙瑞的统治结束之后，夺回苏美尔南部已经无望了。古提人搬进了一些南部的城市。但是另外一些城市，包括埃兰的那些城市，利用了沙尔卡利沙瑞集中精力应对古提人的机会，使自己脱离了阿卡德帝国，因为阿卡德国王在很长一段时间内也只是在名义上统治他们罢了。

后来，阿卡德人的土地上出现了无政府状态。沙尔卡利沙瑞于公元前 2190 年左右逝世之后，国家的中心是勉强凑合在一起的。但苏美尔王表上存在一个问题："谁是国王？"这意味着没有人能真正在一段时期内握住王权。[8] 最后，一个不属于萨尔贡家族的武士登上王位，他在位 21 年之后将王位传给了儿子。

我们对这个非萨尔贡的王朝一无所知，但它注定要失败。碑文中就哀悼了阿卡德的失败：公元前 2150 年左右，古提入侵者攻破了阿加德的城墙。由于尚未发现城市的废墟，所以我们不知道城市是否被抢掠或者焚毁。也许找不到城市遗址说明该城被彻底毁坏了。而且，由于这座城市在地面上没有留下任何标记，所以它可能再也没有被人重建过。从古代近东地区大多数的城市遗址可以看出，这些城市被一次又一次地占领，但是一个被认为受了诅咒的城市有时候可能会在几个世纪之内都被人抛弃，任其荒芜。*

将近半个世纪以来，野蛮的古提人的足迹踏遍了整个美索不达米亚平原。他们身后几乎没有留下表明他们形成了自己独特的文化的东西：没有文字、碑文、雕塑或者宗教中心。古提人的入侵终结了一种已经存在的文化，却没有形成另一种新的文化。

王表在阿卡德人的统治和古提的"国王"之间画了一条鲜明的界线，因为古提"国王"显然不知道如何建立传承的制度。玛尼什图苏在位 15 年，纳拉姆辛在位 56 年，甚至纳拉姆辛的儿子面对守住他父亲的逐渐被侵吞的帝国残余的难题，也稳定地统治了国家达 25 年之久。但是打败了阿卡德人并占领附近城市的古提人却不断迁移，稳定不下来。在一位没有名字记载的国王之后有 21 位国王，这

---

* 当时的耶利哥就类似今天的巴勒斯坦，不敌以色列的攻击，而且被以色列的领袖约书亚下了诅咒（《约书亚记》6:26）；耶利哥作为世界上最古老的城市之一，可能尽人皆知，它受到了诅咒，所以在重新被占领之前被人遗弃了好几个世纪之久。《圣经》中的记载将发生在耶利哥邪恶的亚哈统治时期的耶利哥重建视为腐败时代的又一个标志；很明显，建城者以人殉的方式来保证建在邪恶的土地上的城墙永不倒塌（参见《列王纪》16:34）。

些人中只有一位设法维持住了王位 7 年，大多数人只在位一两年，最后一位甚至只统治了 40 天。

那些古老而又强大的苏美尔人的城市——据推测现在由苏美尔人、阿卡德人和古提人一起统治——不会长期忍受野蛮人的统治。

拉格什时代埃兰附近的城市开始复兴。古提勇士古地亚（Gudea）放弃了自己的古提城市，在拉格什称王，然后开始清理和重建苏美尔人的寺庙，这些寺庙显然遭受了阿卡德人或者古提人的破坏。

古地亚没有出现在苏美尔王表里，这可能意味着他的势力范围从来没有超出过自己城市的边界。不过，他的胜利足以让人民对他印象深刻，他称自己是人民“真正的领袖”。他也在庆功碑上称已经与山里的埃兰重新开展贸易，他们为他送来铜矿石，从印度采购“红石”，甚至与美索不达米亚北部地区进行贸易。他声称：

> 开辟了一条运雪松出山的路，用巨斧砍倒雪松……像巨大的蛇一样，雪松从雪松山上顺水而下，松树从松树山上滑下来。[9]

如果这是事实，那就说明古提人没有能力守住河流，因为河流仍然是对贸易开放的。

古地亚也从马根（现在的阿曼）那里购买石头建造自己的雕像。这些雕像表现出国王是神灵的崇拜者，身上没有佩带武器，穿着礼服，双手紧握做祷告状。与纳拉姆辛傲慢地双腿岔开做出神的姿态截然不同，古地亚不打算重蹈前人的覆辙，冒险去激怒众神。

解放拉格什之后不久，吉尔伽美什的家乡乌鲁克也得到解放，但是国王乌图赫加尔（Utuhegal）的宏图大志决不只是解放自己的

**图 16–1　古地亚**

拉格什的国王古地亚被表现为一位谦卑的神灵崇拜者。卢浮宫，巴黎。

图片来源：斯卡拉 / 艺术资源，纽约

城市。他把古提人逐出乌鲁克，之后他的士兵（对他绝对忠诚，用他自己的话说，他们跟着他“就像一个人似的”）像波浪的涟漪一样分散开来，他们散布到乌尔、乌尔南部的埃利都，可能向北还远到古老的圣城尼普尔。尼普尔被从古提人手中解放出来，象征着这片平原最终脱离了古提部落的控制，获得了自由。他与士兵一起进驻这些曾经在古提的统治下变得一片混乱的城市，乌图赫加尔开始在碑文上歌颂自己，自封了一个多年来甚至可能是从萨尔贡的儿子统治帝国以来从未有人用过的封号：四方之王。他对自己的胜利的描述是，他是“命令无人敢违抗的国王”[10]。他抓获了最强悍的古提领袖，他将此人描述成“山里的一条蛇”，把他绑着推进朝堂，面对他摆出一副平原上崛起的下一位伟大帝王的姿态——“把脚踏在他的脖子上”[11]。

然而，尽管乌图赫加尔结束了侵略者的统治，他自己却很短命，没能充分享受他胜利的成果。真正藏在草丛里的蛇，似乎是他的得力助手和女婿乌尔纳姆（Ur-Nammu）。把古提人逐出乌尔之后，乌图赫加尔留下乌尔纳姆管理这座城，乌尔纳姆掌握着军队。不久之后，乌尔纳姆起兵谋反。王表上记录着乌图赫加尔统治了他新解放的土地7年6个月零15天——这是唯一一次国王的在位时间具体到年以下。这样的精确度证明了乌图赫加尔的统治是突然结束的。令人震惊的是，他很可能死在了自己的女婿手里。

虽然乌尔纳姆的统治是以血腥的手段获取的，但是这位曾经同时统治乌尔和乌鲁克的人，主要还是一个国王而不是一位战争领袖。他时不时地还要跟那些阴魂不散的古提人打上一仗，但是条约和联盟宣誓表明，乌尔纳姆主要是靠谈判来拓展他的版图（当然，微笑的外交官身后的军队为乌尔纳姆的成功出力不小，这一点毫无疑问）。如果乌尔纳姆攻不下某个城邦，他就与对方结为盟友。他迎娶了马里城城主的女儿（他的原配妻子，被杀的乌图赫加尔的女儿对他的这一策略做何反应，我们不得而知）。他在平原各地建了很多寺庙，包括为伟大的神恩利尔建造的一座寺庙。阿万仍然保持独立，不过苏萨承认了他的霸主地位。

在乌尔纳姆的统治下，苏美尔人迎来了他们的最后一次复兴。他建立了新苏美尔帝国，使周围的国王臣服，史称乌尔第三王朝。乌尔纳姆不仅是这片平原的征服者，而且是文明的重建者。他重建道路和城墙，并开挖运河把淡水引回咸水浸漫的城市。“我的城市的水里都是鱼，”他声称，“天上都是鸟儿。我的城里种植着供蜜蜂采蜜的植物。”[12]

乌尔纳姆的赞美诗不仅赞美他重建的功劳，还讴歌了他重建社会秩序方面的功德：

> 我是乌尔纳姆，
> 我保护我的城市。
> 我打击那些犯死罪的人，我让他们战栗……
> 我的判断让苏美尔和阿卡德回到了同一条路上。
> 我把我的脚踩在小偷和罪犯的脖子上，
> 我打击坏人……
> 我惩恶扬善……
> 在沙漠中，我为了节庆修建道路，
> 它们因为我才能通行……
> 我是一个好牧羊人，我的羊群繁殖得很快。[13]

混乱已暂时平息，法律和秩序得以重建。在不是很长的时间内，苏美尔平原上的城市是安全的。

| 时间线 16 | |
|---:|---|
| **埃及** | **美索不达米亚** |
| | 早王朝二期（约前 2750—前 2600） |
| 古王国（约前 2686—前 2181） | |
| *第三王朝*（约前 2686—前 2613） | **吉尔伽美什** |
| **左塞** | |
| *第四王朝*（前 2613—前 2498） | 早王朝三期（约前 2600—前 2350） |
| **斯奈夫鲁** | |
| **胡夫** | **卢伽尔安尼蒙杜**（约前 2500） |
| **哈夫拉** | **麦西里姆** |
| **孟卡拉** | |
| *第五王朝*（前 2498—前 2345） | （乌玛）<br>**卢加尔扎格西**　　（拉格什）<br>**乌鲁卡基那** |
| *第六王朝*（前 2345—前 2181） | 阿卡德时期（约前 2334—前 2100） |
| | **萨尔贡** |
| | **里姆什** |
| | 古提人入侵 |
| 第一中间期（前 2181—前 2040） | |
| | 阿加德陷落（约前 2150） |
| | 乌尔第三王朝（前 2112—前 2004） |
| | **乌尔纳姆** |

# / 17

# 第一个一神论者

公元前 2166 年后，亚伯兰离开乌尔一段时间，前往西闪米特人的土地，在此期间，新苏美尔帝国日益强大。

苏美尔人和古提人斗争期间，一个名叫他拉（Terah）的乌尔市民召集他的仆人，带着他的牲畜、妻子、儿子和家人向西出发。他拉的儿子叫亚伯兰（Abram），亚伯兰的妻子叫撒莱（Sarai），不幸的是他俩一直膝下无子。*

他拉不是苏美尔人，而可能是阿卡德人或相关部落的族人；他的祖先可以追溯到闪（Shem，《圣经》中闪米特人的祖先）。[1] 他拉

---

* 亚伯兰即亚伯拉罕的原名。通常认为亚伯拉罕的生卒年是公元前 2166 年至公元前 1991 年，这种说法是通过对马所拉译本（Masoretic text）的直接解读获得的。当然，这一说法尚存在争议。马所拉译本自身的特点使其也可能有别的解读；《创世记》是一部神学的历史，却不是政治编年史，它并没有记录事件发生的准确年代。没有考古证据毫无争议地证明亚伯拉罕的在世时间；学者在比较了《创世记》第 14 章的叙述与古代美索不达米亚的情况后提出，亚伯拉罕生活的时代在公元前 2166 年至公元前 1500 年之间，甚至有学者称从未有过亚伯拉罕这个人。在这个问题上我沿用了通常的做法，保留了传统的说法，但也只是大体上相信这一说法。然而，亚伯拉罕的冒险经历和公元前 2100 年的世界的情况比较吻合，本章接下来的部分会予以说明。

生于纳拉姆辛统治期间，因此在他生活的年代，乌尔可能一直深受古提人的威胁。在他拉孩提时代，乌尔利用阿卡德国王权力式微的机会将自身从阿卡德的统治下解放出来。等到他拉成为三个孩子的父亲之时，阿卡德的最后一位国王正在努力执政以保住王位。当他拉年轻的家庭成长起来的时候，古提人摧毁了阿卡德帝国，其统治范围横跨北部平原。

大约在乌图赫加尔向乌尔进军，夺回乌尔，王位却又落到自己的女婿手中前后，他拉和他的家人认为出城生活会过得更好。据《创世记》记载，他们向西朝“迦南”（Canaanite）的方向出发，朝地中海沿岸走，远远避开野蛮的古提人、复仇的埃兰人和野心勃勃的苏美尔人。

《创世记》第 12 章对于该旅程的神学解释是亚伯兰听到了上帝的声音。这不是什么苏美尔神，也不是阿卡德神，而是上帝：一位赋予了自己令人费解的名字的神，雅威（YHWH，希伯来文为יהוה），YHWH 可能是动词“存在”的某种形式。*

对于亚伯兰来说，这似乎是个全新的概念。他拉和他的儿子们信奉的很可能是月神辛（Sin）和他的女儿、乌尔城的守护神依南那，因为乌尔人至少口头上都是月神的疯狂崇拜者。此外，他们

---

* 为人熟知的“耶和华”并不是一个名字。与亚伯拉罕对话时上帝给自己起的名字是雅威（参见，例如，《创世记》15：7）；这个名字后来在希腊被称为“四字神名”，一些语言学家认为这个名字和希伯来语表示“存在”的动词有关［参见如，杰克·M. 萨松（Jack M.Sasson）所著《希伯来语起源：史学、历史、古代以色列的信仰》（*Hebrew Origins: Historiography, History, Faith of Ancient Israel*），第 81 页］。这个名字的单词只有四个辅音；《创世记》的马所拉译本没有元音，读者要自己添加元音。希伯来文本中添加元音使文本意义确定的时间较晚，加上元音后，上帝的名字成了 YAHWEH。然而，为了避免对这个名字不敬，很多读者在称呼耶和华时用“上帝”（ELOHIM，“我的上帝”）来代替。从大约公元前 1100 年起，不熟悉希伯来语的抄写员越来越多地把 ELOHIM 的元音加到 YHWH 的辅音当中，产生了荒谬的 YEHOWIH，该词最终传到英语（通过拉丁语）中成为耶和华（JEHOVAH）。

的姓氏明显表现出他们对阿卡德或苏美尔神的崇敬。他拉的名字也表现出他与月神辛的亲密关系。亚伯兰的妻子撒莱是他同父异母的妹妹；她的名字是辛的妻子女神宁伽勒（Ningal）这一名字在阿卡德语中的叫法。他拉的孙女密迦（Milcah）是依照辛的女儿莫迦都（Malkatu）的名字起的。[2] 亚伯兰自己的名字意为“崇高的父亲”，来源不明。不过，我们可以猜测，亚伯兰和撒莱的名字都与对月神的崇拜有关，因为在后面的故事中，作为圣约的一部分，耶和华重新为他们两个起名。新名字“亚伯拉罕”和“撒拉”都包含了新的音节“ah”，“ah”是“YHWH”的第一个音节，这样他们的名字就不再属于乌尔，而属于《创世记》中的上帝。

亚伯兰从上帝那里既得到一个应许，也接到一个命令。应许是亚伯兰会创建一个伟大的国家，这个国家会得到保佑；命令是他离开现在的生活的国家及其人民（乌尔城和混居在那里的阿卡德人、苏美尔人和其他闪米特人），去“上帝将要指示他的土地”——迦南的土地，几乎就在正西方向。*

很多民族都声称自己的祖先可追溯到一个特别受到神的眷顾的个体，但是这是历史上第一次有这样的记载。亚伯兰在血缘上与他周围的闪米特人并无分别，与居住在他前往的土地上的人也没有多大不同。然而，他接到了神谕，从其他人中脱离出来，开创了一个新时代：一个从其他人中脱离出来的闪米特人，信仰一位从多神教的混乱中脱颖而出的神灵。他是第一个一神论者。

他们并没有一路向西，因为走这条路线他们必须横跨沙漠，而

---

* 《创世记》中的纪年很模糊。可能亚伯兰在乌尔听到了上帝的召唤，说服他的父亲前往迦南，然后转道哈兰（Haran）；也可能他拉前往迦南是出于其他原因，然后转道哈兰，亚伯兰在哈兰再次接到神的命令，又向原来的方向出发。文本的两种解读都有可能。我之所以做此注释，是为了避免收到更多读者来信，指责我没有好好读《圣经》。

是选了一条比较好走的道路，沿幼发拉底河向西北进发。沿着这条道路，他们会到达地中海沿岸的北部，向北到达毕利克河，该河注入幼发拉底河，在这里他们本应向左转（向西）。但是，他们反而向东转，沿着流过小城哈兰的一条小河走，并在那里定居下来。哈兰位于一条著名的商路上，这里就像乌尔一样，是一个崇拜月神的中心，可能这个地方让他们感觉很熟悉。他拉此时年事已高，而哈兰也一直比较和平。

在南方，乌尔纳姆继承了岳父的王位，扩大了统治范围，建立了一个新苏美尔帝国，但他的势力范围向北从未到达过遥远的哈兰地区。在统治了 18 年后，即约公元前 2094 年，乌尔纳姆去世，他的送葬诗称赞他是一位睿智且值得人民信赖的领导者，是一位复兴了苏美尔的君王，一个值得在阴间与吉尔伽美什共享王位的男人。[3]

乌尔纳姆的儿子舒尔吉继承王位。之后不久——大概四五年后——亚伯兰离开哈兰，继续他的旅途，向上帝应许给他的土地进发。他朝西南方向走，最终到达示剑（Shechem），示剑位于约旦河以西的两片水域中间，这两片水域后来被称为加利利海和死海。

在那里，他要求上帝再次保证这里的土地归他所有，因为他目力所及看到的都是迦南人。

“迦南”这个名字带有时代的错误，公元前第 1 千纪以前，这片土地被称为以色列，罗马人称之为巴勒斯坦，十字军称之为“黎凡特”。“迦南”一词最早出现在一块发现于齐姆里-里姆的城邦马里城墙的一块石碑上，大约可以追溯到公元前 1775 年；它看起来像是个贬义词，指的是活跃在约旦河沿岸的强盗。[4]公元前 2090 年，上帝许诺给亚伯兰的土地并没有名字，那里既没有种族认同也没有政治认同。

居住在地中海东岸的广阔土地上的人被称为“西闪米特人”*。在本书第 1 章我们就介绍过他们，在早期的苏美尔城邦中，闪米特人和苏美尔人混居在一起。西闪米特人没有在美索不达米亚平原定居下来，而是继续前行。闪米特人教会了苏美尔人如何农耕，而与此同时，西闪米特人在地中海沿岸扩散，建立了自己的城邦。

亚伯兰是这个特殊的地区历史记载中出现的第一个人。因为没有统一的文化，西闪米特人没有编年史，对于他们的情况，我们仅有的了解都来源于他们的城市遗址。公元前 7000 年左右，农民带着家养的山羊和绵羊占据了该地区所有的城镇。位于遥远的北方的恰塔尔休于（Catal Huyuk）和位于遥远的南部、靠近死海的耶利哥（Jericho，即杰里科）等古城，位居世界上最古老的城市之列。耶利哥在所有亚伯兰后裔最终占领的土地中脱颖而出；大多数西闪米特人的定居点都是没有特殊防御设施的村庄，但是在公元前 6800 年前，耶利哥人给自己建造了一堵巨大的石墙。墙的一角有一座 10 米高的圆塔，这样哨兵就能时刻观察到周围地面的情况。

我们不知道耶利哥城的人在防范什么。但是耶利哥坐落在淡水资源供给稳定的地方[5]，约旦河就在不远处。不过，在西闪米特人中，只有耶利哥城的人修建了巨大的工事来抵御外界的威胁，并且时刻防范以免遭敌人偷袭。

到亚伯兰来的时候**，西闪米特人的城市建立起了自己的贸易路

---

* 这个名字起源于宗教学者马克 · 史密斯（Mark Smith），这个名字不像其他用来称呼该地区早期居民的名字，任何一个都可能包含某种错误［参见《上帝的早期历史：古以色列的耶和华和其他神灵》(*The early History of God: Yahweh and the Other Deities in Ancient Israel*)，第 19 页］。

** 在“迦南”，史前时代之后的时代基于陶器样式被划分为三个时期：青铜时代早期，公元前 3300 年至公元前 2850 年；青铜时代中期，公元前 2850 年至公元前 2400 年；青铜时代晚期，公元前 2400 年至公元前 2000 年。

线，尤其是多与埃及通商。比布鲁斯位于地中海东岸的中部（阿卡德人称之为“布拉”，闪米特人称之为“迦巴勒”），经济全靠与埃及的贸易往来，人们将香柏运到埃及，换取埃及的亚麻和贵金属。北方城市埃勃拉（Ebla）则向往来的商队征税。[6] 米吉多（Megiddo）建在约旦河谷和沙龙（Sharon）平原之间的通道上，至少从公元前 3500 年前开始其规模就不断扩大。亚伯兰第一次向上帝确认应许之地是在示剑，这是一座非常古老的城市，示剑人在那里定居可能是因为那里有一口几乎从来不会干涸的古井。来自各地的移民加入西闪米特定居者的队伍，这些移民从南北两个方向迁来；最引人注目的是亚摩利人，这是一个讲闪米特语的游牧民族，很可能来自阿拉伯半岛。

我们不能责怪亚伯兰怀疑这个看起来是多民族混杂的国家怎么会是自己的地盘。不过，他也没有机会长时间怀疑，因为他在到达这片上帝的应许之地不足五年之后就再一次离开了。

离开的并不只有他自己。考古记录显示，在公元前 2400 年到公元前 2000 年之间，西闪米特人的文化原本已经逐渐朝城市化的方向发展，此时却出现倒退，出现了缺乏组织性的、更加游牧化的生活方式，很多城市甚至被暂时遗弃。* 由于过度耕作和干旱，河流流量变小，耕地面积缩小；大的定居点的水源被大量消耗，人们不得不分散生存。[7] 加之南部地区古王国的瓦解，西闪米特人不仅失去了耕地，而且也失去了他们最富有和最密切的贸易伙伴埃及，这个国家曾经花费大量财富，和比布鲁斯等十多个城市通过贸易换取商品。古王朝的混乱波及更往北的地区。因此，亚伯兰只好继续南下。

《创世记》（12:10）写道：“那地遭遇饥荒。因饥荒甚大，亚伯

---

* 有一种理论称，亚摩利人发动了一场武装入侵，导致居民的生活方式发生巨大的改变；但是，该地区之后的文化并无任何变化，所以这一理论不大可能成立。

兰就下埃及去，要在那里暂居。”埃及的水资源更丰富，而且社会秩序暂时也好一点。埃及“愚蠢”的第七王朝结束之后是第八王朝，第八王朝稍微稳定却平淡无奇；这个历经 146 年的王朝换了 27 位法老，但是没有一个留下名字。

然而，公元前 2160 年左右，从赫拉克利奥波利斯（Heracleopolis）来的有权势的贵族阿赫托伊（Akhtoy）通过个人魅力、精明的联盟和纯粹的武力成功地统治了整个埃及。曼涅托称阿赫托伊“比他的前任更加残暴”，这个评论大概反映出一点：为了获得短暂的和平，有许多人血染沙场。[8] 接下来的一个世纪，阿赫托伊的子孙（有 17 位国王出现在曼涅托的第九王朝和第十王朝王表中）所统治的埃及几乎失去了往日所有的辉煌。它不仅内忧重重，还无力抵抗西闪米特侵略者对其边境的骚扰，这些侵略者以小型游牧群体的形式，经常袭扰尼罗河三角洲。

根据传统的说法，亚伯兰与妻子、仆人和牲畜在公元前 2085 年左右抵达埃及。这与第十王朝阿赫托伊三世在位的时间相距不远，这位法老曾记录下西闪米特人的入侵：

> 卑鄙的亚细亚人！他们所到的地方都会变成穷山恶水，缺乏水源，遍地荆棘……他从来不在同一个地方定居，而是被迫不停迁徙……亚细亚人是江岸的鳄鱼：他们在荒僻的路上强取豪夺。[9]

或许正是因为这种敌意，亚伯兰到达埃及后，说撒莱是他的妹妹而不是他的妻子。《创世记》里写到，亚伯兰在去埃及途中看着撒莱，心想她很美丽，所以埃及法老很可能会为了占有她而下令杀

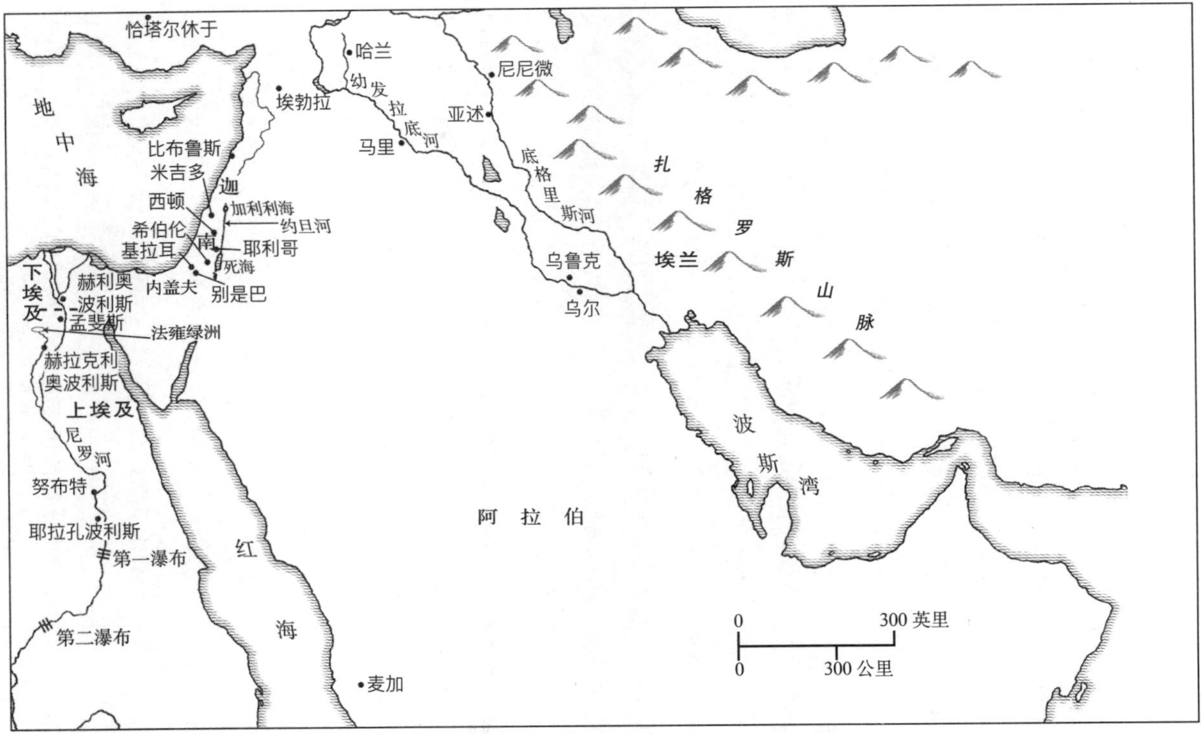

地图 17–1　亚伯兰时代的世界

了他（这当然表明闪米特人对埃及人同样评价不高）。

亚伯兰的担心变成了现实。法老（第十王朝无名无姓、不为后世所知的国王之一）看上了撒莱，赠给亚伯兰礼物感谢他把如此美丽的妹妹带到埃及。亚伯兰最终收获了埃及的羊、牛、驴、骆驼和仆人。与此同时，法老和他的家人就没那么好过了。《创世记》第 12 章告诉我们，撒莱出现在法老的后宫，带来了神的诅咒；一种叫 neh-ga 的东西出现在法老及其家人身上。英文通常委婉地翻译成“瘟疫”，这种病可能让人长一种肮脏的脓疮。它使法老对宫里的任何女人都丧失了兴趣，更不用提撒莱了。

如果这个奇怪的故事不是跟《创世记》里其他的故事连在一起，还是颇能讲得通的。逃出埃及后（法老之所以没有杀亚伯兰，显然是害怕再次遭到神灵的报应），亚伯兰回到迦南，在示剑以南很远的希伯伦（Hebron）定居。那个他成为一个全新的民族国家之父的应许似乎没有成为现实。这对夫妻至此仍然没有孩子，而撒莱已经年龄太大，不太可能生育了。

在接到上帝最初的旨意约二十年后，他决定采取措施以实现承诺。他把撒莱的侍女夏甲纳为妾，他向撒莱承诺，夏甲的所有孩子都会被当作撒莱亲生的孩子。这在苏美尔人眼中不是什么新奇的做法。

这种做法记录在努斯碑文（Nuzi Tablets）上。但是这套规则在亚伯兰身上并不适用。上帝对于一个新国家的应许不仅仅给予亚伯兰，而是亚伯兰和撒莱两个人。亚伯兰将是这个新国家的国父，撒莱不只是一位生儿育女的普通妇人，她还是这个国家的国母。像上帝本身一样，虽然这个新的国家和在它之前出现的国家很像，但实际上截然不同。《创世记》中上帝与受自然约束的诸神有某些共同的特性，但是上帝的特性又超越自然且不受自然控制。这个新的国家将与周围的国家不同，因为它是上帝的应许。这一应许被给予亚伯兰和撒莱两个人，而不只是亚伯兰自己。任何来自第十王朝的法老或埃及婢女（“夏甲”是埃及名字，它的意思类似“移民”，这个女人是法老送给亚伯兰的婢女之一）的贡献都不被认可；如果不是只信仰唯一的神上帝，他们都会欢迎恩利尔神或者伊什塔尔女神给予帮助。亚伯兰与夏甲的插曲过后，上帝再次向亚伯兰重复了他的承诺，并称他为亚伯拉罕，以表明对这个男人和他的子孙后代的神圣的所有权。

不久之后，亚伯拉罕再次遇见一位多情的国王。这位国王统治着希伯伦以南的基拉耳（Gerar），即迦南和埃及之间被称为内盖夫（Negev）的地方。因为还是害怕被随意杀害，亚伯拉罕再次坚称撒拉是他的妹妹，撒拉也再次被带到了后宫。

然而，撒拉进宫后，后宫所有的女人都不能生育［国王亚比米勒（Abimelech）“不能碰她”，这似乎表明不仅是女人被暂时剥夺了这一与生俱来的功能］。这个故事的重点仍然放在了上帝应许创造的种族的身份上。

《创世记》成书的年代大大晚于它所描述的事情发生的年代，而且故事的讲述方式明显有时序颠倒的情况。《圣经》的很多记载都使用了书写时读者熟悉的名字，而非历史名称：“迦勒底的乌尔”就是这样的一个例子，其实直到亚述的亚述那西尔帕二世（Ashurnasirpal Ⅱ，公元前 883—前 859 年在位）统治乌尔之后，波斯湾北端的这片土地才被称为迦勒底人的土地。* 亚伯兰一直与

---

* 请参阅第 2 卷第 6 章“迦勒底人”进入亚述和巴比伦的历史。

“亚摩利人”交易，而基拉耳的王亚比米勒被说成是一个非利士人（Philistine）。这些名称都是后来才有的政治身份，是在西闪米特人的部落冲过边界，争夺土地的过程中演变产生的。

然而，即使《圣经》中的名称存在故意的年代错误，但是故事中的事件说明，《圣经》对亚伯拉罕的血缘与埃及血缘之间的区别，以及对亚伯拉罕的种族与亚比米勒的种族的区别有着清醒的认识。这可能是第一次有人指出西闪米特人属于不同的种族。

在苏美尔，最早的时候，其居民的主要身份不是“苏美尔人”。他们是乌尔、拉格什或乌鲁克的居民，他们在承认别的神存在的同时，对自己的神灵高度忠诚。萨尔贡的阿卡德帝国在苏美尔人和阿卡德人之间画了一条泾渭分明的分界线，它的兴起带来了某种变化：在同一套政治区划内，两个民族拥有共同的身份（“萨尔贡的国民”），然而这并没有抹杀他们基本的区别。入侵的古提人更加明确了这一点：两个不同的民族可以共有一个文明开化的身份，这一身份将他们同第三个民族区别开来。

亚伯拉罕现在向西前进，他讲的是类似西闪米特人的语言，所以他们沟通起来基本无障碍，但是他现在由于一种更加复杂的情境与那些人隔开。因为选择不同，他与西闪米特人的另一支亚比米勒人（Abimelech）变得不同。

当上帝的应许最终实现，以撒（Isaac）诞生之际，一个新的种族出现了，他们还被赋予了某种身体标记，上帝命令亚伯拉罕的儿子、他自己和他的家人割去包皮，以此作为他们与其他种族不同的标记（据推测，这个记号可以在关键时刻提醒他们，不要与其他种族乱了血统）。后来，当亚伯拉罕想为他儿子找一位妻子的时候，他不允许以撒娶他身边的西闪米特人的任何一位女子。他派他的仆人回到美索不达米亚平原西北的老家，从那些留在哈兰的亲戚中带回一位有血缘关系的侄孙女利百加（Rebekah）。

一个新的民族从一个旧的民族中诞生。

夏甲的儿子则有不同的命运。

撒莱得到亚伯兰的允许之后，把怀孕的夏甲赶走了。夏甲从希伯伦上路，途经别是巴（Beersheba），朝埃及的方向南下。她是要回家。

但亚伯兰的儿子没有再次牵扯进埃及第一中间期的混乱之中。根据《创世记》第16章的记载，夏甲在路上遇到上帝的使者并得到一个承诺。与上帝给撒莱的承诺对比，两者有相似之处，夏甲的孩子也会创造出一个人口众多的新民族。

所以夏甲又回到了亚伯兰的家中；孩子出生时取名以实玛利（Ishmael，阿拉伯语音译为易司玛仪），在父亲家中养大。阿拉伯人从他开始记录下了自己的宗教传统。根据《古兰经》（成书年代距离事件发生的时间之间的差距，比《创世记》还大）的记载，亚伯兰（在阿拉伯语中拼作Ibrahim，音译为“易卜拉欣”）是第一位信奉唯一的神安拉（Allah）而不是信仰星星、月亮和太阳的人。成年之后，以实玛利跟着易卜拉欣去了阿拉伯，到了半岛西南部的麦加城，与他们一起建造第一座礼拜安拉的神庙克尔白。《古兰经》命令所有信仰真主的人——“圣书的子民”——转身朝向这座神庙。“你们无论在哪里，都应当把你们的脸转向禁寺，”《古兰经》说，“你无论从哪里出去，都应当把你的脸转向禁寺，这确是从你的主降示的真理。”[10]

我们再回到新的苏美尔帝国，就是他拉举家逃离的地方，早些时候那里动荡不安的局面已经安定下来。

舒尔吉继承了其雄心勃勃的父王乌尔纳姆的王位。在他统治的第一阶段，他审时度势，稳定了局面。在位 20 年后——最终，他的在位时间超过了 40 年——舒尔吉开始重新规划他的疆土。[11] 在规划中也包括征服新的土地：舒尔吉开疆拓土，向北到达小城亚述和尼尼微，然后越过界河底格里斯河，进入埃兰人的土地，重夺苏萨。但他并未向北进攻埃兰人的高地。埃兰是一个历史悠久的国家，埃兰国王西马什一直很好地保护着自己的领土。但在兵锋停止之处，舒尔吉展开了谈判。舒尔吉与 20 多位小国诸侯或军事首领签订了协议和条约，将自己的三个女儿嫁给埃兰土地的三个统治者。他把自己逐渐扩大的领土分为多个省份，由省长向他报告各省的情况。这是一个依照法律和条约统治的帝国，人民必须遵守相应的规章制度。国民要臣服，不只是因为舒尔吉拥有执行他的命令的士兵，更是因为他是众神选出来的国王，得到了神特别的恩宠：

> 母亲宁图养育了你，
> 恩利尔培养了你的头脑，
> 宁利勒爱你……
> 舒尔吉，乌尔之王。

他尤其是女神依南那的挚爱，女神爱他部分是因为他的性能力：

> 因为他抚弄我腿上的汗毛，

因为他在床上说着甜言蜜语，
我会赐予他好命。[12]

他也是月神南纳的挚爱。为了感谢他的神灵保护者，舒尔吉建造了新苏美尔最大的塔庙，堪比埃及的大金字塔；这是一个供人们崇拜神灵的伟大建筑，其名字的苏美尔语意为“一所地基笼罩在恐怖当中的房子”[13]。他试图按照众神的要求公正地统治国家，为此制定了一套新的法律。这些法律如今虽然残缺不全，却是历史上第一份成文法典，规定了何种犯罪会受到何种处罚。[14]

舒尔吉统治乌尔之际，亚伯拉罕则要靠不断奋斗来保卫家人的安全。他在迦南的日子并不好过。在那段时间里，耶利哥的城墙就曾十七次遭到破坏，并十七次重修。[15]

亚伯拉罕成为两个民族之父，而非一个；他的两个儿子都有圣约的标记，通过仪式割除包皮之后，他们与其他闪米特人有了身体上的差异，这些闪米特人在地中海沿岸和约旦河之间的荒野上争战，抢夺土地。* 但这种差异在他们争夺领土过程中没有带来任何优势。在生了以撒三十年以后，撒拉去世，此时，该家族的土地依然少得可怜，亚伯拉罕不得不从附近西闪米特人的一位地主手中买了一个洞穴来埋葬他的妻子。

---

* 穆斯林仍然实行包皮环切术（khitan），这一传统可以追溯到亚伯拉罕。传统认为先知出生时就已经割过包皮，但穆斯林学者对此神迹的意义持不同意见。因为《古兰经》没有具体要求行割礼，所以犹太教在这方面的要求比伊斯兰教更加强烈；学者对割礼是一种责任（wajib）还是一种习俗（sunna）看法不一。参见 M.J. 基斯特（M. J. Kister）：《“……他出生时就割过了包皮……”：〈穆罕默德言行录〉中关于割包皮的注释》，《东方》（*Oriens*）1994 年第 36 卷，第 10—30 页。

**时间线 17**

| **埃及** | **美索不达米亚** |
|---|---|
| *第四王朝*（前 2613—前 2498） | 早王朝三期（约前 2600—前 2350） |
| **斯奈夫鲁** | |
| **胡夫** | **卢伽尔安尼蒙杜**（约前 2500） |
| **哈夫拉** | **麦西里姆** |
| **孟卡拉** | |
| *第五王朝*（前 2498—前 2345） | （乌玛）**卢加尔扎格西**　（拉格什）**乌鲁卡基那** |
| *第六王朝*（前 2345—前 2181） | 阿卡德时期（约前 2334—前 2100） |
| | **萨尔贡** |
| | **里姆什** |
| | 古提人入侵 |
| 第一中间期（前 2181—前 2040） | |
| *第七王朝*和*第八王朝*（前 2181—前 2160） | |
| *第九王朝*和*第十王朝*（前 2160—前 2040） | 阿加德陷落（约前 2150） |
| | 乌尔第三王朝（前 2112—前 2004） |
| | **乌尔纳姆** |
| | **舒尔吉**　亚伯兰来到迦南 |

/ 18

# 第一次环境灾难

公元前 2037 年至公元前 2004 年，在苏美尔，乌尔第三王朝内忧外患，外敌入侵、叛乱和饥荒接踵而至。

在乌尔第三王朝治理下的新苏美尔帝国的法律和统治秩序固然令人印象深刻，但非常短命。

在长达 47 年的长期繁荣统治之后，舒尔吉传位于儿子，他儿子当时年龄也不小了，后者仅统治了 8 年，之后舒尔吉的孙子舒辛（Shu-Sin）就继承了王位。

在乌尔第三王朝第四代继承人的统治下，帝国开始瓦解。舒辛的统治面临着与日俱增的威胁：西闪米特游牧民族亚摩利人在迦南和新苏美尔境内的西部边界徘徊。苏美尔人叫他们“马尔图人”[Martu，又称作“阿姆茹”（Amurru）]，而且苏美尔人注定要和他们发生对抗，因为他们都想要某种越来越短缺的东西：肥沃的土地。

数百年来——也许是数千年来，这片平原上的城市必须通过灌溉才能种植足够的小麦，以供养日益庞大的人口。人们在河岸开挖渠道，使上涨的河水流进蓄水池，到了旱季他们就可以把水送到农田。

但是底格里斯河和幼发拉底河的水虽然算是淡水，可以饮用，却也略带咸味。微咸的河水流入蓄水池后，在流经富含矿物质的土地时会汇集更多盐分。之后，河水灌溉到地里，在阳光下曝晒。大部分的水被土地吸收，但有少部分会蒸发，因此土壤里的盐分就会越积越多。这个过程称为盐化，最终导致土壤中的盐度过高，农作物开始枯萎。* 小麦对土壤中的盐分格外敏感。苏美尔城市的记载显示，在公元前 2000 年以前的数年间，当地种植的作物逐步由小麦换成大麦，因为大麦可以耐受更高的盐度。但年深日久，土壤中的盐度高得就连大麦也无法生长了。随着粮食越来越少，肉类也越来越少，因为不仅供人们吃的粮食减少，而且供动物吃的粮食也变得更少，所以人们只能到越来越远的地方放牧。

在舒辛统治时期，一位苏美尔的抄写员写道，某些地区的土壤都已经“变白了”。[1] 当时不时会冒出一则谚语显示农民对土壤盐分增多的关注。同时期，一部农谚集里有一条谚语说：“既然乞丐都不怎么知道如何种大麦，他们怎么可能会种小麦？”另一句谚语说，只有从河里冒出来的“男人”——大概是特别强有力的男人——才能“把土壤里的盐都除掉”。[2]

苏美尔的农民对农业并非一无所知，他们其实知道眼下的问题是怎么回事。不过，唯一的解决办法就是隔年种植一季作物，实行

---

* 严格说来，盐化不仅涉及盐分的积累，而且是一种改变土壤中多种矿物质含量的化学反应；它是“一个可溶性盐积聚在土壤中并改变土壤化学成分的过程”［D. 布鲁斯 · 迪克森（D.Bruce Dickson）：《人为的环境破坏的界定》，《美国文物》（*American Antiquity*）1987 年第 52 卷第 4 期，第 711 页］。迪克森指出底格里斯河和幼发拉底河的河水中钙、镁和钠的含量很高，这些物质往往能促进可溶性盐在土壤中沉淀。

"休耕"——允许杂草生长，让其扎根到地下，这样可以降低地下水位，使盐分被水带到地表以下的土壤。[3]可是，在休耕期间，城里的苏美尔人吃什么呢？而且由于舒尔吉建立了高度组织化的庞大官僚机构，他的后代也在维持这一制度，为了养活他们，苛捐杂税不断增加，要是实行休耕，农民如何能承受这些税赋呢？

不采取休耕，土地就会变得有毒，最终只能被完全抛弃，这些土地可能需要五十年的时间来恢复土壤的养分。所以，这个时候亚摩利人侵犯苏美尔肥沃的土地，就不仅是惹人恼怒的问题，而且是生死攸关的大事。美索不达米亚平原没有无限的土地；人类学家说这里"土地有限"，它的四周被群山和沙漠隔断。*

粮食的日益短缺使苏美尔人普遍忍饥挨饿，他们的健康状况变差，脾气更加暴躁，保卫家园的能力减弱。由于粮食税征收不齐，乌尔第三王朝连士兵的军饷都付不起。如此一来，军队也就无法轻易赶走入侵的亚摩利人。

在舒辛在位的前三年，边境地区逐渐失守。第四年，他甚至绝望到去尝试一种全新的战略，一种之前从未用过的战略：他下令建一堵巨大的墙，长度达 274 千米，横贯底格里斯河和幼发拉底河之间的平原，试图以如此疯狂的做法防范亚摩利人。

这堵墙最终被证明毫无作用。舒辛的儿子伊比辛（Ibbi-Sin）很快就放弃了城墙后面的土地，他甚至连保卫国土的样子都不做了。贫穷、疾病和外敌日渐侵蚀他的领土，而且威胁他领土的不仅有亚摩利人，就连他自己饥饿和不满的子民也开始起来反抗。伊比辛在位第二年，埃什努那（Eshnunna）——一个位于他余下国土的北部

---

* 把这种情况与后来占领北美大陆的人比较，我们会发现后者拥有的是几乎无限辽阔的肥沃土地（R. L. Carneiro, "A Theory ofthe Origin of the State," *Science* 169 [1970], pp. 734–735）。

的偏远的城市开始起义并拒绝纳贡，而伊比辛没有兵力来收复该城。一年之后，安善的埃兰国王（这个国家已经脱离苏美尔的统治，但是曾经通过联姻与舒尔吉结为同盟）抛弃了订立半个世纪之久的条约，将苏美尔人赶出苏萨。两年后，乌玛独立；三年后，即伊比辛统治的第八年，享有盛名的尼普尔城也不再承认他的统治。

更糟糕的事情还在后面。随着伊比辛的实力不断衰退，他不得不授予他的军事指挥官越来越多的自主权。在他统治的第十年，其中一个拥有闪族血统的指挥官，伊什比–埃拉（Ishbi-Erra），将权力完全握在了自己手中。

由于土地盐化，缺乏粮食和肉类，乌尔此时正遭受饥荒。伊比辛派他最信任的军官伊什比–埃拉北上伊辛（Isin）和卡扎鲁（Kazallu）去取供给。泥板上保留下来的一系列信件揭示了伊什比–埃拉的策略。首先，伊什比–埃拉写信给他的国王，解释说如果伊比辛派出更多的船只并且给他更大的权力，那么他就能带回粮食；否则，他将只能和粮食一起待在伊辛。

> 我花了 20 他连得 * 银子卖粮食，我现在带着粮食在伊辛。但现在，我已经听到报告说，马尔图人已侵入我们土地的中心。如果你不派 600 艘船给我并把伊辛和尼普尔交给我的话，我不会把粮食带给你。如果你给我，我会在 15 年内给你提供足够的粮食。[4]

这是赤裸裸的敲诈。卡扎鲁的总督写信向他抱怨说伊什比–埃

---

* 他连得（talent），希伯来人用来表示重量和金钱价值的最大单位，《圣经》（和合本）译作“他连得”。1 他连得的重量约为 34.2 千克。——译者注

拉以为国王征集粮食为名，夺取了尼普尔，掠夺了几个附近的城市，宣布其他几个城市也归他统治，并且现在正威胁要接管卡扎鲁。此时的局势对伊比辛来说已经再明白不过了。“请让我的国王知道，我没有盟友，”总督可怜地抱怨道，“没有一个人站在我这边。”

伊比辛对伊什比-埃拉的举动毫无反击之力，因为对方手里掌握着他大量的兵力和粮食。他给卡扎鲁总督的回信带着绝望的愤怒：

> 我给了你军队，他们任你调配。你是卡扎鲁的总督。你怎么能不知道伊什比-埃拉的阴谋呢？你为什么不发兵打他？现在伊什比-埃拉可以称王了。而他甚至都不是苏美尔人。苏美尔人现在遭到众神的贬斥和羞辱，你负责的所有城市都直接到了伊什比-埃拉的手里。我们最后的希望就是马尔图人能够抓住他。[5]

亚摩利人没能抓到伊什比-埃拉，而且正如伊比辛害怕的那样，这位在外的军官宣布自己是“伊辛王朝”的第一个国王，定都伊辛，控制的领土是曾经属于乌尔的北方土地。伊辛王朝将抵挡亚摩利人的进攻，并且统治平原北部地区达200年之久。与此同时，伊比辛手里只剩下已经四分五裂的帝国的心脏地区——乌尔。

此时，一只秃鹫降临了。公元前2004年，埃兰——现在已经实现了统一，不再受苏美尔的控制，国王金达图（Kindattu）准备为自己几十年来所受的统治而复仇。他们席卷了底格里斯河，摧毁乌尔的城墙，焚毁宫殿，铲平神庙，彻底结束了苏美尔时代。那些还没有盐化的土地也被毁掉，伊比辛本人也成了俘虏，被拖到了

地图 18–1　苏美尔的解体

安善（Anshan）。

后来的诗歌在哀悼乌尔的沦陷时，不仅将其看作一个城市的消亡，而且将其看作整个文明的消失：

> 雄伟的城门前堆满尸体，
> 那些曾欢庆节日的街头，如今头颅遍地，
> 人们曾经翩翩起舞的地方，如今尸体堆积如山……
> 河里污泥淤塞，
> 城中不再有流动的活水，
> 平原上曾经青草依依，如今像破碎的土窑，到处开裂。[6]

乌尔的陷落不仅展现出伊比辛的懦弱，而且显示出月神南纳的无能和陷落城市的守护神的无能，因为他们连自身都守护不了。

> 父神南纳，
> 你的歌声已经变成了哭泣，
> 你的城市在你面前悲泣，像一个迷路的孩子，
> 你的房子向你伸出双手，
> 它哭喊道："你在哪里？
> 你将离开你的城市多久？"[7]

亚伯兰和他拉逃离了乌尔，也摒弃了对月神的尊崇，因为他们担心月神无法再保护他们。毕竟，月神甚至连自己的神庙都守护不了。这位古老的自然之神，像乌尔的土地一样，已经失去了力量。

苏美尔人的时代最终结束了。闪米特人（包括阿卡德人和亚摩

| 时间线 18 | |
|---|---|
| **埃及** | **美索不达米亚** |
| *第五王朝*（前 2498—前 2345） | （乌玛）**卢加尔扎格西**　（拉格什）**乌鲁卡基那** |
| *第六王朝*（前 2345—前 2184） | 阿卡德时期（约前 2334—前 2100） |
| | **萨尔贡** |
| | **里姆什** |
| | 古提人入侵 |
| 第一中间期（前 2181—前 2040） | |
| *第七王朝*和*第八王朝*（前 2181—前 2160） | |
| *第九王朝*和*第十王朝*（前 2160—前 2040） | 阿加德陷落（约前 2150） |
| | 乌尔第三王朝（前 2112—前 2004） |
| | **乌尔纳姆** |
| | **舒尔吉**　亚伯兰来到迦南 |
| | 乌尔瓦解（前 2004） |

利人）和埃兰人统治了这个平原。在早期国王统治时曾有清澈的河水流过的绿色田野，此时再也不像当年那样肥沃了。*

* 即使在今天，因为许多世纪以来盐分和化学物质的累积，伊拉克有大约 60% 的古代的沃土（伊拉克占据了美索不达米亚平原大部分地区）仍不适合耕作。

# / 19

## 埃及重获统一

公元前 2181 年至公元前 1782 年，孟图霍特普二世再次统一了四分五裂的埃及，揭开了中王国时期的序幕。

在一个半世纪的时间里，埃及并不存在名副其实的法老。

亚伯兰到埃及时，那里或许处于第九王朝或第十王朝时期，两支部族的首领可能同时统治着埃及。根据曼涅托的记载，阿克托斯（Achthoes）建立了第九王朝，在更南部的赫拉克利奥波利斯开始对埃及的统治。曼涅托说："阿克托斯比他的前任更加残暴，为全埃及人民带来了灾难。"[1]

铭文称这位国王为"阿赫托伊一世"，实际上，他是赫拉克利奥波利斯的省长，他的凶残暴虐很可能源于武力统一埃及的宏愿。阿赫托伊死后不久（曼涅托说他最后疯了，遭受天谴，被鳄鱼吞食），更南部的地区紧接着出现了一位自封的法老。他就是因提夫（Intef），自称在底比斯统治着整个埃及。

根据曼涅托的记载，阿赫托伊的第九王朝之后便是第十王朝，紧接着就是第十一王朝。事实上，第九王朝、第十王朝和第十一王朝几乎同时并存。“王权”并未真正实现；很多雄踞一方的地方贵族相互征战，竭力夺取埃及名义上的控制权，其他的地方统治者则随心所欲地各行其是。一位省长（亦可称为州长，由其管辖的地域称为“诺姆”）的铭文中记载，省长完全无视赫拉克利奥波利斯和底比斯王室。“我是祭司的监督者，是沙漠国家的监督者，是雇佣兵的监督者，是诺姆的伟大霸主，”安克提菲（Ankhtifi）吹嘘道，“我是人类的起始和最高峰……我超越了祖先的壮举……所有的上埃及人都快被饿死了，人们开始吃自己的孩子，但我没有让任何人在这个诺姆死于饥荒，我从不允许任何人被迫离开这个诺姆，迁往另一个诺姆。我是无与伦比的英雄。”[2] 至少在安克提菲自己看来，他就等同于法老。

为了将这段混乱无序的历史归入古王朝的世系框架，曼涅托对这些王朝按序排列。即便过了 1500 多年，曼涅托也没完全承认荷鲁斯的神威已经消失。在这个问题上，他并不是唯一一人。当时保存下来的铭文显示，埃及的书吏要么忽视王国分崩离析的现实（其他古代王表掩饰第九王朝和第十王朝的存在，直接跳到第十一王朝）[3]，要么试图用更温和的语言描述那段历史：埃及并没有陷入无序分裂的状态，南北间的敌对状态仅是历史的短暂轮回。南北间的冲突由来已久，过去总会适时出现一位可以完成统一大业的法老。

于是，我们发现了底比斯的统治者因提夫一世在铭文中自称为“上下埃及之王”。[4] 这算得上是自吹自擂，他肯定不是下埃及的国王，或许也根本没有完全控制上埃及。然而，他完全继承了上埃及法老们的传统，力图将反叛的北方归于自己统治之下。因提夫的战士们多次与赫拉克利奥波利斯的军队交锋，再次导致了南北间的军事冲突。与此同时，敌对的诺姆间冲突不断，西部的闪米特人趁机进入三角洲地带，埃及伟大的历史进一步发生倒退。“军队相互交战，”当时的记录描述说，“埃及人在墓地上战斗，肆意破坏墓穴。”[5]

之后，在第十一王朝中期，孟图霍特普二世在底比斯创建了新王朝。

孟图霍特普二世被誉为底比斯的战争之神，他用执政前20年的时间向北攻入了下埃及。与之前的纳尔迈和哈塞海姆威不同，他不仅要与北部王朝的军队作战，也要击破进军路上各地诸侯的阻碍。他打败了阿拜多斯的统治者，取得了第一个伟大胜利；一处大规模的集体墓葬见证了战争的残酷，里面埋葬着60名阵亡士兵的遗骸。[6]

他一路挥师向北，赫拉克利奥波利斯的第十王朝士兵们望风而逃。就在孟图霍特普二世到达赫拉克利奥波利斯之前，第十王朝的国王刚刚去世。对继承权的争夺让整个城市的防御陷入无序状态，孟图霍特普二世的大军轻而易举地攻入城市。

至此，他已经控制了底比斯和赫拉克利奥波利斯，但距离完全统一埃及的目标依旧遥远。地方省长不愿放弃他们长期拥有的权力，与地方势力的斗争又持续了很多年。这段时间肖像画中的埃及王室官员往往随身携带着武器，而不是莎草纸或其他文书用品，这表明在相当长的时间里他们的工作充满危险。[7]

但是，在其统治的第39年，孟图霍特普二世终于可以改写自己的名字。毫无悬念，他把自己的荷鲁斯名衔改为“上下埃及的统一者”。事实上，长达40年的权力之争已不能用南北间的敌对来概括，但内战的旧模式赋予他一个更好的机会宣称自己是再次挽救埃及的伟大法老。

他的大业已成。在不久之后的铭文中，他的名字出现在纳尔迈旁边。他被誉为第二个纳尔迈，与先前首次实现上下埃及大统一的传奇国王并列。

孟图霍特普二世的统治终结了第一中间期，此后埃及再次强大，开始了中王国时期。根据曼涅托的记载，他的统治延续了50年。

虽然墓中铭文记载他至少拥有5位妻子，但他统治时期的铭文记录并没有提到任何子嗣。[8] 接下来的两个国王互相不是血亲，和他也没有任何血缘关系，第三位国王阿蒙尼姆赫特一世（Amenemhet Ⅰ）出身平民，曾担任过孟图霍特普四世的宰相。这样看来，理论上尊贵而神圣的王族血脉在现实中已不复存在。

阿蒙尼姆赫特一世是第十二王朝的第一位国王。他出生于埃及南部［据铭文记载，他的母亲来自上埃及腹地埃勒凡泰尼（Elephantine）］，为了将自己归入统一埃及的伟大国王之列，他仿效纳尔迈，为自己兴建了一个全新的国都，以纪念自己篡权夺位的成功。他将这个位于孟斐斯以南32千米的新都命名为“伊悌托威”（Itj-taway，意为“两地的夺取者”）[9]，这座城市成为他控制上下埃及的平衡点。孟斐斯仍为埃及的宗教中心，拥有众多的神殿和神庙，但已不是法老的政治中心。

阿蒙尼姆赫特一世还委托书吏撰写了一则关于他的“预言”，在他统治之初便在埃及流传开来。据说，聂非尔提预言（Prophery of Nerferti）始于500多年前斯奈夫鲁统治时期。文献一开始就讲到斯奈夫鲁，他沉思着埃及衰落的危险，担忧会遭遇东方亚细亚人强大的武力入侵（把后来的忧患提前了，因为在斯奈夫鲁时代这根本不可能发生）。幸运的是，斯奈夫鲁的先知有一个很好的预测：

从南部将会来一位王，
他将拿起白冠，
他将戴上红冠……
亚细亚人将倒在他的剑下，
叛军会被剿灭，叛徒会屈服于他的权威……
（他）将修筑大公墙
阻止亚细亚人进入埃及。[10]

阿蒙尼姆赫特开始四处传播这个预言。在儿子辛努塞尔特（Senusret）的帮助下，他发动了远征，赶走了企图潜入三角洲地带的“沙漠居民”[11]，并在三角洲东部修筑了“大公墙”（Walls of the Ruler），用于抵御外族入侵。

在他统治后期，阿蒙尼姆赫特一世已然足够强大，他在新都伊悌托威附近为自己建造了金字塔。那仅是一座小型的金字塔，但也是一座回归旧秩序的纪念碑。阿蒙尼姆赫特一世一定认为自己继承了先前伟大君主纳尔迈、胡夫和哈夫拉的事业。法老的权威又回来了。

后来，阿蒙尼姆赫特一世死于一场阴谋。

不久之后，辛努塞尔特一世以自己父亲的口吻描述了他遇刺的故事。“我从睡梦中醒来，开始搏斗，”死去的阿蒙尼姆赫特说，“是侍卫攻击了我。如果能迅速拿到武器，就能打败那些浑蛋……夜晚中，我孤立无援。没有人可以单独作战……儿子，没有你在我的身边，我身负重伤。”[12]

稍后出现的《辛努亥的故事》(Tale of Sinuhe)记录了更多细节。根据记录，辛努塞尔特当时正在南征利比亚地区，那里是尼罗河以西的沙漠地带，沙漠居民曾长期侵扰埃及边境。听到父亲被害的消息，辛努塞尔特抛下大军，直奔伊悌托威，那是一段漫长而艰难的旅程。得知王子归来的消息，侍臣辛努亥确信自己难逃干系，便潜出王宫逃往亚细亚人的土地。

对任何埃及人而言，逃往迦南都是一种绝望的冒险行为。辛努亥的旅程充满艰辛，他不得不偷偷穿越“大公墙”(“我躬身穿行在灌木丛中，生怕被驻守堡垒的士兵发现”)，饥渴难耐地在沙漠中行走。最后，他终于到达了被称为“雅安”(Yaa)的迦南，发现那里是一处“到处流淌着奶和蜜的富饶之地”。他感叹道：“那里有无花果树和葡萄树。葡萄酒比水更丰富，还有大量的蜂蜜和油。”

很久之后，辛努亥会重归故土并得到辛努塞尔特一世的赦免。那时，辛努塞尔特一世已成为国王，在他的统治下埃及的国力显著增强。为免有人认为迦南是一处富饶之地，辛努亥说，由于在亚细亚人中生活得太久，在他重归埃及文明社会之前，自己应该重新接受教化。由于长期背井离乡和西闪米特人混居，他的毛发粗长杂乱，必须经历全身脱毛的冗长过程。

辛努塞尔特一世已经为父报仇，处决了守卫，他统治下的埃及也进入繁荣时期。他在去世的前几年任命自己的儿子为共治者，此后这成为第十二王朝法老的惯例。联合执政让法老的王位世袭更简单、更平稳。当然这也意味着一些妥协：联合执政有悖于国王死后会在儿子身上重生的古老传统。但现在，法老更像是凡人，身上的

**图 19–1　辛努塞尔特三世**

埃及法老辛努塞尔特三世的花岗岩头像，发现于卡纳克神庙附近。图片来源：Bridgeman-Giraudon/Art Resource, NY

神性被弱化了。这种变化在第十二王朝历代国王的雕像中有所体现，它们看起来就像是真人，与第四王朝统治者那充满神性的雕像极为不同。

王位被不断传承下去，埃及进入一段相对和平的时期，在某种程度上再现了过去的繁荣。辛努塞尔特的儿子死后，其孙即位，之后便是他的曾孙辛努塞尔特三世。辛努塞尔特三世身材魁梧（身高

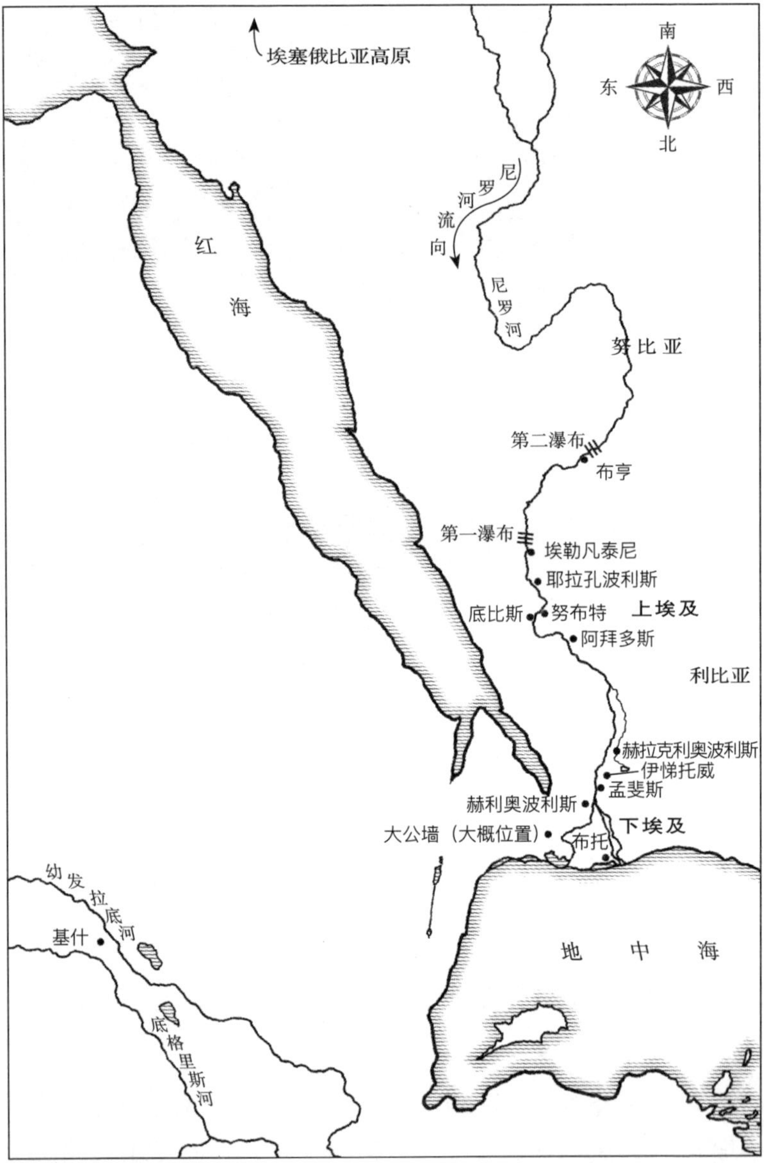
埃塞俄比亚高原
南
东
西
北
尼罗河流向
红海
尼罗河
努比亚
第二瀑布
布亨
第一瀑布
埃勒凡泰尼
耶拉孔波利斯
底比斯
努布特
上埃及
阿拜多斯
利比亚
赫拉克利奥波利斯
伊悌托威
孟斐斯
赫利奥波利斯
大公墙（大概位置）
布托
下埃及
幼发拉底河
基什
底格里斯河
地中海

地图 19–1　中王国

超过 2 米），他的雕像极易辨识，脸部线条明显，眼间距很宽，眼皮厚重，两耳非常靠后，能托住头饰。他在努比亚修筑了 8 座堡垒，数量超过了其他法老；但根据他自己的记录，至少应有 13 座。这些堡垒巨大而坚固，类似于中世纪的城堡，设有塔楼、城墙和护城河。其中最大的一座位于第二瀑布附近的布亨（Buhen），布亨的泥砖城墙厚约 4 米，建有 5 座塔楼，巨大的中央入口设有双层城门，护城河上架有吊桥。堡垒的内部空间足可容纳整个城镇，里面街道纵横，并建有一座寺庙。[13]

居住在布亨的埃及人一般不会出城过夜，一旦如此，就会被努比亚人发现。在辛努塞尔特发起的残酷战争中，埃及人曾大肆屠杀努比亚人，妇女和儿童被作为奴隶运往北部，他们还焚烧了庄稼，捣毁了水井。努比亚人憎恨他们的统治者，无法忍受与埃及人相邻而居。

这种残暴野蛮的方式让埃及最令人头疼的省份暂时停止了抵抗。当辛努塞尔特三世把埃及交到自己儿子手中时，整个地区处于和平状态。埃及再次开始与比布鲁斯进行雪松贸易，西奈的矿产得到充分开采，尼罗河的洪水水位达到历年来的最高点。在人而非神的统治之下，中王国进入鼎盛时期。

| 时间线 19 | |
|---|---|
| **埃及** | **美索不达米亚** |
| 第一中间期（前 2181—前 2040） | |
| *第七王朝*和*第八王朝*（前 2181—前 2160） | |
| *第九王朝*和*第十王朝*（前 2160—前 2040） | 阿加德陷落（约前 2150） |
| 中王国（前 2040—前 1782） | |
| *第十一王朝*（前 2134—前 1991） | 乌尔第三王朝（前 2112—前 2004） |
| **因提夫一世　因提夫二世　因提夫三世** | **乌尔纳姆** |
| **孟图霍特普二世　孟图霍特普三世<br>孟图霍特普四世** | **舒尔吉**　　亚伯兰来到迦南 |
| | 乌尔瓦解（前 2004） |
| *第十二王朝*（前 1991—前 1782） | |
| **阿蒙尼姆赫特一世** | |

# / 20

# 美索不达米亚的纷争

公元前 2004 年至公元前 1750 年间，拉尔萨和亚述的国王分别在南方和北方建立了王国，与此同时，巴比伦的汉穆拉比正在等待时机。

埃及踏上了重归繁荣之路，而美索不达米亚平原仍是一片狼藉。* 埃兰人洗劫了乌尔，将俘获的伊比辛押回了苏萨城，他们占领了这座城市并加固了城墙，为征服更多的领土做好了充分准备。但是他们忽略了凶狠狡猾的伊什比-埃拉将军，那时他仍然牢牢控制着北部的伊辛城。伊什比-埃拉也需要控制乌尔，以便实现他的宏图大业，建立一个可与沦陷前的乌尔王朝相媲美的伟大的新苏美尔王朝。

当时，他几乎没有任何对手。乌尔被洗劫之后，大部分曾经处于第三王朝荫庇之下的分散的城邦实力孱弱，没有宣告独立。他可

---

* 从乌尔王朝的瓦解至公元前 1600 年这段时间，一般称为古巴比伦时期。这其实是一个非常不准确的称谓，直到公元前 1792 年汉穆拉比开始统治之时，巴比伦都算不上是一个重要的城邦，在此之后的 30 多年它也并未能主宰美索不达米亚平原。

能只有三个潜在对手：两个乌尔第三王朝解体后宣布独立的古苏美尔城邦和埃兰人。

其中，埃什努那远在北方，位于底格里斯河转弯处东侧。伊比辛刚刚陷入困境，埃什努那便立刻凭借远离都城的优势发动叛乱。这个城邦的确对伊什比-埃拉的权力构成威胁，但距离伊辛非常遥远（两地间还隔着亚摩利人）。此外，第二个独立的古苏美尔城邦拉尔萨正处于伊什比-埃拉觊觎已久的南部平原地带。它也曾经反抗过伊比辛的统治，但亚摩利人宣布对它拥有统治权。

与拉尔萨交战会削弱自己的力量，伊什比-埃拉选择去巩固自己的城邦伊辛，并加强自己军队的实力，准备夺取皇冠上的明珠：乌尔。

他耐心地等待时机。大约在他的统治即将结束的时候——或许是在埃兰人攻占乌尔十年之后——他从北方挥师而下，经过拉尔萨，发动了对埃兰统治者的进攻。一首零碎残缺的诗歌记录了他击败了埃兰人并从敌人手中夺得乌尔的事迹：

> 伊什比-埃拉靠近敌人，
> 在乌尔平原，他们无法逃脱他的力量。
> 他驾着一辆巨大的战车，
> 成功冲入城邦，
> 他掠夺了它的黄金和珠宝，
> 然后这个消息传到了……埃兰国王那里。[1]

伊什比-埃拉一定对这颗皇冠上的明珠非常满意，他没有再去攻打拉尔萨或埃什努那。不久他便去世了。他的儿子接管了由伊辛、尼普尔、乌鲁克和乌尔这四座城邦组成的王国。

在接下来的50年里，伊什比–埃拉的伊辛王朝和拉尔萨的亚摩利王国在南部平原冲突不断。它们谁都没有占得上风。[2]

在北方，曾处于乌尔第三王朝控制下的城邦开始重新宣告自己的独立。亚述是第一个在萨尔贡对外扩张时被纳入阿卡德的城邦，后来又被舒尔吉归入乌尔王朝；现在他们重建了城墙，并开始与地中海沿岸的西闪米特人贸易。亚述商人甚至在小亚细亚东部边境建立了若干小型商业殖民地。[3]亚述以西、幼发拉底河畔的北部城邦马里也拥有自己的小型商业殖民地。亚摩利人游荡在亚述和马里之间，他们的部落分散于两河之间，大多从事农业耕种，部落首领间摩擦频发，势力范围变幻不定。

公元前1930年左右，南部势力均衡的局势开始发生变化。

亚摩利人冈古农（Gungunum）成为拉尔萨的第五位国王，他在兄长去世后登上了王位，开始创建自己的帝国。他一路打到了苏萨，并且留下了一块刻有自己名字的铭文；他一路打到尼普尔，将其从伊辛的控制下夺了过来；然后又发动了对伊辛王朝的骄傲——乌尔的战争。战争期间，伊辛国王里皮特–伊什塔尔（Lipit-Ishtar，可能是伊什比–埃拉的曾曾孙）和他大将军之间的几封信件保存了下来，他们焦虑地商讨如何抵挡前来进犯的大军。大将军写道："冈古农的600名士兵已经到达；如果我王不发援兵，他们很快就会建起砖砌的要塞；我王千万不可拖延！"

八十年前，面对伊什比–埃拉发起的进攻，伊比辛感到无比绝望，如今里皮特–伊什塔尔深有同感："我其他的将军比你更加效忠自己的国王！你为什么不尽早汇报？我已紧急为你增派了2000名长矛兵、2000 名弓箭手和 1000 名斧手。将敌人赶出他们的营地，守住附近的城邦迫在眉睫！”[4]

可能援军到得太迟，或者数量太少，拉尔萨的军队最终攻占了乌尔。不久，冈古农宣布自己是古城的保护神，并作诗（虽然他的亚摩利祖先从未这样做过）向月神承诺他向往恢复古风：“你，南纳，深受国王冈古农的钟爱。”“他将为你重修你的城市，他将为你召回离散的苏美尔人和阿卡德人，你的乌尔古城拥有至高无上的神权、永不减少的房子，愿冈古农长存！”[5]他宣称有权重修他人遗迹的策略后来为多位征服者所用。

冈古农的继任者继承了拉尔萨和乌尔，并决定将尼普尔城邦纳入他的版图。当伊辛国王（一个篡位者，伊什比-埃拉的后人在乌尔沦陷后便丢掉了王位）表示明确反对后，两座城邦重返过去的敌对状态。拉尔萨和伊辛再次进行了一场持续数年的战争，在此期间，时运不佳的尼普尔至少八次易主。与此同时，平原上的其他城邦——伊辛、拉尔萨、乌鲁克（现由另一个亚摩利首领控制）、埃什努那、亚述和马里——几年来彼此保持着高度警戒，但都凭借强大武力实现了各自的中立。

一座新兴城邦也加入了它们的行列。另一位亚摩利人首领在巴比伦河岸的村子安顿下来，决定把它变成自己的大本营。这位名为苏姆-阿布姆（Sumu-abum）的首领在村子周围修筑了城墙，并将其扩建成一座城市，自己称王，他的儿子则成了王储。他还留下了纪念自己统治的铭文，称自己（就像古时的吉尔伽美什）为城邦伟大的缔造者，他统治的第二年被描述为“修筑城墙的那年”，他统治的第五年被称为“建起伟大的南纳神庙的那年”。[6]

除了苏姆-阿布姆，其他城邦都没有如此杰出的领袖。那些接二

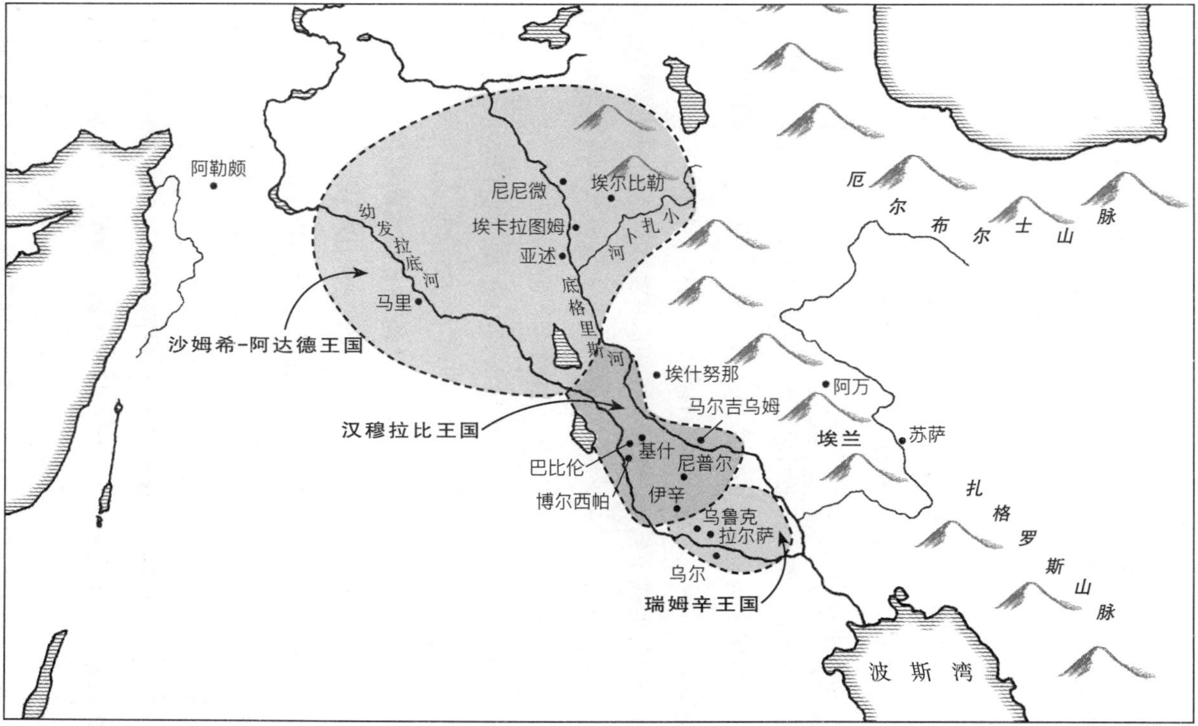


地图 20–1　美索不达米亚的纷争

连三的小国王没有留下多少历史痕迹。伊辛面临着实力变化的尴尬局面，当地的神谕宣称：伊辛王室的第九位王伊拉–伊米提将遭遇尴尬的权力更替。为了躲过即将来临的灾难，伊拉–伊米提决定根据亚述惯例举行一个替罪仪式：他从王宫中选定一个园丁作为自己的替身替自己当一天国王，在规定期限结束时，伪国王会被仪式性地处死。这样就可以实现神谕，使真正的国王逃过一劫。

不幸的是，留存下来的编年史告诉我们，这名园丁刚被加冕，伊拉–伊米提在喝了碗汤后就死了。[7] 汤不大可能使人噎死，很可能是王宫中有人下毒。国王死后，园丁拒绝退位，他又统治了 24 年。

此时伊辛与拉尔萨还在作战，由于连年征战，拉尔萨的势力逐渐被削弱，成为埃兰人反攻的目标。公元前 1834 年左右，一位来自埃兰西北部的战争领袖组织了一支军队，跨越了底格里斯河。他将拉尔萨据为己有，不久之后，又横扫乌尔和尼普尔。他把拉尔萨的王位传给了小儿子瑞姆辛（Rim-Sin），让他代为统治。

多年征战让瑞姆辛得到的城市残旧破败，民不聊生；瑞姆辛尝试着恢复拉尔萨昔日的辉煌。我们不知道早期他是如何统治的，但我们知道公元前 1804 年，也就是他登上拉尔萨王位十八年后，其他三个城邦都对拉尔萨势力的发展感到担忧，它们放下彼此间的历史分歧，联合起来对抗这个共同的威胁。伊辛的国王、乌鲁克的亚摩利统治者和巴比伦的亚摩利首领派遣了一支讨伐瑞姆辛的联合军。

瑞姆辛彻底摧毁了他们的军队，并挥师杀进乌鲁克，报复性地将其占有。巴比伦和伊辛的国王只好先选择撤军，再筹划下一步的行动。

此时，埃什努那的国王决定利用南部动乱之机，向北扩展他的领土。他率军杀到底格里斯河，将亚述的亚摩利王赶下了王位，然后委派自己的儿子管理这座城邦。但在他筹划进一步的进攻之前，一位入侵者突然出现在亚述已遭破坏的城墙之外。

这位名为沙姆希–阿达德（Shamshi-Adad）的斗士与当时很多军事首领一样，很可能也是亚摩利人。亚述王表（记录了亚述的历代君主，类似于苏美尔王表）告诉我们，沙姆希–阿达德在巴比伦待了几年，然后从那里撤出，征服了小城埃卡拉图姆（Ekallatum）。这座城堡位于底格里斯河对岸，很有可能是亚述的军事前哨。[8]他在那里待了三年，筹划夺取王位。然后，他继续向亚述行进，废黜了埃什努那的统治者，自己登上了王位。*

此后，他开始在北部建立一个可与南部瑞姆辛的拉尔萨王国分庭抗礼的帝国。沙姆希–阿达德把埃卡拉图姆和亚述西北部交给长子伊什美–达干（Ishme-Dagan）管理，自己牢牢控制着底格里斯河和幼发拉底河之间的区域。他向西推进，一直打到马里，击溃了马里的防线，处决了马里的国王；不久后，沙姆希–阿达德的一位官员曾写信请示如何操办那位被处决国王的葬礼。

国王的儿子也被处死，只有一位年轻的王子齐姆里–里姆（Zimri-Lim）逃过这一劫。齐姆里–里姆向西逃到了迦南北部西闪米特人的城市阿勒颇（Aleppo）；不久之前，他娶了阿勒颇国王的女儿，所以在沙姆希–阿达德入侵之时，他到岳父那里寻求庇护。沙姆希–阿达德把小儿子亚斯马–阿达德（Yasmah-Adad）送上了马里的宝座，让他作为总督掌管马里。

沙姆希–阿达德不仅用铭文记录他的胜利，还与他的两个儿子

---

* 一般认为，沙姆希–阿达德的统治始于公元前 1813 年；这个时间可能不太准确，但一直被当作古代史的基准年份之一。

有很多书信往来。这些发现于马里废墟遗址的书信告诉我们，沙姆希–阿达德不仅控制了西部平原，还把底格里斯河以东的某些土地纳入版图——有些地方远在扎格罗斯山脉，甚至远至埃兰人的地盘——并向北征服了埃尔比勒（Arbela）和尼尼微。至此，沙姆希–阿达德掌控了上底格里斯河和下扎卜河之间的三角地带，亚述、埃尔比勒和尼尼微分列于三个顶点，这片区域第一次被称为“亚述”：一个帝国的中心。

除了埃及，这已经是其他君主所能统治的最大版图，沙姆希–阿达德立即开始为自己歌功颂德，为了感激众神之爱，他修筑了许多精美的神庙。“我沙姆希–阿达德是天下之王，”一座新建神庙上的铭文写道，“是亚述神庙的建造者，我将自己全部的精力都倾注于底格里斯河和幼发拉底河之间的土地……我用雪松搭建了神庙房顶，用雪松装饰了神庙的大门并贴上了银子和金子。我在神庙墙壁的地基放上了银子、金子、青金石和石块；在神庙的墙壁上涂抹了雪松油、蜂蜜和奶油。”[9]

沙姆希–阿达德独揽帝国大权，无论是他的官员还是被征服的臣民都处于他的严控之下。他这样描述自己的王国：“我在各处都安排了总督，我在各地都驻守了军队。”[10] 他很担心自己的臣民会造反；他的帝国也受到埃兰人的威胁，埃兰人正在他的东侧聚集军队。负责监视沙姆希–阿达德帝国东侧边界的官员不止一次警告他，埃兰国王拥有 12 000 名士兵，随时准备进犯。[11] 沙姆希–阿达德征召了更多的臣民加入驻军并加强了防御力量，埃兰人不得不推迟进攻。

在南方，瑞姆辛终于成功地征服了拉尔萨近 200 多年来的宿敌伊辛。随着伊辛王朝的终结，他成为南部无可争议的统治者，而沙姆希–阿达德在北方称霸。公元前 1794 年，两位霸主在美索不达米亚平原南北割据称雄。

公元前 1792 年，巴比伦的亚摩利人首领去世，他的儿子汉穆拉比继承了王位。

根据巴比伦王表，汉穆拉比是那位首先在巴比伦筑起城墙的亚摩利人苏姆-阿布姆的曾曾曾孙。他甚至可能是沙姆希-阿达德的远亲，因为巴比伦王表所记载的巴比伦统治者的先祖中，有 12 个人的名字也出现在沙姆希-阿达德的王表中，他们被称为“住在帐篷里的国王”；两人拥有来自亚摩利游牧部落的共同祖先。[12]

汉穆拉比的巴比伦就夹在瑞姆辛和沙姆希-阿达德的帝国之间，像一个手拿弹弓的小人，面对着前后两个巨人。不过巴比伦的中心位置也是一个优势。城邦离亚述南部还有些距离，不会成为沙姆希-阿达德的后顾之忧，距离拉尔萨北部也很遥远，瑞姆辛也不觉得受到了威胁。汉穆拉比开始谨慎地去控制美索不达米亚中部几个邻近的城邦。他登上王位后不久，就在古苏美尔城基什和幼发拉底河南侧的博尔西帕（Borsippa）城中刻上了自己的名字。[13]

若想继续扩张地盘，汉穆拉比就不得不把目光投向北方或是南方。权衡再三，他选择了南方；伊辛被瑞姆辛征服后，城市的防御系统已形同虚设。公元前 1787 年，也就是即位的第五年，汉穆拉比攻打伊辛，并从拉尔萨的驻军手中夺取了对伊辛的控制权。他还率军跨过底格里斯河，夺取了埃兰西部边境上的马尔吉乌姆城（Malgium）。[14]

但他并没有试图征服瑞姆辛王国的中心地带。那时，他根本没有准备好去挑战北方的势力。在其统治的第九年，他与沙姆希-阿达德正式结盟。一块巴比伦刻板记下了两人的誓言；虽然两者结为同

**时间线 20**

| **埃及** | **美索不达米亚** |
| --- | --- |
| 第一中间期（前 2181—前 2040） | |
| *第七王朝和第八王朝*（前 2181—前 2160） | |
| *第九王朝和第十王朝*（前 2160—前 2040） | 阿加德陷落（约前 2150） |
| 中王国（前 2040—前 1782） | |
| *第十一王朝*（前 2134—前 1991） | 乌尔第三王朝（前 2112—前 2004） |
| **因提夫一世　因提夫二世　因提夫三世** | **乌尔纳姆** |
| **孟图霍特普二世　孟图霍特普三世　孟图霍特普四世** | **舒尔吉**　亚伯兰来到迦南 |
| | 乌尔瓦解（前 2004） |
| *第十二王朝*（前 1991—前 1782） | |
| **阿蒙尼姆赫特一世** | 伊辛王朝　亚摩利人统治拉尔萨 |
| | （拉尔萨）**冈古农**（约前 1930） |
| | （拉尔萨）**瑞姆辛**（前 1822—前 1763） |
| | （亚述）**沙姆希-阿达德**（前 1813—前 1781） |
| | （巴比伦）**汉穆拉比**（前 1792—前 1750） |

盟，但汉穆拉比承认沙姆希-阿达德拥有较高的地位。他一定清楚自己还没有强大到可以挑战亚述国王，生存下去是第一要务。但可以想象，他能看到未来。两年后，沙姆希-阿达德去世；也许他是因年迈而亡，不过他的出生日期（就像他的身世）仍然是一个谜。

即便如此，汉穆拉比也没有立即北上入侵亚述的领土。他还在等待时机，同时修建运河和寺庙，加固城墙，提高军事实力。他甚至与沙姆希-阿达德的儿子、马里国王亚斯马-阿达德以及巴比伦北方的埃什努那国王建立了或多或少的友好关系。他与两位君主达成友好条约，向他们的王宫派遣官员作为大使（或间谍）；在同两边周旋的同时，他也向阿勒颇做出了友好的姿态，迎接了阿勒颇国王的使者，那位国王正是当年流亡在外的马里王位的合法继承人。[15]

毫无疑问，南方的瑞姆辛意识到美索不达米亚中部的力量已逐渐成为自己的威胁。汉穆拉比还没有行动，但他是个危险人物。瑞姆辛也开始结盟。他给埃兰、巴比伦东部的马尔吉乌姆、巴比伦北部的埃什努那，甚至埃兰北部的古提人都送去了消息：希望能够像钳子一样，南北夹击，围困汉穆拉比。

与此同时，在相对和平的时期，汉穆拉比还在等待，不断加强自己王国的核心实力，以应对即将来临的暴风骤雨。

# / 21
# 夏朝的兴亡

在约公元前2070年，夏朝在黄河流域建立了政权，后来由于君王的堕落腐化，于公元前1600年被商朝取代。

此时中国的君王仍然徘徊在神话的边缘。* 在约公元前2070年至公元前1600年间，夏朝先后有十七位王统治国家。虽然考古学家已经发现了夏朝宫殿和国都的遗迹，但还没有直接证据能够证明司马迁在夏朝覆灭1500年后所描述的人物确实存在过。

口头相传的历史比较模糊，但一系列统治者以及夏朝的故事和它的覆灭表明中国统治权的争夺与美索不达米亚平原上发生的争斗极为不同。在中国，蛮族还没有入侵文明社会，国家之间也没有发生战争。帝王内心的善恶之争是最危险的争斗。其王位面临的威胁

---

* “中国”（China）这一称谓用在这里有时代的错误，正如使用“伊朗”来指代埃兰的领土（我一直试图避免这样的错误）。那时，亚洲大陆东部的各个国家以统治家族的姓氏命名。然而，以“中国”指代该区域要比用“伊朗”指代埃兰略为准确一些，因为中国的疆域与古代夏朝的统治区域在相当长的一段时间是重叠的（20世纪现代伊朗的边界与古代同一区域里的王国毫无关系）。根据伟大的历史学家司马迁的记载，夏朝由禹开创，并延续了400多年。

首先来自他的本性。

夏朝之前的三位圣贤君王依照禅让制，没有把王位传给自己的儿子而是将之禅让给贤德之人。第三位贤君禹完全凭借自己的能力获得王位。据司马迁记载，他本是封臣，贤君舜让他治理黄河水患，“洪水滔天，浩浩怀山襄陵”。[1]禹“敏给克勤”，治理水患十三年，规划水道、修建堤坝，将黄河洪水用作灌溉，从而不再威胁居民的安全。[2]在他的努力之下，“天下于是太平治”[3]。禹虽然无须保护自己的百姓免于外敌入侵，但使他们免除了来自自己土地上的威胁。

禹统治的土地与史前龙山文化的所在地有所重叠*，人们在黄河流域中下游的河谷建造了带有围墙的村落。这些村落很可能是由实力强大的家族的族长来管理，他们通过联姻与其他村落的族长结盟，偶尔也会通过征服达到相同的目的。在夏朝早期历史的记述中，支持或反对夏朝君主的龙山族长被称作“某某公”或“某某侯”，这其实是一种时代误植的错误。[4]

我们不知道禹都城的具体位置，这位治水的君王很可能就葬在那里。但在公元前 2070 年至公元前 1600 年间，夏似乎已经在黄河南部转弯处的下游建立了都城；那里挖掘出大量疑似王宫的建筑遗址。**

二里头位于黄河南部转弯处的洛水流域，洛水从南汇入黄河。沉淀的淤泥让周围的土壤肥沃丰厚，三面环山的位置让这里易守难攻，所以这座城市没有城墙。[5]

---

* 与美索不达米亚的历史分期相比，传统的中国历史考古分期比较简约：仰韶文化（约公元前 5000 年至公元前 3000 年），其后依次为龙山文化（约公元前 3000 年至公元前 2200 年）、青铜时代（约公元前 2200 年至公元前 500 年），之后为铁器时代。

** 在 20 世纪 50 年代末进行的考古发掘之前，历史学家普遍认为夏朝仅是个传说；而考古已经证明同期的黄河流域的确出现过王国。西方历史学家和考古学家最早对二里头遗址与夏朝之间的关系提出了质疑，这两者之间的关系现在仍然存在争议（参见刘莉、陈星灿《中国早期国家的形成》，第 26—27 页）。

**地图 21-1　夏和商**

尽管在二里头发现了王宫遗址，但黄河流域诸侯国（或夷）的首领似乎具有很强的独立性，他们与其他部落进行贸易，并且拥有自己小规模的军队。[6]但根据历史传说，这个流域至少曾经出现过某种王权。大禹治水很有可能并未解决洪水泛滥问题，后来又出现了更严重的水患；若真是如此，那么要想在更恶劣的环境中生存下来，各个部落就必须接受统一首领的统治和保护。

世袭制始于禹，虽然他也曾竭力效仿先前的贤君传位于贤能者。跟他们一样，他最初也拒绝王位世袭，没有选择自己的儿子作为继承者，而是把王位禅让给一位贤者。可惜那些势力强大的部落首领想要一个世袭王朝，转而拥戴禹的儿子启即位。这种反叛行为将黄河流域的继承机制由“三皇五帝”时代的禅让制转变为世袭制。

这种变革并非未受质疑。有扈氏曾竭力反对王位在一家一姓内传承，并拒绝参加启的登基宴会。启大怒，率军以“恭行天之罚”的名义讨伐拒不服从的有扈氏。有扈氏大败被灭，村落被毁。[7]武力最终战胜了睿智。

然而，家族世袭在最初阶段并非一帆风顺。启死后，他的五个儿子为争权夺位展开了激烈的斗争；当时也没有指导权力实现和平过渡的先例。那位最终登上王位的儿子验证了有扈氏关于王位世袭制危害的忧虑。即位后，他不理朝政，流连于美色和酒肉。正因为如此，一位势力强大的部落首领攻入王宫并登上王位。后来，他又被自己的一名朝臣弑杀篡位。

废除先贤的禅让制后，时局一度相当混乱，甚至王位世袭也好过这般；最终启的曾曾侄子少康积蓄起足够的力量来对抗篡权者。

当初都城被血洗时，少康逃往另一个部落才得以幸免。现在，他带着自己的追随者杀回了都城，打败了篡位的朝臣，重新夺回了王位。夏朝才刚刚开始，就已危机重重。

经历了艰难的开端之后，夏朝的王位颠簸着传承了几个世纪。但中国的历史学家告诉我们，统治的权力一旦取决于血缘而非实力，统治者就会慢慢腐败。夏朝君主陷入了一个循环，这样的循环将在整个中国历史上一再重复：开国之君通过自己的智慧和德行夺取了统治权，他们将王位传给儿孙，随着时间的推移，那些子孙变得懒惰，并由懒惰变为颓废，再由颓废变为堕落，最终导致王朝的瓦解。

另一个智慧又强大的人会夺取王位建立新王朝，这种模式会不断重复下去。在每个周期结束之时，暴君下台，贤人会使正道回归，但他们并不能长期坚守这些正道。诚信恶化为不信任，虔诚转变为迷信，高雅和教养蜕变为自负和虚伪。司马迁写道，这种方式“若循环，周而复始”。

公元前 2 世纪，司马迁承袭父职任太史令。他可能对当时的社会稍有不满。由于触怒了汉武帝，他不得不面临两个选择：要么被处死，要么受宫刑（为了完成他的史书，他选择了后者，他的付出在史书编纂者中无人可及）。但是，他对历史循环的描述基于悠久的传统和长期的观察。中国理想中的王权应该建立在智慧之上，可是只要一国君主取得了对黄河流域的控制权，腐败、压迫和武装冲突必然接踵而至。

在夏朝，这种冲突在桀统治期间达到顶峰，他坐吃山空，将国库的钱财都用于为自己修筑宫殿。他逐渐疏离了自己的子民，专宠一个貌美、残暴、恶毒、不得人心的妃子，整日与她花天酒地，无心朝政。他逐渐与部落首领为敌，一旦有人挑战他的权威，就会被投入监牢或被处死。司马迁对桀的评价为“不务德而武伤百姓”[8]。

其中一位被囚禁的部落首领就是商氏家族的汤，他在二里头以东地区的实力足以威胁夏的统治。不久之后，桀（或许是夜夜酒肉笙歌让他神志不清）似乎忘记了汤的反叛意图，将其释放。重获自由的汤立即加强了自己在各个部落首领中的地位，当时这些部落还处于夏的名义统治之下。桀渐失民心，汤则行德政得民心；司马迁说他“播其善德”（可能使用了大量外交手段）。他甚至派遣自己的军队讨伐了邻近的一位欺压百姓的诸侯。

最终，汤誓师“夏多罪，天命殛之”，率领自己的追随者讨伐

**时间线 21**

| 美索不达米亚 | 中国 |
|---|---|
| 阿加德陷落（约前 2150） | |
| 乌尔第三王朝（前 2112—前 2004） | |
| **乌尔纳姆** | *夏朝*（约前 2070—前 1600） |
| | **禹** |
| 亚伯兰来到迦南　**舒尔吉** | **启** |
| 乌尔瓦解（前 2004） | **少康** |
| 伊辛王朝　亚摩利人统治拉尔萨 | |
| （拉尔萨）**冈古农**（约前 1930） | |
| （拉尔萨）**瑞姆辛**（前 1822—前 1763） | |
| （亚述）**沙姆希-阿达德**（前 1813—前 1781） | |
| （巴比伦）**汉穆拉比**（前 1792—前 1750） | |
| | **桀** |
| | *商朝*（前 1600—前 1046） |
| | **汤** |

桀。[9] 桀逃离都城，汤于公元前 1600 年（传统上认为这是他宣告商王朝建立的时间）成为商朝的开国君主。

桀后来死于流放途中。他的临终遗言是："吾悔不遂杀汤于夏台使至此。"[10]

商征服夏之后没有创建一个全新的统治体系，而是延续了现有的王权制度。几十年来，商王室在夏都以东积蓄自己的力量。史前的龙山文化本身就是仰韶文化的延伸，夏朝在龙山文化的基础上发展起来，而商朝也是在夏朝的土地上继续统治。汤被尊称为“成汤”，取代夏王是内政变化。夏王朝众叛亲离；正是因为失了民心，夏最终走向灭亡。

循环再次开始。汤的统治成为正义公平的典范，他曾告诫各方诸侯“毋不有功于民”，否则必受惩罚。他还效仿先贤禹，治理洪水；司马迁说他“四渎已修，万民乃有居”。商朝以勤政和仁德开始了统治：历史就是这样周而复始，这是新王朝开始时的固定模式。

/ 22

# 汉穆拉比帝国

公元前 1781 年至公元前 1712 年，汉穆拉比攻陷了亚述及其盟国，并制定了法典来控制他的帝国。

多年来汉穆拉比一直在等待时机，他终于等到北方帝国出现分裂的趋势。

沙姆希-阿达德于公元前 1781 年去世，亚述的王位传给了伊什美-达干，他曾作为其父亲的共治者管理埃卡拉图姆和北方新拓展的土地。伊什美-达干现在控制了整个帝国，也包括他的弟弟亚斯马-阿达德代为管理的马里。

伊什美-达干和亚斯马-阿达德一直不和。长子一直是沙姆希-阿达德的骄傲，而幼子自从代父执掌马里以来就遭到父亲的轻视。沙姆希-阿达德在多封信中反复比较这两兄弟，亚斯马-阿达德总是处于下风。沙姆希-阿达德写信给小儿子说：

你的兄长在东部赢得了伟大胜利。你则止步不前，只懂得在女人堆里鬼混。你就不能表现得像个男人？你的兄长为自己赢得了伟大的声誉，你在自己的土地上也应如此。[1]

亚斯马–阿达德很少能够取悦父亲；沙姆希–阿达德的信中满是批评和指责，批评他不会选择管家来处理他的家庭事务（“你为什么还没有找个管家？”），指责他没有尽快派遣所需要的官员。连续的批评让亚斯马–阿达德信心全无。我们发现，他在写给父亲的回信中就一个小官员的重新调配犹豫不决且饱受煎熬：“你让我派辛–伊地那姆（Sin-iddinam）去帮你，我会照办。但是如果我这样做了，谁会留在这里管理？我尊敬父亲，我很乐意将他派往你处。但是，如果你来到这里，就会说：‘你为什么不告诉我他的职位将会空缺？你为什么没有让我知情？’所以我现在就告诉你，这样你就可以决定我应该怎样做。”[2]

与此同时，伊什美–达干也在不断向他的弟弟传送自己的胜利消息。

八天之内，我就会成为齐尔哈达特（Qirhadat）城的主人，并攻克周边的城镇。欢呼吧！

我向哈克塔（Hatka）进军，并在一天之内将其夷为平地，成为它的主人。欢呼吧！

我用攻城塔和攻城槌攻打胡尔（Hurara）城，七天便将其拿下。欢呼吧！[3]

亚斯马–阿达德对他的仇恨不足为奇。

沙姆希-阿达德去世后，伊什美-达干曾写信给弟弟试图改善他们的关系。可惜，他继承了父亲威吓的口吻：

> 我已经登上了父王的宝座，一直非常忙碌，不然早就给你写信了。现在我要说，除了你，我没有其他的兄弟……所以，你无须焦虑。只要我还活着，你就会稳坐自己的宝座。让我们彼此宣誓兄弟间的忠诚。哦，立刻给我发一份完整的汇报。[4]

我们很难揣测这种姿态的亲情到底有多少诚意。优柔寡断的亚斯马-阿达德很快就面临马里王子齐姆里-里姆的围攻；这位王子在沙姆希-阿达德进攻时被迫西逃，现在正在计划杀回故土。在岳父阿勒颇国王武力支持下，他的实力大增。沙姆希-阿达德去世六年后，齐姆里-里姆已做好攻打亚斯马-阿达德的准备。

亚述没有发兵救援。面对围攻，亚斯马-阿达德孤立无援，最终死于敌人的轮番攻击之中。

现在，齐姆里-里姆再次成为马里国王。马里东临三个贪婪的大国（以伊什美-达干为统治中心的亚述王国、汉穆拉比的巴比伦王国、南方瑞姆辛的拉尔萨王国），齐姆里-里姆深知，要想生存就必须与其中实力最强的那个结盟。

但是，当时谁是其中的最强者还完全看不出来。齐姆里-里姆在一封信中写道：

> 没有哪位国王单独看来是最强的。有十位或十五位国王追随巴比伦的汉穆拉比，也有同样多的国王臣服于拉尔萨的瑞姆辛，还有同样多的国王拥护埃什努那的国王……[5]

经过全国性的调查，他最终将赌注押在了汉穆拉比身上。

汉穆拉比答应与他结盟。毫无疑问，他一直都在关注那些联合起来反对他的力量。伊什美-达干曾分别与底格里斯河东部的独立城邦埃什努那以及埃兰签订双边协定。这造就了一支不可忽视的力量。自乌尔衰亡后，埃兰基本已成为一个统一的国家；南部地区在不同时期都处于不同的美索不达米亚国王的统治之下，但北部地区一直是埃兰人的地盘。现在，埃帕尔提（Eparti）创建的新王朝控制了整个区域，并已准备加入对抗巴比伦的队伍。*

在南方，瑞姆辛似乎意识到加入亚述、埃什努那、埃兰的反汉穆拉比联盟是更好的策略。但是，可能他认为现在还无法打败汉穆拉比，也可能是因为他过于疲惫且年事已高，已经无力去遥远的北方参与作战。他在位已接近 60 年，比任何已知的美索不达米亚国王都要长久。

除了瑞姆辛，伊什美-达干和埃什努那以及埃兰国王都开始行动。公元前 1764 年，即齐姆里-里姆重登马里王位九年后，联军开始攻打汉穆拉比。

汉穆拉比率领巴比伦和齐姆里-里姆的联军大败三国联军。他攻克了亚述，将其纳入巴比伦的版图；吞并了埃什努那；虽然没有继续向东一路侵入埃兰高地，但夺取并洗劫了苏萨。他还劫走了多座埃兰女神像，经过正规的仪式，连同其女祭司一起带回了巴比伦。这是一种对掠走并强占敌人妻子行径的礼貌且神圣的描述。

一年后，他转而对付瑞姆辛，这位国王的中立态度没有给他带

* 前代王朝为希马什王朝。这个王朝以开国之君埃帕尔提的名字命名，也被称为苏卡尔马赫或“伟大的摄政王”王朝，之所以如此命名，可能是因为埃兰国王曾在一位总督（“伟大的摄政王”）的协助下进行统治，其继承顺序非常复杂。

来任何益处。汉穆拉比正是以他的中立为借口，发起对这位南方国王的进攻。汉穆拉比质问瑞姆辛为什么没有和他一起对付北方的侵略者，瑞姆辛没能给出令人满意的答复，于是汉穆拉比使一条河流改道流向了瑞姆辛王国人口稠密的土地。显然，瑞姆辛没怎么反抗便屈膝臣服了（根据他自己的记录，他将被淹土地上的水排往别处，以便尽快安置遭受水患的臣民）。

汉穆拉比转而对付自己的盟友。

齐姆里-里姆显然是一名个性刚强、孔武有力的勇士，但汉穆拉比对他总是心存芥蒂。他没有直接袭击自己昔日的盟友，而是要求获取检查（并控制）齐姆里-里姆与其他统治者所有书信往来的权力。这种特殊的控制——掌控其他国家的外交权——将在以后几个世纪内大行其道，这实质上标志着国家独立性的终结。齐姆里-里姆自然明白这意味着什么，他愤然拒绝。汉穆拉比扬言要进行报复。齐姆里-里姆拒绝让步。汉穆拉比开赴马里，并在城墙外处决俘虏。面对紧闭的城门，汉穆拉比开始围城，攻破城墙后将城中百姓变为奴隶，然后放火焚城。[6]

齐姆里-里姆的命运没有被记录下来，也没有有关他的王后以及女儿的记录。他还有两个年幼的儿子，但都没再出现在巴比伦或马里的史书中。

攻打马里后的第二年，汉穆拉比开始攻打拉尔萨。我们可以猜到，现在瑞姆辛认为抵抗比臣服要好。经过六个月的围攻，拉尔萨沦陷了。

这一次，汉穆拉比俘获了瑞姆辛，将他从王位上赶了下来。他60年的统治就此终结。现在所有的苏美尔古城邦——更不用说很多西部和北部的苏美尔古城——都成为以巴比伦为中心的帝国的一部分。汉穆拉比的书吏写道："愿所有的人都崇敬地向你跪拜，为你的丰功伟绩欢呼；他们都要服从你至高无上的权力。"[7]

这不是一个难以统治的帝国，那里实行法治。汉穆拉比能够掌控不断扩大的领土，部分原因就是在整个帝国范围内推行和实施相同的法典。几千年之后，这部法典唯一幸存的副本在苏萨被发现，它被刻在一块黑色的石碑上。显然，法典意在体现神圣的公正性（石碑的顶部刻有正义之神，他将王权赐予汉穆拉比），既然出现在被征服的城邦，便说明该法典是用于控制被征服的居民的。据石碑记载，这部法典在尼普尔、埃利都、乌尔、拉尔萨、伊辛、基什和马里等城邦被忠实地推行。

汉穆拉比并不是第一位立法者——乌尔纳姆曾捷足先登——但他的法典是远古时代留存下来最完整的一部，其涵盖范围之广，令人赞叹。其中涉及盗窃（死刑）、帮助奴隶逃跑（死刑）、绑架（死刑）、建筑师设计的房屋倒塌压死了屋主（死刑）、未能妥善履行对国王的义务（死刑），此外还有关于婚姻的规定（婚姻必须订立书面契约，丈夫可以从法官那里获准离婚，但如果妻子被丈夫凌辱，妻子也可以离婚），关于伤害的规定（如果一个人伤害了一个自由民的眼睛，必须遭遇同样的惩罚，若伤害了奴隶的眼睛只需赔偿），关于继承的规定（寡妇可以继承土地但不能出售，必须留给她们的儿子），以及关于趁火打劫的规定（任何房屋失火，前来救火之人中窃取屋主之财物者，应"被投入火中"）。[8]这些汉穆拉比的法律规范都从帝国中心被推行至各处，目的在于让被征服者相信巴比伦的统治充满了正义和公平。这些法律也有助于汉穆拉比对臣民实行十分严格的控制。[9]

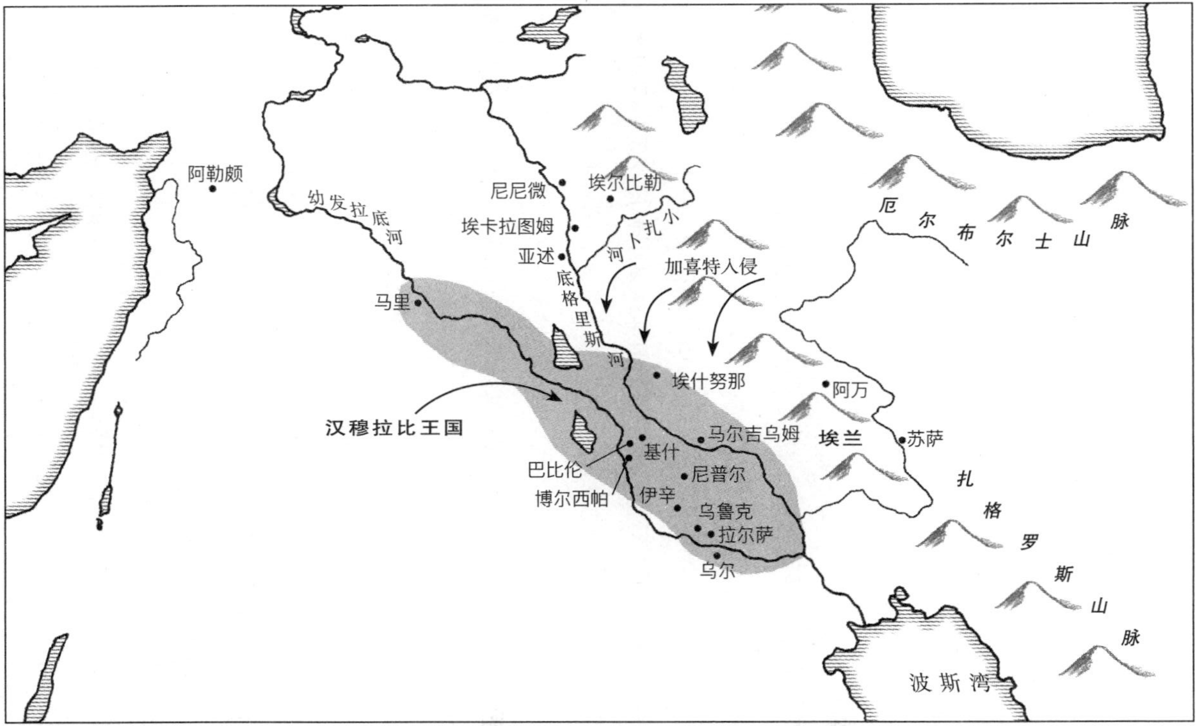


地图 22–1　汉穆拉比的帝国

汉穆拉比素以严法治国著称。他征服了广阔的地域，因而能够控制从上游到南方所有的航道；雪松、青金石、石料，以及银、铜等金属都必须经过他的检查站，只有那些持有王室船证的船舶才被允许继续前行。[10] 这不仅保证了充足的税收，还使国王能够密切监控哪些货物被运往战乱频仍的南部。没有任何城邦能在汉穆拉比的帝国中秘密武装自己。汉穆拉比喜欢自称为子民的牧羊人；然而，他更担心的似乎不是外面狼群的突袭，而是羊长出狼的獠牙后会破圈而出。

他深知，帝国要保持统一，自己就必须全权控制。在一封写给他将领的信中，我们发现他在战斗中运气不佳，因此试图想办法将那些埃兰女神的雕像运回故土，以期保佑他战事顺利。但他不知道该如何进行。他并不想借助武力，但如果拱手奉还，埃兰人则可能认为这是软弱的表现。[11]

尤其是在北部和东部，汉穆拉比的统治几乎完全是通过征服和胁迫实现的。攻取埃什努那十年之后，他再次对其发兵，围城整整两年，最后巴比伦士兵将其洗劫并放火将其焚为平地。他在东部边境开战，打到了尼尼微附近，那里有大量叛军试图摆脱他的控制。为了统治他那来之不易的帝国，他的一生几乎都在四处征战。公元前 18 世纪 40 年代末期，他年事已高，常年的奔波征战让他饱受旧疾困扰。摧毁埃什努那五年后他便去世了，给他的儿子萨姆苏伊路那（Samsuiluna）留下了一个庞大的烂摊子。

多年来，小股的游牧部落——加喜特人（Kassites）—— 一直徘徊在扎格罗斯山脉，他们跨过底格里斯河进入美索不达米亚的中心地带。巴比伦的记录中偶尔提到他们，称他们为流浪的工匠、可

**时间线 22**

| 美索不达米亚 | 中国 |
|---|---|
| 乌尔第三王朝（前 2112—前 2004） | |
| **乌尔纳姆** | |
| 亚伯兰来到迦南　**舒尔吉** | |
| 乌尔瓦解（前 2004） | |
| 伊辛王朝　亚摩利人统治拉尔萨 | |
| （拉尔萨）**冈古农**（约前 1930） | **少康** |
| （拉尔萨）**瑞姆辛**（前 1822—前 1763） | |
| （亚述）**沙姆希-阿达德**（前 1813—前 1781） | |
| （巴比伦）**汉穆拉比**（前 1792—前 1750） | |
| 汉穆拉比夺取亚述和埃什努那（前 1764） | |
| **萨姆苏伊路那**（前 1749—前 1712） | |
| | **桀** |
| | *商朝*（前 1600—前 1046） |
| | **汤** |

雇用的廉价外来劳动力。

萨姆苏伊路那统治的第九年就是“加喜特人军队来临”的一年；那些廉价的劳动力已经把自己武装起来，并袭击了东北部边界。埃什努那曾是阻挡入侵者的屏障，但如今城市已被毁灭，大批加喜特人冲破边界进入帝国。

与此同时，萨姆苏伊路那面临着父亲倾其一生想要剿灭的叛乱；乌鲁克、伊辛、拉尔萨和乌尔都起兵反叛，它们要求驻军撤退，并将他们赶回了巴比伦。在这个过程中，乌尔被彻底摧毁，之后废弃了几百年；不久之后，尼普尔也遭遇了同样的命运。[12]

萨姆苏伊路那已多面受敌，后来他又发现东部出现了一个新的威胁。埃兰人有了一个好战的新国王库提尔–纳洪特（Kutir-Nahhunte）一世；加喜特人发动攻击十年后，库提尔–纳洪特一世率军跨过了底格里斯河。实力孱弱的巴比伦军队撤出了埃兰的地盘，回到了自己的土地并最终撤到了巴比伦城。巴比伦军队的这场失利是如此受人瞩目，以致千年之后巴比伦的宿敌亚述人仍然借此讥讽巴比伦人。

在抵抗这些威胁的同时，萨姆苏伊路那无法像父亲那样牢牢地控制他的帝国。截至公元前 1712 年，也就是他统治末年，他已经丢掉了南方所有的领土。没有强有力的武力支持，汉穆拉比法典也无力让庞大的帝国保持统一。

# / 23

# 希克索斯人占领埃及

公元前 1782 年至公元前 1630 年，西闪米特人占领了埃及，中王国结束。

中王国时期的繁荣只持续了相对较短的时间，埃及在辛努塞尔特三世的儿子阿蒙尼姆赫特三世统治时期达到鼎盛。在他死后，法老的王权逐渐瓦解，难以抵御外敌入侵，中央集权崩溃。

尼罗河的水位再次下降，又一次威胁法老的王位。阿蒙尼姆赫特三世的统治如日中天之时，尼罗河泛滥也到了极点，随后便开始逐年衰退。[1] 在埃及，尼罗河水位的下降预示着王权的削弱。

王位继承问题可能也与王权的削弱有关联。阿蒙尼姆赫特三世的统治长达 45 年，他的继承人不仅年迈而且没有子嗣。阿蒙尼姆赫特四世的一生几乎在等待继承王位中度过，登基不久后便死了，他的妻子索布克尼弗鲁王后谋得王权。有关王后统治时期的详细资料非常贫乏。但在古埃及，女性掌权是王朝混乱的标志。

由于索布克尼弗鲁王后没有男性继承人，曼涅托在她死后划分出一个新王朝。最终继承王位、开创第十三王朝的国王并不出名，其个性也不为人知。

在努比亚，为王室掌管南部的地方统治者开始割据自立。这里曾经遭受第十二王朝辛努塞尔特三世的残暴践踏，现在开始脱离王权的控制。北部地区也是麻烦不断。废墟显示，位于三角洲和“亚细亚人的土地”之间的东部边界上的要塞在这一时期都岌岌可危。边境地区曾经得到很好的保护，所以法老的侍臣辛努亥在逃出埃及时没有遇到什么麻烦。现在，那些“亚细亚人”，即到处流浪的西闪米特游牧民开始大批进入三角洲地区。有些人定居下来，与埃及人比邻而居，其他人则难以适应安定的生活。公元前 1720 年左右，也就是第十三王朝开始其薄弱统治的六十年后，一支特别好战的游牧部落侵入埃及，并烧毁了埃及旧都孟斐斯的部分区域。他们的优势是战马和二轮战车，这消解了埃及士兵在数量上的优势。

尽管遭遇如此屈辱，第十三王朝还是暂时控制了国家的局势。但是，他们对埃及的统治摇摇欲坠。历史学家普遍认为，第十三王朝的建立标志着中王国的结束和第二中间期的开始。第十三王朝末期，法老的王权急剧萎缩，以致另一支王室登上了历史舞台。这个“第十四王朝”曾与第十三王朝并存了几十年，除此之外，我们对其几乎一无所知。第十三王朝偏安于中王国的都城伊悌托威，是一个碌碌无为的朝代；此时，这个所谓的第十四王朝自称拥有对尼罗河三角洲东部地带的控制权。

三四十年后，埃及又出现了另一个王朝，它与衰败的第十三王朝和第十四王朝并存。第十五王朝的政治中心是位于三角洲东部沙漠地带的阿瓦里斯（Avaris）。第十五王朝的第一位国王叫舍西（Sheshi），他将自己的追随者编入军队，开始通过武力将自己的统治扩展到西部和南部。大约 20 年后，即公元前 1663 年，第十五王朝成功推翻了第十三王朝和第十四王朝，取得了最高统治权。

据曼涅托记载，舍西是外来者，他和他的追随者都属于被称为“沙漠王子”或“赫卡哈斯威”[“Hikau-khoswet”，即“希克索斯”（Hyksos）的古埃及语写法]的种族。[2] 曼涅托把希克索斯人对埃及的征服描写为大规模的武装暴力入侵。*

> 我不知道原因，但众神对我们非常愤怒，结果出身卑微的人们从东方而来，大胆地侵入我们的国家。他们用大军轻而易举地击败了我们的领袖，野蛮地焚烧了我们的城市，夷平了神庙，非常残忍地处置当地人，杀死一些人，还把一些人的妻儿掳去充当奴隶。最后指定了他们众人中的一人做了国王。[3]

曼涅托是埃及人，所以我们可以理解他认为只有通过猛烈突袭的方式才能打败伟大的祖先。但这些第十五王朝统治者留下的痕迹表明，大部分的希克索斯人实际上已经在埃及生活了相当长的时间。早在公元前 1663 年占领埃及之前，闪米特人的名字便开始出现在中王国的铭文和王表中。许多西闪米特人在阿瓦里斯（意思是“沙漠城堡”）定居，随着时间的推移，这个城市几乎完全被闪米特化。第十三王朝和第十四王朝的割据分立进一步瓦解了埃及摇摇欲坠的王权，那些定居在阿瓦里斯的人想趁机从中分一杯羹。埃及的确遭遇了外敌入侵，但最主要的困扰是内乱。

抛开曼涅托夸张的描述，希克索斯人——很有可能已在埃及生

---

* 曼涅托的原作现已失传，但犹太历史学家约瑟夫斯（Josephus）逐字抄录了它的部分内容，并将其收入《驳阿庇安》（*Against Apion*）中。

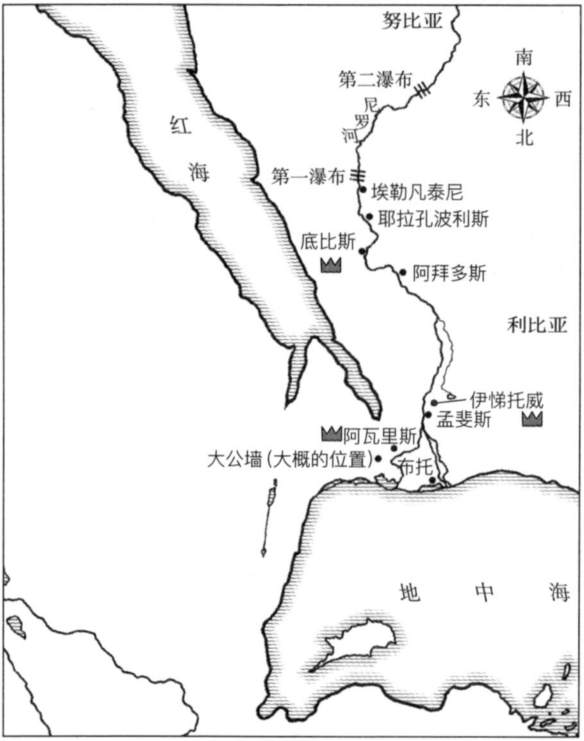


**地图 23–1　三朝并存**

活了至少一代人甚至两代人的时间——并没有破坏很多的城市。他们仍然使用闪米特名字，但已接受了埃及的服饰和习俗。埃及文仍是撰写铭文和记录的官方语言，希克索斯人任命埃及人为行政人员和祭司。

尽管推翻了第十三王朝和第十四王朝，但希克索斯人从未完全控制埃及。一些封臣统治着西北部，或许他们已经得到了希克索斯人的许可；这些人的名字几乎没有留存下来，但曼涅托称其为第十六王朝。更严重的是，南部底比斯的埃及统治者宣称，他们不承认希克索斯人的统治，并宣称底比斯才是埃及真正的政治中心。这就是曼涅托所称的“第十七王朝”：第十五王朝、第十六王朝和第十七王朝同时并存。

希克索斯国王由于意识到自己的局限性，没有继续向南推进。底比斯的埃及统治者控制着埃及南部远至阿拜多斯的领土，在这个南方王国中，中王国的传统得到传承，没有受到外来影响。但南北两地没有实现真正的和平。曼涅托写道：“底比斯的国王和埃及其他地区的统治者都反对外来君主的统治*，双方进行了可怕的长期战争。”[4]

两个王朝间的宿怨终于在第五位希克索斯国王阿波庇一世（Apepi I）统治时爆发。他于公元前 1630 年开始统治，主动挑起了与底比斯国王的战争。一张保存在大英博物馆的莎草纸上面保留了阿波庇一世写给底比斯第十七王朝统治者塞肯内拉（Sequenere）的信件片段。他在信中蛮横地要求：“把底比斯的河马都杀掉。不论昼夜，它们的叫声响彻阿瓦里斯，让我难以安眠。”[5]

位于 800 千米之外的塞肯内拉把这当作战争的宣言。他的尸体现藏于开罗博物馆。他集结了军队开往北方，他在希克索斯边境遇到守军，便率军与之开战。在战斗中，塞肯内拉跌倒，通过尸体可以看出，他的头骨被钉头锤击碎。尽管他已倒地，但是又遭到了匕首刺、长矛扎和斧头砍。他的尸体被匆忙处理，当时肯定早已腐烂了大半；显然，这位底比斯法老的尸身在战场上躺了几天，南部士兵只能等到希克索斯人退兵后再去收尸。[6]

---

* 约瑟夫斯实际上将曼涅托使用的词语译为“牧羊人”。他错误地推论道，“希克索斯”（Hyksos）一词来自埃及语“Hyk”，意为“俘虏”，因而希克索斯人可能与在埃及被俘的古以色列人有关。实际上，它指的不是入侵的种族，而是声称对埃及拥有统治权的武士首领，因而“首领”或“沙漠高地的君主”更接近这个词的意义。

**时间线 23**

| **美索不达米亚** | **埃及** |
|---|---|
| | 中王国（前 2040—前 1782） |
| 乌尔第三王朝（前 2112—前 2004） | *第十一王朝*（前 2134—前 1991） |
| **乌尔纳姆** | **因提夫一世　因提夫二世　因提夫三世** |
| 亚伯兰来到迦南　**舒尔吉** | **孟图霍特普二世　孟图霍特普三世<br>孟图霍特普四世** |
| 乌尔瓦解（前 2004） | |
| | *第十二王朝*（前 1991—前 1782） |
| 伊辛王朝　亚摩利人统治拉尔萨 | **阿蒙尼姆赫特一世** |
| （拉尔萨）**冈古农**（约前 1930） | |
| | **阿蒙尼姆赫特三世** |
| （拉尔萨）**瑞姆辛**<br>（前 1822—前 1763） | **阿蒙尼姆赫特四世** |
| （亚述）**沙姆希-阿达德**<br>（前 1813—前 1781） | **索布克尼弗鲁王后** |
| （巴比伦）**汉穆拉比**<br>（前 1792—前 1750） | |
| | 第二中间期（前 1782—前 1570） |
| 汉穆拉比夺取亚述和埃什努那<br>（前 1764） | *第十三王朝*（前 1782—前 1640） |
| **萨姆苏伊路那**（前 1749—前 1712） | |
| | *第十四王朝*（前 1700—前 1640） |
| | 希克索斯人占领埃及（前 1663） |
| | *第十五、十六、十七王朝* |

这场小规模的战斗没有升级为战争。希克索斯和底比斯的军队都退回到自己的土地。塞肯内拉的长子卡莫斯（Kahmose）登上了底比斯王位，并开始筹划为父报仇。

# / 24

# 克里特的米诺斯国王

公元前 1720 年至公元前 1628 年，克里特岛的米诺斯人祭拜海神。

尼罗河三角洲以北、地中海深处有一个狭长的多山岛屿，位于从欧洲大陆延伸出来的无名半岛的西南部。岛上的居民可能在很久之前就从小亚细亚迁移至此。在希克索斯王朝时期，他们也进入王权统治时代，并为他们不知名的君主修建了王宫。

这座宫殿位于克诺索斯（Knossos）的中心，克诺索斯恰好靠近北部海岸线的中心，是一个可以密切监视岛屿东西两端的战略要地。在它建成后不久，一些规模较小的王宫在其他要地拔地而起，其中包括同样位于北部海岸、克诺索斯以东的马利亚（Mallia），以及位于南部海岸的斐斯托斯（Phaistos）。[1]

这些早期居民没有留下文字记录，我们无从知晓到底谁曾在这些王宫中居住过。王宫位于杂乱的城镇中心，四周街道纵横，房屋林立。城镇的居民还越过海洋，与其他文明进行贸易。附近的岛屿，甚至西闪米特人曾居住的尼罗河沿岸以及地中海沿岸，都曾出土过他们色彩艳丽的陶罐（可能用来存放用于贸易的酒和油）。

这里还实行人祭。地震也经常光顾这个多山的小岛；在一次地震中，建在尤克塔斯山上、面向北部海域的一座寺庙坍塌并掩埋了里面的人。他们的遗骨静静地埋在废墟之下近 3000 年，直到被考古学家发现，他们看到了这样一幕：一名被绑的青年男子侧躺在一个由石头和黏土砌成的祭坛上，身上插着一把青铜剑，祭坛前有一名戴着礼戒、拿着印玺的 40 岁左右的男子，一个女子脸朝下趴在西南角的地上。[2]

人祭并不十分频繁。我们只在另一处发现了人祭的痕迹：在克诺索斯城西的一座房子里，两个孩子不仅被作为祭品，还被分尸和蜗牛一起烹饪作为某种仪式的大餐。[3] 这些遗迹没有告诉我们这种祭祀的意义，至于到底是什么可怕的困境迫使克诺索斯的男女祭司采取这种极端方式进行祭拜，我们不得而知。

但是，我们可以进行合理的猜测。

公元前 1720 年左右，一场地震摧毁了克诺索斯的早期王宫。于是，人们在原址的废墟上重建了一座新王宫。这第二座王宫建得更为复杂精妙。恰在此时，克诺索斯人需要一位更具王室权威的国王。

希腊人称这个岛为克里特岛，他们认为，“第二王宫时期”，实力强大的国王米诺斯居住在克诺索斯。* 根据希腊神话，米诺斯是一位克里特贵族的继子。为了统治全国，他告诉克里特岛居民自己可以

---

* 克里特岛的早期历史通常划分为以下阶段：前王宫时期（公元前 3200 年至公元前 2000 年），这一时期还未开始建造王宫；古王宫时期或第一王宫时期（公元前 2000 年至公元前 1720 年）；新王宫时期或第二王宫时期［公元前 1720 年至公元前 1550 年，但如果锡拉岛火山喷发的时间是公元前 1520 年而不是公元前 1628 年（见第 235 页脚注），那么新王宫时期就应该结束于公元前 1450 年］。

证明王权由众神所赐，众神会满足他所有的祈求。人们对此纷纷质疑，要他证明自己夸下的海口；于是，米诺斯便请求海神波塞冬送他一头用于祭祀的牛。顷刻间，一头健壮的公牛便从大海中一步步踏上克里特岛的海岸。那头公牛强壮又健美，米诺斯舍不得拿它去祭祀。他把它赶入自己的牛群中，又挑了一头稍小的公牛用来祭祀。

自此之后，克里特人便承认米诺斯为王。可波塞冬对米诺斯的贪婪极为不满，他对米诺斯的妻子帕西法厄施下毒咒，让她对那头公牛产生了欲望。帕西法厄找来传奇工匠代达罗斯，在他的帮助下她钻进一头内部中空、以轮代足的木制母牛腹中与那头公牛交媾。帕西法厄后来生下了一个可怕的人身牛头的怪物。米诺斯一看到这个孩子，便下令将他关进克诺索斯王宫的监狱。代达罗斯设计了这座监狱，作为对帕西法厄的惩罚。监狱内部布满错综复杂的曲折通道，那个孩子——母亲给他起名为阿斯忒里俄斯，但人们称他为弥诺陶洛斯——永远无法逃离。在迷宫监狱里，弥诺陶洛斯长大成人。米诺斯喂他人肉，在打败希腊本土的居民后，他还要求他们每年进贡童男童女各七名给弥诺陶洛斯食用。[4]

这个故事出自《书库》(*Library*)，一本成书于公元前 2 世纪左右的希腊故事集。* 透过神话的迷雾，我们或许能够稍微窥见米诺斯文明的样子，关于这个文明，没有其他记载流传下来。

米诺斯很可能并不是某个传说中统治者的名字，更可能泛指所有统治过克诺索斯的国王，人们用他们的名字命名了克里特岛的早期文明。而随着城邦间的贸易往来，弥诺陶洛斯的故事反映出米诺斯人曾进行过海上国际贸易。第二王宫遗址中所发现的来自世界各

---

* 人们普遍认为这本书由公元前 140 年雅典的一名希腊历史学家阿波罗多罗斯所著，但很有可能并非出自他手。

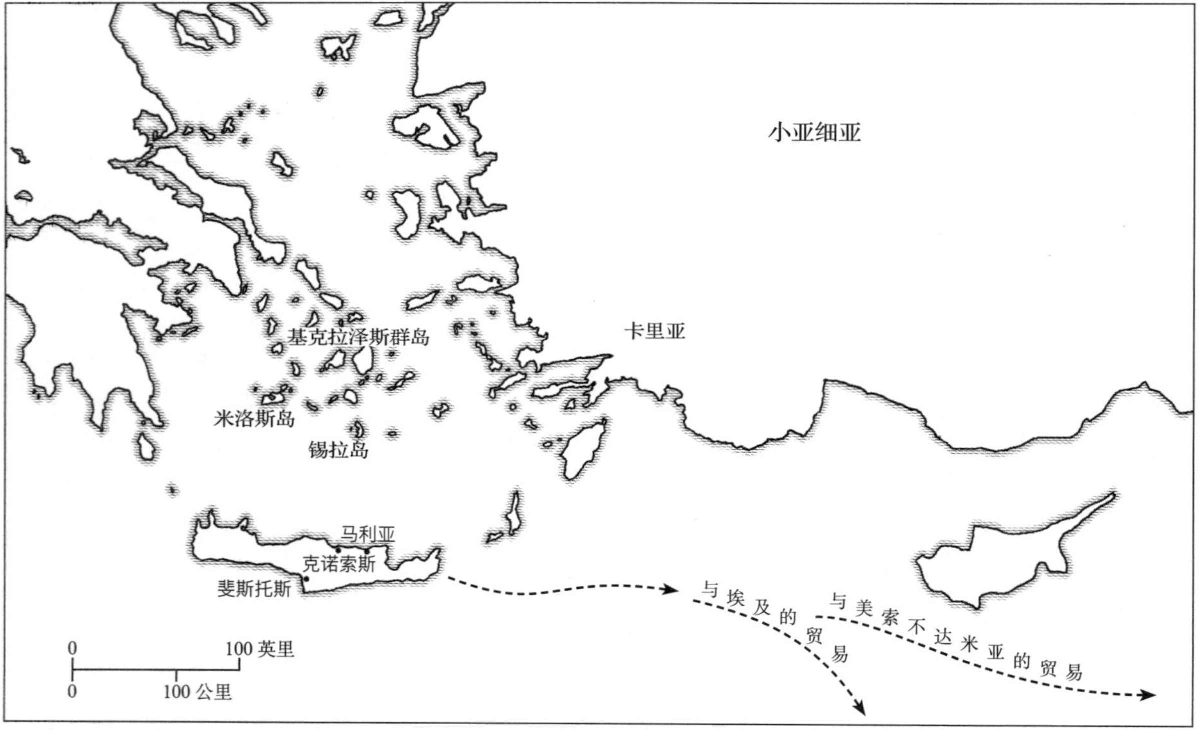
小亚细亚
卡里亚
基克拉泽斯群岛
米洛斯岛
锡拉岛
马利亚
克诺索斯
斐斯托斯
与埃及的贸易
与美索不达米亚的贸易
0
100 英里
0
100 公里

地图 24–1　米诺斯

地的物品也能证明这一点。克诺索斯出土的一个白色罐子盖上刻有第三位希克索斯国王的名字，阿瓦里斯的希克索斯王宫的彩绘壁画带有浓郁的米诺斯风格。米诺斯人常与地中海东岸进行往来，他们甚至可能已将生意做到了美索不达米亚。有些绘画（主要是封印）描绘了吉尔伽美什与天堂神牛角斗的故事——这则故事最早出现在一块公元前 1800 年至公元前 1500 年间的黏土板上，那时正是米诺斯文明的鼎盛时期——画中的吉尔伽美什正在和一个身着摔跤带的半人半兽怪物肉搏。这个怪物是人头牛身，与弥诺陶洛斯的人身牛头正好相反。这两个怪物之间的相似性表明，米诺斯和美索不达米亚的水手在港口相互给对方讲过不少故事。[5]

尽管米诺斯曾强迫希腊本土居民每年有组织地向他进贡的说法应该是一个时代错误（在那么早的时候，半岛上仅零散分布着一些定居点）。然而，米诺斯能够要求外邦进贡也能够反映克里特在第二王宫时期的军事实力。《书库》写道，米诺斯是“第一个控制了海洋的国王，周边几乎所有的岛屿都处在他的统治之下”。克里特岛附近的几座岛屿——包括米洛斯岛、基亚岛，以及不稳定的小岛锡拉——都曾发现过米诺斯时期的城镇。这些城镇不仅是贸易据点，还用作军事基地。希腊历史学家修昔底德曾提到，米诺斯是第一个拥有海军的古代国王。修昔底德说：“那时的米诺斯掌管着当今的希腊海域，统治着基克拉泽斯群岛（位于爱琴海南部），在那里建立了第一处殖民地，驱逐了卡里亚人（从小亚细亚西南部迁来的定居者），并交由他的儿子统治。为了保证自己的财政收入，他还尽力消灭了这些水域的海盗。”[6] 根据希罗多德的记载，卡里亚人作为米诺斯的属民依旧在岛上生活。他们都是经验丰富的水手，一旦米诺斯需要，便会应召为他驾船。[7] 因而，米诺斯帝国是一个海上帝国。

到了公元前1680年左右，米诺斯的势力发展到顶峰。地中海的海盗活动十分猖獗——修昔底德解释说克诺索斯最初之所以建在内陆而非近海，“正是由于海盗猖獗”——但米诺斯的海军至少消灭了克里特岛周围海域的海盗。在这新的和平时期，岛上和沿岸的居民能够“更容易地积累财富，过上更稳定的生活”[8]。随着贸易的蓬勃发展，各种新建筑拔地而起，绘画和雕塑艺术更加成熟。

但那个关在王宫下面的怪物始终是米诺斯国王的故事中一个挥之不去的阴影。虽然那个恶魔淡出了人们的视线，但海神波塞冬的诅咒一直存在。它不仅威胁到那些向米诺斯纳贡的人，而且威胁到米诺斯本人。那个怪物拥有一种无法驾驭、吞食一切的力量，正在破坏他的王宫并不断要求祭品。

克诺索斯王宫饰有精美的湿壁画：壁画使用色彩艳丽的颜料，这种颜料从碳、黄赭石、铁矿石和其他矿物中提炼出来，直接涂在未干的湿石灰墙上。壁画上圣牛压低双角，似要发起进攻，而朝圣者用手支撑跳过牛角跃到牛背上，然后又借助牛背跃回到地面。克诺索斯遗址中挖掘出的最为著名的青铜雕塑也展现了相似的戏牛舞，戏牛者的动作就定格在那最危险的一瞬间。

大概参加这种仪式的人多为年轻人，他们身形矫健，已经做好了赴死的准备。弥诺陶洛斯的故事很可能记录了一种古老的人祭活动，那些被献祭的人没有被放在圣坛上，而是在公牛面前被释放。挖掘出土的所谓的公牛堂即克诺索斯宫殿的中央大厅，戏牛舞就在此进行。那着实是一个迷宫：门洞、阶梯和走廊纵横交错，将之与周围的各处建筑大厅连通起来。[9]弥诺陶洛斯的故事与克里特宗教习俗的联系不止于此。据说弥诺陶洛斯吃掉了14个人，而克诺索斯祭祀现场的种种迹象显示了某种吃人仪式的存在。

**图 24–1　戏牛舞者**

米诺斯青铜器，身形矫健的舞者从牛背上一跃而过。大英博物馆，伦敦。

图片来源：HIP/ 艺术资源，纽约

到底是怎样的神怒要求人们以这种方式进行祭祀？

后来，在希腊有关弥诺陶洛斯的故事中，海神波塞冬被称为撼地神，而公牛就是他的圣物。克里特岛及其周围海域地震、海啸频发。米诺斯人相信，只有不断地向撼地神献祭，才有可能消除这来自海底的威胁。

公元前 1628 年左右，锡拉岛附近的地震越发频繁。* 锡拉岛是

---

*　关于锡拉岛火山爆发的日期，至今仍然争议不断。火山灰中放射性碳的检测表明火山大约于公元前 1628 年爆发。对北半球各地树木年轮的研究也发现，这些树木的生长曾于公元前 1628 年左右中断，这很有可能是由锡拉岛火山的大规模爆发造成的。然而，目前仍然缺乏可以将之与锡拉岛火山爆发联系起来的关键证据。考古学家认为，火山爆发不可能发生在公元前 1628 年。因为火山爆发的考古时代（基于陶器样式划分）应止于爆发后 30 年；若锡拉岛火山爆发于公元前 1628 年，那么这一时期（LM IA 时期）就应该止于公元前 1600 年左右。对比 LM IA 时期的陶器和那些曾与克里特岛贸易的其他文化中的陶器，两者的相似性表明，LM IA 时期至少持续到公元前 1500 年左右。公元前 1628 年论和公元前 1520 年论的支持者们各执一词，以上是莱斯利 · 菲顿（J. Lesley Fitton）对这两种观点的概括，详情见菲顿所著的《米诺斯》（*Minoans*），第 25—36 页。若想了解其他观点的研究，获取更加专业的细节，可查阅 1998 年美国《考古学》（*Journal of Archaeology*）第 102 卷第 1 期由保罗 · 雷哈克（Paul Rehak）和约翰 · 扬格（John G. Younger）共同撰写的论文《爱琴海史前综述之七：克里特新王宫时期、最后王宫时期和后王宫时期》（“Review of Aegean Prehistory VII:Neopalatial, Final Palatial, and Postpalatial Crete”），第 91—137 页。

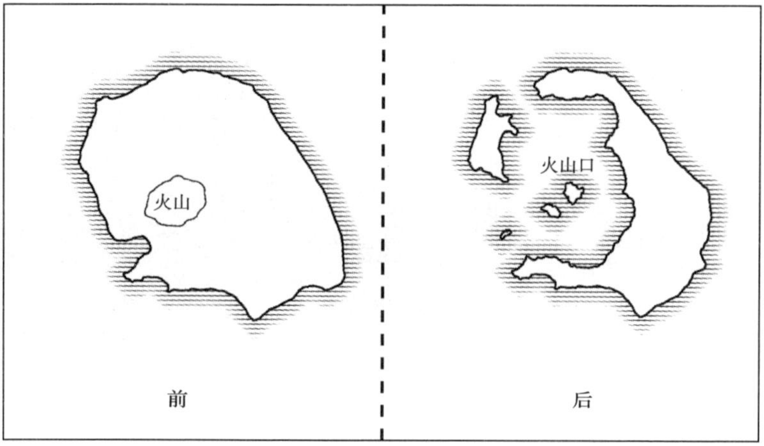


地图 24–2 锡拉岛火山爆发前和火山爆发后

一座活火山，喷发过不止一次。但在某段时间内这里相当平静，锡拉岛唯一的大型城镇阿克罗蒂里（Akrotiri）便繁荣壮大起来。[10]

当地震第一次加剧时，阿克罗蒂里的居民重建了被毁的城墙。可是随着震级增强，居民们开始四散逃跑。遗址的发掘现场没有发现尸骨，在整座城市中也没有发现任何珠宝和银器等贵重物品。[11]

不久，位于锡拉岛中央的火山开始喷出轻石。覆盖在废墟表面上的轻石已经硬化，这意味着它（在被最后喷出的火山灰覆盖之前）暴露在空气中已有一段时间，时间跨度可能为两个月至两年。锡拉岛上隆隆作响的地质运动持续了很长一段时间，附近岛上的居民恐慌不已。两年的时间里，他们一直惴惴不安地等待着随时可能到来的灾难，漫长的等待让他们把摆脱灾难的希望寄托于祭祀。

毫不夸张地说，后来的火山大爆发几乎颠覆了整个岛屿，城市被掩埋在 4.6 米厚的火山灰下。火山深处飞出巨石，它们夹带着火山灰，犹如大块的冰雹倾泻而下。[12] 岛屿的一侧裂开了一条大口子，海水涌入了火山口。等火山最终平静后，锡拉岛已不是一个中央有火山的圆形岛屿，而是成为一个中间被海水淹没的环形岛屿，其内海就是巨大的火山口。

这便是米诺斯古城阿克罗蒂里的结局，它被掩埋在火山灰下，直到 20 世纪 60 年代才得以重见天日。我们没法弄清这次火山大爆发对克里特岛的米诺斯造成了怎样的破坏。锡拉岛火山爆发之后，米诺斯文明照常发展，后来，这里的人口开始减少，房屋也变得破旧不堪，对外贸易逐渐萎缩，直至中断。

米诺斯的衰败可能与火山的爆发有关。* 锡拉岛的种种迹象表明，火山爆发发生在 6 月末或是 7 月初，恰逢丰收的季节。[13] 伴着海风，火山灰飘过克里特岛西部，落在了岛屿东部，并毁坏了那里的庄稼。锡拉岛海岸的火山灰遗迹表明，火山爆发引发了海啸，淹没了附近的岛屿，火山爆发 25 分钟后，高达 10 米的巨浪就冲上了克里特海岸。[14] 厚重的火山灰遮天蔽日，紧随而来的是雷电交加的暴风雨以及气温的骤降。一连数月，落日都是深深的血红色。

即使火山并未直接导致米诺斯文明的衰败，就像尼罗河水位下降一样，这些怪异的自然现象也对米诺斯造成同样的影响。这些征兆表明，波塞冬发怒了。这是众神对王室不满的表现。已发生的灾难可能只是前兆，众神的滔天怒火预示着以后会出现更大的灾难。撼地神是不可触怒的。他潜伏在海底深处，伺机而动，随时都能毁

---

* 对于锡拉岛火山爆发的日期，人们至少有四种推测，就连历史学家对米诺斯衰败的年代都各执一词，因而我们也不可能在这里妄下断言（多个学科专家的参与让研究变得更加迷茫：历史学家、考古学家、火山学家以及海洋学家在研究中采用不同的研究方法，因而也对彼此的研究成果争论不休）。

**时间线 24**

| 埃及 | 克里特 |
|---|---|
| 中王国（前 2040—前 1782） | |
| *第十一王朝*（前 2134—前 1991） | |
| **因提夫一世　因提夫二世**<br>**因提夫三世** | |
| **孟图霍特普二世　孟图霍特普三世**<br>**孟图霍特普四世** | |
| | 古王宫时期（前 2000—前 1720） |
| *第十二王朝*（前 1991—前 1782） | |
| **阿蒙尼姆赫特一世** | |
| **阿蒙尼姆赫特三世** | |
| **阿蒙尼姆赫特四世** | |
| **索布克尼弗鲁王后** | |
| 第二中间期（前 1782—前 1570） | |
| *第十三王朝*（前 1782—前 1640） | |
| | 新王宫时期（前 1720—前 1550） |
| *第十四王朝*（前 1700—前 1640） | **米诺斯** |
| 希克索斯人占领埃及（前 1663） | |
| *第十五、十六、十七王朝* | |
| | 锡拉岛火山喷发（约前 1628） |
| | 最后王宫时期（前 1550—前 1350） |

掉这脆弱的繁荣。为了躲避他的暴怒，他们还是尽早离开为好。*

* 柏拉图曾把亚特兰蒂斯的消失归因于大地震和洪水，他的描述可能源于锡拉岛火山爆发和海岛中心的下沉。有人对此深信不疑，有人对此则将信将疑。柏拉图还认为亚特兰蒂斯是当时最强大的海上力量，这也有可能与米诺斯文明有关。这种猜测确实有趣，可惜我无法对此过多着墨，毕竟真实存在过的米诺斯文明仍有细节未被参透，又哪有时间来调查那些虚构出来的文明？

/ 25

# 哈拉帕解体

> 在古印度，约公元前1750年至公元前1575年间，哈拉帕城市衰亡，北方游牧部落在废墟上定居下来。

在地中海以东遥远的地方，哈拉帕城市具有很强的统一性，但即将迎来自己的灭顶之灾。

约公元前1750年至公元前1700年间，摩亨佐-达罗人开始逃离自己的家园。但并不是所有人都逃了出来。考古挖掘发现，很多人暴尸街头，甚至还有一家人被困死在自己的房子里，尸体都没有下葬。城市里到处都是着火坍塌的房子。为了尽快逃离，居民们抛下了贵重物品（生产工具、珠宝和银器等）。[1] 在哈拉帕北部，这样的情景也随处可见。虽然小型的哈拉帕遗址没有提供明确的证据，但毫无疑问，哈拉帕文明已不复存在。

哈拉帕的陨落不是由于外敌入侵。遗址中没有发现遗落的武器，没有身着盔甲的尸体，没有对建筑物的系统性破坏，防御工事周围也没有打斗的痕迹。[2]

地震或是洪水很可能造成城中各处建筑的坍塌和火灾（可能由厨房用火引起）。若是洪水，那它一定是突如其来且异常猛烈的。淤泥层显示，印度河也像其他流经主要古老文明的大河一样，经常发生有规律的洪灾，洪水退后留下肥沃的淤泥。哈拉帕城墙使用了烧制的砖块[3]，很有可能就是为了阻挡那滔天洪水。只有高过城墙的浪头才能对哈拉帕城造成如此破坏。

水文学家 R. L. 雷克斯（R. L. Raikes）认为，哈拉帕城的上游有一座淤地坝，在一段时间内阻挡了来自上游的洪水（也造成土壤的肥沃度降低，导致哈拉帕城遭遇了一场小饥荒），后来水越积越多，淤地坝承受不住洪水的重压而垮塌，滔天洪水倾泻而下，冲入城市。事实上，公元 1818 年曾发生过这样的灾难：印度河上游的淤地坝苦撑两年之后垮塌，积蓄的洪水形成了长达 80 千米、高达 15 米的巨大洪流。[4] 不管怎样，哈拉帕两座最大城市的淤泥遗迹并不能证明是洪水摧毁了这个文明。即便确实是洪灾毁了这些城市，那人们为什么没有重建家园呢？

我们不得不做出这样的假设：在自然灾害降临之前，这个文明的内部已经出现腐朽之态。很多尸骨显示他们患有疾病，其中最常见的是可能因营养不良导致的严重贫血。[5] 印度河两岸虽然没有土地盐化的迹象，可任何土地终会变得贫瘠。人口的不断增长也加大了对粮食的需求。烧制建筑用的泥砖需要砍掉大量小树林作为窑炉的燃料。随着城市的发展，人们砍伐的森林也越来越多。对于这个过度扩张的城市文明，洪水可能给了它致命的一击。一旦城市开始瓦解，哈拉帕体系便会走向衰败，回天乏术。也许对统一性的过分执着反而使哈拉帕人丧失了灵活性，一旦离开原本规整的城市，由于没了统一的砖块和称手的工具，他们便不能重整旗鼓。

但城市并未被彻底废弃。有些人留了下来，有些离开的人又回来了，住在城外的那些人偶尔也会回来逛逛。留在哈拉帕文明断层上的模糊痕迹显示：他们的陶器相当粗糙，他们的组织能力低下，也没有试图重建或使用复杂的城市排水系统，其文明程度远不及哈拉帕。考古学家称之为后哈拉帕文化或丘卡尔文化（Jhukar Culture）[6]，后者以首次发现这种粗糙陶器的村落而命名。但它并不存在有秩序的文化。更准确地讲，丘卡尔文化是由那些在哈拉帕文明结束后生活在哈拉帕遗址上的人创造的。

直到公元前 1575 年至公元前 1500 年间，来自北方的入侵者才开始踏足印度河流域。他们是在埃兰东部以及印度西部山区以北（今兴都库什山）游荡的游牧部族。后来，他们终于跨越重重阻碍，在由印度河上游支流所形成的河谷中定居下来。1000 年后，他们才开始使用文字来记录自己的文学，将他们在印度最早的家园称为“七河之地”，这意味着他们最早可能居住在旁遮普：印度河的六条支流在这里汇入主流（1000 年之后，其中的一条支流萨拉斯瓦蒂河已经干涸）。[7]

起初，他们的部落很难叫作文明。他们习惯于在战争领袖的带领下随意而居。因此，他们不盖房子，也没有文字。据我们所知，他们也没有艺术。他们的语言中没有诸如“犁”或“打谷场”之类的农业词汇。

他们擅长的只有战斗。他们特别善于制造武器：不仅有骑兵，还有装有辐条轮的战车、青铜斧和哈拉帕人从未用过的远射程长弓。[8]正如埃及的希克索斯人，他们也来自沙漠平原，借助各种新型武器，荡平了各路敌人。

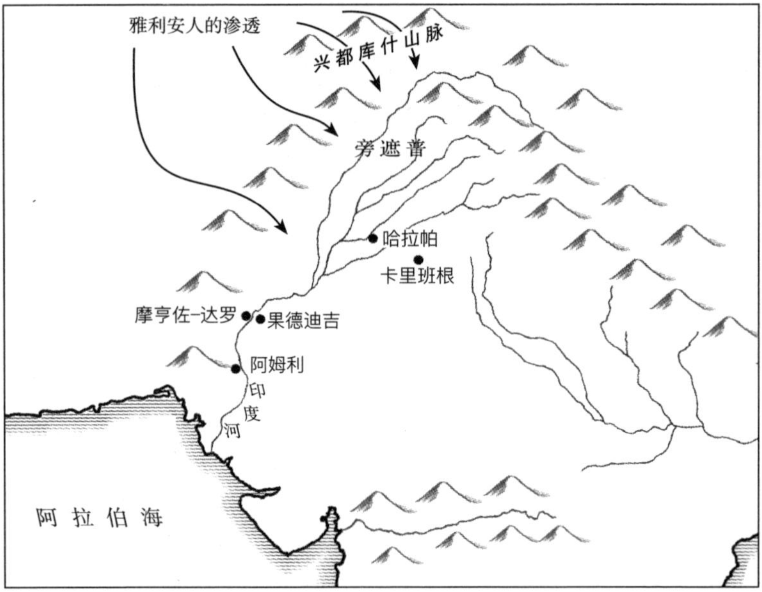


**地图 25-1 印度的新居民**

然而，他们并没有立即启程去征服整个印度河流域。在向东方和北方迁移之前，他们在七河流域至少居住了上百年。等他们到达哈拉帕城时，那里的文明早已摇摇欲坠。他们可能赶走了那些在此临时寄居的人，但这已是他们入侵的极限。由于没有自己的房屋（他们的语言中根本没有“砌砖”这个词），他们将这个被遗弃的城市据为己有，并在此定居。复杂成熟、井然有序的哈拉帕文明被文化落后、技术粗糙、根本没有城市管理经验的游牧部落取代，但他们适应陌生环境的经验非常丰富。

后来，这些入侵的后人自称“雅利安”（arya），这个形容词在英语中至少有七种译文，如“值得尊敬的”和不祥的“纯种的”，

| 时间线 25 | |
|---|---|
| **克里特** | **印度** |
| 古王宫时期（前 2000—前 1720） | |
| | 哈拉帕城市开始荒废（约前 1750） |
| 新王宫时期（前 1720—前 1550） | |
| **米诺斯** | |
| 锡拉岛火山喷发（约前 1628） | |
| 最后王宫时期（前 1550—前 1350） | 雅利安人开始定居 |

意义差别很大。[9]* 最初，雅利安文明与“纯种”毫无关系。尽管哈拉帕和摩亨佐–达罗人失去了将哈拉帕国家凝结起来的政治体制，但他们并没有从印度北部完全消失。虽然四散而居，可他们都活了下来。他们混居在新来的雅利安人中，他们的“犁”“打谷场”和“砌砖”等词汇被雅利安人借用，他们甚至还可能教会了那些先前的游牧民使用这些先进的工具。由此，在与已逝的哈拉帕文明相互交融之后，雅利安文明席卷了印度北部。

---

* 有关雅利安人以武力占领哈拉帕城的 20 世纪早期理论，可能主要源于政治需求，而非实际证据。由于雅利安人的祖先来自欧洲，一些欧洲学者甚至急于证明他们在任何方面都比印度次大陆的原住民更为先进。这种动机也影响了“雅利安”（虽然这个词确实指的是一个特定的部落）这个词在英语中的理解，其实这个词最初的含义并不包括“纯种”。历史学家斯图尔特·皮戈特（Stuart Piggott）指出，相对于“奴隶阶层”，这个词很可能具有“高贵”的含义（与“奴隶阶层”相对）。入侵者雅利安人征服了这片土地，在这里定居成为统治阶层。

## / 26
# 赫梯人的崛起

公元前1790年至公元前1560年，赫梯人在小亚细亚建立了帝国，与此同时，加喜特人控制了巴比伦。

公元前1712年左右，萨姆苏伊路那去世，在他去世前，由他父亲汉穆拉比建立的巴比伦帝国（“古巴比伦尼亚”）已经丧失了南部和东部的大部分疆土。埃兰发生了叛乱。古苏美尔的权力中心大部分被毁，这片土地变得荒凉又贫瘠；一批新崛起的国王声称统治了这片荒原，建立了所谓的希兰王朝（Sealand Dynasty），但确切信息无从知晓。巴比伦国王仍然能在其北部和西部的疆域行使权力，但最远只到马里。马里之外，阿勒颇的国王保持着自己的独立性。

萨姆苏伊路那去世后，继承巴比伦王位的国王都是些籍籍无名之辈。有关他们的信息很少。在萨姆苏伊路那之后的百年，巴比伦王朝留存下来的最详尽的文献是关于金星运行的精确记录。

一支力量的衰败往往伴随着另一支力量的崛起。闪米特人经过长途跋涉终于来到美索不达米亚，并进入了迦南；与此同时，在更远的北部、里海和黑海之间生活着一支说另一种语言的民族。这些北方民族的一支向东迁徙，成为最终前往印度的雅利安人的祖先。其他人继续西行进入小亚细亚，并在沿岸的村落定居下来。

公元前 2300 年左右，这支特殊的印欧人部族已遍及整个半岛的西侧和哈里斯河沿岸。* 他们与西部岛屿和东部的居民尤其是亚述有着良好的贸易往来；为此，亚述商人还在这里设立了商站。

尽管汉穆拉比席卷了美索不达米亚，通过武力将其统一，但小亚细亚的印欧人村落也联合了起来，成为由战争领袖控制的小王国。我们并不知道他们是谁，因此不能把这个过程描述得再生动一些。我们所知道的全部信息就是埃及人听说了这些王国，而且认为他们属于一个民族。埃及人称他们为“哈特”（Ht），这个名称来自这些人对家园的称呼：哈梯（Hatti），赫梯人的领土。

赫梯人从居住在附近的亚述商人那里学会了书写，他们早期的铭文和账目中都使用了古亚述人的楔形文字。直到公元前 1790 年，赫梯城邦库萨尔（Kussara）的统治者才开始自己做记录。由此，赫梯人进入有文字记载的历史时期。[1]

赫梯人的首领阿尼塔（Anittas）从父亲那里继承了只有两座城市的小国。他的父亲征服了附近的（毫无戒备之心的）涅萨城（Nesa），他夜袭了该城，并绑架了国王。父亲在位时，阿尼塔曾担任瞭望塔的管理者，这份工作要求他记录所有瞭望员的报告，他们都驻守在边界上零散分布的瞭望塔中。[2] 父亲去世后，阿尼塔最初仅

* 这群人通常被称为“印欧人”（Indo-European），其实这并不是一个非常准确的称谓，仅意味着他们不是闪米特人、埃兰人，也不是埃及人。“Indo-European”（印欧语系）原本是语言学术语，指的是整个欧洲和印度所使用的语言的共性，这种共性闪米特语、古埃及语或埃兰语都不具备（而米诺斯人的语言是否属于这四种之一尚无定论；他们或许是从小亚细亚移居到克里特岛的印欧人，或许代表第五个种类，属于完全不同的族群。远东的语言则自成体系）。

自称为“库萨尔王子”，之后便开始对外征服。他讨伐了附近强大的哈图沙城（Hattusas），虽曾遭遇持久抵抗，但他最终还是将其洗劫。[3] 阿尼塔还诅咒这里将会经历与阿加德相同的命运：“我在这里播种了野草，任何人若在我之后称王并重新定居哈图沙，风暴之神必将把他击倒！”[4] 然后，他转而攻击普鲁斯汉达（Purushkhanda），赫梯人心中的普鲁斯汉达就像苏美尔人心中的尼普尔：它是精神之都，这个城市的统治者可以对其他城市树立一种道德权威。普鲁斯汉达的国王也许看到了远方哈图沙燃起的硝烟，没进行半点抵抗就投降了。

属于同一时代的汉穆拉比正在底格里斯河与幼发拉底河之间开疆拓土，阿尼塔也已经缔造了一个国家。阿尼塔宣称：“我已经征服了每一块有太阳升起的土地。”他不再自称为“王子”，而是“伟大的国王”。[5] 他统治了王国整整 40 年，对任何一个古代国王来说，这都是一段相当长的时间。汉穆拉比去世后不到一年，他也去世了，不过没有迹象表明他们曾经互通信息。

阿尼塔建立的王国一直以库萨尔为中心，几代之后，有一位国王决定无视诅咒，重建哈图沙。那附近有七处喷泉，周围土壤肥沃，悬崖上还可以建一座极易防守的王宫。哈图沙的位置实在太优越了，不应被荒废。

这位国王从库萨尔迁都到哈图沙后便被称为哈图西里一世（Hattusilis I），意为“来自哈图沙的国王”。[6] 他从小亚细亚开始向外进行武装远征，向南入侵地中海东北部沿岸的西闪米特人的王国，并占领了其中一些规模较小的城市。阿尼塔创建了赫梯王国，但哈图西里一世把它变成了一个多民族的大帝国。他是一位伟大的勇士，很可能也是当时整个世界上最伟大的勇士：哈拉帕的城市逐渐衰落，

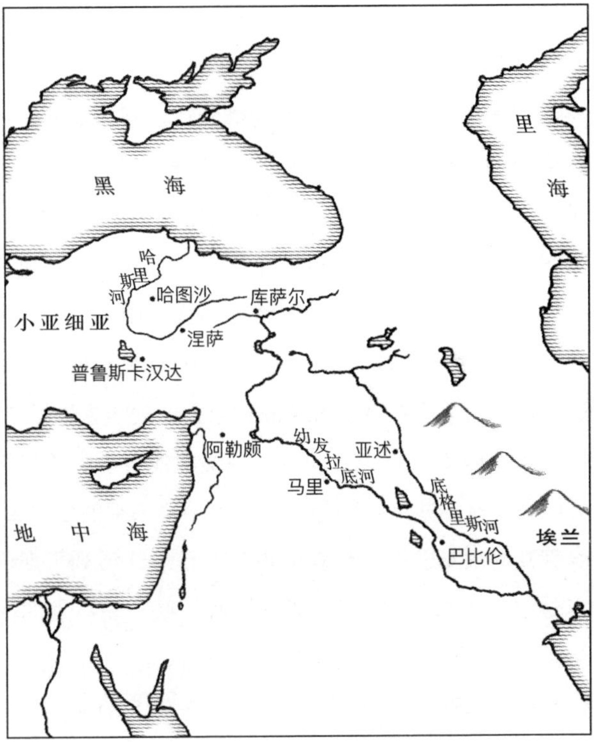


地图 26-1 赫梯人的家园

汉穆拉比死了，埃及底比斯和阿瓦里斯的国王正在交战，米诺斯的统治早已成为过去。

哈图西里取得了巨大成功，但他死得悲凉而凄惨。按照他在病榻上的要求，去世前人们将他从哈图沙抬回到老家库萨尔。一份名为《遗嘱》(Testament)的赫梯文件记录了他临终前留给孙子穆尔西里(Mursilis)的遗言。哈图西里强烈谴责了自己的儿女，说他们轻信了那些心怀不满的赫梯贵族，接受了他们的挑拨离间。“他们怂恿你们反叛自己的父亲，”哈图西里控诉道，“他们变得不忠，开始密谋。”[7]

他剥夺了两个成年子女的继承权，而让他的侄子继承王位。但在生命的最后阶段，哈图西里又废除了侄子的继承权。据《遗嘱》所言，“他没有同情心……冷酷无情……不留心聆听国王的训导”。哈图西里这种性格的形成，显然在一定程度上是他母亲的责任。他转而言辞激烈地指责他的姐妹，并将她比喻为隐藏在草丛中吼叫如牛的蛇。[8] 老国王选择了另一个名为穆尔西里的侄子作为继承者，自己带着一生军事胜利的荣耀和对家人的失望去世了。

穆尔西里只有十三四岁，围绕在他身边的不仅有辅佐他的摄政大臣，还有那些因被剥夺继承权而愤愤不平的表兄弟、叔伯和姑姑。尽管开端艰难，但是年轻的穆尔西里设法活到了即位的年龄（这在当时绝非易事）。他很幸运地拥有一些尽职尽责的保护者。其中一名摄政大臣赫梯王子皮姆皮拉（Pimpira）对他寄予厚望，希望他不仅能成为国王，而且要成为一个公正慈悲的国王。一部赫梯人的史书记录了皮姆皮拉的训诫：“给饥饿的人以面包，给赤身裸体的人以衣服，给受冻的人以温暖。”[9]

然而，一旦登上王座，穆尔西里更关心的是征服新的土地，而不是用心管理已经拥有的帝国。仔细斟酌缔约双方先前的利害关系后，赫梯与阿勒颇又达成了新协约，这个新协约清楚地解释了他的下一步行动：“哈图西里之后，伟大的国王穆尔西里，即伟大的国王哈图西里之侄，摧毁了阿勒颇的王权和整个阿勒颇。”[10]

穆尔西里在阿勒颇取得大胜，之后开始向巴比伦进军。途中他遇到许多加喜特人的首领，但他要么征服他们，要么与之结盟。公元前1595年，他已兵临巴比伦城下。随后的战斗算不上激烈。汉穆

| 时间线 26 | |
|---|---|
| **印度** | **小亚细亚 / 美索不达米亚** |
| | **阿尼塔**（约前 1790） |
| 哈拉帕城市开始荒废（约前 1750） | |
| | 萨姆苏伊路那去世（前 1712） |
| | **哈图西里一世**（前 1650—前 1620） |
| | **穆尔西里一世**（前 1620—前 1590） |
| | 赫梯攻下巴比伦（前 1595） |
| | **汉提里** |
| 雅利安人开始定居 | |

拉比玄孙统治下的巴比伦没怎么抵抗。根据穆尔西里自己的记录，他占领了这座城市，囚禁了当地的居民，并给国王戴上镣铐。[11] 汉穆拉比最后的子孙的最终命运无人知晓。

穆尔西里决定不将巴比伦划入他帝国的版图。他已经证明，自己就像祖父一样，是世界上最强大的征服者。巴比伦距离哈图沙太远，实在难以管理。毁掉巴比伦城后，穆尔西里便凯旋回都。待他走远后，附近的加喜特人首领趁机潜入，占领了这片废墟。亚摩利人对巴比伦的统治至此结束。*

穆尔西里带着俘虏和财富回到了哈图沙。然而，欢呼声的背后，一场暗杀阴谋正在酝酿之中。

罪魁祸首是深得他信任的司酒者汉提里（Hantili），这人恰巧也

---

* 据美索不达米亚年表记载，古巴比伦时期（亦称“汉穆拉比王朝时期”，公元前 1800 年至公元前 1600 年）之后是加喜特人时期（公元前 1600 年至公元前 1150 年）。

是他的内兄。穆尔西里不在的时候，汉提里已经习惯把持王权；他很难接受自己的权力被突然剥夺。穆尔西里从巴比伦回来不久后，汉提里和另一名宫廷官员合谋杀死了国王，篡夺了王位。赫梯史书告诉我们："他们做了罪恶的事情，他们杀死了穆尔西里；他们的双手沾满了鲜血。"[12]

在汉提里在位的30多年里，赫梯人在世界舞台上扮演了重要角色。不幸的是，他也让赫梯开始陷入混乱。汉提里一死，一名宫廷官员就杀死了他的所有子孙，篡夺了王位。后来，这个人又被自己的儿子杀害，他的儿子接着又被另一个篡位者谋杀取代，而此人后来也被人刺杀。

赫梯王朝的王位继承陷入了刺杀国王的游戏模式之中。这些年里，哈图沙的王宫建起了约8米厚的城墙。[13]但对于赫梯统治者来说，王国境内的生活比任何一场军事战役都要危险。

# / 27

# 阿赫摩斯驱逐希克索斯人

在埃及，底比斯的法老于公元前 1570 年至公元前 1546 年间打败了希克索斯人。

底比斯的塞肯内拉死于与希克索斯的战争中，他死后他的长子卡莫斯登上了王位。* 希克索斯最长寿的国王阿波庇一世仍然在位，而卡莫斯计划为父报仇雪恨。

他的计划必须面对不容乐观的现实：他的底比斯王国腹背受敌，北方是敌对势力，南方则是敌对势力的盟友。在希克索斯人占领埃及之前的混乱时期，埃及的努比亚总督便自行其是。努比亚的官职已经由本地人担任，很多年来努比亚一直就像一个独立的国家。第十五王朝的希克索斯王并没试图镇压他们，而是与他们缔结了盟约。努比亚人同意协助北方对付底比斯，由此底比斯的埃及人不得不两线作战。

---

* 卡莫斯在家族中的排位并不清楚。他可能是塞肯内拉的弟弟，因为卡莫斯和下一位继承者阿赫摩斯的年龄差距似乎很大［参见艾登·多德森（Aidan Dodson）和戴安·希尔顿（Dyan Hilton）的《古埃及完整王系》(*The Complete Royal Families of Ancient Egypt*)，第 126 页］。

底比斯的卡莫斯对此非常清楚。他开始沿着尼罗河向北方进军，与此同时，他还向南方派遣了很多奸细，防止希克索斯向努比亚盟友求援。据卡莫斯自己的铭文记载，这种策略大获成功。希克索斯人极为崇拜太阳神阿蒙，在一篇向阿蒙致敬的铭文中，卡莫斯声称征服阿瓦里斯的战斗一路凯歌高奏，希克索斯人惊慌失措，“像小蜥蜴一样从城墙的狭孔向外窥视”。与此同时，他的手下成功拦截了希克索斯人派往努比亚求援的使者，其携带的求援信内容也被保存在卡莫斯的记录中。“卡莫斯要毁掉你我双方的土地，”希克索斯国王告诉努比亚的统治者，“来北方吧，不要害怕。他已经踏入我的土地……你来之前，我会让他筋疲力尽，然后你我将瓜分埃及的城镇。”[1]

卡莫斯在截获这封信后大肆吹嘘：“我要让这封信回到阿波庇一世的手中，我的胜利会令他心惊胆战、四肢麻痹。”[2]之后，他返回底比斯，自称势如破竹，其兵锋和尼罗河的洪水同步。

他的意图相当明显，就是为了显示自己是埃及合法的国王，能左右尼罗河水位的上升。这也暗示卡莫斯的胜利远没有他说的那么夸张。如果他的实力确实吓坏了希克索斯人，那么很难解释为什么他没有继续前进并收复北方。至少，他应该试图攻占希克索斯人的第二大权力中心孟斐斯，因为希克索斯人似乎一直在那里监控着王国的南部。阿瓦里斯位于遥远的北方，不便作为整个国家的行政管理中心。

他并没有占领那里，这表明对阿瓦里斯的进攻顶多算是一次成功的突袭。卡莫斯没有多少时间继续他的大业，同年便去世了，仅统治了三年的时间。他可能在战争中负伤，支撑一段时间后不治身亡。因为他没有子嗣，所以他的弟弟阿赫摩斯（Ahmose）继承了王

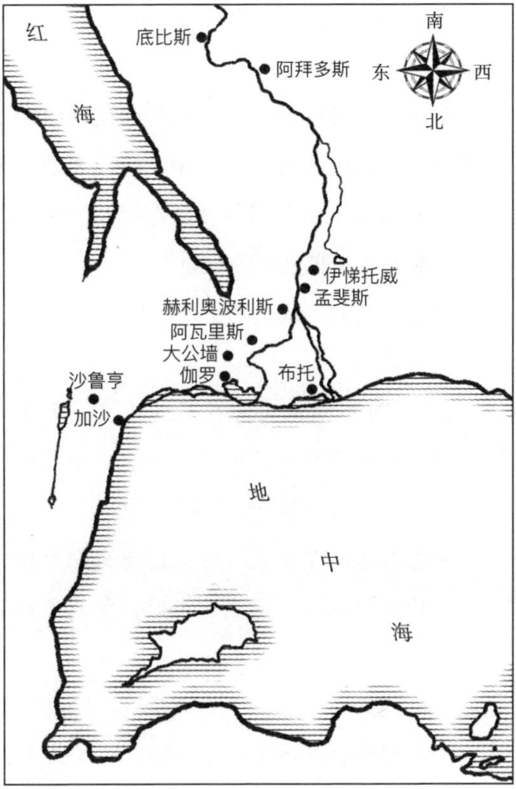


**地图 27–1　阿赫摩斯与希克索斯的对峙**

位。新王年幼，由母亲阿赫霍特普摄政。

大约在同一时间，长寿的阿波庇一世最终在阿瓦里斯去世。希克索斯的王位继承者比较平庸，存留下来的关于他的记录很少，甚至不同书吏对他名字的记录也不尽相同。显然，阿赫霍特普女王趁着北方力量薄弱，在儿子的突袭后继续向北进军。根据铭文记载，她被称为“战士的守护者……，已经平定上埃及，并驱逐了叛军”[3]。安葬她的棺柩里有一把仪式用的斧头和三枚勋章（相当于埃及的英勇勋章）。

有了这个良好的开端，阿赫摩斯在继承王位后成功地打到了阿瓦里斯。到他统治的第二十年，他已夺取了赫利奥波利斯（就在阿瓦里斯的南边）和东部边境要塞伽罗。在控制了南部和东部的要塞后，他准备从两翼夹攻阿瓦里斯。

约瑟夫斯的记载引用了曼涅托对下个阶段战争的描述：

> （希克索斯人）在（阿瓦里斯）筑起了坚固巨大的城墙，以保护他们所有的财产和猎物。但阿赫摩斯尝试武力围城，并动用 48 万大军包围了他们。当他对围困感到无望时，希克索斯人与其达成了协议。牧人们将毫发无损地离开埃及，去他们想去的任何地方。达成协议后，他们带着全部财富和家眷穿过旷野离开了埃及，总人数超过 24 万人。[4]

我们对此处的描述半信半疑，因为埃及的相关记录显示战役更加惨烈。阿赫摩斯将军（与阿赫摩斯法老同名，比较容易混淆）的墓志铭至少描述了三次在阿瓦里斯的残酷战役：“我在那里战斗，并带走了一只手（埃及书吏用砍下来的敌人的手来计算敌人的伤亡）。”他自豪地说：“我向王室使者报告，并被授予英勇勋章。”[5]埃及浮雕中用战船、战斗场景和成群的希克索斯俘虏来纪念这场战争。这些废墟显示，阿瓦里斯曾遭洗劫。希克索斯的王宫被夷为平地，法老阿赫摩斯在其原址兴建了一座新建筑。[6]希克索斯的痕迹被彻底抹去，重现他们在下埃及的统治细节几乎没有可能。

长期围城的最后阶段一般会发生大规模屠城，然而城市废墟中没有证据表明阿瓦里斯曾遭此劫难。也没有多少闪米特人的名字在接下来五十年的奴仆名单中出现，这说明被迫为奴的希克索斯人并不多。所以当时可能发生过大规模的人员外迁，特别是那些没有参战的人，这标志着希克索斯人对埃及统治的结束。

我们知道，阿瓦里斯投降后，法老阿赫摩斯继续北上进军迦南，最后在加沙附近的沙鲁亨（Sharuhen）止步。在这里，阿赫摩斯将军又成功进行了另一场围城。这很可能是把希克索斯人从阿瓦里斯驱逐的后续行动。或许他们逃到了远方的堡垒，而阿赫摩斯不希望他们在埃及附近重新积蓄力量。[7] 沙鲁亨在任何情况下都是埃及的威胁。当地遗址的发掘表明，它曾经是西闪米特王国的中心，也是迦南南部最强大的军事要塞。[8] 征服沙鲁亨不仅会让埃及消除再次被侵占的危机，而且会使迦南南部也成为埃及的行省。

根据阿赫摩斯将军的墓志铭记载，围攻沙鲁亨用了 6 年的时间。[9] 如果这是真的，阿赫摩斯法老很可能让他的将军全权负责，自己返回孟斐斯处理当地事务，因为攻占阿瓦里斯不久阿赫摩斯便去世了。

阿赫摩斯花了 20 年的时间收复了下埃及，曼涅托和约瑟夫斯均记载他统治了 25 年。他只在上下埃及之王的位子上坐了很短的时间。但他重新统一了埃及，恢复了埃及人对王国的统治，曼涅托将他列为第十八王朝的第一位国王。正是由于这次统一，埃及进入了新王国时期，进入了和平昌盛的新阶段，建筑、艺术和文学均得到新发展。

| 时间线 27 | |
|---|---|
| **小亚细亚 / 美索不达米亚** | **埃及** |
| **阿尼塔**（约前 1790） | 第二中间期（前 1782—前 1570） |
| | *第十三王朝*（前 1782—前 1640） |
| 萨姆苏伊路那去世（前 1712） | |
| | *第十四王朝*（前 1700—前 1640） |
| **哈图西里一世**（前 1650—前1620） | 希克索斯人占领埃及（前 1663） |
| | *第十五、十六、十七王朝* |
| **穆尔西里一世**（前 1620—前1590） | |
| | **卡莫斯** |
| 赫梯攻下巴比伦（前 1595） | |
| **汉提里**（前 1590—前 1560） | 新王国（前 1570—前 1070） |
| | *第十八王朝*（前 1570—前 1293） |
| | **阿赫摩斯一世**（前 1570—前 1546） |

## / 28
# 篡权与复仇

在埃及，公元前 1546 年至公元前 1446 年，图特摩斯三世的王位被姑姑哈特舍普苏特篡夺，后来他重夺王位并征服了西闪米特人的土地。

阿赫摩斯死后，他的儿子阿蒙霍特普一世（Amenhotep I）继承了王位，他远征努比亚，将努比亚人赶到了埃及的丘陵地带，巩固了父亲的胜利。但王室血脉在他这里终结了。阿蒙霍特普一世没有子嗣，他的第一位妻子（也是他的同胞姐妹）早逝，此后阿蒙霍特普一世没有再娶。[1]

当时的法老一般都拥有多名妻子和几十个姬妾，这表明阿蒙霍特普一世可能根本不喜欢女人。即便如此，他没有再娶也非常奇怪。古代统治者即便是同性恋也会为了王朝的稳定而留下王室血脉。阿蒙霍特普一世孤独终老，并指定他信任的将军图特摩斯（Tuthmosis）为下一位国王。

这位将军图特摩斯还娶了他的姐妹。从理论上讲，他也是王室成员。尽管如此，他的加冕打破了父位子承的王位世袭制度。阿赫

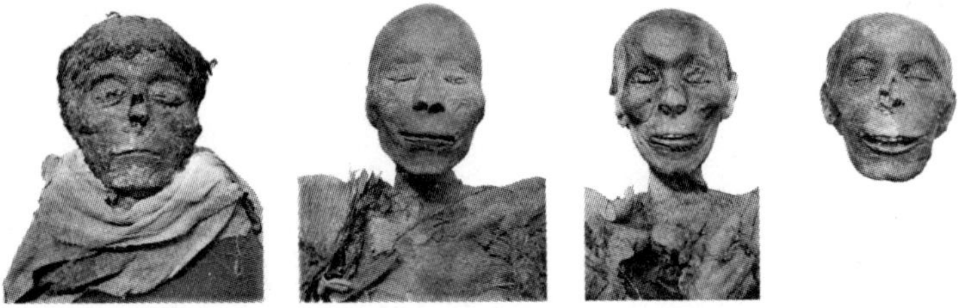

**图 28–1 埃及法老**

阿赫摩斯一世（左一）和图特摩斯一世、图特摩斯二世和图特摩斯三世相貌差别很大。图片来源：G. 埃利奥特 · 史密斯，埃及国家博物馆一般目录（Catalogue Général des Antiquités Egyptiennes du Musée du Caire），开罗

摩斯一世、图特摩斯一世、图特摩斯一世的两位子孙——他的儿子图特摩斯二世和曾孙图特摩斯四世——的木乃伊都得以完好地保存，面部特征清晰可见。图特摩斯家族的人长得极为相似，而阿赫摩斯一世的相貌和他们的差别很大。*

图特摩斯一世即位时已经年迈，在位仅仅 6 年。即位后不久，他便开始筹划兴建陵墓。原本让人敬畏的金字塔在普通埃及人心目中已经不那么神圣了。盗墓贼几乎闯入了埃及所有的金字塔。它们毕竟是巨大的财富的象征，其下面的墓室里堆满了黄金。为了避免失去自己的陪葬品，图特摩斯一世设计了一处秘密的墓地。这个岩洞墓穴的墙壁饰有壁画，内部装饰亦如金字塔内部那般华丽，但是入口隐秘。他的岩洞墓穴所在的山谷后来成为著名的“帝王谷”**。

* 这四具木乃伊和另外 52 具木乃伊都保存得很好。公元前 1000 年左右，为了免遭日益猖獗的盗墓活动破坏，埃及的祭司将他们聚集在一起，分为两组藏了起来。第一组发现于 1881 年，第二组发现于 1898 年。

** 图特摩斯一世可能是第一位葬入“帝王谷”的法老，但他的木乃伊尚未确定（他的名字出现在谷中两个不同的石棺上）。有些学者认为，他被葬在了别处。

不像上一位国王，图特摩斯一世至少结过两次婚。他最尊贵的妻子是阿蒙霍特普一世的姊妹、伟大的阿赫摩斯的女儿，她为他生了两个儿子和两个女儿。他还娶了一个侧室，她为他生了一个儿子。

成为法老后，图特摩斯一世先后指定其长子和次子为王位继承人。但两个儿子都先他去世。他无意将王位传给亲信，而唯一的男性继承人是他庶出的儿子。为了巩固这个儿子在王朝中的地位，图特摩斯一世不仅指定他为继承人，还让他娶了自己和正妻的女儿哈特舍普苏特（Hatshepsut）。图特摩斯一世统治六年后便去世了，其子成为图特摩斯二世，哈特舍普苏特成为王后。

图特摩斯二世体弱多病，而他的妻子则时刻准备篡权。从图特摩斯二世登基开始，哈特舍普苏特便以“共治者”的身份伴其左右。显然，这对他们的婚姻毫无益处；哈特舍普苏特和她同父异母的兄弟只生了一个女儿。图特摩斯二世对哈特舍普苏特的野心冷眼旁观，为了埃及的稳定，他没再和她生育子嗣。他更喜欢一个名叫伊西丝的女子，虽然一直没有迎娶她。伊西丝为图特摩斯二世生了一个儿子，他随即宣布这个私生子为王位继承人，这无疑成为他妻子的奇耻大辱。

图特摩斯二世不到35岁便去世了，他唯一的儿子即位成为图特摩斯三世，那时他还是个孩子。哈特舍普苏特则以姑母和母后的身份行使摄政权。

在摄政之初的三四年间，她在浮雕中以辅佐者和支持者的姿态站在年幼的图特摩斯三世身后。公元前1500年左右，哈特舍普苏特开始兴建一座规模庞大的寺庙：葬祭庙。葬祭庙原本都是以道路与金字塔连通的祭祀场所，而现在用于举行重要的丧葬仪式。这座寺庙理论上是献给太阳神阿蒙的。在东部，尼罗河对岸的卡纳克还矗立着另一座更大的阿蒙神庙与之隔河相望。[2] 哈特舍普苏特下令在整面墙壁上刻上浮雕：太阳神阿蒙来到哈特舍普苏特母亲的寝室，之后王后受孕。浮雕就是为了传达一个信息：哈特舍普苏特是“太阳神之女”。

为了宣称自己是父亲钦定的王位继承人，她还下令雕刻了另一幅浮雕：图特摩斯一世去世之前授予她王位，让她成为埃及的统治者。在全体朝臣的见证下，加冕典礼在新年举行，由此哈特舍普苏特有权获封荷鲁斯头衔，成为上下埃及之王。

这个故事纯属虚构，朝中官员应有人提出异议。但是没有任何抗议被记录下来。这表明哈特舍普苏特已经成功说服朝中重臣，与很快就到亲政年龄的图特摩斯三世相比，她会成为更优秀的统治者。她定是得到了埃及最有权势的阿蒙神大祭司塞内穆特（Senenmut）的鼎力支持。几年间，她授予他一系列令人眼花缭乱的头衔。他成为首席建筑师、王家船舶总管、阿蒙谷仓总管、阿蒙领地的监督者、阿蒙奶牛的监督者、阿蒙花园的监督者、阿蒙织布工的监督者。

这些头衔让他手握重权，但不得人心。有人私下议论，塞内穆特不仅仅是哈特舍普苏特的谋臣。在哈特舍普苏特葬祭庙附近山洞的岩壁上有一幅潦草的壁画，画的内容是身材矮小的塞内穆特勃起了，谨慎地站在高大威猛的哈特舍普苏特身后。这可是对强大的女法老和雄心勃勃的大管家颇为粗鄙的评论。[3]

实际上，哈特舍普苏特从未废黜年轻的图特摩斯三世。她仅仅是把自己描绘为共治者中的强者。在多座她的塑像中她都戴着王室头饰和只有加冕法老才能佩戴的方形胡须。葬祭庙中的浮雕也有她庆祝赫卜–塞德节的场景，这个庆典主要是为了庆祝权力的更迭。图特摩斯三世也出现在这些浮雕中，站在女王身旁一起庆祝。但只有哈特舍普苏特在主持塞德节中王权更迭的仪式，这种仪式肯定了法老具备让尼罗河水泛滥的能力。[4]

图特摩斯三世的铭文告诉我们，在哈特舍普苏特执政的大部分时间里他都远离孟斐斯。姑母派他不断征战，战场主要在埃及北部的新省份，因为那里臣服的西闪米特人总是威胁要起兵反叛。

她大概希望他战死沙场。但他既没死于伤痛，也没有死于暗杀，这既在很大程度上说明他十分谨慎小心，也暗示军队对于哈特舍普苏特并没有塞内穆特和其他留在埃及的那些人那么认可。当然，哈特舍普苏特几乎把所有的精力都投入国内建设，尤其是建筑方面。在古代，国王新建建筑的数量被直接用来衡量国王的成功，哈特舍普苏特可不希望有人质疑她的伟大。与此同时，在将近 20 年的时间里，军队没取得任何伟大的胜利。[5]

哈特舍普苏特在丈夫去世 21 年后也去世了。与她共治的继子现在也 20 多岁了，在外不断参与战斗让他变得坚强勇敢。她去世后不久，她的大总管塞内穆特也去世了。

没有直接的证据表明图特摩斯三世与这两人的死有关。但就在他们死后不久，图特摩斯三世从前线返回，开始粗暴地抹除他的继母留下的痕迹。他凿掉了自己能够找到的她留在每个纪念碑上的名衔，展示她君权神授的浮雕也被砸坏。她的雕像被扔进附近的一个采石场。哈特舍普苏特曾下令建造指向太阳的方尖碑，以此向阿蒙神致敬。或许是担心神的愤怒，图特摩斯三世并没有毁掉它们，但是他建起了能够遮挡它们的围墙。[6] 他还下令捣毁塞内穆特的陵墓。他为了重获王权已经等待了太久。

严格来讲，从图特摩斯三世登上王位算起，他总共统治埃及

22 年。这些年的忍气吞声更加激起了他的雄心壮志，在接下来的几年里，他频繁发动对外战争，几乎可以和拿破仑相媲美。* 他采取与哈特舍普苏特相反的政策，全力以赴地进行她并无建树的对外征服活动。

图特摩斯三世让一名书吏与军队随行，以便记录他的军事活动。这些记录早已不复存在，但其他文献中转述的部分记录了法老的早期行动。在哈特舍普苏特去世的同年，图特摩斯三世进入迦南。卡迭石（Kadesh）国王组织了一支盟军在沿海半路拦截入侵者。图特摩斯三世与他们在米吉多遭遇。米吉多城坐落在一座高地上，控制着埃及和美索不达米亚之间的往来交通。**

在这场战斗中，埃及人大败敌军。战斗开始后不久，卡迭石国王组织的联军便迅速撤回城中，逃兵们拉扯着彼此的衣服，争相爬上城墙。埃及人停止攻击，开始抢掠野外的帐篷，米吉多的守兵趁机关闭了城门。

埃及人不具备亚述人攻打城池的经验，他们既没有攻城塔也没有梯子[7]，只能采取围城战术。度过凄苦的 7 个月后，卡迭石国王和他的盟友最终投降。埃及军队带着珍宝、盔甲、战车、牲畜、俘虏和粮食大胜而归，这是哈特舍普苏特统治结束后军队首次缴获战利品。现在，那些曾经拒绝暗杀图特摩斯三世的人终于得到了回报。

这场战役似乎已经在周边地区引起恐慌。附近城邦的闪米特人

---

* 历史学家詹姆斯 · 亨利 · 布雷斯特德（James Henry Breasted）把图特摩斯称为"古埃及的拿破仑"，后来这个称呼就沿用下来。

** 这是米吉多第一次正式出现在文字记录中，早在亚伯兰时代它就是具有战略意义的交通要冲（参见第 17 章）。由于特殊的地理位置，米吉多成为后来多场战役的关键战场，最后一次战役发生在 20 世纪。希腊文称其为"哈米吉多顿"（Armageddon，该词现意为"世界末日的善恶大决战"。——译者注）。据《启示录》第 16 章第 16 节记载，世界末日之前，上帝与魔鬼的军队在米吉多进行最后的决战。

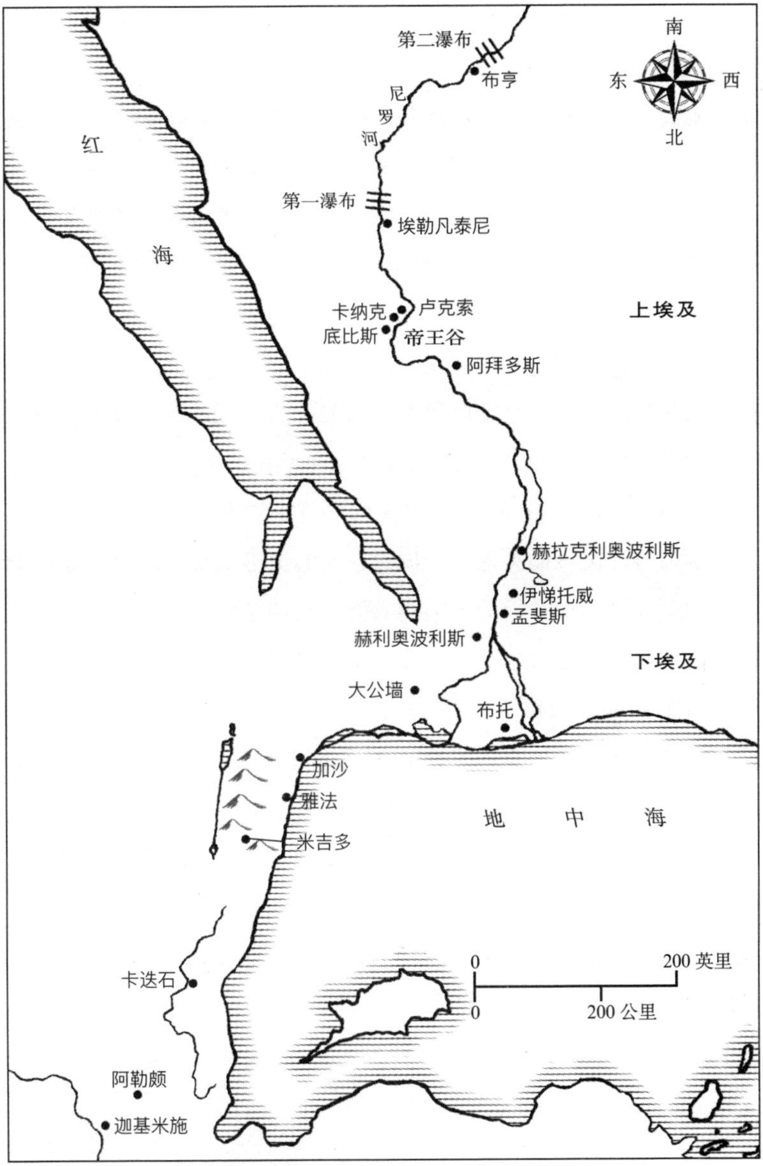


地图 28-1 埃及最大规模的北部扩张

的军事首领开始向图特摩斯三世纳贡，竭力和这位愤怒的南方年轻人实现和平共处。在接下来的几年里，埃及不断发动战争，那些负隅顽抗的城邦遭到攻击并被摧毁。海边的雅法城（Joppa）不愿无条件臣服，并试图与埃及签订协议。根据后来的传说，雅法国王同意拜访埃及统帅，商讨和平条约，国王在宴会上被砸晕，并被关进了后面的房间。埃及统帅出来告诉国王的车夫，埃及人已决定向雅法人投降，车夫应该速返雅法告诉王后，她的丈夫正在押解囚犯的归途中。一群埃及囚犯很快出现在地平线上，带着成筐从埃及阵营抢掠的战利品。其实，每个筐里都隐藏着一名全副武装的战士。当雅法王后打开城门时，战士们突然从筐子中跳出，迫使雅法投降。[8]

阿尔达塔城（Ardata）被以一种更传统的方式征服和掠夺。埃及军队强行冲破城墙并摧毁了城门，他们惊喜地发现地窖中储存了大量的葡萄酒。士兵们天天喝得大醉，图特摩斯三世充分享受胜利的喜悦。之后，他命令士兵烧毁庄稼和果树，并强制下令军队离开这里前往下一个目标。[9]

图特摩斯三世花了近 20 年的时间通过征战杀入北部地区。他竭力进入卡迭石，并迫使其投降。他宣称拥有对阿勒颇的主权，他甚至攻占了迦基米施（Carchemish），来到了小亚细亚的边缘地带。到他统治的最后几年，图特摩斯三世已成功弥补了早年流亡时的损失。在他统治下，埃及的北部边界几乎延伸到幼发拉底河流域，这一成就之后的国王无人能及。

**时间线 28**

| 小亚细亚 / 美索不达米亚 | 埃及 |
|---|---|
| **阿尼塔**（约前 1790） | 第二中间期（前 1782—前 1570） |
| | *第十三王朝*（前 1782—前 1640） |
| 萨姆苏伊路那去世（前 1712） | |
| | *第十四王朝*（前 1700—前 1640） |
| **哈图西里一世**（前 1650—前 1620） | 希克索斯人占领埃及（前 1663） |
| | *第十五、十六、十七王朝* |
| **穆尔西里一世**（前 1620—前 1590） | |
| | **卡莫斯** |
| 赫梯攻下巴比伦（前 1595） | |
| **汉提里**（前 1590—前 1560） | |
| | 新王国（前 1570—前 1070） |
| | *第十八王朝*（前 1570—前 1293） |
| | **阿赫摩斯一世**<br>（约前 1570—前 1546） |
| | **哈特舍普苏特 / 图特摩斯三世**<br>（约前 1504—前 1483） |
| | **图特摩斯三世**（独治）<br>（约前 1483—前 1450） |

# / 29

# 三方争斗

公元前 1525 年至公元前 1400 年间，北方的米坦尼夺取了赫梯西部的土地，与南方的埃及人缔结了和约。

埃及的北部边界虽已接近幼发拉底河沿岸，但一直都不太安全。它距离孟斐斯太远，距离赫梯人太近。此外，它还使埃及的边界与另一个敌人靠得很近。

几百年前——公元前 2000 年左右——一支来自扎格罗斯山的山地部落已经开始向西部游荡。这些胡里特人（Hurrian）越过底格里斯河来到美索不达米亚的中心区域，在城邦边缘小规模聚居。到公元前 1700 年，美索不达米亚的北部地区、亚述和尼尼微的北方已分布着一些小型的独立胡里特人的王国，另一些胡里特人则游荡至更远的西部。胡里特人的名字出现在商人的记录中，从亚述商站一直到赫梯人的领土。[1]

这些胡里特人并未形成有组织的国家，若非遭遇一批新出现的入侵者并将他们组织起来，胡里特人很可能会一直生活在分散的村落和建有围墙的城市里。雅利安人离开了亲人，经过艰辛跋涉最终来到印度，在向南迁移之前，他们中的一小支向西进入美索不达米亚。他们受到胡里特人的欢迎，不仅定居下来，还和他们通婚，并通过欺凌等手段成为胡里特人的统治阶层：马里安努（maryannu）。由马里安努构成的上层阶级和由胡里特人构成的下层阶级组成了一个王国，周边的其他统治者称其为“米坦尼”（Mitanni）。

胡里特人不经常书写，所以很难追踪他们公元前1700年到公元前1500年间的历史。图特摩斯三世开始向北进军时，米坦尼王国已经在幼发拉底河上游河段向东一点的瓦舒戛尼（Washukanni）定都。第一位为人所知的马里安努国王是帕拉塔尔那（Parattarna），他在公元前1500年左右，即埃及的哈特舍普苏特统治时期登上王位。在他的带领下，胡里特人的军队继续进军，一直打到美索不达米亚的亚述。这个城邦曾被纳入汉穆拉比的古巴比伦王国，又在萨姆苏伊路那手中丢失；此后，曾在战争领袖之间几番易手。现在，它成为米坦尼王国的一部分，其国王沦为米坦尼国王的封臣。[2]

米坦尼尚未强大到可以抵抗埃及。面对图特摩斯三世的步步进逼，他们只能后退。图特摩斯三世的胜利纪念碑就矗立在幼发拉底河东岸米坦尼的领土上。埃及的远征并没有俘获多少俘虏。为了避免可能的伤害，米坦尼国王进行了战略性撤退。[3]

同年，图特摩斯三世返回埃及后便去世了，国王萨乌什塔塔（Saustatar）在瓦舒戛尼登上了米坦尼的王位。*他开始缔造自己的帝国。他的军队向东开进到底格里斯河附近，向西开进到小亚细亚半岛的塔尔苏斯，向南到达卡迭石。

---

* 米坦尼的历史档案尚未被发现，这意味着我们没有它的王表，也没有任何信件提及他们，所以不能建立一个确定的王表；所有关于米坦尼王位传承的建构都还有待商榷。

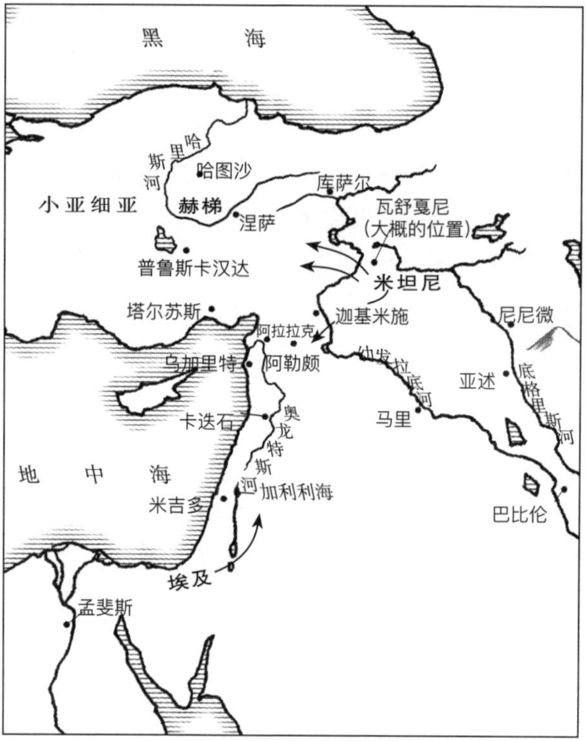


地图 29-1 米坦尼

在东部的扩张没有遭遇强劲对手的抵抗。萨乌什塔塔在向西推进中与赫梯发生冲突；向南侵入西闪米特人的土地，并与图特摩斯三世的继任者发生正面冲突。

现在，赫梯人需要面对一个尚武好战的米坦尼国王及其身后组织严密的军队，而赫梯人在整个世纪都时运不济。

连年的暗杀和宫廷政变意味着每位赫梯新王不得不重新培植亲

信，并让哈图沙的子民信服他的王权。这极为耗时，他也没有多少时间和精力去保卫帝国的边境。边境上的城邦纷纷开始独立。[4]

在萨乌什塔塔向西扩张的75年前，一个名为铁列平（Telepinus）的赫梯人曾试图解决这个问题。铁列平并不是严格意义上的王室成员。他的姐夫也没有获得王位的权力，却雇用刺客大肆暗杀王室成员。这番屠杀不仅清除了拥有王位继承权的王子，而且杀掉了那些在现有王室无嗣的情况下其他家族中拥有继承权的人。铁列平本来旁观着他的姐夫筹划加冕称帝，但后来他得到消息，这位未来的国王也把自己看成潜在的威胁并准备置之死地。铁列平主动出击，将他的姐夫驱逐出城，并自己称王。[5]

这段描述来自铁列平自己的记录，因而尽可能地美化了他的所作所为。不过，他所处的位置至少让他明白为什么赫梯帝国会走向衰败：继承权所导致的内部斗争让统治者分身乏术，不能专注于国事。在其统治早期，他开始着手解决这个问题。铁列平的法令文件用很长的篇幅详细规定了王位传承的次序。他在序言中解释，只有遵守这些规则，赫梯人才能生存下去。他写道："王子，即第一王后（国王正室）的儿子，应该成为国王。如果第一王后没有儿子，那么第二王后（侧室）的儿子可以继位。如果没有王子，第一王后的女婿便可以做国王。"[6]

就像200年前汉穆拉比所制定的法典，该法令也规定了从巫术到谋杀等各种犯罪应受的惩罚。尽管他的登基不合常规，但是铁列平还是试图用法律来治理这个几乎已经全面军事化的国家。赫梯第一次拥有成为一个真正王国的机会。

公元前1500年，铁列平离世，不久之后哈特舍普苏特登上了埃及王位，赫梯帝国则从几年前的内部纷争中慢慢恢复。不幸的是，铁列平的法令如同汉穆拉比法典一样，在失去了他个人的竭力推动和后续力量的支持后便没了权威。他的长子在他在世时便已去世，所以铁列平（按法令）将王位传给了自己的女婿，也就是他长女的丈夫。但这位女婿很快便死于刺杀。在接下来的百年间，赫梯帝国经历了新一轮的内斗，在这期间几乎没有任何连贯的记录流传下来。之后又有六位国王莫名其妙地失去了王位，而帝国的边界不断被侵夺。此时的赫梯军队是一盘散沙，根本没有能力抵抗图特摩斯三世。当图特摩斯三世发兵冲进迦基米施时，赫梯人节节败退，并放弃了他们的土地。

不久之后，萨乌什塔塔也开始入侵赫梯。赫梯军队也无力阻挡米坦尼的入侵，萨乌什塔塔几乎没有遇到任何抵抗便一路向西攻到了塔尔苏斯。阿勒颇向他纳贡，赫梯的乌加里特（Ugarrit）和阿拉拉克（Alalakh）亦是如此。

在混乱中，亚述人趁机反抗他们的米坦尼统治者。萨乌什塔塔可没有什么耐心，为了让他们知道谁才是他们的主人，他直接兵临城下。他用带有象征意义的实际行动教训了他们，把亚述的镶金城门拖回了都城瓦舒戛尼。[7]

图特摩斯三世去世的消息传到了埃及控制的北部地区，西闪米特人的城邦立即反叛。萨乌什塔塔竭力煽动针对埃及的叛乱，他甚至派军援助卡迭石的抗争。图特摩斯三世的儿子阿蒙霍特普二世刚刚登上王位便立即率军北伐。在其统治的第二年，他已经一路打到了米坦尼边境。

但双方没有发生大规模的战斗。实际上，萨乌什塔塔统治下的米坦尼王国已经足够强大，成了阿蒙霍特普二世的大麻烦。但他没有冒险开战，而是与阿蒙霍特普二世缔结了和约。

阿蒙霍特普二世在本国将这（缔结和约）粉饰为一场大胜。卡纳克的一块铭文宣称米坦尼对他卑躬屈膝，乞求和平：

> 米坦尼的国王们来到他的宫殿，他们随身携带着礼物，为了从他那里得到和平……这是一件值得记述的事情，因为自该朝建立以来这种事情还是第一次发生。这块曾经轻视埃及的土地，现在正乞求埃及对它的护佑！[8]

但是这无非是为了保存颜面而已，阿蒙霍特普二世根本不敢开战。这份和约没有任何副本留存下来，但几个世纪后，两国还是以传统的边境线奥龙特斯（Orontes）河为界。[9]

12 年后，阿蒙霍特普二世和萨乌什塔塔分别把自己的王位传给了儿子。在埃及，图特摩斯四世登上王位。在米坦尼的都城瓦舒戛尼，阿塔塔玛（Artadama）继位。公元前 1425 年左右，两位国王在他们父辈宣誓盟约的基础上再次确认和平。这是一份相当正式的和平协议，更重要的是，图特摩斯四世答应迎娶阿塔塔玛的女儿为妻。

几十年后，阿塔塔玛的孙子在一封信中解释道，图特摩斯四世曾写信给阿塔塔玛："（图特摩斯四世）请求迎娶我祖父的女儿为妻……他写了五六次信，但我的祖父都没有答应。当他第七次请求时，（我的祖父）同意了。"[10] 这和图特摩斯自己描述的故事不符，在他的故事中米坦尼屈膝求和。埃及法老不会屈尊求娶番邦公主。但与埃及签订和约本身就是对米坦尼之伟大的确认。就像孟斐斯的王室一样，米坦尼王室也认为自己尊贵且强大，有能力慷慨地向那些祈求施恩的国王施以恩惠。

| 时间线 29 | |
|---|---|
| **小亚细亚 / 美索不达米亚** | **埃及** |
| **阿尼塔**（约前 1790） | 第二中间期（前 1782—前 1570） |
| | *第十三王朝*（前 1782—前 1640） |
| 萨姆苏伊路那去世（前 1712） | |
| | *第十四王朝*（前 1700—前 1640） |
| | 希克索斯人占领埃及（前 1663） |
| **哈图西里一世**（前 1650—前 1620） | *第十五、十六、十七王朝* |
| **穆尔西里一世**（前 1620—前 1590） | |
| | **卡莫斯** |
| 赫梯攻下巴比伦（前 1595） | |
| **汉提里**（前 1590—前 1560） | |
| | 新王国（前 1570—前 1070） |
| | *第十八王朝*（前 1570—前 1293） |
| | **阿赫摩斯一世**（约前 1570—前 1546） |
| **铁列平**（前 1525—前 1500） | |
| | **哈特舍普苏特 / 图特摩斯三世**（约前 1504—前 1483） |
| （米坦尼）**帕拉塔尔那** | **图特摩斯三世**（独治）（约前 1483—前 1450） |
| （米坦尼）**萨乌什塔塔** | |
| （米坦尼）**阿塔塔玛** | **图特摩斯四世**（前 1419—前 1386） |

即便图特摩斯四世没有请求联姻，结盟对埃及也大有好处，联姻使其对迦南的统治更具权威。看到南北两个庞大的帝国，西闪米特人的城市再也不敢造反，基于恐吓的和平随之而来。

# / 30

# 商朝迁都

在中国，公元前1600年至公元前1300年间，商王曾五次迁都，最终定都于殷。

在东方，商取代了夏的统治，实行仁政。

仅有少量关于商朝早期的历史细节得以留存。从殷墟的发现可知，在这个王朝统治的前半期——公元前1600年到公元前1300年左右——商朝统治者没有固定的国都。根据传说，在这三百年间，商朝曾五次迁都。这些都城的具体位置未能完全确定，但考古学家相信，它们很可能就在黄河下游、夏朝都城以东商汤的祖地附近。

多次迁都表明，商朝统治者虽极力维持王位世袭制，却未能树立完全的权威。在汤的继承者统治之时，夏末之乱依然影响着这个新政权的稳固。

汤最有权势的重臣是伊尹。相传，他是一位贤明之士，躬耕于亳之野，汤请他出山辅佐自己。另有一说，他曾为汤的庖人（厨师），烹制的菜肴美味无比（伟大的史学家司马迁对这两个版本均有记载）。[1]

无论是何种出身，伊尹的确能力超群，但也让汤的统治充满变数。后来有一则故事说[2]他曾经短暂离开汤投靠夏桀，但后来又重归旧主。更为不祥的是，汤的继承人纷纷亡故之时，他一直都是朝中重臣。

汤在去世前统治了 30 年，他死后伊尹仍然是朝中股肱重臣。汤指定他的长子为继承人，但年轻的太子“未立而卒”。他的次子（可能更年幼，更易控制）即位两年后即亡；随后汤的幼子也就是最小的儿子即位，四年后他也去世了。除非他们均有血友病或自杀倾向，否则这种接二连三的早亡实在让人生疑。

司马迁记述了这些细节，却从未质疑过伊尹的忠诚。的确，汤的最后一个儿子去世后，伊尹并未试图直接篡夺王位。汤的长子过世六年后，他拥立汤的嫡长孙太甲即位，自己当朝摄政。他的一举一动暗示他精明但不忠诚。伊尹深知，朝中贵胄不会接受庖人（或曾经的农民）成为天子；他虽无天子之名，却行天子之实。由于汤的子嗣均已早亡，王位落在一个孩子身上，朝政大权则完全在伊尹的掌控之中。

据司马迁记载，太甲元年，伊尹作《伊训》以指导少年天子如何为政。显然，太甲没有遵循这些戒律：临政三年后，太甲“不明，暴虐，不尊汤法，乱德”[3]。很难想象年纪尚幼的天子能有多少暴虐之举，很可能他只是厌倦了别人的教导和掌控。对此，伊尹立即宣称，太甲失德，危及王权，并将年轻的天子流放至距都城 40 千米的桐宫。在这三年里，“伊尹摄行政当国，以朝诸侯”。

司马迁赋予这段历史一个皆大欢喜的结局。在被流放了三年后，年轻的天子“悔过自责，反善”。或许这说明他已准备好接受伊尹

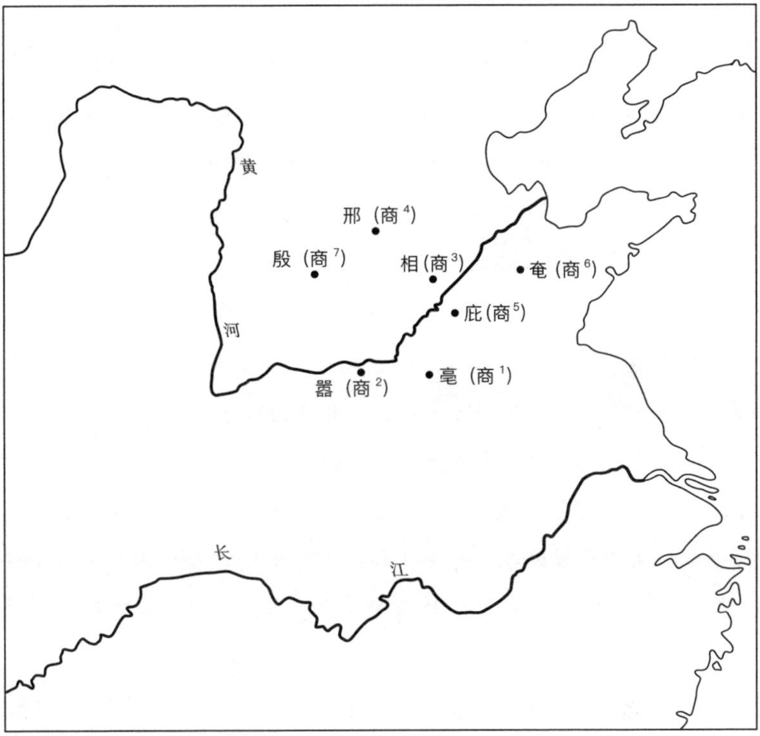


**地图 30–1　商都城**

辅政。于是，伊尹迎他回都，并还政于他。司马迁总结道："伊尹嘉之，乃作《太甲训》三篇，褒帝太甲。"

根据其他史料，这个故事还有不同的版本，它们的描述或许更加接近史实；其中一个版本是太甲潜出桐宫逃回商都，杀死了伊尹。

此后有关十四位天子的详细记录没有留存下来。但我们知道，在商朝第十代天子仲丁统治期间，朝廷极为动荡不安。仲丁迁都至嚣。根据当地的考古发现，嚣周围有夯土城墙环绕，地基厚约 2.75 米，墙高约 9 米。修建这种规模的城墙大概需要一万人服十八年的劳役。[4] 商王的统治没有达到埃及法老的高度集权化，但已有足够实力征发大量劳役。

尽管商朝为修建城墙投资巨大，但不到两代，商朝的第十二代王又迁都至相。他的继承者——商朝的第十三代王祖乙又迁往第四个都城邢。因邢被大水冲毁，祖乙又将商都迁往庇，由此他便成为商朝唯一一位在统治期间居住过三个都城的国王。

接二连三的迁都让人迷惑不解。除非遭遇外敌入侵或自然灾害，其他古代王国都极力避免迁都（已知情形均是如此）。商朝屡次迁都可能与黄河流域的水患有关。与几百年前的古埃及相比，商朝时期的中国更为孤立闭塞，与其他国家没有水路贸易，与外界没有道路通连。

最近乎外敌入侵的情形，可能是邻近诸侯的敌意。司马迁曾经提到，这些诸侯国的实力时起时落。在一些商王统治时期，“诸侯来朝”；但在另一些商王统治时期，诸侯拒绝朝拜纳贡。[5] 若是这样，商王的权威必遭质疑。所以，修筑巨大的夯土城墙很可能是为了防范诸侯。

公元前 1300 年左右，商朝的第十九位王盘庚决定将都城迁至黄河对岸。这个决定立刻遭到朝臣的反对，并几乎引起内乱。但盘庚决心已定。

盘庚统治时期流传下来的故事表明，面对突变的局势，他的果敢机智使商王朝的统治得以延续。放弃旧都的命令颁布后，贵族和近臣怨声载道。《盘庚》三篇记录了他对大臣的告谕：

先王有服，恪谨天命，兹犹不常宁；不常厥邑，于今五邦。今不承于古，罔知天之断命，矧曰其克从先王之烈？若颠木之有由蘖，天其永我命于兹新邑，绍复先王之大业，底绥四方。[6]

在这则故事中，屡次迁都实因国势衰败，而盘庚将之解释为“古训”和“天意”。先祖迁都并不是因为无法控制动乱或纷争，而是因为他们不愿“常宁”。先前的困境被改写为实力的象征。

这个策略非常成功，迁都殷后，商朝迎来了复兴。司马迁写道：“殷道复兴。诸侯来朝，以其遵成汤之德也。”被迫迁移的宗室贵族愤懑不平[7]，盘庚却深得百姓的爱戴。盘庚去世后，其弟即位，往昔那些“皆怨，不欲徙”的贵胄开始“思盘庚”。

赫梯国王为争夺权力四处征战，最终导致王国的分崩离析。商朝统治者则采取了一种迂回妥协的方式，竭力避免正面冲突。他们没有通过武力与敌人直接交锋，而是不断迁移都城，从而统治中国长达几个世纪。

## 时间线 30

| **埃及** | **中国** |
|---|---|
| *第十四王朝*（前 1700—前 1640） | |
| 希克索斯人占领埃及（前 1663） | |
| *第十五、十六、十七王朝* | |
| **卡莫斯** | *商朝*（前 1600—前 1046） |
| | **汤** |
| 新王国（前 1570—前 1070） | **太甲** |
| *第十八王朝*（前 1570—前 1293） | |
| **阿赫摩斯一世**（约前 1570—前 1546） | |
| **哈特舍普苏特 / 图特摩斯三世**（约前 1504—前 1483） | |
| **图特摩斯三世**（独治）（约前 1483—前 1450） | |
| **图特摩斯四世**（前 1419—前 1386） | **仲丁**（迁都嚣） |
| | **河亶甲**（迁都相） |
| | **祖乙**（迁都耿、奄） |
| | **盘庚**（迁都殷）（约前 1300） |

## / 31

# 希腊的迈锡尼人

在希腊半岛，公元前1600年至公元前1400年之间，迈锡尼城邦与邻邦开战，并进行海上贸易。

当克里特岛的米诺斯日渐衰落并走向混乱之时，半岛北部城邦正日益壮大。

公元前1600年，迈锡尼人已经开始把统治者埋葬在半岛中央的高山上，并陪葬有大量珍宝。不管这些国王是谁，他们权势强大，能让臣民在自己去世后对自己表现出足够的尊重。但在迈锡尼的城墙之外，他们的权威未能延伸很远。东北部底比斯城的王宫与迈锡尼王宫规模相当。第三座王宫屹立在西南海岸的皮洛斯（Pylos），第四座王宫建在另一端的雅典。[1] 希腊半岛的这些城邦被山脉彼此分开，从一开始就各自为政。*

---

* “希腊”这个术语存在时代上的错误。“希腊”古典文明在很久之后才出现；将半岛称为“希腊”比较方便，就像“中国”这个词一样，指代一个明确的地理区域。另外，迈锡尼城与希腊古典文明之间存在一定关联，尽管比较微弱并带有神话色彩；迈锡尼人极有可能就是荷马所称的“亚该亚人”[或达纳斯人（Danaans）、阿尔戈斯人（Argives），即最早的“希腊”英雄]。若想获得有关希腊起源和迈锡尼文化进程的更多信息，请参阅威廉·泰勒（William Taylor）所著的《迈锡尼人》（*The Mycenaeans*）。

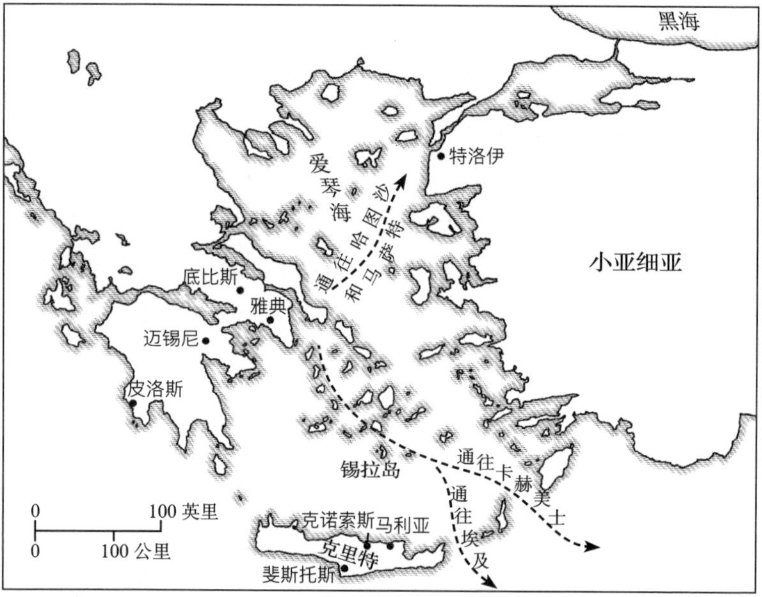


地图 31–1 迈锡尼文化

虽然这些城邦各自独立，但它们互通贸易，拥有相同的语言和文化。迈锡尼文化由半岛最大的迈锡尼城而得名。历史学家认为，底比斯、雅典和皮洛斯都曾居住有迈锡尼人。

根据希腊历史学家普鲁塔克的记载，米诺斯和迈锡尼很早就存在争端。不知出于什么原因，米诺斯人的一个儿子在半岛北部周围闲逛时被迈锡尼人杀死了。米诺斯人要血债血偿，要求迈锡尼城邦向克诺索斯王宫下的牛头人身怪物进献童男童女。

据普鲁塔克所言，这个重负落到了东南部的沿海城市雅典的肩上。连续两年，雅典人将自己的儿女送给弥诺陶洛斯。然而，到了第三年，雅典的父母们叫苦连连，对他们的国王埃勾斯（Aegeus）

极为不满，因为他似乎无力反抗米诺斯的暴君。面对他们与日俱增的愤怒，埃勾斯的长子忒修斯王子站了出来。他作为第七位年轻人登上了第三艘进贡船，试图与弥诺陶洛斯决战。

埃勾斯认为儿子返回的希望渺茫，但还是为悬挂着黑帆的进贡船额外准备了一面白帆。忒修斯许诺，若能打败弥诺陶洛斯且全身而退，他就升起白帆。如若同其他人一样葬身于弥诺陶洛斯之腹，船员就会展开黑帆，那么船只抵达港口前父亲便会知晓最坏的结果。

到达克里特岛后，忒修斯和其他人立刻被送入迷宫，弥诺陶洛斯会在回廊里捕食他们，他们要么被吃掉，要么因找不到出口疲劳而死。但忒修斯得到了米诺斯的女儿阿里阿德涅的青睐，她偷偷给了他一个线团。被带进迷宫时，他将线团扔到门口的地上，线团慢慢滚到下陷的迷宫中心，他就顺着线团的指向来到怪物的巢穴，杀死了弥诺陶洛斯，然后沿线返回（他预先把线团的一头拴在了门柱上）。

之后他带着其他囚徒一同逃回家乡。为了防止追兵，他还提前“凿沉了克里特岛的船只”[2]。可是，忒修斯被即将到来的胜利冲昏了头，忘记更换船帆。埃勾斯看到地平线上出现了不吉利的黑帆，便从雅典附近的悬崖纵身跳入大海。忒修斯胜利归来，等待他的却是一座悲啼的城市；为了纪念他的父亲，悬崖下碧绿色的大海后来被命名为爱琴海。

这则神话在一定程度上反映了某些史实。迈锡尼人擅长航行的特点在忒修斯身上体现出来，他能够凿穿船底，然后驾船返乡。约八个世纪后写成的《伊利亚特》中曾有记载，迈锡尼城派出 100 艘船加入希腊联合舰队，如此庞大的船队让迈锡尼国王成为远征特洛伊最强大的领袖之一。但在荷马时代，迈锡尼是一个破旧的小城镇，实力薄弱。[3]《伊利亚特》中的船舶目录可能记载了迈锡尼更为古老的海军力量。*

迈锡尼船舶上装载的可能是货物，而非活人祭品。迈锡尼的陶器最远传至东部的迦基米施、东北部的马萨特以及北部的哈图沙。迈锡尼的船舶向南航行到埃及，图特摩斯三世一位官员的墓中陪葬有一只来自迈锡尼的酒杯。[4]

但迈锡尼主要的贸易伙伴是克里特岛的米诺斯人。迈锡尼的王陵，即所谓的王室墓地中堆满了米诺斯的陶器、米诺斯风格的绘画以及身着米诺斯服饰的迈锡尼人画像。克诺索斯士兵的牛皮盾牌上绘有形似动物皮的斑纹，迈锡尼士兵的盾牌上也有类似的图案。[5]迈锡尼人从米诺斯人那里学会了书写。在数千年古老图形的基础上，米诺斯人逐步发展出自己独特的文字：从货物上的印章到象形文字，从象形文字再到线形文字。这种留存在克里特岛散乱的泥板和石刻上的早期文字形式通常被称为“线形文字 A”，以区别于后来更复杂的“线形文字 B”，这种米诺斯文字向北传至迈锡尼。[6]

尽管拥有一些共同的文化，但两国很早就发生了战争。忒修斯的胜利——智慧与文明战胜野蛮与无知——反映了后来希腊人对其他文明的蔑视。希罗多德本人就曾表现过这种蔑视，他解释说希腊的统治者波利克拉特斯（Polycrates）是第一位建立海军并获得海上控制权的国王：“我对克诺索斯的米诺斯以及任何早于米诺斯获得海上控制权的人都半信半疑，波利克拉特斯才是我们公认的第一个

---

* 《荷马史诗》(《伊利亚特》和《奥德赛》) 与希腊半岛早期文化之间的具体关系尚不完全清楚。考古学家、历史学家和文学家的研究基于不同的素材，拥有各自的理论，因此两者之间的关系不大可能变得明晰。尽管如此，但我们应该可以断言，《荷马史诗》就像《吉尔伽美什史诗》以及中国早期历史一样，经过多代人口口相传，或多或少地反映了较早时期的史实。

获得海上控制权的人。”[7]

这种彼此的反感在两国间的竞争中不断堆积。双方的海军都在地中海上巡逻，所以两支船队不可能实现完全的和平共处。与埃及进行的黄金和象牙贸易的利润实在太丰厚，国王们都看到了垄断的好处。克里特岛正好位于希腊向南与埃及进行贸易的路线上，战略位置绝佳。

迈锡尼的墓葬中发现的米诺斯物品表明克里特岛暂时处于优势地位。但是锡拉岛的火山爆发后，克里特岛和希腊之间的文化影响开始转向。带有浓重迈锡尼特色的陶罐和杯子越来越多地出现在米诺斯的房屋里，公元前 1500 年左右，克里特的墓葬中开始出现此前从未出现过的迈锡尼特色鲜明的制品。[8] 雅典不再向克诺索斯纳贡。就像取胜的忒修斯一样，迈锡尼城市在与南部岛屿的较量中占据了上风。

公元前 1450 年左右，克诺索斯城被洗劫一空，只剩下王宫屹立未倒。马利亚王宫和斐斯托斯王宫被夷为平地。纵观整个克里特岛，一些城镇废弃，一些城镇萎缩，仿佛突然间那里的年轻男子要么是参战并阵亡，要么就是逃走了。

那片土地再也没有出现过新文明的痕迹。我们只能推测，迈锡尼和米诺斯的关系进一步恶化，从针锋相对的竞争演变成实打实的战争。克诺索斯王宫得以保留，这意味着某些入侵者需要把米诺斯的行政中心留作己用。无论是哪位迈锡尼国王率军入侵，都可能把克诺索斯作为自己的行政中心。[9]

但在克里特岛被入侵后，那里的生活似乎并未发生显著的变化。坟墓的设计与过去大同小异，线形文字 B 仍在使用，米诺斯的陶器风格也没有突然发生变化。[10] 在占领克里特岛之前，迈锡尼人

| 时间线31 | |
|---|---|
| **中国** | **希腊半岛** |
| *商朝*（前1600—前1046） | 迈锡尼王室陵墓（约前1600） |
| **汤** | |
| **太甲** | |
| **仲丁**（迁都嚣） | 迈锡尼入侵克里特（约前1450） |
| **河亶甲**（迁都相） | |
| **祖乙**（迁都邢、庇） | |
| **盘庚**（迁都殷）（约前1300） | |

就与米诺斯人非常相似。他们的到来更像是兄弟间的交接，几个世纪以来，两个国家早已休戚与共，这不过是正式变更了领导权而已。米诺斯文化一直都遭受着渗透，现在已经由内而外彻底改变。迷宫终于被破解了。

## / 32

# 诸神之争

公元前1386年至公元前1340年间，有位法老实现战略性联姻，埃及的宗教信仰发生转变，被俘的希伯来人消失在沙漠中。

随着两国一纸协议的签订，米坦尼公主和埃及法老图特摩斯四世联姻，这场联姻显然非常成功，他们的儿子阿蒙霍特普成为下一任法老。*

从统治时间来看，阿蒙霍特普三世于公元前1386年左右登上王位，当时他还只有十几岁。他在位期间，埃及的城市处于和平发展时期，积累了大量财富。阿蒙霍特普三世的铭文没有关于战争的记录，更多描述了国王的丰功伟绩和大量的休闲娱乐活动。猎狮是埃及国王最喜欢的运动，据一篇铭文记载，在他统治的前十年，他猎杀了102头狮子。[1]在另一篇铭文中，仅在一天捕猎活动中，他就猎

* 对此，人们尚存争议。现在还不能完全确定阿蒙霍特普三世的母亲穆特姆维娅（Mutemwai）就是阿塔塔玛的女儿，但有很多有力的论据倾向于她（其中一个论据是她并不是图特摩斯四世最重要的妻子）。

杀了 56 头野牛（当然，在狩猎开始之前，野牛已被圈入围栏中，狩猎变得比较容易）。[2]

埃及的贸易得到蓬勃发展。在迈锡尼发现的物品中有些刻有阿蒙霍特普三世的名字。虽然国王不得不远赴努比亚镇压叛乱，但战役规模不大。王室关于这场战役的记录将阿蒙霍特普三世描述为：

> ……拉的继承人，拉的儿子，深受拉喜爱的……在陛下的指挥下必将取得胜利；他夺得了第一次战役的胜利。[3]

这场仅有一次战役的战争是阿蒙霍特普三世统治时期唯一的一场战争。虽然他自封为“亚细亚人的征服者”，但这仅是纯粹的公关策略，他从未击败过任何亚细亚人。其实他已不需要对外征战，他的祖父和父亲已经为他建起了庞大的王国。

他转而大兴土木。他挖了一个约有 1500 米长的湖泊，这样他的王后可以划船娱乐，那条王家御船以日轮神的名字命名为“阿吞之光”。他为自己建造了规模宏大的新王宫，扩建了卡纳克的阿蒙神庙，在卢克索附近为太阳神建立了新神庙，还为自己修建了巨大的葬祭庙，并在葬祭庙的两侧竖起了两尊他自己的巨型坐像。据古代的目击者称，右侧坐像从黎明到黄昏不停地发出巨大的呜咽声。罗马历史学家塔西佗记录说：“太阳的光芒照射到它的时候，它便会发出巨大的声响。”[4] 这很可能是石头因骤热骤冷发出的声音，但它让当地人不寒而栗。他开辟了新的采石场和矿山，在孟斐斯为自己修建了新王宫，并且更远的南部沿着尼罗河建造了几座神殿。[5] 他还娶了多位外邦公主。至少有七位来自美索不达米亚和西闪米特城邦的公主来到阿蒙霍特普三世的王宫，成为他的新娘。

这是政治上的权宜之计，但显然也很合他的品味。加沙总督负责为法老监管最南部的西闪米特人的土地，他收到的一块刻写板上刻有以下文字："我送这块刻写板给你是为了通知你我将派（一名朝廷官员）前往你处，为我带回美貌的女子……要四十位，每位四十银币。去挑选那些貌美的女人，但要确保她们没有刺耳的嗓音。然后你主国王会对你说，'做得很好'。"[6]

阿蒙霍特普三世继承了他父亲的传统，对北方强大的隐患米坦尼王国做出友好姿态。米坦尼国王阿塔塔玛——他的外公——将王位传给自己的儿子苏塔尔纳二世（Sudarna II）。阿蒙霍特普三世即位时，苏塔尔纳二世已经统治了米坦尼帝国十年或十二年。

阿蒙霍特普三世请求舅父送一位新娘给他，他回赠了一位王室公主（可能是他的表亲）。有 317 名仆人随她而来，[7]这表明她在自己的王国拥有重要地位。而对阿蒙霍特普来说，她可能没有什么特别之处，仅是法老众多嫔妃中的一员而已。不久之后，苏塔尔纳二世的儿子图什拉塔（Tushratta，阿蒙霍特普三世侧妃的兄弟）即位，阿蒙霍特普三世再次向北方请求联姻。图什拉塔同意联姻，这意味着米坦尼和埃及王建立了双重纽带，他把自己的女儿送往南方。由此，图什拉塔的姐妹和女儿相继成为埃及后宫中的女人，[8]图什拉塔本人同时成为阿蒙霍特普三世的岳父、舅父、妻舅，由此埃及延续了杂乱的宗族血缘传统。

但是，阿蒙霍特普三世似乎也与自己的岳父、舅父、妻舅以及他所统治的帝国要起了两面派的手段。他悄悄接见了亚述派遣的使节。当时的亚述是米坦尼的属国，亚述王亚述纳迪纳赫二世（Ashur-nadin-ahhe Ⅱ）暗中加强了城市的防御工事，准备叛乱。[9]

阿蒙霍特普三世根本不应接见亚述使节，米坦尼的属国也无权像独立城邦那样与外国建立邦交关系。然而，法老不仅热情接待了使节，还资助他们钱财用于亚述的防御工事。由此，他便让亚述感恩戴德，很有可能与之结盟，共同应对来自北方的侵略。

大约在同一时间，他与米坦尼的死敌赫梯新王达成了一项秘密协议。新王苏庇路里乌玛（Suppiluliuma）是个尚武的年轻人，他从一众平凡普通的祖辈那里继承了王位，他也将势力强大的米坦尼视为隐患。阿蒙霍特普三世提出与他结盟（“让我们建立最友好的关系”），赫梯国王欣然接受。[10]

阿蒙霍特普三世的计划不止于此。他还娶了巴比伦加喜特国王的女儿，国王的年纪比他大得多。当国王的儿子继位后，他又要求新王再送一位公主给他为妃。

他曾用相同的策略对付米坦尼王室。但巴比伦国王却出其不意地拒绝了法老的请求。他在信中写道，多年来他没有听到任何有关姐妹的消息：

> 现在，你又想迎娶我的女儿。但我的父亲已经把我的姐妹嫁给你，她已经在那里和你一起生活。从来没有人见过她，也没有人知道她是生是死。[11]

阿蒙霍特普三世反驳道：

> 你有没有派遣认识她、能和她交谈的大使探望过她？你派出的信使都是些无名之辈！[12]

然后他刻薄地指出，巴比伦国王早就拥有拿女儿换黄金的名声。

在信中他还挖苦巴比伦真正关心的是能否得到更好的聘礼。巴比伦国王对此不予理睬，显然也没有期待得到埃及礼貌的回应。在回信中，他反而提出希望能迎娶一位埃及公主为妻，这当然让阿蒙霍特普大为不悦。法老严厉地答复："自古以来，埃及国王的女儿从未外嫁。"[13]阿蒙霍特普三世可能通过谈判、筹划、联姻而结盟，但在他内心深处，盟友总是低他一等。

在其统治接近30年的时候，阿蒙霍特普三世计划庆祝他的首个标志王权更新的塞德节纪念庆典。

在这个特殊的周年庆典中，尼罗河和它的水位比另一个圣物太阳要次要一些。太阳神拉是埃及最古老的神明之一。统治伊始，阿蒙霍特普三世便宣布对拉的特殊崇拜。他用"拉是真理之主"作为自己的一个王名，在铭文中自称为"拉的继承者""拉的选择"和"拉在两地的化身"。[14]

像阿蒙霍特普三世的婚姻一样，对拉神的崇拜是他个人喜好和政治手段的结合。拉神的地位在第五王朝大大提升之后[*]，拉的祭司在某种程度上已经让位于阿蒙的祭司。拉是古代万神之父，是埃及神殿中的主供神。阿蒙一直都是一个没有固定形象的神，事实上，他的一个形象就是"无形之物"，以不可见的状态存在。他被称为"隐藏者"，经常借用其他身份或暂时使用其他神的权力来掩盖自己的神秘本色。[15]这为他的祭祀提供了较大的灵活性。哈特舍普苏特的宰相头衔表明，作为阿蒙神的大祭司，他几乎拥有整个埃及所有的财富。[**]

---

* 参见第15章。

** 参见第28章。

借助对拉的崇拜，阿蒙霍特普三世摆脱了阿蒙祭司的权威，同时也避免了向阿蒙神庙进贡土地或财富。显然，太阳神拉通过欢迎阿蒙霍特普三世进入神界表达了对他的褒奖。庆典时期的一块浮雕描绘了阿蒙霍特普三世高坐在太阳的位置上接受儿子躬身祭拜的场景。[16]

这有些不同寻常，因为国王的儿子阿蒙霍特普四世很少出现在父亲的纪念碑上，阿蒙霍特普三世似乎刻意让他远离未来的臣民。他为这个年轻人安排了远在努比亚南部的［即“上努比亚”，库什的上努比亚王国以第三瀑布为中心；努比亚的北部，即“下努比亚”又被称为“瓦瓦”（Wawa）］总督的职位。把王位继承人赶到远离王位的遥远之地说明，阿蒙霍特普三世希望继承者离王位越远越好。

但他不能永远阻挡必将发生的事情。在他统治的第 37 年，阿蒙霍特普三世开始饱受疾病的折磨，并因此走向死亡。从他的木乃伊可以看出，他生前牙龈严重脓肿，这一定让他疼痛难耐，这也许是一种传染病。[17] 他的米坦尼岳父、舅父、妻舅图什拉塔送来了几十年前从亚述人那里夺来的伊什塔尔女神雕像。阿蒙霍特普三世对此表示了感谢，但美索不达米亚的女神显然在埃及没有显灵，伊什塔尔雕像被运来后不久，阿蒙霍特普三世便去世了。

经过他相当长时间的统治，埃及已经达到了前所未有的和平与繁荣。流放努比亚的阿蒙霍特普四世回来继承了父亲的王位，继续开拓进取。他比父亲更虔诚。阿蒙霍特普三世崇拜太阳神拉，阿蒙霍特普四世则开创了一个全新的宗教，即对太阳本身（日轮）的崇拜。

日轮神被称为“阿吞”（Aten），它在过去并非默默无闻，但只

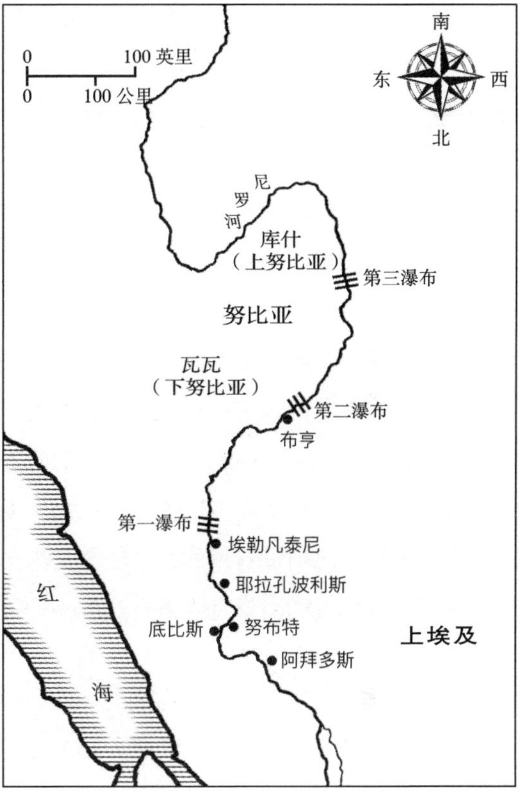


**地图 32–1 努比亚**

是太阳神拉的一种形态。在阿蒙霍特普四世的推动下，日轮神有了崭新的形象。不像奥西里斯、荷鲁斯和拉那些有人身的神，日轮神本身就是神的抽象代表，是单一力量的象征。在它的光芒下，万神殿的其他诸神都消失了。太阳不仅是主神，而且是唯一的神。埃及神殿的众神有妻子和其他伴侣，阿吞则孑然一身，自给自足。埃及神殿的诸神都以人身的形象出现，而阿吞没有人身。埃及神殿的诸神都有故事流传，而阿吞没有任何故事流传下来。

阿蒙霍特普四世逐渐成为单一主神论者。在其统治的第五年，他向他的祭司和朝臣宣布他收到了神谕：阿吞指给他一个新地方，应该为了神的荣耀在那里修建新的都城。

新址位于尼罗河以东一片干燥、多沙、荒芜的平原，北面环绕着半圈悬崖，周围几乎没有任何肥沃的土地。这里非常炎热，热气腾腾，石墙在白天吸热，悬崖则会阻挡微风的吹拂。但阿蒙霍特普四世决意在这里建造新都埃赫塔吞（Akhet-Aten）。新都的建造开始后，他还改了自己的名字。从他统治的第九年起，他的名字几乎都刻为埃赫那吞（Akhen-aten），意为“太阳的崇拜者”。[18]

现在埃及的统治者不再仅仅是“拉的挚爱”，他还是阿吞之子、太阳之子。阿吞之前没有别的神，法老是这个神在尘世唯一的化身和代表。埃赫那吞的力量直接来自这唯一的神。他煞费苦心地亲自编写了《阿吞颂歌》：

> 光辉灿烂的你升起在天国的光明境界，啊，活的阿吞，生命的创造者……当你走向地平线时，大地还处在黑暗之中，仿佛死去一般……当你从地平线升起时，大地明亮起来……你做了多少工作！人们是看不到你的，只有具有神性的人才能看到……你在我的心中，除了你的儿子埃赫那吞，没有其他人知道你。你曾把你的方法和你的才能教导给他，让他变得智慧。[19]

迁至新都后，埃赫那吞立即下令将阿蒙的名字从铭文中抹去。工匠用灰泥将其覆盖，再刻上阿吞的名字。[20] 阿蒙不是一个真正的神，只不过是真神被扭曲、堕落后的化身，他那些原本势力强大的祭司现在都受到牵连。破坏进行得非常彻底，阿蒙的名字几乎没有留存下来。

其他诸神的境遇也相差无几。埃赫那吞下令为阿吞修建新的神庙，这些新神庙的中心都是露天的，可以看到太阳升落。但其他神庙都被关闭，祭司被驱逐，并被禁止进行祭祀活动。没有其他的祭司取而代之。阿吞不需要祭司，由此便没有神职人员阻挠法老干他想干的事。无论是神还是神在人间的代表都不能容忍权力被分享。

尽管改过名字，但埃赫那吞还是他父亲的儿子。在埃赫那吞统治前后约一百年里，亚伯拉罕的后裔逃离埃及，引发了另一场宗教和政治大动荡。

据《摩西五经》（Pentateuch）记载，亚伯拉罕的后裔就是后来的希伯来人，他们在西闪米特人的土地上以放牧为生，直到遭遇饥荒的威胁。他们赶着羊群向南来到水源充足的埃及，在其北部定居并逐渐强大起来。

圣经故事描述道，这支精力充沛，关键是生育能力强大的种族引起埃及人的不安。他们逐渐开始从自己的聚居地向外拓展，甚至有蔓延至埃及其他区域的迹象。埃及人一直鄙视这些住在北方的“卑鄙的亚细亚人”，而西闪米特人的入侵一直是个危险。不仅如此，埃及还曾被西闪米特人（希克索斯人）侵占，他们（正如希伯来人一样）在埃及居住数十年后才开始行动。因此，一支繁荣强大的移民令他们紧张不安也就不足为奇。

《出埃及记》告诉我们，埃及法老围捕希伯来人，并强迫他们为建筑工程做劳力（但这并没有减少过剩的人口），他还下令把所有的希伯来男童扔进河里。一位母亲把自己的孩子藏了三个月。后来他越来越吵，母亲知道很难再隐瞒下去，便用纸莎草做了个篓子，把孩子放入篓子里再用焦油封口，然后把篓子放在尼罗河畔埃及公主沐浴处附近的芦苇丛中。带着侍从前来沐浴的公主发现了这个婴儿，她认出这孩子是希伯来人，但还是决定收养他。这个名为摩西的婴儿在埃及王宫里长大成人。

基于双方的敌意，表面看来埃及公主似乎不太可能会收养一个希伯来婴儿。但我们知道，从图特摩斯四世开始，法老曾频繁迎娶东方王室的公主，这意味着这位公主很可能拥有西闪米特人的血统。她很可能知道萨尔贡还是个婴儿时沿幼发拉底河漂流的故事：

> 我的母亲偷偷怀了我，悄悄将我生了下来。
> 她匆忙地把我放进篮子里，
> 用焦油封上盖子。
> 她把我扔进河里，但河水没有将我淹没。

萨尔贡的出生故事是他神性的证明，用来表明他是神选之人。那个希伯来婴儿的母亲很可能也知道这个故事，绝望中（并成功地）把自己的孩子送入“神选之人”的行列。

精心伪装的背后就是现实。摩西长大后离开了埃及，然后听到亚伯拉罕的召唤：他要返回埃及，带领希伯来人摆脱奴役，回到神应许给亚伯拉罕后代的那片土地。他回到王宫，法老（毫无疑问认出了这个从小生活在王宫的希伯来养子，而且两人很可能年龄相仿）愤怒地回绝了他的请求。每次回绝都招致神的报复：十场连续的瘟疫，一次比一次严重，直到埃及无力阻挠，最终法老同意让希伯来人离开。

出埃及成为希伯来历史中最重要的事件，这是整个犹太民族形成的关键时刻。但它从未出现在埃及的编年史中。

这并不奇怪。希伯来人出埃及是对法老和他宫廷权力的极大蔑视，也是对埃及众神力量的嘲讽。瘟疫意在表明埃及众神的软弱无力。尼罗河是奥西里斯的血液和埃及的生命线，现在成为腥臭有毒的血河；青蛙是奥西里斯的圣物，它们大量出现并最终引发了瘟疫；黑暗遮盖了太阳的光芒，拉和阿吞都无能为力。不过这些都没有出现在法老庆典活动的铭文中。

关于出埃及时间的传统说法是在公元前1446年，接近埃赫那吞曾祖父阿蒙霍特普二世统治末期。* 有其他估计将出埃及的时间向后推了两三百年，也就是公元前13世纪中期到埃赫那吞统治后一百年。围绕这一事件存在很多可能性，有的历史学家推测出埃及的过程是一个从埃及慢慢迁出再逐渐迁入闪米特人土地的渐进过程，一小部分人则认为出埃及根本没发生过。

对于我们而言，我们只需要知道在随后的几个世纪中希伯来人消失在沙漠里，退出了世界舞台。这些在历史上没有明确记载，但的确是神学的中心问题。他们的圣经正是诞生于沙漠之中。在这本书中，希伯来的神作为唯一的力量出现，没有配偶，是神圣的造物主，是以自己的名义创造生命的唯一的神。

虽有这段描述，但除了都具有自足性，希伯来的神和埃及的阿吞几乎没有任何共同点。希伯来的神虽然不具备人的形象，但是个

---

* 公元前1446年这个时间是基于《列王纪》第61章的记录，其中声称，以色列人离开埃及480年后开始修建所罗门圣殿（约公元前966年）。其他观点认为，出埃及发生在拉美西斯二世（参见第34章）统治时期，其庞大的建设计划需要大批以色列奴隶，而他的继承人麦伦普塔赫（参见第38章）是第一个明确提到以色列民族的法老；公元前1207年，他在胜利石碑上刻上了以下文字："以色列荒芜，几乎无存，巴勒斯坦已成为埃及的一副牌。"（引自彼得·克莱顿所著的《法老编年史》，第157页）即使它已证明以色列作为一个民族很早便已存在，实际上也很难就此推断以色列人曾大规模地离开埃及。

| 时间线 32 | | | |
|---|---|---|---|
| 美索不达米亚和小亚细亚 | | | 埃及 |
| 米坦尼 | 亚述 | 赫梯 | |
| | | | 新王国（前 1570—前 1070） |
| | | | *第十八王朝*（前 1570—前 1293） |
| | | | **阿赫摩斯一世**<br>（约前 1570—前 1546） |
| | | **铁列平** | **哈特舍普苏特 / 图特摩斯三世**<br>（约前 1504—前 1483） |
| **帕拉塔尔那** | | | **图特摩斯三世**（独治）<br>（约前 1483—前 1450） |
| **萨乌什塔塔** | | | 出埃及（最早时间） |
| **阿塔塔玛**<br>**苏塔尔纳二世** | | | **图特摩斯四世**<br>（前 1419—前 1386） |
| | **亚述纳迪纳赫二世** | | **阿蒙霍特普三世**<br>（约前 1386—前 1349） |
| **图什拉塔** | | **苏庇路里乌玛** | |
| | | | **埃赫那吞**<br>（约前 1349—前 1334） |

性鲜明，阿吞则是一股力量。阿吞就是太阳，既然希伯来神与这个被创造的世界毫无关系，那么与太阳或月亮也就毫无关联。它的出现远远迟于日轮神，绝不可能让它成为自己的代表。这两种一神论运动发生的时间相近，但除此之外没有什么共同之处。*

* 至少有一个世纪的时间，有种理论不断出现，它认为埃赫那吞曾试图劝导摩西信奉一神论，后来又将他放逐于沙漠之中，这种理论偶尔还会出现在历史频道特色栏目和美国公共电视网（PBS）的筹款节目中。这种观点完全没有历史根据，在时间上很难与《出埃及记》中任何重要的日期相匹配。它似乎起源于弗洛伊德，这位学者肯定不会否认犹太教的唯一性，并不带偏见地解释一神论的起源。

/ 33

# 战争与婚姻

公元前1340年至公元前1321年间，亚述人和赫梯人击垮了米坦尼王国，图坦卡蒙取消了埃及的宗教改革，一位赫梯王子差点成为法老。

米坦尼国王图什拉塔越来越忌惮赫梯人。他们的新国王苏庇路里乌玛一世意气风发，在托罗斯山的另一侧组建了自己的军队，图什拉塔需要外力援助将赫梯人赶走。

埃及成为结盟的合理选择。埃赫那吞虽全神贯注于宗教改革，但他仍然是周围实力最强的帝王。他恰好也是图什拉塔的外甥（还是孙女婿，因为已经有两代米坦尼公主嫁给埃及法老）。图什拉塔再次提出联姻，想把女儿嫁给法老为妻。埃赫那吞同意了这门亲事，于是图什拉塔的女儿也嫁到了埃及。

米坦尼国王越来越气恼于侄子对自己的轻慢。在两位国王的往来书信中，图什拉塔抱怨作为彩礼送到北方的黄金根本不值一提。他在一封信中写道："那看起来并不像黄金。我的臣民说，在你的国家黄金比泥土还普通，也许你太爱我了，所以不想送我这么普通的东西，还是送些泥土更好。”[1]

图什拉塔刻薄地挖苦了自己的新女婿，在给他写信时越来越恼火。他提醒埃赫那吞，他的父亲阿蒙霍特普四世非常珍视与图什拉塔的友谊（埃赫那吞一直想走出父亲的阴影，这么说可能并非明智之举）；他抱怨自己的特使已在埃及朝廷待了将近四年，希望获得法老的关注。不久，他又指出自己派出信使向埃及询问的事情等了六年都没得到回复。[2]

尽管有联姻的关系，埃赫那吞却逐步退出了与米坦尼的联盟。他聪明地预感到时局正在变化：赫梯人正在武装自己，他们实力强大，苏庇路里乌玛是一位精明的战略家。埃赫那吞一登上王位，赫梯国王便给新法老送去了礼物，这种示好行为也是为了提醒新法老埃及和哈图沙之间的秘密协定依然有效。“你父亲和我都希望我们之间能和平相处，”苏庇路里乌玛写道，“现在我们之间也应友好相处……让我们彼此相助。”[3] 埃赫那吞要在这两国之间做出抉择，而他选择了赫梯。

图什拉塔似乎并不知道他们之间的秘密协定，但不久之后他便会看到结果。现在，苏庇路里乌玛可以肯定埃及不会插手米坦尼的防御作战，于是他开始东进去攻打米坦尼的都城瓦舒戛尼。即使图什拉塔向南寻求援助，也只会无功而返。埃赫那吞的朝廷始终袖手旁观。

从南方前来的不是盟友，而是另一个敌人。多年来，亚述一直臣服于米坦尼，但在暗中受到埃及的武装援助，现在这种援助终于派上了用场。亚述国王亚述乌巴利特（Assur-uballit，可能是第一位受到阿蒙霍特普三世援助的亚述国王的孙子）带领他的军队和赫梯人一起从南部进攻瓦舒戛尼。

由于受到南部和西部的两面夹击，图什拉塔把他的军队从美索不达米亚北部撤回。亚述乌巴利特一世立即宣布那片土归亚述所有。自从沙姆希-阿达德王朝覆灭后，这是亚述第一次成为王国。*实际上，在写给埃及的一封信里，亚述乌巴利特自称“伟大的国王”（同时索要更多的钱物）。**信中写道：“这是亚述乌巴利特，亚述的国王、伟大的国王、你的兄弟。黄金在你的国家就是泥土，只要简单地把它收集起来就行。为什么你这么舍不得把它给我？我正在建造一座新的王宫。送给我所需要的黄金吧。当我的祖先亚述纳迪纳赫写信给你父亲时，他们送了他二十他连得的黄金……如果你想要得到真诚的友谊，请送给我更多的金子。”[4]

与图什拉塔的那些来信不同，这封信显然没有任何冒犯之处。可能埃赫那吞对亚述人也没什么期待。与此同时，图什拉塔在西部边境遭受重创。图什拉塔没有做好守城的准备，赫梯人以远超他预期的速度攻破了瓦舒戛尼的城墙。图什拉塔和几个侍臣弃城而逃，但是他用人不慎，在逃亡途中被其中一人杀害。

他的长子兼继承人意识到反抗是徒劳的，于是向敌人投降并且受到了礼遇。但他失去了继承王位的机会。事实上，瓦舒戛尼沦陷后，米坦尼王国就此消失。面对赫梯军队的进攻，胡里特人撤回到幼发拉底河对岸。他们来自扎格罗斯山，如今又回到那里苟延残喘：那些强大的势力暂时没把这个弱小的部落王国放在眼里。

---

* 历史学家把自此以后的亚述年代称为“中期亚述”。

** 埃赫塔吞城中发现了国王之间的往来书信［“阿玛尔纳书信”（Amarna Letters）］，仅根据信中的称呼语，很难判断到底是谁在给谁写信，亚述乌巴利特自称为“伟大的国王”，但通常把埃及法老称为“伟大的埃及国王”。正是由于这种模糊性，再加上不可能弄清古代所有君王统治的起止年代（而只有他们彼此称呼名字时，我们才能将他们相互联系起来），因此这种对国家关系的重建可能与史实有些许出入。

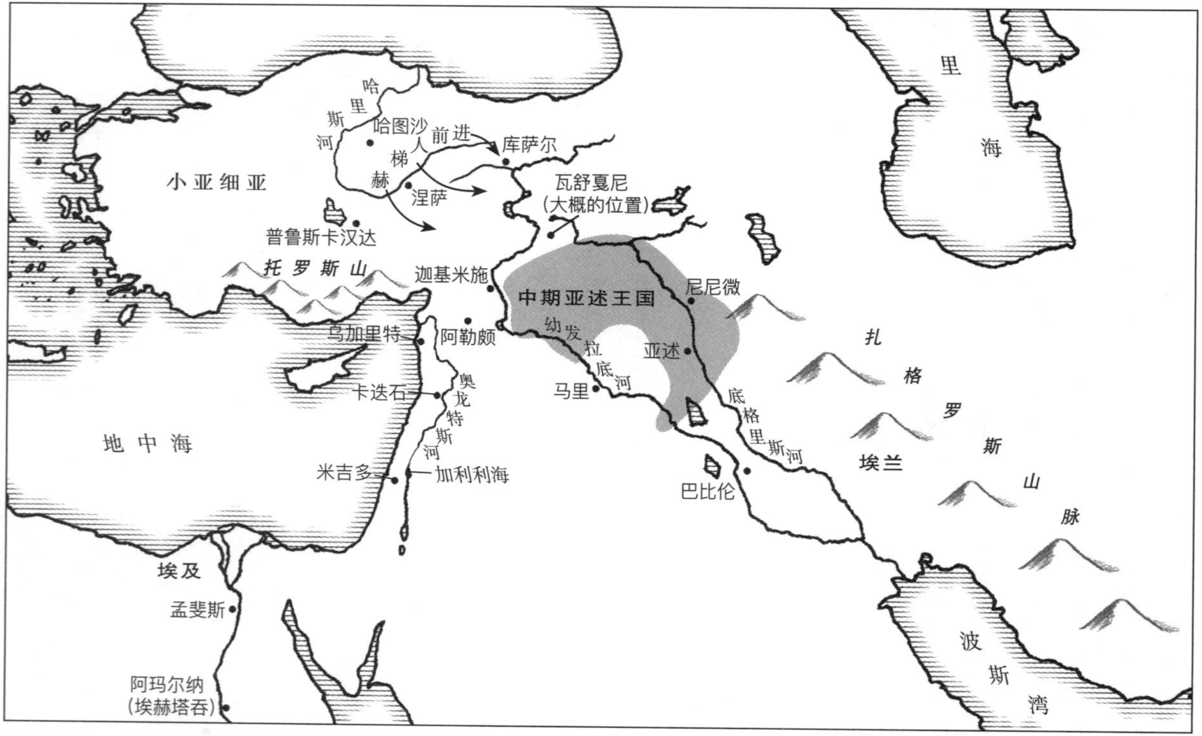


地图 33–1 中期亚述王国

与此同时，苏庇路里乌玛沿地中海一路挥师南下，并尽量避免与埃及开战。他所占领的每座城池都曾属于米坦尼王国而不属于埃及（尽管行军途中经过了埃及控制的领地）。[5]

埃赫那吞没有反对这个帝国的崛起。但是在这一点上，他的不作为实属无奈，并非源于友谊。在阿蒙霍特普四世统治时期，埃及军队便很少征战，在他儿子的统治时期就更少了，士兵已疏于战斗。瘟疫在整个埃及肆虐，并蔓延至地中海沿岸。贫困接踵而至。一个西闪米特小国的国王写信致歉说，因为瘟疫夺走了他的劳力，所以上贡的铜分量不足。

埃及王室也饱受其苦。大约在埃赫那吞执政第十四年的时候，他的王后和妃子相继去世。埃赫那吞没有儿子，只有三个女儿。为了得到一位男性继承人，他希望三个女儿能怀孕生子。

这个计划也失败了。所有的婴儿都是女孩，二女儿在分娩时不幸去世。

埃赫那吞把长女嫁给了一个王室远亲，并宣布这位年轻人为自己的继承人。不久，这位公主便去世了。年迈的法老疾病缠身，不久就随她而去。继承人坐上王位没几天也去世了。显然，瘟疫也蔓延到了王室。

朝臣们推选了一个名为图坦卡蒙（Tutankh-Amun）的 9 岁男孩做了国王。至于他是否有王室血脉，我们并不清楚，他似乎在王宫中长大，但肯定不是埃赫那吞的儿子。这个 9 岁的孩子被带离学校成为法老。为了巩固王权，他与埃赫那吞唯一在世的女儿举办了婚礼。新娘比他年长，当时已经有一个女儿（和她的父亲所生）。

围绕在图坦卡蒙身边的顾问和侍臣都曾目睹埃及失去了对北方

的控制，在埃及与瘟疫斗争之时，埃赫那吞却忙着修建阿吞神庙。图坦卡蒙亲眼看着王室成员一个个死去，继承王位好似被判了死刑，现在他在古老诸神的怒目下坐上法老的宝座。

因而，他对苏庇路里乌玛在北方挑起的战争不予理睬，而是在辅政大臣的指导下处理紧急事务。他把自己的名字图坦卡吞改为图坦卡蒙，以表达自己对古老诸神的忠诚。他听从谏言，下令将埃赫那吞的名字从纪念碑上抹除，把他的铭文从浮雕中凿掉，并砸碎了他的塑像。* 伟大的阿吞城被重新命名为阿玛尔纳。

做完这些之后，埃及不得不转身面对世界。米坦尼已经不是威胁，但赫梯已经成为北方的大患。亚述乌巴利特在亚述城表现得像一位崛起的帝王。在美索不达米亚南部，统治巴比伦的加喜特人的军事领袖布尔那布里什一世（Burnaburiash I）提出了抗议。他写信给年轻的图坦卡蒙，建议新国王转而反对亚述乌巴利特。现在米坦尼已经放弃了对亚述的控制，布尔那布里什说这个城市的统治权应归巴比伦。是他应该统治它，而不是亚述乌巴利特，而且亚述乌巴利特自称为“伟大的国王”也完全不恰当。[6] 另外，亚述没有外交自主权，图坦卡蒙不应该接受他们派出的使者。“我没有向你派遣那些亚述诸侯，”布尔那布里什一世写道，“为什么他们擅自前往你的国家？如果你爱我，他们将不会做成任何事情。请让他们无功而返。”[7]

图坦卡蒙似乎对此充耳不闻，因为不断有亚述使者出现在埃及宫廷。亚述乌巴利特已被视为真正的国王，他手握重权并组建了自己的军队；事实上，他执掌政权将近三十年。

---

* 破坏搞得非常彻底，若想重现埃赫那吞统治的情形已极为困难（且无把握），因而历史学家对于他统治的细节各持己见。

最终，布尔那布里什放弃了借助埃及之力对抗亚述的希望，而是采取了另一种策略。他建议亚述乌巴利特将自己的女儿嫁给巴比伦的王位继承人卡拉因达什（Karaindash）。亚述乌巴利特同意了这门亲事，似乎希望通过联姻避免新帝国遭受南部的攻击。婚礼如期举行。不久，卡拉因达什便有了自己的继承人，亚述和巴比伦两个国家以微妙的方式和平共处。

但是，和平仅维持到布尔那布里什去世之前。临终前，他决定越过儿子将王位直接传给那个亚述和巴比伦混血的孙子（卡拉因达什不幸沦为王室传宗接代的工具）。这个男孩也是亚述王室血脉，也许他希望这个男孩将来有机会获得亚述的宝座，这样巴比伦和亚述就可以成为一个国家。

然而，这样做等于给孙子判了死刑。军队中的加喜特人造反了。他们认为，新王血统不纯，根本无权成为巴比伦国王。他们冲入王宫，刺杀了这个拥有一半亚述血统的国王，王权落入军政府的手中。[8]

亚述乌巴利特借机声称有权介入收拾乱局。留存下来的信件残片和铭文对他的所作所为没有清晰的记录，很有可能是他杀死了那个害死外孙的凶手。一位新国王宣告即位，但我们不知道他到底是谁，也不知道亚述乌巴利特从中起了什么作用。但我们可以确定，亚述没有取得巴比伦的统治权。一位加喜特人的国王一直统治着这座城市。他可能是布尔那布里什的幼子。混乱之中，卡拉因达什显然已经遇害。

亚述和巴比伦之间的联姻并不是当时唯一的一桩奇特联姻。

图坦卡蒙坐上王位不到十年便突然去世了。当时的情形无人知晓，但他很有可能是中箭而亡。他的葬礼非常隆重。可能是因为他的陵墓没有前任的华丽，因此直到 1922 年 11 月才重见天日。

他没有留下子嗣。他的妻子安赫塞娜蒙（Ankhesenamun，和她丈夫一样，为了表示对阿蒙的崇拜而改了名字）曾怀过两次孕。但两次她都早产，孩子一生下便夭亡了。小婴儿的遗体都经过了仔细的防腐处理，和他们的父亲一起葬在了王陵中。[9]

现在她的丈夫死了，王室中也没有其他男性亲属，图坦卡蒙没有子嗣需要照看，安赫塞娜蒙开始为自己的将来担心。毕竟埃及王室从不缺少野心勃勃、乐意登上王位的人（也许待她意外身亡之后），其中为首的就是她的外祖父阿伊（Ay）。阿伊曾为埃赫那吞的重臣，也是图坦卡蒙的顾问，现在仍然留在王宫里——这个年迈体衰的老人知道所有的尸体都埋在哪里。军队中的大将军哈伦海布（Horemheb）虽然没有阿伊那么德高望重，但实力也很雄厚，他在阿蒙霍特普三世统治时期便在军中效力。尽管已有多年的从军经历，但他 13 岁时便已参军，现在只有 40 多岁。

安赫塞娜蒙非常忌惮他们，于是便想出了一个疯狂的计划。她写信给赫梯国王苏庇路里乌玛，请求他派遣一名王子来埃及。她承诺，如果他能答应，自己将会嫁给王子并让他成为法老。

埃及没有这封信的副本，说明这是秘密安排。这封信只在赫梯都城哈图沙保存了下来：

> 我的丈夫死了，而我又没有儿子。听说你有许多王子。如果你送你一个儿子来，我会让他成为我的丈夫。我不想嫁给一个“奴才”……我很害怕。[10]

| 时间线 33 | | | |
|---|---|---|---|
| **美索不达米亚和小亚细亚** | | | **埃及** |
| **米坦尼** | **亚述** | **赫梯** | |
| | | | 新王国（前 1570—前 1070） |
| | | | *第十八王朝*（前 1570—前 1293） |
| | | **铁列平** | **阿赫摩斯一世**（约 1570—1546） |
| **帕拉塔尔那** | | | **哈特舍普苏特 / 图特摩斯三世**（约前 1504—前 1483） |
| **萨乌什塔塔** | | | **图特摩斯三世**（独治）（约前 1483—前 1450） |
| | | | 出埃及（最早时间） |
| **阿塔塔玛** | | | **图特摩斯四世**（前 1419—前 1386） |
| **苏塔尔纳二世** | | | |
| | **亚述纳迪纳赫二世** | | **阿蒙霍特普三世**（约前 1386—前 1349） |
| **图什拉塔** | | **苏庇路里乌玛** | **埃赫那吞**（约前 1349—前 1334） |
| | **亚述乌巴利特**<br>中期亚述王国 | | **图坦卡蒙**（约前 1333—前 1325） |
| | | | **阿伊**（约前 1325—前 1321） |
| | | | **哈伦海布**（约前 1321—前 1293） |

这实在出人意料，苏庇路里乌玛大吃一惊。他与埃及关系友好，但也不是亲密无间。根据他自己的记录，他派了几个探子到南部去调查安赫塞娜蒙所述是否属实。[11] 探子回报一切属实，埃及的确没有继承人。苏庇路里乌玛同意了这门亲事，并派一位王子南行。

这位王子从未到达埃及。他在边境遇到了哈伦海布组织的欢迎队伍。显然，有了苏庇路里乌玛的承诺，安赫塞娜蒙便公开了自己的计划。哈伦海布从军几十年，不可能不知道正面进攻的风险远高于意外事件的风险。在穿越三角洲前去成婚的途中，这位赫梯王子意外身亡。

随后在埃及进行的协商我们无从知晓。但不久之后，阿伊娶了他的孙女安赫塞娜蒙，然后登上了王位。他做的第一件事就是给苏庇路里乌玛写信，极力表明自己与王子的死亡没有任何关系（并把责任都推给了哈伦海布）。苏庇路里乌玛可能并不相信他的说法，但也没有机会为死去的儿子复仇。在他准备率军南下时，瘟疫侵袭了赫梯大营，这位最伟大的赫梯国王去世了。

不久之后，阿伊也因年事过高去世，统治还不到四年。阿伊刚刚下葬，哈伦海布便宣布自己为法老。安赫塞娜蒙后来的经历始终是一个谜。自从嫁给阿伊之后，埃及记录中便再也没有有关她的任何记录。

## / 34

# 古代最伟大的战役

公元前 1321 年至公元前 1212 年间，埃及进入第十九王朝，拉美西斯二世与赫梯人在卡迭石战成平局，亚述人开始了一个世纪的征服旅程。

哈伦海布统治埃及长达 28 年。他完成了对阿蒙神庙的复建，那项工程从图坦卡蒙时代便已开始；他下令将剩余的阿吞神庙都夷为平地；他还恢复了阿蒙神庙的祭祀，并指派过去自己在军中的指挥官担任祭司之职。他曾是埃及最高级别的官员，因而非常肯定军队的法纪定会遏制祭司集团妄图篡权的野心。[1] 他在 80 多岁时去世，比五位法老的执政期都长。

他没有儿子，所以指定另一名军人作为继承人。军人出身的拉美西斯一世（Rameses I）是第一位与先前所有王系都没有血缘关系（无论这种血缘关系是真还是假）的法老。他比哈伦海布小不了多少，在执政一年后也去世了，政绩平平。

伟大的埃及第十九王朝便以这种平淡的方式开始了。* 拉美西斯一世把王位传给了自己的儿子塞提（Seit，他之所以被人铭记大多是因为他在所有可能的地方都修建了寺庙），塞提又把王位传给了自己的儿子拉美西斯二世。拉美西斯二世以统治时间久、建筑工程数量庞大、军队实力超强以及侥幸赢得古代历史上规模最大的战役而闻名于世。

随着苏庇路里乌玛的儿子被谋杀、伟大的赫梯国王死于瘟疫，赫梯和埃及的睦邻友好关系走到了尽头。两个国家在边境地区经常发生武装冲突。拉美西斯二世登上埃及王位时，赫梯王位传到了苏庇路里乌玛的孙子穆瓦塔里（Muwatalli）那里，当时埃及已经失去了对最北部地区的控制。一个多世纪以来，卡迭石一直是埃及的地盘，现在却落到了赫梯人的手中。

新法老 25 岁的时候，就已度过了至少 10 年的成人生活。他 15 岁左右时便有了第一次婚姻，至此已有了 7 个孩子。他至少已两次随父远征西闪米特地区，[2] 随后不久便开始了对赫梯的战争。公元前 1275 年，即大约在他登上王位的三年之后，他开始筹划夺回卡迭石的战役。这座城市不仅是战场前线，而且像是两个帝国之间踢来踢

---

* 由于王室血脉在图坦卡蒙（或许在他之前便已终结，因为他的身世也是不清不楚）之后已断过两次，你可能会奇怪为什么曼涅托不把阿伊或哈伦海布的统治定为新王朝的开始。简言之，这是因为第十八王朝末期的混乱不仅造成了王位继承的无序，而且使后来的记录变得杂乱无章。阿伊把图坦卡蒙的纪念碑据为己有；哈伦海布同样占有了阿伊的纪念碑；最著名的两份埃及王表都略过了图坦卡蒙和阿伊，直接跳至哈伦海布。哈伦海布之所以以第十八王朝末代法老的身份出现，主要因为他宣称自己的妻子是埃赫那吞正妻的姐妹，因而（其实不然）有资格成为王位继承人；而且，他还不遗余力地清除了埃赫那吞、图坦卡蒙和阿伊所留下的一切痕迹，把他们的统治年份都加到了自己身上，所以在由他资助所刻下的王表中，从阿蒙霍特普三世直接跳到了哈伦海布。后来，他偶尔会被列为第十九王朝的首位法老，而不是第十八王朝的末代法老。或许你根本没想过这些。

去的具有象征意义的足球。对于埃及人来说，卡迭石太靠北，难以控制；对赫梯人来说，它太靠南，不易管理。不论是哪个帝国将其控制，都可以借机彰显自己强大的实力。

公元前 1275 年末，拉美西斯二世从探子那里得知穆瓦塔里就在距离卡迭石不远的地方。这正是出战的大好时机，于是拉美西斯二世召集了一支数量惊人的大军（根据他自己的记录，两万军士被分为四个军团：阿蒙军团、拉军团、普塔军团和塞特军团）开始向北开进。拉美西斯二世至少用了两个月才到达卡迭石附近，他在赫梯的前哨抓住了几名守军，经过拷问得知赫梯军队还远在赫梯境内，短时间内不会到达卡迭石附近。这消除了拉美西斯二世的疑虑。他把军队调整为战斗状态，按照神的排位（依次为阿蒙、拉、普塔、塞特）对军团进行排序，开始向卡迭石进军。

但是被抓的守军其实是卧底。事实上，穆瓦塔里率领的 48 000 名士兵就在卡迭石后方，其所召集的赫梯士兵和雇佣军都在等待时机。大概有 3000 名士兵配备了双轮战车，每辆战车配有一名驭手、一名弓箭手和一名保护弓箭手射箭的盾卫。[3] 拉美西斯毫无防备，第一军团刚在卡迭石以西安营扎寨，穆瓦塔里的军队就像暴风雨一样从卡迭石的后方席卷而来。赫梯军队包围了阿蒙军团，扫平了第二军团拉军团，切断了拉美西斯二世及其由 5000 人组成的阿蒙军团与后面两个军团的联系。[4] 卡迭石城墙外有接近 7 万人在相互厮杀。

要想彻底消灭阿蒙军团和法老应该不算难事，但是赫梯人发现自己面临一个尴尬的难题。阿蒙军团驻扎在一块面积较小的平地上，战车若开进去，则很容易相互碰撞、挤在一起。[5] 赫梯的步兵人数虽胜于埃及，但拉美西斯二世后方有增援部队——为了防止主力军在内陆遭遇危机，他在海边留了一支援军。[6]援军从北方赶到战场时，普塔军团也从南方赶来发起了进攻，两面夹击似乎让赫梯人陷入了困局；赫梯军队中大多是雇佣军，他们的纪律性难以与人数虽少但组织有序的埃及士兵相比。穆瓦塔里也有援军，但是他迟迟没有动用（也许是怀疑有大批的埃及援军正在赶来）。夕阳西下时，赫梯人撤军休整。

黎明之际，战斗再次打响。突袭已失去意义，埃及军士的经验更胜一筹。战争陷入僵局，于是穆瓦塔里提出休战。

拉美西斯二世拒绝和平，但最终同意携带俘虏和战利品打道回府，卡迭石依然掌握在赫梯人的手中。班师回到埃及后，他宣布自己大胜而归。

即便这并不像是大获全胜，但后来也演变成一场大胜。拉美西斯二世在埃及神庙的墙壁上至少刻了九遍对这场战争的描述，里面尽是吹嘘和溢美之词，附带大量描绘埃及人屠杀赫梯人的壁画。就像后来恺撒大帝在高卢的胜利一样，这场战争的记录成为孩子们在学校练习书写的材料。[7]卡迭石之战貌似是一场平局，但成为埃及地位至高无上的象征。

这也显示出埃及先前的盛世已经名不副实。埃及仍然强大，但要保住世界霸主的地位不仅需要依靠实力，还需要依靠声誉。如果埃及军队真像拉美西斯二世在浮雕中所描绘的那样所向披靡，他就不会班师回朝将卡迭石留给赫梯人。而拉美西斯则全力打造统治权力的象征，在处于安全范围内的领土上修建了比先前任何一位法老都多的神庙、雕像和纪念碑。因此，拉美西斯二世得到了埃及历史上“最伟大的法老”的盛誉。事实上，他丢掉了 200 多年前由图特摩斯三世夺来的北方领土。

**图 34-1 拉美西斯二世雕像**

拉美西斯二世在阿布·辛拜勒为自己建造了巨型雕像。
图片来自盖伦·R. 弗赖辛格（Galen R. Frysinger）

北方的另一个伟大帝国也有自己的难题。此时，赫梯人可能与南方的巴比伦国王签订了和约。至少我们可以这样猜想，因为穆瓦塔里曾派人去巴比伦请一位医师来解决个人健康问题。穆瓦塔里的弟弟在国王去世后写给巴比伦国王的一封信件留存下来，这封信回复了巴比伦对医师行踪的询问，他本应返回巴比伦王庭。（信中写道："他和我的一个亲戚结婚了，并打算留在这里，所以不要再指责我把他关进监狱，一个被囚禁的医师对我有什么好处呢？"）[8]

赫梯和亚述之间的关系越来越糟。亚述的新国王阿达德尼拉里（Adad-nirari）有条不紊地沿着当年被米坦尼踏平的边境北上，并宣布沿途领土都归自己所有。他还在南部边境与巴比伦至少打了一仗，并侵占了巴比伦北部的大片领土。这些征服足以让阿达德尼拉里自称为"世界之王"，这一称谓后来成为长久的亚述传统。铭文开头写道："阿达德尼拉里，杰出的王，为诸神所尊重，是众神的首领、城邦的缔造者、强大的加喜特人的毁灭者……他打败了来自北方和南方的敌人，踏平了他们的土地……征服了所有人，扩大了领土和边境；在这位亚述国王的脚下……所有的国王和王子都要俯首称臣。"[9]

不断壮大的亚述成为赫梯东部的威胁，赫梯国王穆瓦塔里在制订应对策略的时候便去世了。他统治了很长一段时间，死后把王位传给了儿子。当时，穆瓦塔里的兄弟（他的叔伯）在朝中独揽大权，身处一人之下，万人之上的高位。新国王即位后不久便剥夺了他的职位，并试图将他流放。穆瓦塔里的兄弟哈图西里拒绝被流放。他召集了自己的追随者将国王软禁，然后自称"哈图西里三世"。

哈图西里三世时期留下来的最长的文献是一份真诚的《致歉书》（The Apology），他或多或少地运用循环逻辑解释了两点：一是众神赋予他统治国家的权力，二是他能成功地登上王位便证明了众神赋予他统治国家的权力。[10] 但这没能让赫梯人完全信服，哈图沙残存的记录表明这位国王统治的大部分时间都在努力平息内乱。

很早之前，哈图西里三世便意识到他不能一直与自己的人民、南方的埃及以及东南方威胁日盛的亚述人为敌。亚述国王阿达德尼拉里的继承人撒缦以色一世（Shalmaneser I）比他的祖先更有野心，他正在争夺先前米坦尼王国剩余的土地。赫梯士兵与阿拉米军队合力攻打撒缦以色一世，结果却是节节败退。撒缦以色一世吹嘘说："我杀死了无数的败兵和无处不在的敌人，我砍下了他们的头颅，我击倒并生擒了14 400人。"这意味着他俘虏并刺瞎了他们，在亚述人的战争中，这种没有必要的残忍行为逐渐成为战场上的惯例。撒缦以色还宣称自己占领了180座城池，并把它们变成废墟。"对于赫梯人和阿拉米人的联军，我屠杀他们就像宰羊一样。"[11]

由于无法与东边的亚述和平共处，因此哈图西里转而去保卫他的南部边境。他决定与埃及谈判休战。

对于拉美西斯二世来说，这有些左右为难，因为赫梯合法的王位继承人、穆瓦塔里的儿子逃出叔叔的监牢后便来到埃及寻求庇护。[12]（他也曾写信给亚述国王撒缦以色提出同样的请求，但遭到拒绝。）

面对夺取赫梯帝国的大好机会，拉美西斯二世却放弃了。他送还了穆瓦塔里的儿子，同意与这位篡权的叔叔达成和平协议，甚至还约定迎娶哈图西里三世的两个女儿。和平是必然的。拉美西斯二世已经不能控制曾属于埃及的西闪米特人的土地。分散在地中海沿岸的一些小国家的国王并没有机会一睹拉美西斯二世的浮雕，那些浮雕把卡迭石战役描绘成埃及的伟大胜利。他们只看到了埃及人的撤退和挨打，从那之后他们便不断叛乱。埃及军队不可能踏上赫梯的领土，因为每前进一步都要不停地战斗。

埃及被迫与它的敌人结盟。但是，拉美西斯二世还在继续为自己歌功颂德。他将那份承诺埃及不会攻击赫梯的协约刻在了卡纳克

**时间线 34**

| 美索不达米亚和小亚细亚 | | | 埃及 |
|---|---|---|---|
| 米坦尼 | 亚述 | 赫梯 | |
| | | **萨乌什塔塔** | **图特摩斯三世**（独治）（约前 1483—前 1450） |
| | | | 出埃及（最早时间） |
| **阿塔塔玛** | | | **图特摩斯四世**（前 1419—前 1386） |
| **苏塔尔纳二世** | | | |
| | **亚述纳迪纳赫二世** | | **阿蒙霍特普三世**（约前 1386—前 1349） |
| **图什拉塔** | | **苏庇路里乌玛** | |
| | **亚述乌巴利特**<br>中期亚述王国 | | **埃赫那吞**（约前 1349—前 1334）<br>**图坦卡蒙**（约前 1333—前 1325） |
| | | | **阿伊**（约前 1325—前 1321） |
| | **阿达德尼拉里一世** | | **哈伦海布**（约前 1321—前 1293） |
| | | **穆瓦塔里** | *第十九王朝*（前 1293—前 1185） |
| | **撒缦以色一世** | **哈图西里三世** | **拉美西斯二世**（约前 1278—前 1212） |

一座神庙的墙壁上，协约开篇是一段说明性文字，解释赫梯乞求他赐予和平。尽管他有很多女儿，但拒绝把女儿送到北方嫁给赫梯王子。拉美西斯二世非常好色，有 100 多名子女，在神庙的浮雕中，他的孩子们训练有素地跟在他身后，好像他就是会施魔法的笛手（Pied Piper）。埃及公主是不会嫁到番邦去的。

哈图沙发现的赫梯版本的协议则记录说是埃及首先求和。[13]

拉美西斯二世去世的时候已经 90 多岁，是埃及历史上统治时间排名第二的法老。他在整个埃及都留下了自己的印迹——到处都是他为阿蒙神和其他神祇修建的庙宇，到处都是他的纪念碑、他的雕

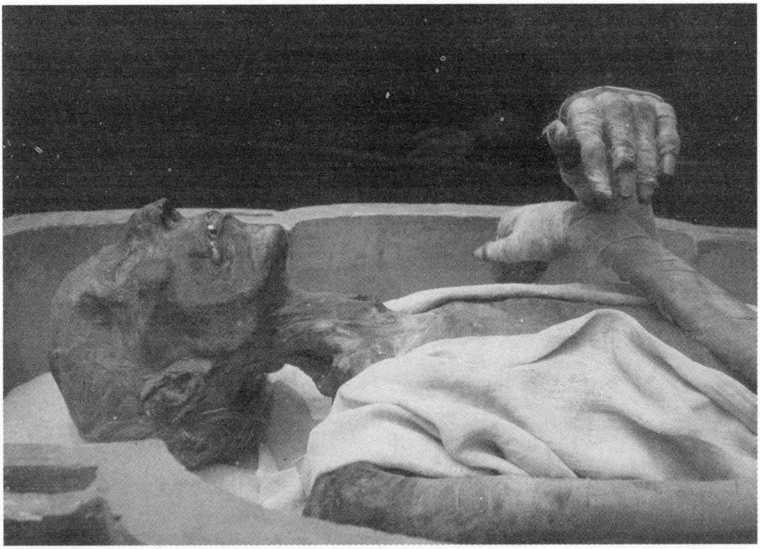

**图 34–2　拉美西斯二世的木乃伊**

多亏了木乃伊的鼻子里塞满了胡椒，拉美西斯二世的鹰钩鼻型才得以完好保持。埃及博物馆，开罗。图片来源：斯卡拉 / 艺术资源，纽约

像以及他的铭文。为他的尸体做防腐处理的人经过仔细考虑后在他的大鼻子里塞满了胡椒，这样即便用绷带缠紧身体后，鼻子也不会被压平。由此一来，他的个性不仅体现在埃及各处，而且鲜明地体现在他的木乃伊上。

## / 35
# 特洛伊战争

公元前 1260 年至公元前 1230 年间，迈锡尼攻打特洛伊城，但为胜利付出巨大代价。

特洛伊城位于小亚细亚半岛西北海岸的角落里，鼎盛时期的赫梯王国都没有踏足过这里。

在巴比伦和亚述、瓦舒戛尼和哈图沙争夺从波斯湾到地中海沿岸甚至黑海地区控制权期间，大量的山区部落、沙漠酋邦和一些古老的城邦仍然保持着独立，不受这些贪婪王国的控制。特洛伊城就是其中之一。这座城邦两千年前便已存在，国王在小村落周围建起城墙以保护自己的人民免受外敌入侵。许多个世纪以来，这座城市经历了烧毁与重建，破败与翻修，萎缩与扩建，周而复始，层层叠加。

拉美西斯二世和哈图西里三世商谈合约时，特洛伊城——与处于盛期的赫梯王国相距不远——正处于第七个时期，考古学家称之为“特洛伊 VIIa”。* 特洛伊位于一个土地肥沃的平原上，是一个富裕的城邦，不太需要进口食品或其他物品。附近的水域有鱼，牧场上有羊，特洛伊则因成群的骏马而闻名，那里拥有足够的余粮作为马料。[1]

公元前 1260 年至公元前 1230 年，特洛伊城遭到火灾和战争的蹂躏。城墙被毁坏，城里发生大屠杀，许多人暴尸街头。

500 年后，《伊利亚特》记录了这场战争的开端。

除去众神敌对的故事框架，故事的核心内容非常简单。希腊的斯巴达国王墨涅拉俄斯（Menelaus）娶了自己王国北部城邦阿尔戈斯的公主。这位公主海伦（Helen）吸引了特洛伊国王的儿子帕里斯（Paris）那四处流盼的目光。帕里斯是个勇敢的武士，但也是个到处留情的花花公子。（顺便一提，这在当时可不是对他男性魅力的褒奖，特洛伊时代与现代的观点有所不同。他自己的兄弟朝他大喊：“帕里斯，你这个漂亮的男孩，你这个诱惑女人的家伙！”）[2] 帕里斯诱惑了海伦，然后将她带回特洛伊。海伦的丈夫墨涅拉俄斯决心复仇，于是找来自己的兄弟阿伽门农（Agamemnon）帮他攻打特洛伊。

阿伽门农是希腊［荷马称自己国家的人为亚该亚人（Achaeans）］的盟主，他召集了所有的希腊城邦组成联合舰队一起扬帆驶向特洛

---

* 大多数考古学家认为前五个时期（特洛伊 I-V）处于公元前 3000 年至公元前 1900 年之间。公元前 1900 年至公元前 1300 年间，特洛伊城处于特洛伊 VI 阶段，地震将其夷为平地。在废墟上重建的特洛伊 VIIa 于公元前 1240 年被烧毁（可能因为被围城）。人们在灰烬中重建了特洛伊 VIIb，但在达到高度文明之前便已衰败。公元前 1100 年左右，特洛伊城被废弃，此后四百年几乎无人居住。公元前 700 年前后，希腊人在旧址上建起了一座新城，在特洛伊战争史诗故事流传开来后被称为伊利昂（Ilion）；考古学家称伊利昂时期为“特洛伊 VIII”。公元前 1 世纪，罗马人占领了这座希腊城市（特洛伊的最后一个时期特洛伊 IX）。

伊城，去报复帕里斯对其兄弟的侮辱（并没怎么考虑对海伦的侮辱）。他们来到小亚细亚沿岸，勇猛的特洛伊士兵和坚固的特洛伊城墙让他们陷入了困境。他们就在那里驻扎，将特洛伊城围困了 10 年之久。

围城成为《伊利亚特》主要的故事背景，围城之人是来自色萨利（Thessaly，希腊半岛北部的多山地区）的伟大勇士阿喀琉斯（Achilles）。在《伊利亚特》的结尾，我们可以了解到很多关于阿喀琉斯的信息，但希腊军队仍驻扎在特洛伊城外，而特洛伊国王普里阿摩斯（Priam）仍然在位。战争本身退居幕后。在另一部史诗《奥德赛》的开篇部分，围城结束后特洛伊被洗劫一空，希腊战士踏上了返乡之路。

很多希腊诗人零星讲述过特洛伊毁于希腊军队围攻的过程。对其记录最完整的是很久之后罗马诗人维吉尔（Virgil）所著的《埃涅阿斯纪》（*Aeneid*）的第二卷：

> 在战争中被破坏，又被命运挫败，
> 这么多年匆匆而过，希腊士兵
> 造了一匹马……
> 它高如山丘，骨架由厚厚的松木板制成……
> ……他们偷偷抽签选出了很多士兵
> 把他们装进深不可测的马肚子里，直到
> 又大又深的肚子里挤满了全副武装的士兵。[3]

当希腊人喧哗着撤兵后，特洛伊人把木马作为献给罗马战争女神密涅瓦（Minerva）的贡品拖入城内（特洛伊人漠视了各种不祥的预兆）。他们举行盛宴庆祝胜利，烂醉如泥地入睡，这时希腊战士从马肚子里爬了出来。

> 他们在城市还在酒酣时钻了出来；
> 他们杀死了哨兵，打开了城门，
> 放入他们的主力，一起开始了这场蓄谋已久的战斗……
> ……城市被放火烧毁；希腊人现在是这里的主人。[4]

维吉尔和荷马对这场公元前 13 世纪的战争的描述都带入了自己那个时代的语言和传统、盔甲和武器、政治问题和英雄人物。但史诗还是保留了这次历史事件的核心。特洛伊城被焚毁，人民要么被屠杀，要么被驱逐。

那么究竟是谁发动了攻打特洛伊的战争？

无论荷马生活在什么时代，这座城都不是在荷马时代陷落的。学界普遍将荷马生活的时代暂定为公元前 800 年左右。他生活的年代可能更早一些，但绝不可能在公元前 1230 年，这是考古学家推算出特洛伊被焚毁的最晚时间。荷马讲述了一个久远的故事。史诗的细节向我们表明，其作者是一位历史小说作家。例如，英文版译者 E. V. 里乌（E. V. Rieu）指出，荷马笔下的涅斯托尔（Nestor，迈锡尼的皮洛斯国王，曾派出 60 艘船加入反特洛伊联盟）使用把手顶部有两只鸽子的杯子喝酒；人们在迈锡尼遗址发现了一模一样的杯子。[5]

直到公元前 1260 年，人们还在使用这样的杯子。迈锡尼、底比斯、雅典和皮洛斯的迈锡尼国王已经将自己的城邦建成了小王国，这些王国由城墙包围，彼此有道路相连。克里特岛北部的克诺索斯可能曾经被迈锡尼人统治，但是到公元前 1350 年时，这个城市已经被彻底摧毁。* 迈锡尼城的领土面积最大，底比斯、皮洛斯和雅典紧随其后。皮洛斯国王的地盘实在太大，于是便把这些土地划分为 16 个区，每个区任命一位总督和一位副总督负责管理，他们每年向国王进贡青铜作为税赋。[6] 这些繁荣的中心城市与赫梯人和埃及人积极贸易，但赫梯和埃及都未试图征服希腊半岛上的这些城邦。赫梯人从来就不是水手，而埃及人虽早已习惯在尼罗河上泛舟，但他们讨厌大海，称其为“广阔的绿水”（Great Green），并尽量避免海上活动。[7]

我们目前还不知道是什么触发了迈锡尼城邦和特洛伊城之间的战争。但两者的冲突可能和一位被掳的公主有关。在古代，外交性质的联姻往往在谨慎的谈判中还掺杂有巨大的荣誉感。那些嫁出公主的国家会低人一等，迎娶公主的国家则宣称自己实力强大。

后来希罗多德也讲述了普里阿摩斯的儿子诱拐海伦的故事。在其所著的《历史》一书中，他声称自己从波斯人那里得到独家故事，波斯人认为希腊人反应过度：

> 虽然波斯人认为诱拐妇女是犯罪行为，但为此大动肝火并试图为已被诱拐的女人复仇是一件愚蠢的事；他们认为最明智的做法就是不去理会，因为很明显被诱拐的女人是自愿的，否则这种事情根本就不会发生。[8]

这种观点（貌似对女人的魅力做出了相当高的评价，其实不然）促使希罗多德开始解释希腊人和波斯人之间为何持续敌对：

---

* 莱斯利 · 菲顿指出：“综合性文献都谈到了克诺索斯最终的毁灭日期，但尚未达成共识。”[《米诺斯人》（*Minoans*），第 181 页] 但不论如何推算，在公元前 1450 年左右，克诺索斯都已不再是权力中心，此后再也没有恢复往日地位。

> 希腊人因为一个女人召集起一支强大的军队……然后他们入侵了亚洲，并摧毁了普里阿摩斯和他的军队。从那时起，波斯人就把希腊人视为其仇敌……他们对希腊的敌意始于伊利昂（特洛伊城的希腊名称）的沦陷。[9]

这又是一个年代错误，特洛伊被洗劫时波斯尚不存在。尽管如此，还是可以看出希腊半岛上的城邦和小亚细亚的城邦在相当长的一段时间内彼此仇视。罗伯特·格雷夫斯（Robert Graves）认为，绑架虽然真实存在，但其实是为了报复先前迈锡尼对特洛伊领土的偷袭，[10]海伦被诱拐引发了双方之间的宿怨。

战争打响了，但迈锡尼赢得了胜利，特洛伊则走向衰败。不久之后，迈锡尼开始从鼎盛走向衰落。城市萎缩，变得破败不堪，变得越来越不安全。

或许在围攻特洛伊之前，这种变化就已经开始。修昔底德告诉我们，战争之所以持续这么多年，是因为迈锡尼人没有足够的财富来提供补给。因为没有食物，他们不能持续作战，不得不边种粮边像海盗一样偷袭爱琴海。[11]

与特洛伊的战争只是加速了他们衰败的进程。在《奥德赛》中，我们了解到特洛伊战争的胜利代价高昂，这种胜利就是后来所谓的皮洛士（Pyrrhus）式胜利：伤敌一千，自损八百。《奥德赛》中有一种悲伤的调子。皮洛斯国王涅斯托尔说，迈锡尼虽然赢得了战争，但结局是一场悲剧：

> 这是一个关于我们在那片土地上遭受苦难的故事，
> 我们是亚该亚的子孙，有着不受抑制的怒火，

| 时间线 35 | | |
| --- | --- | --- |
| **美索不达米亚和小亚细亚** | | **埃及** |
| **亚述** | **赫梯** | **阿蒙霍特普三世**（约前 1386—前 1349） |
| **亚述乌巴利特**<br>中期亚述王国 | | **埃赫那吞**（约前 1349—前 1334）<br>**图坦卡蒙**（约前 1333—前 1325） |
| | | **阿伊**（约前 1325—前 1321） |
| **阿达德尼拉里一世** | | **哈伦海布**（约前 1321—前 1293） |
| | **穆瓦塔里** | *第十九王朝*（前 1293—前 1185） |
| **撒缦以色一世** | **哈图西里三世** | **拉美西斯二世**（约前 1278—前 1212） |
| 迈锡尼攻打处于第七个时期的特洛伊（约前 1260） | | |

我们为此付出了一切……

我们最好的勇士都长眠在那里……其他人身染疾病

我们的苦难不止于此……

我们在洗劫了普里阿摩斯那座山坡上的城市后，

乘船离开……

之后，宙斯为我们下了一个毁灭的诅咒[12]

迈锡尼的英雄们一瘸一拐地回到荒芜的家园，发现他们的子嗣被杀，贵族行窃，庄稼被劫掠一空，连自己的妻子都成了别人的。他们的归来引发了更大的动荡，修昔底德告诉我们，“最后归来”的英雄们“在各地都引发了革命和内讧”。[13]迈锡尼文明的荣耀巅峰已经成为过去，且不会重现。

## / 36

# 中国第一位中兴雄主

在中国，公元前 1300 年左右，商朝工匠铸造青铜器，祭司刻骨占卜，商朝君主定都殷。

足智多谋的商王盘庚迁都至殷，此后，商朝在相对安定的环境中磕磕绊绊地发展了 100 多年。后来能够搅动风云的统治者是第 22 位商王武丁，他在公元前 1250 年左右开始掌权。

据上古史书《尚书》(写于商朝灭亡几百年之后，但成书于《史记》之前，是司马迁撰写上古史的重要资料来源）记载，武丁曾在穷人和农民等“下民”中度过他的少年时代。武丁在沉默不语中开始了他的统治。《尚书》记载：“武丁三年弗言。”“其惟弗言，言乃雍，不敢荒宁，嘉靖殷邦。至于小大，无时或怨。”[1]

打破沉默之后，武丁还是寡言少语，不像盘庚那样宣称迁都是为了彰显实力而非势单力薄，这种高贵德行非常出人意料。这时期商王的权势根基明显与赫梯、巴比伦、亚述和埃及统治者的不同，后者依靠不间断的恐吓、诱骗、自我吹嘘、派出信使和外交使臣，而商朝另有其他的方式。

商朝在殷地统治的历史就像武丁一样，几乎是寂静无声的。殷墟留下的是房屋、甲骨和青铜制品，而不是书简或刻板。这些能告诉我们商朝人的生活方式，但没有给我们留下谁是商朝统治者的信息。

商朝最有名的文物——器皿、武器、精美的农具以及装饰品——都由青铜铸造而成。它们是商朝统治者王权的证明。铸造青铜器就像建造金字塔一样，君主需要具备强迫大批劳力从事又脏又累的劳役的能力。具体来说，就是把矿石从黄河以北丘陵地带的矿井中挖出来。

正如一位中国古代的学者所说，矿工和手艺人的作品是“集人类艺术之大成”。[2]没有任何其他古国能够铸造出如此精美复杂的青铜器。[3]饰有绿松石，青铜做手柄，白玉做刃的长矛；系着华美青铜扣的马辔头；使佩戴者呈现怒目或笑脸的青铜面具。盛放食物和酒的器皿带有最复杂精美的设计，通常做成龙、牛或是其他动物的造型，配有精致的图案和手柄。有些青铜器皿上刻有名字，有些刻有标记用途的符号，有时还刻有记录年岁或庆典的铭文。

这些零散的信息尽管简短，但已证明商人具备书写的能力。在中国，文字的发展模式和美索不达米亚与克里特岛的类似：公元前4000年左右，它开始用于标记所有权，随后变得更加复杂。但是中国文字体系的发展似乎完全独立于其他古国的文字体系之外。最早在黄河流域出现了刻画符号，而中国的文字系统是第一个超越象形文字的系统，它通过组合刻画符号（象形字、指事字）形成了可以表达抽象概念和思想的“会意字”。[4]

商朝王室定都于殷时，这些“会意字”已经非常成熟，足以用

**图 36–1　商代青铜器**

商代食器，由中国宁县的青铜制成。

图片来源：布里奇曼·基罗顿（Bridgeman Giraudon）/ 艺术资源，纽约

于占卜。在殷墟遗址中，考古学家发现了数以百计刻在甲骨上的符号，它们对商朝王室的作用就像后来希腊祭司用于占卜的内脏。寻求指导帮助的男女可以去商朝王庭向卜官卜问。卜官使用经过刮磨的、干燥的牛羊肩胛骨（偶尔也用龟壳），这些骨头上面刻有图案或文字，卜官用加热的金属工具在上面钻孔。骨头裂开后，卜官会根据穿过符号或文字的裂纹解读祖先所传递的信息，并通过这种方式将智慧传给在世的人。卜官用刀把卜辞用的符号刻在骨头或是龟壳

上，然后在标记上涂上颜料。[5]

在甲骨上，无论问卜者是谁，都是以商王的名义提出的。

《尚书》曾赞扬武丁勤奋安邦，不沉迷于享乐，施惠于民，在他统治之下“无时或怨”。与此同时，另一本古代哲学著作《易经》（关于变化的书）这样描述武丁：“高宗伐鬼方，三年克之。”700 年后，《诗经》（诗歌总集）称赞他统治着辽阔的疆域：

> 邦畿千里……
> 肇域彼四海。
> 四海来假，
> 来假祁祁。[6]

这两方面的描述——一方面谦逊平和、勤政爱民，另一方面开疆拓土、征服四方——自相矛盾。君王的角色似乎有所转变，而史学家不确定他到底是一个具备昔日德行、高贵的精神领袖，还是一个掌握国家未来的军事领袖。

毫无疑问的是，自从迁都殷后，商王获得了巨大的权力。商朝王陵位于都城以北不远的地方，王陵与埃及的金字塔完全不同。这些陵墓没有耸立云霄，而是一个个巨大的深坑。要挖出这样的深坑定要耗费多年时间。葬坑中有人殉；这些人殉不同于那些忠心耿耿、愿意追随君主穿越生死边界进入来世的臣民，他们都被砍下了头颅。* 其中一个墓坑里有 73 个头骨，排列在四条深入地下的坡状墓

* 学者 J. A. G. 罗伯茨（J. A. G. Roberts）指出，人殉数量一般为十或是十的倍数，这也符合我在第 15 章所讲述的理论。

道上，另有50副骨架（没有头颅）横置在最南端的墓道上。[7]在殷墟，考古学家们发掘出一座祭坛的地基，它很可能就是进行人殉的场所。

这表明君王享有很大的专制权力，甚至死后也能强迫别人陪葬。然而，司马迁也不断提到朝廷官员和统治贵族拥有自己的影响力。商朝君主专制的范围可能相当有限。在专制的边缘，他的贵族和朝臣以他的名义进行管理——但多多少少会按自己的意愿行事。为了不触怒商王，居住在远处平原和山谷中的人给他进献贡品。这些人可能只知道有这么一个君主存在，或者根本就不知道，直到拿着武器的人闯入村子，以君主之名行劫掠之实。

对君主彼此矛盾的描述可归结为一个简单的事实：商王是他子民的精神领袖，但他真正的世俗权力只局限在很小的范围之内。若没人辅佐，武丁自己也不能统治殷商。据司马迁记载，武丁三年没有说话，一直在寻找能成为他臂膀的大臣。最后，他终于找到那位能够辅佐他的圣贤傅说，傅说当时正在殷以东的傅岩做苦役。武丁终于打破沉默，成为一位真正的统治者。君主尽管拥有如此德行，但也不得不依靠他人管理子民：辅佐他的不仅有圣贤，而且有那些实际掌控着商王朝偏远城邑的贵族。

但所有这些都只是猜测，因为武丁的故事都是在千年后才被写入史书的，而在甲骨和青铜上仅有零碎的记录。

| 时间线 36 | | |
|---|---|---|
| **美索不达米亚和小亚细亚** | | **中国** |
| **亚述** | **赫梯** | |
| **亚述乌巴利特**<br>中期亚述王国 | | 商朝，延续 |
| **阿达德尼拉里一世** | | |
| | **穆瓦塔里** | |
| **撒缦以色一世** | **哈图西里三世** | |
| 迈锡尼攻打处于第七个时期的特洛伊（约前 1260） | | |
| | | **武丁**（约前 1250） |

# / 37

## 《梨俱吠陀》

公元前1200年左右，印度的雅利安人来到河谷和平原地区。

像中国商朝的统治者一样，印度的统治者也刚刚出现在历史的地平线，偶尔发出微弱的声音，但具体特征仍然模糊不清。

那些自称为雅利安人的部落在喜马拉雅山脉以南的印度河沿岸定居，几乎占据了整个大陆的西部地区。很有可能，他们已经与当地人通婚。与另一支向西发展并取得短暂辉煌的米坦尼人相比，他们在此繁衍发展并更加昌盛。此后的300年里，他们的生活方式更接近于已经消失的哈拉帕文明，与过去的那种游牧生活相去甚远。他们四海为家的生活方式逐渐从记忆中消逝：梵语“哥罗摩”（grama）是指有人定居的有围墙的村子，而这个词的原意为“到处游荡的部族”。[1]

雅利安人没有留下多少生活痕迹，但在公元前1200年左右，他们开始以拥有自己神话传说的定居民族的新形象出现。印度最古老的诗歌集《梨俱吠陀》就是用他们自己的语言完成的。像大多数古老诗歌一样，这些诗歌开始也是靠围着火堆的人们口头相传，很久之后才有了文字记录，但即使是这样，我们仍然可以从中多少了解雅利安人当时生活的世界。*

首先，《梨俱吠陀》几乎通篇都在解释印度众神的性格和要求。神灵体系复杂，他们常会发出难懂的指令，因此信仰他们的人就需要祭司和领袖；他们的社会也处在走向复杂化的边缘。在《梨俱吠陀》后期的诗歌中，雅利安的祭司已不仅仅局限于侍奉神灵，他们还成为特殊的世袭阶级。祭司培养儿子继承父业，并会安排他与其他祭司的女儿联姻。《梨俱吠陀》中的颂歌是雅利安人最初的文字记录，祭司是他们最初的贵族阶层。

在逐步发展成印度人的过程中，人们通过共同的哲学和宗教，而不是政治组织或军事力量联系在一起。[2] 因此，《梨俱吠陀》中存在大量关于神灵崇拜的记录，但对雅利安人不远万里迁移至此并定居一事极少提及。这部诗歌集分为十卷，单卷被称为曼陀罗。[3] 每卷曼陀罗包含了称颂众神的赞美诗，以及在祭祀和其他仪式上使用的圣歌。印度众神都是自然神，这对于生活环境恶劣、沿着湍急河流居住的人而言极易理解（亚伯拉罕的耶和华是个特例）：伐楼拿（Varuna）是天空之神；拿德利（Ratri）是夜之女神；阿耆尼（Agni）是火神；巴尔加鲁耶（Parjanya）是雨神，他“穿过大树”将雨水

---

* 通过复杂的语言学推导，大多数学者都认为《梨俱吠陀》是于公元前 600 年左右用文字记录下来的诗集，而在公元前 1400 年至公元前 1100 年还是处于口头创作的时期［若想获得更多信息，请参阅斯坦利 · 沃尔波特（Stanely Wolpert）所著的《新印度史》（*A New History of India*）中的“雅利安时代”一章］。值得注意的是《梨俱吠陀》中最早的故事也没提到那些生活在山脉以北、中亚沙漠地区，本应处于主宰地位的部落。这说明他们沿着印度河定居的时间和《梨俱吠陀》中最早的口述故事的时间相距甚远。

| 时间线 37 | | |
|---|---|---|
| **美索不达米亚和小亚细亚** | | **印度和中国** |
| 亚述 | 赫梯 | |
| **亚述乌巴利特**<br>中期亚述王国 | | 开始口头创作《梨俱吠陀》<br>（约前 1400） |
| **阿达德尼拉里一世** | | |
| | **穆瓦塔里** | |
| **撒缦以色一世** | **哈图西里三世** | |
| 迈锡尼攻打处于第七个时期的特洛伊<br>（约前 1260） | | |
| | | **武丁**（约前 1250） |

洒在牛、马和人身上；密多罗（Mitra，又译密特拉）是太阳神；因陀罗（Indra）是众神之首，他拥有让混乱无序平静下来的力量，可以“使晃动的大地平静下来，使摇晃的高山平静下来，他控制着马群、村庄及其所有的战车”。[4]（顺便提一句，因陀罗、伐楼拿和密多罗曾是米坦尼国王和赫梯帝国缔造者苏庇路里乌玛缔约结盟的见证者；这说明米坦尼人就是雅利安人，而雅利安人在还未分裂并各自前往西部和南部之前就崇拜这些神。）

《梨俱吠陀》的第二卷至第七卷记录了最早的诗歌，我们可以透过朦胧的宗教仪式的面纱，对当时的政治和军事结构多少有些了解。据记载，火神阿耆尼曾因“用他的武器攻击城墙”而受到赞誉，这表明随着雅利安人的蓬勃发展，在向外扩张的战斗中，他们会对那些拥有木制围墙的村庄实施火攻。[5]一首诗歌中提到“深色皮肤”的人与雅利安人之间的一场战争，100 多年前，学者们正是根据这一描述，证明势力孱弱的当地人已经被浅肤色的“雅利安人”消灭殆尽。但第七卷曼陀罗记录了十个雅利安王彼此的混战。并且，雅利安人之间的争斗次数与他们攻打河谷和平原居民的次数不相上下。

显然，在《梨俱吠陀》的早期诗歌时期，不仅形成了祭司贵族阶层，而且形成了武士贵族阶层，这些世袭统治阶级采用父传子的权力交接模式。[6]但是，现在我们的了解也仅限于此，这些祭司和武士首领都没有留下名字。

## / 38

# 时运无常，谁能安坐

公元前 1212 年至公元前 1190 年间，亚述人与赫梯人、巴比伦人、埃兰人大动干戈，埃及第十九王朝倾覆。

让我们的目光向西稍转，原本团结有序的赫梯帝国开始出现分裂的迹象。

埃及与赫梯的条约仍然有效；前者掌管着远至卡迭石的西闪米特人的土地，后者的边界则不断向北延伸。90 多岁的拉美西斯二世去世后，他的儿子麦伦普塔赫（Merneptah）继承王位（他是拉美西斯二世第十三个儿子，其他十二个儿子都没活过这位老人，他就成了继承人的第一人选）。[1] 新任法老登基后，埃及北部的某些城市想借机造反，但埃及军队不费吹灰之力便将其镇压。[2]

赫梯人此时正苦于旱灾。庄稼颗粒无收，牲畜也无法存活，村民饱受饥饿折磨。赫梯给埃及送了封信，说法老最好赶紧把待嫁的赫梯公主接走，这儿的人已经没饭吃，随公主作为嫁妆的牛犊越饿越瘦，再不接走，法老可要吃亏了。[3]

哈图西里三世让他的儿子图特哈里（Tudhaliya）担任贴身侍卫长，这足以显示父亲对他完全信任；在赫梯王室中，不是每个人都能有这种待遇。[4] 哈图西里三世去世后，他的儿子成为国王图特哈里四世。与王位相伴而来的是日益严重的饥荒。

图特哈里四世希望埃及能伸出援手，法老麦伦普塔赫应承下来。据埃及铭文记载，法老送出的粮食能“保证无人再饿死”。[5] 赫梯的记载也相似，图特哈里四世曾给附属城市写信让它们派船帮忙运输粮食。信中写道，当时每艘船都载着 450 吨粮食。[6] 赫梯的粮仓几乎空空如也。

靠外邦援助才能勉强度日的国王，其统治之惨淡可想而知，曾经盛极一时的赫梯开始走下坡路。国无粮即穷困。国库空虚就不能养兵。与饱食三餐、心满意足的战士相比，待遇差的士兵缺乏纪律性。赫梯的军队逢战必败。

图特哈里四世在军事方面能力过人，12 岁时首次跟随父亲出征，又身经百战。[7] 但现在饥荒与贫困肆虐，他也担心王位不保。父亲靠篡权夺取王位，王国里有王室血统的人数不胜数。他在一封信里抱怨道：“苏庇路里乌玛的后裔、穆尔西里的后裔、穆瓦塔里的后裔、哈图西里的后裔怎么这么多！”[8]

为了证明自己具有合法的王权，图特哈里四世下令兴建了赫梯有史以来规模最大的建筑工程，其中包括新建神庙，并进一步扩大本已宏大的王宫建筑群，此外在首都哈图沙外建造了包含 26 座新寺庙的郊区，把老城的面积扩大了一倍。[9] 只有伟大的国王才能做出此等壮举，此法可能正是效仿刚去世的拉美西斯二世。新建筑昭示了图特哈里四世的王权，但国库也很快就被榨干。王国本就缺粮缺钱，图特哈里四世又在建筑上大肆挥霍，这样他就更没钱养兵了。

被赫梯征服的人显然察觉军队的力量一年不如一年。统治没多久，图特哈里四世得知帝国西部边境的22座城市已结成反叛联盟。他向西部派兵打败了叛军联盟，但帝国依旧危机四伏。[10]

在东南部，亚述新王看到了扩张的机会。撒缦以色一世吞并了先前米坦尼的土地。现在，他的儿子图库尔蒂-尼努尔塔（Tukulti-Ninurta）向西发动对赫梯边境的袭击。*

图特哈里四世派军队前往敌人的地盘，两军在埃尔比勒平原相遇。根据亚述人的记载，图特哈里四世根本不确定他能打得赢。亚述国王在给盟友的信中写道：

> 图特哈里写信给我，说："你抓了忠于我的商人。来啊，来打一仗，我已经等不及了。"
>
> 我的军队与战车整装待发。但在我抵达他驻扎的城市之前，赫梯国王图特哈里派来了一名信使，他拿着三块石板，两块写着充满敌意的话语，一块写着友善的话语。他先充满挑衅地给我看了两块石板。石板的内容激怒了我的士兵，他们迫不及待要冲上前线，希望立刻出发。信使看到了当时的情景，于是他给了我第三块石板，上面写道："兄弟，我不是亚述王的敌人。兄弟可不能反目成仇啊！"
>
> 但我依旧率军出征。他和军队驻扎在尼赫尔加城中，我给他送去封信，说："如果你真心向我示好，就马上离开，不要

---

* 从图库尔蒂-尼努尔塔的曾祖父开始，历代亚述国王每年都会详细记录统治时期的所有战役；这为我们研究亚述在这段时期的征服历程提供了大量信息［还有些详细记录来自在尼尼微发现的信件，这些信件现珍藏于大英博物馆。若要更全面了解原始资料，请参阅乔根·莱瑟斯（Jorgen Laessoe）所著的《古代亚述人》（*People of Ancient Assyria*），第94—96页］。

> 逼我围城。”他没有回信。
>
> 于是我率军稍稍退后。后来，一个赫梯逃兵从图特哈里那里逃到我这儿。他说：“国王可能不久就会给你回信，闪烁其词地向你示好，但他的军队处于战备状态，随时都会出兵。”
>
> 于是我先行率军出击，大胜。[11]

图库尔蒂-尼努尔塔后来吹嘘他抓获了近三万名赫梯战俘，可是根本不可能有这么多。但他肯定俘获了几千名赫梯战俘，并把他们带回了亚述。把俘虏安顿在异乡会淡化他们的民族意识，被流放的种族不太可能造反。

在最古老的希腊史书中，此次征服是近东历史上不可忽略的重要事件，图库尔蒂-尼努尔塔［希腊名字为尼努斯（Ninus）］成了远在小亚细亚的萨迪斯统治者的祖先；这变相地展现了图库尔蒂-尼努尔塔在赫梯领土上的横行和暴虐。*

图特哈里四世退守都城，放弃了帝国边缘的领地。赫梯的军事实力每况愈下。在给乌加里特诸侯的信中，图特哈里四世埋怨他没有为赫梯军队提供足够兵力，质问他是不是要造反。另一块泥板上的文字记载说，所有迦基米施的船只都已破旧不堪，无法航行。[12] 图特哈里四世的边境正逐渐瓦解。

---

* 年表很难理解，但图库尔蒂-尼努尔塔有可能是《创世记》(10:10）中的宁录（Nimrod）国王：一名威武的猎人和战士。他的王国包括巴比伦、以力、阿卡德以及尼尼微，版图与图库尔蒂-尼努尔塔统治的亚述差不多。奇怪的是，亚述国王的希伯来名字在英语中却成了愚蠢与无能的同义词（“What a nimrod!”）。从我能找到的唯一词源来看，有的编剧会用《圣经》里的这则故事表示讽刺，例如，兔八哥（Bugs Bunny）就曾称艾玛（Elmer Fudd）为“可怜的小宁录”来讽刺这位“强大的猎人”。周六早上的电视观众显然不记得《创世记》里的宗谱血统，都把这一讽刺当成普通的羞辱，认为所有像艾玛一样装模作样的人都可称为“宁录”。于是，对图库尔蒂-尼努尔塔强大武力的歪曲解释，经由一只兔子，变成了 20 世纪的常用语。

与此同时，图库尔蒂-尼努尔塔回国处理南方出现的新问题。

多年来，巴比伦与亚述的关系一直不清不楚。双方在不同时期都声称有权统治另一方。巴比伦与亚述不仅实力均衡，而且文化上也同根同源。它们都曾隶属于汉穆拉比的帝国，巴比伦在整个地区留下的印记依然可见。亚述与巴比伦敬奉相同的神，尽管有时候这些神的名字不同；他们的神也有着相同的故事；亚述人的铭文和记录也使用巴比伦楔形文字。[13]

正是因为这种相似性，即便亚述国王有机会将巴比伦洗劫并付之一炬，他们往往也不愿意这样做。但图库尔蒂-尼努尔塔可没那么心软，他在铭文中扬言，所有违抗他的人都将会有这样的下场："我把他们的尸体堆满山洞，他们的尸骨会像门前的粮食一样堆积如山；我要蹂躏他们的城市，把那儿变成人间地狱。"[14]

看到图库尔蒂-尼努尔塔正忙于收拾北方的赫梯人，巴比伦国王想趁机夺取亚述与巴比伦之间存有争议的土地。我们对巴比伦国王卡什提里亚什四世（Kashtiliash IV）知之甚少，只知道他的识人能力非常有限；图库尔蒂-尼努尔塔率军南下，巴比伦的寺庙惨遭洗劫。由此，他打破了亚述长久以来尊重巴比伦圣地的传统。他甚至胆敢把神像夺走，当时的民众认为，这种亵渎神灵的行为也会冒犯亚述的神灵。亚述的战争史书记载："他把伟大的马杜克从寺庙里搬出来运往亚述。"[15]他曾在战斗中亲自与巴比伦国王较量过，他的铭文写道："在那次战斗中，我抓获了卡什提里亚什四世，把他那高贵的脖子像脚凳一样踩在脚下……苏美尔与阿卡德所有的土地都归我所有。太阳初升的海平线是我国土的疆界。"[16]随后，他自称为巴比伦与亚述之王。两个王国再次合二为一。

卡什提里亚什四世赤身裸体，戴着锁链，被图库尔蒂-尼努尔塔押回亚述，巴比伦沦为亚述的附庸。亚述帝国的疆域从北部西闪米特人的土地一直向南延伸至美索不达米亚。图库尔蒂-尼努尔塔现在是整个地区唯一的大君主，他也开始投身于大君主常做的那些事情。他修建新寺庙，加固亚述的城墙，还在亚述主城偏北为自己新建了一座小型王城。城内有独立的供水系统，由囚犯充作劳力，没有都城的供给也能自给自足。

图库尔蒂-尼努尔塔声称，亚述神要求他建一座新城，“里面既没有房屋也没有居所”。但他如此急于藏身城墙之后远离亚述居民，说明情形似乎对他不利。巴比伦对寺庙被洗劫甚为震惊，《巴比伦编年史》写道：“他屠杀了巴比伦人，无耻地夺走巴比伦的财富，还把伟大的马杜克掳到亚述。”[17] 亚述本土的虔诚信徒对此也心存不满。在图库尔蒂-尼努尔塔用来庆祝战胜巴比伦的亚述史诗中，明显能感受到他在为自己辩护；史诗用很长的篇幅为图库尔蒂-尼努尔塔辩解，说他其实很想与巴比伦和平共处，也想与卡什提里亚什四世友好相处，可是巴比伦国王硬要侵略并烧掉亚述，于是巴比伦诸神便放弃该城，让亚述人来施加惩罚。[18] 显然，这位国王面对巨大的压力，不仅要解释为什么要洗劫巴比伦，还要给出劫走神像运回自己国家的理由。

但这种解释没有奏效，亵渎神灵的图库尔蒂-尼努尔塔只能自食其果。《巴比伦编年史》中难掩得意地写道：“给巴比伦带来不幸的图库尔蒂-尼努尔塔……他的儿子与亚述贵族起兵，将他赶下王位（把他囚禁在宫殿中）……一剑杀了他。”[19] 这位伟大的国王，他 37 年的统治就此终结。

图库尔蒂-尼努尔塔死后，他的儿子即位。为了弥补父亲犯下的过错，他把马杜克神像归还巴比伦，[20] 但这依旧无法平息巴比伦人的怒火。巴比伦人几乎是立刻就起义了，亚述总督逃跑，一名加喜特贵族夺取王位，宣布巴比伦摆脱亚述的统治。

亚述国力正衰时，一直虎视眈眈的埃兰人开始骚扰亚述的东部边境。他们一直打到尼普尔，两次将亚述指定的尼普尔国王赶下台。[21] 他们还大举侵入巴比伦，横行街道，洗劫寺庙，劫走了马杜克神像（亚述人刚刚奉还，便再次被劫），以胜利者的姿态将其带回苏萨（他们还抢走了汉穆拉比法典石碑，几千年后，考古学家在苏萨遗址内将其挖出）。权衡利弊后，他们还掳走了巴比伦国王。他可没有马杜克神像或汉穆拉比法典那么重要，有关他的历史记录就此中断。

图库尔蒂-尼努尔塔的儿子名叫亚述纳迪纳普利（Assurnadin-apli），这位无足轻重的亚述国王面对如此乱世手足无措，在位三年就下台了。虽然我们对他的死所知不多，但他应该不是自然死亡。继承王位的不是他的儿子，而是他的侄子。他的侄子登基仅六年便被一位叔叔篡权，这位叔叔掌权五年后又被人赶下台（可能死于谋杀），篡位者宣称自己有权登上王位，因为图库尔蒂-尼努尔塔的曾曾叔父是他的老祖宗。

巴比伦的情况也不容乐观。埃兰人推翻当时的君主后，另一个家族登上了王位，这就是伊辛第二王朝，没人知道他们的祖先是谁。在统治的最初十五年里，王位四次易主。在赫梯，图特哈里四世很可能是自然死亡（这是很罕见的）。他的儿子与表兄弟为了王位和帝国残存的那点土地争斗不休。

即使是在南方的埃及，王位也动摇不定。老法老麦伦普塔赫的木乃伊还没有被神圣地埋葬，他的继承人就被赶下了王位；麦伦普塔赫的儿子、共治者塞提二世被他的异母兄弟夺走了王位，三年后

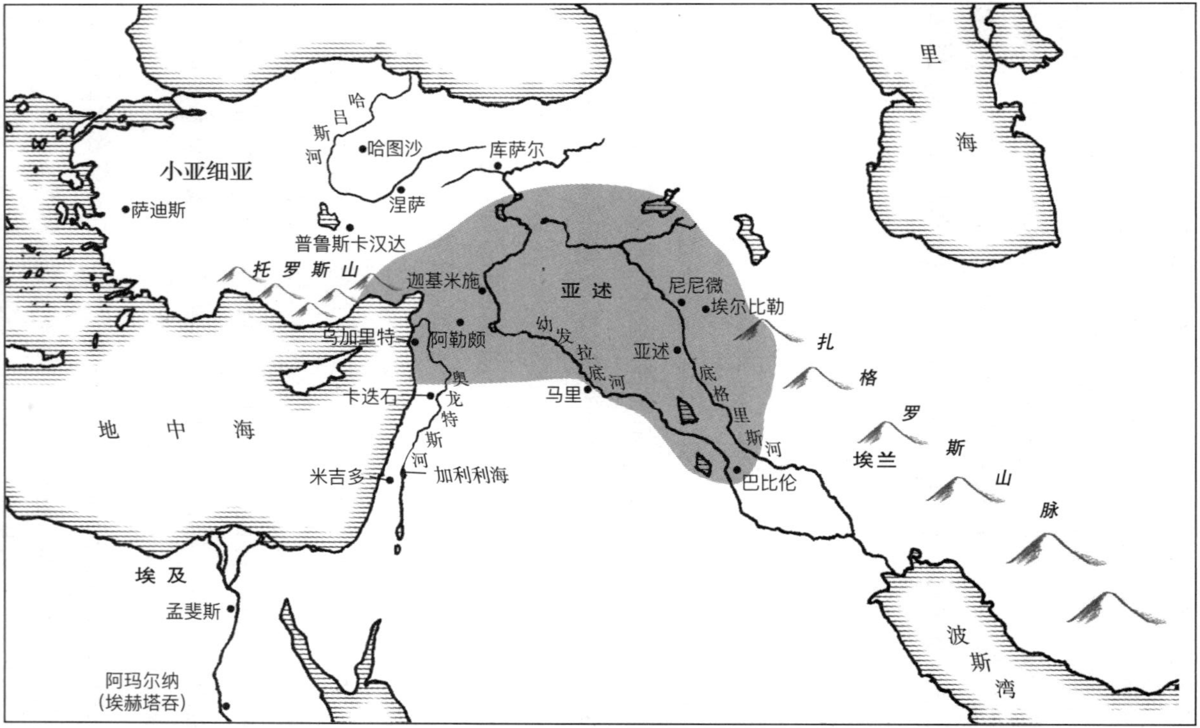


地图 38–1 图库尔蒂–尼努尔塔统治下的亚述

**时间线 38**

| 美索不达米亚和小亚细亚 | | | 埃及 |
|---|---|---|---|
| 巴比伦 | 亚述 | 赫梯 | |
| | | | **阿蒙霍特普三世**（约前 1386—前 1349） |
| | **亚述乌巴利特** | | **埃赫那吞**（约前 1349—前 1334） |
| **布尔那布里什** | | | **图坦卡蒙**（约前 1333—前 1325） |
| | 中期亚述王国 | | |
| | | | **阿伊**（约前 1325—前 1321） |
| | **阿达德尼拉里一世** | | **哈伦海布**（约前 1321—前 1293） |
| | | **穆瓦塔里** | *第十九王朝*（前 1295—前 1185） |
| | **撒缦以色一世** | | **拉美西斯二世**（约前 1278—前 1212） |
| | | **哈图西里三世** | |
| | **图库尔蒂-尼努尔塔** | | |
| | | **图特哈里四世** | |
| **卡什提里亚什四世** | | | **麦伦普塔赫**（前 1212—前 1202） |
| | **亚述纳迪纳普利** | | |
| 伊辛第二王朝 | | | |

才重新将其夺回。夺回王位后不久他就去世了，王位又传给了他的儿子，这位新王患有小儿麻痹症（从他的木乃伊判断得出），没过多久就死了。此时，他儿子的继母塔沃斯塔（Twosret）试图夺权，埃及王表一片混乱。每当埃及的防御力量衰弱，四处游走的入侵者都会趁机进入尼罗河三角洲，由此埃及变得更加混乱。后来，一份莎草纸上写道："埃及被外人践踏得体无完肤，人民毫无权利可言……埃及的诸侯和首领各自为王，自相残杀。"[22] 第十九王朝就这样在混乱中结束了。

时运无常，没人能端坐王位。征服战争会在接下来的数十年里榨干这些王国最后的一点元气。

# / 39

## 新王国的终结

公元前 1185 年至公元前 1070 年间，拉美西斯三世击败海上民族，但埃及已呈衰落之势。

在混乱的第十九王朝末期，一位之前名不见经传的国王塞特纳赫特（Setnakhte）登上了埃及王位，恢复了秩序。他可能是拉美西斯二世的孙子，也可能只是他手下的一名军官。不管他是谁，赶走入侵三角洲的亚细亚人功不可没，丰功伟绩在手，下一步便是称王。

一张莎草纸（来自塞特纳赫特孙子统治时期）描述了第十九王朝末期的混乱情形，也证实了塞特纳赫特确实暂时收拾了埃及这个烂摊子：他不仅赶走了“无耻的亚细亚人”，还恢复了法律秩序，让当地贵族不再为争夺土地而自相残杀，重新开放因恐惧穷困而关闭的神庙，使祭司各复其职。[1] 在生命的最后三年里，他完成了上述一切，然后把王位传给他的儿子。

他的儿子为了追随百年前的伟大法老，自称拉美西斯三世。与拉美西斯二世一样，他也修建了一座葬祭庙，为太阳神阿蒙修建了很多神庙，为祭司分发了土地，以求其证明自己的王权是神授的。拉美西斯三世曾口述并让儿子执笔创作了一篇祷告文，里面写道："你，阿蒙，指定荷鲁斯坐在奥西里斯的宝座上，也将我置于父亲的宝座上。所以我为你建了一所带有石塔的房子，石塔直通天堂；我还在房前立了堵墙；我在里面堆满金银珠宝、谷物食粮；它的土地与牲口多得像海边的沙子。"[2]

但给阿蒙献礼无法赶走入侵者。与拉美西斯二世的情况相似，拉美西斯三世与北方入侵者也有一场鏖战。但与拉美西斯二世不同的是，他的战场不在西闪米特人的北部省份，而在埃及自己的边境。

在其统治的第五年，拉美西斯三世就感到情况不妙；当时一场平静的移民突然演变成暴动起义。利比亚部落是来自西部沙漠地区的非洲人，他们一直居无定所，不时小股地进入埃及，从那片干燥的红土地迁到了黑土地上。希克索斯人被逐出埃及之后，埃及不允许境内的异邦人自治。但利比亚人越聚越多，还选出了自己的国王，于是拉美西斯三世派兵屠杀镇压。利比亚人不堪一击，要么逃回沙漠，要么成为奴隶。[3]

西部的威胁还没消除干净，东北部又出了乱子。被塞特纳赫特驱逐的"亚细亚人"又卷土重来了。西闪米特人的土地乱成了一锅粥，从特洛伊到亚述再到巴比伦，当地首领纷纷独立，赫梯的国土面积缩水，亚述与巴比伦争斗不休，埃兰人在东部边境横行霸道。更糟糕的是，很多来自我们今天所谓东欧大陆的部族正绕过爱琴海与黑海源源不断地来到这片是非之地。这些古时的流浪者正蚕

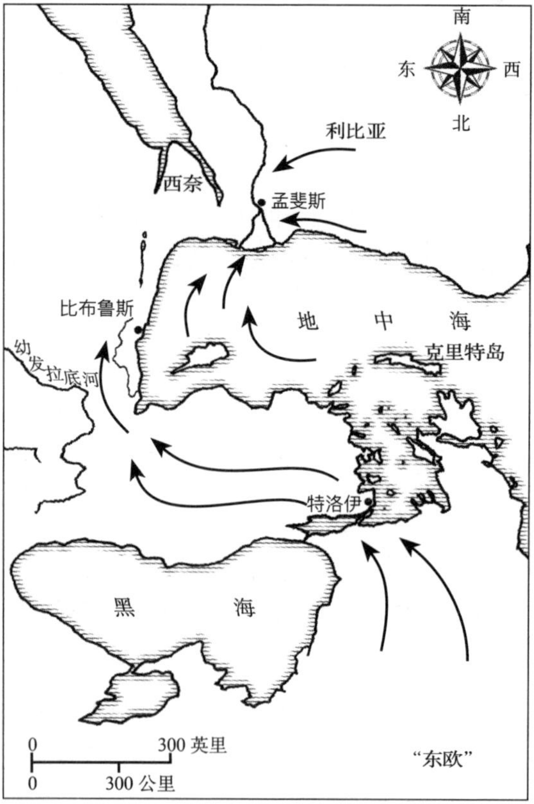


**地图 39–1　海上民族的入侵**

食着原本秩序井然的王国的边境：拉美西斯三世在他的庙墙上写道："外国的土地遭到侵犯，四分五裂，无一国能够幸免。他们要将魔爪伸向世界所有国家。"[4]

他当时所指的"世界"的大多数地方十年来反复遭受旱灾之苦，也许正是这场旱灾把利比亚人赶到了三角洲。这些快要渴死的流浪者对水源丰富的埃及垂涎三尺。拉美西斯三世统治没多久，一群有组织的入侵者便向埃及发起了进攻。

外族入侵尼罗河三角洲并不稀奇。但这次的特殊之处在于入侵者成分复杂：参与其中的部落结为联盟，数量惊人，包括非洲部落、迈锡尼水手（可能是雇佣兵，迈锡尼经济不景气，他们便离开了希腊半岛）。拉美西斯三世对这些入侵者的称呼与我们现在对他们的称呼不太一样，所以将他们对应起来有些难度。拉美西斯所说的“万舍斯人”（Weshesh）可能指非洲的部落；“舍克利斯人”（Shekelesh）可能指从爱琴海来的人；“派莱赛特人”（Peleset）指的是航海民族，他们有爱琴海血统，在迈锡尼乱世之后取道克里特岛而来，可能负责武装军队，埃及浮雕所刻画的入侵者都戴着克里特风格的头盔。[5]

集结起来的入侵部队战斗力惊人。“他们势不可当，”拉美西斯三世写道，“……他们带着烈火，冲向埃及。”[6] 但也许最令人震惊的消息来自探子，他们告诉拉美西斯三世，向埃及进发的军队后面跟着大批满载妇女、儿童的牛车。这些部落可不是抢一次就走，他们要在这里扎根夺权。[7]

埃及军队在边境成功抵挡了第一波进攻。拉美西斯三世葬祭庙上的浮雕证实，这位法老确实赢得了一场巨大胜利。在浮雕中，大胜的埃及士兵周围堆满了人手；按照埃及习俗，士兵战后要将死人的右手砍下带到书吏那里，以便准确记录敌军的死亡人数。*

埃及人不喜欢大海，但随后更大的危机恰恰来自海上。

第二轮进攻由联盟中经验丰富的水手指挥，这些人可能来自爱

---

* 在早期战争中，还有与“斩手计数”相似的方法，例如，士兵会切下敌人的阴茎带回记数（有意思的是，有幅浮雕上面刻着一位书吏正在比对手的数量与阴茎的数量是否相符）。

琴海。他们的海上技能十分娴熟，既没有海上经验也没有战船的埃及人把入侵联盟称作“海上民族”。

从埃及人记录战斗的绘画可以看出，海上民族乘的船只与埃及人在河里乘的桨船十分不同。海上民族乘的是帆船，靠风力驱动，有着鸟头形的船首。[8]拉美西斯三世清楚，即便双方装备不相上下，自己的军队也无法匹敌那些出色的水手。于是，他下令将所有内河船只都装满士兵，“从船首到船尾都由勇敢的战士操控”，然后把船只全部堵在三角洲海港入口，“犹如一堵坚固的城墙”。他还命令步兵沿河岸排开，敌方船只一旦进入射程就命令士兵向其射箭投矛。他自豪地说：“一堵金属之墙把他们包围了。”

这个策略成功了。这些海上武士全被埃及士兵的数量镇住了。“他们的船要么被拖走，要么被掀翻，沙滩上一片残骸，”铭文上写道，“从船头到船尾，尸体堆积如山。”[9]在神庙壁画上，一排排俘虏戴着枷锁从拉美西斯三世面前走过。在卡迭石战役之后，这个埃及的心腹大患也被消除了。

埃及内部蔓延的分裂之势虽暂时被胜利浮雕和建筑工程掩盖，但随时都有爆发的可能。拉美西斯三世的王位来自父亲的政变，他自己也难免陷入权力之争。

在其统治末期，他的一位侧室密谋策划一场政变刺杀国王。书吏在拉美西斯继任者统治期间记载了这一事件，其中提到她竭力“煽动群众，激起大家对国王的仇恨，借机把他赶下台”[10]。她的动机很明显：不仅要让拉美西斯三世退位，还要废掉他指定的继承人（另一个妻子的儿子），这样自己的儿子就能登上王位。

后宫阴谋夺权的情况并不罕见，但这次比较特殊，因为涉及的

**图 39–1 哈布城的浮雕**

一名埃及书吏在统计阵亡敌人的右手的数量，这一幕刻在拉美西斯三世在美蒂奈特哈布葬祭庙里的胜利浮雕中。图片来源：Z. 拉多 / www.BibleLandPictures.com

人数太多了。据朝廷记载，参与的人员包括两位王室掌旗官、一名大管家和一名书吏大臣。这群人的头目被指控制作了国王的蜡像，并对其施以埃及巫术；[11] 大管家则被指控妖言惑众。显然，阴谋一路波及努比亚："本奈姆威斯（Benemwese），原为努比亚弓箭队首领……也被牵扯进来，他的姐姐就是后宫的这位侧室，她曾写信让他'煽动民愤'。"[12]

这场阴谋的结局单调而乏味，参与者要么"自我了结"，要么"被处以死刑"。最后只有四名反叛者逃过一死，其中三人被割掉鼻子与耳朵，一个名为霍利（Hori）的掌旗官被无罪释放，他到死也不敢相信只有自己在这场浩劫中全身而退。[13]

审判结束的时候，拉美西斯三世也退出了历史舞台。他得以寿终正寝。

在接下来的 80 年里，又出现了八位名为拉美西斯的国王，他们的记录和铭文残缺不全，多数国王的生平不详，一片混乱。埃及保住了努比亚，但其他领地在逐渐缩小。西奈半岛的矿区全部停工，努比亚的金矿最终也被废弃。到公元前 12 世纪 40 年代，埃及已放弃对西闪米特人土地的控制，其最前线退至尼罗河三角洲的东部堡垒。[14] 帝王谷的陵墓不仅被发现，而且被盗贼洗劫一空。三角洲附近的利比亚人开始不断袭击西部边境的埃及人。一位名叫温阿蒙（Wenamun）的朝臣曾试图沿着海岸线北上，与比布鲁斯人商谈雪松木材的价格，却在途中遭遇抢劫。强盗对埃及已没有丝毫畏惧。温阿蒙最后总算抵达比布鲁斯，但没有买到木材。比布鲁斯的国王不再相信埃及王朝，因为北方的情形每况愈下。“我不是你的仆人，”他对温阿蒙说，“也不是派你来的那个人的仆人。木材就放在岸边，你想都别想！”[15]

与此同时，阿蒙神庙的祭司却越来越富有。在图坦卡蒙时代，埃及恢复了对阿蒙的崇拜，这就意味着一代又一代法老都要向阿蒙神庙献上丰厚的祭品。拉美西斯三世献给阿蒙的土地面积惊人，在他去世时，阿蒙神庙的祭司几乎掌管着埃及三分之一的耕地。

为了确保祭司们对王权的效忠，哈伦海布曾将祭司要职交给军官，但事与愿违。到了拉美西斯十一世统治的第十二年，一位名叫赫利霍尔（Herihor）的将军把自己推上了阿蒙神庙大祭司的宝座。他现在不仅控制着军队，还拥有埃及最多的财富。对于他提出的任何要求，拉美西斯十一世都无力反驳。不到五年，赫利霍尔就成为库什的总督；又过了没多久，他便以埃及的宰相自居；十年后，他

| 时间线 39 | | | |
|---|---|---|---|
| 美索不达米亚和小亚细亚 | | | 埃及 |
| 巴比伦 | 亚述 | 赫梯 | |
| | | **穆瓦塔里** | *第十九王朝*（前 1293—前 1185） |
| | **撒缦以色一世** | | **拉美西斯二世**（约前 1278—前 1212） |
| | | **哈图西里三世** | |
| | **图库尔蒂-尼努尔塔** | | |
| | | **图特哈里四世** | |
| **卡什提里亚什四世** | | | **麦伦普塔赫**（前 1212—前 1202） |
| | **亚述纳迪纳普利** | | *第二十王朝*（前 1185—前 1070） |
| 伊辛第二王朝 | | | **塞特纳赫特**（约前 1185—前 1182） |
| | | | **拉美西斯三世**（约前 1182—前 1151） |
| | | | 海上民族入侵 |
| | | | **拉美西斯四世至拉美西斯六世** |
| | | | **赫利霍尔**（约前 1080—前 1074） |
| | | | 第三中间期（前 1070—前 664） |

开始以整个国家的共治者名义出现。在庙墙上，他的肖像刻在拉美西斯十一世旁边，二人平起平坐。[16]

两人在五年内相继去世，都没有留下子嗣或继承人，他们的女婿开始了争夺王位的内战。拉美西斯十一世的女婿在北部称王，赫利霍尔的女婿则宣称自己有权统治底比斯以南的土地。

此时，没有出现一名能一统河山的伟大领袖。新王国时期结束。分裂中的埃及不久将进入充满战争与混乱的第三中间期。

# / 40

# 希腊的黑暗时代

公元前 1200 年至公元前 1050 年间，多利安人的入侵让希腊进入黑暗时代。

在特洛伊取得完胜后，迈锡尼人的船舶已经破烂不堪，借助风力返回希腊大陆后，他们发现家园已经凋敝破败。奥德修斯漂流十年终于返乡，回家后发现他的房子已被别人侵占；阿伽门农回到妻子身边，却在沐浴时被妻子及其情人杀害。

灾难才刚刚开始。

公元前 1200 年左右，一场大火在整个希腊半岛肆虐蔓延。迈锡尼城邦斯巴达被夷为平地。迈锡尼城在抵抗一个无形的敌人。要塞虽保留下来，但已严重受损，城墙外的房屋则被烧为灰烬，再也没被重建。[1] 皮洛斯城也被大火吞噬。其他城镇也毁于另一些灾难。

考古表明，后来一个新的民族曾在这些城市定居，他们不懂书写（在他们的遗址中没有任何文字），不具备使用石头或砖建造房屋的技能，没有掌握青铜冶炼技术。[2] 这些新定居者来自半岛北部，正在向南迁移。后来历史学家把他们称为多利安人（Dorian）。

修昔底德与希罗多德认为多利安人通过大规模的武力入侵占领了迈锡尼城。希罗多德讲述了多利安人对阿提卡（雅典所在的区域）的四次入侵，第一次入侵发生在“科德鲁斯是雅典国王”时期。[3] 后来希腊作家科农（Koron）记录了关于早期入侵的流传已久的故事：多利安人军营的一位先知告诉这些野蛮的侵略者，只要他们不杀死雅典国王科德鲁斯，他们就会赢得对雅典的战争。科德鲁斯得知后，就乔装成一个普通的雅典人，离开自己的城市，来到多利安人的军营，向全副武装的多利安武士挑衅。在随后的争斗中，他被杀死，从而实现了先知的预言，挽救了他的城市。[4]

多利安人被这种崇高的品格折服，解除了对雅典的围攻，但这仅是临时性退兵。修昔底德告诉我们，这次入侵结束后，多利安人已成为“伯罗奔尼撒半岛（位于希腊半岛最南端）的主人”。[5]

修昔底德与希罗多德都记录了一场暴力入侵席卷这片英雄的土地，并且将其摧毁。正如那些记录了希克索斯人入侵的埃及历史学家一样，他们也无法理解他们伟大的祖先会被打败，除非对方具备压倒性的军事实力。但是迈锡尼城市的废墟却告诉我们一个略有不同的故事。皮洛斯和迈锡尼被烧毁相隔九十年，这意味着多利安人花了近一个世纪的时间逐步侵入希腊半岛。这很难算是一次突袭，迈锡尼的希腊人有足够的时间来组织防御。

但无论这些经验丰富的士兵进行了怎样的防守，面对那些战略思想简单也无作战经验的多利安新兵，他们还是无力保护自己。而在一些城市，根本没有任何战斗的痕迹。有关雅典人抵抗入侵的故事（在迈锡尼城市中，只有雅典人曾吹嘘说击退过入侵者）可能反映了一个略有出入的事实：雅典从未遭人袭击。雅典的考古发掘显

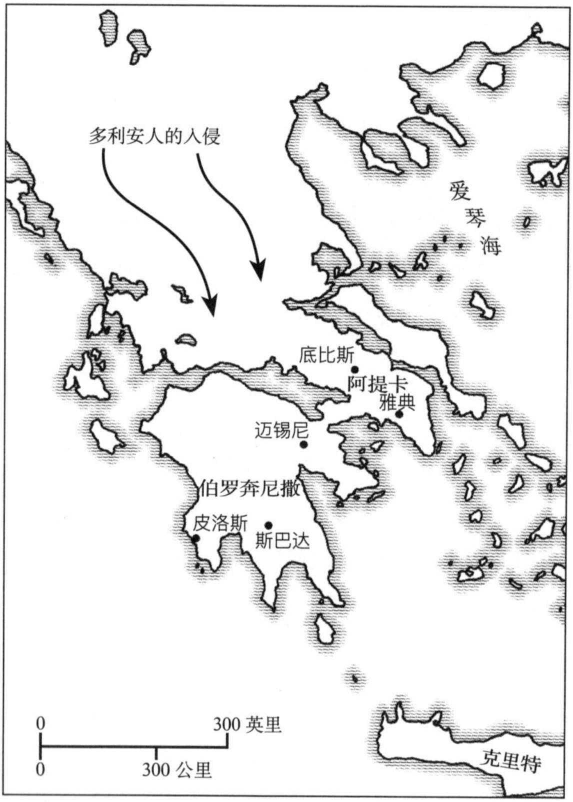


**地图 40–1　多利安人统治下的希腊**

示，这里没有遭到过破坏的层累遗迹，也没有遭到过火灾的痕迹。[6]

尽管如此，雅典的人口以惊人的速度锐减。到公元前 1100 年，即特洛伊战争之后一个半世纪，雅典卫城（位于城市中心高高的岩石之上，易守难攻）的东北部已经被悄无声息地遗弃。被多利安人焚毁的斯巴达早已成为空城，当地居民在多年前就已经搬走。[7] 涌入南方的北方人其实实力孱弱，组织混乱。

与特洛伊的战争肯定影响了迈锡尼缓慢衰败的过程，修昔底德自己曾评论说："希腊人从特洛伊回来得太晚。"他们回来后引发了激烈的冲突，很多迈锡尼人被迫背井离乡。这里一定还有其他因素。连续两三年的恶劣气候导致粮食产量锐减，与此同时，埃及和小亚细亚连年的战乱导致他们失去了原本稳定的粮食供给，这就迫使迈锡尼城邦开始争夺粮食；饥荒引发了城邦间的战争，也使城邦居民流离失所。而事实上，小亚细亚的无梗花栎和其他一些树木的年轮都有迹象表明公元前1150年左右这里曾发生过旱灾。[8]

另一个更可怕的敌人也正在悄悄地靠近迈锡尼人。

在《伊利亚特》的开篇中，特洛伊祭司克律塞斯（Chryses）祈求太阳神阿波罗向希腊人降下瘟疫，以报女儿被阿伽门农掳去之仇。阿波罗答应了他的祈祷，并把带有疾病的箭头射向敌人的船只。结果是致命的：

> 他在希腊军队的上空刮起带有瘟疫的狂风，普通士兵因为首领的过错纷纷染病，不治身亡。[9]

迈锡尼人在岸边扎营时很可能便已经感染了瘟疫，这种疾病很可能是鼠疫。

和其他古人一样，特洛伊人也不知道鼠疫究竟是如何传播的。但他们知道，此病与啮齿目动物有关。在特洛伊，传播疾病的阿波罗因此而备受尊崇，小亚细亚人给他起了一个特别的名字："鼠神"（Apollo Sminthian，亦译作"灭鼠者阿波罗"）。[10]《伊利亚特》还告诉我们，灭鼠者阿波罗的箭不仅夺人性命，而且连马和狗也不放过；瘟疫在动物群中的传播在古代社会关于鼠疫的记载中经常出现。

| 时间线 40 | |
| ---: | --- |
| **埃及** | **希腊半岛** |
| *第十九王朝*（前 1293—前 1185） | |
| **拉美西斯二世**（约前 1278—前 1212） | |
| | 迈锡尼攻打处于第七个时期的特洛伊（约前 1260） |
| **麦伦普塔赫**（前 1212—前 1202） | |
| | 多利安人从北方涌入 |
| *第二十王朝*（前 1185—前 1070） | |
| **塞特纳赫特**（约前 1185—前 1182） | 希腊进入“黑暗时代” |
| **拉美西斯三世**（约前 1182—前 1151） | |
| 海上民族入侵 | |
| **拉美西斯四世至拉美西斯六世** | |
| **赫利霍尔**（约前 1080—前 1074） | |
| 第三中间期（前 1070—前 664） | |

（1500 年后，图尔的格列高利曾这样写道：“这种瘟疫不仅在家畜中肆虐，而且在野兽中也流行起来。”）[11]

凯旋的迈锡尼英雄们有可能也将死亡带回了家。尽管船停靠在疫区之外的岸边，船上也没有病人，但船上很有可能有感染瘟疫的老鼠。事实上，饥荒后瘟疫接踵而至。运粮的船只很可能把一个地方的老鼠随着粮食运到另一个地方，瘟疫就这样跨越不可思议的距离传播开来。

瘟疫、干旱和战争足以摧毁这个建立在多石干旱之地之上、濒临灭亡的文明。当生存变得困难时，那些身强力壮的人就会迁走。

所以，不仅是迈锡尼人，克里特岛和其他爱琴海岛屿的居民也成群结队地离开故土去寻找新的家园，有些人加入了雇佣军的队伍。很难确定与埃及作战的海上民族中有多少是雇佣军。但埃及的记录告诉我们，在海上民族入侵之前，埃及法老就已经从爱琴海岛屿雇用军队与西部沙漠的利比亚人作战。公元前 11 世纪中叶，多利安人取代迈锡尼人成为南方的霸主，迈锡尼士兵会为出价最高的人卖命。

多利安人没有国王和宫廷，没有税收和贡赋，也没有对外的海上贸易。他们只是在耕作、生存，没有什么特别需要用文字记录下来的东西。他们的占领使半岛陷入我们所称的黑暗时代，因为没有任何文字记录，我们对这段历史知之甚少。*

* 此前我们所讲述的大部分中国和印度的历史似乎也属于“黑暗时代”，但这个术语一般不用来描述文字记录广泛使用之前的时代，而往往用来描述文字记录出现后又中断的时期。

# / 41

## 美索不达米亚的黑暗时代

公元前 1119 年至公元前 1032 年间，赫梯帝国瓦解，亚述和巴比伦王国由繁荣走向衰落。

迈锡尼人遗弃了他们的城市，多利安人随即迁入，混乱和分裂一直向东蔓延，经过特洛伊（当时正在艰难地进行重建，但很难再现昔日的辉煌）继续向东，直至赫梯人的地盘。

而此时，赫梯帝国笼罩在黑暗之中。贫困、饥荒和图特哈里四世统治时期的社会动荡已使边境地区沦陷，王位之争也在继续上演。迈锡尼日渐衰落，图特哈里四世的小儿子从他哥哥的手中夺得王位，并声称自己才是这个国家的主人。他自称苏庇路里乌玛二世，并努力唤起人们对 150 年前伟大赫梯帝国缔造者的记忆。

苏庇路里乌玛二世的铭文吹嘘他战胜了海上民族。他在小亚细亚离岸打了几场海战，击败了迈锡尼难民和雇佣军，曾一度成功保护自己的南部海岸不受外族入侵。但他未能重现赫梯王国的黄金时代，那位和他重名的苏庇路里乌玛差点儿把他自己的儿子送上了埃及法老的宝座。

那些曾经因饥荒、瘟疫、人口过剩、战乱逃离故土涌入埃及的流浪的游牧民族也开始挤入小亚细亚。他们中有些来自特洛伊，渡过爱琴海来到赫梯人的土地；有些来自海上，显然将赫梯海岸南部的岛屿塞浦路斯作为中转站。“从塞浦路斯来的船只排列成行，三次企图从海上发起攻击，”苏庇路里乌玛二世写道，“我消灭了他们。我控制了他们的船，并在大海中放火焚烧它们……这成群的敌人来自塞浦路斯。”[1]还有其他敌人渡过狭窄的博斯普鲁斯海峡侵入赫梯，这些部落来自希腊半岛北部的色雷斯，被称为弗里吉亚人（Phrygians）。

敌军数量庞大，而赫梯军队的人数很少。新来的入侵者们直接冲入苏庇路里乌玛二世的军队，撕碎了他们的防线并冲入了王国的中心。首都哈图沙被大火烧为白地，居民四散逃离，王庭成了一片废墟。

赫梯语在帝国南部边缘的几个城市幸存下来，迦基米施是其中最大的城市。在赫梯最后的边缘地区，赫梯众神还在保护着这些生命，但昔日崇拜他们的王国已不复存在。

在西部，“新月沃土”上的赫梯文明、迈锡尼文明与埃及文明滑入低谷，巧合的是，东边的势力突然崛起。几年后，当游牧民族和海上民族正忙着西扰时，亚述和巴比伦王国开始大放光彩。

在亚述，哈图沙遭遇劫掠后不久，提革拉毗列色（Tiglath-Pileser）加冕成为亚述国王。他的曾祖父、祖父和父亲都统治过亚述帝国的核心地带——最南端为亚述城，东北为埃尔比勒，西北为尼尼微的倒三角区域。这片土地面积不大，但是非常繁荣，并且易守

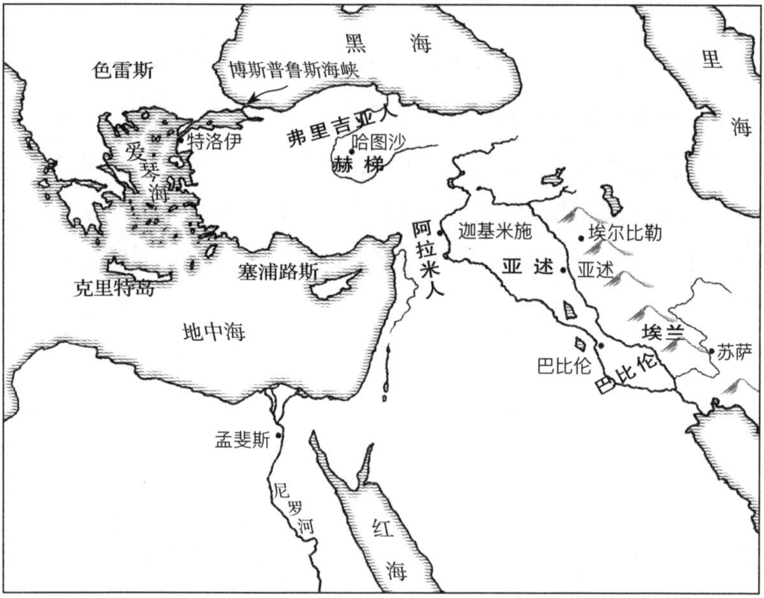


**地图 41-1　赫梯的灭亡**

难攻，拥有整个美索不达米亚最肥沃的耕地。所以，三位国王都很珍视它，竭力保卫它，使它免受外敌侵犯。

但是提革拉毗列色想要的不止于此。他是撒缦以色后一百多年间八代国王之后出现的第一位好战的国王。他抗击那些侵略者，并借机为自己开疆拓土。在不到 40 年的时间里，亚述恢复了往日的兴盛。

弗里吉亚人在以狂风之势席卷赫梯之后，向着位于西北方的亚述逼近。提革拉毗列色在早期的战争中曾经将他们打败，获得胜利。他的铭文吹嘘说他在北部底格里斯河谷击败了一支两万人的弗里吉亚人（他称之为“Mushki”）军队：“我让他们血流成河，血水从高山上流下来。我割下他们头颅，像堆粮一样把他们的尸体堆起来。”[2]

然后他继续向西北方开进，迎面抗击敌人的大军。“（我向那里进发，）古代国王的领土远至地中海海岸，他们从不知道臣服为何物，”他在自己的年鉴中说道，“我带领战车和勇士们越过陡峭的高山，走过崎岖不平的道路，我用青铜斧为战车和军队开辟了一条道路。我越过底格里斯河……我大败敌军……让他们血流成河。”[3]

提革拉毗列色前后征战 38 年。国王征服的城市越来越多，它们向亚述王宫纳税，服劳役，接受亚述官员的统治。[4]新征服的城市包括迦基米施，提革拉毗列色吹嘘只用“一天”就将其占领（当然，这是他自己铭文的记载）。[5]其他城市不战而降，它们的国王出城迎接提革拉毗列色的到来，并跪下亲吻他的双脚。[6]提革拉毗列色一路征战到地中海沿岸，他乘坐自己人划的猎鱼船（spear-boat）去猎捕海豚。[7]埃及法老拉美西斯送他一只鳄鱼当作礼物，提革拉毗列色把它带回亚述，放进自己的禁猎区。[8]他还建造了圣坛、堡垒和神庙，所有这些都意在表明亚述终于迎来了另一位伟大的国王。

亚述以南，巴比伦也即将迎来一位伟大的国王。

自 200 年前布尔那布里什的统治结束后，巴比伦和其周围的土地就一直无人统治，这位国王还曾与图坦卡蒙有过书信往来。在提革拉毗列色加在亚述登基三四年后，平庸的伊辛第二王朝终于出现了一位名叫尼布甲尼撒的有为君主。*

提革拉毗列色向西部和北部进军，而尼布甲尼撒一世则向东部进军。毕竟，马杜克神像仍然在苏萨的埃兰人手中；它已被夺

---

* 这位尼布甲尼撒一世不如与他同名的尼布甲尼撒二世那么声名显赫。尼布甲尼撒二世（公元前 605—前 561 年在位）占领了耶路撒冷，重建了巴比伦，并且（根据传说）为他思乡心切的妻子建造了巴比伦空中花园。

去 100 多年，在此期间没有一位巴比伦国王能凭借强大的实力将其夺回。*

尼布甲尼撒一世第一次入侵埃兰时遭遇大批埃兰士兵。他命令军队撤退，并巧妙地谋划了第二次突袭。他在盛夏时节进军埃兰，任何思维正常的指挥官都不会在这个时候发兵。巴比伦的士兵到达埃兰的边境，出其不意地抓住了边境巡逻的士兵，并在他们发出警报之前进入苏萨。他们洗劫了苏萨，闯入神庙，夺回神像，然后胜利返回巴比伦。

未等马杜克的祭司们向神灵表达愧疚之情，尼布甲尼撒一世马上就让书吏撰写了关于这次救赎的故事，当然还包括献给马杜克的赞美诗。故事、诗歌和祭品从王宫源源不断地送到马杜克神庙，最终马杜克位居巴比伦众神之首；在尼布甲尼撒一世统治时期，马杜克成为巴比伦的主神。[9] 在一个典型的循环推理中，尼布甲尼撒一世解释说，是他救出巴比伦的主神，所以他得到了巴比伦主神的青睐。第二王朝平凡的开端被遗忘，尼布甲尼撒一统治巴比伦的权力来自神授。

在这两位强大的国王的统治下，巴比伦和亚述势均力敌。边界争端冲突偶尔会升级为战争。亚述边境城镇遭到巴比伦士兵的洗劫，作为反击，提革拉毗列色率军闯入巴比伦并把王宫烧为灰烬。[10] 这听起来很严重，但实际上巴比伦离亚述边境太近，大部分巴比伦政府官员已经搬到了别的地方；这仍是一座圣城，但已不是权力中心。提革拉毗列色达到目的后便离开了巴比伦回到自己的国家。他并无

---

* 参见第 38 章。

意挑起全面战争。两个王国实力相当，并且还有更严重的威胁需要面对。

西部和北部的民族源源不断地迁入。提革拉毗列色不断地与边境的游牧民族发生战斗，这些人很快就和1000年之前的亚摩利人一样无处不在。这些人是曾经居住在西闪米特土地西北部的西闪米特人，因为有人从更远的西部大量涌入，他们被迫向东迁移。亚述人称他们为阿拉米人，根据提革拉毗列色的记载，为了击退阿拉米人的入侵，他曾向西方发动了28次战役。

巴比伦和亚述都遭遇了饥荒和干旱，农作物歉收和疾病困扰着余下的已知世界。王朝记录说提革拉毗列色统治的最后几年满是绝望和饥饿，亚述人不得不分散到周围的山上去寻找食物。[11]

巴比伦的处境也非常困难，随着尼布甲尼撒二十年统治的终结，这个城市的境遇变得更加艰难。《埃拉史诗》(Erra Epic)对城市的困境有所描述，在这首长诗中，马杜克抱怨他的雕像没有被擦亮，他的神庙年久失修，但他不能长时间离开巴比伦去亲自做这些事情，因为每次他离开这座城市，可怕的事情就会降临。现在这件可怕的事情就是另一位神埃拉的恶作剧，他那无可抑制的本性就是毁灭城市："我要毁灭这片土地，让它成为废墟，我要让牛倒下，也要让人倒下。"巴比伦遭受大风肆虐，就像一座"繁茂的果园"，果实还未成熟就已经干瘪。"为巴比伦悲哀啊，"马杜克哀叹道，"悲哀的巴比伦啊，我在那里播下种子，密集得有如松果，却没有任何收获。"[12]

干旱与农作物歉收造成了饥荒，倒下的人与牛又被鼠神之箭射中。疾病和饥饿使薄弱的城市防御雪上加霜。提革拉毗列色的儿子继位时，阿拉米人的问题变得非常严重，他被迫与巴比伦的新国王

**时间线 41**

| **希腊半岛** | **美索不达米亚和小亚细亚** | | |
|---|---|---|---|
| | 巴比伦 | 亚述 | 赫梯 |
| | | **撒缦以色一世** | **哈图西里三世** |
| 迈锡尼攻打处于第七个时期的特洛伊（约前 1260） | | **图库尔蒂-尼努尔塔** | **图特哈里四世** |
| | **卡什提里阿什五世** | | |
| 多利安人从北方涌入 | | **亚述纳迪纳普利** | |
| | | | **苏庇路里乌玛二世** |
| 希腊进入“黑暗时代” | 伊辛第二王朝 | | 哈图沙沦陷（约前 1180） |
| | **尼布甲尼撒一世**（前 1125—前 1104） | | |
| | | **提革拉毗列色**（前 1115—前 1076） | |
| | | **亚述贝尔卡拉**（前 1074—前 1056） | |
| | 阿拉米人接管巴比伦 | | |

签订了条约。两个王国希望一起击败共同的敌人。

这一努力失败了。没过多久，阿拉米人横扫整个亚述，除了帝国的中心，他们把一切都据为己有。他们也侵略了巴比伦，伟大国王尼布甲尼撒一世的儿子被阿拉米篡权者抢走了王位。

阿拉米人和多利安人一样，也不会书写。随着埃及陷入分裂无序的状态，黑暗也席卷了希腊半岛，类似的迷雾从古老的赫梯人的土地弥散到整个美索不达米亚。两河之间的这片土地进入黑暗时代，在此后 100 年左右的时间里，历史都没有走出这片黑暗。

# / 42

## 商朝的衰败

公元前 1075 年至公元前 1040 年间，中国出现王朝更迭，商亡周兴。

在东方，武丁在统治了 60 年后将王位传给了他的儿子。商朝的统治以兄传弟或父传子的方式延续着。商帝国的中心在黄河流域，国都依然是殷。

美索不达米亚的王国开始崩溃的时候，中国的王权也陷入了危机。

这个危机与尼布甲尼撒一世和提革拉毗列色所面临的危机极为不同。商王和他们的子民并没有遭到外敌入侵，商王的敌人是他自己的诸侯和贵族。

周部落位于商国土以西的渭水流域。他们并不完全是商王的属民，他们的首领“西伯侯”对商朝王室也是阳奉阴违。毕竟，他们的领土距离商的都城差不多有 600 千米。西周与商朝之间可以通过甲骨文来交流，它们使用相同的语言，拥有相同的习俗。[1] 但周的贵族忠实于自己的宗主，而非距离遥远的商王。叛乱开始后，他们听从西伯侯的指挥。

古代的史书非常清楚地说明，商王自己引发了叛乱。他们放弃了仁政，而仁政正是他们权力的根基（这一点与西方不同。西方是以军事实力为基础的）。

武乙是武丁后的第五代统治者，商在他当政时便初显败落之象。据司马迁记载，他藐视神灵：他曾经制作偶人，“谓之天神”，并与偶人博弈。当“天神不胜”时，他便对偶人进行侮辱。

这严重有悖于他担负的王室责任。甲骨的预言仪式越来越被看重，王室已成为祖先向今人传达神谕的中心。所有对祖先的提问均以君王的名义提出，君王负责传递神谕。所以，他对神权的嘲讽有违天道。

武乙罪有应得，在一次外出狩猎时被雷劈死了。随后，他的儿子和孙子相继即位（根据司马迁记载），在此期间国家继续衰败。后来，他的曾孙纣王继承了王位，商朝最终崩溃。

纣有雄才，司马迁称赞他天资聪颖，有口才，行动迅速，接受能力很强，而且气力过人，但这些天资都被用来施行暴政。司马迁写道：“（帝纣）知足以拒谏，言足以饰非；矜人臣以能，高天下以声，以为皆出己之下。好酒淫乐，嬖于妇人。”他嗜好喝酒，放荡作乐，于是加重赋税，捕捉大量的野兽飞鸟塞满了园林楼台；他贪恋美色，特别宠爱心肠歹毒的妲己，对妲己言听计从；他召来大批优伶，聚集在沙丘的宫苑，用酒当作池水，把肉悬挂起来当作树林，“使男女裸相逐其间，为长夜之饮”。[2]

他的荒淫无度伴随着残暴专制。那些被怀疑不忠的贵族遭受炮烙酷刑。纣曾经把一名大臣剁成肉酱，把另一名大臣制成肉干。王

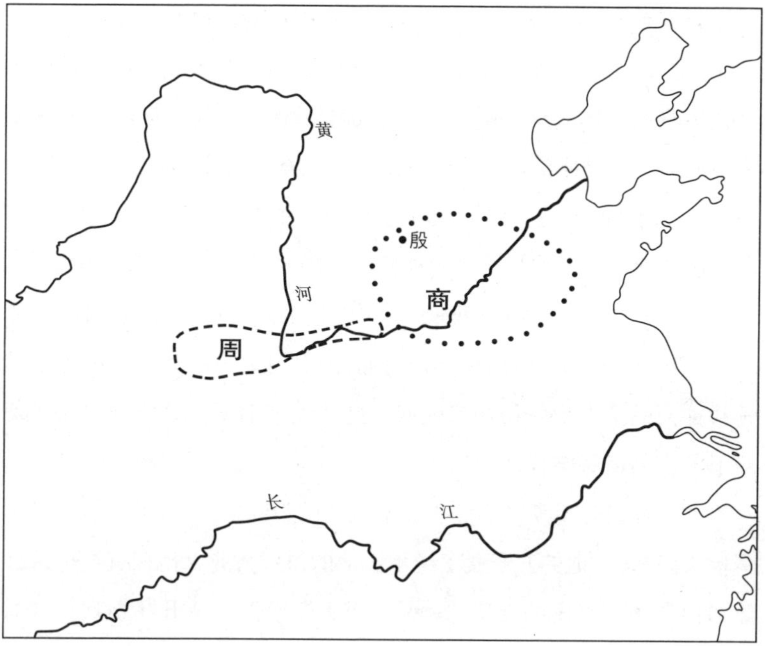


**地图 42-1 商和周**

叔比干曾极力劝谏，纣大怒说，在他听取谏言之前要验证“圣人之心有七窍”之说是否属实，于是剖比干，观其心。他的残暴变本加厉，无以复加。诸侯和贵族——那些拥有尊贵姓氏的人——对他充满了愤懑和仇恨。

最终，他一手埋葬了自己的王朝。西伯侯周文王在商都时，纣王派人监视他。探子回报文王听闻纣王的所做作为后“窃叹”，于是纣王将其抓捕，投入监狱。

文王的僚臣得知首领被抓，便投纣王所好，找来了美女奇物作为贡品献给纣王。纣王可能比较满意，便释放了文王。文王没有立刻返回家乡，而是努力把饱受纣王残暴压迫的臣民解救了出来。洛水向南汇入渭水，那里的土地非常肥沃。他向纣王提议，如果能废除炮烙酷刑，他就献出周族在洛水周围的沃土。纣王已经从囚禁文王中渔利，于是便接受提议将土地占为己有，放文王回家。

事实证明，纣王为自己埋下了祸患。文王归国后深受百姓爱戴，他们认为他仁德（用自己的土地换取人民的平安）又勇猛（史学家、哲学家孟子曾说过他身高两米）。[3] 回到西岐，他开始秘密组织反抗力量。司马迁写道："诸侯多叛纣而往归西伯。"商朝王宫里解读甲骨和神谕的圣人也纷纷加入他们，这些人带上了自己所有的礼器离开了王宫来到西部。

西伯那时已至期颐之年（孟子说他已100岁），去世之前未能率军攻入商都。[4] 他的儿子武王继承了他的讨伐大业。他拥有八百路封建诸侯和各部军士的支持，率领5万大军浩浩荡荡开往朝歌。纣王则派出自己的70万精兵迎敌。

两军在距朝歌30千米的牧野正面遭遇。无论怎样，商军应该可以打败势力相对孱弱的起义军，但周拥有两大优势。首先是战术：周贵族提供了三百辆战车，而商军则没有。[5] 其次是他们占有道德上的优势，反抗的是纣王的暴政。纣王的军士早已对他的残暴心生不满，纷纷准备叛逃。面对浩浩荡荡的周军，最前线的商朝军士立刻倒戈，后面的军队也跟着落荒而逃，商军阵脚大乱，整体溃败。[6]

纣王看到败局已定，便退回王宫，穿上玉制铠甲准备进行最后的抵抗。然而周的起义军追赶而至，烧毁了他的宫殿。最后，纣王纵火自焚，对于一个曾经大肆运用火刑折磨杀戮人的人来说，这真是一个"充满诗意"的结局。

这个故事对西伯的起义透露出些许不安气息。古代历史学家并

| 时间线 42 | | | |
|---|---|---|---|
| **美索不达米亚和小亚细亚** | | | **中国** |
| **巴比伦** | **亚述** | **赫梯** | |
| | **撒缦以色一世** | **哈图西里三世** | |
| | **图库尔蒂-尼努尔塔** | **图特哈里四世** | |
| **卡什提里阿什五世** | | | |
| | **亚述纳迪纳普利** | | |
| | | **苏庇路里乌玛二世** | **武乙** |
| 伊辛第二王朝 | | 哈图沙沦陷（约前 1180） | |
| **尼布甲尼撒一世**（前 1125—前 1104） | | | |
| | **提革拉毗列色**（前 1115—前 1076） | | **纣** |
| | | | 周文王 |
| | | | *周朝*（前 1046—前 256） |
| | | | *西周*（前 1046—前 771） |
| | **亚述贝尔卡拉**（前 1074—前 1056） | | |
| 阿拉米人接管巴比伦 | | | **武王** |

没有为他推翻了暴君而大唱赞歌，武王也没有夸耀自己一统神州，或将敌人的头颅悬于城门。他广受赞誉不是因为他的战斗能力，而是因为他恢复了秩序。

周的起义不完全属于子民抗命。起义之前，商王其实对周拥有一定的权威。一方面，西伯本身虽为一方之主，但商王还是能把他囚禁并索取高额赎金。另一方面，当西伯向纣王献出土地时，纣王兴高采烈地将之作为礼物接受，而不是愤愤不平地指出自己早应拥有。

但古代历史学家还是被迫为周的叛乱正名。周和商为同宗文化，他们之间的战争就像埃及早期塞特和奥西里斯之间的战争那样让人尴尬。因此，第一位周王必须是一位推翻暴君的贤德明君，而不是一个不尊法纪的属民，他开启了一个新的时代。出于这个原因，周朝的开国之君不是得胜的武王，而是他的父亲，因为他饱受无妄牢狱之灾，甘愿为他的子民献出土地。是他而不是他那善战的儿子，被视为第一代周王。商朝的统治并不是终结于王宫被焚的那一刻，而是终结于早些时候贵族和卜官的弃商投周。商朝被取代并不是因为外敌入侵，纣王自身的残暴导致了他的灭亡。对于中国的史书作者来说，腐败始于内部。

周武王以贤德著称，但还是割下纣王的头颅，用长矛穿起，悬挂于朝歌城门之外宣誓自己的王权。旧秩序随着大火灰飞烟灭，新秩序随后而至。

# / 43

# 大卫的子孙

公元前 1050 年至公元前 931 年间，希伯来人建立了国家，埃及则恢复了其实力。

在西闪米特人居住的地中海东岸，有一个部落逐渐定居下来，这个部落曾经是“海上民族”的一支，并且入侵过埃及。他们定居的地方逐渐发展为城市，这些城市大致结成了一个联盟。这个联盟中最强大的城市是迦萨（Gasa，今称加沙）、迦特（Gath）、亚实基伦（Ashkelon，今称阿什凯隆）、亚实突（Ashdod，今称阿什杜德）和以革伦（Ekron）。埃及人称他们为派莱赛特（Peleset），他们的邻国称他们为非利士人（Philistines）。

非利士人没有文字，这意味着有关他们的历史都是通过他们敌人的史书呈现在我们面前的；因此不难理解为什么他们总是被描述为粗鲁、野蛮而又愚昧的。但非利士人留下的文物表明他们的文化大部分的确是外来的。非利士人的陶器是迈锡尼风格的，他们的方言很快为迦南方言所取代；即使入侵埃及以失败而告终，埃及文化

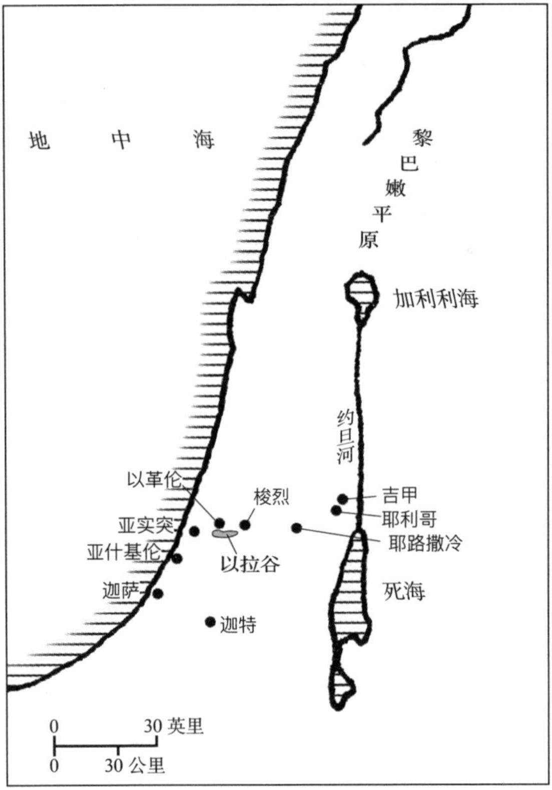


**地图 43–1 以色列人和非利士人**

依然渗透到非利士人的文化之中。他们埋葬尸体的棺材盖是黏土制的，雕刻得很像埃及的石棺，上面刻有人脸，还刻有短得不成比例甚至无法抱在胸前的胳膊。这些仿埃及石棺上面还装饰有象形文字，写下这些文字的人应该经常看到埃及石棺上的符号，但是不知道那些符号是什么意思，因为那些象形文字没有任何具体意义。

非利士人定居的五大城市的势力范围很广，覆盖了南部地区西闪米特人所有的领地。从他们定居下来的那一刻起，就有人与他们争夺这片土地，这些人是亚伯拉罕的后裔。

希伯来人离开埃及以后，从国际舞台上消失了数十年。根据他们自己的叙述，他们在沙漠里游荡了四十年之久，迎来了新一代希伯来人登上舞台。这四十年间没有关于希伯来人的历史记载，但是在《圣经》中至关重要。在《出埃及记》中，上帝把希伯来人聚集在西奈山周围，并且赐予他们“十诫”，刻在两块石碑上面——上帝和希伯来人两个立约方各执一块石碑。

这是希伯来人全民认同的准则，这一准则也带来了之后政治上的重组。之前几百年里，希伯来人曾追溯其祖先是亚伯拉罕及其十二位曾孙。现在有了上帝的指引，他们的领袖摩西在普查人口之后列出了希伯来人所有的部落和家族。他们被分成十二个支派，每个支派都以亚伯拉罕曾孙的名字命名，并追封其为先祖。犹大支派是当时规模最大的一个支派，成年男子人数接近 75 000 人；最小的支派是玛拿西，其成年男子人数不及犹大支派的一半。*

正式承认十二支派是为下一步做准备。希伯来人一路向南，已经来到了西闪米特人领地的南部边境。摩西死后，摩西的助手约书亚成为希伯来人的头领。在约书亚的带领下，希伯来各支派占领了

---

* 实际上希伯来人共有十三个支派：流便、西缅、利未、犹大、以萨迦、西布伦、以法莲、玛拿西、便雅悯、但、亚设、迦得和拿弗他利。准确地说，雅各的十二个儿子——也就是亚伯拉罕的曾孙——是流便、西缅、利未、犹大、以萨迦、西布伦、迦得、亚设、约瑟、便雅悯、但和拿弗他利。然而，流便因为与父亲的妾室辟拉通奸而失去了长子的名分，辟拉是其同父异母的兄弟但和拿弗他利的生母。流便的父亲雅各决定收养约瑟的两个儿子以法莲和玛拿西，让他俩成为支派的先祖；这样一来，雅各临终前祝福的依然是十二个“儿子”以及他们的家人。尽管如此，流便一族仍然是希伯来人的一个支派。保持十二个支派的说法是因为以下两种不同的支派命名策略：出于招募士兵或是分配土地的目的为各支派命名时，利未一派没有被包括在内，因为利未支派所有的男子都去做了牧师，他们既没有去参军也没有分配到土地；而为各支派追封先祖时，利未一派成为其中一支，但是以法莲和玛拿西两支各算半个支派，因为他们是“约瑟儿子的后裔”（见《民数记》1：20—53）。

**图 43–1 非利士人的棺材**

来自 Deir el-Ballah 墓地的“埃及式”棺材。耶路撒冷，以色列博物馆。
图片来源：Erich Lessing/Art Resource，纽约

沿海的土地，“从旷野和这黎巴嫩，直到伯拉大河（幼发拉底河），赫人的全地，又到大海日落之处”[1]。

约书亚带领他的追随者来到了死海东部，沿着死海到达其北端，然后横渡约旦河：这条河是西闪米特王国的边界线。然后他下令让所有成年希伯来男子割包皮，因为 40 年来沙漠地区的割礼仪式早就不为人重视了。对于战役来说，在一开始颁布这样的法令或许不是最好的选择，因为需要走很远的路，但是约书亚希望他的子民能明白他们要做的是什么事情：征服迦南是为了履行亚伯拉罕的承诺（亚伯拉罕是 600 年前出现的第一个犹太人，也是第一个让儿子实行割礼的人）。

他们的主要军事目标是耶利哥，这是约旦河以西的第一要塞，

周围有高大的城墙和岗楼。根据《圣经·约书亚记》记载，战斗结束前，希伯来人每天围着耶利哥的城墙绕行一次，一直持续了六天。到了第七天，他们列队围着城墙一边绕行一边吹号，一直绕了七圈，然后城墙便轰然倒下。希伯来人踏着坍塌的城墙一拥而进，屠杀了所有的生灵：男人、女人、孩子、牛羊，还有驴。

整座城市被夷为平地，被洗劫一空，约书亚又对这个城市加以诅咒。两百年后，耶利哥城仍然无人居住。[2] 6000 年来，耶利哥城的居民一直在塔楼里瞭望，等待不可战胜的敌人出现在视线中，然后一头撞在高大的城墙前，一筹莫展。

敌人终于到来，城墙却倒塌了。

年迈的约书亚去世，他一生都在行军征战中度过。他去世的时候，希伯来人的领土南至别是巴（Beersheba，今称贝尔谢巴），北至基尼烈（Kinnereth），西至基列的拉末（Ramoth-Gilead）。基尼烈位于一个小湖的北岸，而这个小湖就是后来的加利利海。这些领土被划分给各个支派。约书亚之后的继承人并不是某一个首领，而是一群领头的士师和先知，由他们来告知希伯来各支派——现在已经是以色列国——上帝的旨意是什么。*

但是迦南的大部分领土依然未被征服。一方面，非利士人拥有的领土从以革伦一直到地中海沿岸，他们不愿意对任何外来者让出一寸领土。在以色列被士师统治的这几年里，以色列人对非利士人发动了一次又一次的战争。[3]

---

* 希伯来人定居迦南以后就开始使用“以色列”作为国名，这个崭新的名字是上帝的使者送给雅各的，当时希伯来人正在毗努伊勒苦苦挣扎；以色列就是与神抗争的意思。

我们无法确定约书亚带领希伯来人入侵西闪米特人的领土的时间，因此，我们也不可能确定具体是在何年何日士师带领以色列士兵对抗五大城市的领主的。* 士师中最著名的当属力大无穷的参孙（Samson），他应该是在公元前1050年左右统治整个区域。当时埃及处于第三中间期，阿拉米人统治着美索不达米亚，更遥远的东方则处在周朝的统治下。

在参孙统治的时期，非利士人非但没有被征服，反而逐渐渗透到以色列人的领土内。在南方，非利士人和以色列人开始混杂在一起；参孙甚至娶了一个非利士女人，这让他虔诚的双亲失望至极。（“什么？我们自己人里难道就没有合适的女人吗？为什么你非要娶一个来自不行割礼的部落的女人呢？”）娶这个非利士女人为妻最终被证明是个错误。参孙在一次与岳父争吵后放火烧了非利士人的葡萄园和庄稼地，非利士人起了报复之心，这给以色列人招来了横祸。“难道你不知道是非利士人在统治着我们？”他们责问道，“你究竟想干什么啊？”[4]

这似乎表明，在动荡的两国关系中，是非利士人而不是以色列人占据了上风。但非利士人并没有真正统治以色列的土地。参孙在作为以色列士师的二十年里，多次发怒杀害了数百个非利士人，而非利士人一直都没有足够的实力与他对抗，于是他们安排了一个名叫大利拉的妓女接近他，而大利拉最终出卖了他。大利拉之前居住在“索烈谷”（Valley of Sorek），也就是非利士和以色列的边界地区。参孙被设计抓住，并被挖去了双眼。非利士人把参孙拖到了五大城

---

* 与摩西出埃及一样，这次征服几百年来也被赋予了各种各样的日期，也有一些学者完全否认其真实性，他们基于考古证据，更倾向于希伯来人是逐渐侵人的。由于尚无明确证据，争论还会继续下去。关于约书亚的记载是我们了解以色列王国在迦南建立过程的主要途径。

市中最强大的城市迦萨。在一个节日里祭祀他们的主神大衮（大衮鱼神反映出非利士人最初是爱琴海的一个海上民族）时，非利士人把参孙带出来加以戏弄，而参孙用尽全身力量把大衮神庙的柱子拉倒，把自己和3000个非利士人全部压在底下。《圣经·士师记》这样写道："参孙死时所杀的人，比活着所杀的还多。"[5]

这种皮洛士式胜利反映出当时两方的僵持状态。非利士人袭击以色列人的村庄，以色列人烧毁非利士人的田地，双方抓到偶尔跑到自己领地上狩猎的人以后都会直接杀掉。没有任何一方是胜利者。在政治上，两国的头领都是优柔寡断的人。非利士人的领主中没有一个人可以把五大城市的军队聚拢在一起听从自己的指挥，以色列的士师尽管是神学的权威，但是更加没有实力。"那时，以色列中没有王，"这是《士师记》里反复重复的一句话，"各人任意而行。"

最后，以色列人终于受够了这样的情况，强烈要求像其他国家那样有一个国王。他们大概想起了埃及这个国家，埃及国王曾经击败非利士人。他们想推选一位十分高大的便雅悯人（Benjamite）做他们的国王和将军，此人名叫扫罗（Saul），这样一来扫罗就可以带领他们战胜敌人了。

他是由以色列的最后一位士师撒母耳（Samuel）膏立为以色列第一位王的，撒母耳当时年事已高，心力交瘁，他认为王权是一个巨大的错误。"他会把你们的儿子拉到他的军队里去，"撒母耳警告以色列人说道，"他必派你们的儿子为他赶车、跟马、奔走在车前；又派他们做千夫长、五十夫长，为他耕种田地，收割庄稼，打造军器和车上的器械；必取你们的女儿为他制造香膏，做饭烤饼；也必取你们最好的田地、葡萄园、橄榄园，赐给他的臣仆……那时，你们必因所选的王哀求耶和华，耶和华却不应允你们。"[6]

尽管撒母耳这样警告世人，扫罗还是被立为王，成为以色列的首领。即位之后，他立刻发动了一次对非利士人的战争。

不幸的是，留在以色列的非利士人在限制武器问题上步步紧逼。《撒母耳记》这样写道："以色列全地没有一个铁匠。因为非利士人说：'恐怕希伯来人制造发枪。'"[7] 而非利士人却独揽打铁的特权。以色列人如果想要犁或是锋利的斧头，就必须到非利士人的地里干活来换取他们手中的铁器。*

因此，当扫罗把其他支派的士兵召集到他的新王室军队旗下时，只有他和他的儿子约拿单（Jonathan）手中有剑可用，其他所有人都是手持锄头和干草叉。非利士人则聚集了3000辆战车、6000名战车御者（每驾战车上有两名御者，一个负责驾车，另外一个就可以解放出双手来负责打仗），还有无数名士兵："像海边的沙那样多。"以色列的军队寡不敌众，又根本没有武器可用，因此士兵们纷纷四处躲藏起来。扫罗躲在耶利哥北部的吉甲，身边只剩下600人。在扫罗残留的地盘上，以色列人和非利士人进行着游击战以及一系列没完没了的战斗。

在那些没完没了的战斗中，有一场发生在犹大统治的领土的西部边缘，一个名为以拉谷的地方。这场战争持续了很久，于是非利士人提出了一个新的方式来结束这种争斗。双方各选一名善战的士兵进行对战，失败一方的领土归获胜一方所有。

非利士人肯定是希望以色列的新头领扫罗上前应战。非利士人

---

* 公元前1000年，就在大卫王国崛起的时候，古代近东地区开始进入历史上的铁器时代。人类学家提出，制铁工艺是在多利安人侵时沿着海岸线从迈锡尼向东传播过来的。科林 · 麦克伊夫迪指出，这与"《圣经》中的故事并不冲突。在《圣经》中，非利士人禁止以色列人制造任何铁器，从而使以色列人在军事上一直处于劣势"（《新企鹅古代历史地图集》，第48页）。

选出的是一个身高 3 米的巨人，这种身高几乎不可能，但他可能的确非常高（偶有书稿记载他的身高为 2.1 米，而并非 3 米），而扫罗本人也是以身高著称。非利士人选出的巨人名叫歌利亚，他全副武装，而且自小善战，显然非利士人是在赤裸裸地炫耀自己的优势。*

扫罗并不打算亲自对战这位巨人，而另外一个以色列人上前应战。此人名叫大卫，来自犹大支派，大卫家兄弟三人都加入了扫罗的军队，他是其中最年轻的一个。大卫深信上帝与他同在，手拿机弦走上前去，用一块石头击中歌利亚的头部，歌利亚倒地不省人事，大卫就用自己的剑割下了这个巨人的脑袋。当非利士人看见他们的英雄死了时，他们转身就逃跑了。以色列人蜂拥而上，呐喊着去追赶非利士人，一直追到了迦特和以革伦城下。通往迦特和以革伦的路上到处都是非利士人的尸体。[8]这次胜利使大卫深受人们爱戴，扫罗担心大卫会成为王位的争夺者，于是决定除掉他。

大卫为了保住自己的性命，逃到了非利士人的领土上。他在这片土地上像是一个双重间谍：他一面将远方的非利士城市洗劫一空，一面又将战利品交给雇用他的非利士人，他还绘声绘色地向那些非利士人编造谎言，说那些以色列的领土已经为他所征服。扫罗在一次与非利士人的惨烈战斗中死亡，大卫返回以色列登基为王。

大卫决心不仅要把十二支派融为一体，而且要建立一个王国。他的第一个行动是围攻耶路撒冷城，这个城市一直未被征服，处于西迦南人的统治下。《圣经》中把西迦南人称之为“耶布斯人”

---

* 历史上个子最高的人是罗伯特·瓦德罗（Robert Wadlow），他身高 2.72 米。在撰写这部书时，世界上现存最高的人是乌克兰人莱昂尼德·斯塔德尼克（Leonid Stadnik），身高 2.54 米，而且他的身高还在不断增加（这是由于他的脑垂体机能紊乱）。人不可能拥有 3 米的身高，或许这就是身高的极限了；而在那个时代，以色列人的平均身高为 1.68 米，身高 2.1 米就足以令人震惊了。

（Jebusites），他们是西闪米特人和阿拉伯半岛移民结合的后裔。* 大卫占领耶路撒冷时是带兵从城墙下岩石中的排水井进入这个城市的，之后他开始重建耶路撒冷。

大卫把十二支派归于自己的统治之下，并且扩张了领土。他带兵到东南方，击败了以东人（Edomites），这个民族之前控制着远至红海的土地；他击败了死海另一端的摩押各部落，以及摩押北方约旦河对岸的亚扪各部落；他还一举击败了非利士人，因为非利士人听说大卫掌权后，立刻举兵进攻以色列（毫无疑问，这个双重间谍欺瞒了他们这么久令他们十分恼怒）。非利士人的霸主地位就此结束。他们权力的鼎盛时期维系了不到 100 年。

大卫王国的非凡之处不仅在于以色列领土的扩大，直至占领了西闪米特人所有的领土，而且他还做了之前的领导人从来没有尝试过的事情：与其他国家的领导人建立友好关系。

他最有力的联盟是与推罗（Tyre，今称“苏尔”）王的结盟，推罗王就是众所周知的希兰（Hiram）。推罗位于地中海东北部沿岸（现在的黎巴嫩境内），之前西闪米特人的一支曾居住于此，他们逃离了离海岸较远的家乡西顿（Sidon），把推罗建成了强大的城市。而这一支西闪米特人之所以逃离家乡，是因为当时“海上民族”在去往埃及的路上把西顿城洗劫一空。这些“西顿人”在推罗定居下来，还有少数定居者来自爱琴海的入侵者“海上民族”；推罗的寺

---

* 在近东政治的措辞中，耶布斯人的身份已经成为一个敏感问题：巴勒斯坦民族权力机构主席亚西尔 · 阿拉法特称自己是耶布斯人的后裔，并坚持认为第一位伟大的犹太国王大卫以武力夺走了耶路撒冷这个本该属于他们民族的城市。[ 阿拉法特这一宣言在多处有所记录，包括埃里克 · 克莱因（Eric Cline）的《耶路撒冷围城：从古代迦南到现代以色列》（*Jerusalem Besieged: From Ancient Canaan to Modern Israel*）]，以色列官方对此也有所回应，举办各种活动庆祝大卫兴建耶路撒冷（克莱因，第 11—12 页）。

庙和非利士人的寺庙很像，供奉大衮鱼神，这表明他们拥有共同的祖先。在大卫统治时期，西顿又被攻占，而攻占西顿的这些部落同样也占领了推罗和古代的贸易城市比布鲁斯。他们是西闪米特人和爱琴海的“海上民族”结合的后裔，被称为腓尼基人。[9]

历史上没有名为腓尼基的国家，也没有名为腓尼基的帝王，沿海一带几个独立的腓尼基城市因为拥有共同的文化和语言而联合在一起；腓尼基人的文字是第一个形成字母表的文字。腓尼基人出售一种最有价值的本地资源，基本上实现了贸易垄断：他们从附近的山上砍伐香柏木，然后运送到埃及、以色列还有其他更远的地方。大卫把王位传给他的儿子所罗门（所罗门继承王位之前经历过一些争夺，以色列之前还没有世袭君主的传统），与推罗进行贸易往来也让所罗门开始在西闪米特人的土地上建造前所未有的宏伟建筑。

在《圣经》中，所罗门是一位追寻智慧之人，他把大卫的王国重新分为十二个行政区，而且他并没有完全按照之前十二支派的边界线进行划分。他希望打破旧的支派界限，以避免不同支派可能引发的内部之争。他改革了税收制度，竭尽所能扩张领土。他还建造了一座规模宏大的圣殿：这座圣殿高 14 米，建造用的石料全都是从远方开采来的，铺以雕花的香柏木，又以金子包在表层，眼所能及之处尽是珍宝。以色列的神需要一个圣殿，而所罗门打算为其建造一座最好的圣殿。

这也是所罗门平时为人处事的特点。在这一点上，他与他的父亲截然不同。大卫是一个不修边幅且好争斗的莽撞之士，也是一位魅力非凡的领导者，他曾手刃数百敌人，却又不愿处决背叛自己的人，除非自己不能无视那种背叛。他会在公众面前弹奏竖琴，或是突然欣喜若狂地手舞足蹈起来。他纯粹的人格力量既可以让人狂热地崇拜他，又可以让人疯狂地仇恨他；他有三个手下曾经冒着失去自由和生命的危险踏上非利士人的领地，只为了从大卫出生地不远处的一口井里为他取水。

所罗门则并非如此。他是一个执迷于规模大小的首领，他决心所有的事情都要做得比他那位著名的父亲更大更好，他还决意把一个用流血赢得的国家变成一个生活安逸且井然有序的王国。如果生活在近代的话，大卫就好比是美国西部边疆的传道士，口说方言，生活在不切实际的幻想中；所罗门就像是个郊区大教堂的牧师，把越来越多的人群带到他那豪华的大殿里，让他们深信其帝国的繁荣强大正是上帝赐福的证明。所罗门之后再没有任何帝王能够对以色列人产生如此之大的影响，但是那些为所罗门冒生命危险的人之所以这么做，并非出于对他的热爱。

所罗门的马厩拥有 12 000 匹马，他庞大的宫廷每天消耗数吨的面粉。[10] 他的权力如此之大，以至于可以和法老相提并论。事实上，所罗门的王国所统治的西闪米特人地区之前就是属于埃及的，所罗门还娶了一位埃及的公主；埃及当时已经不复旧日的辉煌，之前法老肯定不屑于让皇室的女儿远嫁他国。[11] 所罗门还与更多的国家结盟。他一面与推罗王希兰结盟，一面安排在比布鲁斯建造自己的船只。他无法征服遥远的迦南人，于是就与他们联姻。他甚至接待了一个来自阿拉伯的使团，率领这个使团的是古代最著名的女王。

《圣经 · 列王纪》记载：“示巴（Sheba）女王听见所罗门王的名声，就来到耶路撒冷，要用难解的话试问所罗门。跟随他的人甚多，又有骆驼驮着香料、宝石和许多金子。”

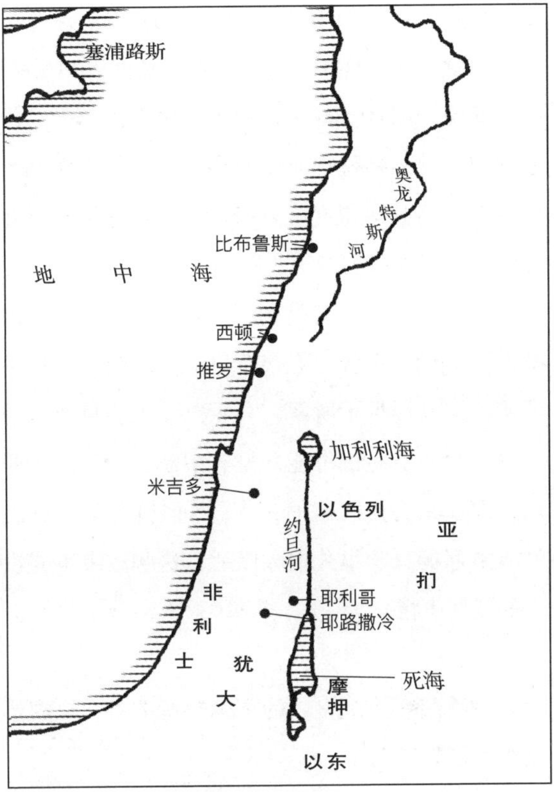


地图 43–2　以色列及其周边王国

示巴女王是阿拉伯半岛古代史的漫漫黄沙中浮现而出的第一人，在古阿拉伯时期她也几乎是唯一一位能在史上留名并且相貌为人所知的人。成群结队的商人越来越频繁地去往西闪米特人的国度，或许示巴女王当时带领的也是这样的一个商队；她带去了香料、黄金和宝石，离开时也带走了“一切所要求的”，而且所罗门王额外给予她丰厚的馈赠。[12]

显然，阿拉伯半岛周边地区的贸易、冶金与编织品制造业在很久之前就已经出现了。美索不达米亚诸王归根结底是2000年前从波斯湾北端一路迁至位于阿拉伯半岛东南部的马根铜矿山区的。在更遥远的北部，阿拉伯海岸充当了船只的中转站，这些船只从美索不达米亚一路驶向印度诸港口。人们在这里交易并定居下来，这些地方就逐渐发展成为城市。[13]

对于阿拉伯半岛南端，我们了解得更少，因为现存的古代碑文都无法确定其年代。但很有可能是阿拉伯半岛南部的示巴王国派出了使者团去拜见了所罗门。示巴女王会见所罗门之后，以色列和阿拉伯之间的贸易很可能并没有中断，约旦河以西地区的一个古代祭坛上面就刻有古阿拉伯文字。[14]但所有关于示巴女王这个神秘人物的故事都撰写于很久很久以后，这些故事也并没有向我们讲述示巴人的任何事情。

所罗门在建造自己的帝国时留下了一道裂痕，这道裂痕最终使这座大厦轰然倒塌。

为了打造自己的神殿和宫殿，所罗门征用了三万名以色列男人做劳力。虽然这些征用来的劳力可以拿到报酬，但他们是被强制参加劳动的，他们每隔两个月就必须要为所罗门做一个月的劳力。同时，他们还要耕种自己的农田和葡萄园。所罗门要求所有行政区每年都要用一个月供养庞大的宫廷（为宫廷提供数以千计的名贵马匹、奶牛、绵羊、山羊、鹿、羚羊，还有鸡）。由于宫廷的规模不断扩大，因此所有行政区都要花上越来越长的时间才能满足宫廷的需要。在一些地区，人们要花半年的时间才能满足所罗门的要求，而另外半年他们则要辛苦劳作养活自己。

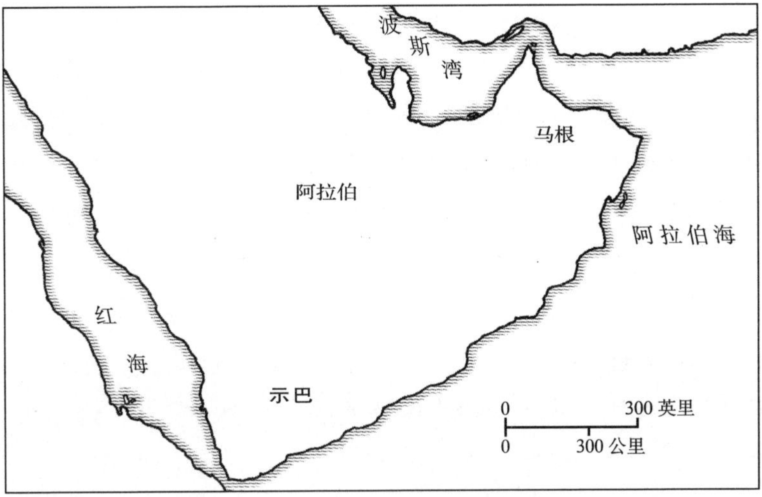


**地图 43-3 阿拉伯半岛**

宫廷规模不断扩大，部分是所罗门政治联姻造成的。根据史书记载，他的七百位妻子都有王室血统，都是为了各种结盟而娶的。而娶三百妾室理由就没有那么充分了，因为所罗门娶这三百个女人是没有任何政治目的的；妻妾众多反映了所罗门欲望的无穷无尽。

他这种无止境的欲望使以色列变得空前强大，以至其他君王不远万里前来拜见；然而他这种欲望也毁了以色列。所罗门建造神殿和宫殿的计划使国家背上了沉重的债务，尤其是欠下腓尼基人的国王推罗王希兰巨额债务。所罗门没有足够的现金可以支付他造船用的杉树、松树以及黄金的花费，于是他把加利利的 20 座城送给希兰用来抵债[15]——这是他的王国北部边缘的一大片领土。

这种情况对于双方而言都没有好处。希兰看过这些城市之后，给它们取名为“一无是处之地”，以色列北部的人们则勃然大怒。

所罗门是一个来自南部地区的国王，他来自强大的南部犹大支派；对于北方那些小支派而言，所罗门大兴土木、向他们征收沉重税赋，让他们不堪重负，之后他为了解决自己的麻烦送出 20 座北方的城市，却不愿伤及自己的故土。

他们在所罗门一名手下的带领下开始了一场起义，这个北方人名叫耶罗波安（Jeroboam）。以法莲的一位先知膏立耶罗波安为王，所罗门得知起义愈演愈烈，于是派出一队人马进行暗杀；耶罗波安一路逃至埃及，并且留在了那里，直到年迈的所罗门——此时他已经在位 40 年——去世。所罗门留下的是一个庞大、富有，却已分崩离析并且充满了不满情绪的国家。

于是耶罗波安立刻回到了自己的国家，组成了代表团去见所罗门的继承人罗波安（Rehoboam），要求他进行改革：减少税收，减少征用劳力。罗波安反过来向两个议院征求意见，从吉尔伽美什开始，两个议院就协助君王治理国家。一个议院的成员较为年长，经验丰富且行事谨慎，他们建议罗波安改变所罗门的政策，少一些专制，多给人们一些自由；另一个议院的成员较为年轻，他们建议罗波安行使自己的权力。那些较为年轻的议院成员建议道："王要对他们如此说：'我的小拇指比我父亲的腰还粗。'"

罗波安喜欢这个建议，这也许揭示了某些悬而未决的问题。当代表们返回时，罗波安发表了一篇演说，这可能是历史上最不明智的政治演说："我父亲使你们负重轭，我必使你们负更重的轭。"这一演说立刻引发了严重的政治后果：原本就感到不满的北方支派宣布独立，并立其北方的领袖耶罗波安为王。

只有犹大支派，也就是大卫故乡的人，以及另外一个相邻的小支派便雅悯依然效忠于大卫子孙。以色列联合王国持续了不到两代人。

埃及人此前就注意到了以色列联合王国的弱点。埃及此时正经历着短暂的复兴。

由于第三中间期开始于公元前 1070 年左右，当时埃及已经被内战搅得四分五裂。阿蒙的大祭司跟随赫利霍尔的脚步，统治着底比斯以南的地区，第二十一王朝的法老则统治着三角洲城市坦尼斯（Tanis）以北的地区。坦尼斯的法老拥有王室血统，但是由于之前历代法老移交给阿蒙神庙大量的土地，因此大祭司掌控着大部分的财富。《伊利亚特》对他们的巨大财富也有所描述，阿喀琉斯在拒绝攻打特洛伊时咒骂阿伽门农道：

> 滚下地狱去吧！
> 我讨厌他的礼物，
> 这对于他来说一文不值。
> 就算给我的东西是他所有的十倍甚至二十倍……
> 就算他承诺给我埃及底比斯所有的财富，
> 这是世界上最富有的城市，
> 这座城市拥有一百座大门，每座城门中都会瞬间
> 冲出二百名武士，他们驾着车马奔腾而出。[16]

大祭司们利用这些财富来控制南部地区；他们从利比亚雇佣军队来维持自己的统治。这些利比亚“雇佣兵”就是美什维什人（Meshwesh）。[17]“美什维什的伟大首领”舍顺克（Sheshonq）就是一名来自利比亚的武士，他是个野心勃勃的人。虽然他掌管着北部

的军队，但他为了与南部结盟，设法让儿子娶了坦尼斯的统治者普苏森尼斯二世（Psusennes Ⅱ）的一个女儿。法老普苏森尼斯二世在位十四年，但基本上毫无作为。普苏森尼斯二世去世后，舍顺克要求行使婚姻赋予他的继承坦尼斯王位的权力。舍顺克当时已经成为底比斯大祭司强有力的臂膀，因此没过多久他的权力就扩张至埃及的其他中心城市。

舍顺克的下一举措暂时统一了埃及，使埃及相对稳定下来：他出价收回了一部分之前原本属于埃及的土地，使埃及再现了昔日的辉煌。与此同时，由于以色列和犹大支派已经各自独立，其力量被大大削弱，纷争不断，于是舍顺克把目光又转向了西闪米特人的土地。

他率兵沿着海岸线北上，打败力量薄弱的非利士人，然后直接围攻耶路撒冷。“罗波安王第五年，埃及王示撒（即舍顺克）来攻取耶路撒冷，夺了耶和华殿和王宫里的宝物，尽都带走，又夺去所罗门制造的金盾牌，罗波安王制造铜盾牌代替那金盾牌。”[18]

但是，耶路撒冷的城墙丝毫没有损坏。换句话说，罗波安用神殿里的宝物收买了攻城的敌人。除了约柜之外，一切有价值的宝物都被带到了埃及。罗波安很有可能也被迫发誓臣服于埃及，正式成为埃及国王的臣民。

从舍顺克的浮雕里我们可以看到，他之后又向更远的北方进军，征服了北部的王国。耶罗波安之前曾在埃及躲避所罗门的暗杀，现在却发现自己选错了庇护之所。他寡不敌众，舍顺克集合了 1200 辆战车和 6 万名士兵，这些人马主要来自南部的利比亚和库什。

耶罗波安逃走了，保住自己的性命等待东山再起。舍顺克率兵到达以色列的米吉多以后停下了脚步。他已经到达了图特摩斯三世

**时间线 43**

| **埃及** | **西闪米特人的领土** | |
|---|---|---|
| | 非利士人建立早期定居点 | |
| **麦伦普塔赫**（前 1212—前 1202） | | |
| | 希伯来人的征服（不确定） | |
| *第二十王朝*（前 1185—前 1070） | | |
| **塞特纳赫特**（约前 1185—前 1182） | | |
| **拉美西斯三世**（约前 1182—前 1151） | | |
| 海上民族入侵 | | |
| **拉美西斯四世至拉美西斯六世** | | |
| **赫利霍尔**（约前 1080—前 1074） | | |
| 第三中间期（前 1070—前 664） | **参孙** | |
| *第二十一王朝*（坦尼斯） | **扫罗** | |
| | **大卫** | |
| *第二十二王朝*（前 945—前 712） | **所罗门** | |
| **舍顺克一世**（前） | **犹太** | **以色列** |
| | **罗波安**（前 931） | **耶罗波安** |

半世纪前所征服的城市，已经达到了自己的目的，在他的统治下埃及已经重返辉煌，于是他率兵返回。舍顺克死后，在他后代的统治下南北埃及又维持了一些年的统一。

舍顺克的四面出击让他的王国变得四分五裂，疲惫不堪。在之后的几百年里，这个国家一直分为两个部分：南方的犹太王国，由大卫的后代统治着；北部的以色列王国，其政局一直不太稳定，每两三代人之后就会有一位新的武士首领掌权。

# / 44

# 天　命

公元前1046年至公元前922年间，中国周朝的帝王将天命当作帝国扩张的理由，但这种做法存在诸多弊端。

虽然周武王是周朝第一位真正的君王，但是周文王（在彻底灭商之前不幸去世）很快成新朝代象征性的创始人。很久之后，孔子评论说，歌颂古代圣王的乐曲可谓尽善尽美，而歌颂周武王的乐曲则是“尽美矣，未尽善也”。[1]孔子认为周武王举兵占领商都有损帝王神圣的权威。

没有人希望回到商朝的统治之下，但是周武王的新王朝仍然需要证明其正当性。司马迁记载，在其统治之初，周武王竭尽全力地弥补商纣王种种暴行带来的恶果；他“偃干戈，振兵释旅，示天下不复用也”[2]。其意图在于弥补武力登基的消极后果。

这不仅是仁德的体现，而且是必行的政策。为了保全其权位，周武王不能全靠武力治国，必须采取一定的措施扩大自己的影响。商纣王无力抵抗各封建领主的结盟，而周武王也不得不面对这样的事实；他所统治的领土之上不乏强烈反对专制统治之人。司马迁提到了“九牧之君”——他们向周王效忠，但也统治着自己的领土。实际上这样的领地远不止九个。据几百年后的《礼记》记载，周朝建立之初共有 1773 个独立的领地。[*][3]

关于分封土地以使其效忠帝王的记载呈现的是一个复杂的统治体系，周天子以下封有领地的贵族共分为五级，其领地和权力依次递减。[4]

很多史书上把这些贵族叫作“诸侯”。周天子对整个国土确实拥有某种权力，虽然他不像中世纪的封建帝王那样“拥有”中华大地，但是他的确可以全权管理整个国土。他赋予分封的贵族管理领地的权力，以换取他们对自己的效忠以及对自己军事上的支持（如果有此种必要的话）。周天子在给诸侯分封领地时并不是直接赠予他们土地，而是授予他们某种特殊的物品，象征着天子赋予他们一部分神圣的权力。这种物品通常是刻着文字的青铜器。青铜器象征着财富和权力：这种权力足以控制那些开采青铜的人，足以控制那些

---

* 中国古代的史书既包括对史实的记载，又涵盖了大量的哲学思想，这与一般的史书有着很大的不同。最早的书籍或许是《易经》，然而这本书主要记载的是哲学思想。根据传统的说法，《易经》的大部分内容是周文王所作；战国时期（公元前 475—前 221），《易经》中又编入了很多有价值的注解。《诗经》成书于孔子生活的时代（约公元前 551—前 479）。它收录了 305 首诗歌，据说是由孔子收集整理的。孔子的著作还有《春秋》，这是中国的第一部编年史，书中记载了公元前 722 年至孔子去世前的历史事件。可能在战国时期，一位不知名的人士对《春秋》做了增订和注解，该书被称为《左传》。公元前 4 世纪，《书经》问世（又名《尚书》，是中国官方的一部史书）；这部史书涵盖了从三皇五帝时期一直到西周末期的历史。公元前 124 年，五部经典书籍（《易经》《诗经》《书经》《春秋》，以及一部记载典礼仪式的《礼经》）被汇编在一起，作为中国学者必读的书籍，称为“五经”。司马迁就是根据这五部书籍编纂史书的。在中国古代历史方面，其他几部有帮助的书籍包括《竹书纪年》和《管子》。《竹书纪年》记载了从公元前 770 年至公元前 256 年间东周时期的历史；《管子》一书收录的篇章（可能）写于公元前 450 年至公元前 100 年间，这些篇章的作者不详，公元前 26 年学者刘向把这些篇章整理成书。1190 年左右，四部儒家经典被编集为“四书”。“四书”包括《礼记》中的两个篇章，虽然这两篇文章写于不同时期，但是都与孔子有关；它还包括孟子的著作，孟子是孔子之后最著名的儒家学者；《论语》也是“四书”的一部分，该书是孔子的语录。

铸造青铜器的人，并且足以控制那些在青铜器上铭刻文字的祭司。[5]周天子处于整个权力体系的最顶端，其权力的象征是安置在周都的九个这样的礼器，俗称“九鼎”。

周武王在位时极力替天行道，以巩固其统治。他继位不久后，跟自己的一个弟弟这样说道：“定天保，……悉求夫恶，贬从殷王受。日夜劳来定我西土。”[6]并且，他尽可能地追思先圣。周武王先迁都丰京，之后又迁都到沣河对岸的镐京。他把商朝的遗民封给纣王的儿子禄父，让这位被废了帝位的君主做他的诸侯。[*]据司马迁记载，禄父所分到的土地以殷商的旧都为中心，并延伸至周围的土地。因为“殷初定未集”，周武王还指派他的两个弟弟去“辅佐”禄父，实际上是为了监视他的一举一动。[7]

周武王死后不久，其政权的不稳定性便显现出来。武王的儿子年幼，因此其弟姬旦摄政掌握实权。而与此同时，武王的另外两个弟弟本该监管禄父，却在商都旧地举兵发动叛乱，意图将禄父推上王位并作为自己的傀儡。

姬旦借幼主之名打败叛军，又平定多处叛乱。禄父和周武王的一个弟弟都死于此次叛乱。之后旦把依然效忠商朝的顽民驱逐到其他地区，尽可能地消除商朝的残余势力。[8]无论以何种形式保留商朝的贵族，这都是极其危险的。

据史书记载，姬旦摄政七年之后，周成王已经成年，于是姬旦自愿退位，把权力交给周成王。或许历史真的如此。从另一个角度来看，这种让位也化解了周成王上台执政的种种阻力。周成王能在幼年继位仅仅是因为他的父亲推翻了纣王。姬旦因其才能和美德赢

---

* 周朝大致分为两个时期。第一个时期称为西周，时间为公元前 1046 年至公元前 771 年，都城建在国土的西部。

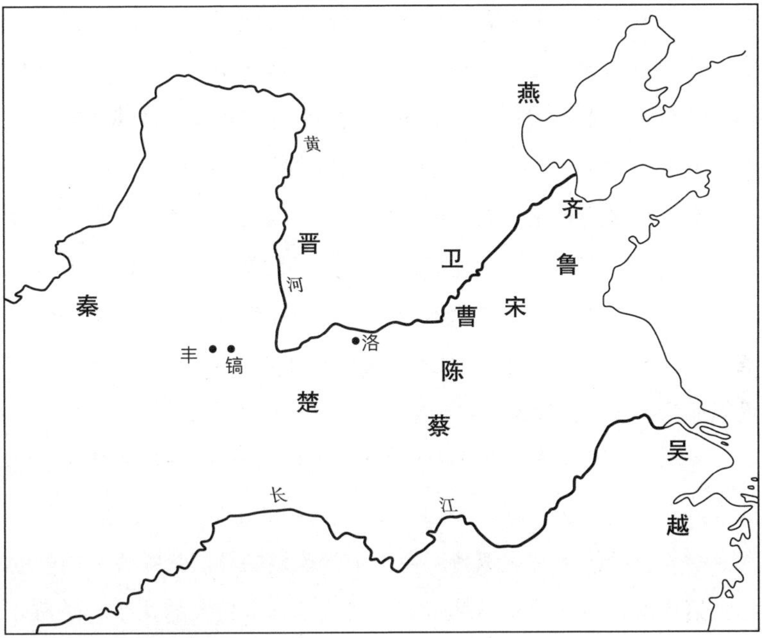


地图 44-1　西周诸侯封国

得了举国天下的一致称颂，周成王在这种情况下得到政权，与之前是截然不同的。[9]一个德才兼备的人只会让位于一个比自己更加优秀的人，而那个人更优秀的人就是周成王。

姬旦继续留在朝中做大臣，被奉为“周公”，其成就在于制定了一系列典章制度，这在中国历史上大概是第一次。这一系列制度包括有效的土地监管制度、税收制度、官员任命以及其他各种细枝末节。但是周公最主要的成就是整理出皇室所有的礼仪仪式，编撰了一部关于礼乐的书籍。如果周朝的帝王不想一直靠武力平定叛乱的话，那么就要让天下看到帝王高高在上的权威。以帝王为中心的各种礼仪就是为了体现帝王的权威，体现帝王统治天下的权力。

周成王在国土的中心进行统治，现在他不得不对外围地区感到担忧。关于礼乐的书籍并不能用来说服那些边远地区的民族对周朝的帝王唯命是从，想使那些民族臣服就必须依靠武力。

东部地区应该是周成王的心腹大患，因为商朝的残余势力都被迁到了那里，需要加强对他们的监督。于是周公在通往东部地区的战略位置设置了要塞：这里扼制着黄河的浅滩地区（叛军可能会从此处渡过黄河），还是从东部地区通往周都的要道。[10]这个要塞后来发展成为一个新兴城市：洛阳*。

之后，周成王又令他的几个兄弟在其他边疆地区同样设置要塞加以驻守。此举还有一个好处，那就是可以让他的手足远离周都，无法对自己的统治构成威胁。周王统治区域的外围最终成为周朝的几个诸侯国，每个诸侯国都由王亲国戚掌管。最大的几个诸侯国分别是晋、卫、鲁、齐、燕（燕国的国都就位于现在的北京）。

为了保卫其疆土，周成王发动了一系列征伐，讨伐边界之外那些不承认其统治的部落。但他很巧妙地把武力与自己统治天下的神权结合在一起。“天命不僭。”他准备东征时对手下的人这样说道。上天或许是因为他的美德而赋予他王权，但上天并不是让他坐等所有人臣服。据现有的史书记载，他是中国第一位使用“天命”这种说法的帝王。[11]天命赋予周成王诉诸武力的权力，其成功征战南北则是替天行道。之前我们也提到过这种循环推理。

---

* 历史学家李学勤指出，孔子把这个城市称为成周，而这个名字很少为其他史书所记载。严格意义上来讲，成周包括洛阳和王城两个城市；王城是帝王的内城，位于成周的西部地区，是周平王和之后的继位者居住的地方。（参见李学勤《东周与秦代文明》，第16—17页。）为了避免混乱，我从头至尾都使用洛阳这个名称。

周成王在位 30 年，于公元前 1021 年驾崩，之后他的儿子周康王即位。

周康王任命的大将军率军把周朝的北部边境向北大幅延伸。周朝的大军向北进攻，最终以武力征服了北方一个名为鬼方的部落。“我俘获了 13 081 人，”那位大将军吹嘘道，“外加马和 30 驾战车，还有 355 头牛和 38 只羊。”[12]

这话听起来实在像是亚述人在吹嘘自己的战果，的确如此；远在帝国的边界，天命需要军队以武力来做其后盾。康王的儿子昭王于公元前 977 年左右即位，他跟随父亲的脚步，开始向南方扩张领土。显然，他是因为看到彗星展示的吉兆而开始此次南征的。

然而，彗星是靠不住的。据《竹书纪年》记载：“周昭王丧六师于汉。”[13] 司马迁的记载则更加详细，他这样写道：“昭王之时，王道微缺。昭王南巡狩不返，卒于江上。其卒不赴告，讳之也。立昭王子满。”[14] 这种事情不足为奇。昭王之死表明了他不再受到天命的庇护，因此最好对各诸侯隐瞒此事。

随着“六军”（周王室的主力军，驻扎在都城）的覆没，昭王的儿子周穆王很快发现，要保住王位必须得完善治国之道。穆王打算率领余下的军队去讨伐北方的另外一个部落犬戎时，他的大臣谏言加以劝阻，告诉他天子的王权无法触及如此之远的地方。相反，穆王应该把自己所统治的帝国由内至外分为五个部分。他的那位大臣告诉他说：“邦内甸服，邦外侯服，侯卫宾服，夷蛮要服，戎狄荒服。”[15]

这五个地方对天子所需要承担的义务是逐级减少的，这种义务主要体现在对这些地方的臣民纳贡的要求上。中心地区，也就是“甸服”，每天都要纳贡，侯服地区每月纳贡一次，宾服地区每季纳

| 时间线 44 | | | |
|---|---|---|---|
| **美索不达米亚和小亚细亚** | | | **中国** |
| **巴比伦** | **亚述** | **赫梯** | |
| | | **苏庇路里乌玛二世** | **武乙** |
| 伊辛第二王朝 | 哈图沙沦陷（约前 1180） | | |
| **尼布甲尼撒一世**（前 1125—前 1104） | | | |
| | **提革拉毗列色**（前 1115—前 1076） | | **纣** |
| | **亚述贝尔卡拉**（前 1074—前 1056） | | 周文王 |
| | | | *周朝*（前 1046—前 256）<br>*西周*（前 1046—前 771） |
| 阿拉米人接管巴比伦 | | | |
| | | | **武王** |
| | | | 周公旦（摄政） |
| | | | **成王** |
| | | | **康王**（前 1020—前 996） |
| | | | **昭王** |
| | | | **穆王** |

贡一次。王土最外围的两个地区所承担的责任更少，要服地区一年进贡一次，荒服地区则仅在每任帝王在位时朝见一次即可。犬戎居住在荒服地区，而且并没有规定要求他们和中心地区的臣民承担一样的责任，因此征伐犬戎注定是徒劳的。

周穆王没有听从这些忠告，仍然发兵征讨犬戎，结果只带回了犬戎进贡的“四白狼、四白鹿”。这次征伐得不偿授失，司马迁写道：“自是荒服者不至。”[16]

此事再次体现出关于天命的循环理论，周穆王搬起石头砸了自己的脚。王权使征战有了借口，并赋予帝王保卫王权的神圣权力。然而，征战失败却使王权遭到质疑。若要保卫王权，帝王只能在有十足把握的情形下率兵征战。帝王在其统治的中心地区加强王权，那里的臣民将其奉为神明，并且每天纳贡，但代价是王土的边界地区逐渐脱离其统治，直到完全独立。

# / 45

## 婆罗多战争

公元前950年左右，在印度北部，争夺王权的企图引发了各部落之间的一场恶战。

就在周朝的君王们与边远的部落进行交涉时，印度人的足迹开始遍布他们所定居的土地的北部。雅利安人和哈拉帕人结合的后代的定居点离印度河已经越来越远，他们居住在河流之间，这片地区位于现代城市德里的东部，是地处恒河流域北部和贾木纳河的支流之间的弯曲地带。从之后的一部神话《摩诃婆罗多》中可以看到早期的历史。在这部著作里，福身王（Santanu）疯狂地爱上了恒河女神并且与她成亲，这很可能反映的是当时雅利安人进入恒河地区的事情。

对于雅利安人之前在恒河地区定居的种族，我们知之甚少。《梨俱吠陀》中提到了一个叫“达萨”（dasa）的部落，他们定居的城市原本重重设防，后来被入侵的雅利安人攻破，最终沦为雅利安人的奴隶。人们在解释哈拉帕文化时有时会提到达萨，但历史并非如此，因为在雅利安人入侵之前哈拉帕文化就已经灭亡了。如果“达休”（Dasyu）指的是恒河流域的原住民的话，那么重重设防的城市则与此种描述格格不入，因为这些原住民是以部落形式居住在村庄里的。

历史很有可能是这样的：达萨指的是雅利安人入侵时曾经遇到的其他部落的人群，其中甚至包括之前迁徙到印度其他地区的雅利安人。[1] 雅利安人不仅与达萨人交战，而且其各部落之间也在相互交战。雅利安人很可能还偶尔与达萨人通婚，因为达萨和达哈这两个很相似的名字都出现在传说中雅利安国王的名字当中。雅利安人与其他种族之间没有明确的界限。雅利安人是个尚武的游牧民族，四处占领土地，有时不惜杀戮当地的居民。

公元前 1000 年至公元前 600 年间，富饶的恒河流域主要是热带雨林和沼泽地，植被茂密，充满神秘。[2] 在关于这片雨林最早的传说里，居住在这里的人都是一副凶神恶煞的样子，但是这并不能说明这里的人曾经奋起抵抗雅利安人的入侵。雅利安人最大的对手其实是热带雨林。征服这里需要砍伐树木，但他们不擅长于此。雨林中根深叶茂的树木是他们从未见过的。灌木丛中还潜伏着毒蛇和其他没见过的动物。

然而，尚武的雅利安人没有停下脚步。起初，雅利安人主要用铁制造武器、刀片和箭镞，自此以后，他们发现铁也可以用于制造斧子和犁。我们在《萨塔帕莎婆罗门》（Satapatha Brahamana，诗歌集《梨俱吠陀》中的一篇散文性评论，这部诗集收录了公元前 1000 年至公元前 700 年之间的诗歌）中可以看到这样的生动描述：火神阿耆尼向东传播火种，大火吞噬了很多森林。这描写的很可能就是用火铲除森林的情景。[3]

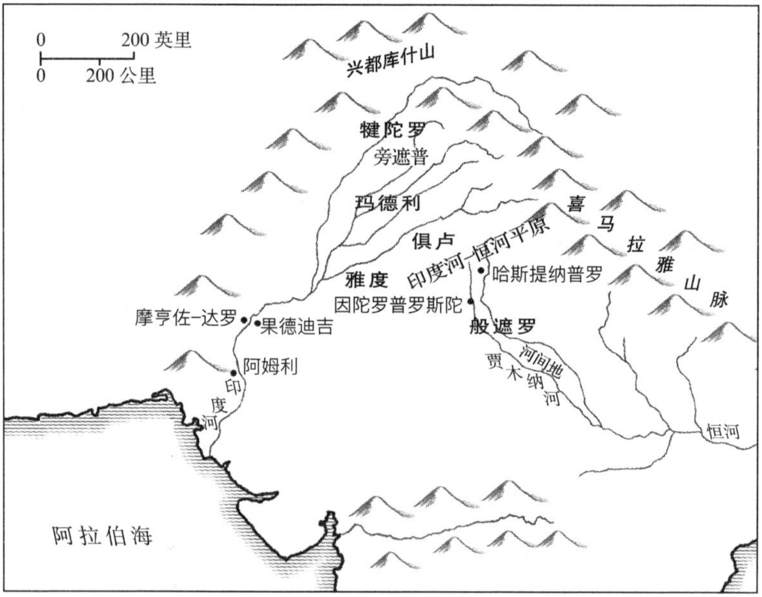


地图 45–1 印度的雅利安人

过了几百年，森林终于被烧成空地。在印度河流域的村庄、小城还有周围的土地上，人们以农业为生，而这样的生活也逐渐为之前丛林密布的土地上的人们所接受。

之后就爆发了一场大战。这场战争波及的范围很广，北至恒河流域北部地区，东至印度河流域东部地区，南至喜马拉雅山脉，地理学家把这个地区称为印度河–恒河平原。

尽管历史上关于这场战争细节的记载最终遗失，但后来有诗人在《摩诃婆罗多》中把这场战争称作一场伟大的战争——这就好比荷马把特洛伊战争称作不朽之战一样，荷马不仅记载了当时的史实，而且记载了他生活时代的风俗习惯和偏见。[4]据《摩诃婆罗多》记载，这场战争起源于一场错综复杂的宗室内乱。* 俱卢国（Kuru）的国王奇武王死后无嗣，这意味着俱卢王一脉几近灭绝。奇武王死后，王室成员中只剩下太后、两位王后（膝下均无子女），还有奇武王的哥哥毗湿摩（Bhisma）。可毗湿摩很多年前就立下过一个可怕的誓言，发誓放弃王位继承权，而且发誓永不结婚。

在这种困境下，太后为延续宗室血脉，做出了重大决定。她召见了一个名叫毗耶娑（Vyasa）的苦行僧，他是一位伟大而神秘的圣人，也被称为黑仙，“因为他肤色黝黑”。[5] 见到毗耶娑时，太后请他帮自己一个忙：让自己的两个儿媳受孕，这样她们就可以生出王室的后代。**

毗耶娑同意与王后发生关系（“如果她不介意我的身体，我的外表，我的装束，我的气味的话。”他轻描淡写地说道）。王后闭上眼睛顺从了这种安排，并且及时诞下一个儿子，取名为持国（Dhritarashtra）。虽然她的儿子成为王位继承人，但是这位王子天生双目失明。

太后一想到未来的国王双目失明就苦恼不已，于是又让毗耶娑与

---

* 《摩诃婆罗多》是一部巨作，也是世界上已知的史诗中最长的一部，其最短的版本也有 88 000 行诗句。这部史诗成书历经的时间很长，而且有多个版本。书中不仅记载了大量神话寓言，而且记载了很多与主线故事无关的哲学思想。这段历史我参考的是查克拉瓦蒂・V. 纳・拉辛汉（Chakravarthi V.Narasimhan）的免费翻译项目《文明史：资料与研究》（*Records of Civilization: Sources and Studies*）第 71 卷，由哥伦比亚大学出版社独立出版为《摩诃婆罗多：英语版节选》（*The Mahabharata: An English Version Based on Selected Verses*）一书。其他几个译本在细节方面或许有所出入。

** 《摩诃婆罗多》里的故事是这样写的，太后有个小秘密：毗耶娑其实是她的亲生子，她在嫁给俱卢国王之前生下这个儿子，然后悄悄地把他送走了。随着故事的发展，她向世人揭示了毗耶娑的身世：当时她还是个年轻的女孩，有一次过河时一位智者把她困在了船上，他承诺不会侵犯她的处女之身，之后就把她“压在了身下”。不幸的是，这样的承诺只有一些术士在调情的时候才用得上。（太后还没头没脑地说道：“在那之前，我的身体一直散发着一股令人作呕的鱼腥味，但是那位圣人让那股鱼腥味消失了，而且赋予了我身上现在散发的这种香气。”——也许这种细节我们就不必追究了。）

王妃发生关系，她也及时地诞下了一个儿子，取名叫般度（Pandu）。为了确保万无一失，太后又让王后再一次去找毗耶娑，这样她就有可能再诞下一个儿子。但是王后想起了毗耶娑身上令人作呕的气味，于是让她的一个婢女替她前往。那个婢女有了身孕，生下了毗耶娑的第三个儿子，取名维度罗（Vidura）。

现在王室有了三个同父异母的兄弟。这三兄弟全都是由他们的叔叔毗湿摩养大成人。毗湿摩一直独身生活，他教给这三兄弟为王之道。维度罗长大后成为三兄弟中最睿智的一个，也是最善待他人的一个；般度擅长箭术；而持国尽管双目失明，却强大无比，成为俱卢的王位继承人。

这个神话讲述的故事发生在印度俱卢国的转折时期：俱卢人之前主要过的是游牧生活，一群勇士共同守护着整个氏族的利益，而从那之后，俱卢人渐渐有了等级观念，氏族中的某一个人拥有世袭的权力，可以统治整个氏族。从兄弟三人错综复杂的血缘关系中可以看出，当时延续王室直系血脉的观念已经形成，但是这种观念还不成熟。王权体系形成，打破了之前游牧民族旧的血缘关系。就像苏美尔的伊塔那统治时期那样，子承父权还是新事物，还需要借助超自然的力量。下一章中对此会有所叙述。

双目失明的老大持国娶了一个名为甘陀利的女人，她是北方犍陀罗国（Gandhara）的公主，不仅相貌美丽而且心地虔诚。她想要一百个儿子，以保自己丈夫的王室一族永远后继有人。于是她去恳求自己的岳父毗耶娑，毗耶娑则再一次施展自己的超自然力量，让她受孕并怀胎两年之久。甘陀利最终分娩时生出的并不是一个婴儿，而是一个肉团。毗耶娑把这个肉团劈成一百块，每一块都变成了一个婴儿。准确地说，甘陀利所有的儿子都是一样大的，但是公认的长子是难敌（Duryodhana），他也理所当然地成为继承人。

与此同时，老二般度也结婚了。比他的哥哥强的是，他娶了两个来自邻国的公主：贡蒂和玛德利。贡蒂为他生下了一个儿子，取名坚战（Yudhish）。由于甘陀利怀胎两年，坚战在甘陀利的肉团降生之前出世，因此坚战也有权成为王室最年长的继承人。

然而不幸的是，般度曾经受到过一位脾气暴躁的圣人的诅咒，早已丧失了生育能力。这表明另有他人与般度的妻子幽会，而且是多次幽会，因为她之后又生下了两个儿子，般度的另一位妻子则生下一对双胞胎。

换句话说，整个俱卢国没有一个继承人是名正言顺的。显然，俱卢的世袭王权充满了各种不确定性。

这些不确定性带来的则是冲突。持国和般度都带着家人居住在王宫里。不久，在持国的一百个儿子（以长子难敌为首的"俱卢族"）和般度的五个儿子（以长子坚战为首的"般度族"）之间爆发了一场内战。

他们所争夺的地盘以哈斯提纳普罗（Hastinapura，意为"象城"）为中心，这里是俱卢的首都，位于恒河上游。一开始俱卢族占据上风，并且占领了整个城市。据《摩诃婆罗多》记载，与此同时，般度的五个儿子娶了同一个女人（这种一妻多夫是很罕见的）——美丽的黑公主，她是般遮罗国的公主，这个国家地处印度东部。[6]

据说黑公主"皮肤黝黑，眼睛像莲花瓣一样"。[7]根据这种描述，再加上其出身国家的地理位置，可以判断出她是一位土著公主。因为毗耶娑据说也是皮肤黝黑，因此很难说肤色黝黑的般遮罗族与雅利安人就毫无关系。显然，几十年前雅利安人就开始与土著人通婚了。[8]

但是东部的部落居民可能更多是土著人，雅利安人的后代并不多。据雅利安人描述，居住在东部恒河流域的人所说的语言叫弥戾车（mleccha），是一种变异失真的语言。[9] 般遮罗族就是这些土著部落中的一个。俱卢族的兄弟们与其他雅利安部落结盟，般度兄弟几人则与当地人结成同盟。

几年后，般度族在与般遮罗族结盟之后，就在因陀罗普罗斯陀（Indraprastha）建造了一座宫殿，宫殿就位于俱卢族所占据土地的东南边缘。他们还将大哥坚战拥立为王，这对于统治着哈斯提纳普罗的俱卢国王来说无疑是一种挑战。

这显然令俱卢族气恼万分，尤其是想到般度族所建造的辉煌宫殿（“这座宫殿到处都是金色的柱子，像月亮一样闪烁着光芒。大殿里有一个巨大的莲花池……宫殿里不仅有各种飞鸟，还有乌龟和各种鱼类”）。[10] 俱卢族的国王难敌去参观他这位表弟的宫殿，意在弄清对方的实力，却因为没有见过这样辉煌的宫殿而使自己十分难堪。他走进一个地面铺满镜子的房间时，以为地上都是水，于是把衣服拉到了腰部以上，之后才意识到自己的错误。然后，他又来到一个池塘边，以为那是玻璃铺设的地面，于是跌进了水里。《摩诃婆罗多》这样写道：“随从们全都嘲笑他。”他的几个兄弟也在嘲笑他，还有他们的叔叔毗湿摩，以及“所有其他人……而难敌则无法原谅人们对他的嘲笑”。[11]

但是，这些表兄弟之间并没有公开宣战，难敌决定应对这一微妙的挑战：他请般度的几个兄弟来参观自己的宫殿，然后请他们一起玩掷骰子的游戏。坚战同意代表他的几个兄弟掷骰子，他先是输掉了自己的珠宝，又输掉了自己的财富，接着输掉了自己的军队，还输掉了他的王后黑公主。最后，他赌上了自己的土地，同意一旦自己输掉，他和他的兄弟们就离开因陀罗普罗斯陀，流放 12 年。

从《梨俱吠陀》中的一段诗中可以看出（“赌徒遗弃的妻子在悲泣！背债、恐惧、缺钱，他整夜在徘徊……”），1000 多年前印度人热衷于赌博是人尽皆知的事情。[12] 而这一次，热衷于赌博让坚战失去了王冠。人背运时喝凉水都塞牙，坚战失去了所拥有的一切。尽管他的兄弟们很不情愿，但还是和他一起被流放，难敌和他的兄弟们则接管了般度族的宫殿和土地。

他们被流放到东部的森林里，那里是一片神秘的蛮夷之地。但是在流放的十二年里，般度兄弟的战斗力变得更加强大。据说他们的新弓箭是牢不可破的，因为他们受到上天的庇护；那些弓箭很可能是用一种新木材做成的，而这种木材是之前的印度人所不知道的。[13]

在第十三年，般度兄弟从流放的森林里返回，可是难敌拒绝把宫殿和土地归还给他们。表兄弟间终于起了冲突，婆罗多战争（Bharata War）爆发了。

般度兄弟与各亲戚和当地部落结盟，包括般遮罗族；而俱卢族兄弟的结盟则更胜一筹，他们以忠于王权为名劝服那些摇摆不定的叔父们，还有那些对效忠于谁举棋不定的将领们。这使俱卢族的军队在人数略占优势（俱卢族的军队有 11 支大军，而般度族的军队有 7 支大军）。按照传统意义上一支大军的规模来计算，俱卢族的军队拥有大概 24 万驾战车、24 万头战象、70 万名骑兵，还有超过 100 万名步兵。而般度族的军队拥有 15.3 万驾战车、15.3 万头战象、46 万名骑兵，还有 75 万名左右的步兵。这些数字未必是准确的，但是当时两军相遇时肯定发生了大规模冲突。

《摩诃婆罗多》的叙事风格与荷马所写的特洛伊战争很相似，其战争场景显然更多的是后世程式化的描述，而不是当时的真实面貌。据《摩诃婆罗多》描述，这场战争遵循了一系列公平竞争的规则：不能多人对战一人；单打独斗时双方必须手持同样的武器；不能屠杀带伤者或是昏迷不醒者；不能从背后偷袭；所有的武器在使用时必须遵循具体的使用规则。

这些高尚的规则让这场战争看起来十分文明，而这样的规则却是几百年后的人们杜撰出来的。《摩诃婆罗多》中最著名的部分当属《薄伽梵歌》，又名《神之歌》，这部分主要是围绕战争时的困境展开的，这样的困境对于神来说却不值一提。在《薄伽梵歌》里，黑天（Krishna）伪装成般度族王子阿周那（Arjuna，阿周那排行老二，以力大无穷著称）的战车御者，帮助阿周那摆脱了一个道义上两难的困境。在这场表兄弟间的内战中，既然有这么多亲戚站在一起反对他，他是应该战斗还是应该让对方杀死自己才更符合正义？

但是这场战争是各部落之间的战争，不久之前他们还都是游牧民族。尽管《摩诃婆罗多》通过战士之口讲出了诸多道义方面的考虑，可我们还是多少能看到战争残酷无情的一面。般度兄弟和俱卢兄弟的叔叔毗湿摩站在了俱卢族一方；般度兄弟中的怖军杀死了俱卢族的王子难降，而此人与他正是表兄弟。怖军在战场上饮下了难降的血，并且边跳胜利之舞边像动物一样嚎叫。[14]

般度兄弟与原住民结盟，最终赢得了这场大战的胜利，但是代价十分惨重。就在俱卢族投降之前，般度族的士兵几乎全部惨遭屠杀。

《摩诃婆罗多》也为这场血腥的战争感到悲痛。在这个故事的最后，般度族的王子坚战跳入神圣的恒河水中，河水洗去了他的肉身，然后他就转世升天了。故事这样写道："那次沐浴之后，他洗去了他身上所有的仇恨和悲痛。"他看到自己的亲兄弟和表兄弟也在

| 时间线 45 | |
| --- | --- |
| **中国** | **印度** |
| **武乙** | |
| | 雅利安人 / 哈拉帕人开始向东漫游 |
| **纣** | |
| 周文王 | |
| *周朝*（前 1046—前 256） | |
| *西周*（前 1046—前 771） | |
| **武王** | |
| 周公旦（摄政） | |
| **成王** | |
| **康王**（前 1020—前 996） | |
| **昭王** | |
| **穆王** | |
| | 婆罗多战争 |

天国，于是也帮他们洗去了仇恨。于是般度兄弟和俱卢兄弟就留在了天国，“从凡人的愤怒中解脱出来化身为神”，他们相依相伴，没有任何冲突，生活在这个没有王位之争的世界里。*

---

*　虽然关于这场战争的很多描述都是虚构的，但是据考古学家考证，当时确有某个部落在扩张领土，征服其他的部落。就在公元前 900 年前后，也就是传说中这场战争爆发的时候，哈斯提纳普罗及其周边地区一直使用的简单陶器变成了另外一种更为复杂的陶器：灰陶，陶器底部有个圆环，表面绘有图案和花朵。之后不久，出现了一种与灰陶类似却很有特色的陶器，名为“北方抛光黑陶”，这种陶器出现在灰陶盛行的地区，并且南部不远的地区和东部地区都有这种陶器。[ 参见约翰·凯伊《印度：一部历史》(*India: A History*)，第 42—43 页；赫尔曼·卡尔可（Hermann Kulke）和迪特马尔·罗瑟蒙德（Dietmar Rothermund）《印度史》(*A History of India*)，第 363 页 ] 这些陶器碎片表明，有两群外来人来到这片土地上定居，而且其中一群人是从另外一群人手中占领了这片土地。这与《摩诃婆罗多》中描述的故事情节是如此的相似。

# / 46

## 从西周到东周

在中国，公元前 922 年至公元前 771 年间，周王朝内外交困，周王被迫东迁。

圣贤之君周文王的孙子为了建立周朝的中央集权，分封自己的兄弟，于是边外要塞就逐渐强大起来，发展成为一些小的诸侯国。这些小国的统治者都是之前周朝天子兄弟的后代，都是现在天子的远房表亲。他们与周朝天子的血缘关系已十分疏远，只不过是名义上的亲戚罢了。[1] 这些领土不是由皇亲国戚统治，而是由一些官员（最好的情况）或是一些微不足道的国王（最坏的情况）统治，这些统治者忠于周天子只是出于职责，而并非出于血缘义务。

“九牧之君”以旧的封地为中心，其统治变得越来越独立，这是无法避免的。考古学家们在这些封地的都城遗址上发现了由这些诸侯铸造的青铜器，上面还刻有他们的名字；周天子已经失去了对青铜铸造的控制权，这原本是由天子垄断的。[2] 青铜器上镌刻的文字表明这些封地的领主已经开始有自己的节日庆典。他们不再等待

“天之子”发号施令。

而与此同时，周朝自身的统治看似渐渐形成体系，不再过多地依靠个人对王室的忠诚，而是通过严格的制度管理官员。之前分封的诸侯可以行使君王赋予的权力，现在任命的官员则有更加具体的职务，如司徒、司马、司空，让他们各司其职。和“天命论”一样，这种不断完善的官僚体系也是为了维护君王的统治。可这种官僚体系同时也削弱了君王的统治，因为这表明周天子无法通过人格魅力使所有臣民心甘情愿地臣服于他。[3]

不久，君王和诸侯之间出现了争端。据司马迁记载，周穆王的儿子共王出游至一个名为密的小国家，发现密侯的后宫里有三位美女，而且她们是亲姐妹。就连密侯的母亲也觉得这样很是过分。她训斥道：“众以美物归汝，而何德以堪之？王犹不堪，况尔小丑乎！”

她建议密国的国君把三位女子献给周共王。密国国君不听母亲的劝告，而周共王不动声色地离开了。但一年以后，他出兵灭了密国。[4]他是不会容忍手下的任何诸侯比君王享有更大的奢侈的。

他之后的继位者周懿王的统治还受到了来自外部的威胁。据《竹书纪年》记载，周朝之外的蛮夷多次侵犯王都。这些蛮夷从来没有接受过商朝或是周朝的统治，也从没有打算接受这样的统治。[5]

虽然周懿王打退了这些蛮夷部落，但外患未停，又添内忧。周懿王的哥哥周孝王篡位。关于篡位的记载十分模糊，但是《竹书纪年》提到，周懿王突然离开了王都，他的哥哥周孝王而不是懿王所立的太子继位。

懿王死于他乡；篡位的孝王死后，太子联合各诸侯，设法夺回了王位，（按司马迁的说法）各诸侯立其为王。然而这种与各诸侯的联合十分短暂，周夷王与各诸侯间也有诸多争端。齐国已经变得越来越强大，成了周夷王的心头大患。起初的纠纷逐渐发展成公然的对抗。根据一篇碑文记载，周夷王最终派兵攻打齐国。《竹书纪年》还记载到，周夷王抓住齐国国君后，把他放在一口铜锅里烹煮。[6]

周夷王去世后，王位传给了他的儿子周厉王。天子与各诸侯间的争端仍在继续，而且不止一次引发战事。越来越多的人开始反对周厉王的统治，而周厉王变得越来越专横。司马迁记载道："国人谤王……王怒，得卫巫，使监谤者。以告，则杀之。其谤鲜矣，诸侯不朝……王益严。国人莫敢言，道路以目。"[7]

周厉王的暴政加上天灾使中国百姓的生活比以往任何时候都要悲惨。由于长时期的饥荒和干旱，加之时常发生暴雨洪水，庄稼颗粒无收。从周厉王统治时期的一首诗歌中可以看到当时整个国家的情况：

天降丧乱，
灭我立王，
降此蟊贼，
稼穑卒痒，
哀恫中国，
具赘卒荒。[8]

从那个年代流传下来的其他诗篇中也有对饥荒、不满和反叛的描述。[9]

那些依然效忠于周厉王的诸侯劝诫他说会发生大的动荡。"防民之口，甚于防川，"召公对周厉王说道，"水壅而溃，伤人必多。"[10]

周厉王不听劝阻，拒绝召回他的那位卫巫，结果引发了暴动：民众聚集在宫殿周围，撼动大门，但是周厉王设法逃出王都，逃到了乡下。年幼的太子就没有那么幸运了。他被困在王都，躲避在他父亲忠实的进谏者召公家里。为了保住太子的性命，召公“以其子代王太子”。[11]

据推测，召公的儿子代替太子被暴动者杀死；那位忠实的进谏者为了周厉王牺牲了自己的家人，并且把太子养育成人。此后周朝由两位摄政者统治，直到周厉王死于他乡、周宣王即位。

司马迁认为，历史总是在周而复始中前行。周穆王之后，周朝的统治日渐衰落。干旱、饥荒、再加上各诸侯不断地争夺权力，这些足以使周朝的王都成为纷扰之地。即便这十有八九是事实，司马迁仍然认为关键问题在于周厉王奢侈专横，而他的儿子周宣王又刚愎自用，不听劝谏。

无论周宣王是否刚愎自用，摆在他面前的都是蛮夷部落的大举侵犯。

蛮夷部落的入侵一直是周厉王面临的外患。这些游牧部落遍布整个北部和西部的山脉。他们很可能是印欧人种，与首先定居在黄河流域的人种很不相同。他们以游牧生活为主，骑着马穿越大草原，带着弓箭狩猎，没有食物时就去劫掠周朝农民的田地和粮仓。

在周宣王统治时期，最大的威胁来自西部的部落。[12] 这些部落在周朝被称为“猃狁”。猃狁可能不是某一个部落的名字，而是指几个为了从周朝掠夺财富而联合在一起的游牧部落。[13]

在其统治的第五年至第十二年，周宣王多次率兵抵抗猃狁的侵犯，捍卫自己的疆土。猃狁比之前入侵的那些部落更加难以对付，其中一个原因是他们使用战车，因此抵御猃狁侵犯的战争持续了很久很久。《诗经 · 小雅》的一首诗中就有因猃狁侵犯而引发的哀叹，这是一位驻守边疆的士兵发出的抱怨：

靡室靡家，
猃狁之故。
不遑启居，
猃狁之故……
岁亦阳止。
王事靡盬，
不遑启处。
忧心孔疚。

最终，在周朝的抵御下，猃狁退兵，并且在史书中消失了一段时间。但是，周宣王战胜蛮夷部落并没有提升自己在子民心目中的权威。没过多久，他就又开始与各诸侯斗争，他的时运变得愈发不济，据史书记载，诸侯时常违背王令。[14]

在位第 46 年时，周宣王去世。他的儿子周幽王即位，西周走向灭亡。周幽王刚一即位，王都就发生了一次地震，地震引起的滑坡把给供给王都淡水的河道切断了。当朝的一位大夫 * 感叹道：

夫水土演而民用也。土无所演，民乏财用，不亡何待！昔伊、洛竭而夏亡，河竭而商亡。今周德若二代之季矣，其川原又塞，塞必竭。夫国必依山川，山崩川竭，亡国之征也。川竭

* 即伯阳父。——译者注

必山崩。[15]

果不其然，司马迁写道："是岁也，三川竭，岐山崩。"

滑落至河流中的泥土阻断了河流，使王都没有了水源，周幽王的爷爷周厉王就曾想像堵塞河流那样堵住悠悠众口，如今恰好形成了绝妙的讽喻。周朝的灾祸已经四处蔓延开来，而上天也会因此收回天命，所以周朝的统治也走到了尽头。

周幽王是个荒淫无道的国君。之前他娶了一位王后，并且立其子为太子。后来他迷恋上后宫的一个侍女，于是废黜王后和太子，立了那个侍女为王后，立了他和那个侍女的私生子为太子。朝中的大臣纷纷反对，可周幽王固执己见，大臣们最终只好作罢。太史绝望地说道："祸成矣，无可奈何。"[16]

这个侍女现在已经成为王后，把王室搅得四分五裂。不仅如此，她所喜好的事情也是毁灭性的。她最喜欢听绸缎撕裂的声音，于是她下令把大量昂贵的绸缎进贡到宫中，撕碎了供她娱乐。[17]除了此时之外，她很少露出笑容。

周幽王想设法博她一笑，于是点燃了所有的烽火，并且击鼓发出信号，通知诸侯有蛮夷入侵。附近的诸侯看到后纷纷率兵赶来，聚集在城墙外。可是来了之后，他们却发现没有蛮夷入侵。他们惊慌失措的表情很是滑稽，引得那个侍女开怀大笑起来（也许这是她第一次这样大笑）。[18]

但不久之后，蛮夷部落真的入侵了。他们被称为犬戎，居住在周朝疆土的西北部。犬戎举兵越过边境，攻打王都。这一次入侵是周朝的一位诸侯联合犬戎发动的——他是周幽王之前那位王后的亲戚，对于周幽王罢黜王后一事耿耿于怀。内忧外患使周朝的统治在此次犬戎入侵下分崩离析。

周幽王下令点燃烽火，可各诸侯不以为然，各忙各的事情去了。他们不愿因为周幽王博宠妃一笑而再次被愚弄。周幽王孤身作战，死于这次入侵。犬戎洗劫了王宫，绑架了那位宠妃，然后离去。

公元前771年，周王室灭亡，西周的统治至此结束。但这并不是周朝统治的结束。有几位诸侯依然效忠于周幽王的长子，即之前被罢黜的太子。他们联合拥立其为王，这就是周平王。

但是，王都镐京显然已经没有周平王的容身之地。蛮夷虽然已经离开，但是西部的边界并不安全，而镐京离西部边界很近。周平王决定撤到东部更安全的洛阳——几百年前由周公建成的城市。

为了保护周平王安全撤到新的王都，秦国的国君派兵一路护送。秦国当时是个小国家，其国君在周朝之初并没有得到周王的分封。据《史记》记载，周平王为了表达感激之情，封秦国的国君为诸侯，并且封给他大片土地以巩固其地位。[19] 如此一来，周朝原本的领土就落到了低一级的领主手中。周平王以新王都为中心，依靠几个诸侯的支持开始了新的王朝。这个新王朝的疆土大大减少，而几个诸侯之所以效忠于周平王，乃是出于自己的利益。[20] 至此，西周时代结束，东周时代开始。

**时间线 46**

| | | |
|---|---|---|
| | **西闪米特人的领土** | **中国** |
| | | 周文王 |
| | | *周朝*（前 1046—前 256） |
| | **参孙** | *西周*（前 1046—前 771） |
| | | **武王** |
| | **扫罗** | 周公旦（摄政） |
| | **大卫** | **成王** |
| | **所罗门** | **康王**（前 1020—前 996） |
| **犹太** | **以色列** | **昭王** |
| **罗波安**（前 931） | **耶罗波安** | **穆王** |
| | | **共王** |
| | | **懿王** |
| | | **孝王** |
| | | **夷王** |
| | | **厉王** |
| | | 共和行政（前 841—前 828） |
| | | **宣王** |
| | | 猃狁入侵 |
| | | **幽王** |
| | | 东周（前 770—前 256） |
| | | **平王** |

# / 47

# 亚述的复兴

公元前934至公元前841年间，亚述成为一个新的帝国，西闪米特人则开始失去其独立地位。

阿拉米人是由一些游牧部落组成的，曾入侵美索不达米亚，扰乱了亚述和巴比伦的正常贸易，之后阿拉米人建立了许多小王国并定居下来。其中最强大的王国以大马士革为中心，位于幼发拉底河和亚述之间的平原上。大卫王曾设法使大马士革至少有一部分阿拉米人受自己的控制，他的编年史吹嘘说大卫率领以色列军队征服了22 000名阿拉米人，从此以后这些阿拉米人就定期向大卫进贡。[1]

与此同时，亚述人把幼发拉底河西部的整个地区称为“亚兰”（Aram）。“亚兰”指的是那些由阿拉米部落首领统治的城市，这些城市让亚述人束手无策。直到大卫的孙子罗波安统治时期，以色列分裂为两个国家，亚述的统治者才设法召集军队抵抗阿拉米人的侵略。亚述丹二世（Ashur-dan Ⅱ）是亚述第一位伟大的国王，他带领亚述走出黑暗时期，并最终进入新的复兴时期。

亚述丹二世的铭文夸赞说他狠狠地惩戒了那些“专事破坏与杀戮的”游牧民族，他烧毁了阿拉米人的城市刽子手，他们的城市都是建立在亚述人的土地上的。事实上，他从未使亚述的边界恢复到古亚述帝国时代。不过他还是设法带领军队踏遍了亚述的中部地区，并且加以严防；他帮助山林里的亚述人回到之前的土地上，这些亚述人曾经因为饥荒、贫困而背井离乡。[2]但他并没有涉足北方或是东方更远的地区，那些地方仍然由阿拉米人统治。

在南部地区，巴比伦帝国虽然已经变得支离破碎，但是依然保持独立。巴比伦王国已经多次改朝换代，王都也曾多次迁移。阿拉米人在古巴比伦土地上的影响巨大，他们的语言阿拉米语是一种西闪米特人的方言，渐渐开始替代古老的阿卡德语，成为巴比伦通用的语言。[3]

直到三代以后，亚述下一位伟大的国王才登上王位。亚述丹二世的曾孙亚述那西尔帕二世使亚述再次成为一个帝国。*他率兵攻打至尼尼微的西北部，并且把尼尼微建成亚述北部的中心城市。[4]他越过底格里斯河，在河东岸古老的村落迦拉建成了亚述的新王都。他宣布：“我已决定将其重建为新居，此前的迦拉由亚述的国王撒缦以色建成，他是在我之前的王子。迦拉已经走向衰败，变为一片废墟，遍地是土堆。我将其重建……我在其周围建了果园，以供奉我主亚述水果与葡萄酒……我深挖水源……我修建城墙；从地基打起，直至建成。”[5]

从此迦拉成为亚述那西尔帕二世的政治中心，亚述城则成为专

---

*　亚述那西尔帕二世统治时期是亚述最为强大的时期，历史学家称他的帝国为“新亚述帝国”。

门祭祀的地方。他在迦拉建成的宫殿不仅有处理政务的地方，而且还装饰有很多浮雕，上面刻着那些臣服于他的国王和士兵。他在宫殿的入口处接受贡品，那里立有守卫的雕像，还有长着巨大翅膀的人面公牛雕像，那些人脸都是经过美化的亚述那西尔帕二世的脸。[6] 宫殿建成后，亚述那西尔帕举行了一个盛大的庆祝宴会。关于这次庆典的记载写道，他在宴会上为客人提供了 1000 头公牛、1000 只家养的牛羊、14 000 只进口的肥羊、1000 只羔羊、500 只供玩乐的鸟、500 只瞪羚、10 000 条鱼、10 000 枚鸡蛋、10 000 条面包、10 000 桶啤酒、10 000 箱葡萄酒等。据亚述那西尔帕二世统计，当天共有 69 574 位客人到场庆祝他的杰作。在宴会上，他公然宣称自己是“伟大的国王、世界之王、大王，得到亚述帮助的大英雄；我在世界上无人能敌，我是至高无上的牧羊人，犹如无人能挡的激流……我征服了全人类……征服了所有的土地，站在群山之巅”。[7]

尽管亚述那西尔帕二世言辞夸张，但他的确做到了一件其祖先从未完成的事情。他一路攻打至幼发拉底河，然后又越过了它。他写道：“我乘着皮筏子穿过了幼发拉底河的激流。我沿着黎巴嫩山的一侧行进，然后……在大海里冲洗我的武器。”[8] 很多年前，萨尔贡在波斯湾也做了同样的事情来庆祝自己的胜利。

亚述那西尔帕二世也到达了以色列的最北部边界，当时以色列的国王是暗利（Omri）。《圣经》中没有太多关于暗利的记载，主要是关于他无视上帝的恶行：他从另外一个统治者手里夺取了北部地区的王位，而且他作恶比以前列王更甚。[9] 但从政治方面来说，暗利是一个伟大的战士和缔造者（他把撒马利亚建成为北方的新都），他是第一位出现在其他国家的碑文中令人生畏的国王。米沙石碑（Mesha Inscription）——在约旦河对岸曾经是摩押部落的领土

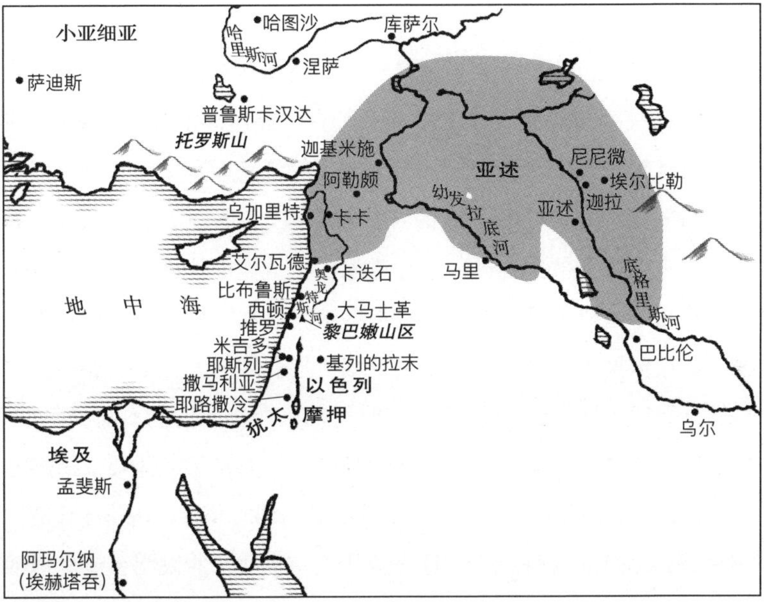

地图 47–1 新亚述帝国

上发现的一块石头——哀叹说，暗利“压迫了摩押很多年”。[10] 他是一位强大的统治者，尽管亚述那西尔帕二世一路征服了很多小国家，甚至强迫推罗和西顿的两位国王进贡，却一直不敢对暗利发起进攻。

现在亚述那西尔帕二世的领土已经横跨幼发拉底河，从沿岸的狭长地带一直延伸至地中海畔，直至港口城市艾尔瓦德（Arwad）。但实际上他从未将推罗和西顿纳入自己的统治之下，推罗和西顿的两位国王与以色列关系很友好；他也从未侵犯过巴比伦的国土。他挥师南下至幼发拉底河沿岸亚述和巴比伦共同接受的边界线，然后洗劫了位于边界上的一个城镇以恐吓巴比伦人（不过他并没有继续下去）。

毫无疑问，他早已声名远扬。在亚述那西尔帕二世心中，因残忍带来的快感油然而生，之后几乎所有的亚述国王都是如此。“我在城门竖起一根柱子，”亚述那西尔帕二世在记录他对付一个不服从他统治的城市并杀死其任命的长官时写道，“那些不服从我统治的人，领头的那些被我剥皮，挂在这根柱子上面。其他那些人一部分被我填在了这根柱子里面，还有一些被我钉在木桩上，立在柱子周围。在这座城里，我剥下更多人的皮，挂在城墙上。至于那些王室官员，我砍下他们的四肢。”[11] 有时候他也会切下他们不同的部位，在他所征服的城市的花园里，遍地都是切下的鼻子、耳朵，挖出的眼珠，还有高高悬挂的头颅，就像腐烂的水果，污秽不堪。他说道：“我用活人做成一根柱子。”这是亚述人一个残忍的发明，他们把活着的犯人竖着摞起来，然后覆盖上石膏，制成一根柱子。他还说：“我割下他们的耳朵和手指，我挖出他们很多人的眼睛……我用火烧死他们年幼的子女。”[12]

25 年的腥风血雨之后，亚述那西尔帕二世去世，把王位传给了他的儿子撒缦以色三世（Shalmaneser Ⅲ）。撒缦以色三世继续侵犯幼发拉底河西部西闪米特人的领土。和他的父亲一样，撒缦以色三世在“激流中”穿越幼发拉底河（这似乎已经成为一种荣耀），然后来到夕阳之下的海边，在那里“用海水冲洗武器”。[13] 然而，与他父亲不同的是，他并没有放过北部的以色列王国。

有趣的是，以色列王国似乎比以往任何时候都要强大。暗利的儿子亚哈（Ahab）继承了王位，他发现亚述不断扩张，威胁到以色列的东部和北部，于是他与腓尼基的西顿国王之女联姻。这位公主耶洗别（Jezebel）不仅嫁给了亚哈，而且成为亚哈最重要的王后，这大大加强了腓尼基和以色列共同对抗亚述军队的联盟。

虽然亚哈很有政治头脑，但是也做了几件蠢事。他精于盘算，心甘情愿去信奉以色列之外异教的神，其中包括腓尼基的主神巴力（Baal），还有很多西闪米特人和其城市信奉的神。这本该使推罗和比布鲁斯与其交好，而且应该为他赢得那些位于以色列和亚述边界之间的一些城市。但是与此同时，他并没有继续信奉耶和华来安抚自己的臣民，而是任由他的腓尼基妻子搜捕屠杀所有信奉亚伯拉罕神的先知。至少有 100 位先知逃脱，藏在东部的山区里。他们在那里避难，并且呼吁以色列人反抗他们那位邪恶的国王。

在反对亚哈的先知中，为首的先知叫以利亚（Elijah），他身披兽皮，生性狂野，耶洗别曾试图刺杀他，逃脱之后他就竭尽全力要推翻亚哈黑暗的统治。根据上帝的旨意，他膏立了一位名叫耶户（Jehu）的以色列年轻官员为下一任以色列人的国王，并且将上帝的旨意传达给他，允许他刺杀亚哈、耶洗别和整个王室。

鉴于以色列人如此仇恨自己的国王（甚至还有国王的异教妻子），大马士革的阿拉米国王不出意外地利用了这样的内部动荡作为契机，发动了对以色列的进攻。他聚集了 32 位阿拉米的将领，带着这支强大的军队与以色列相对弱小的军队相遇。以色列人在他们对面安营，《列王纪》的作者这样写道："就像两小群山羊羔，亚兰人却满了地面。"

尽管两军人数悬殊，但以色列的军队在亚哈的率领下与阿拉米人战成了平手。尽管亚哈在宗教信仰上有问题，可他看起来仍不失为一个能征会战的将领。大马士革的国王与亚哈立下约定，这个约定使阿拉米和以色列两国的国王和平共处了三年。

到了第三年，撒缦以色三世率军攻至以色列的边境。

以色列也有所准备。在亚哈率领下参战的除了他自己的以色列士兵（包括出色的骑兵）、他在沿海的盟军腓尼基人，还有大马士革的国王派出的人马，因为大马士革不希望成为亚述扩张的下一个受害者。埃及也加入了这支盟军：埃及第二十二王朝的第五代法老奥索尔孔二世显然担心亚述一旦踏上西闪米特人的土地，就可能会沿地中海岸一路挥师南下攻打埃及。

公元前 853 年，这支盟军在卡卡（Qarqar）起了内讧。

很难辨明接下来的事实究竟如何。撒缦以色三世声称自己取得了胜利："我让山谷中鲜血横流，尸骨遍野。"这是他在独石碑（Monolith Inscription）的碑文中所吹嘘的。[14] 但亚述的浮雕上关于这场战争的描绘却是极为罕见的：敌人的士兵脚踩着亚述人的尸体前进。[15] 由于亚述人通常是描绘敌人战死而自己人还活着，因此这样的浮雕也表明这场战争的结果与撒缦以色三世吹嘘的结果大不相同。

虽然撒缦以色三世吹嘘自己取胜了，但他在剩下的 30 年统治期间并没有继续率军侵犯西闪米特人的领土。而腓尼基的城市、以色列的土地和大马士革也没有受控于亚述。

最有可能的是在这场战争中双方打成了平手，但亚述在这次战争中损失惨重，因此撒缦以色三世决定收手。西闪米特人的国王们回到各自的城市，埃及士兵也打道回府，但他们回到埃及之后马上就要面临内战。埃及一直为内部矛盾所困扰，也因此在国际舞台上消失了好几年。

但亚哈并没有停下脚步。或许是被成功保卫国土的喜悦冲昏了头脑，卡卡之战刚一结束，他就决定趁此机会攻打他的盟友大马士革。他派人南下，请求犹太国王约沙法（Jehoshaphat）北上，与他一起攻打边境城市基列的拉末，这个城市位于以色列边境，是阿拉米人的领土，受到之前约定的保护。

约沙法是所罗门的玄孙，其领土包括犹大的大部落和便雅悯的小部落，这两个部落的领土统称为“犹太王国”。约沙法并没有庞大的军事力量，但是由于基列的拉末刚好位于南北边界上，因此有了约沙法的帮助，亚哈就可以对其形成两面夹击之势。

约沙法同意与亚哈见面商讨此事，但一到了亚哈的宫廷，他就紧张起来。耶洗别从推罗带来了很多先知和随从，这使亚哈的以色列宫廷看起来更像是腓尼基人的宫廷。腓尼基的谋士不仅出谋划策，而且能未卜先知，他们预言攻打阿拉米人一定会取得胜利，但是约沙法问亚哈是否考虑向一位希伯来的先知请教耶和华对此战的看法。

亚哈说：“我确实可以请来一位先知，但我不喜欢他；他从没说过我什么好话。”

约沙法坚持要把那位先知召来，于是亚哈召见了米该雅（Micaiah）。亚哈问他作何感想时，他说道：“攻打阿拉米人，上帝会赐予你胜利。”

亚哈知道米该雅出于谨慎没有说真话。他说：“还要我命令你多少次你才肯说实话？”听了这话。米该雅说这次战争不仅会失败，而且亚哈也会因此送命。

“看到了吧？”亚哈对约沙法说，“我告诉过你，他从没说过我什么好话。”

尽管听到这样的预言，约沙法还是同意加入这场战争。之后发生的事情表明，他可能与阿拉米王室早有预谋。刚一开战，阿拉米战车的指挥官就发现了约沙法的王袍，直奔他而来，但是他大喊道：“我是犹太的国王，不是以色列的国王！”听到他这样说，那些战车就调转方向，弃他而去。[16]

亚哈在战争中伪装成他人，但却依然运气不佳。敌人射出的一支流箭穿过他盔甲的缝隙射中了他，他为此送了命。

12 年后，他的儿子约兰（Joram）再次试图征服基列的拉末。而阿拉米的实力依然十分强大。约兰战败，自己也受了伤，于是他渡过约旦河，撤退到以色列的一个名为耶斯列的城市疗伤。一位以色列的先知立刻去找到耶户——将近 15 年前，以利亚为了消灭亚哈家族膏立耶户，当时耶户还只是个年轻官员——告诉他时机已经成熟。

耶户一直都在隐姓埋名。那位先知找遍了所有地方，最终还是在基列的拉末找到了他的藏身之地，这说明他一直都藏匿在以色列人的敌人当中。他一听说约兰受伤的消息，就立刻驾起战车，挎上弓箭，毅然向耶斯列（Jezreel）奔去。

亚哈当年在基列的拉末之战中伪装成他人，但约兰并没有伪装自己，他披上自己的战袍，驾上自己的战车，上前应战。耶户一箭就射中了约兰，然后继续奔向耶斯列。

他到达耶斯列时，约兰的母后耶洗别已经听说了儿子的死讯，也知道耶户的到来。显然之前约兰疗伤时耶洗别一直都是陪在他身边的。她穿上华服，坐在窗口等待耶户。我们不清楚她当时是准备召集支持自己的官员还是早已看到大难临头；但是当耶户在皇室门前停下来时，她从窗子里探出身来大喊道："你这个谋杀主人的凶手，你能心安吗？"

约兰自己的官员中有很多从心里反对他，耶户利用这种情绪，大声求助；耶洗别身后有三个太监把她从窗户扔了出去。耶洗别摔到了地上，耶户驾车从她的尸体上碾过。每座古代城市里都有一些

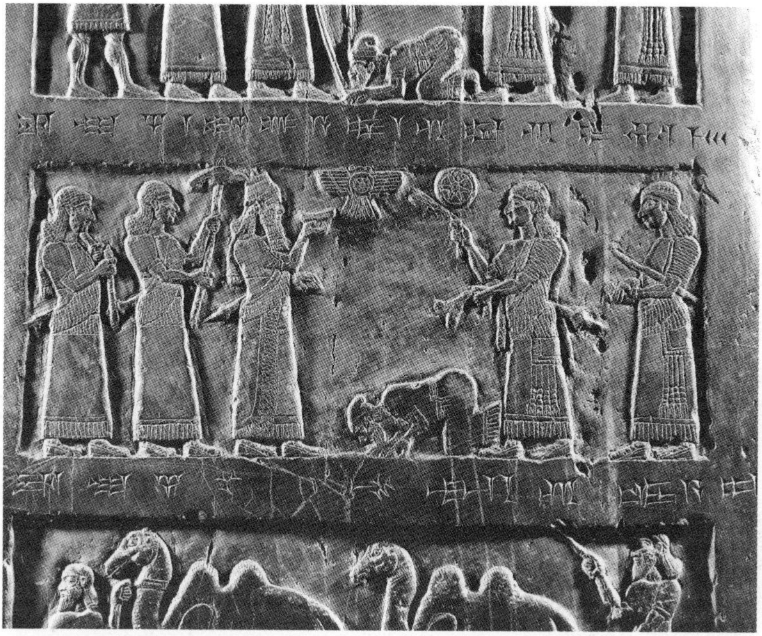

**图 47–1 黑色方尖碑**

从这块庆祝撒缦以色三世胜利的尖碑描绘的是以色列的耶户在亚述国王面前臣服的场景。大英博物馆，伦敦。图片来源：纽约埃里希·莱辛 / 艺术资源

四处躲藏的野狗，那些野狗把耶洗别的尸体吃得只剩下手脚和头骨。

据《列王纪·下》记载，耶户铲除了亚哈家族余下的所有成员，并且杀死了所有耶洗别带来的腓尼基先知。* 这是他在位期间比

---

* 就在耶洗别被杀的时候，耶洗别的侄孙，也就是推罗的国王正为保住王位而战。他最终铲除了所有对王室有威胁的人。据希腊历史学家蒂迈欧在事件发生之后很久的记载（约公元前 270 年），推罗铲除的异己中有一个是他的内兄；而他的妹妹，耶洗别的侄孙女艾丽莎，设法逃脱，与一众追随者渡过地中海。公元前 814 年，他们落脚于北非沿海，并且在那里建立了一个腓尼基人的殖民地——迦太基城。希腊人称艾丽莎为蒂朵，她后来成为维吉尔史诗故事中的核心人物埃涅阿斯。这个故事虽然大部分都是神话，但确实反映了当时的一些史实：推罗王室的动荡与耶洗别的死或许大有关系，这种动荡可能还与撒缦以色三世的后代在东方潜在的威胁有关，耶户的故事表明王室的动荡在古代近东是屡见不鲜的。

较突出的两件事情。但是在他统治期间，上帝开始削弱以色列的势力。[17]《圣经》中记载的耶户唯一一次战败是败给大马士革的阿拉米国王，耶户刚一即位，阿拉米国王就收回了之前给他的一切支持，并且把约旦河东岸洗劫一空。

对于更为严重的一次失败，《圣经》只字未提。但这次失败刻在了撒缦以色三世庆贺胜利的黑色方尖碑上。在这块碑上，雕刻了很多战败的国王带着贡品来叩见撒缦以色三世的场景。在方尖碑的另一面上，以色列的耶户前额着地，跪在亚述国王面前。撒缦以色三世站在那里低头看着他，一个谄媚的随从为他撑着一把伞遮阳。撒缦以色三世曾率军踏上了以色列的领土，并且在以色列的土地上树立了这样一个形象：第一位进入以色列的亚述国王，但绝非最后一位。[18]

耶户失去了亚哈之前的盟军。阿拉米人反对他，而腓尼基人因为耶户杀害了他们的公主耶洗别、耶洗别的随从和她带去的那些教士而感到十分愤怒。他们都不愿意再与耶户并肩作战。[19]耶户既然选择清理以色列王室，那么必然也会把他的盟军清理出去。他别无选择，只能接受现实。

**时间线 47**

| **西闪米特人的领土** | | **亚述** | **埃及** |
|---|---|---|---|
| | | **亚述贝尔卡拉**<br>（前 1074—前 1056） | |
| | **参孙** | 阿拉米人接管巴比伦 | |
| | | | 第三中间期 |
| | | | *第二十一王朝*（坦尼斯） |
| | **扫罗** | | |
| | **大卫** | | *第二十二王朝*<br>（前 945—前 712） |
| | **所罗门** | | **舍顺克一世**<br>（前 945—前 924） |
| | | **亚述丹二世**<br>（前 934—前 912） | |
| **犹太** | **以色列** | | |
| **罗波安**（前 931） | **耶罗波安** | **亚述那西尔帕二世**<br>（前 883—前 859） | |
| | **暗利** | | |
| **约沙法** | **亚哈** | | **奥索尔孔二世**<br>（前 870—前 850） |
| | **亚哈谢** | **撒缦以色三世**<br>（前 858—前 824） | |
| | **约兰** | | |
| | **耶户** | | |

# / 48

# 新的民族

在公元前850年之后的50年里，亚述攻打其邻国，而在希腊，三个不同部族的人创造了一段共同的历史。

耶户臣服后不久，巴比伦的老国王就去世了。他的两个儿子开始争夺王位，这给亚述的撒缦以色三世提供了一个绝佳的机会去攻打他的南方邻国。

但撒缦以色三世并没有这样做。事实上，亚述还出兵帮助其长子夺回了王位。“我在位的第八年，”撒缦以色三世的铭文这样写道，“马杜克–扎基尔–舒米（Marduk-zakri-shumi）的弟弟发动叛乱……为了帮马杜克–扎基尔–舒米复仇，我率兵前往。”亚述军队一到，那位谋逆的王子就逃跑了，“像只狐狸一样从墙上的一个洞里逃跑了”。亚述的士兵追上了他，并且把他抓了回来。撒缦以色三世最后写道：“我用剑砍死了那些跟随他一起叛乱的官员。”[1]

平定叛乱之后，撒缦以色三世带着礼物拜访了巴比伦，并且让自己的二儿子与马杜克–扎基尔–舒米联姻。在撒缦以色三世宫殿的浮雕上描绘了他和马杜克-扎基尔-舒米握手的场面，两位国王地位平等地并排站在一起。[2]

不愿攻打巴比伦并非实力不足，撒缦以色三世在位期间征战不断。亚述复兴时期的国王都特别不愿意攻打著名的古城，他们尤其担心会冒犯巴比伦的主神马杜克。撒缦以色三世则绕过巴比伦，派兵攻打东部、西北部还有南部地区，不久之后，这三个地方的人就被迫向亚述进贡。

波斯湾的源头地区是由五个闪米特部族占领的，这一地区之前是苏美尔南部边境的领土。比特-阿姆卡尼（Bit-Amukanni）部落所统治的领土位于苏美尔旧城乌鲁克附近；比特-达库里（Bit-Dakkuri）的领土要偏北部一点，离巴比伦最近；而比特-亚金（Bit-Yakin）占领了乌尔和波斯湾周边的沼泽地区。[3]其他较小的部落处于这三大部落的保护之下。[*]总的来说，亚述人把这些部落统称为迦勒底人。他们名义上效忠于巴比伦国王，但实际上没有真正受控于巴比伦。

帮助马杜克-扎基尔-舒米夺回王位之后，撒缦以色三世率兵南下至巴比伦南部边境地区，从迦勒底各部落收取贡品。这些贡品价值不菲。迦勒底进贡的是金银、象牙，还有大象皮，这表明他们沿着波斯湾与其他国家进行贸易往来，最东部可以到达印度。[4]从理论上讲，撒缦以色三世的入侵对巴比伦是有帮助的，因为迦勒底人之前参与了叛乱；不过对于撒缦以色三世来说也并没有什么损失。或

---

* 两个较小的部落分别是比特-沙阿里和比特-士拉尼。据说在迦勒底语中，“比特”是“……之家”的意思，不过这一时期并没有关于该种语言的文字记载；各部落名称中其他的部分指的是每个部落的祖先名字［参见 H.W.F. 撒格斯（H.W.H.Saggs）《巴比伦人》（*Babylonians*），第 134 页］。这表明他们与西闪米特以色列人有着共同的传统，无论是在部落划分还是在语言方面；希伯来语中“家”的单词是“拜特”（bet）。

许他尊重巴比伦，但是现在他已经控制了巴比伦的南部和北部边境，这就意味着巴比伦的发展受到严重的限制。

之后，公元前 840 年左右，撒缦以色三世率兵北上至幼发拉底河上游，然后向西越过阿拉米人领土的最北端。在这里，也就是地中海的东北角，有一个名为丘（Que）的小国。

丘是一个新建立的王国，但是其主要人口是由一个古老的部落组成。300 年前，赫梯的都城哈图沙（Hattusas）被烧毁，赫梯人四处逃散。旧王国的中心被来自欧洲南部的入侵者占领，这些入侵者跨越了博斯普鲁斯海峡，在小亚细亚定居下来，建都戈尔迪乌姆，后来成为弗里吉亚人。赫梯人还失去了绝大部分海岸线。随着多利安人的入侵，迈锡尼人被赶出家园，在小亚细亚的西部边缘和南部海岸定居下来。

而四处逃散的赫梯人仅剩下一块属于自己的领地，它位于旧王国的东南部，于是他们聚集在这里。他们信奉赫梯诸神，重新建立了赫梯诸国，这些王国虽小却各自独立，四周都建有城墙。位于幼发拉底河上游的迦基米施（Carchemish）是其中最为强大的王国。

丘也是这些小王国中的一个，军事力量不强，但是战略位置十分重要，是通往托罗斯山脉的必经之路，也是进入小亚细亚和北部山区银矿区的要塞。撒缦以色三世出兵攻打丘，攻占了其都城，并把那些银矿据为己有。[5]

然后，他率兵继续向东入侵。对于亚述来说，位于底格里斯河另一侧的埃兰人一直都是个威胁。埃兰各城邦的国王认为，比起相对弱小的巴比伦来说，亚述才是更大的威胁，因此一旦爆发战争，他们更倾向与巴比伦的各国王结盟。撒缦以色三世也是巴比伦的盟友，但在古代近东，盟友的盟友更可能会成为自己的敌人。因此巴

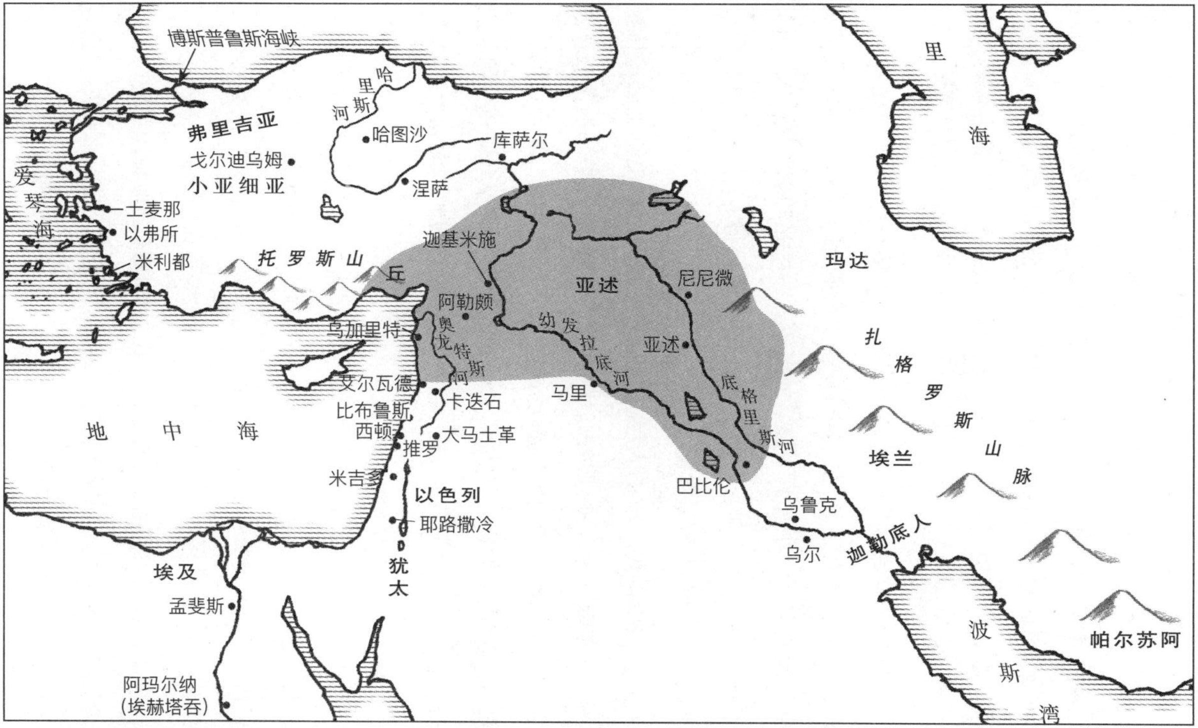

地图 48-1　撒缦以色三世的敌人

比伦与埃兰结盟就很可能会成为亚述的威胁。

撒缦以色三世并没有打算把埃兰正式纳入自己的帝国，但是他要求埃兰各城邦给自己进贡。亚述几次入侵埃兰，由此逼迫他们进贡。为了巩固自己的地位，撒缦以色三世又迅速翻越扎格罗斯山，征服了埃兰北部边境的居民。就像控制巴比伦一样，他现在控制着埃兰的两处边境。

扎格罗斯北部山区的这些居民或许早在1000年前就已经分为了两支，一支留在了这里，而另外一支游牧至东南部的印度。撒缦以色三世的编年史中有两个部落的名字：一个是帕尔苏阿（Parsua），定居在埃兰的西部地区，紧靠着扎格罗斯山脉；另外一个是玛达（Mada），一直在北部地区游牧。[6]

面对撒缦以色三世的入侵，帕尔苏阿和玛达都没有怎么进行抵抗，于是撒缦以色三世在回去后就吹嘘山区有27位不同部落的首领臣服于他。但他并没有特别看重这次入侵，因为帕尔苏阿和玛达不过是他挟制埃兰的棋子。大概100年之后，希腊人给这两个部落重新取了名字，这两个名字就是我们今天更为熟知的波斯和米底。

公元前824年，撒缦以色三世在自己儿子发动的一场叛乱中去世。临终前，撒缦以色三世剥夺了他这个儿子的继承权，并且宣布由他的二儿子沙姆希-阿达德五世（Shamshi-Adad V，他娶了巴比伦的公主）继承王位。撒缦以色三世还没等平定叛乱就撒手人寰；沙姆希-阿达德五世虽然名义上是巴比伦的国王，但是因为他哥哥的支持者比他的要多，所以不得不逃离自己的国家。

据沙姆希-阿达德五世自己的记述，这次叛乱规模很大：

> （我哥哥）亚述-达宁-阿普里早在我父亲撒缦以色在位期间就心怀不轨，煽动叛乱，策划谋逆，他煽动民众造反，时刻备战，他煽动亚述全国上下拥护他，发表异端言论使各城邦纷纷叛乱，他挑起了冲突和战争……二十七座城市，连同他们的防御工事……发动叛乱反对我的父亲撒缦以色做天下之王……他们还支持亚述-达宁-阿普里……[7]

唯一能够给予他足够兵力援助的就是他的岳父，也就是巴比伦的国王。于是他逃往巴比伦，请求马杜克-扎基尔-舒米帮助自己。巴比伦国王同意派兵帮助这位亚述继承人重新夺回自己的都城。

但是马杜克-扎基尔-舒米判断严重失误。他并不完全信任他的女婿，因此他强迫沙姆希-阿达德五世签署了一个条约，以此作为巴比伦出兵援助的条件。这个条约没有得以完整保存下来，但是明显是要求沙姆希-阿达德承认巴比伦的统治。条约中没有称沙姆希-阿达德五世为国王，仅承认马杜克-扎基尔-舒米是一国之君，而且订约时只在巴比伦众神前进行宣誓，完全无视亚述诸神。[8]

沙姆希-阿达德五世签了这个条约，为了夺回王位他只能忍气吞声。他带着巴比伦的士兵去攻打自己的那些城邦，最终攻破城墙夺回了亚述。

沙姆希-阿达德五世夺回王位之后，一直遵守与马杜克-扎基尔-舒米签订的那个条约。不知道这是因为沙姆希-阿达德五世是个恪守信用之人，还是因为他对见证这一条约的巴比伦诸神有所敬畏。马杜克-扎基尔-舒米死后，他的儿子马杜克-巴拉苏-伊克比登上了王位，沙姆希-阿达德五世开始谋划一次亚述历代国王都没有发动过的战争：入侵巴比伦。

马杜克-巴拉苏-伊克比继位几年后，沙姆希-阿达德五世将入侵巴比伦的计划付诸行动。沙姆希-阿达德五世率军南下，但他并不是直接向南，而是沿着底格里斯河一路迂回向南，这表明他并不是很担心自己的内弟有足够的时间备战；据他自己的记录，他不仅沿途洗劫了几个村庄，而且在途中停下来猎狮，竟然捕猎到三头狮子。[9]

马杜克-巴拉苏-伊克比上前迎战，和他共同应战的还有迦勒底和埃兰的盟军。据沙姆希-阿达德五世的编年史记载，这支盟军很快就被打得落花流水：

> 他上前与我对战……于是我就与之交锋。最终我打败了他。我杀了 5000 人，活捉了 2000 人，得到了 100 驾战车，还有 200 名骑兵。我还带走了他的王帐和行军床……[10]

这说明亚述军队突破了巴比伦的防线，直捣其老巢。带往巴比伦的俘虏一行中还有巴比伦国王本人。我们无从知道亚述的王后——巴比伦国王的姐姐——见到自己的弟弟时会说些什么。

在巴比伦王宫，沙姆希-阿达德五世任命了一个巴比伦的官员作为傀儡国王，其并无真正国王的地位，只是作为他的诸侯。但是这个傀儡国王并不安分守己，他很快就开始策划发动叛乱。时隔不到一年，沙姆希-阿达德五世就不得不再次出兵，把这个傀儡国王也抓回亚述囚禁起来。[11]

此后，沙姆希-阿达德五世自称是“苏美尔与阿卡德之王”（按照古代的说法）。[12] 这与他自称“巴比伦之王”的结果完全不同。因为他这样做实际上否认了巴比伦的存在，他只承认亚述的存在，认为亚述才是巴比伦文化和巴比伦诸神的守护者。当年他的岳父对他加以羞辱，如今他终于一雪前耻。

不久之后，身为巴比伦与亚述之王的沙姆希-阿达德五世便英年早逝。那一年是公元前811年，即他刚刚继位的第10年，而他的儿子阿达德-尼拉里三世（Adad-narari Ⅲ）还是个孩子。于是，沙姆希-阿达德五世的王后也就是巴比伦的公主萨穆-阿玛特（Sammu-amat）掌握实权。一个女人坐在亚述的宝座之上，这是前所未有的事情，萨穆-阿玛特也深知这一点。她在为自己竖立石碑时颇费了一番脑筋，提及了每一位与自己相关的亚述国王。她是沙姆希-阿达德五世的王后，也是阿达德-尼拉里三世的母后，而且还是“天下四方之王撒缦以色三世的儿媳”。[13]

因为萨穆-阿玛特掌权一事十分不同寻常，所以她的故事也为后人所津津乐道。希腊人就记载过她的事情，并且给她取了个希腊名字塞米勒米斯（Semiramis）。希腊历史学家克特西亚斯（Ctesias）说，塞米勒米斯是鱼女神之女，由鸽子抚养长大，之后嫁给了亚述国王，生下儿子尼亚斯。她的丈夫去世后，她就背信弃义地霸占了王位。[*]

在这个古老的故事里，这位传奇女王的儿子的名字尼亚斯与其本来的名字阿达德-尼拉里十分接近。而且，不只这一个故事表明萨穆-阿玛特夺取王位的手段并非完全光明正大，另一位希腊历史学家西西里的狄奥多罗斯（Diodorus Siculus）描述说，塞米勒米斯说服她的丈夫给她五天的时间由她来掌权，试试看她能否做好。她的丈夫同意之后，她就处决了他，永远夺取了王位。

---

* 克特西亚斯还是一位博学多才的医生，关于他的作品我们只有第二手的资料，原稿早已逸失，但之后一位名叫狄奥多罗斯的希腊历史学家借鉴了大量克特西亚斯的叙述，并且标明了出处。狄奥多罗斯多数的故事都是捕风捉影，因此很难说他笔下“克特西亚斯的叙述”有多少是真正来自克特西亚斯本人的。

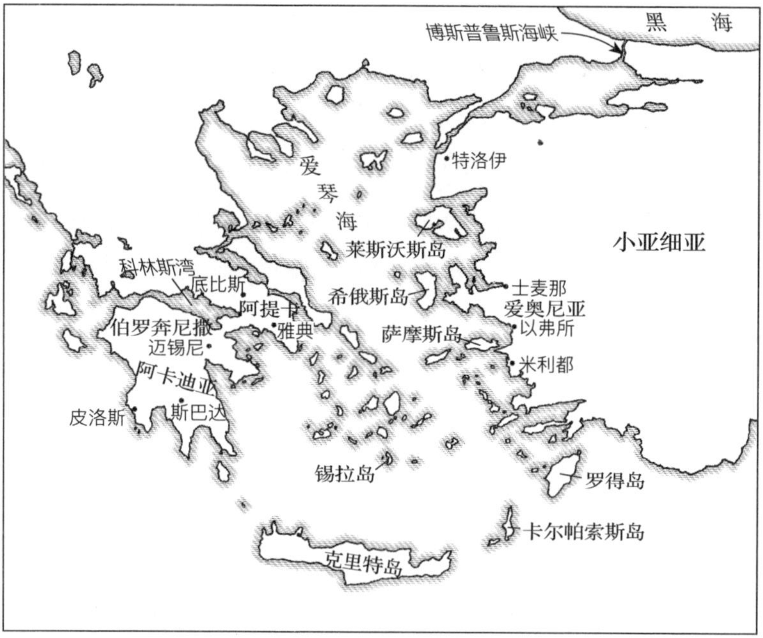


**地图 48–2 迈锡尼人、多利安人和爱奥尼亚人**

此时希腊各城邦已经合并为三个不同的联盟。300 年前，多利安人的入侵使迈锡尼各城邦逐渐没落。但这些城邦并没有完全消失。残留下来的迈锡尼文明集中在阿卡迪亚地区，这个地区位于希腊南部的伯罗奔尼撒半岛，一个海湾从半岛东部深深切入，几乎将这个半岛与希腊的其他部分一分为二（这个海湾后来称为科林斯湾）。

迈锡尼的希腊移民不仅南下进入埃及，还乘船跨越爱琴海到达小亚细亚的沿岸地区。他们在这里定居下来，建立起一些村庄，之后这些村庄发展成为士麦那、米利都、以弗所等城市。迈锡尼人和亚洲人的语言与习惯混合在一起，发展成为一种独特的文化，我们现在称之为爱奥尼亚文化。多利安人入侵时，爱奥尼亚的希腊人又沿着周围的岛屿往回迁徙，他们占领的岛屿有莱斯沃斯岛、希俄斯岛、萨摩斯岛，还有其他一些岛屿，最终他们回到了希腊本土的东部海岸。

与此同时，多利安人占据了伯罗奔尼撒半岛的南部和东部地区，他们还南下到克里特岛，向东远至罗得岛和卡尔帕索斯岛。多利安方言与迈锡尼语截然不同，这两种语言与爱奥尼亚方言也大不相同。

但这三个联盟或多或少都来自同一民族。爱奥尼亚人的祖先是迈锡尼人，而迈锡尼人和多利安人同属印欧人种，二者的祖先都是在几百年前南下到希腊半岛的。后来，希腊人为了解释这种相似性，就声称多利安人是赫拉克勒斯的后代，原本居住在迈锡尼，后来被赶出家园，之后又夺回了自己的土地。[14]

但是那时还没有“希腊”，只有迈锡尼人（为了和其祖先区分开来，我们称其为“阿卡迪亚人”）、爱奥尼亚人和多利安人。希腊半岛就像是以色列和阿拉米王国崛起前的西闪米特人的土地那样，是由许多各自独立的国王和首领统治的。

随着多利安人的入侵渐渐变为历史，希腊半岛各城邦进入了一段相对和平的时期。在这段时期里，这些城邦之间的关系更像是同盟关系，而不是敌对关系，彼此之间也更多地相互交流语言风俗。*

---

* 历史学家一般把希腊历史划分为以下几个阶段：黑暗时代（公元前 1150 年至公元前 750 年）、古风时代（公元前 750 年至公元前 490 年）、古典时代（公元前 490 年至公元前 323 年），以及希腊化时代（公元前 323 年至公元前 30 年）。考古学家对希腊历史的划分稍有不同，他们依据的不是由历史记载的事件，而是关于艺术形式变化的古老的年代表：早期的黑暗时期被称作亚迈锡尼时期（公元前 1125 年至公元前 1050 年）；之后的一段时期被称作是原型几何时期（公元前 1050 年至公元前 900 年）；而从黑暗时代的中期开始被称作几何时期（源于一种陶器风格），这个时期被划分为早期（公元前 900 年至公元前 850 年）、中期（公元前 850 年至公元前 750 年）以及晚期（公元前 750 年至公元前 700 年）。这些年代表可以在很多标准参考书中找到，如萨拉 · B. 波默罗伊（Sara B.Pomeroy）的《古希腊：政治、社会及文化史》（*Acient Greece: A Political , Socila and Cultural History*）等。

公元前 800 年前后，对于相同文化的认知越来越强烈——当然这只是大致的猜测——一系列不同的历史事件（很多是关于迈锡尼人的）编织在一起，呈现在两部相关的史诗作品《伊利亚特》和《奥德赛》中，很快整个希腊半岛就把这两部史诗视为半岛上所有城邦的文化遗产。

据之后的希腊历史记载，这两部史诗的作家是一个名叫荷马的爱奥尼亚人，他可能来自位于爱奥尼亚中部小亚细亚的士麦那，也可能来自爱奥尼亚沿海的希俄斯岛。关于荷马是否真有其人，至今仍有争议。有人认为荷马是个天才，还有人认为荷马只是个笔名，这两部史诗实际上是很多诗人的共同作品。这些诗歌本身带有讲故事者口头叙述的痕迹：诗歌中多次出现两个词结构的描述（酒般深红、脚步轻快、面容姣好、秀发迷人），节奏明快、朗朗上口；每个场景描述的结尾都是一句正式的表达（“于是她十分中肯地说道”，“他们坐在那里，一动不动，沉默良久”）；[15] 诗歌还采取了环式叙述结构，诗人先在诗歌的中间部分插入一段插曲，然后回到开头，接着再叙述至结尾。*

没有人能确定这些被吟唱的故事是在何时变成文字的。在希腊的黑暗时代，只有迈锡尼人多少保留了一些文字记载，但是数量非常少。不管这些故事是在何时被转化成文字的，但它们反映的肯定是公元前 800 年之前发生的事情。不只《伊利亚特》和《奥德赛》，大多数希腊神话故事都是［正如古典文化学家肯 · 道登（Ken

---

* 鉴于本书是关于历史而不是关于文献调查的，因此，对于荷马的身份、这些诗歌的结构和语言、这些诗歌的英雄主义以及其揭示出的早期希腊人对诸神的崇拜等问题，在此不做进一步探讨。此类问题远非一本书的内容可以涵盖。而对于这些问题，也已经有许多著作在进行探讨，因此我不复赘言。

Dowden）所说］“在迈锡尼的土地上写下来的”[16]，其中关于盔甲（野猪皮盔甲）和珠宝的细节描述反映的是多利安人入侵之前的历史。[17]另一方面，这些诗歌还表明，迈锡尼人并不了解其领土之外的世界。[18]史诗语言本身更接近于公元前 8 世纪的语言。特洛伊国王普里阿摩斯这个名字是新赫梯语，是丘国居民和其他四处分散的赫梯人所使用的语言。[19]

特洛伊的故事和那些奋起反抗的英雄的故事使多利安人、阿卡迪亚人和爱奥尼亚人在神话中拥有了共同的历史。在《伊利亚特》中，在阿伽门农的号召下，所有城邦都立即派出船只，而希腊人从来没能有过这样团结一致的场面。但这个故事所描述的是希腊各城邦开始渐渐形成一种对彼此的认同感，这使希腊各城邦与其他地区的界线清晰起来。

在《伊利亚特》中，我们第一次看到了一个形容那些希腊三角形区域之外居民的词：荷马称他们为“说着奇怪语言的人”（barbaro-phonoi）。[20]这样，世界上所有的人就被划分为两种：说希腊语的人和不说希腊语的人。

这也是一颗思想的种子，这颗种子在希腊人的脑子里生根发芽，根深蒂固。人性是二元的，要么是希腊人，要么就是非希腊人，一个人身份的关键在于他是否是希腊人。

矛盾的是，这种强烈的认同感却源自公元前 800 年彼此独立的希腊各城邦。他们政治不统一，没有共同的目标，生活方式也不同。不同的城邦拥有不同的国王、不同的疆域，但他们的语言都来自希腊语。相似的语言和假想出的共同历史像一条绳子，把他们紧紧地拴在了一起。

| 时间线 48 | | |
|---|---|---|
| **亚述** | **埃及** | **希腊半岛 / 小亚细亚** |
| | | 新赫梯诸国形成 |
| **亚述贝尔卡拉**<br>（前 1074—前 1056） | | |
| 阿拉米人接管巴比伦 | | |
| | 第三中间期 | |
| | *第二十一王朝*（坦尼斯） | |
| | *第二十二王朝*<br>（前 945—前 712） | |
| | **舍顺克一世**<br>（前 945—前 924） | |
| **亚述丹二世**<br>（前 934—前 912） | | |
| **亚述那西尔帕二世**<br>（前 883—前 859） | | 阿卡迪亚文化、多利安文化、爱奥尼亚文化（约前 900） |
| | **奥索尔孔二世**<br>（前 870—前 850） | |
| **撒缦以色三世**<br>（前 858—前 824） | | |
| **沙姆希-阿达德五世**<br>（前 823—前 812） | | |
| **萨穆-阿玛特** | | |
| | | 荷马（约前 800） |

# / 49

# 贸易口岸和殖民地

公元前 800 年至公元前 720 年间，希腊开始举办奥林匹克运动会，同时在意大利兴建罗马城和希腊诸城。

荷马笔下的船队是所有近水而居的希腊人所熟悉的：

一大群人出现在眼前……
远处的交谈声越来越近，他们踩在
松软的沙子上，聚集在船队旁边；
他们高喊着，催促人群
登上船只，驶向大海。[1]

希腊商人在爱琴海上航行，途径一座又一座岛屿，到达小亚细亚沿海地区，又南下至克里特岛，最后返回大陆。到了荷马生活的时代，希腊各城邦的船只也向西航行，造访希腊半岛的南部海岸，并且与当地的居民进行贸易往来。

公元前 1200 年之前，东部的迈锡尼依然仍处于鼎盛时期，而整个意大利半岛*只是零星地散布着居民，从“靴顶”延伸至“靴底”。尽管意大利半岛上的居民十分分散，他们制作的陶器风格却是相同的，这表明他们拥有共同的祖先。由于多数居民都是沿着亚平宁山脉分布的，因此考古学家将其文化命名为“亚平宁文化”。[2]

在希腊黑暗时代，亚平宁文化出现了分化。这种分化不仅体现在陶器制作方面，而且还体现在武器和盔甲的制作方面。铁制工具和武器渐渐地在整个半岛上传播开来。人口开始增加；单个居住点的人口现在可能会增长至数千人。[3]公元前 2000 年前，所有的“意大利人”死后都是土葬。而现在北部村落的很多村民开始实行火葬。**

希腊的船只到达意大利半岛进行贸易时，岛上的风土人情不尽相同，而考古学家正是依据这些风俗习惯对早期的意大利人进行了分类。那些死后依然实行土葬的村落分为三个部分：福萨（Fossa），分布在意大利西海岸南部一直到“靴子尖”的地带；阿普利亚（Apulian），分布在“靴子跟”上面一点儿的地带；中部亚得里亚（Adriatic），沿着亚平宁山脉分布。[4]北方现在采用火葬的村落有四个：西边是戈拉塞卡（Golasecca），那里的人们会把战车和盔甲与勇士同葬；东边是埃斯特（Este），那里的人们擅长制作精美的青铜器；南边是维拉诺瓦（Villanovan），那里的人们不仅焚烧尸体，而

* 意大利直到 1861 年才成为一个国家，因此在这段历史时期把这个半岛称作意大利也是无奈之举。然而，就像中国一样，意大利半岛历史文化悠久，其子孙也是一脉相传，因此为方便起见，下文中我还是会沿用“意大利”这个名字。（19 世纪，意大利还是个分裂的国家，处于奥地利的统治之下，奥地利的外交家克莱门斯 · 冯 · 梅特涅评价说“意大利只是一个地理名词”；但是很快他的话就被证明是完全错误的，就在他说完这话不久，意大利民族独立的意识高涨起来，不过这句评价用在公元前 8 世纪的意大利却是恰如其分的。）

** 考古学家在划分整个半岛的历史时，把公元前 2000 年至公元前 900 年期间称为青铜时代，而希腊的黑暗时代（公元前 1200 年至公元前 900 年）被归入青铜时代的晚期。铁器时代开始于公元前 900 年前后。

且把骨灰放入陶罐里；还有拉提尔（Latial），它就位于维拉诺瓦以南，两者中间隔着台伯河。

拉提尔人不仅把骨灰放入陶罐中，还会把陶罐放入小窝棚中，这种小窝棚是仿照生者居住的窝棚搭建的，作为其死后的居所。但是他们所居住的窝棚很简陋，没有任何防护措施；罗马历史学家瓦罗（Varro）说他们“根本不知道墙或者门是什么”。出于安全考虑，这些小村庄都建在山顶上，这里的村民都说同一种语言。这种语言晦涩难懂，叫作拉丁语。整个意大利半岛上至少有 40 种不同的语言和方言，而拉丁语不过是其中之一。[*][5]

希腊的船只在意大利南部沿海停靠，进行金属和粮食贸易。这些船只还会造访南部的一个大型岛屿，这个岛后来被称作西西里岛。希腊在这里成功开展贸易之后，在这里建成了一些贸易口岸，这样希腊商人不仅可以在此停靠，还可以在这里居住，至少一年里可以在这里停留几个月。[6]

公元前 775 年左右，位于西北部的希腊城市哈尔基斯（Chalcis）和位于东部的城市埃雷特里亚（Eretria）联合派出一支商队，在今天的那不勒斯湾海岸线往北不远处建立了一个贸易口岸。这个贸易口岸就在维拉诺瓦附近，希腊人称维拉诺瓦人为第勒尼安人。不久以后，维拉诺瓦人的坟墓里就开始出现希腊的花瓶，而维拉诺瓦的浮雕上也开始出现希腊浮雕的线条。

哈尔基斯和埃雷特里亚使用同一种方言，它们为了共同的利益

---

* 在这些语言里，有很多种语言只是通过某个碑文中的只言片语才为人所知的，但是区分这些语言并且梳理这些语言之间的关系是辨别铁器时代意大利各种文化的重要依据之一。这是一个非常特殊的专业领域，完全超出了本书所涉及的内容。T. J. 康奈尔（T.J.Cornell）在《罗马的起源》（*The Beginnings of Rome*）一书的第 41—44 页简单地介绍了这一话题，对理解这一话题很有帮助。

**地图 49–1　意大利和希腊殖民地**

还结下了同盟关系。与此同时，在希腊的奥林匹亚城，宙斯和赫拉的神庙*开始初具规模，这要归功于来自奥林匹亚以外的希腊朝圣者。在更遥远的北部地区，德尔斐神庙则与此稍有不同，那里是神

* 关于希腊多神信仰的研究已经超出了本书的范围；在此我只想指出，虽然祭拜众神的宗教活动已经持续了几百年之久，但是《伊利亚特》和《奥德赛》是希腊最早以描述宙斯和其他诸神为题材的文学作品，这充分表明公元前 800 年左右，希腊已经大规模信奉多神，并且有严格的宗教仪式。

示所，祭司们会代表希腊人寻求诸神的指示。德尔斐神庙也吸引了众多来远方的来客。在提洛岛（Delos），阿波罗和狩猎女神阿尔忒弥斯的神庙也得以扩建。这些神庙很快就成为全希腊人的神庙，不仅属于神庙所在的城邦，而且属于所有说希腊语的人。这些神庙也使希腊各城邦开始各自结盟。相邻的几个城邦结为近邻同盟，共同承担起供养某一神庙或圣所的责任，这就是合作同盟的古代版本。

最值得一提的是，为了祭拜宙斯，希腊各城邦形成了一个共同的节日。第一次祭拜宙斯的节日是在公元前 776 年，而就在一年前哈尔基斯和埃雷特里亚共同派出了商队，祭拜者就在奥林匹亚会合。

几百年来，奥林匹亚一直是一个宗教中心，各种竞技比赛早已成为那里祭祀和宗教仪式的一部分。* 据说在公元前 776 年，奥林匹亚西北部一个小城邦埃利斯的国王一路奔波至德尔斐神庙请示神谕，想知道如何结束希腊城邦之间的纷争。神谕告诉他说要使奥林匹亚的竞技比赛成为正式的节日庆典，而举办节日庆典期间各城邦必须休战。根据最原始的资料记载，从那时起，奥林匹亚每四年举行一次正式的运动会。在举行运动会期间，整个希腊实行奥林匹克休战（Olympic Truce）。起初规定休战一个月，后来延长到三个月，这样远道而来的希腊人就可以安全返回。[7]

虽然运动会本身并没能像埃利斯国王所期望的那样真正带来和平，但是运动会确实让希腊各城邦看到他们不仅是因为有着共同的语言而联合在一起，他们还信奉共同的神灵，战争并非他们之间唯一可能存在的关系。

---

* 大英博物馆希腊和罗马文物馆馆长朱迪斯·史瓦德林（Judith Swaddling）曾感叹说当代再无一城可与奥林匹亚相媲美。美国人的感觉相对好些；要是一场职业足球比赛以祷告开始，所有球员为了上帝的荣耀而战，再加上一位总统候选人开场前抛硬币，那么古代竞技比赛的三要素——宗教、体育和政治就都全了。

根据古罗马传说，在公元前 776 年一位名为努米托（Numitor）的国王统治着意大利半岛上的两个拉丁城镇，这两个城镇都位于台伯河南部。其中一个城镇名为拉维尼姆（Lavinium），历史较为悠久；另外一个城镇名为阿尔巴隆加（Alba Longa），拉维尼姆在人口众多时，就沿着阿尔班山脊建成了这个城镇，把部分人口迁居至此。

努米托的弟弟阿穆利乌斯（Amulius）生性邪恶，他发动战争逼迫努米托独自流亡他乡，无法回到自己的国土捍卫自己的王室。阿穆利乌斯则篡夺了王位，杀害了他哥哥的几个儿子，并且下令他哥哥的女儿瑞亚 · 西尔维娅公主（Rhea Silvia）必须终生保持处女之身，这样努米托就不会再有子孙再来夺取王位。

尽管如此，但是瑞亚 · 西尔维亚公主还是怀孕了。罗马历史学家李维说她自称是被战神玛尔斯强奸了，“她或许真的是相信这件事，或许只是假装相信此事来减轻自己的负罪感”[8]。但无论是哪种情况，她生下的双胞男孩对于阿穆利乌斯来说显然都是一种威胁，因为这两个男孩才是努米托的王位的直系继承人。（希腊传记作家普鲁塔克补充说：他们“体型巨大，美若仙人”，这使阿穆利乌斯更加恐慌。）[9]

阿穆利乌斯下令把他这两个外甥丢到河里淹死。由于台伯河当时洪水泛滥，被派去的仆人把两个孩子丢在河岸附近就离开了。相传是一只母狼发现了这两个孩子，然后喂给他们狼奶。不久之后国王的牧羊人发现了他们，就把他们带回家交给自己的妻子养育。

牧羊人给他们取名为罗慕路斯（Romulus）和雷穆斯（Remus），并且把他们养育成人。普鲁塔克说努米托虽然流亡他乡，但是依然给牧羊人送钱，让两个孩子能获得好的教育。两个孩子长大以后，除掉了他们那个内心歹毒的舅舅，然后努米托重新登上了王位。

他们的祖父重新掌权后，这对双胞胎——现在已经是公认的王位继承人——“突然有种冲动，想在他们当年被丢到河边的地方建起一个新的城镇”，李维这样写道。[10] 国王同意了他们的请求；而阿尔巴此时也已经发展成为像拉维尼那样人口众多，因此也需要再建成一个城镇。但是之前努米托和阿穆利乌斯之间的兄弟之争又在努米托的两个外孙之间重新上演，他们无法决定谁应该成为那个新城镇的最高统治者，于是去请求诸神的指示。从此事态开始恶化：

> 为了争夺新城镇的统治权，罗慕路斯占领了帕拉蒂诺山，而雷穆斯占领了阿文蒂诺山，各自观察神示。据说，雷穆斯首先得到征兆——他观察到了六只秃鹫。但是这一消息公之于世不久，罗慕路斯就观察到了十二只秃鹫。双方各自的追随者立刻祝贺自己的主人为王，一方主张先得到神示，而另一方则主张以数量取胜。双方的唇枪舌剑很快升级为一场混战，而雷穆斯则死于这场混战。[11]

李维说，另外一种更为常见的说法是，雷穆斯嘲笑他的兄弟在新城镇周围修筑的城墙，而且还从那堵城墙上一跃而过，于是罗慕路斯一怒之下就杀了雷穆斯。无论真相是哪一个版本，罗慕路斯最终都以自己的名字为新建成的城镇命名，并且在帕拉蒂诺山周围加强防御，以此作为自己新城镇的中心，这个新城镇被命名为罗马。据说那一年是公元前 753 年。

这个特别的故事几乎完全是杜撰而来的。考古表明，确实有定居者在公元前1000年至公元前800年之间在罗马的所在地建成房屋，但是罗马的作家像喜鹊搬家一样，把其他民族故事中的情节搬到了自己的故事里。罗慕路斯和雷穆斯的故事中有很多情节来自古希腊神话，里面甚至带有萨尔贡和摩西的影子。* 公元前 30 年前后，李维在其所著史书的开头这样写道："罗马建成之前的那些事情是通过诗歌的形式呈现在我们面前的，我们读到的并非真实可靠的历史记载。" [12]

也许从这个故事里，我们依稀可以看到的是兄弟之间反复争斗的事实。1000 年前，奥西里斯和塞特争夺埃及的故事反映的就是血亲之间的王位之争。我们从罗慕路斯的故事中也可以看到血亲之间的战争。从古代的遗址我们可以看出，罗马一开始分为两个部分，一部分位于帕拉蒂诺山，另一部分位于埃斯奎利诺山，这两座山是由两个拉提尔部落各自统治的。[13] 其中一个部落很可能离开了山区，就像罗慕路斯离开阿尔班山那样，他们可能在富饶的台伯平原上种植粮食来满足不断增长的人口的需要。

另外一个部落很可能来自萨宾山。据李维记载，罗慕路斯统治了帕拉蒂诺山之后，就建成了一座大城镇（李维这样写道，"土地扩张过快，而实际人口却与土地不成比例"），然后摆在他面前的问题就是使这个城镇增加人口。它向所有的逃犯和流浪者打开了大门（李维是一个标准的共和主义者，他孜孜不倦地证明是乌合之众建成了罗马，认为是这些人"为罗马注入了新的力量，使罗马迈出了走向辉煌的第一步"）。[14] 人口确实增加了，但是罗慕路斯又遇上了问题：罗马的辉煌"似乎只可能持续一代人"，因为城镇里几乎没有女人。

---

* 古典文化学家 R. M. 奥格尔维（R.M.Ogilvie）指出，希腊神波塞冬的两个儿子被扔到厄尼普斯河中，然后被一些动物发现并养大；雷穆斯从城墙上一跃而过的故事与俄纽斯和托科修斯（Oeneus and Toxeus）的故事很相似。

而部落之间的争斗也又使这个问题更为严重：相邻部落的居民与罗马的居民属于同一种族，可他们拒绝让当地女子嫁到罗马去，因为他们“瞧不起这个新城镇，而且同时也感到担忧……罗马崛起为一支新的力量”。[15] 于是罗慕路斯举办了一场盛大的庆典来祭祀海神尼普顿，并且邀请了附近的居民［萨宾人（Sabine），来自附近最大的城镇］。庆典进行到高潮部分时，萨宾的男人都被引开了，罗马的男人就抢走了萨宾所有的年轻女子。

据李维记载，那些女子“过了一段时间就不再怨恨”，因为他们的新丈夫“总是说些甜言蜜语”（这不免让人怀疑这八成是位女性罗马史学家编出的故事），但是萨宾的军队为了复仇开始攻打罗马，他们攻破了城墙，把罗马人赶了出去。而罗马人这会儿不得不转而攻打自己的城镇，他们对城墙发起进攻。两军相遇时，一个名叫麦提乌斯·库尔提乌斯（Mettius Curtius）的萨宾勇士冲着自己的同伴们喊出了作战的口号。“让他们知道掳走女孩和与男人对抗是两码事！”他大声吼道。就在这时，罗慕路斯带着一队最强壮的罗马人向他直冲过去，麦提乌斯·库尔提乌斯落荒而逃。

眼看一场大规模的相互残杀就要开始，萨宾的女人们涌向战场，挡在双方之间，请求大家停战，因为如果不停战的话，她们不是会失去自己的丈夫，就是会失去自己的父亲。“这种请求立刻就见效了，”李维写道，“所有人安静地站在原地不动。过了一会儿，对战双方的将领上前达成了和解。事实上，他们不只达成了和解：双方联合在一起，由共同的政府进行领导，而罗马成为权力的中心。”阿尔巴隆加王国的后人罗慕路斯和萨宾王国的国王提图斯·塔提乌斯（Tius Tatius）共同执政。（然而好景不长，几年后塔提乌斯在一次暴乱中被杀，据说罗慕路斯“并没有表现出应有的悲痛”。）[16]

虽然这些神话故事中有希腊神话的影子，但是表明古罗马实际上是由两部分组成的，一部分是来自萨宾山的拉丁人，另一部分是来自阿尔班山的拉丁人。此外，从这些神话中我们还看到了罗马在建成伊始就处于战争状态。与上埃及和下埃及之间的关系一样，尽管这些人拥有共同的祖先、相同的习俗和语言，信仰的诸神也相同，但是骨子里彼此敌对。希腊人总是试图找到彼此的共同点，而拉丁人总是拒绝承认他人与自己来自同一种族。在最古老的故事中，罗马城分为截然不同的两个部分，这两个部分的人相互敌对。

在整个半岛富饶的平原之上，罗马并不是唯一的城市。希腊商人深深地扎根在他们的贸易殖民地之上，他们回去之后向希腊人表明，意大利的海岸线很适合作为希腊的殖民地。而希腊各城邦也面临着来自内部的压力，人口不断增长（公元前 800 年至公元前 700 年间，人口增长了 6 倍），需求也不断增长：需要更多的金属、更多的石头、更多的粮食，还有更多的牧场。[17]

尤其是需要更多的土地。希腊各城邦受到自然条件的限制，到处都是山脉、干裂的岩地或是海洋。像美索不达米亚平原一样，希腊半岛的“农田也十分有限”。[*] 按照传统，一家的土地要平均分给儿子们，这就意味着每个家庭的土地不可避免地在减少，而且如果更多男孩出生的话，每个家庭的土地就会减少得更快。因此希腊最后不是每个家庭都有土地分给儿子。

希腊诗人赫西俄德（Hesiod）来自维奥蒂亚（Boeotia）地区，他生于公元前 8 世纪中叶。他在《工作与时日》（*Works and Days*）

---

* 参见第 18 章。

中这样描述他的困境：他的父亲去世时，他和他的哥哥珀耳塞斯应该平分家中的农田，但是显然珀耳塞斯认为这样自己手中的土地太少，无法养活自己和家人，于是就贿赂那些解决此类争端的法官，从而得到全部的土地：

> 我们已经分割了遗产，但你却
> 抢走了更多，
> 去贿赂那些贪婪的领主和乐于审理此类案件的
> 蠢货。[19]

这是希腊各城邦四处可见的第二大问题；资源有限，于是人们不顾一切，腐败像瘟疫一样在土地所有者和官员之间蔓延开来。[19]

赫西俄德渴望有一天男人能靠自己的劳动生存：

> 既不知道什么是饥饿，也不知道什么是毁灭，
> 只在宴会上享用自己的劳动成果。
> 大地为他们带来丰收；他们的
> 橡树顶部结满了果实，蜜蜂穿梭其中。
> 绵羊身上毛茸茸的，长满了厚厚的羊毛，
> 而女人生出的孩子酷似他们的父亲。[20]

这表明富裕指的不仅仅是拥有土地。

赫西俄德用几十行诗句来阐述辛勤劳动者应当得到回报，辛苦耕种的农民就应当收获自己播种的粮食，劳动报酬应当立即被支付，而那些贪婪的法官也应当把公正摆在心头。但是这些事情都没有实

| 时间线 49 | |
|---|---|
| 希腊半岛 / 小亚细亚 | 意大利半岛 |
| 阿卡迪亚文化、多利安文化、爱奥尼亚文化（约前 900） | 福萨文化、阿普利亚文化、中部亚得里亚文化、戈拉塞卡文化、埃斯特文化、维拉诺瓦文化、拉提尔文化 |
| 荷马（约前 800） | |
| 希腊在意大利建立贸易港口 | |
| 开始举办奥林匹克运动会（前 776） | |
| | 兴建罗马城（前 753） |
| | **罗慕路斯** |
| | 希腊在意大利建立殖民地 |

现。实现这些事情并非易事，因为希腊各城邦的发展受到了限制。

改革行不通，殖民就成为唯一的解决办法。公元前 740 年左右，希腊各城邦的领导者开始派出年轻一代去开辟新的土地。最早的殖民者来自两座城邦，这两座城邦的人之前还在意大利建成了第一批贸易口岸。哈尔基斯和埃雷特里亚派出殖民者前往那不勒斯湾，在那里他们开始兴建新的希腊城市库迈。公元前 733 年左右，科林斯城派出贵族阿基亚斯（Archias）率军远征西西里岛，在那里他建成了一个名为锡拉库扎（Syracuse）的殖民地；哈尔基斯和埃雷特里亚也不甘示弱，在之后的20年里建成了至少四个殖民地（纳克索斯、伦蒂尼、卡塔纳和利基翁）。到了公元前 700 年，意大利南部沿海基本上都是希腊人。

# / 50

# 宿　敌

公元前 783 年至公元前 727 年间，亚述帝国衰落，直到提革拉毗列色三世即位，亚述帝国才得以重建。

公元前 783 年，撒缦以色四世登上亚述王位，在位 9 年。他很少吹嘘自己的荣耀，这与以往的历代亚述帝王很不相同。现存不多的胜利碑文表明，他一生大部分时间都在努力把入侵者赶出亚述的土地。大马士革已经成为阿拉米（Aramaean）王国的都城，不过大多数史书都把阿拉米称为“叙利亚”。叙利亚有足够的实力入侵亚述的边境，而亚述却没有足够的实力抵御叙利亚的入侵。[1] 在与叙利亚进行最后一战时，撒缦以色四世甚至不得不与以色列的国王耶罗波安二世结盟。[2]

但是，他在北部又多了一个劲敌。亚述北部山区的胡里特人（Hurrian）曾经属于古老的米坦尼帝国，现在已经建立了很多小的部落王国。米坦尼帝国衰落之后，亚述人就开始从这些位于边远地区的胡里特人手里掠夺金属、木材等资源，他们还掠走胡里特人作为自己的奴隶。几百年前撒缦以色一世曾吹嘘说把 51 个胡里特人的居住地洗劫一空，偷走他们的物品，掠走他们的年轻男子。“我从他们中挑出一些年轻男子为我效劳，”他写道，“我还要求他们一直给我进贡大量物品。”[3]

面对这种来自南部地区的不断入侵，山区的各部落只能结成同盟。他们借用亚述文字刻写自己的铭文，他们按照亚述的王室惯例推选国王，他们还以亚述帝国作为自己的榜样。[4]亚述人称他们为乌拉尔图（Urartu），这个名字至今还保留在其古代领土之上的一座高山——亚拉腊山（Mount Ararat）的名字中。在亚述大军面前，乌拉尔图军队就像是蚍蜉撼树。但是乌拉尔图在山口重重设防，亚述人始终无法突破其防线。

亚述西部和北部两面受敌，巴比伦也摆脱了亚述的统治，撒缦以色四世颜面尽失。在亚述总督的统治下，巴比伦的局势越发动荡不安。一群迦勒底军官争相抢夺巴比伦王位，而那位亚述总督应该是落荒而逃了。

而在亚述帝国其他一些边远省份，总督已经开始各自为王，不再向王室汇报；马里的总督在自己的编年史里甚至用自己的统治年份来记载在位期间的大事件，而对亚述王只字不提。[5]撒缦以色四世的儿子在位时，不止一位总督起兵要求独立，亚述则不得不出兵镇压。而到了撒缦以色四世的孙子在位时，乌拉尔图的国王在铭文中吹嘘说，他已经“征服了这方土地……亚述”。[6]

实际上乌拉尔图统治的领域不仅延伸至南部地区之前亚述人所统治的领域，而且延伸至遥远的西部地区。在这些新的领土上，乌拉尔图人在最高的山峰上设防。他们是来自大山的民族，倘若不能在高处瞭望四周，就会觉得不安。乌拉尔图的领土还包括许多古代

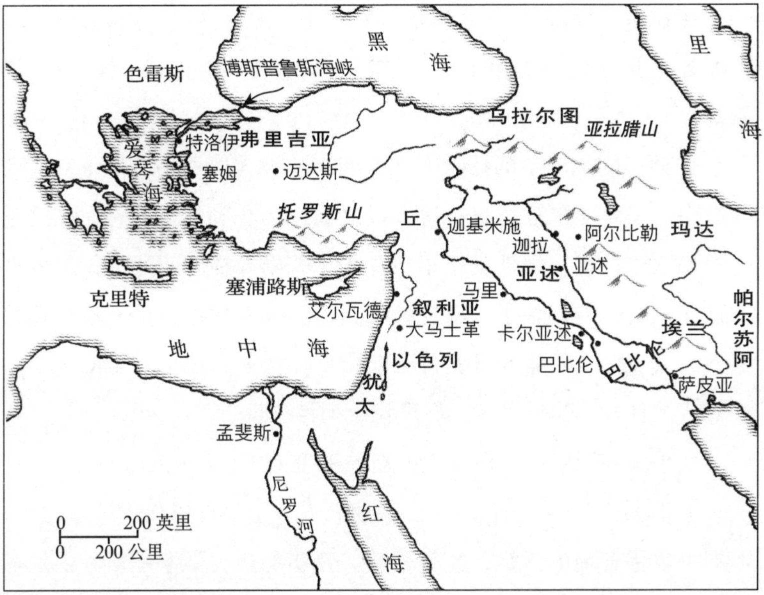


地图 50–1　亚述与其敌人

赫梯人的领土，* 乌拉尔图的萨尔杜里一世（Sarduri I）还派人去往东部地区，与玛达和帕尔苏阿部落结盟，共同抵抗亚述人。

面对周围这些敌对力量，撒缦以色四世的孙子亚述尼拉里五世（Ashur-nirari V）唯一能做的就是守住亚述的腹地。但他还是没能守住。亚述城的内城墙是这个城市抵御外敌的最后一道防线，但是因为年久失修，已经开始坍塌。无论是官员、总督还是国王，都没有下令修复城墙，而亚述城的居民就把这些城墙上的石头捡回家去修建自家的房屋。[7]

---

* 参见第 41 章。

迦拉（Calah）是帝国都城的所在地，因此情况应该稍好一点。在亚述尼拉里统治的第七年，迦拉的总督普勒（Pul）发动了一场叛乱。

普勒可能是王室的什么表亲，因为他被委以重任统治王室所在的城市，但是如果亚述尼拉里五世之前以为普勒与自己有血缘之亲会效忠自己的话，那他就打错算盘了。普勒抓住了亚述尼拉里五世的这一软肋，他召集了一众支持者，杀死了亚述尼拉里五世和他的家人。公元前 746 年 5 月，普勒即位。在位期间他给自己取了个重现亚述往日辉煌的新名字：提革拉毗列色三世。*

几乎就在同时，一位强大的新国王坐上了巴比伦的王座。

纳巴那沙（Nabonassar）是迦勒底人。他手握巴比伦王权之后，随即平定了各地的叛乱，安抚民心。希腊的历史学家坚信，正是在他的统治下巴比伦日渐强大，从而推动了天文学的蓬勃发展。[事实上希腊人坚定不移地认为他们的天文学是以迦勒底人的天文学为基础的，因此在希腊语中“迦勒底人”（Chaldean）和“天文学家”这两个词是可以互换的，这种用法在古代世界很普遍。因此，丹尼尔在会在书中解释说，巴比伦国王尼布甲尼撒二世在需要征求建议时，召来了“迦勒底人”和其他一些智者。] 他在位期间，巴比伦的史官开始记录星象与每天天气的联系、与底格里斯河和幼发拉底河水位的联系、与粮食还有其他重要物资价格之间的联系：这表明这个城市不仅十分安定，而且可以从容地寻求通向更加繁荣之路。[8]

提革拉毗列色三世一登上亚述王位，就南下至巴比伦，提出与

---

* 提革拉毗列色一世在公元前 1115 年至公元前 1076 年间在位。提革拉毗列色二世大概是在公元前 966 年至公元前 935 年间在位。据历史记载，这段时期亚述处于混乱之中，之后亚述丹二世即位，开始把阿拉米人赶出亚述领土。参见第 5 章。

纳巴那沙结盟。他在北方、东方和西方都有麻烦，所以不能继续在南方树敌。纳巴那沙同意与之结盟，于是提革拉毗列色三世出兵帮助新即位的巴比伦国王纳巴那沙，消灭来自迦勒底人和阿拉米人的敌对势力。

但结果是迦勒底人和阿拉米人的首领开始向提革拉毗列色三世进贡，而不是向纳巴那沙进贡。提革拉毗列色在自己的编年史中吹嘘道："我占领了波斯湾沿岸的巴比伦城市，我把这些城市归入亚述的统治之下，我派宦官去做这些城市的总督。"[9]在巴比伦北部曾经被阿拉米人占领的地方，提革拉毗列色三世建起了一座新的城市，取名为卡尔亚述（Kar Assur），意为"亚述之墙"。从表面上看，这个城市是为了保护巴比伦纳巴那沙的领土不受游牧民族的侵扰。但事实上，这个城市成为亚述人在巴比伦设置的前哨，由亚述官员统治，由亚述士兵守卫，居住在内的都是亚述人的战俘。"我把它命名为卡尔亚述，"提革拉毗列色说道，"我把那些在其他地方征服的人安置在这里，命他们给我进贡，我把他们看作亚述的居民。"[10]提革拉毗列色三世一回到亚述，就自称"苏美尔和阿卡德之王"（此前沙姆希-阿达德五世曾经这样自称过）。

纳巴那沙回到南部地区，对此保持沉默。只要亚述这位国王任由他独自统治自己的国家，他似乎并不担心亚述国王自诩有什么头衔。[11]而提革拉毗列色三世也很乐意把巴比伦的日常事务交给纳巴那沙处理。他在其他地方还有要事处理。*他要更换那些偏远省

---

* 关于提革拉毗列色三世所征服领土的记载并不多，很多都刻在浮雕上面，但这些浮雕被之后的帝王毁掉了，那些上面刻有浮雕的石板被用作建筑材料。H. W. F. 撒格斯（H.W.F.Saggs）写道："现存的记载十分零散，复原后可能会得出不同的史实，学术上对此仍有争议。"［《亚述之强大》（*The Might That Was Assyria*），第 88 页］。这只是可能出现的情况之一。

份叛乱的总督，任命新的官员定期向他汇报，为此他设置了古老的“驿马快信制度”（Pony Express），这样信使就可以及时把消息传到王室。

安顿好国内之后，他就把注意力转向北方地区，那里的乌拉尔图人正在大肆入侵之前亚述统治下的各省份。乌拉尔图最远已经入侵至西南方的迦基米施。在南方，之前与亚述缔约的艾尔瓦德（Arvad）现在也已经加入了乌拉尔图的同盟。[12]

于是提革拉毗列色三世率兵围攻艾尔瓦德。这场战争旷日持久，双方损伤惨重。两年后，艾尔瓦德终于被攻破。

根据提革拉毗列色三世的碑铭记载，公元前 740 年一整年的时间他都在艾尔瓦德，他暂时在这里落脚，把这里当作他入侵乌拉尔图的军事指挥中心。他从乌拉尔图手中夺回丘和迦基米施。到了公元前 735 年，亚述人已经入侵至乌拉尔图的中心，乌拉尔图的国王萨尔杜里一世和手下的士兵不得不向北撤退至他们自己的都城。提革拉毗列色三世吹嘘到，“峡谷和山崖之中遍地都是他们的尸体”，这种描述现在已经成为所有帝王吹嘘战功的套路。他还专门提到，萨尔杜里一世“为了保命，连夜逃跑，不见了踪影……我一直追他，追过了横跨幼发拉底河的大桥，一直追到乌拉尔图的边境地区”。[13]

然后提革拉毗列色三世停下脚步，没有继续追下去。萨尔杜里一世在之前领土的北部地区重整旗鼓，重新建立起独立的乌拉尔图，但是其领土比之前小了很多。南部地区则落入了亚述人手中。

提革拉毗列色三世重新划分领土之后，催生了一个新国家。他的新省份占据了位于小亚细亚中部弗里吉亚东部各部落所在地。于是西部各部落重新聚集在一起结成联盟，建立弗里吉亚王国共同对抗东部的敌人。这个提革拉毗列色三世无意间创造的新国家第一位国王是一个神话中的人物：迈达斯（Midas）国王。

无论迈达斯究竟是谁，他成为国王的故事在四百年后的亚历山大大帝时代被写入神话。亚历山大到达弗里吉亚之后，发现这里有一辆古老的马车，车轭和车辕连接处系着一个大大的绳结。有人告诉他这是弗里吉亚第一位国王的马车。弗里吉亚人当时并无国王，他们请求神谕告知他们谁会成为他们的国王，神谕说第一个驾着马车出现的人就是上天为他们选的国王，接着一个名叫迈达斯的农民就驾着这辆马车出现在他们面前。* 他随即加冕为王，并把他的马车献给了宙斯。[14]

据希罗多德记载，迈达斯在位期间，还向德尔斐神庙进贡祭品，除希腊人之外，很少有人这样做。[15] 还有传说记载迈达斯还娶了一位来自塞姆的希腊女子为妻。但这两个故事都表明弗里吉亚现在有了国王，其都城是以这位国王的名字来命名（迈达斯城，迈达斯也成为王室的名字），而且弗里吉亚与位于小亚细亚沿海的爱奥尼亚城有很多贸易上的往来。

这使弗里吉亚获得了巨大的财富。在古希腊传说中，迈达斯能够点物成金，他所触碰的一切都会变成金子，这反映了当时爱奥尼亚商人对弗里吉亚国王所拥有的财富感到无比敬畏，故事中迈达斯点物成金却最终是祸而不是福，这也反映出爱奥尼亚商人对这些财富的觊觎之心。

---

* 很多读者肯定已经知道那个绳结就是戈耳狄俄斯之结，这个名字来自另外一个故事版本，在这个故事里，迈达斯的父亲戈耳狄俄斯才是这驾马车的主人。然而，正如欧内斯特·弗雷德里克·迈尔（Ernest Frederick Meyer）所说，是历史学家阿里安让迈达斯坐上了这驾马车；这一观点得到了普鲁塔克和其他人的认可，而亚历山大本人对此版本深信不疑。[《亚历山大、麦迪斯与戈尔迪乌姆神谕》,《古典文献学》(*Classical Philology*) 1961 年第 56 卷第 3 期，第 160—168 页)。]

就在弗里吉亚不断发展时，提革拉毗列色三世一直在与那些宿敌作战。他率兵一路向东，再次征服了叛乱的帕尔苏阿和玛达。然后，他立刻开始处理西部地区的问题。以色列的国王米拿现（Menahem）当时只是个无名小卒，他看到亚述军队出现在地平线上，立刻送上 40 吨白银贿赂敌人。[16] 犹太国甚至更为合作。现任的国王是大卫的后裔亚哈斯（Ahaz），他先是洗劫了所罗门神庙，然后把所有的祭品都献给了提革拉毗列色三世，以表臣服，然后又主动与亚述结盟，共同对抗以色列。

在随后的战争中，亚述夺取了以色列北部大部分的领土。现在提革拉毗列色三世统治了叙利亚，控制了以色列和犹太，西部地区的麻烦也已经解决。

到目前为止，提革拉毗列色三世都没怎么过问巴比伦，而纳巴那沙现在已经去世，整个都城陷入了混乱的内战之中。提革拉毗列色三世这时刚刚征服了大马士革，他注意到了巴比伦的混乱状态，于是决定把巴比伦变成名副其实的亚述领土。

就在提革拉毗列色三世越过北部边境，向底格里斯河沿岸的巴比伦首都进军的时候，巴比伦出现了分裂。提革拉毗列色三世抵达巴比伦时，巴比伦各城邦分为两派，一派认为他们应该投靠亚述帝国，另一派则认为他们应该奋起抵抗，争取独立（虽然这种抵抗可能毫无意义）。巴比伦北方各城邦倾向于投靠亚述。如果就住在亚述边境南部地区的话，投靠亚述不失为精明之举；而且，北方各城邦愿意将其领土纳入提革拉毗列色三世统治之下也表明了他们更倾向于接受亚述人的习俗和宗教信仰，而非争夺王位的闪米特族迦勒底人的习俗和宗教信仰。

提革拉毗列色三世了解这一情况之后，先派官员到巴比伦打探巴比伦人是否愿意效忠自己。那些官员给提革拉毗列色三世发回了报告，提革拉毗列色三世随后也去往巴比伦争取民心。1952 年，在迦拉发现了这些官员写的一封信：

> 致我主国王，来自仆人萨马斯–布那阿（Samas-bunaia）和纳布依特（Nabuieter）。我们 28 日来到巴比伦，站在马杜克神庙门前。我们询问那些巴比伦人："你为什么要为了迦勒底人与我们作对？他们那里都是自己人，都是迦勒底各部落的人。巴比伦支持迦勒底人！可我们的国王承认你们身为巴比伦公民的权利。"那些巴比伦人对我们说："我们不相信国王会来。"但倘若国王真的来此，他们会臣服的。[17]

萨马斯–布那阿和纳布依特打的是种族牌，巴比伦人选择了亚述人而不是迦勒底人。

占据巴比伦王位的迦勒底人的首领逃跑了，提革拉毗列色三世踏遍了整个巴比伦城，一路南下，一直追到他藏身的那个城市：萨皮亚（Sapea）。这座城市有三道城墙，最矮的一道城墙足足有 4.5 米高，另外两道城墙则更高。一件亚述的浮雕记录了围攻破坏这座城市的场景。在亚述人的进攻下，城墙上的弓箭手纷纷跌落下来，护城河里堆满了尸体。悲泣的妇女和孩子被驱赶出去。[18]

提革拉毗列色三世取胜后率军进入巴比伦城。他宣告自己为王，并且在公元前 728 年的新年庆典上宣誓效忠于伟大的巴比伦神马杜克。萨皮亚城的沦陷使迦勒底人方寸大乱，他们匆忙去往巴比伦投奔这位新国王。

**时间线 50**

| **意大利半岛** | **亚述和周围的土地** | |
|---|---|---|
| 福萨文化、阿普利亚文化、中部亚得里亚文化、戈拉塞卡文化、埃斯特文化、维拉诺瓦文化、拉提尔文化 | | |
| | **亚述那西尔帕二世**（前 883—前 859） | |
| 希腊在意大利建立贸易港口 | **撒缦以色三世**（前 858—前 824） | |
| | **沙姆希-阿达德五世**（前 823—前 812） | |
| | **萨穆-阿玛特** | |
| | **阿达德尼拉里三世** | |
| | | （乌拉尔图）**阿格什提** |
| | **撒缦以色四世**（前 782—前 770） | |
| | **亚述丹三世**（前 771—前 754） | |
| 兴建罗马城（前 753 年）<br>**罗慕路斯** | **亚述尼拉里五世**<br>（前 753—前 746） | （巴比伦）<br>**纳巴那沙** |
| 希腊在意大利建立殖民地 | **提革拉毗列色三世** | （乌拉尔图）<br>**萨尔杜里一世** |
| | | （弗里吉亚）<br>**迈达斯** |

其中有一个当地的军官名为米罗达巴拉但（Merodach-Baladan）。提革拉毗列色三世专门提到他是“海岸王国的一位国王，从未臣服于任何在我之前的国王，也从未亲吻过他们的脚”。但是，现在他宣誓效忠于提革拉毗列色三世，并且带来了大量贡品——金项链、宝石、珍贵的木材、染色的衣物，还有家畜。[19]

米罗达巴拉但发誓效忠亚述，背地里却另有打算，但提革拉毗列色三世当时并不知道。[20]他为自己成为巴比伦和亚述之王而扬扬自得。为了显示自己的实力，他给每座主要城市里的巴比伦诸神都进献祭品。“在西帕尔、尼普尔、巴比伦、波尔西帕、库萨、基什、迪尔巴特、埃雷克，”他写道，“我给伟大的神灵献上完美的祭品……他们接受了我的祭祀。巴比伦的广袤之地归于我统治之下，我在此行使王权。”[21] 他是第一个出现在巴比伦国王名单中的亚述帝王，也是第一位被巴比伦人认可为国王的亚述帝王。所有的赞誉之词都在设法掩盖一个事实，那就是他在这两个国家都没有实权。

# / 51

# 亚述和巴比伦的国王

公元前726年至公元前705年间，
埃及重新得以统一，以色列分裂了，
而萨尔贡二世几乎征服了全世界。

公元前726年，提革拉毗列色三世在宣誓效忠马杜克两年之后去世，他统治了亚述近20年。

提革拉毗列色三世的儿子撒缦以色五世继承王位，执掌统治亚述和巴比伦的大权，在边境地区布置了森严的防线。但在波斯湾的北端，迦勒底人的首领米罗达巴拉但并不情愿受控于亚述，他开始暗中积聚力量。

撒缦以色五世的统治几乎没有留下任何铭文记载，他似乎并没有注意到迦勒底正在崛起的力量会对其构成威胁。他的注意力都在西部边境上。他多次发动战争，急于完全统治腓尼基。就这点而言，他比他的祖父要强，当时腓尼基人和以色列人都曾向亚述进贡，但是腓尼基和以色列当时是亚述的属国，而并非亚述的省份。据约瑟夫斯记载，撒缦以色五世花了近五年的时间围攻腓尼基的城市推罗，推罗之前曾向提革拉毗列色三世进贡。[1] 他比他父亲做得出色的还不止这一点。提革拉毗列色三世只不过让以色列成为亚述的属国，而撒缦以色五世一举消灭了以色列。

他这样做当然有某种借口。以色列现任国王名叫何细亚（Hoshea），之前曾经是一名军官，他“不再像之前那样年年向亚述国王进贡了”。[2] 撒缦以色五世的密探还汇报说何细亚派出使者去见“埃及王梭（So）”。以色列正计划对亚述发起战争，并且正在寻找盟友。

埃及之所以能够再次参与到与西闪米特人的争斗之中，是因为它暂时实现了统一。卡卡之战后，埃及再次分裂，这一次不仅南北分裂，而且东西部也各自建立了王国，这使埃及出现了众多法老，还有三个不同的都城：底比斯、坦尼斯，和三角洲的中心城市莱昂托波利斯（Leontopolis）。在很短的一段时期内，赫拉克利奥波利斯和埃尔穆波利斯也出现了国王，还有至少其他 15 个家族拥有统治者的头衔，包括“国王”和“领主”，还有氏族的“首领”。[3] 为了梳理这种混乱的状态，曼涅托把这些国王划分为第二十二王朝、第二十三王朝和第二十四王朝，但是这三个王朝实际上是存在于同一时期的，只是所统治的范围不同，而第二十二王朝的势力一直延续到第二十五王朝统治时期。

北部地区正处于混乱之中，埃及正忙于应对自身的问题，因此受益的是尼罗河两岸的南部地区——努比亚，这个国家在埃及统治下的地区通常被埃及统治者称为库什（Kush）。从严格意义上讲，应该有多个埃及总督管理这个地区，但事实上没有人真正在意。埃及多王朝并存时，努比亚人包括当地的非洲部落和定居在这里的埃及人，他们实际上并不是由总督来统治，而是由他们自己的国王统治。努比亚人把自己的王国称为纳帕塔（Napata），其王宫位于博尔

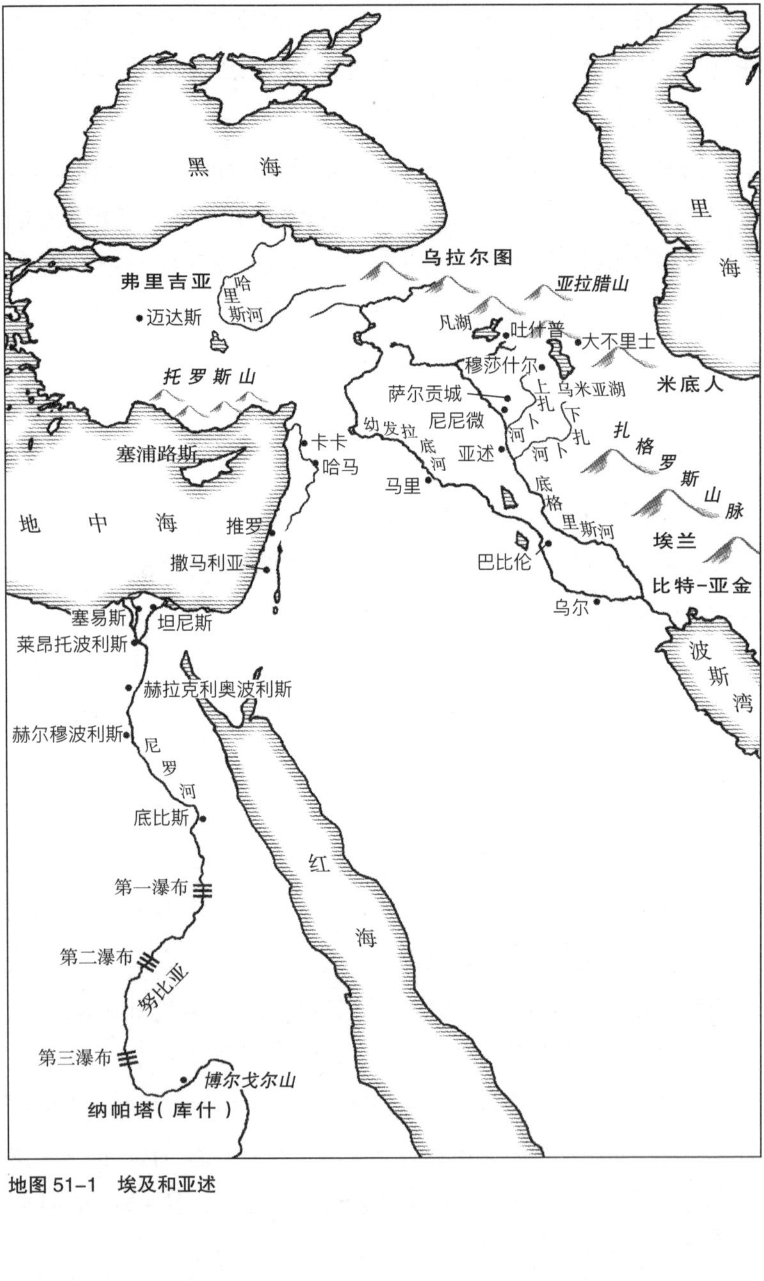
黑 海
里
海
乌拉尔图
弗里吉亚
哈
里
斯河
亚拉腊山
迈达斯
凡湖
吐什普
大不里士
穆莎什尔
托 罗 斯 山
萨尔贡城
上
扎
乌米亚湖
米底人
尼尼微
下
幼发拉
河卜
扎
卡卡
扎 格 罗 斯 山 脉
底
亚述
河卜
塞浦路斯
河
哈马
马里
底
格
地 中 海
推罗
里 斯河
埃兰
巴比伦
撒马利亚
比特-亚金
乌尔
塞易斯
坦尼斯
莱昂托波利斯
波
斯
湾
赫拉克利奥波利斯
赫尔穆波利斯
尼
罗
河
底比斯
红
第一瀑布
海
第二瀑布
努比亚
第三瀑布
博尔戈尔山
纳帕塔（库什）

地图 51-1　埃及和亚述

戈尔山。这里明显有埃及统治留下的痕迹：这里的人信仰阿蒙神，努比亚的统治者沿袭古代兄妹婚姻的传统。[4]

公元前 727 年，也就是在撒缦以色五世继承王位的前一年，纳帕塔的国王是一个名为皮安柯（Piankhe）的努比亚人。当时他已经在位 20 年，就在那时他了解到塞易斯、坦尼斯、赫拉克利奥波利斯、赫尔穆波利斯和莱昂托波利斯的国王看到纳帕塔的崛起而紧张不安，于是与它们结成同盟，试图把埃及的边境重新扩张至努比亚。

皮安柯与这一同盟交战并取得了胜利，他命人把自己取胜的场景刻在了一幅精美的浮雕上：阿蒙神赐福于真正的埃及国王皮安柯，而其他那些参战的首领、国王谦卑地围在他身边。

皮安柯并没有消灭掉这些敌人，相反，他把埃及视作一些小王国的联合，而他是这些小王国的最高统治者。铭文中写道：

> 纳帕塔的阿蒙神已经指派我来统治这片土地。

他在另外一段铭文中这样写道：

> 如果我对某个人说“你是国王”，那么他就是国王。
> 如果我对某个人说“你不是国王”，那么他就不是国王。
> 底比斯的阿蒙神已经指派我来统治埃及……
> 在我庇护之下的城邦就不会被攻克，
> 至少在我的帮助下是不会被攻克的。[5]

这个埃及才是以色列想要结盟以共同对抗亚述威胁的埃及。

以色列的使者所求见的“埃及王梭”应该不是皮安柯本人。

埃及现在遍地都是国王，这些国王相当于皮安柯的总督。以色列的使者最后很可能是在三角洲地区见到了一个名叫奥索尔孔四世（Osorkon Ⅳ）的国王。何细亚应该并不了解究竟是谁统治着整个埃及，因为埃及的政治情况十分复杂，就连埃及人自己也搞不清楚。而且皮安柯很可能压根就不知道以色列的使者来过埃及。

不管以色列使者见到的究竟是谁，他们结盟的请求并没有得到回应，何细亚被拒绝了。派使者来埃及成了大错特错的决定。此时撒缦以色五世正因为推罗久攻不下而烦心，因此更加无法忍受那些在他父亲统治时期就已经顺从的城邦有任何叛乱之举。《列王纪·下》写道："亚述上来攻击以色列遍地，上到撒马利亚（以色列的都城），围困三年。"

之后有关亚述的记载就中断了。当有关亚述的记载再次出现时，撒缦以色五世已经去世，他在位只有五年时间，在位时同时对两座城市发起围攻。新即位的国王是萨尔贡二世。

如果撒缦以色五世是在战争中身亡的话，那么《列王纪》应该会有所记载。最有可能的情况是，提革拉毗列色的小儿子，即萨尔贡二世，利用自己哥哥的弱点夺取了王位。那些旷日持久且徒劳无果的围攻使军队不愿继续作战，而撒缦以色五世回到亚述之后强迫亚述人为他劳作，以致民心尽失。局势越来越严峻。[6]

萨尔贡二世承诺为亚述人减免赋税，从而使他们尽快忘记他哥哥突然去世的事情。据其官方编年史记载，萨尔贡二世说："撒缦以色不惧怕宇宙之王，他开始在那个城市为非作歹。他对人民强加赋税，强制他们充军，于是众神之主心生愤怒，推翻了他的统治。我，萨尔贡，成为众神之主的选择……我减免亚述的苛捐杂税……我让他们不再被迫充军，不再被迫去做苦力，不用再为亚述所有的神庙上缴各种赋税和贡品。”[7]

萨尔贡二世还结束了亚述久攻不下的战争。公元前 721 年，亦即萨尔贡二世在位的第一年，他速战速决，征服了撒马利亚，结束了旷日持久的战争。然后，他毫不留情地把以色列这个国家从地图上抹去，这是亚述之前的帝王从未有过的残忍之举。他俘虏了何细亚，把他关进监狱，然后开始驱逐以色列人。亚述对于任何坚持独立的属国向来如此反应。被驱逐出境也是一种种族灭绝，只不过灭绝的不是人本身，而是一个国家的民族意识。据萨尔贡自己的铭文记载，他把 27 290 名以色列人从他们的家园驱逐出去，这些以色列人的放逐地从小亚细亚一直延伸到米底境内，[8]他们后来被称为“失落的十部族”。这并不是说他们消失了，而是因为说他们被驱赶到新的荒野之地，不得不以那里为家，他们作为亚伯拉罕后裔和耶和华信仰者的身份因此消失。*

那些依然留在北方土地的以色列人发现有其他外来者侵入了自己的领土。萨尔贡二世写道：“我让自己人定居在我所征服的土地之上。”[9]这些以色列人和其他宗教和血统的族群融合，并最终形成

---

* 学习过现代历史的人们应该记得，在 19 世纪民族意识重新崛起时，英国曾经开始过一场不那么体面的特殊运动，其参与者称自己是“英国的以色列人”。“英国的以色列人”几乎没有什么历史或地理证据支撑，但他们提出之前那十个以色列部族翻越了高加索山脉，最后到达英国，因此在英国信仰基督教的西方白种人中就是“真正的以色列人”的后裔。奇怪的是，这成为反犹太复国主义者的正当理由，因为当今的犹太人总被贴上“妄想症”的标签。单从政治的角度来看，这种观点完全是荒谬的，因为萨尔贡二世绝不会允许大批以色列人被一起流放，他的目的就是摧毁他们的民族意识。以色列的十个部族并不是“失落”了——这样说仿佛他们只是失踪了，可以被重新找到似的。实际上这些部族是被完全摧毁了。英国的以色列人运动在 20 世纪渐渐销声匿迹，但是这场运动在美国死灰复燃，引发了一场所谓的基督徒身份（Christian Identity）运动。就在几年前，我收到了邻居从弗吉尼亚州农村寄来的一套“教学视频”，这套视频出自一个中西部基督徒身份“教会”，里面详细陈述了犹太人实际上是被上帝诅咒的“以东人”，而白种人才是上帝所指定的真正的犹太人。我想说的是，被诅咒的人和没有被诅咒的人之间的差异应该是基于对希伯来语中“人类”一词的误译，这种差异是毫无意义的，听起来像是在狡辩。但是，这种荒谬的神学生命力依然顽强。

了特有的文化。因此公元前 1 世纪的犹太人被称为“撒马利亚人”，并被视作杂种。

然而，故事到此并没有结束。叙利亚的阿拉米人和哈马人联合起来反对亚述的统治，于是萨尔贡二世与之在卡卡城交战。此时距离卡卡城第一次发生大战已有 100 年之久，而这一次战争的胜负十分明显。哈马的国王戴着锁链被拖到了亚述，而叙利亚的首领“独自逃跑了，就像是丢了羊群的牧羊人一般”，萨尔贡二世则把卡卡城洗劫一空，并将其烧成灰烬。[10]

萨尔贡二世控制了西方之后，穿过地中海，最远到达塞浦路斯岛——爱奥尼亚的希腊人和来自沿海地区的腓尼基人定居于此——并强迫岛上的居民向他进贡。他还为自己建造了一个新的都城，杜尔舍鲁金（Dur-Sharrukin，意为“萨尔贡城”），这座城市位于尼尼微的东北部，就在托罗斯山脚下，而乌拉尔图仍然占据着托罗斯山脉。

乌拉尔图的士兵很容易就可以从山上冲下来发动进攻，然后再撤回他们设在山上的堡垒；率兵进山去追剿他们可谓难上加难。乌拉尔图已经发展成为一个守卫森严的王国。根据萨尔贡二世的官方史书记载，他十分赞赏乌拉尔图国王鲁萨（Rusas），因为鲁萨修建了水道和水井系统，在山谷里精心饲养良种马备战，还在山顶上修建瞭望塔建成有效的通信体系，点燃火堆就能迅速传递敌情。一旦有一个瞭望塔在山顶点燃火堆，另外一个远处的瞭望塔就可以看到星星点点的火苗，然后也点燃火堆。用萨尔贡二世的话来说，这些火堆宛如“山顶上的星星”，在用来传播有敌人入侵的消息时比信使骑马送信要快得多。[11]

到了公元前 714 年，萨尔贡二世已经准备好入侵托罗斯山脉，他选择自己率兵进攻。萨尔贡二世没有直接率兵北上进入乌拉尔图，因为这样他的军队会面对乌拉尔图守卫最为森严的堡垒。他率兵向东朝扎格罗斯山出发，到达山那边比较平坦的地带，攻打乌拉尔图相对薄弱的东部边境。

萨尔贡二世用信函的形式记载了这场战争，这封信是致亚述诸神的皇家正式信函，描述了自己代表诸神而战的情况（这封信无疑是当着大多数亚述人的面大声念给诸神听的）。军队在初夏时节出发，穿过上扎卜河和下扎卜河，很快来到扎格罗斯山脉。[12] 居住于平原的士兵来到这里，看到若隐若现的山丘，感到非常陌生，这里覆盖着茂密的森林，未知的敌人就藏匿其中：

> （然后我们来到）高高的山上，各种树木交织在一起；山中一片混乱，山中的小路令人恐慌；雪松林拉长了树影，他们就在不见天日的山路中行走。[13]

山坡上的雪松林就像那些吉尔伽美什多年前冒险去过的一样，敌人藏匿其中，令人恐惧，因为根本看不见敌人身在何处。

萨尔贡二世派手下在森林里用铜制的工具砍伐树木，开辟道路，直到军队到达东部平原地区。平原地区的米底人根据条约（也因为惧怕亚述人）为亚述军队提供水和粮食。

军队重新得到供给后，萨尔贡二世继续率军北上，在今天的大不里士南部的山坡与乌拉尔图军队作战。* 他选择了一个很好的战

---

* 根据萨尔贡二世的描述和他的铭文记载，这是当时最有可能的情况，但是关于亚述军队所有具体的行动都是猜测而来的：亚述研究学者保罗·齐曼斯基（Paul Zimansky）写道：“关于这场战争地理位置的争议，体现了亚述研究学者的奇思妙想还有亚述的模糊历史。”［《乌拉尔图的地理和萨尔贡的第八次战争》，《近东研究杂志》（*Journal of Near East Studies*），第 1 页。］

场，这里离守卫森严的乌拉尔图南部边境很远。但是亚述军队行进了 500 多千米才到达这里，尤其在夏季，军队要穿过翻山越岭，跋山涉水，食物供给也不足。亚述军队筋疲力尽，几乎发生哗变：

> 亚述军队经过长途跋涉，疲惫不堪，反应迟缓。他们翻过了一座又一座陡峭的山峰，历经重重困难，士气低落，开始出现造反的情绪。我无法减少他们的疲倦，也无法找到水缓解他们的干渴。[14]

萨尔贡二世陷入了困境：他已经抵达目的地，却发现自己的军队毫无战斗力。与此同时，乌拉尔图的军队在鲁萨本人的指挥下已经准备好应战。

萨尔贡二世的军队拒绝跟他一起作战，于是他带上自己的贴身侍卫对距离自己最近的一翼鲁萨军队发起了疯狂的自杀式进攻。面对这种疯狂的进攻，鲁萨这一翼军队撤退了；据萨尔贡二世自己记载，他的军队看到他勇往直前，重拾勇气追随他一同作战。乌拉尔图军队变得动摇、分裂，然后开始撤退。

撤退最后变成了彻底的溃败。亚述军队向西追赶溃不成军的敌人，越过奥鲁米耶湖（Lake Urmia），一直追到乌拉尔图境内。鲁萨没有做任何抵抗就放弃了自己的都城吐什普，逃入深山。

就在这时，萨尔贡二世的突然停止了追击，撤军回去了。他担心如果自己坚持追赶鲁萨，深入未知的乌拉尔图密林的话，亚述军队可能就会发生兵变。

亚述军队掉头向南，途中把穆莎什尔城（Mushashir）洗劫一空，那里是乌拉尔图主神神庙的所在地。[15] 逃至深山的鲁萨得知这一消息后彻底绝望了。“亚述的辉煌击垮了他，”萨尔贡二世的铭文写道，“他拿起自己的铁匕首刺穿了心脏，像一头猪一样结束了自己的性命。”[16]

征服了北部这个困扰亚述多时的王国，萨尔贡二世凯旋。现在已经是 11 月了，他无法继续再深入山林去追击乌拉尔图的残余势力，因为冬季的冰雪可能会封住所有山路，把军队困在山中。征服乌拉尔图用了不到半年的时间。[17]

现在，萨尔贡二世几乎站在了世界之巅。他接见来自埃及和埃塞俄比亚的使者，就连迪尔穆恩（Dilmun）的国王也派使者送来了礼物，萨尔贡二世在其铭文中称这个国家的人“生活得像鱼一样”[18]。这可能指的是阿拉伯的示巴部落，200 年前这个部落的女王曾经拜见过所罗门。除了南方的领土，萨尔贡二世几乎征服了整个世界。

与此同时，巴比伦正在上演一出好戏。比特–亚金的迦勒底首领米罗达巴拉但一直在乌尔城积聚力量。撒缦以色五世刚一去世，米罗达巴拉但就开始对巴比伦发动进攻，赶走了他的对手，成为巴比伦国王。* 他看到亚述在不到十年的时间里更换了三位国王，因此确信自己能比萨尔贡二世在位更长时间。为了达到这一目的，他派使者去东方，带上大量的财富去收买埃兰人，让他们支持他反对亚述。当然那些财富对于他来说是微不足道的。[19]

他需要一个来自外部的盟友，他的新国家并不完全支持他。特别是在北方，巴比伦人在情感上更倾向于支持亚述，而不怎么喜欢迦勒底人。米罗达巴拉但解决这个问题所采取的策略在几千年后也

---

* 闪米特语的名字米罗达巴拉但出现在《圣经》中，米罗达巴拉但作为巴比伦国王时名为马杜克–阿普拉伊丁纳二世。巴比伦的历史记载中有时也会出现米罗达巴拉但二世这样的名字。

为拿破仑所采用。米罗达巴拉但宣布他是解放整个国家的救星，是他重建了古巴比伦的传统，把巴比伦从北方入侵者的践踏之下解救出来。如果此时亚述人立刻出现在巴比伦城外的话，这招可能不会奏效。但是萨尔贡二世正忙着解决西部地区的问题、接受来自地中海、埃及和阿拉伯的贡品，以及对付乌拉尔图的敌人。一开始他没有太多的时间顾及米罗达巴拉但，因此在近十年的时间里，这位迦勒底国王占领了整个巴比伦和其他很多领土，足以对萨尔贡构成威胁。

到了公元前 710 年，萨尔贡二世终于有时间顾及南部地区。而在埃兰，那位经验丰富且之前同意与米罗达巴拉但结盟的国王去世了；他那年轻的涉世不深的侄子舒特鲁克-纳乌特（Shutruk-Nahhunte）继承了王位。于是萨尔贡二世在攻打巴比伦之前首先向东攻打埃兰。

舒特鲁克-纳乌特立刻逃入山中躲藏起来；萨尔贡二世消除了一切埃兰为米罗达巴拉但伸出援手的可能，然后率军向南，从东南部攻打巴比伦。这一精明的策略可谓一箭双雕，不仅切断了米罗达巴拉但与埃兰的联盟，而且切断了米罗达巴拉但撤回波斯湾北部老家的后路，因为萨尔贡二世的士兵离比特-亚金的距离实际上比离巴比伦的距离更近。米罗达巴拉但也不能北上；巴比伦的北方诸城都很欢迎萨尔贡二世，满心欢喜地为他敞开大门。[20]

据萨尔贡二世的史书记载，米罗达巴拉但在交战之前就清楚地看到自己必败无疑，于是想在夜色的掩护之下，带着一小部分手下迅速穿过亚述军营逃往埃兰：

> 当米罗达巴拉但……在巴比伦听说亚述取胜……他在王宫

> 里就开始担心自己的安危。他带着拥护自己的勇士，在深夜离开，去往……埃兰。为了求助于埃兰的舒特鲁克-纳乌特，他送去了自己王室的家具：一张银制的床、宝座、桌子、王室沐浴用的水罐，还有他自己的项链。那个埃兰恶棍接受了他的贿赂，但是惧怕我的军队，于是他拦住了米罗达巴拉但的去路，不许他进入埃兰。[21]

舒特鲁克-纳乌特可能确实是个恶棍，但他这一票干得漂亮，不仅把米罗达巴拉但的大部分财宝收入囊中，而且避免了亚述国王的惩罚。

米罗达巴拉但没有了避难之地，只好冒着危险掉头去往比特-亚金。在那里，他所担心的事情成为现实：他在自己的故都遭到围攻。他竭尽全力抵抗；据萨尔贡二世记载，米罗达巴拉但把城墙加固增高，"挖了一条护城河……巨大的海浪环绕在城外"。[22]

但是这条临时应急的护城河并没有保护这个城市多久。亚述军队涉水前进，攻破了所有的防线。"我把它烧成了灰烬，"萨尔贡二世吹嘘道，"甚至把它连根毁掉。"[23]

然后萨尔贡二世自己也玩起了拿破仑的游戏，在祭拜马杜克的节日上，他"握着马杜克神像的手"，成为巴比伦真正的国王。他宣称要彻底重建整座城市；他是他们的救星，征服了无知的迦勒底入侵者，他们竟然不知道巴比伦和亚述拥有共同的文明。此时巴比伦人可能也弄不清楚究竟是谁重建了他们的文明，于是屈服了。

这一次，萨尔贡二世在对待这位迦勒底首领米罗达巴拉但时，采取了与对待以色列人截然不同的态度。他没有处决米罗达巴拉但，而是接受了他的投降，并且（很不明智地）允许他继续作为比特-亚

### 时间线 51

| | 亚述和周围的土地 | 埃及、以色列和犹太 | |
|---|---|---|---|
| | **亚述那西尔帕二世**（前 883—前 859） | | |
| | | **奥索尔孔二世**（前 870—前 850） | |
| | **撒缦以色三世**（前 858—前 824） | | |
| | **沙姆希-阿达德五世**（前 823—前 812） | | |
| | **萨穆-阿玛特** | | |
| | **阿达德尼拉里三世** | *第二十三王朝和第二十四王朝* | |
| | （乌拉尔图）**阿格什提** | | |
| | **撒缦以色四世**（前 782—前 770） | | |
| | **亚述丹三世**（前 771—前 754） | | |
| （巴比伦）**纳巴那沙** | **亚述尼拉里五世**（前 753—前 746） | *第二十五王朝*（努比亚）**皮安柯**（前 747—前 716） | |
| （乌拉尔图）**萨尔杜里一世** | **提革拉毗列色三世** | | |
| （弗里吉亚）**迈达斯** | | **犹太** | **以色列** |
| （巴比伦）**米罗达巴拉但** | **撒缦以色五世** | **亚哈斯** | |
| | | | **何细亚** |
| | **萨尔贡二世**（前 721—前 704） | **希西家** | |
| | | | 以色列沦陷 |

金的首领，成为自己的一个诸侯。看来萨尔贡二世认为迦勒底人不会像以色列人那样轻易被打败，因此他决定对南方地区不加以完全控制。

尽管南方地区仍有不确定因素，但萨尔贡二世已经开始庆祝自己的全盘胜利。他在萨尔贡城新宫殿的浮雕上展示自己的伟大之处，他那巨大的雕像使诸神都成了陪衬。他是第二个萨尔贡大帝，是亚述帝国的第二个缔造者，他为亚述开拓了新的疆域，建造了新的都城，赋予亚述举世震惊的全新力量。

# / 52

# 惨痛的失败

公元前 704 年至公元前 681 年间，亚述王西拿基立几乎所向披靡，但是他为世人所铭记的却是一次失败的围城。

萨尔贡二世征服巴比伦五年后去世，继承王位的是一个憎恨他的儿子。西拿基立（Sennacherib）甚至在所有的铭文和史册中都否认其父亲的存在。

显然萨尔贡二世对他儿子的看法尽人皆知。西拿基立即位时，各省份都深信这位太子既没有骨气也缺乏能力，纷纷开始庆祝自己即将摆脱亚述的统治而独立。西部地区非利士人的旧城邦开始谋划叛乱，而波斯湾南端的米罗达巴拉但也开始准备独立。

并非所有人都认为西拿基立是一个弱者。一位耶路撒冷的智者劝说他的国王不要参与南部地区正在酝酿的叛乱。希伯来先知以赛亚警告说："非利士全地啊，不要因击打你的杖折断就喜乐，因为从蛇的根必生出毒蛇，它所生的是火焰的飞龙。"[1]

巴比伦人则没那么谨慎。西拿基立即位时没有举行正式的仪

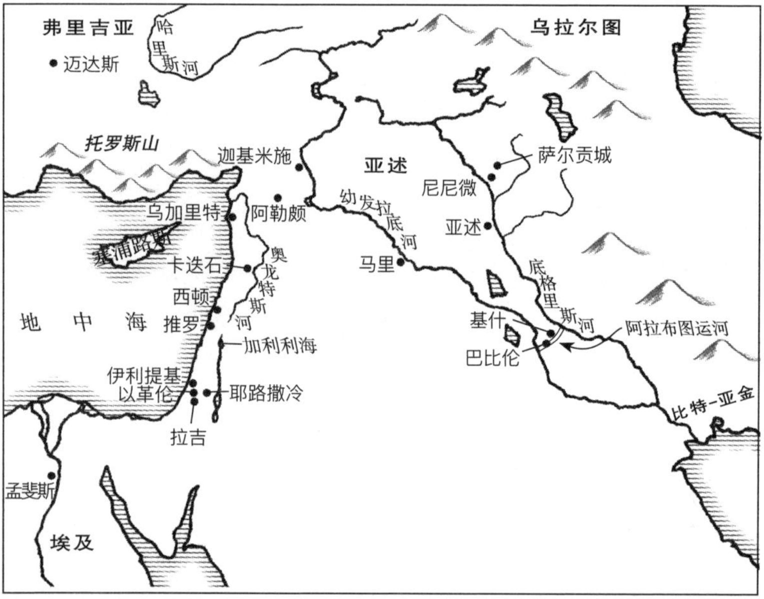

地图 52–1　西拿基立的战争

式——“握着马杜克神像的手”——表明信奉马杜克；他只是简单地宣布自己是巴比伦的国王，这不仅侮辱了巴比伦，而且侮辱了巴比伦的主神。[2] 西拿基立刚刚为自己加冕，一个巴比伦官员的儿子就自封为巴比伦国王。

这位新国王在位整整一个月。年迈的米罗达巴拉但带着亲信从他所在的南方湿地跋涉而来，除掉了他（埃兰国王派出了 8 万名弓箭手和骑兵出手相助，这位埃兰国王总想着对亚述使坏）。[3]

米罗达巴拉但宣布他才是真正重建古巴比伦文明的人。“伟大的主，马杜克神，”他的一篇铭文这样写道，“……垂青于马杜克–阿普拉伊丁纳二世，信奉马杜克的巴比伦之王……众神之王说：‘这

才是可以把散民凝聚在一起的牧羊人。'" [4]

西拿基立勃然大怒，派出大将军和一队士兵去重建巴比伦的秩序。米罗达巴拉但急忙召集起其他的迦勒底部落、西部的埃兰人和东部的阿拉米人。他带领着这支盟军在基什迎战亚述军队，把亚述军队赶了回去。

但米罗达巴拉但的胜利就到此为止了。西拿基立亲率大军，马不停蹄地狂怒而来，攻破了这支盟军的防线。米罗达巴拉但从战场上逃跑了，悄悄潜入他熟知可以藏身的沼泽地带；西拿基立继续前往巴比伦，而巴比伦的守卫一见到亚述国王的身影就立刻打开了城门。虽然巴比伦敞开了大门，但是西拿基立还是选择给巴比伦一个教训：他搜遍了整座城市，俘虏了近 25 万人，摧毁了之前加入盟军反对他的那些人的田地和果园。

他还花了差不多一周时间在沼泽地带搜捕米罗达巴拉但，但是这只老狐狸已经逃往旱地，没了踪影。

古老的非利士城市以革伦没有从巴比伦的不幸中汲取任何教训，决定发起一场全面叛乱，把他们那位忠于亚述的国王关了起来。腓尼基的城市推罗和西顿也起兵造反；犹太国王希西家（Hezekiah）仍然犹豫不决，考虑是否听从以赛亚的劝诫。

西拿基立准备离开巴比伦，去平定那些叛乱。他任命了一个傀儡国王替他统治巴比伦；这个新国王名为贝尔伊博尼（Bel-ibni），自小就在亚述宫廷长大。"他就像是在我家长大的一只小狗一样"，西拿基立在一封信中这样描述道。这个比喻暗示的如果不是政治竞争的激烈和凶残，那就是暗示这位傀儡国王忠贞不贰。[5]

亚述军队直奔麻烦诸多的西部地区。西拿基立的史书上记载说，他一路洗劫并征服西闪米特人的领土，直到西闪米特人的各城邦闻风丧胆，主动归顺。然而，他平定所有反叛所花费的时间表明西部边境的问题比他想象的还要严重。*

接着，又有一个意想不到的威胁从天而降。《列王纪 · 下》写道："亚述王听见人论古实王特哈加（Tirhakah，即塔哈尔卡）说：'他出来要与你争战。'"

事实上，特哈加当时还不完全是法老。他是 15 年前去世的法老皮安柯的小儿子。尽管皮安柯有两个儿子，但皮安柯的弟弟沙巴卡还是坐上了王位；努比亚的传统是兄弟在儿子之前继位。[6] 沙巴卡死后，特哈加的哥哥继承王位；特哈加任大将军，也是下一位王位继承人。

当特哈加率领埃及军队出现时，希西家似乎已经决定把赌注压在这支反对亚述的军队身上。米罗达巴拉但之前一直暗地里派使者拉拢希西家。希西家患了重病，米罗达巴拉但听说了希西家的病情后，还给希西家送去信件和礼物。[7]

希西家很清楚这种交好为是出于什么目的，但他还是接受了礼物，并表示愿意带迦勒底的使者四处看看。《列王纪 · 下》写道："希西家没有一样不给他们看的。"这里面还包括了军械库，希西家是在向他们展示自己的军事实力。

先知以赛亚却着实吓了一跳。"他们在你家看见了什么？"他问国王。希西家说："凡我家中所有的，他们都看见了。"于是以赛亚预言末日将至。他说："日子必到，凡你家里所有的，并你列祖

---

* 公元前 701 年的战争在西拿基立自己的官修史书中有记载，在《列王纪 · 下》和《以赛亚书》中也有记载；希罗多德和约瑟夫斯对此战也有描述。一些非亚述国家的编年史还提到了西拿基立统治末期对耶路撒冷的第二次战争（关于此战并无其他记载）。但所有的记载都没有给出事件清晰的时间顺序。下面的描述只是其中的一种可能。

积蓄到如今的，都要被掳到巴比伦去，不留下一样。”

希西家不以为然。《列王纪》又写到，他告诉以赛亚这是好事，因为他认为至少在他有生之年不会发生战争。希西家寄希望于这种鼠目寸光的想法，做出了第一个反对亚述的举动，负责监禁并看管以革伦的国王。以革伦叛乱的领导者担心把国王继续关押在地牢里可能会使其他支持亚述的力量奋起反抗；亚述令人威风丧胆之处在于其支持力量无处不在，因此最好还是不要惹祸上身。

以革伦国王被押解到耶路撒冷关押了起来。西拿基立当时在拉吉（Lachish）城，听说这种敌意行为之后，派使者去见希西家。他们不是普通的使者，而是西拿基立自己的大将军、为首的官员和战场指挥官，跟随他们而去的是一支大军。希西家的三名官员出来迎接他们。

显然西拿基立已指示他们在发动进攻之前先试一下心理战术。亚述的官员站在耶路撒冷城墙外的草地上，城墙上站着耶路撒冷一半的人，他们好奇出了什么事情。于是亚述官员用希伯来语大声喊道：“你所倚靠的有什么可仗赖的呢？你说有打仗的计谋和能力，我看不过是虚话！你到底依靠谁才背叛我呢？看哪，你所依靠的埃及，是那压伤的苇杖。人若靠这杖，就必刺透他的手。”[8]

这时，希西家的三名官员请求那位亚述指挥官不要跟他们说希伯来语而要说阿拉米语（大多数驻守在边境的亚述官员都会说阿拉米语）。他们恳求道：“不要用犹大言语和我们说话，达到城上百姓的耳中。”但是，亚述的指挥官言语粗暴地拒绝了他们：“我主差遣我来，岂是单对你和你的主说这些话吗？不也是对这些坐在城上，要与你们一同吃自己粪、喝自己尿的人说吗？”

城墙上的百姓静默不言，因为之前国王曾警告他们不要对威胁做出任何回应。但亚述军队明晃晃的长矛就竖在眼前，亚述的威胁传遍了整个耶路撒冷城，也让希西家不堪一击。他撕碎自己衣服，披上麻布，在拉吉给西拿基立送上 11 吨白银和 1 吨黄金作为贿赂。他释放了以革伦国王。那个不幸的国王大概是逃到了亚述军营，然后描述了他之前是如何是被那些以革伦的贵族打败的。

危机暂时得到缓解。可西拿基立并没有原谅希西家，只不过他必须先要对付埃及人。亚述军队和埃及军队在伊利提基（Eltekeh）城遭遇，这场战争的细节没有留存下来。但是，尽管埃及军队撤了回去，西拿基立却并没有去追赶他们，这可能说明亚述只是艰难取胜。

不过现在他可以专心对付西部地区那些叛乱的城市了。他围攻并拿下了以革伦，然后又转向耶路撒冷。

这次围攻不知因为什么结束了，而亚述并没有取得胜利。西拿基立极力宣称自己取胜了，而且描述了种种细节作为确凿的证据，然而亚述帝王只有在没有完全取胜的情况下，才会那样渲染各种细节。[9] 他在史书中吹嘘道：“至于希西家那个犹太人，我用攻城槌和锤城车铲平了他周围的城市，我掳走了他二十万人，还有无数的牲口。他自己就像笼子里的鸟一样被我关在他的都城耶路撒冷。我修建许多要塞将他围困，使他只能回到自己的悲惨之地。我的威严令他感到惧怕。”[10]

事实并非全然如此。西拿基立撤军后，耶路撒冷就摆脱了围困，城墙仍然屹立不倒，整个城市仍然是自由的。

《列王纪 · 下》写道，上帝派来的使者使西拿基立一夜之间损失了 185 000 名士兵：“清早有人起来一看，都是死尸了。”书中这样写道。于是亚述王西拿基立拔营撤退，回到尼尼微。希罗多德对这些事件的记载略有不同，他说自己是从埃及的祭司那里听来的：西拿基立决定放弃围城，撤军回去，因为亚述军营里到处都是老鼠，那些老鼠“咬断了箭袋和弓箭，还有盾牌的把手”。[11]

西拿基立的很多士兵染上鼠疫，死在军营里。这些描述表明鼠疫已经在耶路撒冷城外蔓延，不断有士兵死于鼠疫，因此亚述国王不得不撤兵。

之后，西拿基立把尼尼微城定为都城——此后这里一直是亚述的都城，并且修建了新王宫，他在新王宫的墙壁上装饰了巨幅的浮雕，上面描绘的是他所打的胜仗和攻占的城市。而耶路撒冷并没有出现在浮雕上。

一年后，巴比伦再次引起了西拿基立的注意。迦勒底人很快就意识到那个傀儡国王贝尔伊博尼并不是西拿基立，于是便开始按自己的意愿统治南部地区。西拿基立派一两个亚述官员了解情况后，便亲自出马去解决这些麻烦。

他很失望地发现米罗达巴拉但又开始聚集反叛势力，打算夺回王位。西拿基立一到，米罗达巴拉但就逃往沼泽地带去了。但是这一次，亚述的士兵仔细搜查沼泽地以寻找米罗达巴拉但。就在他的藏身之地马上要被发现时，米罗达巴拉但纠集起盟军，走水路逃往埃兰。虽然西拿基立没有砍掉米罗达巴拉但的脑袋，不过至少他暂时让巴拉但从自己眼前消失了。西拿基立记载道：“他孤军逃往海岸。他把先父们的遗骨从棺材里挖出来带在身上，带着他的人乘船驶向苦海（波斯湾）的对岸。”[12]

西拿基立责令贝尔伊博尼回到巴比伦，并任命自己喜爱的大儿子亚述那丁舒米去统治巴比伦。然后他就开始准备渡过波斯湾，去埃兰拔掉他的眼中钉米罗达巴拉但。他雇用腓尼基工匠为他建造船队，并且从推罗、西顿和塞浦路斯雇来水手。然后，他不得不走水路，沿着底格里斯河从亚述进入波斯湾。但是，为了提防底格里斯河沿岸的埃兰军队，他让船队沿底格里斯河航行至与流入幼发拉底河的阿拉图运河平行的位置，然后，他下令把船只拖到陆地上，抬到阿拉图运河里重新下水，取道幼发拉底河继续朝波斯湾驶去（西拿基立决定自己一直留在陆地上）。[13]

去往埃兰的路程很顺利。之后的一系列战争也很顺利，亚述的船队劫掠了其停靠的每一个城市。但是，当西拿基立花费了大量的人力物力抵达米罗达巴拉但所避难的城市时，却得知就在他到来之前米罗达巴拉但已经因为年事过高去世了。

西拿基立回到尼尼微，心情十分复杂，喜怒参半。但他此举为灾难埋下了祸根。埃兰人现在已经知道亚述的太子身在何处，于是他们密谋为西拿基立洗劫过的那些城市报仇，为那些手无寸铁却被西拿基立杀害的亲人报仇。

复仇计划耗时良久，埃兰必须在巴比伦安插密探。6 年后，当亚述那丁舒米来到巴比伦北部时，一位能征善战的国王卡鲁舒（Kahllushu）率领一队埃兰士兵越过边境抓获了他。他们把他带到了埃兰，还没等西拿基立怒气冲冲地赶来，他们就冲进巴比伦，然后把一个巴比伦人推上了王位。

西拿基立用了近三个月时间才赶到巴比伦。一到巴比伦，他就率军打败了城外的巴比伦军队，然后生擒了那个僭位的人。但巴比伦城内，一个名为缪斯兹比-马杜克（Musezib-Marduk）的人篡夺了王位，他把神庙上的金子刮得一干二净，还雇用了更多的埃兰人。

于是，亚述、巴比伦和埃兰之间爆发了一场全面的战争。这场战争持续了四年。西拿基立两次入侵埃兰，埃兰国王则亲自率军攻打底格里斯河沿岸地区以示报复。

西拿基立关于这次战争的描述是有史以来对亚述战争的记载中最为绘声绘色的一次：

> 他们脚下扬起的尘土弥漫在空中，如同暴风骤雨……他们在我面前排兵布阵……就在底格里斯河畔。他们挡住了我的去路，向我宣战……我披上盔甲，戴上头盔，那头盔是我胜利的象征。我的心中怒火燃烧，于是我匆匆跨上我那巨大的战车，俯视着敌人。我手中紧握亚述给予我的强大弓箭，抓起那能刺穿胸膛的长矛。我阻挡住他们前进的脚步，把他们包围起来。我用箭和矛杀死了敌人的头领。我踏着他们的尸体前行……我如同剪断绳索一般割断他们的喉咙，了结他们宝贵的生命。他们喉咙里和肚子里的东西遍地流淌，如同河水一般。我策马扬鞭，昂首阔步，踏着血流成河的大地前行。我的战车从那些恶人身上碾过，车轮上溅满了污物和鲜血。他们的尸体如同杂草一般铺满了大地。我切下他们的生殖器，如同播种六月的黄瓜种子一般将它们撒向大地。[14]

《巴比伦编年史》只是简单地记载说亚述战败。

西拿基立回到尼尼微，巴比伦落入了迦勒底国王和他的埃兰同盟手中。西拿基立的军队为保卫亚述帝国的各处边境屡屡战斗，巴比伦一次又一次地出问题，他在解决巴比伦问题上能投入的兵力是有限的。在收复巴比伦之前，西拿基立需要权衡局势，做出调整。

第二年，局势发生转变。从埃兰传出的消息称率兵进入巴比伦的埃兰国王中风了，已经不能说话，也不能发号施令了。这种说法或许是真实的。

西拿基立抓住机会，再次出兵。这一次，他成功了，巴比伦的城门被攻破了。西拿基立生擒了那个迦勒底的伪国王，把他押回尼尼微。然后，他下令把这座麻烦不断的城市夷为平地：

> 我摧毁它，我毁灭它，我把它烧成灰烬。内城墙和外城墙，所有的庙宇和神像，神庙里用砖土砌成的塔，有多少算多少，我把它们统统夷为平地，丢进阿拉图运河中。我在城中心挖掘水渠，让洪水淹没整座城市。不远的将来，那座城市、那些庙宇和神像都会被遗忘，我用洪水把它们覆盖，然后把整座城市变成一片草地。我把巴比伦烧成的灰烬送给遥远的民族作为礼物，还有一些灰烬被我在神庙新年庆典时封存在一个桶里。[15]

把巴比伦变成湖——用水淹没这片文明的土地，把这座马杜克之城变成原始混沌状态——是对神的一种侮辱。不仅如此，西拿基立还下令把马杜克神像拖回亚述。他送出那些灰烬意在警醒其他民族的众神。

巴比伦问题终于解决了。但是，再也没有王太子亚述那丁舒米的任何消息。埃兰人没有索要赎金；他们很可能是纯粹出于对亚述的仇恨，宁愿把他折磨致死。西拿基立疯狂地追捕那个公然反抗自己的迦勒底人，也注定把自己的大儿子送上了绝路。

西拿基立剩下的两个孩子则把他送上了绝路。7 年后，也就是公元前 681 年，他在尼尼微的神庙里祭拜掌管文字的纳布神时被他的两个小儿子杀害。[16]

他生前是亚述和巴比伦之王，他所统治的亚述帝国处在最辉煌的时期。尽管西拿基立取得无数次胜利，建立了强大的帝国，摧毁了无数的城市，生擒了无数俘虏，拥有巨大的财富，但他之所以闻名于史，还是因为没能攻下耶路撒冷。受诗人拜伦所赐，这次失败——而不是他战功赫赫的军事生涯——成为多数英语国家学生对他的主要印象。

亚述人像山坳上的狼般冲下来，
他的步兵大队烁紫耀金；
枪矛的寒光如海上的星星，
当蓝色的波浪夜夜席卷幽深的加利利……

因为死亡天使在狂风中展开双翅，
经过仇敌时往他的脸中呼气；
沉睡者的眼睛蜡封般冰冷，
他们的心瞬间起伏，然后永远静止……

亚述的寡妇哀号震天，
巴利的神庙偶像尽毁；
异邦人之志，不被剑伏，
却在主的一瞥中如同雪般融化。

| 时间线 52 | | | |
|---|---|---|---|
| | **亚述和周围的土地** | **埃及、以色列和犹太** | |
| | **沙姆希-阿达德五世**（前 823—前 812） | | |
| | **萨穆-阿玛特** | | |
| | **阿达德尼拉里三世** | *第二十三王朝和第二十四王朝* | |
| **阿格什提**（乌拉尔图） | | | |
| | **撒缦以色四世**（前 782—前 770） | | |
| | **亚述丹三世**（前 771—前 754） | | |
| （巴比伦）<br>**纳巴那沙** | **亚述尼拉里五世**<br>（前 753—前746） | *第二十五王朝*（努比亚）<br>**皮安柯**（前 747—前 716） | |
| （乌拉尔图）<br>**萨尔杜里一世** | **提革拉毗列色三世** | | |
| （弗里吉亚）<br>**迈达斯** | | **犹太** | **以色列** |
| （巴比伦）<br>**米罗达巴拉但** | **撒缦以色五世** | **亚哈斯** | **何细亚** |
| | **萨尔贡二世**<br>（前 721—前 704） | **希西家** | |
| | **西拿基立** | **夏巴卡** | 以色列沦陷 |
| | | **特哈加**（前 690—前 664） | |

# / 53

# 王权的衰落

在中国，公元前770至公元前619年间，在驱赶蛮夷的过程中，诸侯中的霸主掌握了王权。

周平王向东逃至洛阳。他发现这座城市实际上是个双子城。300年前周公建成洛阳，并在城西部建成宫殿和寺庙；而商朝的遗民则被赶出周朝都城流放至此，定居在城东郊。[1]

周平王在西部的皇宫里开始思考自己所面临的种种问题。周朝的西部边境已经崩溃，不断地遭到入侵。在内部，野心勃勃的诸侯开始染指王权，代替他统治部分国土，直至统治整个王国。

之前，为了对付西边的威胁，他把旧时周朝西部边境的土地交给秦国治理；虽然这像是失败的表现，但此举巧妙地将对付蛮夷部落的责任交到了秦王和他的军队肩上。在处理来自内部的麻烦时，他采取了不予理睬的态度。从西周进入东周的最初一百年左右的历史记录十分简单，* 但从现存的记载来看，我们可以了解到当时那些诸侯彼此争夺土地，并且觊觎王位。而与此同时，周平王对于这种诸侯之间的纷争几乎无所作为，这种避免战争的态度也使他得了“平王”这个谥号。

没过多久，强大的诸侯国开始小心翼翼地把网撒向周边小一些的诸侯国。司马迁写道：“平王之时，周室衰微，诸侯强并弱。齐、楚、秦、晋始大，政由方伯。”[2] 早在 500 年前，中国共有 1773 个独立的小国。现在这些小国像是平地上的水珠一般，逐渐凝聚在了一起，最后变成了 12 个主要的权力中心：除了司马迁提到的齐、楚、秦、晋之外，还有燕、鲁、魏、吴、越、宋、郑；周朝最终只能控制洛阳附近的领土。围绕在这些大国周围可能还有 160 个小国，每个小国都拥有城墙和军事首领。[3]

周平王把王位传给了他的孙子（他的儿子在他漫长而和平的统治期间去世）。周平王在位的 51 年里，没有人想推翻他的统治；但是，显而易见的是，周朝周围的那些诸侯对这种形式上的王权已经开始变得不耐烦了。

周朝东部地区的小国郑国首先发难。司马迁写道：“郑庄公朝，桓王不礼。”

郑国本来应该效忠周朝；郑国和晋国与周朝的三面领土接壤，与周天子是同宗血亲。[4] 但是郑国尤其不好打发。显然，“礼”涉及诸侯的权力是否得到认可，而周桓王并没有给他这位远亲应有的

---

* 东周时期（前 770—前 256）又分为两部分。公元前 770 年至公元前 476 年被称为春秋时期，因孔子编撰的史书而得名。这部书名为《春秋》，涵盖了从东周开始一直到孔子死前这段时期的历史事件。此后的公元前 475 年至公元前 221 年被称为战国时期。公元前 481 年至公元前 403 年是一段十分混乱的时期（见第 20 章）。历史学家普遍采取这种划分方式，但也有例外。

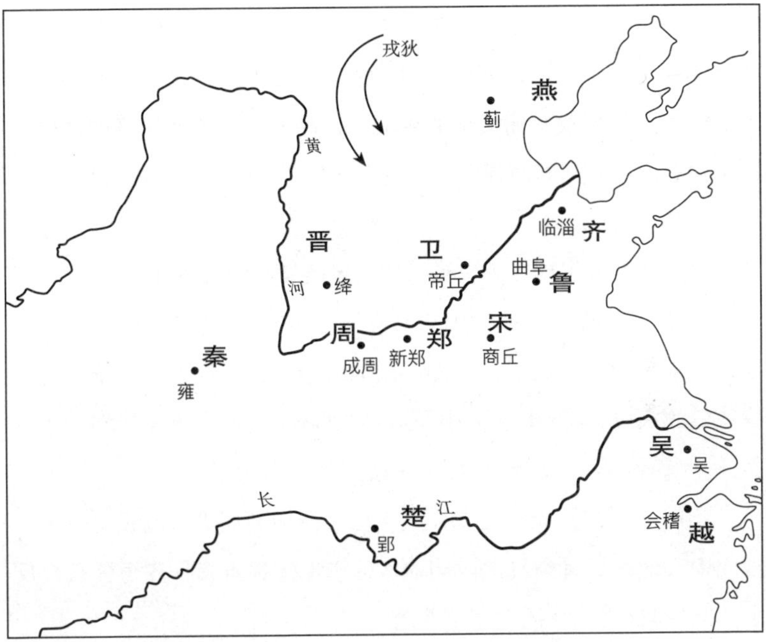


地图 53-1 东周各国及其都城

尊重。

于是郑庄公私自以郑国一块土地交换鲁国的另一块土地。这块土地虽然不大，却是周王祭拜之所，这表明郑庄公不仅能随意处置领土，而且要控制周王的宗教仪式，这也是周天子所剩无几的形式王权之一。

周桓王过了整整八年的时间才奋起反击，或者说才组织好他的军队。司马迁写道："十三年，伐郑。"[5]

这次讨伐是一场灾难。周桓王自己也在对战时被箭射伤，不得不撤退，郑国并没有受到任何惩戒。虽然郑庄公公然与王室作对，但是他并没有更进一步。中国各诸侯国之所以能靠着脆弱无比的纽带组成一个国家，那是因为它们在很大程度上愿意接受周天子名义上的统治。如果没有周天子的统治，这些分布于四处的诸侯国就会各自独立；而北部和西部的蛮族就会入侵，把这些诸侯国各个击破。

周桓王的孙子周釐王统治时期，蛮族又开始威胁周朝。

这些入侵的部族被称为夷和狄，这些游牧民族生活在高原地区，从未接受过任何帝王或是诸侯的统治。周朝的军队完全无力抵抗他们的入侵。《淮南子》中写道："齐桓公之时，天子卑弱，诸侯力征，南夷北狄，交伐中国，中国之不绝如线。"[6]

此处"中国"指的是郑国、卫国、晋国和周王室的领地——中国的中心地区。看到自己西部地区的土地遭到蚕食，齐桓公奋起反击，"苦夷狄之乱，欲以存亡继绝"[7]。

齐桓公年纪尚轻，刚刚即位，他或许是为了共同的文化而想保住中原，但是或许他还有更为实际的考虑。齐国位于华北平原的东北角，其领土包括黄河入海口和整个山东半岛。齐国的西部边界很长，一旦遭到入侵就会引发灾难性的后果。

齐桓公似乎很清楚周釐王无力确保中原的安全。周釐王登基三年后，齐桓公就宣布自己是中国新的军事领袖。司马迁写道："釐王三年，齐桓公始霸。"[8] 这一年是公元前 679 年。

称自己为"霸主"就是宣布自己对周围诸侯国拥有领导权。但齐桓公意在利用霸主的权力把纷争不断的各诸侯国联合起来，以共同抵抗入侵的夷狄，以及其他遍布在高原之上的那些对周朝东部富饶土地虎视眈眈的游牧民族。在齐桓公和他的丞相管仲的带领下，齐国的军队逼迫其他各诸侯国为了共同的利益而归顺。那些相互征伐的诸侯王面对整装待发的齐国军队，纷纷同意停止相互征伐，出兵与齐国军队共同击退夷狄的入侵。

齐桓公从来没有称王，他对周天子拥有王的称号并无不满。只不过与西方不同，“王”不再等同于“统治者”；齐桓公无需“王”的称号就可以统治中国。另一方面，中国的帝王仍然拥有某种宗教特权，即使身为霸主也无法忽视这种特权。周釐王仅仅在位五年就去世了，他的儿子登上王位后，正式承认了齐桓公自封的称号，认可了其霸主地位。[9]

齐桓公——据推测，他之前率领联军赶走了蛮夷入侵者——再一次成为中国各诸侯国的盟主。当然他早已担任盟主多年，但是现在他的霸主地位得到了周天子本人的承认，中国也由此成为一个军事领袖和宗教领袖并存的国家。

周釐王的孙子登基那一年，霸主仍然是齐桓公，至此他已经为中国征战了几十年，他所对抗的蛮夷部族也与过去不同。

此时的蛮族入侵始于兄弟手足之争。周襄王同父异母的兄弟子带（亦称“叔带”）想争夺王位。他为了发动政变，与蛮族戎和狄联合，将其引入中原。他计划让狄人先攻打晋国，因为晋国位于狄人的北部地区和周朝领土之间。同时，戎族可以穿过晋国的领土直取周都，因为此时晋国的军队正在忙于应对狄人的入侵。然后他们就可以侵入王宫，杀死周襄王，立子带为王。

周襄王发现了这一密谋之后，下令把他的弟弟抓起来处死。子带闻风逃到齐国那里寻求庇护。

这使齐国感到十分棘手。如果他拒绝保护子带，就等于承认自己惧怕王权。而如果给予子带庇护的话，就等于公然反抗周天子，并且可能会给自己带来未知的灾难。

他选择了一条中庸之路。他全然不理会子带叛乱一事，派出自己的两位丞相分别与周王室和戎人、晋国和狄人和谈。和谈显然很成功，这改变了子带之前的密谋；而子带也尽力装作自己从未参与过这一密谋；齐国的难题也得以化解。

与遥远的西方相比，这是一种截然不同的权力之争。古代近东地区的国王纷纷陷入战争的漩涡，一旦不能立刻出兵占领他国的领土，自己的领土就会被语言不同、信仰不同的对手占据。而在中国，各个诸侯国之间的纷争更像是兄弟打架，无论打了多少次，一到夏天还是会一起去度假。在中国，想创建帝国的也大有人在，但是他们的野心相对于刀光剑影的西方来说要收敛得多。这些想要创建帝国的人总是尽可能把自己塑造成为中国抵御外敌入侵的守护者，从而把各诸侯国联合起来共同对抗蛮族的威胁。

在为了保护周朝和晋国领土而与蛮夷部族和谈五年之后，齐桓公去世，但是死前他并没有指定继承人。齐桓公的去世导致权力出现真空，周襄王试图想把霸主的军事权力重新收归王室所有。

他立刻找到了一个绝佳的借口：郑国这个小诸侯国不知天高地厚，把国王派去的一位使者关入监牢。周襄王决定好好惩戒这种有辱王权的行为。

不幸的是，他所选择的策略是完全错误的。他承诺如果狄人帮他出兵惩戒郑国的话，就娶狄人首领之女为王后。

事情过去至少三百年后，左丘明在他编撰的《左传》中写道，周襄王的一位谋士曾苦言相劝，说狄人与周朝子民不同，这种差异至少表现在四个方面。那些耳朵不能分辨五音的是聋人，那些眼睛不能分辨五色的是盲人，那些不能判断是非曲直的人心智不全，那些说话毫不忠诚可信的人是奸诈之人。而狄人把这四种全占了。[10]

周襄王没有听从劝告。司马迁写道："十五年，王降翟师以伐郑。王德翟人，将其女为后。"[11]

司马迁没有记载接下来发生的事情，但是很显然，这次入侵以失败而告终。郑国依然存在。一年之后，周襄王决定废黜这位新王后。

狄人因此入侵周都。周襄王逃跑了。他同父异母的兄弟子带虽然年长却也不够贤明，他再次立自己为王。子带之前就曾引狄人入侵，因此狄人很乐意子带为王。子带娶了自己同父异母兄弟废黜的狄人公主为妻，并登基为王。他还在距离王宫 30 公里的温地修建了一座新的王宫。

然而，子带统治帝国的策略并不比他的兄弟高明。周襄王逃至晋国，请求晋文公出兵相助，赶走狄人。晋文公终于有机会像齐桓公那样开创丰功伟业。他召集晋国的士兵，派他们把狄人赶出周都，然后亲手杀死了子带。至于那位狄人公主后来的命运如何，我们不得而知。

然后，晋文公率兵重新拥立周襄王为王。周襄王则不出意外地承认晋文公接替齐桓公坐上霸主的位置。周襄王还把一大块富饶的土地赐给晋文公以示报答。

这位新霸主与齐桓公不同，他滥用霸主的权力，差点儿就立自己为王。他坐上霸主之位三年后，开始对周襄王发号施令。司马迁写道："二十年，晋文公召襄王。襄王会之河阳。"周襄王的史官对此也有记载，但是说法较为隐晦，称"天王狩于河阳"[12]，以维护周天子的颜面。周襄王本是要察看晋文公的权威，最终发现自己无足轻重。

在南方，强大的楚国看到蛮族反复入侵晋国、郑国和周都，开

**时间线 53**

| | | | |
|---|---|---|---|
| | **亚述和周围的土地** | **中国** | |
| | **亚述丹三世**（前771—前754） | 东周（前770—前256） | |
| | | **平王** | |
| （巴比伦）<br>**纳巴那沙** | **亚述-尼拉里五世**<br>（前753—前740） | | 郑庄公 |
| （乌拉尔图）<br>**萨尔杜里一世** | **提革拉毗列色三世** | | |
| （弗里吉亚）<br>**迈达斯** | | | |
| （巴比伦）<br>**米罗达巴拉但** | **撒缦以色五世** | **桓王** | |
| | **萨尔贡二世**<br>（前721—前704） | | |
| | **西拿基立** | **庄王** | |
| | | **釐王** | 齐桓公 |
| | | **惠王** | |
| | | **襄王** | |
| | | | 晋文公 |

始谋划自己的策略。楚文王下令沿着北部边界修建一堵巨墙——“方城”。这堵巨墙不仅是为了防范蛮族，也是为了防范那位新霸主的野心。如果晋国的军队穿过周朝东部进入楚国的话，方城就可以挡住晋国军队可能入侵的道路。

现在，晋楚两国隔着弱小的周朝南北相望。秦国和齐国则隔着周朝东西相望；齐国虽然失去了之前的霸主地位，但实力依然强大，秦国则占据着之前周朝西部的领土。东周的国土已经变成四大诸侯国割据而治，周王则夹在这四大诸侯国中间。

# 注　释

## 前　言

1. 这个故事来自 *Archives royales de Mari*, vol. X, 123，转引自贝特朗·拉丰（Bertrand Lafont）"The Women of the Palace at Mari," in *Everyday Life in Ancient Mesopotamia* by Jean Bottéro (2001), pp. 129–134。我很感谢拉丰先生对吉鲁姆（Kirum）与什玛土姆（Shimatum）争吵的概述。
2. Bottéro, p. 130.

## 01　王权的诞生

1. Translated by Samuel Kramer, as Appendix E of *The Sumerians: Their History, Culture, and Character* (1963), p. 328.
2. See, for example, Charles Pellegrino, *Return to Sodom and Gomorrah* (1994), p. 155 ff.
3. In M. E. L. Mallowan, *Early Mesopotamia and Iran* (1965), p. 7.
4. Translated by Gwendolyn Leick in *Mesopotamia: The Invention of the City* (2001), p. 1.
5. Translated by Diane Wolkstein and Samuel Noah Kramer in *Inanna, Queen of Heaven and Earth: Her Stories and Hymns from Sumer* (1983), p. 33.

## 02　最早的历史

1. 据 N. K. 桑达斯（N. K. Sandars）的优美翻译改写，*The Epic of Gilgamesh* (1972), p. 110。
2. 经过改写，原译文出自 Bottéro, p. 69。
3. Quoted in William Ryan and Walter Pitman, *Noah's Flood: The New Scientific Discoveries about the Event that Changed History* (2000), p. 54. 我很感谢他们对洪水学术研究的精要总结。
4. Ryan and Pitman, p. 57.
5. 查尔斯·佩莱格里诺（Charles Pellegrino）持这种观点，例如 *Return to Sodom and Gomorrah*。
6. Quoted in John Keay, *India: A History* (2000), pp. 1–2.
7. See Peter James and Nick Thorpe, *Ancient Mysteries* (1999), p. 13.
8. Sandars, p. 112.
9. Quoted in Ryan and Pitman, p. 50.
10. *Origin de los Indias,* quoted by Lewis Spence in *The Myths of Mexico and Peru* (1994), p. 108.
11. Translated by Samuel Kramer and quoted in Bottéro, p. 19.
12. Richard J. Mouw, " 'Some Poor Sailor, Tempest Tossed': Nautical Rescue Themes in

Evangelical Hymnody," in *Wonderful Words of Life: Hymns in American Protestant History and Theology,* ed. Richard J. Mouw and Mark A. Noll (2004), p. 249.

## 03 贵族的崛起

1. Michael Rice, *Egypt's Making: The Origins of Ancient Egypt 5000–2000 BC* (2003), p. 73.
2. Stephanie Dalley, ed. and trans., *Myths from Mesopotamia* (2000), p. 196.
3. Ibid., pp. 198–199.
4. Pellegrino, p. 39.
5. Harriet Crawford, *Sumer and the Sumerians* (1991), p. 23.

## 04 帝国的建立

1. Rice, p. 11.
2. David P. Silverman, general ed., *Ancient Egypt* (2003), p. 107.
3. A. Rosalie David, *Religion and Magic in Ancient Egypt* (2002), p. 46.
4. Gerald P. Verbrugghe and John M. Wickersham, *Berossos and Manetho, Introduced and Translated: Native Traditions in Ancient Mesopotamia and Egypt* (1996), p. 131.

## 05 争斗时代

1. Stanley Wolpert, *A New History of India* (2004), p. 11.
2. Keay, p. 2.

## 06 内圣外王

1. J. A. G. Roberts, *The Complete History of China* (2003), p. 3.
2. Anne Birrell, *Chinese Mythology: An Introduction* (1993), p. 46.

## 07 第一份文字记录

1. 史蒂芬・罗杰・费希尔（Steven Roger Fischer），*A History of Writing* (2001), pp. 25–26。费希尔指出 Denise Schmandt-Besserat 是“这一理论的主要支持者”，并指出它（像所有关于文字起源的理论一样）仍然存在争议。
2. Quoted in W. V. Davies, *Egyptian Hieroglyphs: Reading the Past* (1987), p. 47.

## 08 第一份战争编年史

1. "Enmerkar and the Lord of Aratta," translated by J. A. Black, et al., in *The Electronic Text Corpus of Sumerian Literature* at http://www.etcsl.orient.ox.ac.uk/ (1998– ); hereafter abbreviated as *ETC.*
2. Translated by Sandars, p. 61.

3. Sandars, p. 71. 感谢 N. K. 桑达斯在她翻译的介绍性文章中强调了吉尔伽美什北上之旅的多种历史可能性。
4. 此处依据图马尔铭文 Tummal Inscription 出自塞缪尔·克莱默（Samuel Kramer），*The Sumerians*, pp. 78–80。克莱默博士还将铭文与王表和三个城邦间的战争进程进行了匹配。
5. "Gilgamesh and Agga of Kish," in *ETC*.


## 09 第一次内战


1. Herodotus, *The Histories*, translated by Robin Waterfield (1998), 2.99.
2. Ian Shaw, ed., *The Oxford History of Ancient Egypt* (2002), pp. 68–69.
3. Rudolf Anthes, "Egyptian Theology in the Third Millennium B.C.," *Journal of Near Eastern Studies* 18:3 (1959), p. 171.
4. Ibid.
5. Ian Cunnison, *The Luapula Peoples of Northern Rhodesia* (1959), p. 98.
6. Edmund Leach, "The Mother's Brother in Ancient Egypt," *RAIN* [Royal Anthropological Insti- tute of Great Britain and Ireland] 15 (1976), p. 20.
7. Shaw, p. 9.
8. William Flinders Petrie, *Researches in Sinai* (1906), p. 41.
9. Rice, p. 14.
10. Peter A. Clayton, *Chronicle of the Pharaohs: The Reign-by-Reign Record of the Rulers and Dynasties of Ancient Egypt* (1994), p. 28.


## 10 第一位史诗英雄


1. Dalley, p. 42 ff.
2. 此处引用的《吉尔伽美什史诗》是我在 N. K. 桑达斯译文的基础上改写的。我将一些地方改得更简短，并修改了一些意思难懂的词汇。很多地方参考了塞缪尔·克莱默、Maureen Gallery Kovacs 和 Stephanie Dalley 的译文。
3. 本段基本都来自桑达斯的译文，pp. 118–119。


## 11 第一次战胜死亡


1. Clayton, p. 33.
2. Richard L. Zettler and Lee Horne, *Treasures from the Royal Tombs of Ur* (1998), p. 29.
3. 这是 J. M. 罗伯特（J. M. Roberts）的观点，*The Penguin History of the World* (1997), p. 71。
4. Herodotus, 2.12.
5. Paul Jordan, *Riddles of the Sphinx* (1998), p. 73.
6. Clayton, p. 45.
7. Herodotus, 2.124.
8. Herodotus 2.126.
9. Bruce G. Trigger, "Monumental Architecture: A Thermodynamic Explanation of Symbolic Behavior," *World Archaeology* 22:2 (1990), p. 119.
10. Dean Hardy and Marjorie Killick, *Pyramid Energy: The Philosophy of God, the Science of Man* (1994), p. 169.

11. Peter Tompkins, *Secrets of the Great Pyramid* (1971), p. xiv.
12. James and Thorpe, p. 208.

## 12 第一位改革者

1. Translated by Samuel Kramer, *The Sumerians,* p. 51.
2. Ibid., p. 313.
3. John Winthrop Hackett, ed., *Warfare in the Ancient World* (1989), p. 4.
4. Leick, *Mesopotamia*, p. 149.
5. I. M. Diakonoff, ed., *Early Antiquity* (1991), p. 82.
6. Translated by Samuel Kramer, *From the Tablets of Sumer* (1956), p. 48.
7. Diakonoff, p. 82.
8. J. S. Cooper, *Sumerian and Akkadian Royal Inscriptions*, vol. 1, *Presargonic Inscriptions* (1986), p. 78.
9. Nels Bailkey, "Early Mesopotamian Constitutional Development," *American Historical Review* 72:4 (1967), p. 1222.
10. Translated by Kramer, *The Sumerians,* pp. 323–324.
11. Leick, *Mesopotamia*, p. 150.
12. Translated by Kramer, *The Sumerians,* pp. 322–323.
13. Cooper, p. 95.
14. Crawford, p. 25.

## 13 第一位军事独裁者

1. 改写自 James B. Pritchard 提供的译文，*The Ancient Near East: An Anthology of Texts and Pictures* (1958), pp. 85–86，同时根据 Gwendolyn Leick 在 *Mesopotamia*, p. 94 中的解释更正了一些术语。
2. J. M. Roberts, p. 51.
3. Translated by Kramer, *The Sumerians,* p. 330.
4. Xenophon, *The Education of Cyrus,* translated by Wayne Ambler (2001), 1.3.8–9.
5. "The Sargon Legend, Segment B," in *ETC*.
6. Translated by Kramer, *The Sumerians,* p. 324.
7. Diakonoff, p. 85.
8. Ibid.
9. Translated by Kramer, *The Sumerians,* p. 324.
10. H. W. F. Saggs, *The Might That Was Assyria* (1984), p. 19.
11. Adapted from Benjamin R. Foster, *Before the Muses: An Anthology of Akkadian Literature,* vol. 1 (1996), p. 254.
12. Michael Roaf, *Cultural Atlas of Mesopotamia and the Ancient Near East* (1996), p. 97.
13. A. Leo Oppenheim, *Ancient Mesopotamia: Portrait of a Dead Civilization* (1977), p. 154.
14. Diakonoff, p. 86.
15. Bailkey, p. 1225. 此处的脚注列出了古巴比伦铭文（预言文字，是对叛乱的记录）的完整清单。
16. Leick, *Mesopotamia*, p. 99.

## 14 第一个有规划的城市

1. Keay, p. 6.
2. Wolpert, pp. 14–15.
3. Fischer, p. 61.
4. Wolpert, p. 18.
5. Keay, p. 13.
6. Hermann Kulke and Dietmar Rothermund, *A History of India* (1998), p. 23.
7. Ibid., pp. 22–23.
8. 术语和测量数值来自 Kulke and Rothermund, p. 23, and Keay, pp. 8–9。

## 15 帝国的第一次瓦解

1. Herodotus, 2.127–128.
2. Jordan, p. 80.
3. Ibid., p. xvii.
4. Herodotus, 2.129.
5. Herodotus, 2.133.
6. Herodotus, 2.131.
7. Clayton, p. 60.
8. A. Rosalie David, *The Egyptian Kingdoms* (1988), p. 16.
9. Spell 217 translated by J. H. Breasted in *Development of Religion and Thought in Ancient Egypt* (University of Chicago Press, 1912); the following spell, 309, translated by R. O. Faulkner in *The Ancient Pyramid Texts* (Clarendon Press, 1969); both quoted by Jon E. Lewis, ed., *Ancient Egypt* (2003), pp. 27–29.
10. Clayton, p. 64.
11. Quoted in Clayton, p. 67.
12. Colin McEvedy, *The New Penguin Atlas of Ancient History* (2002), p. 36.

## 16 第一次蛮族入侵

1. Kramer, *The Sumerians*, p. 61.
2. Roaf, p. 98.
3. First noted by Hugo Radau, *Early Babylonian History Down to the End of the Fourth Dynasty of Ur* (1899), p. 307.
4. David Willis McCullough, ed., *Chronicles of the Barbarians* (1998), p. 8.
5. Oppenheim, *Ancient Mesopotamia,* p. 62.
6. "The Cursing of Agade," in *ETC*.
7. Ibid.
8. Kramer, *The Sumerians,* p. 330.
9. "A *tigi* to Bau for Gudea," in *ETC*.
10. "The Victory of Utu-hegal," in *ETC*.
11. Kramer, *The Sumerians*, p. 325.
12. "Ur-Namma the canal-digger," in *ETC*.
13. "A praise poem of Ur-Namma" in *ETC*.

## 17 第一个一神论者


1. Gen. 10:11–24.
2. Victor P. Hamilton, *The Book of Genesis: Chapters 1–17* (1990), p. 363.
3. 改写自 “The death of Ur-Namma (Ur-Namma A),” in *ETC*。
4. Jonathan N. Tubb, *Canaanites: Peoples of the Past* (1998), p. 15.
5. J. M. Roberts, p. 41.
6. Tubb, p. 39.
7. Donald B. Redford *Egypt, Canaan, and Israel in Ancient Times* (1992), pp. 63–64.
8. Aidan Dodson and Dyan Hilton, *The Complete Royal Families of Ancient Egypt* (2004), p. 80.
9. Quoted in Redford, *Egypt,* pp. 67–68. 10. Qur'an 2.144–150.
11. Roaf, p. 101.
12. Quoted in Leick, *Mesopotamia*, pp. 132–133.
13. Leick, *Mesopotamia,* p. 126.
14. Roaf, p. 102.
15. Tubb, p. 38.


## 18 第一次环境灾难


1. John Perlin, *Forest Journey: The Role of Wood in the Development of Civilization* (1991), p. 43.
2. Thorkild Jacobsen, *Salinity and Irrigation Agriculture in Antiquity* (1982), p. 468.
3. D. Bruce Dickson, “Circumscription by Anthropogenic Environmental Destruction: An Expan- sion of Carneiro's (1970) Theory of the Origin of the State,” *American Antiquity* 52:4 (1987), p. 713.
4. Kramer, *The Sumerians,* pp. 333–334, adapted.
5. Ibid., pp. 334–335, adapted.
6. Slightly adapted from “The Lament for Urim,” in *ETC.*
7. Ibid.


## 19 埃及重获统一


1. Verbrugghe and Wickersham, p. 137.
2. Stephan Seidlmayer, “The First Intermediate Period,” in *The Oxford History of Ancient Egypt,* ed. Ian Shaw (2002), pp. 128–129.
3. Verbrugghe and Wickersham, p. 194.
4. Clayton, p. 72.
5. “Instructions for Merikare,” in Miriam Lichtheim, *Ancient Egyptian Literature,* vol. 1 (1975), p. 70.
6. Shaw, p. 161.
7. Ibid., p. 151.
8. Dodson and Hilton, p. 87. 9. Ibid., p. 90.
10. “The Prophecy of Nerferti,” quoted in Shaw, p. 158.
11. Clayton, p. 79.
12. Shaw, p. 160.
13. Silverman, p. 79.

## 20 美索不达米亚的纷争

1. 改写自 “Ishbi-Erra and Kindattu,” segments A, B, D, and E in *ETC*。
2. Roaf, p. 110.
3. Saggs, *Assyria,* pp. 28–30.
4. 依据 “Letter from Nann-ki-ag to Lipit-Estar about Gungunum’s troops” 和 “Letter from Lipit-Estar to Nann-ki-ag about driving away the enemy” 的一些片段改写，both in *ETC*。
5. “An adab to Nanna for Gungunum (Gungunum A),” in *ETC*.
6. L. W. King, *The Letters and Inscriptions of Hammurabi*, vol. 3 (1976), p. 213, translation of “Reign of Sumu-abu.”
7. Translated by A. K. Grayson, *Assyrian and Babylonian Chronicles* (1975), p. 155.
8. 亚述王表引用自 Saggs, *Assyria,* p. 25。
9. Daniel David Luckenbill, *Ancient Records of Assyria and Babylon, Volume I: Historical Records of Assyria from the Earliest Times to Sargon* (1926), p. 16.
10. Saggs, *Assyria,* p. 37.
11. Roaf, p. 116.
12. Saggs, *Assyria,* p. 25.
13. Gwendolyn Leick, *The Babylonians: An Introduction* (2003), p. 33.
14. Oppenheim, *Ancient Mesopotamia,* p. 156.
15. H. W. F. Saggs, *Babylonians* (1995), p. 98.

## 21 夏朝的兴亡

1. Ssu-ma Ch’ien, *The Grand Scribe’s Records*, vol. 1, ed. William H. Nienhauser, Jr., translated by Tsai-fa Cheng et al. (1994), p. 21.
2. Ibid., p. 22.
3. Ibid., p. 32.
4. John King Fairbank and Merle Goldman, *China: A New History* (2002), p. 37.
5. Li Liu and Xingcan Chen, *State Formation in Early China* (2003), p. 35.
6. Ibid., p. 35.
7. Ch’ien, p. 37. 8. Ibid., p. 38.
9. J. A. G. Roberts, p. 5.
10. Ch’ien, p. 38; the exact quote is “I regret failing to kill T’ang in Hsia-t’ai; that is what has brought me to this.”

## 22 汉穆拉比帝国

1. Jorgen Laessoe, *People of Ancient Assyria: Their Inscriptions and Correspondence* (1963), p. 47.
2. 经过少量改写和更正，Laessoe, p. 50。
3. Laessoe, pp. 68–69.
4. Ibid., p. 76.
5. Ibid., p. 78.
6. André Parrot’s reconstruction, from the Mari letters, recapped in Jack M. Sasson, “The King and I: A Mari King in Changing Perceptions,” *Journal of the American Oriental*

*Society* 118:4 (1998), p. 454.
7. King, vol. 2, p. 176.
8. Pritchard, p. 142.
9. Norman Yoffee, "The Decline and Rise of Mesopotamian Civilization: An Ethnoarchaeological Perspective on the Evolution of Social Complexity," *American Antiquity* 44:1 (1979), p. 12.
10. Saggs, *Babylonians*, p. 101.
11. King, vol 1, p. xxxvii.
12. Roaf, p. 121.

## 23 希克索斯人占领埃及

1. Shaw, p. 169.
2. Clayton, p. 93.
3. Josephus, *Against Apion*, 1.14.74–77, in *The Works of Josephus* (1987).
4. Ibid., 1.14.85.
5. Redford, *Egypt*, p. 126.
6. George Steindorff and Keith C. Steele, *When Egypt Ruled the East* (1957), p. 29.

## 24 克里特的米诺斯国王

1. J. Lesley Fitton, *Minoans* (2002), p. 67.
2. Ibid., pp. 104–105.
3. Ibid., p. 138.
4. Apollodorus, *The Library* (1921), 3.1.3–4 and 3.15.8.
5. Cyrus H. Gordon, *The Common Background of Greek and Hebrew Civilizations* (1965), pp. 51–52.
6. Thucydides, *The Landmark Thucydides: A Comprehensive Guide to the Peloponnesian War,* translated by Richard Crawley (1998), 1.4–5.
7. Herodotus, 1.171.
8. Thucydides, 1.8.
9. Rodney Castleden, *Minoans: Life in Bronze Age Crete* (1990), p. 148.
10. Fitton, p. 166.
11. Christos G. Doumas, *Thera, Pompeii of the Ancient Aegean* (1983), p. 134. 12. Ibid., pp. 134–135.
13. Ibid., p. 139.
14. Ibid., p. 147.

## 25 哈拉帕解体

1. Wolpert, p. 21.
2. G. F. Dales, "The Mythical Massacre at Mohenjo Daro," in *Ancient Cities of the Indus*, ed. G. L. Possehl (1979), p. 291.
3. Gregory L. Possehl, "The Mohenjo-daro Floods: A Reply," *American Anthropologist* 69:1 (1967), p. 32.

4. Ibid., p. 35.
5. Romila Thapar, *Early India: From the Origins to AD 1300* (2002), p. 87.
6. Julian Reade, "Assyrian King-Lists, the Royal Tombs of Ur, and Indus Origins," *Journal of Near Eastern Studies* 60:1 (2001), p. 27.
7. Wolpert, p. 27.
8. Ibid., p. 24.
9. Keay, p. 20.

## 26 赫梯人的崛起

1. Robert S. Hardy, "The Old Hittite Kingdom: A Political History," *American Journal of Semitic Languages and Literatures* 58:2 (1941), p. 180.
2. Trevor Bryce, *Life and Society in the Hittite World* (2002), pp. 116–117.
3. G. G. Giorgadze, "The Hittite Kingdom," in *Early Antiquity*, ed. I. M. Diakanoff, trans. Alexan- der Kirjanov (1991), p. 271.
4. Bryce, p. 230.
5. Robert S. Hardy, p. 181.
6. Giorgadze, p. 272.
7. Robert S. Hardy, p. 194.
8. The Hittite *Testament,* quoted at length in Bryce, p. 11.
9. Bryce, p. 31.
10. Redford, *Egypt,* p. 134.
11. Leick, *The Babylonians,* p. 42.
12. Robert S. Hardy, p. 206.
13. Bryce, p. 107.

## 27 阿赫摩斯驱逐希克索斯人

1. 出自 Steindorff and Steele, p. 31，稍作改写。
2. Silverman, p. 30.
3. Clayton, p. 102.
4. Josephus, *Against Apion*, 1.14.
5. Lewis, p. 98.
6. Shaw, p. 216.
7. Redford, *Egypt,* p. 129.
8. Eliezer D. Oren, "The 'Kingdom of Sharuhen' and the Hyksos Kingdom," in *The Hyksos: New Historical and Archaeological Perspectives*, ed. Eliezer D. Oren (1997), p. 253.
9. Lewis, p. 98.

## 28 篡权与复仇

1. Dodson and Hilton, p. 127.
2. Clayton, p. 105.
3. Edward F. Wente, "Some Graffiti from the Reign of Hatshepsut," *Journal of Near Eastern Stud- ies* 43:1 (1984), pp. 52–53. 他指出对该处涂鸦可以做出不同的解释。

4. E. P. Uphill, "A Joint Sed-Festival of Thutmose III and Queen Hatshepsut," *Journal of Near Eastern Studies* 20:4 (1961), pp. 249–251.
5. I. V. Vinogradov, "The New Kingdom of Egypt," in *Early Antiquity*, ed. I. M. Diakonoff, trans. Alexander Kirjanov (1991), p. 178.
6. Ibid.
7. Ibid., p. 180.
8. Steindorff and Steele, p. 58.
9. Ibid., p. 57.

## 29 三方争斗

1. Laessoe, p. 83. 2. Ibid., p. 87.
3. Steindorff and Steele, p. 63.
4. Robert S. Hardy, p. 206.
5. Ibid., p. 208.
6. Bryce, pp. 28–29.
7. Laessoe, p. 89.
8. Redford, *Egypt,* p. 164.
9. Ibid., p. 167.
10. Alan R. Schulman, "Diplomatic Marriage in the Egyptian New Kingdom," *Journal of Near East- ern Studies* 38:3 (1979), p. 83.

## 30 商朝迁都

1. Ch'ien, p. 43.
2. Kwang-Chih Chang, *Shang Civilization* (1980), p. 11.
3. Ch'ien, p. 45.
4. Arthur Cotterell, *China: A Cultural History* (1988), p. 16.
5. Chang, p. 10.
6. Quoted in Chang, p. 11.
7. Ch'ien, p. 47.

## 31 希腊的迈锡尼人

1. Lord William Taylour, *The Mycenaeans* (1983), p. 18.
2. Plutarch, *Plutarch's Lives*, vol. 1, The Dryden Translation (2001), p. 10.
3. Taylour, p. 41.
4. Ibid., p. 147; Robert Morkot, *The Penguin Historical Atlas of Ancient Greece* (1996), p. 29.
5. Taylour, p. 137.
6. John Chadwick, *Linear B and Related Scripts* (1987), pp. 44–49.
7. Herodotus, 3.122.
8. Taylour, p. 156.
9. Fitton, p. 179.
10. J. T. Hooker, "Homer and Late Minoan Crete," *Journal of Hellenic Studies* 89 (1969), p. 60.

## 32 诸神之争

1. Clayton, p. 116.
2. David O'Connor and Eric H. Cline, *Amenhotep III: Perspectives on His Reign* (1998), p. 13.
3. Ibid., p. 11.
4. Tacitus, *The Annals of Imperial Rome* (1996), p. 111.
5. Details found in Ernest A. Wallis Budge, *Tutankhamen: Amenism, Atenism, and Egyptian Monotheism* (1923), p. 68, and also Clayton, p. 117.
6. Donald B. Redford, *Akhenaten: The Heretic King* (1984), pp. 36–37.
7. Clayton, p. 116.
8. O'Connor and Cline, p. 20.
9. Laessoe, p. 90.
10. O'Connor and Cline, p. 243.
11. William L. Moran, ed. and trans., *The Amarna Letters* (1992), p. 1.
12. Ibid., pp. 1–2.
13. Ibid., p. 8.
14. O'Connor and Cline, pp. 2–3.
15. Redford, *Akhenaten,* p. 162.
16. Dodson and Hilton, p. 142.
17. Redford, *Akhenaten,* p. 52.
18. Cyril Aldred, *Akhenaten, King of Egypt* (1988), p. 278.
19. Ibid., pp. 241–243.
20. Redford, *Akhenaten,* p. 141.

## 33 战争与婚姻

1. 据考古学家标记为阿玛尔纳（以下缩写为EA）20的书信稍作改写，quoted in Moran, p. 48。
2. Redford, *Akhenaten,* p. 195.
3. EA 41, in Moran, p. 114.
4. EA 16, in Moran, p. 16.
5. Redford, *Akhenaten,* p. 197.
6. Laessoe, p. 90.
7. EA 9, in Moran, p. 18.
8. Saggs, *Babylonians,* pp. 118–119.
9. Clayton, p. 134.
10. Nicholas Reeves, *The Complete Tutankhamun: The King, The Tomb, The Royal Treasure* (1995), p. 23.
11. Clayton, p. 135.

## 34 古代最伟大的战役

1. Clayton, p. 138.
2. Ibid., p. 146.
3. Bryce, p. 111.

4. Shaw, p. 298.
5. Diakonoff, p. 189.
6. Shaw, p. 298.
7. Clayton, p. 151.
8. Letter translated and quoted in Bryce, p. 172.
9. Luckenbill, *Ancient Records*, vol. 1, p. 27.
10. Bryce, p. 108.
11. Luckenbill, *Ancient Records*, vol. 1, p. 40.
12. Redford, *Egypt,* p. 188.
13. Clayton, p. 153.
14. Ibid., p. 155.

## 35 特洛伊战争

1. Taylour, p. 159.
2. Homer, *The Iliad,* Book 3; this translation is E. V. Rieu's (1950).
3. Virgil, *The Aeneid*, 2.13–20, translated by C. Day Lewis (1950).
4. Ibid., 2.265–267, 327.
5. E. V. Rieu, "Introduction," in Homer, *The Iliad* (1950), p. xiv.
6. Chadwick, p. 36.
7. Clayton, p. 162.
8. Herodotus, 1.4.
9. Herodotus, 1.5.
10. Barbara W. Tuchman, *The March of Folly: From Troy to Vietnam* (1984), p. 43.
11. Thucydides, 1.11.1.
12. Homer, *The Odyssey*, Book 3, Samuel Butler translation (1898).
13. Thucydides, 1.12.2.

## 36 中国第一位中兴雄主

1. J. Legge and C. Waltham translation, quoted by Chang, p. 12.
2. Fairbank and Goldman, p. 34.
3. J. A. G. Roberts, p. 67.
4. Ibid., p. 8.
5. Chang, pp. 32–35.
6. A. Waley translation, quoted in Chang, p. 13.
7. Cotterell, *China*, p. 24.

## 37 《梨俱吠陀》

1. Keay, p. 26.
2. Ranbir Vohra, *The Making of India: A Historical Survey* (2001), pp. 3–4.
3. Keay, p. 29. 曼陀罗意为循环的性质。
4. The Rig Veda, translated by Franklin Edgerton in *The Beginnings of Indian Philosophy* (1965), pp. 52–56.

5. Kulke and Rothermand, p. 35.
6. Thapar, *Early India,* p. 114.

## 38 时运无常，谁能安坐

1. Redford, *Egypt,* p. 247.
2. Clayton, p. 157.
3. Bryce, p. 94.
4. Ibid., p. 22.
5. K. A. Kitchen, trans., *Ramesside Inscriptions, Historical and Biographical*, vol. 4 (1969), 5.3.
6. Bryce, p. 95.
7. Ibid., p. 109.
8. Ibid., p. 26.
9. Ibid., p. 234.
10. Redford, *Egypt,* p. 245.
11. 改写自标为 RS34 的书信，原文见 Sylvie Lackenbacher, *Le roi bâtisseur. Les récits de construction assyriens des origins à Teglatphalasar III* (1982)。
12. Itamar Singer, "New Evidence on the End of the Hittite Empire," in *The Sea Peoples and Their World: A Reassessment*, ed. Eliezer D. Oren (2000), p. 22.
13. Laessoe, p. 98.
14. Leick, *Mesopotamia,* p. 209.
15. Chronicle P, quoted in Saggs, *Babylonians*, p. 119.
16. Quoted in Roaf, p. 148.
17. Luckenbill, *Ancient Records*, vol. 1, p. 49.
18. Saggs, *Assyria,* p. 52.
19. Luckenbill, *Ancient Records*, vol. 1, p. 49.
20. Leick, *Mesopotamia,* p. 251.
21. Saggs, *Babylonians,* p. 120.
22. The Great Harris Papyrus, quoted by A. Malamat in "Cushan Rishathaim and the Decline of the Near East around 1200 bc," *Journal of Near Eastern Studies* 13:4 (1954), p. 234.

## 39 新王国的终结

1. Clayton, p. 160.
2. 稍作缩写，原译文出自 Lewis, p. 219。
3. Jacobus van Dijk, "The Amarna Period and the Later New Kingdom," in *The Oxford History of Ancient Egypt*, ed. Ian Shaw (2000), pp. 304–305。
4. 稍作缩写，原译文出自 Redford, *Egypt*, p. 251。
5. Redford, *Egypt*, p. 252.
6. Lewis, p. 245.
7. David O'Connor, "The Sea Peoples and the Egyptian Sources," in *The Sea Peoples and Their World: A Reassessment*, ed. Eliezer D. Oren (2000), p. 95.
8. Ibid., p. 85.
9. Lewis, pp. 245–246.
10. van Dijk, p. 306.

11. Lewis, p. 247.
12. Ibid., p. 252.
13. Ibid., p. 254.
14. Clayton, p. 168.
15. See van Dijk, p. 308, and also Lewis, p. 265.
16. Clayton, p. 171.

## 40 希腊的黑暗时代

1. Taylour, p. 159.
2. Morkot, p. 46.
3. Herodotus, 5.76.
4. Konon, *Narratives,* Sec. 26, in *The Narratives of Konon: Text Translation and Commentary of the Diegesis* by Malcolm Brown (2003).
5. Thucydides, 1.12.2–4.
6. Taylour, p. 161.
7. E. Watson Williams, "The End of an Epoch," *Greece & Rome,* 2d series, 9:2 (1962), pp. 119–120.
8. Philip P. Betancourt, "The Aegean and the Origin of the Sea Peoples," in *The Sea Peoples and Their World: A Reassessment*, ed. Eliezer D. Oren (2000), p. 300.
9. Homer, *The Iliad*, 1.12–14, translated by Robert Fitzgerald (1974).
10. Williams, p. 117.
11. Quoted in Williams, p. 112.

## 41 美索不达米亚的黑暗时代

1. Translated by H. Otten in the journal *Mitteilungen des deutschen Orientgesellschaft* 94 (1963), p. 21, and quoted in Redford, *Egypt*, p. 254.
2. Roaf, p. 149.
3. A. T. Olmstead, "Tiglath-Pileser I and His Wars," *Journal of the American Oriental Society* 37 (1917), p. 170.
4. J. N. Postgate, "The Land of Assur and the Yoke of Assur," *World Archaeology* 23:3 (1992), p. 255.
5. Luckenbill, *Ancient Records*, vol. 1, p. 83.
6. Olmstead, "Tiglath-Pileser I and His Wars," p. 186.
7. Leick, *Mesopotamia,* p. 212.
8. Olmstead, "Tiglath-Pileser I and His Wars," p. 180.
9. W. G. Lambert, "Studies in Marduk," *Bulletin of the School of Oriental and African Studies*, Uni- versity of London 47:1 (1984), p. 4.
10. Postgate, p. 249.
11. J. A. Brinkman, "Foreign Relations of Babylonia from 1600 to 625 bc: The Documentary Evi- dence," *American Journal of Archaeology* 76:3 (1972), p. 276.
12. Quoted in Leick, *Mesopotamia,* p. 254.

## 42 商朝的衰败

1. J. A. G. Roberts, p. 10.
2. Ch'ien, p. 51.
3. Mencius, *Mencius,* translated by D. C. Lau (1970), p. 172.
4. Ibid., p. 26.
5. J. A. G. Roberts, p. 13.
6. Cotterell, *China*, p. 28.

## 43 大卫的子孙

1. Josh. 1:4, New International Version (hereafter NIV).
2. Pellegrino, p. 256.
3. Josh. 13:2–4, NIV.
4. Judg. 15:11, NIV.
5. Judg. 16:30, NIV.
6. 1 Sam. 8:11–18, NIV.
7. 1 Sam. 13:19–21, NIV.
8. 1 Sam. 17:51–52, NIV.
9. Dimitri Baramki, *Phoenicia and the Phoenicians* (1961), p. 25.
10. 1 Kings 4:22–26, NIV.
11. E. W. Heaton, *Solomon's New Men: The Emergence of Ancient Israel as a National State* (1974), p. 34.
12. 1 Kings 10:1–2, 13, NIV.
13. Robert G. Hoyland, *Arabia and the Arabs: From the Bronze Age to the Coming of Islam* (2001), p. 13.
14. Ibid., p. 38.
15. 1 Kings 9:11, NIV.
16. Homer, *The Iliad*, Book 9, 460–469, translated by Samuel Butler (1898).
17. Clayton, p. 184.
18. 1 Kings 14:25–27, NIV.

## 44 天命

1. Tsui Chi, *A Short History of Chinese Civilisation* (1942), p. 47.
2. Ch'ien, p. 64.
3. Cotterell, *China*, p. 42.
4. Claudio Cioffi-Revilla and David Lai, "War and Politics in Ancient China, 2700 BC to 722 BC: Measurement and Comparative Analysis." *Journal of Conflict Resolution* 39:3 (1995), p. 473.
5. Constance A. Cook, "Wealth and the Western Zhou," *Bulletin of the School of Oriental and African Studies,* University of London 60:2 (1997), pp. 254–275.
6. Ch'ien, p. 63.
7. Ibid,, p. 62.
8. Li Xueqin, *Eastern Zhou and Qin Civilizations* (1985), p. 16.
9. Sarah Allan, "Drought, Human Sacrifice and the Mandate of Heaven in a Lost Text from

the 'Shang Shu,' " *Bulletin of the School of Oriental and African Studies*, University of London 47:3 (1984), p. 533.
10. Edward L. Shaughnessy, "Western Zhou History," in *The Cambridge History of Ancient China: From the Origins of Civilization to 221 BC,* ed. Michael Loewe and Edward L. Shaughnessy (1999), p. 311; also Xueqin, p. 16.
11. This is preserved in the *Shang shu*; see Shaughnessy, "Western Zhou History," p. 314.
12. Quoted in Shaughnessy, "Western Zhou History," p. 322.
13. Ibid.
14. Ch'ien, p. 66.
15. Paraphrased slightly from Ch'ien, p. 68.
16. Ibid.

## 45 婆罗多战争

1. Kulke and Rothermund, p. 36.
2. Keay, p. 40.
3. Wolpert, p. 37.
4. Keay, pp. 3–4.
5. Chakravarthi V. Narasimhan, trans., *The Mahabharata: An English Version Based on Selected Verses* (1998), pp. 14–15.
6. Wolpert, p. 30.
7. Narasimhan, p. 34.
8. Kulke and Rothermund, p. 44.
9. Keay, p. 43.
10. Narasimhan, p. 44.
11. Ibid., p. 47.
12. Wolpert, p. 30.
13. Keay, p. 41.
14. Wolpert, p. 36.

## 46 从西周到东周

1. Shaughnessy, "Western Zhou History," p. 324.
2. Constance A. Cook, "Wealth and the Western Zhou," p. 283.
3. Shaughnessy, "Western Zhou History," p. 326.
4. Ch'ien, p. 70.
5. Fairbank and Goldman, p. 18.
6. Shaugnessy, "Western Zhou History," p. 329.
7. Ch'ien, p. 71.
8. The Greater Odes 3.7, Ezra Pound, in trans., *The Confucian Odes: The Classic Anthology Defined by Confucius* (1954), p. 180
9. Constance A. Cook, "Wealth and the Western Zhou," p. 288.
10. Ch'ien, p. 71.
11. Ibid., p. 72.
12. Edward L. Shaughnessy, "Historical Perspectives on the Introduction of the Chariot into China," *Harvard Journal of Asiatic Studies* 48:1 (1988), p. 223.

13. Edward Kaplan, *An Introduction to East Asian Civilizations: The Political History of China, Japan, Korea and Mongolia from an Economic and Social History Perspective* (1997), sec. 12.3.
14. Shaughnessy, "Western Zhou History," p. 347.
15. Ch'ien, p. 73.
16. Ibid., p. 74.
17. Chi, p. 48.
18. Ibid., pp. 48–49.
19. Quoted in Cotterell, *China*, p. 39.
20. Chi, p. 49.

## 47 亚述的复兴

1. 2 Sam. 8:5–6, NIV.
2. Saggs, *Assyria,* p. 70.
3. Joan Oates, *Babylon* (1979), p. 106.
4. Saggs, *Assyria,* p. 72.
5. Luckenbill, *Ancient Records*, vol. 1, pp. 158, 171.
6. Laessoe, p. 102.
7. Ibid., p. 104.
8. Luckenbill, *Ancient Records*, vol. 1, pp. 164–166.
9. 1 Kings 16:21–25, NIV.
10. John Rogerson, *Chronicle of the Old Testament Kings* (1999), p. 102.
11. A. T. Olmstead, *History of Assyria* (1923), p. 87–88.
12. Luckenbill, *Ancient Records*, vol. 1, p. 147.
13. Ibid., p. 201.
14. Charles F. Pfeiffer, *Old Testament History* (1973), p. 314.
15. Olmstead, *History of Assyria,* p. 136.
16. 1 Kings 22:7 ff., NIV.
17. 2 Kings 10:32, NIV.
18. Michael C. Astour, "841 B.C.: The First Assyrian Invasion of Israel," *Journal of the American Oriental Society* 91:3 (1971), p. 386.
19. Pfeiffer, p. 318.

## 48 新的民族

1. Luckenbill, *Ancient Records*, vol. 1, pp. 202–203, 264.
2. Oates, pp. 109–110.
3. Alan R. Millard, "Chaldeans," entry in *Dictionary of the Ancient Near East*, ed. Piotr Bienkowski and Alan Millard (2000), p. 70.
4. Brinkman, "Foreign Relations of Babylonia," p. 279.
5. Olmstead, *History of Assyria,* p. 144.
6. Saggs, *Assyria,* p. 77.
7. Luckenbill, *Ancient Records*, vol. 1, p. 254.
8. Olmstead, *History of Assyria*, p. 156.
9. R. W. Rogers, *A History of Babylonia and Assyria,* vol. 2 (1971), p. 95.

10. Luckenbill, *Ancient Records*, vol. 1, p. 259.
11. J. A. Brinkman, *A Political History of Post-Kassite Babylon, 1158–722 BC* (1968), pp. 169–170.
12. Brinkman, "Foreign Relations of Babylonia," p. 279.
13. Saggs, *Assyria*, p. 79.
14. Terry Buckley, *Aspects of Greek History, 750–323 BC: A Source-Based Approach* (1996), p. 35.
15. Donald Latimer, "The *Iliad:* An Unpredictable Classic," in Robert Fowler, ed., *The Cambridge Companion to Homer* (2004), p. 18.
16. Ken Dowden, "The Epic Tradition in Greece," in Fowler, p. 190.
17. Robin Osborne, "Homer's Society," in Fowler, p. 206.
18. Ibid., p. 218.
19. Robert Fowler, "Introduction," in Fowler, p. 5.
20. Sarah B. Pomeroy et al., *Ancient Greece: A Political, Social, and Cultural History* (1999), p. 79.

## 49 贸易口岸和殖民地

1. Homer, *The Iliad,* Book 2, translated by Alexander Pope (1713).
2. T. J. Cornell, *The Beginnings of Rome: Italy and Rome from the Bronze Age to the Punic Wars (c. 1000–264 BC)* (1995), pp. 31–33.
3. David Ridgway, *Italy Before the Romans: The Iron Age* (1979), pp. 24–25.
4. Cornell, pp. 35–36.
5. H. H. Scullard, *A History of the Roman World, 753 to 146 BC* (2003), p. 39.
6. Buckley, p. 36.
7. Judith Swaddling, *The Ancient Olympic Games* (1999), pp. 10–11.
8. Livy, 1.4, from *The Early History of Rome, Books I–V of The History of Rome from Its Foundation,* translated by Aubrey de Selincourt (1971), pp. 37–38.
9. Plutarch, *Romulus*, in *Plutarch's Lives*, vol. 1: The Dryden Translation, p. 27.
10. Livy 1.6, *Early History of Rome*, p. 39.
11. Ibid., p. 40.
12. Livy, 1.1, *Early History of Rome*, p. 33.
13. R. M. Ogilvie, "Introduction: Livy," in Livy, *Early History of Rome*, p. 17.
14. Livy, 1.7–9, *Early History of Rome*, pp. 42–43.
15. Livy, 1.9, *Early History of Rome*, p. 43.
16. Livy, 1.13–14, *Early History of Rome*, pp. 48–49.
17. Buckley, p. 39.
18. Hesiod, *Works and Days*, ll. 37–40, in *Theogony, Works and Days, Shield* (2004), p. 66.
19. Ibid., ll. 220–221, p. 70.
20. Ibid., ll. 230–235, p. 71.

## 50 宿敌

1. Saggs, *Assyria,* p. 81.
2. 2 Kings 14:25–28.
3. Luckenbill, *Ancient Records,* vol. 1, p. 114.
4. Saggs, *Assyria,* p. 80.
5. Ibid., p. 83.

6. Ibid.
7. Olmstead, *History of Assyria,* p. 124.
8. Oates, p. 112.
9. Hayim Tadmor, *The Inscriptions of Tiglath-Pileser III, King of Assyria* (1994), p. 45.
10. Ibid.
11. Oates, p. 114.
12. Saggs, *Assyria,* p. 88.
13. Luckenbill, *Ancient Records*, vol. 1, p. 273.
14. Ernest A. Fredricksmeyer, "Alexander, Midas, and the Oracle at Gordium," *Classical Philology* 56:3 (1961), p. 160.
15. Herodotus, 1.14.
16. 2 Kings 15–16.
17. 改写自一些片段的译文，出自 Oates, p. 114, and Brevard S. Childs in *Isaiah and the Assyrian Crisis* (1967), p. 81。
18. Olmstead, *History of Assyria,* p. 179.
19. Luckenbill, *Ancient Records*, vol. 1, p. 285.
20. Daniel David Luckenbill, "The First Inscription of Shalmaneser V," *American Journal of Semitic Languages and Literatures* 41:3 (1925), p. 164.
21. Luckenbill, *Ancient Records*, vol. 1, p. 283.

## 51 亚述和巴比伦的国王

1. Josephus, *Antiquities of the Jews*, 9.14, in *The Works of Josephus* (1987), pp. 264–265.
2. 2 Kings 17:4, NIV.
3. Clayton, p. 189; Jan Assmann, *The Mind of Egypt*: *History and Meaning in the Time of the Pharaohs* (2002), p. 312.
4. Assmann, pp. 317–319.
5. Quoted in Assmann, p. 320.
6. Saggs, *Assyria,* p. 92.
7. Daniel David Luckenbill, *Ancient Records of Assyria and Babylon*, Volume II: *Historical Records of Assyria from Sargon to the End* (1927), p. 71.
8. Ibid., p. 2; 2 Kings 17:6.
9. Luckenbill, *Ancient Records*, vol. 2, p. 2.
10. Ibid., p. 3.
11. A. Leo Oppenheim, "The City of Assur in 714 b.c.," *Journal of Near Eastern Studies* 19:2 (1960), pp. 142, 147.
12. Paul Zimansky, "Urartian Geography and Sargon's Eighth Campaign," *Journal of Near Eastern Studies* 49:1 (1990), p. 2.
13. Translated in Saggs, *Assyria,* p. 93.
14. Ibid., p. 94.
15. Oppenheim, "The City of Assur in 714 b.c.," p. 134.
16. Luckenbill, *Ancient Records*, vol. 2, p. 10.
17. Zimansky, p. 3.
18. Laessoe, p. 113; Hoyland, p. 19.
19. J. A. Brinkman, "Elamite Military Aid to Merodach-Baladan," *Journal of Near Eastern Studies* 24:3 (1965), pp. 161–162.
20. Oates, p. 116.

21. 根据萨尔贡的年表稍作缩写，as translated by Brinkman in “Elamite Military Aid,” p. 163。
22. Luckenbill, *Ancient Records*, vol. 2, p. 15.
23. Oates, p. 116.

## 52 惨痛的失败

1. Isa. 14:29, NIV.
2. Daniel David Luckenbill, *The Annals of Sennacherib* (1924), p. 9.
3. Ibid., p. 10.
4. Grant Frame, *Rulers of Babylonia from the Second Dynasty of Isin to the End of Assyrian Domina- tion (1157–612 BC)* (1995), p. 137.
5. Luckenbill, *Annals,* pp. 10–11.
6. Assmann, p. 335.
7. This quote and following from 2 Kings 20:12 ff., NIV.
8. This quote and following from 2 Kings 18:1 ff., NIV.
9. Luckenbill, *Annals,* p. 10.
10. 据 Luckenbill, *Annals,* p. 10 缩写，语言稍作修正。
11. Herodotus, 2.14.
12. The Nebi Yunus Inscription (H4), translated in Luckenbill, *Annals,* p. 85.
13. Luckenbill, *Annals*, p. 15.
14. Ibid., p. 16.
15. Ibid., p. 17.
16. Emil G. Kraeling, “The Death of Sennacherib,” *Journal of the American Oriental Society* 53:4 (1933), p. 338.

## 53 王权的衰落

1. Xueqin, p. 16.
2. Ch’ien, p. 74.
3. Fairbank and Goldman, p. 49.
4. Xueqin, p. 37.
5. Ch’ien, p. 75.
6. G. W. Ally Rickett, trans., *Guanzi*, vol. 1 (1985), p. 5.
7. Ibid., p. 6.
8. Ch’ien, p. 75.
9. Ibid.
10. *Tso chuan*, quoted by Nicola Di Cosmo in *Ancient China and Its Enemies: The Rise of Nomadic Power in East Asian History* (2002), pp. 98–99.
11. Ch’ien, p. 76.
12. Ibid., p. 77.

# 授权声明

American Oriental Society: Thirteen lines from J. A. Brinkman's "Through a Glass Darkly: Esarhaddon's Retrospects on the Downfall of Babylon," *Journal of the American Oriental Society* 103, No. 1. Used by permission of American Oriental Society, University of Michigan.

American Oriental Society: Ten lines from "The Death of Sennacherib," translated by R. C. Thompson and quoted by Emil Kraeling in *Journal of the American Oriental Society*, University of Michigan.

Bar-Ilan University Press: Five lines from *Three Sulgi Hymns: Sumerian Royal Hymns Glorifying King Sulgi of Ur*, translated by Jacob Klein, Copyright © 1981, Bar-Ilan University Press. Used by permission of Bar-Ilan University Press, Ramat-Gan, Israel.

Cambridge University Press: Ten lines from "The Cyrus Cylinder" from *The Cultures Within Ancient Greek Culture: Contact, Conflict, Collaboration* by Carol Dougherty and Leslie Kurke, Copyright © 2003. Used by permission of Cambridge University Press.

CDL Press: Six lines from *Before the Muses: Anthology of Akkadian Literature, Vol. I,* and eight lines from *Before the Muses: Anthology of Akkadian Literature, Vol. II*, translated by Benjamin R. Foster. Used by permission of CDL Press.

Electronic Text Corpus of Sumerian Literature: Twelve lines from *Gilgameš and Aga*, nineteen lines from *The Cursing of Agade*, ten lines from *A Praise Poem of Ur-Namma* (Ur-Namma C), twelve lines from *The Lament for Urim*, and seven lines from *Išbi-Erra and Kindattu* (Išbi-Erra B) (segments A, B, D, and E), translated by J. A. Black, G. Cunningham, J. Ebeling, E. Fluckiger-Hawker, E. Robson, J. Taylor, and G. Zólyomi. Used by permission of the Electronic Text Corpus of Sumerian Literature, The Oriental Institute, University of Oxford.

George Allen and Unwin, Ltd: Four lines from "The Rigveda," translated in *The Beginnings of Indian Philosophy* by Franklin Edgerton, Copyright © 1965, Harvard University Press, reverted to the original publisher, George Allen and Unwin, Ltd. Used by permission of George Allen and Unwin, Ltd.

Indiana University Press: Excerpts from *The Grand Scribe's Records* by Ch'ien, Ssu-ma, edited by William H. Nienhauser, Jr., Copyright © 1994. Used by permission of Indiana University Press.

Johns Hopkins University Press: Ten lines from Hesiod's "Works and Days," *Theogony, Works and Days, Shield*, translated by Apostolos N. Athanassakis, Copyright © 2004, Johns Hopkins University Press. Used by permission of Johns Hopkins University Press.

Oxford University Press: Seven lines from "The Middle Kingdom Renaissance" by Gae Callender, from *Oxford History of Ancient Egypt*, Copyright © 2000, edited by I. Shaw. Used by permission of Oxford University Press.

Oxford University Press: Eleven lines from *Myths from Mesopotamia, Revised*, Copyright © 1989, edited by Stephanie Dalley. Used by permission of Oxford University Press.

Oxford University Press: Excerpts from *Greek Lives*, edited by Robin Waterfield, copyright © 1999, Oxford University Press, and excerpts from *Histories*, edited by Robin Waterfield, Copyright © 1998, Oxford University Press. Used by permission of Oxford University Press, UK.

Oxford University Press: Two lines from *New History of India* by Stanley Wolpert, Copyright © 2004, Oxford University Press. Used by permission of Oxford University Press, US.

Penguin Group: Twenty-five lines from *The Epic of Gilgamesh*, translated with an introduction by N. K. Sandars, Copyright © 1972, N. K. Sandars. Used by permission of Penguin Group, UK.

Penguin Group: Excerpts from *The Early History of Rome: Books I–V of the History of Rome from Its Foundation* by Livy and translated by Aubrey de Sėlincourt; Copyright © 1960, Estate of Aubrey de Sėlincourt. Used by permission of Penguin Group, UK.

Smith and Kraus Publishers: Thirty-eight lines from "The Persians," *Aeschylus: Complete Plays, Volume II*, translated by Carl Mueller, Copyright © 2002, Smith and Kraus Publishers. Used by permission of Smith and Kraus Publishers.

Sterling Lord Literistic Inc: Eighteen lines from Virgil's *The Aeneid*, translated by C. Day Lewis, Copyright © 1953 by C. Day Lewis. Used by permission of Sterling Lord Literistic, Inc.

University of California Press: Three lines from *Babylonians* by H. W. F. Saggs, Copyright © 2000, University of California Press. Used by permission of University of California Press.

University of Chicago Press: Excerpt from I. M. Diakonoff, *Early Antiquity*, translated by A. Kirjanov, Copyright © 1999. Used by permission of Chicago Distribution Services, a division of The University of Chicago Press.

University of Chicago Press: Excerpts from *Ancient Records of Assyria and Babylonia, Vol. I: Historical Records of Assyria from the Earliest Times to Sargon* by Daniel D. Luckenbill, Copyright © 1926, University of Chicago Press. Excerpts from *Ancient Records of Assyria and Babylonia, Vol. II: Historical Records of Assyria from Sargon to the End* by Daniel D. Luckenbill, Copyright © 1927, University of Chicago Press. Excerpts from *The Annals of Sennacherib* by Daniel D. Luckenbill, Copyright © 1924, University of Chicago Press. Used by permission of University of Chicago Press.

University of Chicago Press: Five lines from *A Babylonian Genesis*, translated by Alexander Heidel, Copyright © 1951, University of Chicago Press. Used by permission of University of Chicago Press.

University of Toronto Press: Seven lines from *Rulers of Babylonia from the Second Dynasty of Isin to the End of Assyrian Domination (1157–612 BC)* by Grant Frame, Copyright © 1995, University of Toronto Press. Used by permission of University of Toronto Press.

University of Toronto Press: Four lines from *Assyrian Royal Inscriptions* by Albert Kirk Grayson, Copyright © 1972, University of Toronto Press. Used by permission of University of Toronto Press.

Wolkstein, Diane: Four lines from "Wooing of Inanna," *Inanna, Queen of Heaven and Earth*, Copyright © 1983. Published by permission of Diane Wolkstein.

新
思
THINKR

有思想和智识的生活

# 世界史的故事 2

700 B.C.
—
100 B.C.

轴心时代的文明

前7世纪—前1世纪

SUSAN WISE BAUER

[美] 苏珊·怀斯·鲍尔——著

徐彬 张宇 宋爽——译

中信出版集团 | 北京

献给

克里斯托弗

# 目　录

# / 01

# 在埃及的亚述人

公元前 681 年至公元前 653 年间，弗里吉亚落入蛮族部落手中，亚述重建巴比伦，失去埃及。

由于西拿基立死于纳布神庙，亚述变得一片混乱。

据《以赛亚书》记载，两名刺客逃至“亚拉腊”。[1]这可能表明他们一路北上，逃到了乌拉尔图山区。鲁萨一世自杀之后，乌拉尔图王国已经重新振作起来；新国王鲁萨一世的孙子鲁萨二世开始重建军队。他很乐意与亚述人作对，于是热情地接待了那两名刺客。*

与此同时，西拿基立其他的儿子之间为了争夺王位爆发了一场

---

* 那两名刺客的身份至今仍然是个谜。《以赛亚书》(37:38)写道：“一日，他在他的神明尼斯洛庙里叩拜，他儿子亚得米勒和沙利色用刀杀了他。”亚得米勒和沙利色可能指的是西拿基立的儿子阿尔迪-宁利勒和拿捕净-莎尔-乌斯乌尔，但确切的信息无从得证。《巴比伦编年史》只是简单地记载道：“亚述王西拿基立的儿子在一次叛乱中杀死了他。”以撒哈顿从来就没有提到杀死他父亲的刺客是谁，而西拿基立的铭文中肯定也没有提到他那几个儿子是谁，因此我们根本没有依据可查。

大战。最后的赢家是西拿基立的小儿子以撒哈顿（Esarhaddon），他在一个棱柱（有六到十个面的石柱）上面记录了他的胜利，这个棱柱后来是在他的宫殿废墟里发现的：

> 他们都比我年长，我是弟弟，
> 但祭拜亚述和沙马什、贝尔和纳布时，
> 我的父亲当着几位兄弟的面褒奖了我：
> 他问沙马什："这是我的继承人吗？"
> 众神答道："他就是第二个你……"然后我的兄弟就发狂了。
> 他们拔出剑，就在尼尼微中部，完全无视诸神。
> 但是，亚述、沙马什、贝尔、纳布、伊师塔，
> 所有的神都愤怒地看着这些恶棍的种种劣迹，
> 剥夺了他们的力量，使他们在我之下。[2]

显然，以撒哈顿赢得了王冠，但是那个关于他父亲生前认定他是继承人的故事，听起来更像是为了使自己继承王位合法化而编造出来的。而且，以撒哈顿不直接提到西拿基立之死也是很奇怪的。也许他不希望真相水落石出。

以撒哈顿一登基就面临已经问题重重的帝国边境。正式的信函表明有十五六座主要城市，也就是亚述各省的中心城市已经不再进贡，而西拿基立也没有向这些城市催缴贡品。[3]更糟的是，西拿基立的死讯一传到巴比伦废墟，迦勒底人就发动了一场叛乱，领导这次叛乱的正是老米罗达巴拉但的儿子。他的名字叫纳布–金尔克提–利什尔（Nabu-zer-ketti-lisher），他在波斯湾南端统治比特–亚金多年了。现在，他纠集族人举兵攻击乌尔城，这是他夺回之前巴比伦领

土的第一步。[4]

以撒哈顿一定是感觉到米罗达巴拉但阴魂不散，一直在折磨亚述国王，于是他派兵去镇压叛乱。纳布-金尔克提-利什尔逃至埃兰，可他没想到的是，新即位的埃兰国王并不打算惹怒那位新任亚述国王。更让他没想到的是，他被抓起来处死了。[5]

以撒哈顿几乎是立刻就开始把人力物力投向巴比伦。

之前，西拿基立在盛怒之下破坏了整座城市，王室和他自己的百姓也无法接受这种行为；巴比伦众神与他们所信仰的诸神十分相似，而把马杜克神像从巴比伦搬走是对神不敬，这种行为只会遭到神的报复。按照以撒哈顿的说法，他出于对马杜克的仰慕想要重建巴比伦。但这让他遇上了一点麻烦：如果他一而再，再而三地承诺弥补对马杜克的羞辱的话，他就是在谴责自己的父亲对神不敬（他声称自己是神所选择的国王，这无形中推翻了他的这种说法）。

为了解决这个问题，他在描述巴比伦遭到破坏时绝口不提他的父亲。他对巴比伦发洪水的描述表明，巴比伦并不是被人为破坏的：

在之前国王统治时期，
巴比伦就出现种种凶兆。
有犯罪、不公，还有谎言，
居住在这里的人对神不敬，
更不用说定期献纳贡品和祭拜，
他们把神庙里的财宝拿去给埃兰进贡，
把巴比伦的财富送给他国。
在我出生之前，马杜克对巴比伦很是气愤。
阿拉图的洪水泛滥，把整座城市变成了废墟，

巴比伦成了一片荒地，
废墟里长满了芦苇和杨树，
众神离开了圣坛，
民众逃亡，去寻找避难之所。[6]

这段历史记载虽然可怕，却不失为一段巧妙的宣传材料：重复提到“我出生之前”不仅使以撒哈顿置身事外，也使他的父亲免受责难。这段文字解释说，众神之所以愤怒地遗弃巴比伦，不是因为亚述的马车把他们的神像拉走了，而是因为讨好埃兰；对于“之前的国王”则含糊其词；最重要的是，对“阿拉图的洪水泛滥”表示哀恸（而事实上，“是亚述的士兵用巴比伦城墙的碎片堵塞了阿拉图”）。[7]

马杜克的神像留在了亚述，以警示巴比伦民众他们的神选择了与巴比伦的合法国王居住在一起。而以撒哈顿作为神的代表，重建了神庙和房屋，并且重新铺设了道路。他为自己铺设的新路写下赞美之词：通往埃萨吉拉神庙（Esagila）的路上有几十块石砖，上面刻着“献给马杜克神，以撒哈顿——世界之王、亚述之王和巴比伦之王——用圣洁的窑里烧制出的砖块铺路，一直通向埃萨吉拉和巴比伦神庙”。[8]

迦勒底部落比特-达库里是米罗达巴拉但统治的比特-亚金部落的兄弟部落，此时决定与亚述交好。他们向巴比伦致信以示忠诚，可是以撒哈顿根本不相信迦勒底人，他回信的语言十分刻薄。信的开头十分简洁：

国王写给非巴比伦人……我把你们那封毫无意义的信件

> 原封不动地退还给你们。也许你会说："为什么把信退还给我们？"巴比伦的公民是我的仆人，深深地爱戴我，若他们给我写信，我就会拆开去读。要我接受去读一封来自罪犯笔下的信，这于我有何好处？[9]

紧跟这封信之后的便是军队；以撒哈顿派亚述士兵把迦勒底人从巴比伦的南部地区赶回了他们的沼泽地带。

与此同时，东北部地区又冒出了新的威胁。那些一直在里海沿岸游荡的各游牧部落聚集在一起，凌驾于米底人和波斯人各部落之上。亚述人把这些新来者称为吉米拉人（Gimirrai），后来的历史学家把他们称作辛梅里安人（Cimmerians）。

和很多高原上的游牧民族一样，辛梅里安人能征善战。* 他们沿着亚述的北部边境一路到达位于小亚细亚边界的奇里乞亚（Cilicia，又译基利家），还与乌拉尔图的国王鲁萨二世（鲁萨显然还是把弑父的王子藏在自己山中某个地方）交上了朋友。[10] 这引起了以撒哈顿的注意：辛梅里安人与乌拉尔图人结盟可能十分危险。

以撒哈顿为了加强他的北部边境，尝试与另外一个游牧部族结盟，这个部族是从黑海北部的高加索山脉逐渐扩张过来的。这些斯基泰人（Scythians）愿意帮助他阻挡辛梅里安人和乌拉尔图人，但

---

* 可能正因为如此，20 世纪 30 年代，奇幻作家罗伯特·E. 霍华德借用他们的名字来命名一个神话中的武士部落，这个部落居住在遥远而神秘的过去，那段时间显然是亚特兰蒂斯没落而第一位埃及法老崛起的时候。他们的第一武士辛梅里安人柯南在影视形象中为人所熟悉的名字是野蛮人柯南。他最著名的演讲（当有人问他"什么是最好的人生？"时，他吟诵道："要粉碎你的敌人，眼见他们被驱逐，听到他们女人的悲泣声。"）表明，历史上辛梅里安人大多有些嗜血。而另一方面，真正的辛梅里安人是通过赶走眼前的敌人才逐渐崛起的。关于辛梅里安人的起源，我们并不了解，虽然他们很可能不像希罗多德宣称的那样是从黑海北部来的［见安妮·卡特琳·盖德·克里斯滕森（Anne Katrine Gade Kristensen）《谁是辛梅里安人？他们从哪里而来？》（*Who Were the Cimmerians,and Where Did They Come From?*），第 7—11 页］。

他并不是完全信任他们。以撒哈顿统治时期的占卜石上面刻有他向太阳神沙马什提出的问题，这些占卜石记录了以撒哈顿遇到的问题，然后再在神庙里呈献给太阳神：

> 伟大的主沙马什，乌拉尔图的国王鲁萨是否会带军队而来，辛梅里安人（还有他的其他盟友）是否会和他一起发动战争，烧杀掠夺？
>
> 伟大的主沙马什，如果我把一个女儿嫁给斯基泰的国王，他会信守承诺，与我和平共处吗？他能遵守协议，如我所愿吗？
>
> 伟大的主沙马什，辛梅里安人的军队、米底人的军队，还有其他敌国的军队会侵犯我们吗？他们是会挖地道、架梯子、用攻城槌来夺取城市，还是会和我们缔结条约？他们缔结条约是阴谋诡计吗？[11]

这些问题都没有得到明确的答复。公元前 676 年，当辛梅里安向西一直推进到弗里吉亚的边境时，以撒哈顿还是被卷入了战争。

强大的弗里吉亚并非无力抵抗。为了自我防御，他们把村庄建在山顶，用石头砌成房屋，几千年之后这些房子的地基依旧可见。他们最具特色的纪念碑——“正门纪念碑”（facade monuments）至今依然四处可见：高高的石板直耸云霄，石板的一面雕刻得像墙面，上面还雕有一扇永远无法打开的门。迈达斯城的迈达斯纪念碑像所有其他正门纪念碑一样，面朝东方，每当黎明时分，纪念碑灰色的表面就会闪闪发光，那扇假门也会泛出光芒。[12]

但是辛梅里安人的野蛮入侵让人猝不及防，他们出其不意地占

**图 1–1 迈达斯纪念碑**

迈达斯纪念碑被雕刻成神庙或坟墓正面墙壁的样子。图片来源：克里斯 · 赫利尔 / CORBIS

领了弗里吉亚。弗里吉亚军队撤回都城戈尔迪乌姆，居住在郊区的百姓也涌入都城寻求庇护。但辛梅里安人攻破了城墙，纵火烧毁了整座城市。国王迈达斯看到自己必然战败（他的祖父曾经历过提革拉毗列色统治时期），于是在自己的城堡里自尽。600 年之后，罗马地理学家斯特拉波说他是喝公牛血自尽的。[13] 国王迈达斯死得很离奇，而且是在绝望中死去的。

以撒哈顿率领自己的军队应战。两军在奇里乞亚（Cilicia）相遇，而以撒哈顿宣称自己赢得了胜利。他在自己的铭文中吹嘘自己杀死了辛梅里安人的国王图什帕（Teushpa）。[14]

以撒哈顿阻止了辛梅里安人的入侵，使小亚细亚的西部地区免遭破坏。但是弗里吉亚已经沦陷。那些惨遭破坏的村落再也没有被重建，之前由弗里吉亚商人控制的贸易路线现在也转移到了遥远的西部地区。这些西部村落的居民被称为吕底亚人，随着东部地区的平原遭到破坏，吕底亚国王巨吉斯（Gyges）成为整个小亚细亚实力最强的国王。

埃及在第二十五王朝努比亚诸法老的统治之下基本实现了统一，这种统一的状态维持了八十年左右。多年前特哈加在还是王子时曾与西拿基立打成过平手，现在他已经登基为王。以撒哈顿决心完成他父亲生前未了的征战。“伟大的主沙马什，”他又开始询问道，“我应该去埃及向库什的国王特哈加和他的军队发动战争吗？我的武器和军队在这次战争中能取得胜利吗？”[15] 答案一定是肯定的，因为亚述的编年史记载道：“以撒哈顿在位第七年，亚述军队进攻埃及。”[16]

特哈加等了很久才坐上王位，他可不打算在以撒哈顿的军队来到三角洲之前坐以待毙。埃及军队在非利士的城市亚实基伦迎敌，而亚实基伦人也出手相助。以撒哈顿的军队在亚实基伦迎战这支埃及盟军时早已筋疲力尽，因为在一路南下的途中，他们还要与阿拉伯各游牧部落作战，那些部落盯上的是亚述军队所携带的食物和武器。

之后的战争很快就结束了，特哈加的军队取得了胜利。以撒哈顿的军队撤回了。特哈加回到埃及后，在全国各地大兴土木（包括在努比亚建造了一座规模宏大的阿蒙神庙），借此使自己法老的伟大光辉形象得以永存。[17]

但以撒哈顿并没有善罢甘休。他撤军只是为了让军队得到休整。两年后，也就是公元671年，他带着兵强马壮的军队回到埃及，攻破了埃及的外部防线，穿过三角洲地区一直攻至孟斐斯，在那里特哈加和他的军队做了最后的抵抗。特哈加看到亚述军队必胜无疑，便从战场上逃跑，一路南下逃回到自己的老家。以撒哈顿抓住了他的儿子和妻子，还有他的大部分家族成员和很多官员，并且把他们全部带回尼尼微作为自己的俘虏。以撒哈顿还抓走了很多贵族的儿子——包括一个三角洲西部的城市塞易斯国王的儿子——把他们带回到尼尼微，并且教化他们成为亚述人。

他把埃及交给那些曾宣誓效忠于亚述的总督进行管理。[18]但那些总督还没等以撒哈顿回到尼尼微就把效忠的誓言抛在了脑后。塞易斯的总督是一个名叫尼科（Necho）的人，他一直效忠于亚述（毕竟他的儿子在尼尼微做人质），但亚述军队刚一走远，其他城市的总督就不再听命于亚述了。

以撒哈顿刚回到尼尼微，就又率军朝埃及进发。但他再也没能到达埃及，他在率军南下的路上去世了。

以撒哈顿把亚述王位留给了他最宠爱的儿子亚述巴尼拔（Ashurbanipal）；但他同时还任命了一个年轻的王子沙马什-舒姆-

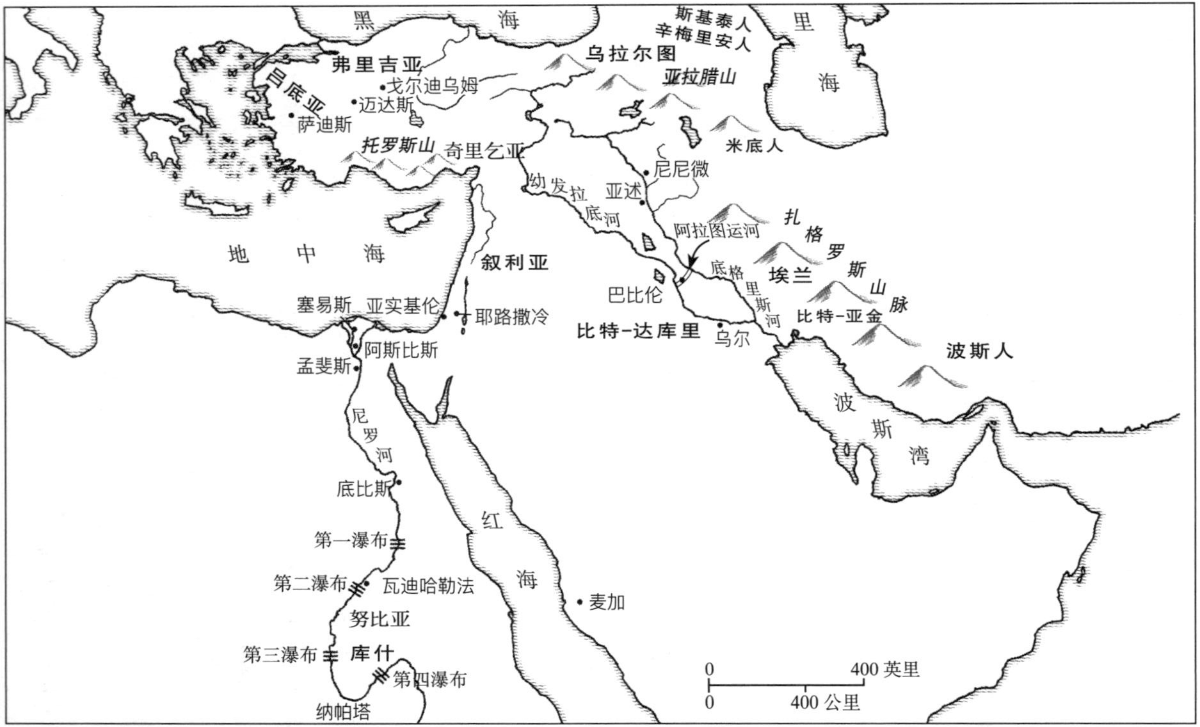

地图 1–1 以撒哈顿时期的亚述及周边形势

乌金（Shamash-shum-ukin）做巴比伦的王位继承人，在他哥哥的监督下做巴比伦的最高统治者。亚述巴尼拔加冕一年之后，沙马什–舒姆–乌金正式在巴比伦加冕。沙马什–舒姆–乌金来到巴比伦时还带上了马杜克神像，马杜克神像终于回到自己的故乡。巴比伦的一块铭文中记录了亚述巴尼拔的话：

在我统治期间，
伟大的主马杜克神
在一片欢呼声中来到巴比伦定居下来。
我重新赋予巴比伦特权
我任命我最喜欢的兄弟沙马什–舒姆–乌金，
为巴比伦的统治者。[19]

然后，他继续父亲未完的大业去攻打埃及。特哈加此时已经悄悄回到北方地区，并且试图夺回他的王位；亚述巴尼拔一路杀到埃及，最南到达底比斯，他把所有不再效忠于亚述的总督赶尽杀绝，唯独塞易斯的尼科因忠于亚述而幸免于难。之前亚述巴尼拔的父亲曾把埃及官员的儿子带回尼尼微进行教化，而亚述巴尼拔就任命这些人去管理埃及。尼科的儿子是一个名叫普萨美提克（Psammetichus）的年轻人，他从亚述回来之后被安排在一个东部城市阿斯比斯（Athribis），与他父亲所在的城市遥遥相望。父子二人共同拥有控制其他所有城市的霸主地位。[20]

不过特哈加并没有死。这一次，他被一直向南驱赶到上努比亚的纳帕塔，几乎到了第四瀑布。他宣布自己的表兄弟为继承人，显然他自己的儿子已经在尼尼微被处决。他去世后，他的表兄弟坦沃塔玛尼（Tantamani）继承了一个空头衔，因为埃及的领土完全在亚述人控制之下。

但不久之后坦沃塔玛尼做了一个梦：

> 他加冕为王第一年……陛下夜里做了一个梦：有两条大蛇，一条在他的右边，另外一条在他的左边。接着陛下醒了，可他并没有找到那两条大蛇。陛下问："为什么我看到了这一幕？"一个声音对他说："南部的土地是你的，把北部的土地也夺回来。有两位女神在庇护着你，这片土地完全都属于你。没有人可以把这片土地从你手中夺走。"[21]

他从床上起身，上天的旨意还在他的耳边回响：把埃及从亚述人和他们的藩王手中夺回来。

一开始他很容易就取得了胜利；亚述人再次离开，当地居民也并不喜欢处在亚述总督的统治之下。坦沃塔玛尼沿着尼罗河继续北上，他所经过的城镇都很欢迎他的到来，并且愿意与他结盟。在孟斐斯，他碰到了第一个真正的障碍：塞易斯的尼科与亚述的增援军队一起匆匆南下，阻挡这位努比亚征服者的脚步。

在之后的那场战争中，尼科惨败。他的儿子普萨美提克继承父业，却发现三角洲地区的贵族特别不欢迎他，这些贵族不希望自己被亚述人统治，而是更希望在努比亚的统治之下；希罗多德说，有 11 位三角洲地区的统治者想要取普萨美提克的性命，因此他一度被迫藏身于沼泽地区。他节节败退至塞易斯，那里驻守有亚述军队，于是他便躲在了那里。[22]

与此同时，三角洲地区在大肆庆祝，而坦沃塔玛尼则在纪念碑上面刻下了胜利祈祷献给阿蒙（“没有阿蒙指引之人必将误入歧途！”）。[23]

但后来亚述巴尼拔又带着更强的兵力折返回来。公元前663年，他联合普萨美提克的军队摧毁了三角洲地区。坦沃塔玛尼第二次南下逃跑，底比斯在历史上第一次被洗劫焚烧。阿蒙神庙也被摧毁，神庙里的财宝被掠走，墙壁被夷为平地，大门前的两个银制方尖碑被拉回到尼尼微。[24]底比斯被彻底摧毁，而这也成为古代近东的一个笑柄，同时也是与亚述进行对抗的下场的证据。几十年后，犹太先知那鸿（Nahum）依然可以用残酷的细节描述这场浩劫：

> 但她被迁移，被掳去。她的婴孩在各市口上也被摔死。人为她的尊贵人拈阄，她所有的大人都被链子锁着。[25]

之后，亚述巴尼拔除掉了所有的藩王，并且任命普萨美提克为埃及唯一的法老。由于埃及距离亚述过于遥远，因此亚述无法在此驻守大量的军队。如果亚述巴尼拔想要控制埃及，就需要一位对他忠贞不贰的藩王。

尽管普萨美提克受过亚述的教化，但是他绝对不是那个忠贞不贰的藩王。青少年时代，他身边四处都是敌人，当时他手无寸铁，无家可归，命悬一线，因此他愿意与亚述巴尼拔的军队并肩作战，这只不过是个权宜之计。一旦坐上了王位，他就开始慢慢摆脱亚述人的控制。他开始与埃及的各个总督协商，承诺在建立新政权后赋予他们权力。没过多久，一个驻守在叙利亚的亚述官员向身在尼尼微的亚述巴尼拔汇报，抱怨普萨美提克日益独立；显然这位亚述总督正在把驻守在各城市的亚述士兵慢慢地撤回来。亚述巴尼拔收到了这封信，却没有派人去解决这个问题。他的手下正在忙于处理别处的问题。[26]

到了公元前 658 年，普萨美提克派遣密使去见吕底亚的国王巨吉斯（Gyges），吕底亚现在是小亚细亚唯一的强国。巨吉斯出于对埃及的同情（只要能削弱亚述的实力，巨吉斯就会觉得高兴），为在埃及的普萨美提克派出了援兵。这些吕底亚援兵还留下了痕迹：在等待战争开始之前，他们百无聊赖，于是就在瓦迪哈勒法神庙的墙壁上涂鸦，这些涂鸦至今仍可以看到。[27]

到了公元前 653 年，普萨美提克准备放手一搏，发动叛乱。他对驻扎在三角洲的亚述士兵发动进攻，把他们一路赶出自己的国家，一直赶到了西闪米特人的领地上。然后，他定都塞易斯，又安排女儿成为底比斯阿蒙神大祭司（阿蒙神之妻）的继承人，他的势力一直延伸到了第一瀑布。

再往南，努比亚当地的统治者轮流上台，逐步从埃及的统治之下独立出来。但是在第一瀑布以北，埃及再次由一位真正的法老统治（即使这位法老受过亚述的教化），他宣称自己是“两地”的统一者，是埃及主神的赐福者。[28] 多年来，埃及第一次重新恢复了神圣的秩序。以普萨美提克的出生地塞易斯为中心的第二十六王朝——塞易斯王朝开始了。

但对于巨吉斯来说，埃及的叛乱带来的并不是好结果。辛梅里安人重新积聚力量，再一次向西部进军。这一次，亚述人拒绝插手；亚述巴尼拔对巨吉斯心存芥蒂，因为吕底亚曾出兵帮助埃及。辛梅里安人在国王达格达蒙（Dugdamme）的带领下攻打吕底亚，把吕底亚军队逼得节节败退，他们杀死了巨吉斯，然后把萨迪斯洗劫一

**时间线 1**

| | 亚述和周围的土地 | 埃及、以色列和犹太 | |
|---|---|---|---|
| | **亚述丹三世**（前771—前754） | | |
| （巴比伦）<br>**纳巴那沙** | **亚述尼拉里五世**<br>（前753—前740） | *第二十五王朝* | |
| （乌拉尔图）<br>**萨尔杜里一世** | **提革拉毗列色三世** | **皮安柯**（前747—前716） | |
| （弗里吉亚）<br>**迈达斯** | | **犹太** | **以色列** |
| （巴比伦）<br>**米罗达巴拉但** | **撒缦以色五世** | **亚哈斯** | **何细亚** |
| | **萨尔贡二世**<br>（前721—前704） | **希西家** | |
| | **西拿基立**（前704—前680） | **夏巴卡** | 以色列沦陷 |
| | **以撒哈顿**（前680—前668） | **特哈加**（前690—前664） | |
| | | *第二十六王朝* | |
| （巴比伦）<br>**沙马什-舒姆-乌金** | **亚述巴尼拔** | **尼科一世** | |
| 辛梅里安人攻陷弗里吉亚 | | **普萨美提克一世** | |
| （吕底亚）**巨吉斯** | | | |

空。达格达蒙之后向南进攻，一点点逼近亚述领土；亚述巴尼拔尽管想让辛梅里安人给其他国家一个教训，却不愿意让辛梅里安人踏上自己的领土。

他开始率兵远征，一路北上，可是却因为一次日食而惊恐万分，朝中的祭司把这次日食解释为一个严重的凶兆，他们告诉国王："你的土地将会遭受攻击，这片土地将会被摧毁。"[29] 幸运的是，达格达蒙洗劫萨迪斯之后没多久就患上了恶疾，不仅吐血，而且睾丸生了坏疽。[30] 这场恶疾夺走了达格达蒙的性命，亚述巴尼拔终于松了口气，不再北上远征。

## / 02

# 米底人和波斯人

公元前 653 年至公元前 625 年间，亚述巴尼拔建造了一座图书馆并且摧毁了埃兰，而米底人和波斯人联合起来，成为一个国家。

亚述巴尼拔没能从普萨美提克手中收回领地，并且之后其领土还在继续缩小。在他统治时期，亚述的边境发生了变化，渐渐地向内回缩。虽然亚述巴尼拔治国有方，但他毕竟不像萨尔贡那样把所有的精力都投入到无休止的战争中以扩张其帝国的势力范围。他的心思在另外一件事情上。

他并不是第一位收集黏土板的亚述国王，却是第一位把收集黏土板当作整个帝国头等大事的国王。而且，他收集黏土板的工作进行得井然有序。他派官员到全国各地所有的图书馆里去清点那里馆藏的黏土板，并且还收集所有自己能找到的黏土板——法术、预言、药方、星象、故事和传说（其中包括一千年间关于古代英雄吉尔伽美什的各种传说），之后把这些黏土板全部收藏在一起。[1] 尼尼微图书馆最终收藏了近三万块黏土板。

对于亚述巴尼拔而言，他的图书馆是他在位期间不可磨灭的成就：

我，亚述巴尼拔，宇宙之王，
众神赐予我无边的智慧，
对于最深奥的学问
我拥有敏锐的见解
（我的先人们对此并无建树）
我把这些黏土板置于尼尼微的图书馆中
在我一生之中与我的灵魂相伴，
守护我的王权。

以撒哈顿或许可以统治埃及，但亚述巴尼拔在精神领域的统治是永恒的。

只是他在现实中的统治越发不堪一击。埃兰国王准备入侵巴比伦，而在埃兰的北部，新的敌人（再次）崛起，对亚述巴尼拔构成威胁。

在普萨美提克叛乱的同一年，埃兰国王图曼（Teumann）率军开始向巴比伦进发。可以想见，图曼之前得到过巴比伦的承诺，巴比伦欢迎他的到来，因为亚述巴尼拔和他的弟弟巴比伦总督沙马什–舒姆–乌金积怨已久。沙马什–舒姆–乌金在早年的铭文中礼貌地称亚述巴尼拔为“我最喜爱的兄长”和“天下四方之王”，并且为亚述巴尼拔的健康祈福，还威胁他的敌人会遭受灾难。[3]

但是同时期亚述巴尼拔在巴比伦留下的铭文表明，多年来都是他在处理巴比伦的大小事务。[4] 埃兰军队可以帮助沙马什–舒姆–乌金摆脱亚述巴尼拔的控制。

亚述巴尼拔接到消息说埃兰军队即将来袭时，他咨询了朝中的先知。那些先知向他保证上天的预兆都是有利于他的，于是他主动发起了进攻：他越过底格里斯河，在埃兰人的土地上与埃兰军队相遇。亚述巴尼拔的军队把埃兰军队赶回到苏萨，并且大肆屠杀埃兰士兵。亚述巴尼拔在尼尼微的浮雕上刻下这样的碑文："我用埃兰人的尸体堵塞了河流，埃兰国王图曼看到自己的军队溃败，自顾逃命去了。"

> 埃兰国王受伤了，他的大儿子拉着他往一片森林里逃去。但他的战车散架了，把他压在了底下。图曼在绝望中对他的儿子说，"拿起弓保卫我们！"可是车辕刺穿了这位埃兰国王图曼，也刺穿了他的儿子。"在战神阿舒尔的鼓励下，我杀了他们；我当着他们士兵的面割下了他们的头颅。"[5]

这些浮雕上面还描绘了一个细节：亚述巴尼拔显然把图曼的头颅带回来挂在了自己的花园里，而他和妻子就在挂着头颅的树下用餐。与此同时，沙马什-舒姆-乌金仍稳坐王位之上，并没有明显的证据表明他曾经与死去的图曼有过任何联系。

很快，另一支军队向尼尼微发起了进攻。

就在几年前，玛多瓦（Madua）各部落联合起来，建立了米底王国。在亚述巴尼拔即位之前，有一位名叫迪奥塞斯（Deioces）的村落首领因其公平正直而名声远扬，后来米底各部落就推选他作为所有部落的头领。希罗多德写道："一旦权力在手，迪奥塞斯坚持认为米底人应该建成一座城市，并且定居于此。"[6]这座中心城市就

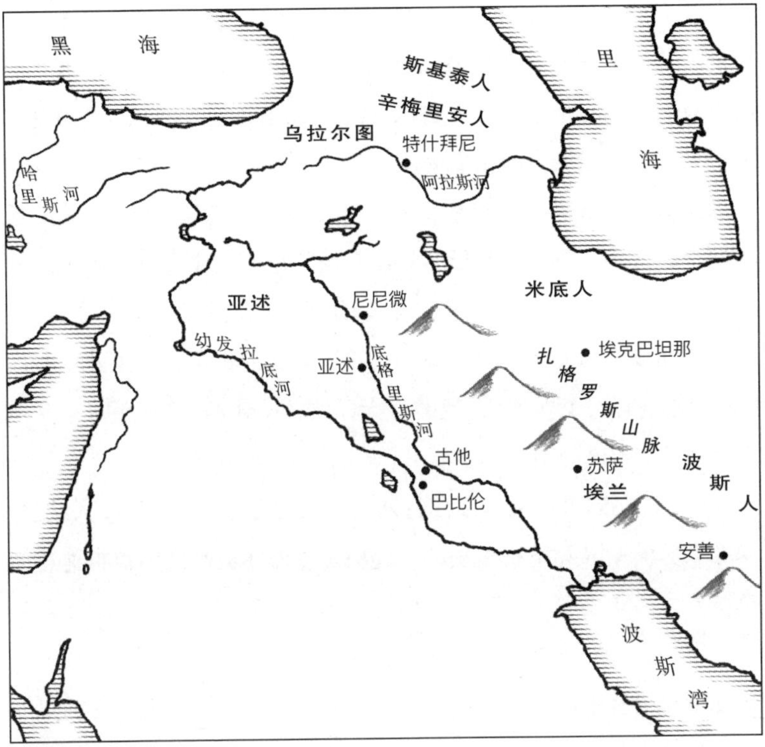


地图 2–1 米底人和波斯人

是埃克巴坦那，当各部落聚集于这座城市时，它就成了一个新兴国家的中心。

埃克巴坦那（Ecbatana）是古代史上最为璀璨辉煌的城市之一，建在扎格罗斯山脉东侧的山坡之上。埃克巴坦那周围环绕着七层城墙，最外层的城墙最低，内层城墙逐层升高。[7] 修建于城墙之上的墩台突出于城墙之外并被加固，以便身上涂着鲜艳色彩的弓箭手站立其上。最外层城墙的外壁是白色的，向内依次是黑色的、红色的、蓝色的和橙色的，倒数第二层城墙是银色的，而最内层的城墙是金色的，王宫就建在最内层城墙之内。埃克巴坦那是古代世界最壮观的景点之一：它坐落在海拔 1800 多米的山上，熠熠发光，仿佛是一个巨大而又有威慑力的儿童玩具。

公元前 675 年，迪奥塞斯的儿子弗拉欧尔特斯（Phraortes）继承父业，成为首领。弗拉欧尔特斯从埃克巴坦那出发，对附近的帕尔苏阿发动了进攻。霸主阿卡门尼斯统治下的波斯人联盟一触即溃，随后波斯成为米底的一个附属国。希罗多德评论说，弗拉欧尔特斯“统治之下有两个强国”，他的目标开始转向亚洲，“征服一个又一个部落”。他成为国王。

公元前 653 年，弗拉欧尔特斯还设法与野蛮的辛梅里安人结盟。米底人、波斯人和辛梅里安人一起决定趁亚述内乱之际攻打亚述的都城。

然而，他们失算了。与亚述联姻的斯基泰人（亚述巴尼拔的妹妹嫁给了斯基泰的国王）出兵与亚述共同作战捍卫领土。辛梅里安人、米底人和波斯人的军队在尼尼微的城墙之外被击溃，而弗拉欧尔特斯也死于此战之中；斯基泰人的武士首领马地奥斯（Madius）占领了弗拉欧尔特斯的地盘，并自封为米底和波斯之王。

一年后，沙马什-舒姆-乌金对其兄长的仇恨终于爆发了。他带领士兵攻打亚述边境的古他（Cuthah），而古他就位于巴比伦的北部，这是在公然向他的哥哥宣战。亚述巴尼拔集结自己的军队发起反攻；从他向太阳神沙马什提出的问题中可以看出他当时的顾虑。其中一个问题这样写道：“伟大的主沙马什，埃兰人会参与此战吗？”（答案是肯定的，而且埃兰士兵很快就参与到沙马什-舒姆-乌金的叛乱中。图曼死后，没有人继承埃兰的王位，埃兰的士兵显然是自发而来的。）

沙马什-舒姆-乌金躲在巴比伦的城墙后面作战。“沙马什-舒姆-乌金的军队会离开巴比伦吗？”没过多久，亚述巴尼拔又向他的神提出了问题，这表明他多少有些信心不足，“亚述军队能否战胜沙马什-舒姆-乌金？”[8]

亚述军队确实取胜了，但历经了三年之久的围城，最终因爆发了饥荒才结束了战争。（“他们饥饿难忍，吃掉了自己儿女的肉”）巴比伦终于不攻自破，亚述巴尼拔的士兵对那些叛乱之人毫不手软。亚述巴尼拔自己的记载转弯抹角地为他的祖父西拿基立之前毁灭这座城市之举做出辩解：巴比伦就是一个麻烦之地。“我在祖父西拿基立被杀害的地方，不留一个活口，”他写道，“我肢解了他们的尸体，拿去喂狗喂猪，喂狼喂鹰，喂鸟喂鱼。”[9]

沙马什-舒姆-乌金也死了，但他并不是死于他人之手，而是死于自己宫殿的一场大火。为了不死在他哥哥的手下，他纵火自焚。

亚述巴尼拔下令把他的尸体以适当的礼数下葬，并且让一个名叫康达鲁的人坐上巴比伦的宝座，通过这个傀儡统治巴比伦。康达鲁虽在位二十余年，但手中并无实权，因此巴比伦王室所有的铭文中都没有他的名字。[10]

然后，亚述巴尼拔为了扩张领土发动了一场战争。亚述东面的埃兰因王位之争爆发了内战，于是亚述巴尼拔率军两次越过底格里斯河，他的进攻一次比一次进猛烈，最后占领了整个埃兰。埃兰所有的城市都被烧毁。苏萨的神庙和宫殿都被洗劫一空。出于报复，亚述巴尼拔下令掘开皇家陵墓，把那些过往国王的尸骨当成俘虏匆忙带走。

> 我把他们的骨头带回亚述，
> 我让他们的鬼魂没有栖身之地，
> 我让他们没有水和食物。[11]

他把所有可能会继承埃兰王位的人都戴上枷锁带回尼尼微，把大量埃兰人驱逐出境；一部分埃兰人就在以色列之前的领地上定居下来，它的南部就是一直负隅顽抗的小国犹太。

然而，这并没有如亚述巴尼拔所希望的那样抹杀他们的民族意识。200 年后，这个地区的长官在给他的国王写信说起自己统治之下的各个人种时，其中就提到了“苏萨的埃兰人，还有被伟大而光荣的亚述巴尼拔驱逐出境的其他埃兰人，就定居在撒马利亚和幼发拉底河对岸的某个地方”。[12] 这些亚述巴尼拔的俘虏的后人即使身在流放之中，也会把他们的名字和他们起源的城市牢记在心。

但是有着近 2000 年历史的国家埃兰却从此退出了历史舞台。亚述巴尼拔在清扫其帝国所遇到的障碍时有两种手段：完全毁灭或者视而不见。埃及由于距离亚述十分遥远，因此属于亚述巴尼拔视而不见的国家；埃兰却因为距离亚述太近，因此被亚述巴尼拔完全毁灭了。

然而，这并非明智之举。亚述巴尼拔摧毁埃兰之后并没有重建这个国家。他没有在这里指派任何官员，摧毁所有城市后他没有重新安置城中的民众，他根本没有打算把这里变成亚述的一个省，而是任由这片土地成为荒野；埃兰成为毫无防卫的开放之地。

侵略者对这片土地的第一次入侵进行得十分谨慎：波斯的霸主铁伊斯佩斯（Teispes）小心翼翼地踏上埃兰之前的领土安善（Anshan），并将其据为己有。亚述巴尼拔并没有阻止他。而铁伊斯佩斯的上级斯基泰的马地奥斯也没有阻止他，马地奥斯现在掌管着米底和波斯两国的大权。即使铁伊斯佩斯开始标榜自己是“安善之王”，也没有遭到任何反对。据推测，尽管铁伊斯佩斯称王，且波斯各部落开始遍布在埃兰的领土之上，但是他的态度仍相当恭顺，并且乖乖进贡。正是这片土地，而不是他们之前占领的那些土地，被称作波斯。也正是在这片土地上，他们接受了埃兰人的服饰，穿上了长长的礼服，而这种长袍之后也成为波斯人的代表性服饰。[13]

短短三四年后，即公元前 640 年，铁伊斯佩斯去世，把波斯国王的位置传给了他的儿子居鲁士。和他的父亲一样，居鲁士在斯基泰的马地奥斯的保护伞下对波斯进行统治，而且他也把自己称为安善之王。斯基泰的马地奥斯继续在埃克巴坦那进行统治，而安善则是其属国。

亚述巴尼拔统治末期，整个国家越来越混乱，铭文都是只言片语，编年史也很不完整。至于他对埃兰所持的态度，只能说亚述国王越发疏于各省的管理。或许是因为生病，或许是因为年迈，公元前 630 年至公元前 627 年，一直是他的儿子亚述-埃提尔-伊兰尼（Ashur-etillu-ilani）以他的名义在统治整个帝国。

临近的国家自然都可以为所欲为，而不用担心亚述的干预。米底人和斯基泰人已经开始入侵乌拉尔图，攻下一个又一个关口，封锁一个又一个堡垒。两千年后出土的乌拉尔图堡垒墙壁上面布满了斯基泰人的箭头[14]，在乌拉尔图的北部边境，特什拜尼城（Teishabani，今天的卡米尔布卢尔）倒塌的木质屋顶上面也满是斯基泰人烧黑的箭头。燃烧的箭带着火苗飞入这座城市，燃起熊熊烈火。[15]

在西闪米特人的领地上，耶路撒冷的约西亚王正朝着之前属于以色列的一个亚述省发起进攻，他破坏了那里的祭坛，把人骨洒在祭坛上面亵渎神灵。[16] 与此同时，斯基泰人的军队穿过犹太国朝埃及进发，他们以入侵埃及作为要挟，直到普萨美提克提出与他们讲和——“他恳求他们并且贿赂他们，终于说服他们不要入侵。”希罗多德写道。[17] 在波斯湾的北端，米罗达巴拉但的诅咒仍然没有消失；米罗达巴拉但的曾侄孙迦勒底人的首领那波帕拉萨尔（Nabopolassar）起兵造反，他带着手下向巴比伦的城墙步步推进。*

尼尼微对所有这一切都没有做出回应。

公元前 627 年，亚述巴尼拔终于去世，整个亚述帝国完全失去了控制。亚述–埃提尔–伊兰尼即位，但是他的弟弟立刻跑到巴比伦称王。此时那波帕拉萨尔正从南部向巴比伦进军，意欲夺取巴比伦的王位。在接下来的六年里，尼尼微的亚述人、巴比伦的亚述人还有那波帕拉萨尔三方开始了混战。虽然那波帕拉萨尔一开始没能夺下巴比伦，但是他一座接着一座攻下了周边的城市。

在这段混战的时期里，米底人开始反抗统治他们 28 年之久的斯基泰领主。斯基泰人能征善战却不懂治国之道，越来越遭到民众的反对：“他们不光从臣民手中收取各种赋税，”希罗多德评论道，“而且一旦没有收到足够的赋税，他们就四处掠夺百姓的财物。”[18]

米底人对此忍无可忍，他们利用斯基泰人的贪婪奋起反抗。弗拉欧尔特斯去世后，他的儿子塞莱克斯（Cyarxes）继承父业（斯基泰人显然没有想到应该除掉他为妙）。据希罗多德记载，塞莱克斯邀请斯基泰人的统治者和他的侍卫来参加宴会，把他们彻底灌醉然

* 那波帕拉萨尔与米罗达巴拉但之间的关系并不确定，历史学家只是猜测他最有可能是巴拉但的曾侄孙，但是并没有什么直接的证据。

**时间线 2**

| | | 亚述和波斯 | 埃及和犹太 | |
|---|---|---|---|---|
| | | | | 亚哈斯 |
| | | 撒缦以色五世 | | |
| 米底 | 波斯 | 萨尔贡二世 | | |
| 迪奥塞斯 | | （前 721—前 704） | | 希西家 |
| | | | 夏巴卡 | |
| | 阿卡门尼斯 | 西拿基立（前 753—前 740） | | |
| | | | 特哈加（前 690—前 664） | |
| | | 以撒哈顿（前 680—前 668） | | |
| 弗拉欧尔特斯 | | | *第二十六王朝* | |
| | | 亚述巴尼拔（前 668—前 626） | 尼科一世 | |
| 斯基泰的 | 铁伊斯佩斯 | | 普萨美提克一世 | |
| 马地奥斯 | 居鲁士一世 | | | 约西亚 |
| | | 亚述-埃提尔-伊兰尼 | | |
| 塞莱克斯 | | | | |

后统统杀掉了。“于是米底人重新夺回他们的帝国，”希罗多德总结道，“并且重新统治他们之前曾经统治过的民族。”塞莱克斯成为米底和波斯之王。他立刻开始重组军队，壮大军事力量。他根据专长为军队分组（使用长矛的步兵、骑兵，还有弓箭手），然后开始操练军队。

西部地区一片混乱；北部地区则是毫无组织的各游牧部落，外加奄奄一息的乌拉尔图王国。米底人和波斯人终将统治所有这些地区。

/ 03

# 征服和暴政

在希腊，公元前 687 年至公元前 622 年间，斯巴达和雅典试图消除罪行。

亚述巴尼拔去世那年，希腊殖民者已经在外建成了许多城镇，这些城镇零星分布在西南至东北这条中心轴的周围。希腊人在亚洲沿海重建了一座新城，它就位于历经 400 年沧桑的特洛伊废墟之上。希腊城市哈尔基斯和埃雷特里亚的殖民者已经在意大利半岛上建成了至少 9 座城市，而且还往爱琴海北部派出更多殖民者。实际上，哈尔基斯的殖民者众多，因此整个爱琴海北部地区都成为哈尔基斯的殖民地，被称为哈尔基季基（Chalcidice）。[1] 爱琴海沿岸遍布希腊城市，借用柏拉图的生动比喻，希腊人已经成为"一片沼泽地周围的青蛙"。[2]

这些勇于去建造希腊新城镇的殖民者必须放弃他们故乡"母城"的公民身份。[3] 只有在新的土地上圈地建成希腊城市，他们才能够保住自己希腊人的身份。他们在异乡种植希腊的粮食作物，还带上希腊的火种去点燃异乡的炉火。他们靠希腊的粮食生存，靠希腊的火种取暖，建造起希腊神庙，向人们讲述希腊传说，派出代表团前往希腊参加运动会，编织出一张希腊之网把希腊半岛和世界上其他遥远的地方连接在一起。

希腊半岛上土地稀缺，因此所有的中心城市都派出殖民者，以免城市人口饱和。各殖民地与母城共同发展，而其他各民族就围绕在这些殖民地周围。从一开始，希腊就融合了亚细亚、意大利、腓尼基还有非洲的各民族的文化元素。希腊殖民者在色雷斯繁衍起来，这里正处于地中海到黑海通道的北部，而弗里吉亚人很久以前就已经渡过黑海进入小亚细亚地区。* 希腊的冒险家们穿过博斯普鲁斯海峡来到黑海，从米利都（Miletus）来的男男女女在黑海周围及其北部地区建立了多达 70 个殖民地。米利都是爱奥尼亚的一座城市，100 年前迈锡尼殖民者在这里定居下来。殖民者从迈加拉城（Megara，就在雅典的西面，连接着伯罗奔尼撒半岛与希腊半岛的北部地区）出发，在博斯普鲁斯海峡两岸占据了两个绝佳位置，建成了迈加拉的双子城：西岸的拜占庭和东岸的卡尔西登（Chalcedon）。

在色雷斯岛上，土地极度匮乏，于是吃苦耐劳的色雷斯人只能回到火山口附近重建城市。殖民末期，也就是公元前 630 年前后，色雷斯人选出一半的青壮年去往利比亚，即南边的非洲海岸。

据色雷斯人自己记载，这只探险队最早在非洲海岸附近的一个岛屿登陆，然后又（通过抽签的方式选出一半的殖民者）去往非洲大陆建立殖民地。希腊在北非沿海的殖民地被称为昔兰尼。** 但是，

---

* 参见第 1 册第 41 章。

** 公元前 4 世纪，昔兰尼发展成为一个学术中心，在此之前这里一直是一个不起眼的城市。这里也成为众多流亡犹太人的家，这里还因盛产中世纪圣徒传记的作者而出名，这里是古利奈人西门（Simon of Cyrene）的故乡，西门当时路过耶稣身边时被抓去背耶稣的十字架，他是罗马圣人鲁孚的父亲。

昔兰尼人记忆中的那段历史要更为丑陋。他们声称，早期的殖民者在他们这片贫瘠的土地上饥饿难忍，生活窘迫，于是想要重新回到色雷斯。然而，他们却无法回去：

> 色雷斯人不许他们上岸……他们的船只一靠近海岸，色雷斯人就冲他们开枪，让他们回到利比亚去。他们别无选择，只好回到了利比亚。[4]

希罗多德说，在昔兰尼前两任国王统治下的 56 年间，“昔兰尼的人口与之前他们刚建成利比亚这个殖民地时相差无几”。[5] 换句话说，利比亚沿海地区的生存条件十分艰难，殖民者只能勉强生存下来。但是即使在这里生活艰辛，也比色雷斯的情况要好。重回色雷斯的殖民者可能让这个小岛人口过于密集，因此色雷斯人反对他们归来，这也表明希腊人让自己人去建立殖民地实际上也是关乎生死存亡的事情。

位于伯罗奔尼撒中部的斯巴达在人口增长问题上则采取了不同的解决办法。

斯巴达的居民是多利安人，他们在迈锡尼的遗址上建成了自己的城市。斯巴达地处发源于北部山脉的欧罗塔斯河（Eurotas）东岸的河谷之中。这条河是斯巴达的饮用水源，但河水浅而且岩石多，因此不适合航行，所以斯巴达人没有船只。沿海的希腊城市派出船只向东方和西方运送殖民者时，斯巴达人就把自己武装起来，翻越西部边境的泰格特斯山脉，去攻打位于另一侧山脚的城市美塞尼（Messene）。这场战争的动机十分现实——大约 70 年后，斯巴达诗人提尔泰奥斯（Tyrtaeus）在描述这场战争时写道：“地域广阔的美

黑　海
博斯普鲁斯海峡
色雷斯
拜占庭
卡尔西登
哈尔基季基
特洛伊
小亚细亚
帕纳索斯山
埃雷特里亚
哈尔基斯
迈加拉
伯罗奔尼撒
雅典
阿提卡
米利都
欧罗塔斯河
美塞尼
泰格特斯山脉
斯巴达
锡拉岛
地　中　海
昔兰尼
利比亚
0
200 英里
0
200 公里

地图 3-1 希腊的版图

塞尼……适于耕作，适于种植。”[6]

然而，取胜并非易事，提尔泰奥斯说斯巴达与美塞尼之间的战争持续了20年。但是到了公元前630年，美塞尼已经成为斯巴达的一个附属城。斯巴达不再只是一个希腊城市，它成为一个小王国。在这个小王国里，美塞尼人完全被征服，全都沦为奴隶，他们为主人种植作物，所受的剥削如同中世纪封建农奴一般残酷。“就像驴子一般，在重担下活活累死，”提尔泰奥斯写道，“他们很不幸，必须为主人献上自己土地上产出的一半果实。”[7]斯巴达人则成为贵族，成为武士，成为士兵的母亲。

斯巴达王国有一个其他古代王国所没有的特点：它有两个国王，这两个国王是很久以前曾经统治斯巴达的一对传奇孪生兄弟的后人，这对孪生兄弟“成年后一直在互相争吵”。[8]而比起一个国王全权统治之下的王国，斯巴达人更喜欢有两个国王争执不休的王国。*

二王制虽然有其自身的问题，但是避免了美索不达米亚式王权制度的兴起。斯巴达人不像亚述人那样，认为众神会指派一个人来统治所有人。亚述巴尼拔自称是“奉众神之命”的国王，众神派他“行使王权”，这不仅让人觉得闻所未闻，而且令人反感。[9]斯巴达人很像苏美尔人，惧怕世袭的王权无休无止，这种恐惧从古代神话中王权因死亡而结束的故事中可见一斑。

尽管两位国王一直在进行权力之争，但斯巴达的王权始终没有集中在一位君主手中。所有古代王国的国王都拥有三种主要权力：

---

* 这对孪生兄弟中年长的那个名叫欧律斯忒涅斯（Eurysthenes），又被称为亚基斯，他的后裔被称为亚基亚德王族。年幼的那个名叫普罗克勒斯（Procles），因其长子欧里庞（Eurpphon）继位，因此这一脉国王被称作欧里庞提德王族。亚基亚德王族和欧里庞提德王族共同统治斯巴达，一直到公元前192年这种统治才结束。

率军宣战的军事权力、制定律法并执行律法的权力、与众神维系良好关系的神权。以色列是最早以法律来划分这三种权力的国家之一，这三种权力分别由先知、祭司和国王来掌管。而在斯巴达，国王则同时掌管这三种权力——当然其权力也受到诸多限制。国王是宙斯的祭司，接受众神的神谕，但是有四位官员也拥有聆听神谕的权力，国王不能在人民不知情的情况下对凶兆视而不见。国王有权单方面发动战争，但他们必须冲锋在前，最后撤退，这无疑使他们不能让军队卷入无谓的战争中。在希罗多德所在的年代，国王只能掌管两个微不足道的领域的司法权。他可以全权决定“那些父亲已故且尚未指婚的女子可嫁何人，还可以裁断公共道路上发生的案件”。其他的立法权由二十八人长老会来掌管。[10]

但斯巴达真正的大权既不在国王手中，也不在祭司手中，更不在二十八长老手中。斯巴达是由一套严格的但却不成文的法律来统治的，这套法律涵盖了整个国家的各方各面。

我们对这套法律的了解大多来源于生活在几百年之后的普鲁塔克。虽然普鲁塔克对这套法律的记录可能会有偏差，但是可以看出，斯巴达的法律管理着生活中的方方面面，上至国家大事，下至生活琐事。每个家庭的孩子都不属于自己的家庭，而是属于斯巴达城；长老会有权对每个婴儿进行例行检查，并有权决定是允许其生存下来，还是将其丢弃在泰格特斯山区的一片荒地上自生自灭。男孩在 7 岁时就要加入“男孩团体”过集体生活，学习格斗和觅食技能。只要是出于有利于种族的考虑，丈夫就可以选择与其他女人生育，或是选择自己的妻子与其他男人生育。“假设一个年长的男人娶了一位年轻的妻子，并且同意妻子与一个高贵贤德的年轻男人生育……那么一旦自己的妻子怀上了这个年轻男子的孩子，他就可以收养这个孩子，视如己出。或者……如果一个品格崇高的男人因为一个女人端庄贤良、子女优秀而心生爱慕，那么即使这女人已经婚配，他也可以说服其丈夫，允许他与这个女人发生关系，这样他就可以把自己的种子播种在这片富饶的土地上。”[11]

这种针对公共行为的法律规定不可避免地衍生出针对私欲的立法。依据法律，为了避免贪欲，斯巴达人绝大多数时间都是在“公共食堂”吃饭，“这使他们无法在家里坐在舒服昂贵的椅子上进餐，”普鲁塔克解释说，“以免把自己养得肥肥胖胖的，就像那些在黑暗中贪婪的动物一般……狼吞虎咽，肉体上和精神上都堕落不堪。”斯巴达的女孩将成为斯巴达勇士的母亲，她们必须在成群的年轻男子面前赤身裸体地跳舞；这使她们必须保持苗条的身材（普鲁塔克补充说，对于这些女孩来说，权利也是均等的，因为斯巴达还有一条法律赋予这些女孩权利，可以“挨个奚落这些年轻男子，帮助指出他们的不足”）。[12] 所有房子的大门和屋顶只能由斧头和锯子来建造，使用其他更为精细的工具是违法的。这是为了防止人们追求精致的家具和织物，因为它们在粗糙的木头旁边会显得十分荒唐。*

这些法律都是不成文的。另外一条口头法解释说，把法律成文化是违法的。法律只有深入民众心里才能奏效，“这样立法者的意图才能深入每个人的心里”。斯巴达人自己不断地相互监督，看看

---

* 普鲁塔克对斯巴达生活的描述是基于他对莱克格斯的研究，莱克格斯是一个传说中的斯巴达王子（他的前任国王是他的哥哥，后任国王是他的侄子），他独自一人制定了完整的斯巴达法律，然后就交出王位，把自己活活饿死，从而证明他并不贪图权力。普鲁塔克本人说，没有绝对的证据可以证明莱克格斯曾经存在过，而且这个人物可能完全是虚构的。据称他发明了法律的范畴，他独自一人制定文化习俗，他还有其他诸多成就（最不可能的事情就是说他把荷马史诗的片段整理成一个完整的故事），所有这些事情都不可能是一个人独自完成的。但有趣的是，斯巴达的传统认为有必要把一个人与斯巴达法律制度的起源联系起来，这表明，虽然斯巴达人遵循这些法律，但这些严格的法律法规令人十分不适。

是否有人违反了这些不成文的法律。普鲁塔克写道：“就算是富人，也不可能在家里吃饱喝足以后再到公共食堂去，因为其他所有人都很警觉，他们曾经发现周围有人不吃不喝，于是就嘲讽他们缺乏自控力。”[13]

几代人之后，斯巴达人狄马拉图斯（Demaratus）试图给薛西斯解释这种持久不变的法律是如何影响斯巴达人的性格的。“虽然他们是自由的，但却不是完全自由的，”他对这位波斯国王说道，“法律就是他们的主人，他们对法律的惧怕远远超出了您的子民对您的惧怕……法律如何要求他们，他们就如何去做，法律是一成不变的：无论面对多少敌人，他们都不会从战场上逃跑，他们不能擅离职守，要么取胜，要么牺牲。”[14]

他们对法律的惧怕远远超出了您的子民对您的惧怕。斯巴达的法律体系是为了避免东方模式的君主专制，而其实际效果却远远超出了这一初衷。

在北方，雅典是连接伯罗奔尼撒半岛和半岛其他地区的桥梁，雅典此时已经发展壮大，超出了一般城市的范围，而且雅典比斯巴达更为超前，直接废除了国王。

在十分古老的时代，雅典的迈锡尼城邦的统治者是神话人物忒修斯，其宫殿雅典卫城——意为“城市的最高点”——建在高高的岩石之上，地处雅典的中心位置。迈锡尼统治日渐衰落时，很多雅典人不是流亡在外，就是死于饥荒或瘟疫。但仍然有些雅典人留了下来。

两三百年后，雅典渐渐地摆脱了灾难造成的人口流失问题。殖民运动一开始，雅典就派出了自己的公民去往东部地区，在小亚细亚沿岸建立了一部分爱奥尼亚定居点。[15]

对于这些发生在公元前 650 年之前的事情，很久之后才有所记载，而且流传至今的记载并不完整。公元 310 年左右，巴勒斯坦的恺撒利亚主教优西比乌（Eusebius）整理出一份雅典帝王表，时间始于公元前 1500 年左右，时间跨度为 700 年：

> 现在，我们要列出雅典的国王，第一位是刻克洛普斯（Cecrops）……他所有的后人总共统治了 450 年。[16]

这份帝王表的历史真实性就像希腊神狄俄尼索斯事迹的历史真实性一样。据说狄俄尼索斯出生于第五任雅典国王统治时期（是从宙斯的大腿里生出来的）。* 但这确实表明雅典曾经有过国王，只不过国王的权力渐渐地被削弱了。450 年后，国王不再被称为是国王：雅典的统治者依然是子承父位终身世袭，但是统治者现在被称作执政官（archon），即首席法官。另一个官员掌管军队，还有一个官员掌管神权。

经过十三名执政官的统治后，雅典人投票决定把执政官的任期改为 10 年；又过了 70 年之后，任期又发生了变化，被改为一年。优西比乌写道："第一位一年期的执政官是克瑞翁，他于第二十四届奥林匹克运动会那一年也就是公元前 684 年上任。"

这就是我们从优西比乌的记载中得到的所有信息，之后他就开始没完没了地列出连续 249 届奥林匹克运动会上各个项目的冠军。

---

* 至少可以说，这一资料并非第一手的。优西比乌引用的是希腊文法学家卡斯特的记载，这部分记载（可能是在公元前 200 年左右）已经逸失，而优西比乌的原版帝王表也已逸失，留存下来的是公元 365 年左右由罗马教士圣哲罗姆翻译的拉丁语译本，还有 6 世纪时的一个亚美尼亚语译本（这两个版本中的内容不尽相同）。但是这仍然是我们现有关于早期雅典人的最直接的记载。

但是结合其他支离破碎的记载，我们可以发现雅典正缓慢而曲折地从君主制发展成为寡头政治，即一种贵族民主制。公元前 683 年，一个由 9 个地主组成的会议担负起执政官的职责。他们是由其他地主推选出来的，但是必须经过一个由全体希腊人组成的会议——市民议会——认可才行。前任执政官成为战神山议会的成员，战神山议会位于雅典卫城的西北侧一座名为“战神山”的小山顶部。[17]

这种议会制比斯巴达的体制更为复杂，效率更低。但要认识到，雅典人不需要一直镇压那些心存不满的臣民，也不需要发动战争扩张领土。到了公元前 640 年，雅典已经兼并了其近邻，而邻近的村庄已经看到了在希腊保护下的好处，因此这种兼并的道路是相对和平的。雅典南部一个名为阿提卡的地区几乎完全处于雅典的统治之下。雅典东部、西部和北部三面环山，因此并没有向更远的地区扩张势力范围。

公元前 632 年，这种半民主体制有了更进一步的发展。一位名为基伦（Cylon）的奥林匹克冠军（他出现在优西比乌的冠军表里，是八年前奥林匹克运动会上四百米竞走比赛的冠军）[18] 提出要改变执政官体制。

修昔底德写道：“基伦在德尔斐神庙里请求神谕，神告诉他机会就在雅典卫城宙斯的盛大庆典上。”德尔斐的神谕说帕纳索斯山（Parnassas）上有一块巨石，是神谕石，而一位女祭司就坐在这块巨石旁边的一张三条腿的凳子上面。前来祭拜者要爬到巨石上，然后向女祭司提出问题，而女祭司就向土地女神盖亚询问，并从巨石的裂缝中得到答案。接着她在出神状态下把答案交给一起前来的祭司，这些祭司就把答案写成六步格诗歌，然后再交还给提问者。巨石裂纹、出神状态和六步格结合在一起，产生了令人费解的答案，怎样解释都可以（也就很难证明神谕是错误的）。

基伦思来想去，认为“宙斯的盛大庆典”一定指的是即将到来的奥林匹克运动会。还有什么时机比赢得奥林匹克冠军之后夺权更合适呢？于是他从岳父那里借来一队士兵，还纠集了一群朋友，占领了雅典卫城，并且宣布“他想要成为僭主”。[19]

“僭主”（tyrant）是希腊政治中的一个术语；它指的是一个政治家越过正常获得权力的道路（选举），通过武力夺取一个城市的统治权。僭主不一定要手段残忍，但是为了保住其手中的权力，他们往往很专制，而分布在整个半岛上的希腊各城邦是由不同的僭主统治的（事实上，基伦的岳父是迈加拉城的僭主，迈加拉在雅典东部不远处，这也就是为什么他能借出自己的军队）。

但是基伦所选的“宙斯的盛大庆典”是错误的。神谕所指的显然是之后城外的一个庆典，而基伦选错了夺权的时机。

这表明他并不是一个有经验的阴谋家。任何参与过政治阴谋的人都应该了解，只有当城里所有的男人都去城外参加活动时，夺权之举才更加行之有效。基伦非但夺权失败，还惹怒了雅典人：

> 雅典人觉察到（基伦要夺权）之后，就坐下来围在城堡周围。但随着时间的推移……守卫的职责落在了九位执政官的身上，他们可以根据自己的判断全权安排一切……与此同时基伦和那些被围困在城里的同伴缺少水和食物。基伦和他的弟弟逃跑了；但是剩下的人深受其苦，有的甚至死于饥饿，死前还围坐在雅典卫城圣坛周围苦苦哀求。[20]

这些叛乱者围在雅典娜的圣坛旁边，请求宽恕。执政官同意饶了他们的性命，但是当他们顺梯而下爬出来时，执政官下令杀死他们。有些人跑到女神得墨忒耳和珀耳塞福涅的圣坛那里，但还是没能幸免于难——这是严重违反宗教原则的，因为任何在神的圣坛前请求庇护的人是应该获得饶恕的。

而这些下令屠杀的执政官正是犯下了这种罪行，因此其他雅典人将他们驱逐出境。当他们试图返回雅典时，又被强行驱逐出去，他们同僚的尸体还被挖出来丢出了境外。[21] 基伦侥幸逃生，从此在雅典的历史上消失了。

而此次反抗与动乱表明雅典人对执政官的统治并不满意，因为在绝大多数情况下，执政官都是为所欲为的。几百年后，亚里士多德在撰写雅典政治制度的历史时指出，雅典的“民主”其实是由少数特权阶层来决定的。斯巴达人认为自己是自由的，但实际上这种自由却受到法律的限制，而雅典人的自由却仅仅是名义上的。亚里士多德写道：“其实穷人自己，还有他们的妻子和孩子实际上都是富人的奴隶，他们被称为六分之一佃户，因为他们要交出耕种产物的六分之一给富人作为地租，而全国的土地都掌握在少数人的手里。如果他们无法交上地租的话，那么他们自己和他们的孩子都要被捕……因此在这个国家的公共事务中，最令人痛苦的事情就是大众沦为奴隶。不是因为他们对一切都感到不满，而是因为他们发现自己根本一无所有。”[22]

为了避免动乱，雅典人做了斯巴达人拒绝做的事情：他们认为是时候把口口相传的雅典法律付诸文本了。治理整个城市不能单凭贵族的英明决断，雅典需要一部法典。

一位议员把大量不成文的惯例中最重要的部分记载下来，并且系统化整理出来，然后编纂成了法典，这个人就是德拉古（Draco）。

德拉古法典的独特之处不仅因为其罗列了各种罪行（谋杀、盗窃、通奸），而且还对很多罪行处以死刑。和汉穆拉比法典一样，德拉古法典对于罪行轻重毫无区分，普鲁塔克写道："几乎所有罪行的惩罚都是死刑，这意味着，即使人们不工作也会被判死刑，而偷窃水果或是蔬菜和抢劫神庙还有杀人一样，都会被判死刑。"[23]

据说，有人问德拉古为什么刑罚会这样严重时，他说道："即使是犯下小罪也该当处死，而我无法为那些大罪找到一种更加严厉的刑罚。"这种严厉，我们会称之为苛刻而且极端；这是在苛求众人皆是完人，这不仅让人联想到斯巴达人对罪行的态度。*

普鲁塔克提到，一个希腊人问一个斯巴达人如何处罚通奸罪，斯巴达人回答说："他必须接受处罚——从他的牛群中挑出一头牛，这头牛必须像泰格特斯山一样高大，喝得到幼发拉底河的水。"希腊人问道："怎么可能有那么大的牛？"斯巴达人则反问说："斯巴达怎么可能有人通奸？"[24] 斯巴达法律的目的是消除所有的罪行，这些法律铭刻在斯巴达人的心里。雅典则与斯巴达不同，雅典的统治者认为，在一个公正的社会里，公民如果接受正确的培养还有足够的警告，就不会犯下罪行。这两个城市都剥夺了国王的权力，都认为另有法律执行者来取代专制君主之位。

而这两个城市都希望自己的每一个公民都力争完美无瑕，因此所有的公民都在相互监督。雅典废墟出土的一块石碑清楚地表明，德拉古的死刑可以由雅典公民自己来执行：人人都可以处死绑匪、通奸者，或是当场抓住的窃贼。[25] 这旨在确保法律的人人平等，使每个公民都成为了法律的执行者。

---

* 德拉古法典中唯一得以保存下来的就是关于杀人罪的只言片语，但是很多希腊作家都提到过德拉古法典其他的法律条文，这些文字足以为我们重现这部法典的精彩观点。

公元前600年左右，一个叫梭伦的雅典人更进一步，尝试制定一部更公平的法典。这个年轻人出身很好，但是他的父亲有失考虑，把大部分家产都慷慨散尽了，这使他的儿子不得不从事贸易。梭伦生活奢侈，喜爱美食和美酒，而且因其风流韵事而臭名昭著。“梭伦对年轻貌美的男子没有抵抗力。”普鲁塔克一本正经地评论道。[26]

他的生意越做越大，他像许多后来的生意场上的名人一样，卷入了当地的政治之中。普鲁塔克记载了梭伦生活的大部分细节，他写道，当雅典内战即将爆发之际，“最为明智的雅典人开始把目光转向梭伦”，因为他是正派的中产阶级：“他既没有参与富人的任何不法行为，也并没有陷入贫穷的困扰中……因为他很富有，所以富人可以接受；而他的诚信让穷人也可以接受他。”[27]

梭伦被选为执政官，他废除了德拉古法典（除了惩罚杀人罪之外），并且开始重新制定法典。他撰写新的法律法规，涵盖了方方面面的内容，从担任公职的资格到祭拜死人的限制（可以表示哀悼，但是杀牛、自残或是祭拜家人以外的死人就是不得当的行为）。

但是，最棘手的问题是如何解决财富不均等的问题，这注定是出力不讨好的事情。普鲁塔克指出，“双方都对他寄予厚望”，这意味着梭伦一定会让一方失望。他立刻取消了穷人的沉重债务，并且重新分配土地，这样农民终于拥有了几代人一直耕耘的土地。[28]

这一举措使雅典的贵族感到不满。而穷人也并不领情，因为他们所期望的远远不止取消债务；他们希望土地重新平均分配给所有人，但是最为贫困的那些人仍然一无所有。“用他自己的话说，他得罪了雅典大多数人，因为他没能满足他们的期望。”普鲁塔克写道。他还引用了一首有关梭伦的诗：“他们心中曾经充满了不切实际的希望，但现在充满了愤怒，他们怒视着我，好像我是他们的敌人。”

实际上梭伦的友人早就预见到了这种情况，此人不是雅典人，之前曾经来到雅典，发现梭伦正在忙着制定法典。这位友人笑道：“你们的这些法令与蜘蛛网无异，这些法令不仅禁锢住了那些微不足道的弱者，还会被那些有权有势的人撕成碎片。”[29]

可梭伦不同意他的观点。他坚持认为没有人会破坏法律，只要法律能够兼顾每个公民的需求。这是对人性的理想主义观点，为了证实自己的想法，法律一生效，梭伦就离开了雅典长达十年之久，以免有人找上门来申诉。“他自称要周游列国，”希罗多德写道，“但实际上是为了避免废除任何他所制定的法律。”[30]（还有可能是为了避免麻烦。普鲁塔克写道：“他的法律一旦生效，每天总有人来找他表示同意或者反对，或者来建议在法律中加上或是去掉些什么……他们会问他有关法律的问题，请他详细解释每一条法律的含义和目的。”）[31]

那么这部法典效果怎样呢？

梭伦一离开，雅典的政局很快就回到了之前的争斗状态。“法律的结果，”普鲁塔克遗憾地写道，“证明了那位友人的猜想，否定了梭伦的假想。”雅典的实验失败了，既没有带来公平，也没有带来和平。一小部分雅典人开始重新谋划不可避免的专制。

**时间线 3**

| | | | |
|---|---|---|---|
| | | **亚述和波斯** | **希腊** |
| | | **撒缦以色五世** | 希腊的殖民地遍及小亚细亚、爱琴海、非洲以及黑海周围区域 |
| 米底<br>**迪奥塞斯** | 波斯 | **萨尔贡二世**<br>（前 721—前 704） | |
| | **阿卡门尼斯** | **西拿基立**<br>（前 704—前 680） | **雅典的克瑞翁** |
| | | | 斯巴达入侵美塞尼 |
| | | **以撒哈顿**（前 680—前 668） | |
| **弗拉欧尔特斯** | | **亚述巴尼拔**<br>（前 668—前 626） | 雅典控制阿提卡 |
| **斯基泰的马地奥斯** | **居鲁士一世** | | 基伦叛乱（前 632） |
| | | **亚述-埃提尔-伊兰尼** | |
| **塞莱克斯** | | | 德拉古法典 |
| | | | 梭伦（前 600） |

## / 04

# 帝国始末

公元前 650 年至公元前 605 年间，罗马由伊特鲁里亚人统治，巴比伦成为世界上最强盛的帝国。

在台伯河边上，两面环山的罗马开始发展壮大。传说中萨宾的共治者提图斯·塔提乌斯在一次暴乱中被杀，但之后无人接替他的位置，罗慕路斯独自统治萨宾王国。混居在一起的拉提尔人和萨宾移民都处于拉提尔的统治之下。

罗马的发展壮大没有逃过邻邦的眼睛。提图斯·塔提乌斯死后不久，罗马北方的费德那人（Fidenae）就沿着台伯河把罗马洗劫一空。之后台伯河对岸的维爱（Veii）城也开始焚烧罗马的农田。罗慕路斯赶走了费德那人，并且与维爱城达成了协议。但是，这些入侵背后隐藏着更大的问题。李维指出，“维爱和费德那都是伊特鲁里亚的城市”。[1]

伊特鲁里亚各城市很分散，分布在整个北部地区。伊特鲁里亚人和拉提尔人曾经有共同的风俗习惯，但台伯河北部村民的风俗

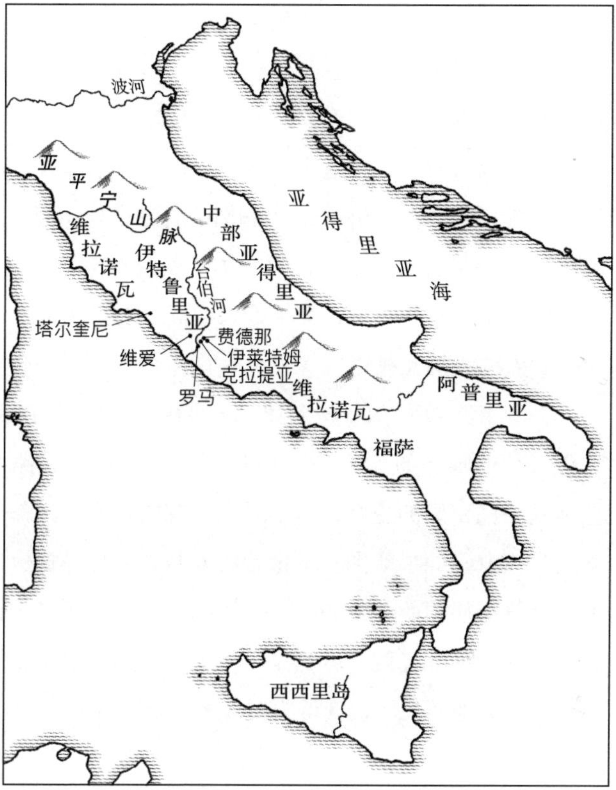


地图 4–1 罗马及其邻邦

习惯逐渐被新来者改变了。辛梅里安人横扫小亚细亚，把弗里吉亚人和吕底亚人驱逐到位于狭窄的博斯普鲁斯海峡和赫勒斯滂海峡（Hellespont，今称达达尼尔海峡）对岸的色雷斯。这引起了一系列连锁反应，人口向西部迁移，被驱逐至意大利北部的各部落逐渐向维拉诺瓦渗透，他们与当地人混居在一起，进行贸易往来并通婚。[2] 从小亚细亚来的难民因其城市遭受侵略，被烧毁或围攻，也逃至这里。罗马神话中，有一个名叫埃涅阿斯的特洛伊英雄，他背着父亲从沦陷的特洛伊城一路逃到了色雷斯，然后乘船到了西西里岛，又从西西里岛到了意大利海岸，并在那里定居下来，娶妻生子，凭借个人能力成为国王——这个神话故事是当时东部人口西迁的真实写照。[3] 维拉诺瓦人（Villanova）和新来者融合在一起，产生了一个新的民族——伊特鲁里亚人，这是本土文化与东方文化结合的产物，这个民族不仅精于建筑，而且擅长经商，对在南部地区崛起扩张的拉提尔人构成很大威胁。

在罗慕路斯统治的40年里，来自伊特鲁里亚的威胁并不是笼罩在他头顶的唯一的乌云。李维评论说："虽然罗慕路斯很伟大，但他更受平民百姓的爱戴，而不受元老院的欢迎，当然他最受军队的欢迎。"[4] 罗马的早期国王不像希腊专制君主那样拥有独裁统治的权力，李维所使用的"senate"一词不是指"参议院"，而是指负责监督国王权力的元老院。就算是半神的罗慕路斯也不得不与元老院进行斗争，而他的死因也变得明朗起来。李维写道：

> 一天他正在检阅他的军队时，狂风大作，雷声轰鸣。一片乌云笼罩了他，厚厚的乌云把他包围起来，把他从众人眼前遮挡了起来；而从那时起，就再也没有人见到过他……那些之前站在他身边的议员……声称他是被一股旋风卷到了空中……所有人都称他是神，说他是神的儿子，并向他祈祷……然而就算这是很伟大的事情，我依然相信少数持不同意见人的话，他们私下说国王是被那些议员撕成了碎片。[5]

不管罗慕路斯是不是为那些议员所杀害，他们没过多久就开始争夺王权。他们控制了王权，并且宣布由元老院来统治国家。居住在罗马的萨宾人对此表示强烈反对。自从几十年前罗慕路斯单独执政以来，再也没有萨宾国王上台执政过，所以他们想要一个萨宾国王。

那些参议员同意让萨宾国王执政，前提是萨宾人能够选出国王的人选。萨宾人选出了努马·庞皮里乌斯（Numa Pompilius）。他算不上是一位伟大的将军，却是一个睿智的人，以处事公正而闻名。“罗马最初是靠武力建成的，”李维总结说，“现在这位新国王准备重建罗马，将其建立在法律和宗教的基础之上。”[6]或许努马·庞皮里乌斯就像罗慕路斯一样只不过是神话传说中的人物，但是他的统治代表了一种转变：罗马正在从一个通过战争而建立的殖民地逐渐转变为一个成熟而稳定的城市。在努马·庞皮里乌斯统治之下，战神雅努斯神殿的大门第一次关闭，这象征着罗马与外界和平共处。

但这个城市的内部矛盾依然存在。哈利卡纳苏斯的狄奥尼修斯（Dionysius of Halicarnassus，希腊历史学家，在奥古斯都·恺撒执政期间来到罗马，并花了 22 年时间撰写了一部罗马史）告诉我们说：“当初和罗慕路斯一起建立了殖民地的阿尔巴人认为自己也有权享有最至高无上的荣耀……而新来的殖民者认为他们不应该……低人一等。萨宾人更是这样认为。”[7]

居住在罗马的人都不认为自己是罗马人，他们唯一达成共识的一点就是他们住在同一座城市之中。狄奥尼修斯生动地说，这使“国家事务如同汹涌的大海一样混乱不堪”。

此外，罗马与外部的和平也只是暂时现象。努马之后的两任国王——拉丁人图路斯·荷提里乌斯（Tullus Hostilius）和萨宾人安库斯·马基乌斯（Ancus Marcius）都是由元老院任命的——向周边城邦和部落发起战争，通过武力把罗马的势力范围扩大了一倍。如果说罗马曾经经历过和平时期，那也是十分短暂的；罗马迅速回到全副武装的状态，对邻邦构成威胁。

当然，罗马的邻邦并非孱弱无力。伊特鲁里亚的城市塔尔奎尼（Tarquinii）位于台伯河北岸，那里有一个本地人就对罗马的王位虎视眈眈。

这个人名叫卢库莫（Lucumo），是一个混血儿。他的母亲是伊特鲁里亚人，而他的父亲是一个来自科林斯的希腊人，名叫得墨忒耳（据李维记载），他“因政治原因被迫离开自己的国家”。[8]卢库莫周围都是“血统纯正的”伊特鲁里亚人，因此不免受到歧视，于是他和妻子决定去往罗马，因为在那里机会比血统更重要。“对积极勇敢的人来说，只要有能力，就很快能取得成就。”李维写道。毕竟，不止一个萨宾人战胜拉丁人成为国王，血统不会成为能力的障碍。

伊特鲁里亚人卢库莫在罗马定居下来，他积极上进（广散钱财），直到成为国王的得力助手。安库斯·马尔西乌斯甚至指派卢库莫守护诸王子的安全。国王去世的时候，两位王子年龄尚小：“一个还是几岁大的孩子，”狄奥尼修斯记载道，“大一点的那个才刚刚长出胡子。”[9]卢库莫把两位王子送出城外（李维写道，“趁着一次外出狩猎”），然后立刻开始为自己拉选票。公元前616年，他以压倒性优势成为国王，登上了罗马的宝座。后来的历史学家把他称为卢基乌斯·塔克文·普里斯库斯（Lucius Tarquinius Priscus），或称为老塔克文。

卢库莫统治了近40年时间，他的继任者是他的女婿塞尔维乌斯·图利乌斯（Servius Tullius），他小的时候，有一次脑袋着起了火，从那时起罗马人就认为他注定会成为国王。（当时他正在睡觉，一个仆人往他的头上泼水，但当他醒来的时候，火就熄灭了。李维写道：“从那时起，这个孩子就被当作王子……之后他成为王室真正的继承人。”老塔克文把自己的女儿许配给他，使他成为继承人。）

塞尔维乌斯·图利乌斯和他的岳父一样，也是伊特鲁里亚人。这两个国王代表了一个史实：罗马城里尊王与争权轮番上演，不断与邻国交战，不断地扩大势力范围，然而自身却被北方一种更为伟大、更为强势、更为古老的文化吞并。伊特鲁里亚的城市一路延伸至无底河（Bottombless River，波河古称，流经亚平宁山脉）。在西北方，伊特鲁里亚人在所谓的金属矿山里控制着铜矿、铁矿还有银矿。[10] 这些金属被卖到意大利沿岸的希腊殖民地，而在和希腊各城市进行贸易的同时，伊特鲁里亚人也学到了希腊的文字体系。伊特鲁里亚人开始使用希腊字母来标记他们自己的物品，他们使用希腊字母来书写自己的文字。* 虽然那些字母我们都认得，但是这种语言本身依然是个谜：这种语言几乎全部出现在一些简短的铭文中，而这些铭文尚未被解读出来。[11]

罗马并没有成为“伊特鲁里亚”的一部分。实际上也不存在“伊特鲁里亚帝国”，仅仅是伊特鲁里亚各城邦共同使用一种语言，都遵守一定的习俗，这些城邦之间亦友亦敌。在伊特鲁里亚文化渗透到罗马之前，这个城市已经受到几个不同民族文化的影响，但这

---

* 伊特鲁里亚的历史一般分为五个阶段：维拉诺瓦时期（公元前 900 年至公元前 700 年）；东方化时期（公元前 700 年至公元前 600 年），这个阶段之所以如此命名，是因为伊特鲁里亚文化从很大程度上是由希腊带到东部地区的；古风时期（公元前 600 年至公元前 480 年），这个阶段是伊特鲁里亚政治的巅峰时期；古典时期（公元前 480 年至公元前 300 年），这一阶段伊特鲁里亚的势力开始衰退；罗马时期（公元前 300 年至公元前 100 年），在这一阶段，罗马人在政治上和文化上完全处于主导地位。

一次的影响比之前的都大。

李维对伊特鲁里亚的老塔克文建造罗马竞技场的计划大加赞赏，这个伟大的罗马竞技场位于帕拉蒂诺山和阿文蒂诺山之间，老塔克文还计划建成朱庇特神庙。狄奥尼修斯说老塔克文为了加强城墙的防御力，开始铺设管道，排出罗马城的污水（这或许没有那么引人注目，但是确实非常实用）。伊特鲁里亚的塞尔维乌斯·图利乌斯因占领奎里纳莱山和维米那勒山而为人称颂，他们还通过深挖壕沟、堆高土石来加强罗马的城墙。这些工程事实上是由伊特鲁里亚人完成的。罗马人在建筑方面少有天分，但在伊特鲁里亚，建设城镇、修建城墙，还有城门的安置都是由宗教仪式来决定的。[12] 从出土的伊特鲁里亚城镇可以发现，这里的街道都规划成网状（这是罗马人从没想到过的）。像很久以前的印度哈拉帕城市一样，伊特鲁里亚的主要街道都有标准的宽度，与主要街道交叉的次要街道以及主要街道之间的小道也分别有标准的宽度。在罗马发掘出土的文物表明，公元前 650 年前后，之前大多数罗马人居住的小屋（把树枝编织在一起，然后把泥巴抹进缝隙里作为墙壁）开始被推倒重建为石砌的房屋。罗马西部的小屋都已被推倒，留下的那片空地被压实，作为罗马的一个集会场所，这个地方后来被称作“罗马广场”（Roman Forum）。[13]

关键是伊特鲁里亚使罗马产生了重大改变，其君主制也影响到了罗马。狄奥尼修斯写道，老塔克文把伊特鲁里亚王权的标志引入罗马：“黄金制成的王冠和绣花的紫色袍……他坐在象牙宝座上，手握象牙权杖。”他出行时，由 12 个护卫［他们被称为“扈从”（lictors）］贴身陪同，每个人手里都拿着一束捆在一起的木棒，中间插着一把斧头，称为束棒（fasces）。束棒代表了国王的权力，既可

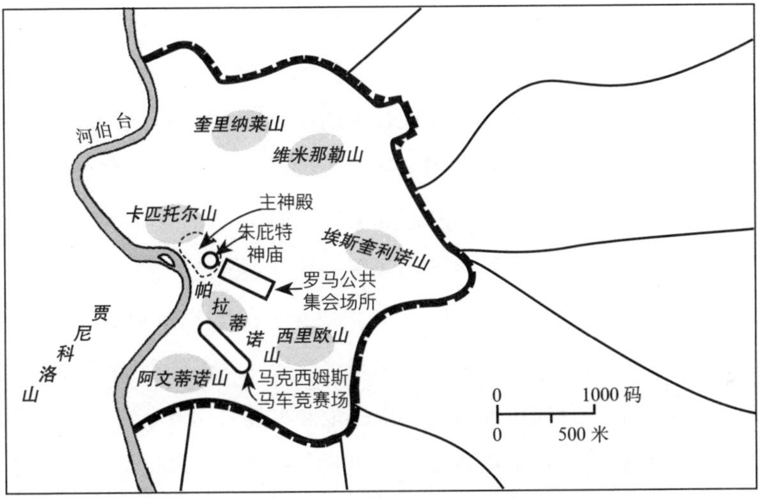


地图 4–2 罗马城

以惩戒违法者，也可以处死重罪犯。[14]

在塞尔维乌斯·图利乌斯统治之下，“城市的规模大大增加了”。他作为伊特鲁里亚的君主统治了 44 年，他统治下的罗马不仅有伊特鲁里亚人，还有拉丁人和萨宾人。罗马继续征战：罗马士兵不仅攻打萨宾人的城市和拉丁人的城市，而且还要抵御来自其他伊特鲁里亚国王的进攻，这些国王对罗马占据了台伯河畔的要冲而感到不满。狄奥尼修斯和李维都讲到了无休止的战争，罗马和克拉提亚（Collatia）之间、罗马和费德那（Fidnae）之间、罗马和伊特鲁里亚的五城联盟之间，还有罗马和伊莱特姆（Eretum）之间始终战争不断。

就在罗马发展初期，东方一个古老的帝国开始瓦解。

亚述的三方战争还在继续。亚述巴尼拔的继承人亚述-埃提尔-伊兰尼在尼尼微调动亚述的军队，向他的弟弟辛-舒姆-伊什昆（Sin-shum-ishkun）发起进攻，身在巴比伦的伊什昆掌控着亚述和巴比伦的联军。与此同时，迦勒底国王那波帕拉萨尔从南方一路攻打巴比伦军队，占领了一个又一个古老的苏美尔城邦。

经过多年的战争（具体经历了多少年并不清楚，因为巴比伦王表有多个版本），辛-舒姆-伊什昆被迫放弃了在巴比伦的抵抗，那波帕拉萨尔率军长驱直入。但是，关于这次战斗结果的混乱的叙述暗示，辛-舒姆-伊什昆可能放弃了南部地区，然后北上夺取了他哥哥的王位，从此史料记载中再也没有提到过亚述-埃提尔-伊兰尼。巴比伦一片混乱，现在一个迦勒底人坐上了巴比伦的宝座。

那波帕拉萨尔一上台，就再次发动了对亚述帝国的战争。他已经制订了他的战略：首先一直攻至幼发拉底河，“解放”一个又一个省份，然后向东攻至底格里斯河，直指尼尼微。

在这里，他还得到了帮助。米底人和波斯人的国王塞莱克斯看准了这次机会。他向那波帕拉萨尔伸出援手，而那波帕拉萨尔接受了他的帮助。他们商定，一旦攻下亚述，就瓜分亚述的省份。那波帕拉萨尔让他的儿子巴比伦太子（也是他父亲最信任的将军）尼布甲尼撒娶了塞莱克斯的女儿米底公主阿米蒂斯（Amytis）为妻。[15]

亚述帝国主宰世界多年，现在米底人和波斯人联手与巴比伦人作战，攻击这个已步入暮年的帝国。《巴比伦编年史》记录了亚述逐渐衰亡的过程：“第十年，那波帕拉萨尔在艾亚鲁月调动巴比伦军队向幼发拉底河河岸进军。那里的人们……没有攻打他，反而向他进贡。”[16]

“第十年”大概是公元前616年或公元前615年，10年前以撒哈顿一死，那波帕拉萨尔就自封为迦勒底国王。艾亚鲁月是在春季，也就是 4 月底至 5 月初，幼发拉底河沿岸的人们已经看到了不祥之兆。

又经过一年的征战，那波帕拉萨尔到达了亚述城，对其展开围攻。仅仅一个月以后，他就不得不撤军，而且整个夏天都被迫躲在附近的一座堡垒里。米底人之前回到了自己的土地，但现在他们又回来支援他们的盟友巴比伦。他们没有加入那波帕拉萨尔的军队，而是直接进入亚述的中心地带。塞莱克斯渡过底格里斯河，包围了亚述城，在那波帕拉萨尔之前失败的地方取得了胜利。他占领了整个城市，掠夺俘虏和财物，然后，他允许米底军队屠杀城里剩下的人。那波帕拉萨尔带着自己的军队赶来时，整个城市已经被完全摧毁了。[17]

这两位国王一起谋划对尼尼微发动最后的进攻。进攻之前有几个月的准备时间，米底军队到自己的领地进行修整，而那波帕拉萨尔花了几个月的时间迫使幼发拉底河沿岸的一些城市臣服于自己。到了公元前 612 年，这支盟军已经准备就绪。“在第十四年，”《巴比伦编年史》记载道，“巴比伦国王调动军队，米底国王也来到了巴比伦军队驻扎的地方。他们沿着底格里斯河向尼尼微进军。从 5 月到 7 月，他们一直在攻打尼尼微。到了月初，尼尼微被攻下。”

5 月到 8 月之间发生了一些小插曲，而《巴比伦编年史》对此并无记载，好在希罗多德把这些记载了下来。据希罗多德的《历史》记载，就在塞莱克斯围攻尼尼微时，“一支由马地奥斯率领的斯基泰大军挡住了他的脚步”。[18]（斯基泰的马地奥斯是在至少 50 年前统治米底的，这个马地奥斯可能是他的孙子。）虽然斯基泰人选择的时机很好，但是米底人和波斯人的军队在塞莱克斯的领导下训练有素，立刻放弃围城转而打败了斯基泰人。[19]

之后，米底-巴比伦联军把兵锋转向尼尼微。尼尼微的城墙下是底格里斯河的一条支流，这条支流不仅为尼尼微提供水源，而且给围攻带来了困难。但是，塞莱克斯修建了一座大坝，把更多的底格里斯河水引入了尼尼微，冲垮了尼尼微的城墙。600年之后，希腊历史学家、西西里的狄奥多罗斯说，尼尼微人坚信“神赐予他们先祖的神谕，即尼尼微城永远不会被攻下，也永远不会臣服，除非是穿过城市的河水与尼尼微为敌；尼尼微的国王认为这种事情根本不可能发生”。这个“预言”虽然是事后才出现的，但是反映的可能是真实发生的情况。[20]

城墙倒塌后，巴比伦军队涌入尼尼微，把整座城市洗劫一空。据编年史记载：“大量民众被屠杀，那些贵族还有亚述国王辛-舒姆-伊什昆落荒而逃……他们把这座城市变成了坟堆和废墟。”[21]亚述帝国之前曾经摧毁过犹太国的北部地区，犹太人的先知那鸿为庆祝亚述帝国的毁灭赋诗一首，当时的恐怖情形从诗中可见一斑：

护城河的城门被打开，
宫殿坍塌。
国王下令：劫掠和毁灭这座城市……
尼尼微就像一个池塘，
里面的水在渐渐流失……
她被洗劫一空，
内心瓦解，双膝跪地，
身体颤抖，面色苍白……
伤亡无数，尸体成堆，
人们踩着尸体蹒跚前行……

没有什么能抚平你的创伤；
你所受的伤害是致命的。
所有人听到你
衰亡都拍手称快，
因为谁又没经受过你无尽的暴行？[20]

100 年前亚述人水漫巴比伦，现在巴比伦人以牙还牙。

亚述国王逃往哈兰城（Haran）。[*]米底人获胜后占领了东部领土，包括曾经属于斯基泰人的领土，巴比伦人则统治了之前西部的那些省份。辛-舒姆-伊什昆死于尼尼微和哈兰之间的某个地方，或许是死于非命。一个军官，也是王室的宗亲亚述乌巴立特（Assur-uballit）接替了他成为国王。

亚述有了新的国王和新的都城，筋疲力尽的亚述军队试图重振雄风。但是那波帕拉萨尔并没有让哈兰太平多久。几个亚述的城市试图趁乱摆脱亚述和巴比伦的统治而独立，那波帕拉萨尔镇压了这些叛乱之后，于公元前 610 年联合塞莱克斯的军队一起向哈兰进军。亚述乌巴立特得知这一消息后，还没等米底-巴比伦盟军到来就带着手下弃城而去。《巴比伦编年史》记载道："他们害怕敌人到来，于是就放弃了哈兰城。"那波帕拉萨尔来到这座无人驻守的城市，将其洗劫一空，然后就打道回府了。

不过亚述乌巴立特也并非无所作为。他派出使者去南方寻求埃及法老的帮助。

经过亚述人教育培养的第二十六王朝国王普萨美提克一世在经

---

* 见第 1 册第 17 章地图。

历了 50 多年的统治之后寿终正寝。现在他的儿子尼科二世继位。* 尽管他的父亲几十年前与亚述人曾有过节，但现在他并没有拒绝向亚述人伸出援手。他希望埃及在国际事务中的地位越来越重要（他已经雇用了一些唯利是图的希腊水手来加强军队的实力，他最得意之举就是挖掘了一条连接尼罗河和红海的运河，用来增进埃及与东方国家通过水路进行的贸易），[23] 如果埃及打算再次扩张领土的话，那么必然要占领地中海沿岸西闪米特人的领土。日渐崛起的巴比伦帝国是不会允许埃及占领那些地中海沿岸的领土的。无论如何，一旦亚述灭亡，埃及就又少了一道抵御斯基泰人（尼科二世小时候，斯基泰人就曾经出现在埃及的边境地区）的屏障。

于是尼科二世同意出手相助。亚述国王乌巴利特提出迦基米施是盟军会合出征的好地方，于是尼科二世向北方进军。经过耶路撒冷时，他引起了当地人的注意。[24]

犹太的约西亚已经趁亚述分裂之机再次独立，他还发起了一场宗教复兴，取缔了所有的亚述人的圣坛和宗教仪式，因此他不希望看到亚述再次崛起。他也不希望尼科二世取代亚述成为耶路撒冷的统治者。所以他没有让尼科二世从耶路撒冷通过，而是在埃及军队快到米吉多时对其发起了进攻。

尼科二世忙于赶路，没想到这么快就要与耶路撒冷的军队作战。他派使者去见约西亚，请求休战：“我与你何干？我今日来不是要攻击你。”[25] 约西亚并没有理会这一请求。《列王纪・下》记载：

---

* 第二十六王朝的法老们既有希腊名字，也有埃及名字。这里我使用的是他们的希腊名字，因为这更常见。他们的埃及名字分别是普萨美提克一世（Psamtik I）、尼科二世（Nekau）、普萨美提克二世（Psamtik II）、阿普里斯（Wahibre）、阿玛西斯（Ahmose II）和 普萨美提克三世（Psamtik III）。

“埃及王遇见约西亚在米吉多，就杀了他。”《历代志·下》中补充的细节说，约西亚虽然乔装打扮，但还是被弓箭手射中。他的侍卫带着这位受伤的国王逃出了战场，但是在回都城的途中，他死在了自己的战车上，年仅 39 岁。

尼科二世没有乘胜追击。犹太军队撤退后，他率军继续前进，与亚述乌巴利特指挥的亚述军队会合。这支盟军试图夺回被一支巴比伦军队占领的亚述都城哈兰。《巴比伦编年史》记载：“他们击败了那波帕拉萨尔驻守在那里的军队，可他们没能夺回那座城市。”[26]

双方都撤军了。那波帕拉萨尔不打算再尝试了，他的身体不太好，已不再是年轻人，而且亚述乌巴利特也没有对他构成什么威胁。尼科二世决定去耶路撒冷收拾残局。他再次派兵攻打耶路撒冷，轻而易举地俘虏了约西亚的儿子约哈斯，约哈斯也是王位继承人。尼科二世下令把约哈斯押回埃及，后来他死于流放途中。然后，尼科二世选了约西亚的一个小儿子以利亚敬当他的傀儡。他把以利亚敬的名字改成约雅敬（Jehoiakim）——这是对其统治权和所有权的象征——并且要求他进贡大量的金银（约雅敬则通过一种新的赋税强行从百姓手里征收）。[27]

公元前 605 年，那波帕拉萨尔把注意力转回到抵御外敌上。埃及人和亚述人在迦基米施安营扎寨，但是此时那波帕拉萨尔已经年迈病重，身体虚弱不堪。他派自己的儿子尼布甲尼撒二世南下去迦基米施统领军队去消灭亚述的残兵。[28]

两军在城外相遇。一番苦战之后，埃及战败。尼科二世开始往尼罗河三角洲撤军，他放弃了西闪米特人的领土——犹太王室的先知耶利米对此大加赞颂：

| 时间线 4 | | |
|---|---|---|
| **希腊** | **罗马和巴比伦** | |
| 希腊的殖民地遍及小亚细亚、爱琴海非洲以及黑海周围区域 | **罗慕路斯** | |
| | | **提革拉毗列色三世** |
| | | **撒缦以色五世** |
| | | **米罗达巴拉但** |
| | **努马·庞皮里乌斯** | |
| **雅典的克瑞翁** | | **萨尔贡二世** |
| | | **西拿基立** |
| 斯巴达入侵美塞尼 | **图路斯·荷提里乌斯** | **沙马什－舒姆－乌金** |
| 雅典控制阿提卡 | **安库斯·马尔西乌斯** | **康达鲁** |
| 基伦叛乱 | | **辛－舒姆－伊什昆** |
| 德拉古法典 | **老塔克文** | **那波帕拉萨尔** |
| 梭伦（前 600） | | 尼尼微沦陷（前 612） |
| | | **尼布甲尼撒**（前 605） |
| | **塞尔维图鲁斯**（前 578） | |

这军队安营在伯拉河边的迦基米施，是巴比伦王尼布甲尼撒在犹太王约西亚的儿子约雅敬第四年所打败的……

我为何看见他们惊惶转身退后呢？他们的勇士打败了，急忙逃跑。[29]

史上没有任何关于此次战后亚述残兵败将的记载。显然亚述军队全军覆没，没有一个幸存者。亚述乌巴利特肯定是死在了战场上某个地方，尸体应该早已被践踏得面目全非了。

尼布甲尼撒二世继续追击撤退的尼科二世，他显然打算除掉这位法老。但前来送信的使者追上了他的军队：就在尼布甲尼撒二世还在迦基米施作战时，那波帕拉萨尔去世了。听到这个消息，尼布甲尼撒二世立刻放弃追击，掉头返回巴比伦。巴比伦的王位就像是一个球，必须在别人抢走之前立刻把它抓住。

就在此时，尼科二世逃回南方。他再也没有试图把埃及的势力范围扩张到地中海沿岸。相反，他专注于巩固自己的统治，以防第二十五王朝的复辟势力重夺王位。[30]

从此，两个最强大的古代帝国失去了往日雄风。埃及陷入内乱之中，亚述则不复存在。巴比伦王国已经成为世界上最强大的国家。

## / 05

# 短命的帝国

公元前 605 年至公元前 580 年间，埃及建立了军队，尼布甲尼撒大发雷霆，摧毁了耶路撒冷。

在巴比伦，皇太子尼布甲尼撒即位，成为尼布甲尼撒二世*，并着手接管曾属于亚述的领土。

之后几年里，他没有碰到真正的对手。尼科二世在迦基米施战败后实力减弱，于是撤回到自己的边境以内；小亚细亚的吕底亚人实力弱小，构不成威胁；斯基泰人是好战的游牧民族，缺乏组织；希腊各城邦内乱不断，无暇他顾。最可能对巴比伦构成威胁的是米底人，因为米底人还掌控着波斯的军队。但是米底国王塞莱克斯是尼布甲尼撒二世的岳父，他的女儿阿米蒂斯（自从在尼尼微城外结下这桩婚事之后，尼布甲尼撒二世就征战不断）现在就居住在巴比伦王宫里。

---

* 参见第 1 册第 41 章。

尼布甲尼撒二世的征战开始于西闪米特人的领土。他派出一支军队在耶路撒冷城外驻守，于是以色列的约雅敬抛开尼科二世（之前是尼科二世把约雅敬推上了王位），转而与巴比伦结盟。《列王纪·下》记载，约雅敬服侍巴比伦王尼布甲尼撒二世三年。约瑟夫斯补充说："巴比伦王渡过幼发拉底河，占领了除犹太地之外的叙利亚全部地区……约雅敬十分惧怕他，于是花钱买太平。"[1]

约雅敬的策略是想借此拖延时间，使自己能够与其他国王建立同盟。尽管巴比伦在迦基米施一战中取胜，但是仍然没有被视作强国。约雅敬王宫里的先知耶利米警告他，尼布甲尼撒二世征服以色列是不可避免的，而且这是神的旨意："巴比伦王必要来毁灭这地，使这地上绝了人民牲畜。"

一百年前，关于亚述的西拿基立以赛亚曾经发出过类似的警告。约雅敬不想听，当手下读到写着耶利米警告的卷轴时，他用刀把卷轴一点一点地切碎，然后扔到宝座旁边的火炉里。[2]他背着尼布甲尼撒二世开始谋划叛乱，反对旧主尼科二世。对此耶利米也不看好。他预言，法老和埃及人也会将他毁灭，并且还说约雅敬会暴尸在外，白天日晒，夜晚霜冻。[*]

约雅敬并不为这个可怕的警告所动，只要尼科二世准备好进攻，约雅敬就正式发动叛乱反对巴比伦。他不再向巴比伦进贡；尼科二世率军离开埃及；尼布甲尼撒二世上前迎战。

---

* 《耶利米书》是我们了解埃及、犹太、巴比伦之间战争的主要资料之一，书中耶利米的预言是按主题分类的，而不是按时间先后记载的；这个预言之前是他预言约雅敬之死，之后是预言西底家之死，但是在《列王纪·下》和《历代志》中，这个预言是在希西家王即位之后。参见《耶利米书》37，《列王纪》24:7（书中记载约雅敬即位后，埃及国王就再也没有离开过埃及），《历代志》36:5-7（《列王纪》《耶利米书》和编年史中的年代表之间的关系仍然是一个悬而未决的问题）。

公元前 602 年，尼科二世和尼布甲尼撒二世对战——双方的军队战成平手。巴比伦的编年史（关于尼布甲尼撒二世统治期间的记录十分支离破碎）告诉我们，就在第二年，即公元前 601 年，双方再次交战。第 601 条记载；“他们在战场上交手，双方损失惨重……（尼布甲尼撒二世）和他的军队撤回巴比伦。”[3]

但尼布甲尼撒二世并不是唯一的失败者。尼科二世为保住其西闪米特的领地耗费了太多力量。《列王纪·下》第 24 章记载：“埃及王不再从他国中出来，因为巴比伦王将埃及王所管之地，从埃及小河直到伯拉河都夺去了。”

尼科二世开始转向国内事务。他继续开凿连接尼罗河东岸到红海的运河。这是一个巨大的工程。“运河很长，航行整条运河需要四天的时间，”希罗多德写道，“运河也很宽，两艘三列桨战船可以并排行驶。”[4] 虽然三列桨战船只有 4.5 米宽，但一条宽近 10 米通向红海的运河无论如何都是一项巨大的工程。* 为了守卫尼罗河的入口，他还修建了一座堡垒：培琉喜阿姆（Pelusium）。

他雇了两队佣兵来帮他训练海军：一队是来自爱琴海沿岸爱奥尼亚各城邦的希腊水手[5]，另外一队，根据希罗多德的记载，可能是来自一个腓尼基城市（推罗或是西顿，还有可能是北非海岸由腓尼基人建立的迦太基城，这是由耶洗别伟大的侄女艾丽莎创建并迅速

---

* 希罗多德还指出，尼科二世放弃开凿运河是因为一个不祥的神谕，后来这条运河最终由大流士完成了。但这种说法是不太可能的，因为他提到尼科二世建造了一支适合航海的船队，这与他放弃开凿运河的说法相互矛盾。大流士可能是修缮了运河并以此居功，这是他成为伟大国王的一种策略，因为这样不仅有了政绩，还声名在外。亚里士多德、狄奥多罗斯、斯特拉波、老普林尼、托勒密和其他古代历史学家都提到了这条运河，虽然他们对运河是由谁开凿、由谁来完成、究竟流经哪里持不同的意见，但显然运河容易淤塞（或被沙堵塞），需要经常疏浚。关于这条运河的资料见卡罗尔·A. 莱德蒙特（Carol A.Redmount）的《图木拉提洼地和“法老运河”》，《近东研究杂志》1995 年第 2 期，第 127—135 页。

发展起来的城市）。这些人帮助他打造了一支舰队，以原始的三列桨战船为主。这种战船是一种大型桨帆船，可以用来撞击其他船只。这些船只停靠在红海沿岸。[6]希罗多德甚至坚持认为，尼科二世派出一队腓尼基水手去探索红海，这队水手一路南下航行。出乎所有人意料的是，三年后他们出现在赫拉克勒斯神柱——地中海的入口，然后穿过地中海，回到了尼罗河三角洲。事实上，他们绕着非洲航行了一圈。[7]这一切对于向来不喜欢大海的埃及人来说具有划时代的意义，尼科二世颇具远见，他知道如果自己想要缔造一个帝国，那么贸易比战争更加行之有效。

正当埃及乐此不疲地探索世界时，犹太国却在闭关锁国。约雅敬之前指望得到埃及的支持，现在却成了孤家寡人。“他的希望落空了，”约瑟夫斯评论说，“因为在这个时候，埃及不敢出兵。”[8]

但是约雅敬始终担心巴比伦会打击报复，此后四年多的时间里，尼布甲尼撒二世逐渐重建他的军队并且处理好其他事务（据巴比伦编年史记载，尼布甲尼撒二世是在与阿拉伯北部沙漠的游牧民族作战）。[9]我们并不了解当时耶路撒冷城里发生了什么，可能一部分耶路撒冷的官员赞同耶利米的观点，认为与巴比伦对抗是愚蠢的行为。约雅敬于公元前 597 年去世，年仅 36 岁，而尼布甲尼撒立刻率军前来。

在耶路撒冷，约雅敬十几岁的儿子约雅斤（Jehoiachin）登上王位。但尼布甲尼撒二世一到耶路撒冷城外——约雅敬死后不过数周——这位新国王、他的母亲、王室贵族还有所有的官员就纷纷投降了。或许他们之前获得了某种豁免，作为交换他们必须臣服。他们虽然成了俘虏，但是得到的待遇还不错。据巴比伦人记载，约雅斤在巴比伦生活了 40 年，依然享受国王待遇，由巴比伦国库支付费用。[10]

犹太军队也被带到了巴比伦，但是没有被解散。国库和所罗门神庙中的金子都被洗劫一空，但是建筑并没有遭到破坏或是被焚烧。尼布甲尼撒二世甚至没有带走所有王室成员。他把约雅斤的叔叔、先王的弟弟玛探雅扶上王位，并赐予他一个新的名字西底家（Zedekiah）。约瑟夫斯给这一安排起了一个好听的名字，叫作“互助联盟”[11]，但实际上，西底家只不过是一个巴比伦总督。但无论如何，耶路撒冷相对轻松地躲过了一劫。

除了西方不值一提的小国之外，尼布甲尼撒二世确实还有重重顾虑。他要把自己打造成为一位伟大的国王，并且要维持这一形象，于是他像美索不达米亚各国王 2000 年来所做的那样，开始大兴土木。他的铭文记录了他在巴比伦重建和增建神庙的事情。巴比伦是马杜克神的故乡，而尼布甲尼撒二世以对马杜克的敬奉庆祝巴比伦的胜利。尼布甲尼撒二世在纪念一次成功镇压西方叛乱的铭文中写道：“啊，马杜克，我的主，我愿永远做你合法的总督；我愿一直为你拉车，直到我离开人世……愿我的后代也能永远统治下去。”[12]

他对马杜克的虔诚几乎随处可见，祭司贝若苏（Berossus）写道：“他狂热地对贝尔神庙和其他圣地进行装饰。”[13] 他为马杜克的节日修建了一条仪式大道，20 米宽的道路从中央神庙群一直通往仪式性的伊什塔尔大门（Ishtar Gate），这座大门位于城市的北面，这样马杜克在新年庆典时就可以沿着这条大道而来。路两侧的墙壁上涂着蓝色的釉彩，上面雕有狮子。[14] 尽管修建于巴比伦帝国末期，但伊什塔尔大门和门前那条大道的遗址已经成为古巴比伦最具标志性的景观。

尼布甲尼撒二世还给自己修建了至少三座宫殿，每座宫殿都是金碧辉煌、流光溢彩。他在其中一座宫殿里修建了一个花园。

**图 5–1 伊什塔尔大门**

德国柏林国立博物馆近东馆复原的伊什塔尔大门。这是尼布甲尼撒二世在位期间巴比伦主城门。图片来源：埃里希 · 莱辛 / 艺术资源，纽约

虽然这个花园的遗址尚未被完全确定（在幼发拉底河畔的王宫遗迹中发现了一个有着高耸的墙和拱形屋顶的花园，可能就是这个花园），但其盛名出现在后来很多作家的笔下。

西西里的狄奥多罗斯在他的《历史丛书》（*Bibliotheca Historica*）第三卷中有一段最为著名的描述：

> 正如传言所说的那般，古时候有位国王为他的妻子建造了这座花园。他所深爱的妻子是个波斯人，而波斯人的天性就是想要站在高岗之上俯瞰周围的景色。于是，她恳求国王找来能

> 工巧匠，为她建造一个平台，或是一个可供休闲的凉亭。
>
> 通往这座花园的入口在一座小山上，花园下面是层层叠叠的建筑，这样就可以站得高看得远。花园底下由许多拱顶支撑着，拱顶一个叠着一个，建筑越高，拱顶的弧度就越大。最高处的拱顶上面就是这座花园七米厚的围墙……上面还修建了许多蓄水池。花园里种满了各种树，四处可见绿色的草地，令人身心愉悦。这里还精心设计了一个水渠，用来灌溉土地。[15]

这位“波斯妻子”很有可能根本就不是波斯人，而是米底人：此人正是米底国王塞莱克斯的女儿阿米蒂斯。

这座花园的每一层都悬在下面一层之上，并因其倒金字塔式的设计而得名“空中花园”，可谓驰名世界，震烁古今。几乎所有的古代历史学家在描述巴比伦时都会提到这座花园，通过这些描述，我们眼前浮现出这座古代历史上最为出名的花园的样子，它是一个好战君王的伊甸园。“他用石头搭建起层层叠叠的梯田，这样看起来就像是层峦叠嶂的山上种满了各种各样的树一样，”贝若苏写道，“这座空中花园是他为妻子建造的，他的妻子从小在米底长大，深爱着大山。”* [16]

虽然这座花园建成时没有战乱，但是尼布甲尼撒二世还是考虑到了更为严重的问题。他让他的手下加固巴比伦的双层城墙，内城

---

* 在建筑师约翰·伯恩哈德·菲舍尔·冯·埃尔拉赫（John Bernhard Fisher von Erlach）1721年的作品《建筑史》（*Entwurf einer historischen Architektur*）中列出的世界七大奇迹中，埃及吉萨金字塔和巴比伦空中花园是其中的前两个；菲舍尔的说法源自亚历山大图书馆管理员卡利马科斯（Callimachus）在公元前260年左右所记载的世界伟大奇迹（卡利马科斯究竟记载了什么我们无从得知，因为亚历山大图书馆被烧毁时这份记载也被烧毁了；参见第25章，第693页）。到了冯·埃尔拉赫所生活的年代，这座花园早已荡然无存了，因此他显然是参考了贝若苏和狄奥多罗斯的描述。

墙有6米厚，外城墙每隔18米就建有一座瞭望塔。城外一侧已经有一段完好的护城河，尼布甲尼撒二世继续开挖这条护城河，把整座城市包围起来，这样巴比伦四周环绕的就是一条宽12米的护城河。[17]然后，他又在巴比伦的东侧建造了另外一座城墙。后来希腊将军色诺芬（Xenophon）把它称为“米底墙”（Medean Wall），这座城墙从幼发拉底河一直延伸到底格里斯河，这让人不由想起很久以前苏美尔国王舒辛为了阻挡亚摩利人的进攻而修建的城墙。* 但是尼布甲尼撒二世修建这座城墙却另有目的，贝若苏写道：“修建了这些墙，那些打算围攻这座城市的人就再也无法改变河道了。”[18]尼尼微的毁灭让他对此有所警惕。

在尼布甲尼撒二世的统治下，巴比伦城变得越来越强大。亚里士多德提到，因为巴比伦城很大，“据说，巴比伦被占领之后三天，城里大部分人才知道发生了什么”。[19]但是除了这座城，尼布甲尼撒二世并不像看上去的那么强大。公元前595年，他被迫镇压了一次自己都城内的叛乱；他花了两个月的时间才打败了这些叛乱分子，这表明他的军队（也许是厌倦了无休止的战斗）也卷入了叛乱。[20]

再来看来自埃及的证据。

尼科二世曾经两次与尼布甲尼撒二世对战，但是都没有成功。现在尼科二世已经去世了。他于公元前595年去世，就在三角洲外那次战争两年之后，他的儿子普萨美提克二世继承了王位。

普萨美提克二世继承的埃及混合军队里现在有了一支海军。他并非利用海军进行贸易，而是为了重现埃及旧时的实力。他带领两支军队远征至努比亚，长久以来努比亚早已不受埃及法老的控制。

---

* 参见第1册第18章。

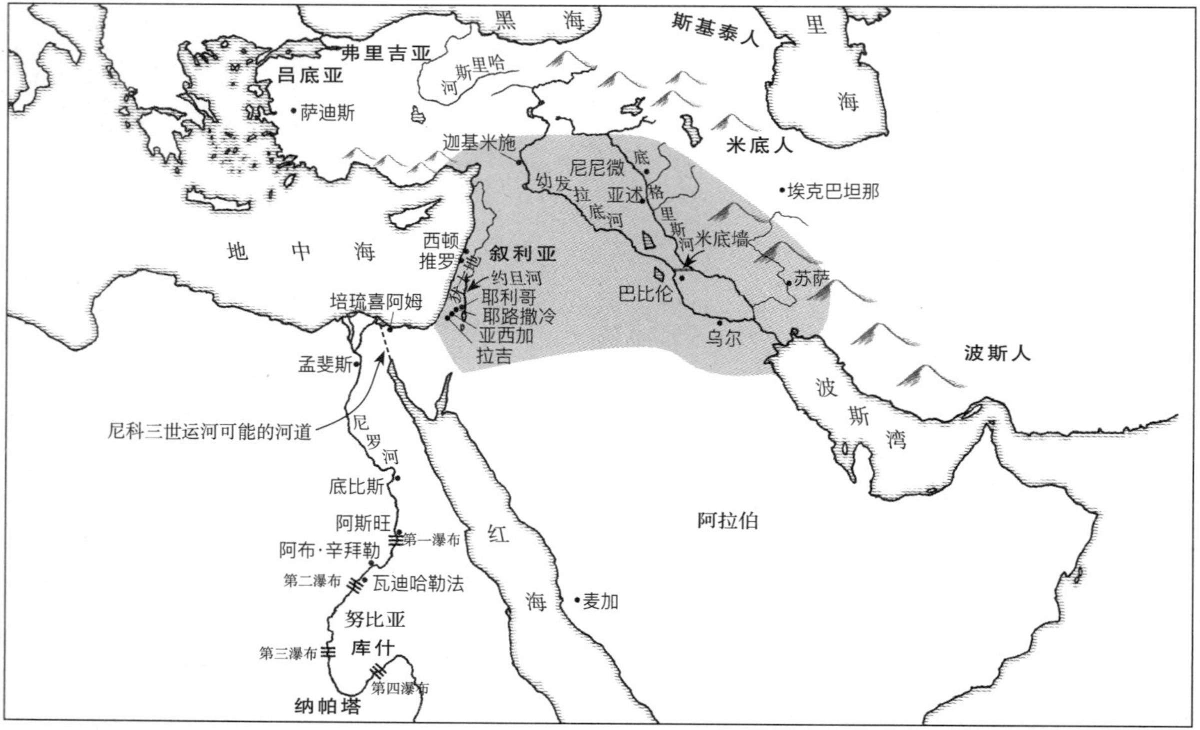
黑　海
里
海
斯基泰人
弗里吉亚
吕底亚
•萨迪斯
斯里哈
河
迦基米施
米底人
尼尼微
底
幼发
拉
底
河
亚述
格
里
斯
河
•埃克巴坦那
米底墙
苏萨
巴比伦
乌尔
波斯人
波
斯
湾
地　中　海
西顿
推罗
叙利亚
约旦河
耶利哥
耶路撒冷
亚西加
拉吉
培琉喜阿姆
孟斐斯
尼科三世运河可能的河道
尼
罗
河
底比斯
阿斯旺
第一瀑布
阿布·辛拜勒
第二瀑布
瓦迪哈勒法
努比亚
第三瀑布
库什
第四瀑布
纳帕塔
红
海
•麦加
阿拉伯
地图 5-1　巴比伦帝国

他的两支军队一支是埃及分队，由埃及将军阿玛西斯（Amasis）带领，另一支是希腊分队，由另外一名军官带领。他自己留在阿斯旺，两支军队继续南下。[21]希腊人并不怎么惧怕埃及旧时的实力，他们在阿布·辛拜勒（Abu Simbel）的拉美西斯二世巨型雕像的腿上留下了关于埃及军队的涂鸦："此字迹是由与普萨美提克二世一起航行的人所写，……我们一路航行至克吉斯（Kerkis）湾的尽头。波塔西摩托（Potasimto）带领说外族语言的军队，阿玛西斯率领那些埃及人。"[22]

纳帕塔被烧毁，4200个努比亚人非死即俘。[23]西底家听说后，传话给普萨美提克二世，如果埃及想攻打尼布甲尼撒，耶路撒冷则会出手相助。约瑟夫斯写道，他"虽然厌恶埃及人，却希望在他们的帮助之下打败巴比伦人"。[24]

尼布甲尼撒当时看起来一定不堪一击，因为普萨美提克二世同意出兵。他率军队离开三角洲，这支军队是由埃及人和希腊雇佣兵组成的，通过传统的方式经陆路抵达耶路撒冷。而巴比伦军队之前为了查明西底家迟迟不进贡的原因，早已来到了耶路撒冷城墙之外，此时不得不上前迎战。

先知耶利米预测这次战争依然会导致大难临头，他警告西底家最坏的事情还在后面。"那出来帮助你的法老军队回埃及本国去。迦勒底人必再来攻打这城，"他说道，"你们不要自欺说'迦勒底人必定离开我们'，因为他们必不离开。你们即便杀败了与你们争战的迦勒底全军，但剩下受伤的人，也必各人从帐篷里出来，用火焚烧这城。"[25]

虽然大多数人都对此战没有信心，但是西底家不听劝，把耶利米关入地牢，不让任何人听到他的预言。（一个官员抱怨道："他动摇了军心！”这话是有一定道理的。）与此同时，尼布甲尼撒二世“与埃及人相遇，并与他们作战，击败了他们。埃及人被迫撤离，他就一路追赶他们，直到把他们赶出叙利亚地区”。[26] 之后，普萨美提克二世就打道回府了。几周之后，也就是公元前 589 年 2 月，他去世了，他的儿子阿普里斯（Apries）继位。如果说西底家再度向南方的埃及寻助的话（根据后来先知耶利米和以西结的记载判断），那么埃及也并没有理会。阿普里斯从他父亲的错误中吸取了教训，并不打算冒犯那位伟大的国王。*

然后，尼布甲尼撒二世转头攻打耶路撒冷。西底家的军队控制了亚西加（Azekah）和拉吉（Lachish）这两个要塞城市，这是阻挡巴比伦入侵的前线，但这两个城市先后沦陷。拉吉出土的陶器碎片上面记载了这场漫长而痛苦的战争，当时守卫在前线准备应战的士兵在陶器上刻下这些文字，用以传递信息。亚西加首先遭到攻击。

一块陶器碎片上写着：“让我主知道，我们再也看不到亚西加发出任何信号。”[27] 亚西加此时已经沦陷，城里的灯火已经熄灭。不久之后，穷凶极恶的巴比伦人又攻至拉吉，然后开始向耶路撒冷发起猛攻。

对耶路撒冷的围攻持续了两年之久。据约瑟夫斯记载，这次围攻还伴随着“饥荒和瘟疫”，最终，正是饥荒结束了战争。公元前 587 年，西底家觉得自己受够了。他试图逃跑，他显然没有考虑剩下的人面对巴比伦的猛烈进攻该如何是好。“城里有大饥荒，甚至

---

* 希伯来人的记载把阿普里斯称为“合弗拉”。有关他的章节包括《耶利米书》（44:30）、《耶利米书》（46:25）、《耶利米书》（47:26）、《以西结书》（29），以及《以西结书》（30:21-26）。

百姓都没有粮食，"《列王纪・下》写道，"城被攻破，一切兵丁就在夜间从靠近王园两城中间的门逃跑。迦勒底人正在四周攻城，王就向亚拉巴逃走。迦勒底军队追赶王，在耶利哥的平原追上他，他的全军都离开他四散了。"[28]

尼布甲尼撒二世基本上已经不像之前亚述国王那样无端采取暴行，但是这一次他被复仇冲昏了头脑。当西底家被拖到他的军营前时，他下令把西底家几个未成年的儿子当着他的面杀死，然后命人挖出西底家的眼睛，这样西底家最后看到的一幕就是家人被处死的场景。

西底家戴着镣铐被带回巴比伦，他所有的主要官员和大祭司都在军营外被处死，尼布甲尼撒二世还命他的军官放火烧了耶路撒冷。城墙坍塌，城里百姓背井离乡，王宫、房屋、国库和所罗门神殿都淹没在一片火海之中。犹太人在巴比伦各地重新安顿，有些逃到了埃及。犹太人从此开始流散，历时 2000 年之久。约瑟夫斯总结道："大卫一族终结于此。"[29]

与此同时，尼布甲尼撒二世的盟军米底人在其岳父塞莱克斯的带领下，正缓缓向小亚细亚进军。耶路撒冷陷落的时候，米底人已经到了吕底亚的边界。

100 多年前吕底亚曾遭到辛梅里安人的入侵，现在又恢复了实力。一些吕底亚人已经迁至色雷斯，或许甚至到了西方更远的地方，但另外一些吕底亚人继续留在这里，现任国王是巨吉斯的曾孙阿律阿铁斯（Alyattes）。在他带领之下，吕底亚军队与米底人打成了平手。

公元前 590 年至公元前 585 年，两军在哈里斯河交战，双方都没能取胜。希罗多德评论，在这五年里，“米底和吕底亚多次交战，双方各有胜负，势均力敌”。[30] 公元前 585 年，尼布甲尼撒二世决定插手打破这一僵局。他派了一个名为那波尼德（Nabonidus）的巴比伦军官去调停两军。那波尼德似乎很出色地完成了任务：两位国王同意和平共处，并且决定让阿律阿铁斯的女儿阿里埃尼斯（Aryenis）嫁给塞莱克斯的儿子米底王子阿斯提阿格斯（Astyages）。[31]

或许尼布甲尼撒二世更应该出兵帮助米底人打败吕底亚人，而不是做和事佬从中调停。但现在塞莱克斯做米底人和波斯人的国王已经有 40 年了。他年事已高，身患疾病，也该停战了。就在签完协议两国联姻之后，他就一病不起，不久便去世了。阿斯提阿格斯继位成为米底人和波斯人的国王，但他没有继续发动战争，而是带着妻子回家了。

尼布甲尼撒二世没有派出巴比伦的军队，或许因为他自己也在饱受疾病的困扰。

尼布甲尼撒二世在位期间，特别是在其统治末期，一直为某些神秘的不祥之兆所困扰。《但以理书》是关于四个犹太俘虏被带到巴比伦，并由尼布甲尼撒二世的官员驯化为巴比伦人的故事，里面详细记载了尼布甲尼撒二世所经历的那段艰难岁月。其中一个俘虏就是但以理本人，尼布甲尼撒召他为自己解梦。这位国王在夜里看到一棵巨大的树，上面长满了美丽的树叶，结满了果实，为树下的动物和树枝上的鸟儿提供栖息之所。然后国王看到这棵树被砍掉，树皮剥落，树枝也被折断，只留下黄褐色的树桩。

因为亚述和巴比伦的国王都虔诚地把一棵神树奉为自己的力量之源，所以尼布甲尼撒认为这种梦十分不祥。但以理被叫去解梦，他肯定地说这是个凶兆：他预测国王将会发疯，并且会在一定时期内失去权力。尼布甲尼撒二世的确是疯了，他远离人群，“吃草如牛，身被天露滴湿，头发长长好像鹰毛，指甲长长如同鸟爪”。这种情形持续了 7 年。[32]

后来犹太人在关于《圣经》的评论中详细叙述了此事，试图使这种变身听起来更加合理。因为在《圣经》的故事里，很少出现人类因为受到惩罚而变成动物的叙述。再后来大约写于公元 100 年的《先知列传》——作者不详，记载了众多犹太先知的一生——认为这种变身象征着尼布甲尼撒的暴政。在《先知列传》中，尼布甲尼撒并没有失去理智，但是还是变成了动物：

> 他的头和上半身像公牛，他的腿和下半身像狮子……暴君在晚年会变成野兽。[33]

这与《吉尔伽美什史诗》完全不同，在那里面野人恩基都看起来是人形，但是却在田野上游荡，像动物一样吃草。在《吉尔伽美什史诗》中，恩基都代表了国王阴暗的一面，蛮横、未开化、追求权力，而国王必须与恩基都斗争并且将其驯服，才能够使自己的统治走向鼎盛。在吉尔伽美什和恩基都的故事中，当一个人抵制住诱惑不滥用权力时，他就会成为一位好国王（而他的阴暗面也会更接近人形）。但尼布甲尼撒相反，他变得越来越独裁专制，因此从一位伟大的国王堕落成为动物。[34]

尽管巴比伦的领土遭到其邻国的觊觎，但它在很短的一段时间内成了一个帝国的中心。汉穆拉比是巴比伦第一位伟大的国王，尼布甲尼撒一世是第二位，尼布甲尼撒二世是第三位，也是最后一位。巴比伦不习惯帝王的统治。

**时间线 5**

| 罗马和巴比伦 | | 波斯 | |
|---|---|---|---|
| | **萨尔贡二世** | **波斯** | **米底** |
| | **西拿基立** | | |
| **图路斯·荷提里乌斯** | **沙马什-舒姆-乌金** | | |
| | | **居鲁士一世** | |
| **安库斯·马尔西乌斯** | **康达鲁** | | |
| | | | **塞莱克斯** |
| | **辛-舒姆-伊什昆** | | |
| **老塔克文** | **那波帕拉萨尔** | | |
| | 尼尼微沦陷（前 612） | | |
| | **尼布甲尼撒**（前 605—前 562） | | |
| | 耶路撒冷沦陷（前 587） | | **阿斯提阿格斯** |
| **塞尔维乌斯·图利乌斯**（前 578） | | **冈比西斯一世** | |

古代苏美尔人对王权的不满又在尼布甲尼撒二世发疯的故事中得以重现。尼布甲尼撒二世被他内心的野兽征服了。在但以理出生的国家，几百年前曾违背神的旨意而选择国王，因此他从宗教信仰的角度这样来总结这个故事：人类惧怕王权是因为所有的人都渴望得到权力，也因为这种欲望而自我毁灭。

## / 06

# 居鲁士大帝

公元前 580 年至公元前 539 年间，居鲁士先后占领米底和波斯，最后征服了巴比伦。

在尼布甲尼撒二世领土的东部，米底和波斯最高统治者米底国王阿斯提阿格斯做了个关于自己的噩梦。几年前，他的吕底亚妻子阿里埃尼斯（Aryenis）生了一个女儿，名叫芒达妮（Mandane），现在芒达妮快到婚配的年龄了。希罗多德写道："他梦见她撒了很多尿，不仅淹没了他（阿斯提阿格斯）的城市，还淹没了整个亚洲。"[1]这个梦既令人恶心又令人不安。他询问他的那些智者，他们预言芒达妮的孩子长大后会掌管整个王国。

很显然，阿斯提阿格斯没有儿子，那么他的外孙很可能成为他的继承人，照这样解释的话也并不一定是什么坏事。然而，芒达妮孩子的父亲可能不愿意看到王位从祖父手里直接传到外孙手里，对此他十分警惕。

于是他很谨慎地为女儿选择了丈夫：他没有在埃克巴坦那选择

身边的那些米底贵族，而是选了一个地位更低（距离他更遥远）的人。他把芒达妮嫁给他在安善的波斯封臣的儿子冈比西斯，此人是居鲁士一世的儿子，也是波斯王位的继承人。冈比西斯曾发誓效忠他的米底最高统治者，而阿斯提阿格斯显然认为冈比西斯没有什么野心。

芒达妮结婚后很快就怀孕了（或许冈比西斯没什么野心，但是他的生育能力确实很强）。此时，阿斯提阿格斯又做了一个梦，这个梦和尼布甲尼撒那个神树被砍倒的梦刚好相反。他梦见一根藤蔓从他的女儿身上长出来，缠绕在他的领土周围。关于这个梦，他的那些智者告诉他，他女儿的儿子不仅会成为他下一任国王，而且会从他手里夺取王位。

于是阿斯提阿格斯邀请他的女儿到埃克巴坦那来，让她住在豪华的王宫里待产。他计划除掉这个孩子。冈比西斯看起来别无选择，只能让他的妻子和未出生的儿子离开，而芒达妮也无法拒绝他的父亲。

芒达妮生了个儿子，为了纪念她丈夫的父亲，她给孩子取名为居鲁士。阿斯提阿格斯既不想背上杀害血缘之亲的罪名，又不想承担任何责任，于是叫来一位将军，也就是他的表弟哈尔帕哥斯（Harpagus），命他处理掉那个婴儿。显然，阿斯提阿格斯希望别人都误以为这个婴儿已经死于襁褓之中，这样芒达妮就会回去，对他王位的威胁也就不存在了。[2]

哈尔帕哥斯也不想以后惹麻烦上身。他和阿斯提阿格斯一样，把这件事交给了别人去做。他认为："那个孩子必须死，但是必须由阿斯提阿格斯的人动手，而不是我自己的人动手。"

于是他把这个孩子交给了阿斯提阿格斯的一个牧民，那个牧民

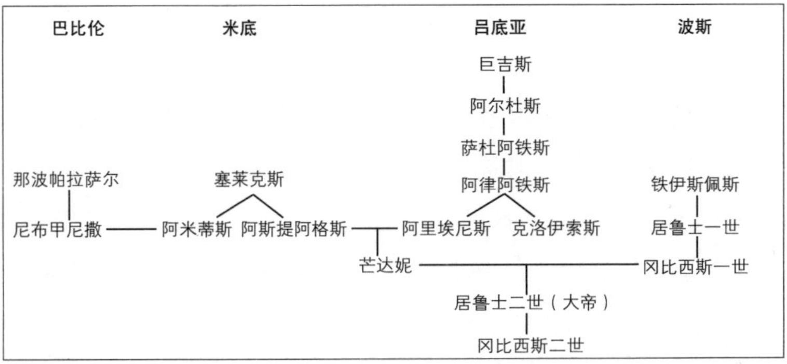


**图 6–1 居鲁士的家谱**

居鲁士通过联姻成为巴比伦、米底、吕底亚以及波斯的皇亲国戚。出自里奇·古恩

立刻把孩子带回家，交给了妻子，而他的妻子刚好生下一个死婴。牧民把自己孩子的尸体放在了山坡上，然后向哈尔帕哥斯报告说已经完成任务。居鲁士就在这个牧民的陋室里长大。

希罗多德所讲述的这个故事显然是一个典型的起死回生的故事，显示了国王的天命：一个婴儿奇迹般地死里逃生，长大后成为伟大的领袖，这一切都是上天的旨意。但在居鲁士的故事里，希罗多德还揭示出米底人和波斯人之间紧张的政治关系。虽然米底人是统治阶级，但是他们也不能光明正大地杀死其波斯封臣的孩子，即使是最高统治者也没有这个权力。

不可避免的事情终于发生了。居鲁士十岁时，被他的祖父撞见和村里其他男孩在一个广场上玩扮国王的游戏。但是现在杀他已经太迟了，因为如果杀了他，根本没有人会认为这是个意外。为了让事态往最好的方向发展，阿斯提阿格斯承认这个孩子的血统。他的那些智者向他保证，年幼的居鲁士在玩游戏时扮演国王已经使藤蔓凶兆得以化解，于是阿斯提阿格斯把居鲁士送回安善，让他回到他素未谋面的亲生父母家里。

之后，他叫来了哈尔帕哥斯。事情败露，哈尔帕哥斯只得承认他当时把任务交给了别人。阿斯提阿格斯表现出一副接受他表弟道歉的样子。“现在一切都好了，”他让哈尔帕哥斯放心，“我女儿对我有敌意，这让我一直很苦恼，”（我们猜测他有些轻描淡写）“我感觉自己的所作所为也不是很好。把你自己的儿子带到王宫来见见他的表亲吧，我们一起举行宴会庆祝一下。”

哈尔帕哥斯把自己的小儿子带到了王宫，阿斯提阿格斯杀了这个孩子，并且把他烤熟了做成晚宴的主菜。“他觉得哈尔帕哥斯已经饱餐之后，”希罗多德写道，“问他是否喜欢这道主菜。哈尔帕哥斯说他非常喜欢。接着侍从就把那个男孩的头颅和手脚拿了上来。”哈尔帕哥斯看到儿子的残骸，“强压下自己的怒火”。他跟阿斯提阿格斯说：“国王做的事都是正确的。然后，他就带着儿子的残骸回家了。”[3]

如果这一切都是真实的，那么我们可以说米底人控制自己情绪的能力实在是太强大了。透过字里行间我们可以看到更加不祥而又复杂的一幕：一个米底国王变得越来越偏执、越来越残暴，居然下令让王家侍卫残害其他米底人；而一个米底官员在他的王室宗亲侍从的包围之下，亲眼看到自己的儿子被带走且被残害致死；一个波斯王室成员必须服从国王的命令，却不能当众遭受羞辱；而波斯人虽然是下层阶级，却必须要小心对待，否则他们就会奋起反抗。

阿斯提阿格斯仍旧是米底人和波斯人公认的最高统治者。他还是巴比伦国王的连襟，而且他是已知世界的第二个（或者是第三个）最伟大的统治者。但是居鲁士回到安善后，在波斯领主冈比西斯的家里长大，他的母亲十分憎恨她的米底父亲。而在米底王宫，哈尔帕哥斯依然默默地侍奉着他的表兄，暗地里却在谋划长期的复仇计划——正所谓，君子报仇，十年不晚。

阿斯提阿格斯并非没有察觉到哈尔帕哥斯对他的仇恨。他在从安善到埃克巴坦那的每条路上都增加了一名侍卫，这样就没有人能避开他的视线进入王宫。

在位43年后，尼布甲尼撒二世去世，他统治期间疆域辽阔。可我们根本不知道他的尸体埋在何处。从一些不完整的记载中可以看到的是持续六年的混乱时期。他的儿子亚美-马杜克（Amel-Marduk）* 无疑是继承人；但他们父子之间的关系似乎不是很好。《圣经》的故事里讲，他们父子之间的敌对情绪十分明显，尼布甲尼撒二世刚一死，亚美-马杜克就立刻释放了约雅斤，这无疑是违背尼布甲尼撒的愿望的。《列王纪·下》写道："犹大王约雅斤被掳后三十七年，巴比伦王以未米罗达元年十二月二十七日，使犹大王约雅斤抬头，提他出监，又对他说恩言，使他的位高过与他一同在巴比伦众王的位，给他脱了囚服。"[4] 12世纪的犹太历史学家杰拉米尔（Jerachmeel）转述了一个后来的传说，说尼布甲尼撒实际上是因为亚美-马杜克背信弃义而监禁了他，尼布甲尼撒去世后，亚美-马杜克被释放出来，他把父亲的遗体从坟墓里挖了出来，丢弃给秃鹫啄食。[5] 如果我们能从这个故事中提取一些信息，那就是尼布甲尼撒和他儿子的关系并不好。

巴比伦的编年史并不完整，但是国王的史官贝若苏记载了一个

---

* 他的希伯来名字是以未米罗达（Evil-Merodach），意思与巴比伦语的亚美-马杜克是一样的。

十分戏剧性的故事。亚美–马杜克“统治国家时十分任性，完全不尊重法律”，于是他妹妹的丈夫在暗杀他之后夺取了王位。但是他只统治了短短四年时间。他去世后，他的儿子拉巴施–马杜克“尚未成年，继承了王位，在位仅九个月时间。他的几个朋友们因其所做的恶行而合谋把他打死了”。[6] 同一时代的其他作家也讲述了同样的故事。据希腊历史学家麦加斯梯尼（Megasthenes）记载，亚美–马杜克是被他的亲戚杀害的，而拉巴施–马杜克也死于暴力。[7]

最终夺取巴比伦王位的是一位名叫那波尼德的军官，他在 30 年前曾经帮助米底人和吕底亚人和谈。现在他已经 60 多岁了，他的儿子也已经 40 多岁了，他有几十年的军事经验和政治经验。[8] 可他并没有王室血统。据推测，他应该是生于哈兰城，因为他长寿的母亲阿达–古皮（Adda-Guppi）多年来一直是月神辛的女祭司。哈兰的一处铭文表明了她的身份，铭文上写道：“巴比伦国王是我心爱的儿子，我的后代，在众神之王月神辛的庇佑之下，一百零四年来我顺风顺水，为他而生为他而活。”[9]

那波尼德自己也承认其荣耀之身，但出身并不高贵。他最著名的铭文刻在一根圆柱之上，描述了他日夜重建哈兰和西帕尔（Sippar）神庙的场景，那波尼德写道：“我，那波尼德，没能有幸出身高贵，没有王室血统。”[10] 尽管如此，军队官员和政府官员纷纷支持他上台。《巴比伦编年史》从他上台起就没有记录，但是他自己的铭文告诉我们：“他们把我带到王宫之中，对我俯首称臣，效忠于我……至于在我之前的尼布甲尼撒，我是他强有力的代表……我手握兵权。”[11]

那波尼德即位时，巴比伦因为六年的内战实力大大削弱，那波尼德也不像前几任国王那样有实力南下进攻埃及。当然，他统治的依旧算是一个非常伟大的帝国，而且也没有什么敌人。在巴比伦的东面，阿斯提阿格斯仍然是米底和波斯的国王，也依然是他忠实的盟友。波斯国王冈比西斯于公元前559年去世，在他去世前三年，年轻的居鲁士已经成为波斯的统治者（希腊历史学家狄奥多罗斯这样告诉我们，“就在第五十五届奥林匹克运动会开幕那年，居鲁士成为波斯国王”，他还补充说，所有的历史学家都认同这个时间）。[12]但此时他并没有因为他的外祖父曾想在婴儿期杀死他的事情而表现出任何怨恨。他仍然既效忠于米底国王，也效忠于巴比伦国王。

在西北方，小亚细亚的吕底亚人实力强大，现在由阿律阿铁斯的儿子克洛伊索斯（Croesus）统治，他在位期间继续扩张吕底亚的领土。弗里吉亚人臣服于吕底亚，吕底亚人则与希腊爱奥尼亚各城邦结盟。“萨迪斯此时正处于鼎盛时期，”希罗多德评论道，“当时许多有学问的希腊人，包括雅典的梭伦都曾到访过萨迪斯。”梭伦当时已在外流亡了10年。贯穿小亚细亚的贸易之路给克洛伊索斯带来了财富，如同200年前的迈达斯一样，克洛伊索斯也成为世界上最富有的人之一。

那波尼德说服了克洛伊索斯，巴比伦和吕底亚建立了正式的联盟。他与埃及也和平相处。事实上，在很短的一段时间内，他似乎是没有什么敌人的。

但这段时间实在非常短暂。

居鲁士并没有忘记他外祖父的那些罪行，他的母亲很可能也不时地提醒他。据希罗多德记载，他是“他那一代人里最勇敢和最受爱戴的人”。他自己的家族阿契美尼德属于波斯最庞大也最强大的帕萨尔加德（Pasargadae）部族。如果他选择反抗米底人的统治的话，整个部族的人肯定都会站在他这边，然后，他又挨个去游说其他部族加入。米底的统治早已使他们的负担越来越重，而居鲁士也找到

了愿意听从于他的人："把自己从奴役中解救出来……你们至少并不输于米底人，与他们交战时也是如此！" [13]

此外，老哈尔帕哥斯也站在他这边。"他已经挨个拜访了米底所有重要的人物，"希罗多德告诉我们，"并且说服他们必须推举居鲁士当他们的国王，必须结束阿斯提阿格斯的统治。"可能是因为阿斯提阿格斯的行为变得越来越残暴，于是米底人一个接一个地参与到哈尔帕哥斯的计划之中。

一切准备就绪之后，居鲁士和他的波斯军队开始向埃克巴坦那进攻。阿斯提阿格斯的守卫者拉响了警报。老国王仍然清楚地记得之前那些为他解梦的智者说凶兆早已化解，于是他下令把那些智者钉死在埃克巴坦那的城墙之外。然后，他召集自己的军队，让哈尔帕哥斯（多年来他一直尽忠职守）打头阵。哈尔帕哥斯率领所有的米底军队与波斯军队对战，然后他突然带着自己大多数的指挥官倒戈。那一刻，他一定感到无比解恨。

少数忠于阿斯提阿格斯的士兵逃跑了，阿斯提阿格斯被俘，居鲁士控制了埃克巴坦那，并宣布自己为米底和波斯的国王。"阿斯提阿格斯的统治就这样走到了尽头，他总共统治了 35 年，"希罗多德总结道，"因为他的暴行，米底人在统治了位于哈里斯河另一侧的波斯 128 年之后终于为波斯人所统治。" [14] 居鲁士也不愿杀害自己的王室血亲，因此他没有杀掉自己的祖父，而是把他软禁起来，直到他寿终正寝。

现在，阿契美尼德家族的波斯人统治了东部地区。居鲁士并没有打算攻占他的老盟友巴比伦，但是他野心勃勃，想建立一个帝国。阿斯提阿格斯一去世，他就认为吕底亚人和米底人之间的协议也随之解除，开始进攻他叔公克洛伊索斯的领地。

两军在哈里斯河相遇，战成了平手。克洛伊索斯向后撤退，打算向巴比伦求助，但是居鲁士（他很清楚克洛伊索斯的想法，因此没有给他时间去搬救兵）步步紧逼至吕底亚，最终把吕底亚军队逼到了萨迪斯城门前。他用骆驼驱散了吕底亚的骑兵（那些马受到惊吓，脱缰而逃），然后开始围城，他只用了 14 天就攻下了整座城市。[15]

居鲁士认为他的手下应该得到奖赏，于是纵容他们涌入萨迪斯掠夺传说中的财富。与此同时，身为战俘的克洛伊索斯被带到了居鲁士面前，就在他身旁在城墙上目睹了这一切。克洛伊索斯什么话也没有说，居鲁士就问他为什么他看到自己的财富被掠夺一空也不感到难过。"这不是我的财富，"克洛伊索斯说，"他们正在掠夺你的财富。"听到这话，居鲁士立刻下令停止掠夺。[16]

居鲁士是个彻头彻尾的实用主义者，只要能对自己有利，他就会对别人十分慷慨。*即便是后来的作家把他理想化（比如曾经一度站在波斯人一边的希腊将军色诺芬，他写了一本书《居鲁士的教育》，书中描述说居鲁士自我约束力强、处事公平、富有智慧且心存仁慈[17]，因此他建立了世界上最强大的帝国），也不经意间提到这位伟大君王以武力、恐吓和威权作为自己的策略。色诺芬这样写道：

---

*　希腊历史学家的记载，主要是希罗多德的记载为我们提供了关于波斯和米底历史最完整的资料。然而，由于希腊人和波斯人之间长期处于敌对状态（引发了几次战争，也给亚历山大大帝带来很多麻烦），希腊人普遍把波斯人描述成慵懒不堪、贪图享乐、道德败坏的人。波斯文化中所有的长处都被归功于米底人的影响。这使他们大加赞赏居鲁士大帝这样的人，因为虽然他是波斯人，但是接受的教育来自他的米底祖父。这种偏见无疑使希腊人的记载更加不可靠。最近更多想写波斯历史的人都试图先研究波斯帝国的结构，以修正和补充希腊人的记载，他们研究波斯人自己留下的货币、铭文以及官方文件。然而，波斯人并没有留下史籍，所以希腊人的记载仍然是我们了解波斯人历史的唯一来源，从而了解他们在反对自己所在帝国结构时的所作所为。[见海琳·圣茨斯-威尔登伯格（Heleen Sancisi-Weerdenburg）为《阿契美尼德历史 I》（*Achaemenid Hisroty I*）所作的前言，第 12—13 页。]

> 对于人类来说，统治各种动物比统治自己的同类要简单得多。然而，居鲁士，一个波斯人……征服了很多人、很多城市，还有很多国家，使他们都臣服于自己……有些虽然距离遥远，需要很多天的路程才能见到他，却心甘情愿听命于他；还有一些甚至要经过几个月的跋涉才能见到他；甚至还有尚未见过他的人；还有那些明知自己永远不会见到他的人。尽管如此，他们都愿意听命于他，因为迄今为止没有其他国王比他做得更好。[18]

尽管居鲁士公正仁慈，他比其他国王做得好的地方主要是他善于令人心生畏惧。色诺芬在为居鲁士的公平大唱赞歌之前，这样写道："他能让世界上很多地方的人都惧怕自己，没有人试图做任何反对他的事情。"[19] 当他无法令人惧怕自己时，就用金钱来收买；为了得到更多的利益，他会十分慷慨大方。"他为所有人分发食物，"色诺芬写道，"再后来……他所赐予别人的礼物超过了任何人……据说他广赠礼物之举使人们喜欢他胜过喜欢自己的兄弟，自己的父亲甚至是自己的孩子。"还有谁会像这位波斯国王那样，去找距离自己几个月路程的敌人复仇？除了居鲁士，还有谁能在推翻一个帝国之后，死后还被尊称为"父亲"？[20]

"父亲"这种称谓令人不寒而栗，更令人恐惧的是，色诺芬还指出，"父亲居鲁士"用礼物来收买整个帝国的人，让他们成为"国王的耳目"，向他汇报一切"对国王有利的事情……到处都是国王的耳朵，到处都是国王的眼睛。所有的人都不敢说对国王不利的话，好像国王就在身边听着一样；所有的人都不敢做对国王不利的事，就好像国王就在眼前看着他们一样"。[21]

尽管如此，色诺芬坚持认为在居鲁士身上看到了前所未有的特质：一个新型的帝王。可他是错以为这位“新型的帝王”公平公正，心怀仁慈。但居鲁士就像他之前所有伟大的国王一样，仍然用武力和恫吓来统治他的帝国。当然，他的帝国无疑是“新型的”，因为很多不同的民族被合为一国，都由他来统治。现在米底人、吕底亚人（包括弗里吉亚）、亚述北部诸省份（他的祖父征服的）都是波斯的一部分。居鲁士派哈尔帕哥斯去征服沿海的爱奥尼亚各城邦，他自己则回头去攻打米底的东部领土。铭文和史料的记载都表明，他几乎一路打到了印度河。当然，他并没有试图深入印度河流域[22]，也没有冒险进入海上。毕竟，波斯并非海洋国家。

这一区域只剩下三个国家：斯基泰人统治的北部地区，埃及人统治下的遥远的南部地区和西部地区最强大的巴比伦。

那波尼德并没把很多精力放在他的帝国上。事实上，他让他的儿子伯沙撒（Belshazzar）做了摄政王，把巴比伦交给他统治，他自己则长途跋涉南下进入阿拉伯半岛，在那里定居下来，远离自己王国的中心。

那波尼德在阿拉伯究竟做了什么？

他的统治结束后不久，他的敌人波斯人就编写了《那波尼德诗传》（*Verse Account of Nabonidus*）描述巴比伦的衰落史，饶有兴致地描述他如何不适合统治帝国，这些描述实在不怎么可信。但是，当《那波尼德诗传》谴责那波尼德信奉的并非马杜克神时，它不经意间揭示了一个事实。《那波尼德诗传》把他信奉的这个神叫作南娜（Nanna），并且说巴比伦人并不了解这个神。

没有人曾在这个国家见过，

> 他把她放在一个基座上，
> 他把她称为南娜，
> 她头上戴有王冠，
> 一个类似月食时月亮形状的王冠。[23]

波斯人可能不熟悉这个神，但是巴比伦人对这个神一定不会陌生。此神正是之前乌尔城的月神。

那波尼德肯定会信奉月神，因为他自己的母亲是月神女祭司，她也提到了儿子的虔诚。但是那波尼德的虔诚也给他自己带来了麻烦。虽然他的铭文把自己的崛起（也是尼布甲尼撒的继承人的衰落）归功于月神辛的赐福，但这样的虔诚使他渐渐远离了他历尽艰难所夺来的王位。他一上台就陷入麻烦之中，与马杜克的祭司们发生了冲突。这些祭司在尼布甲尼撒统治时期影响力很大，这种冲突严重到使尼布甲尼撒无法在巴比伦继续居住下去："他们尊重辛的礼法，"他在他自己的铭文上抱怨道，"辛让我离开我的巴比伦城到特马（Tema）去……整整十年，我……没有进入过属于我的巴比伦城。"[24]

他的解决办法很简单：他把巴比伦城交给他的摄政王，也就是他的儿子伯沙撒，然后离开了这座马杜克所选择的城市。他深入阿拉伯地区，在沙漠城市特马停下了脚步，正如《诗传》（*Account*）所描述的：

> 他放弃了一切，把王权交给他的儿子，
> 带着军队，深入西部，前往特马，
> 他在战斗中杀死了特马的王子，
> 屠杀了城里的居民和城外的村民，

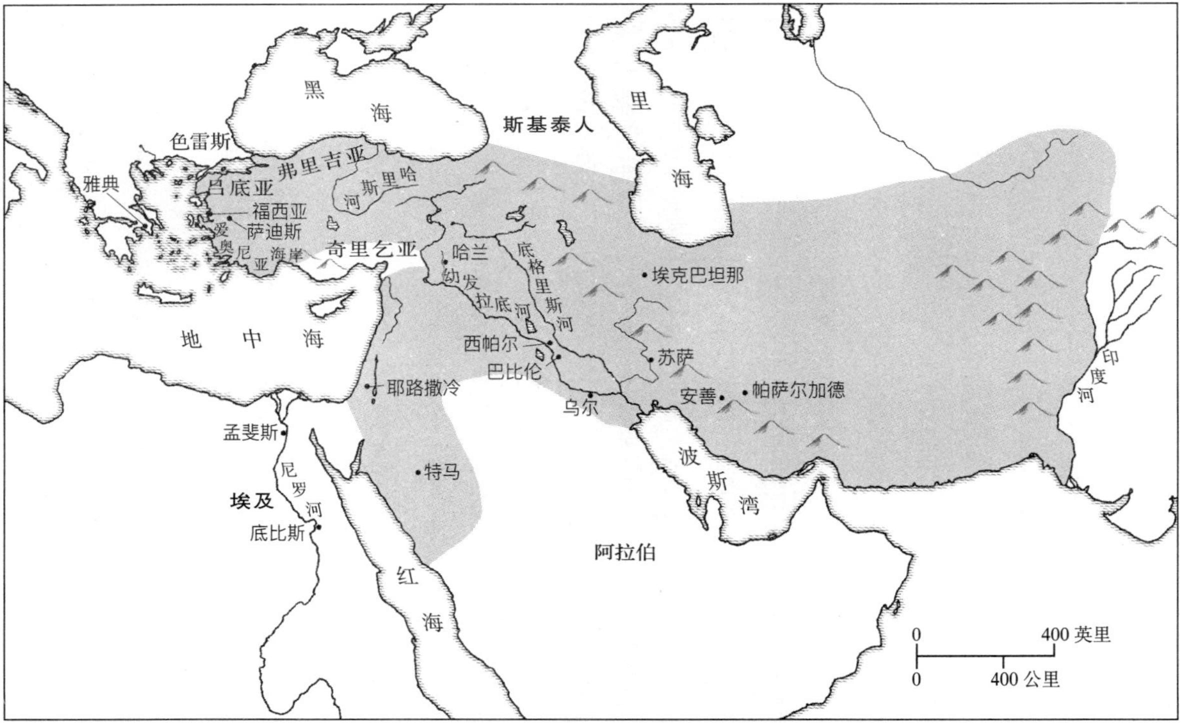


地图 6–1　居鲁士大帝的帝国

> 然后自己在特马定居下来。[25]

他这样做并非完全出于绝望。特马位于商路的中心位置，不断经过这里的都是价值连城的黄金和盐。从这里那波尼德可以控制巴比伦的贸易，他在与伯沙撒的书信中也明确表示他其实并没有“放弃一切”。他的儿子——和他相比与马杜克的关系要好得多——显然都是遵照他的指示行事。

然而，他发现自己因宗教信仰问题陷入了两难境地。在他的宗教使命和世俗使命发生冲突时，他就不得不牺牲其一，他选择了牺牲世俗使命。他甚至在新年庆典时都没有回巴比伦，通常国王要在新年庆典上带领凯旋的军队，陪伴着马杜克神像穿过伊什塔尔大门，以重申其王权。然而，那波尼德深爱着自己的神，无法让自己这样做。*

这件事从根本上削弱了巴比伦的实力，给了居鲁士可乘之机。

公元前 540 年，居鲁士已经开始派出前锋部队沿着巴比伦的东部边境不断挑起事端。战斗的规模越来越大，因此那波尼德动身北上，回到了自己国家的中心地带。[26]

当他回到巴比伦时，居鲁士正打算对巴比伦发起进攻。那波尼德现在重掌大权，他下令让巴比伦军队向敌人发起进攻。他们越过底格里斯河，在俄庇斯（Opis）与居鲁士指挥的波斯军队遭遇。

“巴比伦军队与他交战，”希罗多德直言不讳地评论道，“但他们战败了，撤回巴比伦城。”[27] 在那波尼德的指挥下，巴比伦人立刻开始进入防御状态。据色诺芬记载，他们有充足的食物和水源，足

---

* 许多学者认为那波尼德离开王宫一事是尼布甲尼撒二世发疯故事的原型。从巴比伦流亡他乡是两个故事之间最相似的地方，但是也有很多截然不同的细节。

够维持20年。[28]居鲁士缓慢崛起，因此巴比伦人有足够的时间准备好迎接围城（这种做法很谨慎，但也表明他们对自己的军队打败居鲁士并没有足够的信心）。

居鲁士意识到要攻下这样一个食物和水源都很充足的大城，就算不用几年的时间，也要耗上几个月的时间，于是他想出了另外一个计划。据色诺芬描述，底格里斯河正好流经巴比伦的中心，河水比两人的身高加起来还要深。尼布甲尼撒加强了防御，因此这座城市不容易被水淹没，但是居鲁士又想出了一个对策。他沿着巴比伦城上游的底格里斯河挖了很多沟渠，在一个漆黑的夜晚，他让手下同时打开了所有的沟渠。河流的主干道向各个方向分流，底格里斯河的水位立刻降低了，这样波斯士兵就可以踩着城墙下河床的淤泥进入城中。前锋部队趁着夜色通过河床爬进城里，他们满身淤泥，在街上摇摇晃晃地边走边喊，仿佛是醉汉一样，他们就这样来到城中心，并且迅速占领了王宫。色诺芬指出，当时巴比伦正在进行某种宗教庆祝活动，因此没有人发现这次入侵。《但以理书》同意这种说法，说摄政王伯沙撒正在王宫里和数百名贵族开怀畅饮，当波斯人闯入王宫时，他和数百名贵族已经烂醉如泥了。

那波尼德当时显然是在城中其他地方，他被抓住成为俘虏，但是并没有受到伤害。但是，伯沙撒在随后的战斗中身亡。城门从里面被打开，其余的波斯士兵涌了进来，整座城市沦陷了。那一天是公元前539年10月14日。

毫无疑问，居鲁士之前听到过人们抱怨那波尼德怠慢马杜克神，而马杜克也因此受到了侮辱，要惩罚这座城市。居鲁士立刻成为马杜克的选择。他按照传统的宗教仪式，骑着马，“拉着马杜克神像的手”进入巴比伦。毕竟他是因为婚姻才成为尼布甲尼撒的侄孙的，因此算不上是因血缘关系而继承王位。像米罗达巴拉但或拿破仑的做法一样，他让史官解释，他实际上是巴比伦的解放者，是伟大历史的复兴者。

> 他出于必要拯救了巴比伦，
> 那波尼德是不崇拜马杜克的国王，
> 马杜克把他交到了居鲁士的手上。
> 所有的人都跪倒在地，亲吻他的脚，
> 他们因为他的统治而感到高兴，脸上闪烁着光芒。
> 我，居鲁士，把巴比伦的居民从枷锁中解救出来。
> 我修缮他们的房屋，清理废墟，
> 伟大的主马杜克为我的所作所为感到高兴。
> 我使众神各归其位，
> 我听命于伟大的主马杜克。[29]

他用同样的方式，向犹太人宣布他会恢复他们的神耶和华的地位。这使他非常受犹太流亡者的欢迎。《圣经 · 以斯拉记》的开头这样写道："波斯王古列（居鲁士）元年，耶和华为要应验借耶利米口所说的话，就激动波斯王古列的心，使他下诏通告全国说，波斯王古列如此说：'耶和华天上的神，已将天下万国赐给我，又嘱咐我在犹大的耶路撒冷为他建造殿宇。在你们中间凡作他子民的，可以上犹大的耶路撒冷，在耶路撒冷重建耶和华以色列神的殿。'"[30] 居鲁士还把从巴比伦国库里发现的所罗门神庙中的宝物归还原主，这又是一个他利用财富（在这个例子中，这些财富夺取自他人）加强自己地位的例子。因为这一举动，犹太人称他为"上帝的受膏者"

（Anointed of the Lord）。

流亡在外的犹太人在回到耶路撒冷一年多之后，在一次伟大的节日庆典上为第二座神庙打下了地基。自从尼布甲尼撒把巴比伦洗劫一空之后，那些祭司就没有穿过自己祭祀时的圣衣，现在他们又重新穿上这些衣服，敲锣打鼓，放声歌唱。可是，新神庙的地基建在瓦砾之上，不过是权宜之计，它看起来破败不堪，与之前神庙辉煌的样子完全不同，“见过旧殿的老年人，现在亲眼看见立这殿的根基，便大声哭号，也有许多人大声欢呼，甚至百姓不能分辨欢呼的声音和哭号的声音”[31]。

居鲁士自己的胜利是很纯粹的。他把尼布甲尼撒雄伟的宫殿当作自己的一处行宫，把埃克巴坦那当作一处避暑之地；埃克巴坦那位于高山上，虽然冬季多数时间都在下雪，但是在盛夏时节却比炎热的波斯平原舒适得多。他在安善（Anshan）也保留了一处宫殿。但是，为了统治他的新帝国，居鲁士建立了一个新的都城：帕萨尔加德（Pasargadae）。

在他的波斯帝国，被征服的人们继续正常生活，并没有受到什么影响。居鲁士的帝国的创新之处在于他对整个帝国的构想，他不想让帝国里所有的人都变成波斯人，而是希望在波斯的统治下，各族人民居住在一起，他没有像亚述人那样试图去摧毁民族意识或身份。相反，他把自己描绘为那些特殊身份的保卫者和监护人。与此同时，他继续派自己的耳目来监视是否有麻烦出现。

| 时间线6 | | | |
| --- | --- | --- | --- |
| | **罗马和巴比伦** | **波斯** | |
| | **萨尔贡二世** | **波斯** | **米底** |
| | **西拿基立** | | |
| **图路斯·荷提里乌斯** | **沙马什-舒姆-乌金** | **居鲁士一世** | |
| **安库斯·马尔西乌斯** | **康达鲁** | | |
| | **辛-舒姆-伊什昆** | | **塞莱克斯** |
| **老塔克文** | **那波帕拉萨尔** | | |
| | 尼尼微沦陷（前612） | | |
| | **尼布甲尼撒**（前605—前562） | | |
| | 耶路撒冷沦陷（前587） | | **阿斯提阿格斯** |
| **塞尔维乌斯·图利乌斯**（前578） | | **冈比西斯一世** | |
| | **亚美-马杜克** | | |
| | **拉巴施-马杜克** | **居鲁士二世（大帝）**（前559） | |
| | **那波尼德**（前556—前539） | | |
| | 巴比伦沦陷（前539） | | |
| | **居鲁士二世（大帝）** | | |

# / 07

# 罗马共和国

公元前501年至公元前550年间，凯尔特人和迦太基人登上历史舞台，罗马废除王政。

在占领属于吕底亚同盟的沿海爱奥尼亚城市后，刚刚取得胜利的居鲁士把哈尔帕哥斯留在小亚细亚以完成对吕底亚的征服。

据希罗多德记载，哈尔帕哥斯的一系列战争引起了多米诺骨牌效应。哈尔帕哥斯首先对位于海岸中部的福西亚（Phocaea）发动进攻：这座城市的居民被称为“最早开始远航的希腊人”。哈尔帕哥斯围城之后，开始忙着在石头城墙外修建工事。福西亚人告诉哈尔帕哥斯说，如果他能撤兵一天，让他们安安静静地讨论一下的话，他们可能会考虑投降事宜。于是哈尔帕哥斯撤兵一天，福西亚人则“备好他们的战舰”（这种战舰有50支船桨和一个标志性的方形主桅帆），“让他们的女眷、孩子带好所有的个人物品上船……他们自己也上了船”，然后驶离了福西亚。波斯人占领了空无一人的福西亚。

福西亚人早已在塞尔诺斯岛（希腊语的名字是科西嘉岛）上为自己建好了一个贸易港口——阿拉利亚（Alalia）。然而，有一半福西亚人难忍思乡之情，决定不顾波斯人的入侵，冒险返回被遗弃的城市。另一半福西亚人则向阿拉利亚驶去。[1]

在科西嘉岛上安顿下来之后，他们开始着手建立自己的贸易帝国。他们的战舰特别适合用于贸易，船上搭载了大批可随时应战的船员（包括船长、船员还有至少 50 名桨手），因此相对于商船（通常只有五名至六名船员）来说，战舰更令海盗感到惧怕。[2] 福西亚人打算控制地中海西部各个贸易线路，而此时希腊其他的城邦还没有对此加以重视。他们在现今法国南部沿海地区建立了一个殖民地，作为与西部地区进行贸易的口岸。

这个新殖民地马萨利亚（Massalia，今称马赛）把希腊贸易网与多个部落组成的贸易网连接在一起，而这些部落在此之前并不为人所了解。它们来自内陆山区，是野蛮好战的部落，带来的是黄金、盐巴、琥珀、皮毛，以及（最有价值的）锡。

福西亚人遇上了凯尔特人。

将公元前 600 年至公元前 500 年间分布在中欧西部地区的部落称作“凯尔特人”是一种时代错误。当时，希腊人和罗马人都把这些部落称作“高卢人”或“凯尔特人”，但是公元前 600 年至公元前 500 年间，这些部落并没有什么族群认同的概念。[3] 它们只不过是有着共同起源的零散部落而已。

他们都是印欧人种，也就是说他们的祖先在很久之前都是来自里海和黑海之间那片地区，曾占领那片地区的民族就是后来的赫梯人、迈锡尼人和雅利安人。[4]这四个印欧种族在语言上的相似性表明，他们从同一个地方迁徙到四个不同的地方：赫梯人向西进入小亚细亚，迈锡尼人向西然后又向南进入希腊半岛北部，凯尔特人进入阿尔卑斯北部地区，雅利安人则向东然后向南进入印度。

后来被称为凯尔特人的这支印欧人没有文字，因此我们只能尽可能地研究他们留下的坟墓和物品。公元前 630 年前后，马萨利亚王国刚刚建立时，一种特殊的埋葬方式已经从现代的奥地利传到南部的卢瓦尔河。我们按照其最著名的考古遗址把它命名为哈尔施塔特（Hallstatt）文明：这个地方就是多瑙河南部的一处墓地和盐矿。*

哈尔施塔特部落在坟墓里堆满金饰、剑、矛、食物、饮品还有餐具，供死人使用。头领的坟墓周围是士兵的坟墓，而士兵的坟墓中还葬有他们最宝贵的财产——长铁剑。[5] 哈尔施塔特部落的商人驾着马车去往马萨利亚，车上装满了琥珀、盐巴，还有来自遥远矿山的锡，这些矿山位于现在英国的康沃尔郡。这些都是贵重稀缺的物品，贸易使马萨利亚成为一个繁华的都市。

福西亚人在马萨利亚的贸易带来了丰厚的收益，这使伊特鲁里亚人越来越无法忍受。位于伊特鲁里亚中心的各城邦一直忙于向北方地区发展。现在希腊人正不断进攻，占领了那些伊特鲁里亚人认

---

* 中欧历史时期的划分（当然）与东欧和西欧不同。一般来说，中欧的历史时期分为新石器时代（公元前 2400 年以前）、铜器时代（公元前 2300 年至公元前 1800 年）、青铜时代初期（公元前 1800 年至公元前 1450 年）、青铜时代中期（公元前 1450 年至公元前 1250 年）、青铜时代晚期（公元前 1250 年至公元前 750 年）和铁器时代（公元前 750 年至公元前 400 年）[ 参见玛丽亚·金布塔斯（Marija Gimbutas）《欧洲史前史：从新石器时代到铁器时代》,《人类学双年评论》1963 年第 3 期，第 79—92 页 ]。哈尔施塔特文化先于阿尔卑斯山北部的早期青铜时代，考古学家称这些青铜时代的印欧文化为古墓文化（以用来埋葬尸体的巨大土堆或是坟墓为显著特点）和瓮棺文化（尸体火化后置于骨灰瓮里，这与遥远的南部地区的维拉诺瓦人和拉提尔人的习俗类似。参见第 1 册第 49 章）。这些文化传播至使用铁器的一些部落，当时正值伊特鲁里亚人统治时期，希腊人在意大利建立殖民地，由此便产生了哈尔施塔特文化 [ 参见黛西·欧霍根（Daithi O'Hogain）《凯尔特人》（*The Celts*）第一章和金布塔斯《欧洲史前史：从新石器时代到铁器时代》，第 92—93 页 ]。

为本应由自己来开发的土地。希腊殖民地沿着今天法国的南部沿海迅速发展起来；摩纳哥、尼斯和圣特罗佩，这些都曾经是希腊的贸易港口。[6]

这种压力迫使伊特鲁里亚各城邦——像希腊各城邦那样各自独立——最终联合在一起。早在 100 年前，意大利的五个伊特鲁里亚城邦就曾经联合起来共同抵抗罗马。现在，十二个伊特鲁里亚城邦效仿希腊的邻邦同盟，愿意将彼此的命运联系在一起，在追求共同目标的同时保持各自的政治独立。伊特鲁里亚联盟形成于公元前 550 年左右，包括维爱、塔尔奎尼和沃尔西尼。[7]

即便联合在一起，伊特鲁里亚联盟也不抱能打败福西亚侵略者的希望。一旦爆发战争，福西亚人便可以调用数百艘希腊同盟的船只。据希罗多德记载，伊特鲁里亚人因此与迦太基结成同盟。

公元前 550 年，位于地中海南岸、非洲北部沿海的迦太基已经有 300 年的历史。推罗和西顿是松散的腓尼基邦联的两座最古老的城市，现在正处于居鲁士的统治之下。但是更遥远的迦太基则是一个独立的小王国。公元前 550 年左右在位的国王马戈（Mago）是我们有历史记录的第一位迦太基君主。[8]

马戈在位期间，迦太基在地中海建立了自己的贸易殖民地。看到希腊人如此起劲地在附近开拓殖民地，迦太基人和伊特鲁里亚人一样感到不快，他们非常乐意一起对阿拉利亚的福西亚人发动进攻。* 亚里士多德的《政治学》一书中就记载了这个同盟，书中提到

---

* 可能迦太基人本身就与福西亚人有矛盾；在马赛出土的文物表明，在福西亚人到来之前，腓尼基定居者已在此建立了自己的贸易港口，而福西亚人在到来之后很可能将腓尼基人赶了出去。

地图 7-1　罗马人、迦太基人和高卢人

“伊特鲁里亚人和迦太基人”曾经为了“商业与贸易关系”而建立起同盟。[9]

阿拉利亚（或科西嘉岛）的希腊人听到风声后做好了战争的准备。希罗多德写道：“福西亚人准备了 60 艘战船，然后出发航行至撒丁海迎敌。”在之后的交战中，有 40 艘战船彻底被毁，剩下的 20 艘战船损坏严重，无法再作战，但仍然可以航行，于是福西亚人撤回了科西嘉岛，带上女眷和孩子，撤到位于意大利半岛“靴子尖”位置的希腊城市利基翁（Rhegium）。

阿拉利亚的海战是到那时为止第二大海上战役（拉美西斯三世与海上民族之战是第一大海上战役）。这场战役最直接的后果就是伊特鲁里亚人暂时在一方称霸。根据拜占庭的斯特凡努斯（Stephanus of Byzantium）的说法，福西亚人的战舰不再时不时地来找麻烦，伊特鲁里亚人占领了科西嘉岛，建立了自己的贸易殖民地，势力范围向西扩张至西班牙海岸。他们的实力达到了顶峰，成为半岛上台伯河北部地区的统治者。[10]

马萨利亚与阿拉利亚之间的联系就此中断，但是这并非伊特鲁里亚人所为。伊特鲁里亚人占领了母城之后，就不太在意那些地处偏远的子城了。马萨利亚大概挣扎了一段时间，但它并没有就此衰落，而是一直延续至 21 世纪，现在名为马赛。

这场战争也给迦太基人带来了发展空间。按照与伊特鲁里亚人达成的协议，他们占领了撒丁岛；而且，由于没有了来自地中海西部希腊人的侵扰，他们也把领土扩张至西班牙海岸。

就在希腊人撤退、迦太基人和伊特鲁里亚人在地中海上航行之时，罗马的规模和实力都在不断扩大。它向外扩张得越远，其内部矛盾也就越严重。一个国王怎么可能统治几个彼此敌对，甚至拒绝相互通婚的民族呢？不仅如此，其贵族阶级十分固执、高度独立，他们甚至杀害了第一位半神的国王，又有什么国王可以应付得了这样的贵族阶层呢？

在伊特鲁里亚人统治时期，罗马国王和罗马人民似乎找到了某种折中的统治方式，即一种结合了绝对君主制、居鲁士的风格，还有雅典民治主义的统治方式。罗马早期的历史学家掩盖了这段折中的历史，他们似乎总是把后来的政体强加到之前的那段时期里。但即使是在王政时期，罗马人也已经在处理城市事务时有了发言权。

罗马历史学家瓦罗提到罗马人在早期被划分为三个“部落”，它们可能分别代表萨宾人、拉丁人和伊特鲁里亚人这三个民族（虽然罗马最早的记载对此只字未提）。[11] 另一方面，李维相信塞尔维乌斯·图利乌斯把罗马人民划分为六个“阶层”，划分的依据是财富而不是血统。对于一座人们可以白手起家的城市来说，这不失为一个好办法。在战争时，最富有的罗马人应当全副武装保卫城市，配好青铜制的头盔、盾、护胫甲、胸甲还有剑和矛；最为贫困的人只能带上投石器和石头。[12] 即使罗马由国王来统治，罗马的公民也需要自己保卫自己的城市，而且还应大体上决定何时何地需要发动攻击来保卫自己的城市。由于罗马公民有如此之大的管理城市的权力，他们肯定不会容忍保留国王统治太长的时间。

塞尔维乌斯·图利乌斯统治了 44 年后，君主专制瓦解了。

罪魁祸首就是塞尔维乌斯·图利乌斯的侄子，也就是年轻的小塔克文。他不仅野心勃勃，而且行为不端：他和蛇蝎心肠的弟媳图里亚（Tullia）勾搭在了一起。李维评论说：“邪恶就像磁铁，能相互吸引。”小塔克文早已娶妻，但是为了不让自己的婚姻成为绊脚石，这对情人密谋害死了各自的配偶，然后结婚了。

李维写道："从那天起，年迈的塞尔维乌斯处境愈发危险。"图里亚是麦克白夫人的原型，她野心勃勃，想让自己的新丈夫成为国王，"她很快发现罪恶的脚步是无法停止下来的……她让她的丈夫日夜不得片刻安宁"。"我不想要一个只安于做丈夫的男人，"她煽动丈夫说，"我想要的男人应该是一个名副其实的国王！"

小塔克文深受此话的刺激，立刻行动起来。他趁塞尔维乌斯·图利乌斯不在的时候自己坐上了王位，并宣布自己为王。塞尔维乌斯得知后跑到正殿与这个篡位者对峙，但塔克文"已经走得太远无法回头"，他亲自把老国王赶到了大街上，他的刺客就在街上了结了这位老国王。李维写道："塞尔维乌斯死后，真正的王权走到了尽头，从此再也没有一位罗马国王按照人性和正义来统治国家。"[13]

小塔克文上台没多久就赢得了一个绰号："傲慢者"塔克文（Tarquinius Superbus）。他组建了一支护卫队，以暴力手段迫使罗马公民顺从自己。他处决了塞尔维乌斯·图利乌斯的忠实拥护者，还将无辜的人处以重罪，这样他就可以没收他们的钱财。李维告诉我们："他以武力篡夺了王位，但他根本就没有国王的头衔。"

> 百姓没有推举他，元老院也没有批准他上台。臣民不可能爱戴他，因此他只能通过恐吓来维持统治……塔克文把自己怀疑或讨厌的人处以死刑、流放或是没收财产；他打破了所有公共事务必须请示元老院的一贯传统；他不经元老院或民众的同意就随意签订或是取消条约，或是随意结盟。

所有这些都是严重的罪行。当他的儿子，也就是他的王位继承人强暴了一位罗马的贵妇——他朋友的妻子卢克丽霞时，终于引发了民愤。卢克丽霞因倍感侮辱而自尽。她的丈夫把她的尸体摆在公共广场上，呼吁民众为他死去的妻子报仇。不久后，民众对卢克丽霞被强奸一事的愤慨就转变成对整个王室残暴专制的不满。

“傲慢者”塔克文当时正在罗马城外率兵与邻邦阿尔代亚作战。得知叛乱的消息后，他马上往回赶。但当他到达罗马时，民众已经全面参与叛乱。李维写道：“塔克文发现城门紧闭，民众下令将其流放。”他的军队“情绪高涨地”加入了叛乱，塔克文被迫带着儿子向北逃至伊特鲁里亚。

卢克丽霞的丈夫和他所信任的一个朋友被推选为罗马的领袖，这是军队投票的结果——只有塞尔维乌斯组建的那部分军队才有权投票。这两名男子被赋予宣布战争、颁布法令的权力，但是与王权不同的是，这项权力他们只能行使一年，而且两人可以相互否决对方的法令。他们现在是执政官，即罗马政府的最高长官。罗马从君主制中解放出来，进入罗马共和国时期。*

李维为我们记载了这些年间最详细的历史资料，赋予这个故事强烈的亲共和色彩。在他看来，一旦塔克文被驱逐出境，整个罗马的历史就会转向。李维宣称：“从现在开始，我的任务是记录一个自由国家的历史，这个国家的政府由每年推选出的官员组成，官员不是按照个人意愿被任命，而是要依据至高无上的法律进行推选。”

---

* 据李维记载，传统上认为流放“傲慢者”塔克文的时间为公元前 509 年，而罗马从伊特鲁里亚的统治中解脱出来的时间为公元前 445 年。公元前 509 年以后有关罗马政府演变的详情并非本书所讨论的内容，但有兴趣的读者可以考虑查询盖里·福赛斯（Gary Forsythe）的《早期罗马批判史》（*A Critical History of the Early Rome*）第六章“罗马共和国的开端”和 H.H. 斯卡拉德（H.H.Scullard）的《罗马世界的历史，从公元前 753 年至公元前 146 年》（*A History of the Roman World,753 to 146 bc*）第三章“新共和与秩序之争”。

驱逐“傲慢者”塔克文可能确有其史实基础，但罗马人绝不可能突然间才意识到君主专制的缺点。确切地说，驱逐伊特鲁里亚国王代表着推翻伊特鲁里亚人的统治。

自从 100 多年前老塔克文上台之后，罗马就一直处在伊特鲁里亚人的统治下。但自从公元前 535 年阿拉利亚海战胜利后，伊特鲁里亚人的统治就开始变得举步维艰。

驱逐“傲慢者”塔克文之后发生的事情表明伊特鲁里亚的实力在减弱。小塔克文在伊特鲁里亚各个城市奔波，试图建立一个反罗马联盟。“我和你们血脉相连”是他最具说服力的理由。维爱和塔尔奎尼做出了回应。这两支队伍跟随小塔克文回到罗马城外，企图在伊特鲁里亚南部最重要的城市重夺统治权。

他们与罗马军队遭遇，一场恶战之后最终战败，但双方其实几乎打成了平手。李维评论说，罗马人取胜是因为他们牺牲的人数比伊特鲁里亚少了一人。之后伊特鲁里亚人又开始计划再次向罗马发动进攻，这一次由伊特鲁里亚城市克鲁修姆（Clusium）的国王拉尔斯 · 波尔塞纳（Lars Porsena）统率。

罗马人得知这一消息后恐慌不已。他们好不容易才击退了维爱和小塔克文，拉尔斯 · 波尔塞纳也因其勇猛好战而声名在外。罗马城外的农民因恐惧而抛下他们的农田，逃到罗马城内。

罗马城的独特之处在于只有三面城墙，其东面没有城墙，只依仗台伯河的天险防御。人们普遍认为这条河是不可逾越的，但有一条路可以让军队跨过台伯河直接进入罗马城：台伯河上有一座木桥，将城外东部的贾尼科洛山与罗马的中心连接起来。

于是拉尔斯 · 波尔塞纳绕开了城墙，从台伯河方向开始发动进攻。伊特鲁里亚军队像风暴一样席卷而来，轻而易举地占领了贾尼科洛山。驻扎在那里的罗马士兵扔掉武器，从桥上逃走避难。

只有一个名叫贺雷修斯（Horatius）的士兵没有逃跑，他坚定地站在桥的西侧，准备独守阵地。“他在一群四下奔逃的士兵中间特别明显，”李维写道，“手中握着剑和盾，准备迎敌。”[14]

据罗马神话记载，贺雷修斯阻滞了伊特鲁里亚人很长时间，这确保罗马的工兵部队及时赶到摧毁了这座桥。他不顾罗马士兵让他在木桥倒塌之前从桥上撤回的呼喊，继续奋战至整座桥化为碎片。“木桥坍塌，阻挡了伊特鲁里亚军队前进的脚步，罗马士兵此时也因及时完成了任务而欢呼。”李维写道。仍然身在城外的贺雷修斯穿着盔甲跳入河中游了回来。李维总结道：“此举着实伟大，也许这只不过是传说，但注定会名垂青史。”

像西拿基立从耶路撒冷城撤退一样，贺雷修斯守卫木桥的故事虽然只是两军交战中一件微不足道的事情，却因为一首诗而得以流传至今。在托马斯·巴宾顿·麦考莱（Thomas Babington Macaulay）的《古罗马叙事诗》（*Lays of Ancient Rome*）中，贺雷修斯成为英国爱国勇士的榜样：

城门的守将
勇者贺雷修斯如是说：
“凡立身此大地者，
死亡终将到来。
面对死亡的恐惧，
怎样才算死得其所？
为守护先祖的遗骨，
为捍卫诸神的圣殿。”[15]

贺雷修斯此举或许英勇无比，但是守住木桥并不能阻止伊特鲁里亚人的进攻。波尔塞纳将他的军队部署在贾尼科洛山，封锁了河道，使罗马无法通过船只运送食物，然后开始围城。围城期间，双方多次交手，没有分出胜负；拖了一段时间之后，波尔塞纳最终同意撤军，条件是罗马必须做出让步。双方约定和平共处，这一约定虽然没有从根本上改变双方的关系，但至少使双方不再相互敌对。

这一约定表明伊特鲁里亚人和罗马人现在势均力敌。由于伊特鲁里亚人已经统治罗马达几十年之久，所以这对于伊特鲁里亚各城邦来说，其实意味着失败。就在同一年，罗马与迦太基缔结协议，认定台伯河南部海岸不属于伊特鲁里亚，而是罗马的领土。

波里比阿（Polybius）在《罗马帝国的崛起》（*Rise of the Roman Empire*）一书中对此协议有所记载。他认为，罗马与迦太基建立友好关系是基于一定的前提的，最重要的前提是罗马的船只向西不得驶过美丽海岬（Fair Promontory），也就是今天的邦角半岛（Cape Bon）。* 如果一位罗马船长被迫偏离航道需要在禁区停靠的话，必须在五天内修好船只离开，“除了修缮船只或是祭祀所需的物品外，不许购买或带走任何其他物品”。[16] 美丽海岬东部的任何交易都必须有城镇官员在场（这大概是为了阻止罗马人在迦太基附近进行武器交易）。作为交换，迦太基人同意放弃对所有拉丁人口分布地区的统治，不在其附近修建堡垒，并且不会携带武器进入拉丁人的领

---

* 2000 多年后，美丽海岬仍然是两军之间的分界线。据《卫报》（1943 年 5 月 13 日）报道，冯 · 阿尼姆（Von Arnim）将军在邦角半岛最顶端投降，北非的轴心国军队也被迫投降。两天前，同盟国的海军和空军力量封锁了所有撤离邦角半岛的海上路径，“切断了邦角半岛到大陆的通道，把敌人的守卫军困在了人迹罕至且多山的邦角半岛”，《卫报》战地记者 E. A. 蒙塔古（E. A. Montague）把这一策略称作德国的“敦刻尔克希望”（1940 年，法国被占领，同盟国军队撤离后，敦刻尔克面临德国的进攻）。（《北非结束了有组织的抵抗：冯 · 阿尼姆在邦角半岛被俘》，载《卫报》1943 年 5 月 13 日）

土。显然，罗马人最关心他们未来的政治扩张，而迦太基人只想打造一个贸易帝国。

与此同时，伊特鲁里亚人退出了历史舞台。他们眼见就要失去波河附近的土地，而成群的凯尔特勇士正在翻越阿尔卑斯山，去往意大利北部地区。

据李维记载，由于人口激增，高卢已经变得“十分富裕，但人口众多，有效控制这些人口是非常困难的事情”。于是高卢的凯尔特国王派他的两个侄子分别带领人马去寻找新的土地。一个侄子北上，进入“德国南部”，另一个则带着“千军万马”南下进入阿尔卑斯山。他们翻山越岭，“打败了提基努斯河附近的伊特鲁里亚人”，然后建立了今天的米兰城。

入侵并未到此为止。李维描述了此后至少四次对高卢的入侵，每次入侵的部落都驱赶住在阿尔卑斯山南麓城市的伊特鲁里亚居民，然后在波河河谷建起自己的城镇。第四批抵达的凯尔特人发现“所有阿尔卑斯山和波河之间的地区都已被占领了”，于是他们“乘坐竹筏过河”，驱逐居住在亚平宁山脉和波河中间地区的伊特鲁里亚人，然后在那里定居下来。[17]

凯尔特人从山坡上冲向伊特鲁里亚诸城邦的城墙，这一幕一定令人十分胆战心惊。希腊人和罗马人之所以把这些部落命名为“凯尔特人”，是因为这个词在印欧语中是“攻击”的意思。凯尔特人的坟墓里发现了七尺长矛、锋利的铁剑、战车、头盔和盾牌，这些装备证明他们十分善战。[18]波里比阿说：“他们睡在稻草和树叶上，以肉为食，除了战争和农耕，别无所求。”

这次始于公元前505年左右的入侵是整个凯尔特文化入侵的一部分。而就在此时，新的风俗习俗开始取代旧的哈尔施塔特文化。这种新的文化使用绳结、曲线以及迷宫般的线条作为装饰物，首领的坟墓中陪葬的不是哈尔施塔特坟墓里那样的马车，而是双轮战车。但这两种文化之间的转变并非和平演变。在德国南部霍恩堡（Heuneburg）发现的哈尔施塔特墓地已经被洗劫一空，而多瑙河畔的堡垒也被烧毁。[20]

考古学家们把凯尔特文化的下一个阶段命名为“拉坦诺文化”（La Tène），这是根据这种文化在莱茵河南部最大的遗址来命名的。在有些地方，拉坦诺遗址位于哈尔施塔特遗址的南部，或是覆盖了哈尔施塔特遗址（霍恩堡和迪恩贝格就是此种情况），但总体来说拉坦诺遗址要偏北一些。[21] 我们现在把拉坦诺风格的艺术归为凯尔特文化的一部分，认为拉坦诺文化取代了哈尔施塔特文化。这不是外族入侵，而是内部权力更替：一种凯尔特文化取代了另外一种凯尔特文化。

这内部的权力斗争导致他们南下入侵意大利，后来的罗马历史学家查士丁（Justin）记载了这一事实：

> 高卢人来到意大利寻求新的居住地的原因是内部动荡和无休止的自相残杀。他们厌倦了这一切后就来到了意大利，把伊特鲁里亚人从原本的家园驱逐出去，建立了米兰、科莫、布雷西亚、维罗纳、贝加莫、特伦托和维琴察。[22]

这种动荡的局面可能把一部分凯尔特人驱赶至欧洲的西海岸，甚至可能使他们越过海峡到达不列颠岛。不列颠岛几百年来就已经有人在此居住，尽管我们对这些居民几乎一无所知，只了解他们把巨型的立石摆成圆圈，做一些与祭天有关的事情。最著名的巨石阵可能始建于公元前 3100 年，并且使用了 2000 年之久。* 但是这些人很快就被同样好战的伊特鲁里亚人赶到南部的凯尔特人同化了。就在公元前 500 年前后，不列颠的坟墓里开始陪葬有战车，就像德国南部的拉坦诺坟墓一样。

面对北方的入侵者，罗马共和国建立了新的政府来应对。李维写道："在日益焦虑和紧张的情况下，第一次有人提议任命一个独裁官。"这一年是公元前 501 年，距共和国成立仅八年。

李维记录了投票的民众（应该说是军队）之所以通过这一提议，是因为当时军事上出现了很多紧急情况：与附近城市的战斗、萨宾人的敌对、来自其他拉丁城镇的断断续续的攻击、"民众"的动乱。但是北方的变动也影响到了南方地区，让整个半岛都陷入紧张的局势中。

独裁官这个官职并没有被赋予无上的权力。一任罗马独裁官只有 6 个月的任期，而且必须由执政官任命。通常情况下，独裁官就是执政官中的一个。他的职责就是在有外来入侵时保护罗马的安全，但他在罗马城中也有与众不同的权力。执政官在罗马城外有处以死刑的权力：如果与军事远征有关，执政官可对城墙外的罗马人处以死刑，但在罗马城里，他们不得不依照投票人口的意愿对罪犯处以惩罚。然而，独裁官不必咨询他人就可以在罗马城里行使生杀大权。[23]

---

* 普遍认为早在气候变化、冰期结束之前，最早的不列颠人就设法来到了这里，到了公元前 6000 年（在苏美尔各城邦早期，水位上的相同变化把波斯湾顶部向北推进）不列颠和欧洲之间的陆桥被海水淹没，于是这些人就被困在了此地。见第 1 册第 1 章。在凯尔特人到来之前，我们无从知晓不列颠人在这 1000 年的隔离期内究竟做了什么。

**时间线 7**

| 波斯 | | 罗马 |
|---|---|---|
| **波斯** | **米底** | |
| | | **老塔克文** |
| | **阿斯提阿格斯** | |
| **冈比西斯一世** | | **塞尔维乌斯·图利乌斯**（前 578） |
| **居鲁士二世（居鲁士大帝）**（前 559） | | |
| | | 伊特鲁里亚联盟 |
| | | **“傲慢者”塔克文**（前 535） |
| | | 罗马共和国时期开始（前 509） |
| | | 凯尔特人入侵 |
| | | 罗马出现第一位独裁官 |

任命第一位独裁官可能是为了对付四处掠夺的高卢人、拉丁人和伊特鲁里亚人，而且就像李维解释的那样，对不安分的罗马人加以控制也是他工作的一部分。他写道：“罗马任命的第一位独裁官沿着街道庄严地行进，前面有仪仗性的战斧开道，这样可以震慑民众，让他们更加温顺……民众对这位独裁官既不能申诉，也不能求助，只有绝对服从。”[24]

绝对服从是罗马的第一道防线。这是共和国的权力第一次出于权宜之计而中断，但不是最后一次。

/ 08

# 王国和改革者

公元前560年至公元前500年间，印度分成多个王国和联盟，摩揭陀王国开始崛起。

在神话故事中的摩诃婆罗多战争与公元前6世纪中叶之间，印度的各部落经历了斗争和谈判后立下约定，进入了一个相对稳定的诸王国共存状态。

佛教口口相传的故事中提到了十六个这样的王国，后来以文字记载下来。* 其中包括从婆罗多战争中留存下来的俱卢（Kuru）、犍陀罗（Gandhara）、般遮罗（Pancala）；南部的阿湿波（Ashuaka）位于温迪亚和萨特普拉山脉以南，也就是今天的德干高原上；还有

---

* 我们考证这十六个王国早期历史的最佳资料是《巴利文大藏经》（Pali Canon，又称为《巴利三藏》），里面记载了大量口口相传的佛经，成书于公元前1世纪。《巴利文大藏经》分为三个部分：《律藏》，是关于寺庙中的僧尼的戒律；《经藏》，包括数百种佛教教义（“经”指的是一种布道或教义），其本身分为五部分，统称为《阿含经》；《论藏》，是基于《经藏》中教义的系统神学。四个主要的佛教派别（上座部、大众部、说一切有部、正量部）都使用《巴利文大藏经》，而且这是上座部佛教唯一的经文。《巴利文大藏经》的内容关乎修行，而不关乎政治，我们从中获得的历史都是从过去的评论或是用来阐明某种戒律来源的故事中收集而来的。

位于恒河转弯处以南的摩揭陀国（Magadha）。*

这十六个国家被称为十六雄国（mahajanapadas），这个词起源于很久很久之前。早期游牧的雅利安武士集团称自己为“jana”（梵语意为“部落”）；他们定居在恒河流域，占领那里的土地，并且对“jana”这个词加以延展，称自己为“janapada”，意为有土地的部落。十六雄国指的是那些通过占领其他部落的土地而建立起来的王国。在这些王国中，国王本人、他的亲戚和武士都属于刹帝利（kshatriya）种姓**。出生在刹帝利家庭的人，生来就被赋予成为精英的权力。

刹帝利享有政治权力，但祭司也能行使自己的特殊权力。雅利安人南下至印度之后，祭祀就已经成为其日常生活的一部分：《梨俱吠陀》中一首早期的赞美诗这样写道：“因陀罗出手相助，那些献身祭祀之人，那些唱诵圣歌之人，那些烹制圣餐之人，那些受圣言激励之人……那些为主持祭司献礼之人。噢，人们啊，他们就是因陀罗。”[1] 古老的雅利安人的修行方式结合了哈拉帕文化中的元素和其他当地部落文化中的元素，后来成为印度教中最古老的核心修行方式。祭司是印度社会的第一批贵族，他们在十六雄国时期依然具有影响力。像统治阶级刹帝利一样，祭司也有自己的种姓：出生

---

* 在佛经中找到的最完整的列表记载于《昆舍佉布萨经》（*Visakhuposatha Sutta*）中。这十六个王国分别为：甘菩遮（Kamboja）、犍陀罗、俱卢、般遮罗、末罗（Malla，其中包括八个氏族的联盟，名为跋耆）、跋蹉（Vatsa, Vatsya, Vansa）、憍萨罗（Kosal, Kosala）、摩差（Matsya, Maccha）、苏婆娑（Surasena, Shurasena）、车底（Chedi, Ceti）、阿槃提（Avanti）、阿湿波（Ashuaka, Assaka）、迦尸（Kashi, Kasi）、摩揭陀、鸯伽（Anga）、文伽（Vanga）[参见《增支部尼柯耶》（Anguttara Nikaya）VIIII.43，《佛教居士修行》（*Lay Buddhist Practice*），汉堤帕罗比丘（*Bhikkhu Khantipalo*）译；罗米·拉塔帕尔（Romlia Thapar）《古印度：从起源到公元1300年》（*Early India: From the Origins to AD* 1300），第138页；约翰·凯伊《印度：一部历史》，第45页]。

** “caste”（种姓）一词是葡萄牙人于16世纪发明的。古印度人更倾向于使用梵语词“jati”（出身）。

在祭司的家庭的人就是婆罗门，代代世袭祭司的特权。

这种三分制社会——祭司、武士首领和其他人（这些“其他人”被称为吠舍，属于平民阶层）——在古代社会并不罕见。但是在印度，祭司掌管着一切。在其他大多数的古代社会中，国王和武士处在权力的最顶层，即使是那些嘴上说着敬重诸神的人也可以把他们的先知和祭司关押起来，甚至处决他们。而且在其他古代社会中，国王能够行使一定的神权，有时还会成为最高的宗教领袖。

但是婆罗门独享特权。在十六雄国时代，生来不是刹帝利的人，只要有祭司为他举行仪式授予他神权，就仍然可以成为国王，但是生来不是婆罗门的人却无法成为祭司。[2] 据后来的印度教经典《摩奴法典》（*The Laws of Manu*）记载，婆罗门是所有其他阶层的“主人”，是人类中的佼佼者：“生来就是世界上最高贵的人，是万物的主宰，为保护法律而生，世间一切皆为婆罗门所有……婆罗门的确是被赋予了一切。”[3]

对于那些游牧部落来说，用动物祭祀原本是非常重要的事情，但到了十六雄国时代，随着印度城镇人口不断增长，这种祭祀方式逐渐被摒弃了。然而，上天赋予那些“生来就是世界上最高贵的人”的权力却丝毫没有减少。祭司的重要性在那些武士集团的观念中根深蒂固，因此婆罗门非但不会失去饭碗，反而会永远处于核心位置。他们不再从事祭祀了，而是在之前祭祀的地方举行没有牺牲的宗教仪式：在黄昏来临时祭拜炉火，照看神像以示对神灵的尊崇，主持婚礼和葬礼。[4]

十六国的周边地区有一些部落拒绝并入十六雄国中的任何一个王国。这些部落没有建立王国，而是建立起独立的联盟，称作迦纳–僧伽（gana-sanghas）。

**地图 8–1 印度诸王国**

这些迦纳–僧伽部落很可能根本不是雅利安人的后代，他们在武士部落到达之前就是恒河流域的居民。武士部落和迦纳–僧伽部落通婚（正如婆罗多战争中般度氏族与般遮罗部落联盟的故事那样）很可能减少了种族之间的巨大差异。但一个强有力的证据可以证明迦纳–僧伽人绝对不可能是雅利安人：宗教仪式对于十六雄国的印度人来说至关重要，但是对于迦纳–僧伽人来说却并非如此。

迦纳–僧伽只有两类人：拥有大部分土地的统治家族和在土地上

劳作的雇工或是奴隶。统治家族的首领做出决定（开战、与其他部落交易、从灌溉系统调水灌溉土地），而劳动人民没有任何发言权。[5]

十六雄国中也有没有发言权的仆人。他们是第四类人：既不是统治阶级刹帝利或婆罗门祭司，也不是像农民、陶工、木工、瓦工那样的普通吠舍。《梨俱吠陀》中的一首诗描述了每个种姓的神话起源，称婆罗门高高在上，从巨大的原人（Purusha）的口中出生，原人造就了整个世界：

> 婆罗门是他的嘴
> 他的两只手臂变成了刹帝利
> 他的两条大腿是吠舍
> 他的两只脚成了首陀罗[5]

首陀罗就是奴隶或仆人，是处于第四层的下等人。他们没有话语权，也没有权力，无法从奴役中解放出来。法律允许他们的主人一时兴起杀掉他们或者流放他们，却不允许他们听神圣的《吠陀经》（如有偷听就要把熔化的铅水注入其耳朵）。* 他们并不是十六雄国的社会成员，而是另外的东西。首陀罗的起源不明，或许最早是被征服的某个外族。

在这种等级分化严重的社会中，肯定有人会感到不满。

第一个反对所有这种等级制度的声音来自迦纳–僧迦。公元前

---

* 公元前600年，最古老的雅利安诗歌集《梨俱吠陀》衍生出三部诗歌集：《娑摩吠陀》(《梨俱吠陀》中专门在宗教仪式中咏唱的颂歌集)、《耶柔吠陀》(《梨俱吠陀》结合了较新文本的颂歌集，由专职祭祀之人咏唱，这些人被称为祭司，在宗教仪式中担任特别职责）和《阿闼婆吠陀》(不仅收录了颂歌，还包括日常生活中所使用的咒语和礼仪)。[约翰·Y. 芬顿（John Y.Fenton）等《亚洲的宗教》(*Religions of Aisa*)，第27—28页。]

599 年前后，改革家那塔蒲塔 · 筏驮摩那（Nataputta Vardhamana）出生于恒河流域东北部的一个迦纳–僧伽部落联盟，该部落联盟名为跋耆（Vrijji）。[8] 他自己所在的部落叫那特里卡（Jnatrika），他出身富贵之家，是一位王子。

据他的追随者记录，他的改革始于公元前 569 年，是年他 30 岁。他先是放弃了自己与生俱来的财富和特权，除了一件衣服之外别无一物。他花了 12 年的时间沉默冥想。之后他想象出一种脱离祭司的生活：他的世界里没有婆罗门，人生的目的不是通过祭司的帮助与诸神沟通，也不是像经文中传授的那样，生来就要履行天职以取悦诸神。* 人类应该通过克制自身的欲望（贪婪、好色、食欲），把自己从物质世界的束缚中解脱出来。

公元前 567 年前后，他开始赤脚穿越印度，宣讲五大教义，即五誓言：不害（ahisma），即不以暴力伤害任何生物（第一次系统解释了为什么动物也有权利）；诚实（satya），即要说实话；不偷窃（asteya），即不盗窃任何东西；纯洁（brahmacharya），即不沉溺于肉欲的快乐；不执着（aparigraha），即不依附于任何物质（他为了展示这一教义，丢弃了身上唯一的一件衣物，赤身裸体而行）。那塔蒲塔 · 筏驮摩那的追随者称他为“大雄尊者”（Mahavira，意为

---

* 公元前 6 世纪，印度教经历了新的大发展（与政治演变不无关系），并且衍生出三个不同的分支。行为派是由祭司统治的印度教的一支，强调每个人的任务就是履行自己生来所在的阶层的职责。知识派注重的不是行为，而是通过学习《奥义书》达到精神上的高度顿悟，《奥义书》是在十六雄国时期开始被记载下来的新教义。虔诚派强调的则是将对印度诸神中最高神灵（湿婆神或是毗湿奴）的崇拜作为美好生活的中心。这三个分支都为那些在行为、顿悟或是虔信中出类拔萃的人提供重生的机会，使其拥有更好的人生或是（最终）获得永生。这是对非常庞大且复杂的宗教流派的一种十分简单的概括。约翰 · 芬顿等人的《亚洲的宗教》中的介绍十分标准，对印度教的发展进行了较为详细的解释。金姆 · 诺特（Kim Knott）的《印度教简史》（*Hindusim: A Very Short Introduction*）也给出了很好的概括。另外一份更为详细的资料（虽是学术性的，但是仍然值得一读）是瓦苏达 · 纳拉亚南（Vasudha Narayanan）的《印度教：起源、信仰、修行、圣言、圣地》（*Hindusim: Originis, Beliefs, Practices, Holy Texts, Scared Places*）。

“伟大的英雄”)。[9]

这些教义并非全新的观点。主流印度教也教导人们以不同的方式把自己从物质世界中解放出来。筏驮摩那算不上是创新者，而是现有教义的改革者。但他提出要极度克己，并且要尊重所有生命，这足以吸引大量的追随者。他的教派被称为耆那教(Jainism)，而他的追随者被称为耆那教徒。*

几年后，另一个创新者出生于十六雄国之外的迦纳-僧伽。像筏驮摩那一样，他也生于富贵王侯之家。他也在30岁左右时放弃了自己享有的特权，开始自我流放。他也得出了类似的结论：自由只存在于那些能够克制自身欲望的人身上。

这个创新者就是悉达多·乔达摩(Siddhartha Gautama)，他是释迦族的一位王子，其家族生活在筏驮摩那出生地跋耆联盟的北部地区。据传统故事记载，他早年家庭生活安逸幸福：他有妻子女儿，他的父王让他在王宫高墙之内享受荣华富贵，对世间的疾苦一无所知。

但有一天，悉达多命令他的车夫驾车带他到花园里游玩。在那里他看到了一位老人，老人“牙齿零落，头发花白，弯腰驼背，手持拐杖，蹒跚前行”。他为眼前这种年迈衰残的景象深深震撼，回到王宫后，觉得“出生是种耻辱，因为所有人出生之后都要变老”。后来他摆脱了这种想法，但是他再次去花园时，又看见一个疾病缠身的人，那人没多久就咽气了。这使他内心更加困惑。

后来他在一次宴会上顿悟。当时很多美女围在他身边载歌载舞，

---

* 这里依然是概括性的叙述；如想了解更多资料，可尝试基础的巴拉特·S. 沙阿(Bharat. S.Shah)的《耆那教简介》(*An Introduction to Jainism*)，或者更学术的保罗·邓达斯(Paul Dundas)的《耆那教徒》(*The Jains*)。在当代，耆那教最著名的追随者当属圣雄甘地，他的非暴力变革运动的核心就是来自“不杀生”这一教义。甘地本身并不信奉耆那教，但他所成长的城市有大量耆那教徒。

但是随着夜幕降临，那些美女逐渐疲惫不堪，一坐下就睡着了。这位王子环顾四周：

> 仔细打量那些熟睡的美女，乐器散落在她们身边的地面上，有的嘴角流着唾液，有的正在磨牙，有的在说梦话，有的张着嘴巴，有的衣衫不整，身体裸露，令人恶心。这种反差使他更加厌恶肉体的欢愉。在他眼里，那座辉煌的宫殿……变得像是一座坟墓，四处钉满了开始腐烂的尸体。[10]

从此以后，他就开始了自我流放。据记载，那一年是公元前534年。[*]

悉达多在外漂泊了几年，试图让自己接受人不可避免地走向衰老并腐朽的事实。他尝试冥想，但冥想之后还是要面对逐渐走向痛苦和死亡的现实。他尝试像耆那教徒那样禁欲苦行，通过绝食来减少自己与尘世的联系。后来有记载说，他的“脊椎突出，像条绳索”，他的肋骨就像“破旧的露天牛棚上面突出的椽子一样”，他的眼睛深深地凹进眼窝中，“就像深井中的水泛起的微光一样”。[11] 然而，这种禁欲苦行并没有让他从普通人的境遇中超脱出来。

最后，他终于找到了自己一直在寻找的答案。限制人的并非仅仅是欲望，还有人本身的存在，“人生在世总是摆脱不了强烈的欲望”，并且总有所求，“渴望获得肉体的欢愉，渴望永存世间，还渴

---

* 最近的学术讨论认为筏驮摩那（前 599—前 527）和佛陀（前 563—前 483）的出生和死亡年代有误，之前的记载大约早了 100 年，两人的出生年代都应该推迟至下一世纪。虽然很多人支持这一说法，但是印度学者对此并非全都赞成。由于仍然存在不确定性，我决定还是使用传统的年代。

望超脱尘世”。[12] 摆脱欲望的唯一办法就是超脱于人本身的存在。

意识到这一事实后，悉达多便开悟了。从此以后，他不再是悉达多·乔达摩，而是成为佛陀：他开悟后进入涅槃。涅槃便是对某种真谛的大彻大悟，这种领悟凭空而生、无果而终、超脱于万物，是一种无法用语言描述的存在。*

这不仅是一种精神上的发现，而且是一种（尽管声称超脱于尘世）政治立场。这种立场既反对婆罗门又反对等级制度。婆罗门的印度教强调轮回，这就意味着大多数印度人面临着一次又一次令人厌倦的人生，只有通过轮回，他们才有希望摆脱种种约束，然而等待他们的可能又是一次与之前相同或是更为痛苦的人生。用凯伦·阿姆斯特朗的话来说，这种存在“无法让人看到重生的希望，反而会让人再次面临死亡的威胁……经历一次走向衰老的过程，或者经受一次疾病困扰，或是经历一次死亡的恐惧，都足以令人痛苦，而一次又一次地重复这种痛苦令人无法忍受，而且毫无意义”[13]。在一个死亡算不上是解脱的世界里，必须找到另外一种解脱方式。

佛陀的教义同样反对婆罗门（和刹帝利）：每个人都必须依靠自己，而不能指望某个强大的领袖来解决自己所有的问题。再后来，9 世纪的一位佛教大师留下一句名言：“见佛杀佛。”这是为了向他的学生强调不要屈从于任何权威人物——哪怕他是身受天命之人，无论其是国王还是祭司。[14]

佛陀很快也有了追随者，他们来自各个阶层。

就在大雄尊者和佛陀宣扬放弃物质财富之时，十六雄国的国王

---

* 如果想了解更多信息，基本资料可参考凯伦·阿姆斯特朗（Karen Armstrong）的《佛陀》（*Buddha*），还有迈克尔·卡瑞提斯（Michael Carrithers）的《佛陀简介》（*Buddha: A Very Short Introduction*），关于佛教研究更为全面的资料可参考彼得·哈维（Peter Harvey）的《佛教导论：教义、历史与修行》（*Introduction to Buddhism: Teachings, History,and Practices*）。

们正在不断地争夺领土。恒河的北部迦尸、憍萨罗与南部的摩揭陀是争夺领土的主要国家，它们为争夺恒河流域而发动战争，之后大雄尊者的出生地迦纳–僧伽跋耆联盟也卷入了战争。

迦尸和憍萨罗交替掌权，两者掌权时间都不太长。而恒河下游的摩揭陀逐渐发展壮大。公元前 544 年，频毗娑罗（Bimbisara）登上摩揭陀的王位，成为印度第一位帝国缔造者，尽管其帝国势力范围并不大。就在佛陀即将开悟之时，频毗娑罗正召集他的军队攻打位于恒河三角洲的王国鸯伽，鸯伽控制着河流的入海口（通过控制孟加拉湾），其重要城市坎帕（Campa）是商船沿海岸南下的重要港口。[15] 频毗娑罗发起进攻，占领并吞并了鸯伽。

鸯伽算不上是一个大国，却是十六雄国中第一个永久地被他国吞并的王国，这预示着之后还会有很多王国被吞并。频毗娑罗并非只靠武力取胜。他通过联姻控制了憍萨罗的一部分领土，又通过另一桩婚姻与位于西部边境的迦纳–僧伽建立友好关系。[16] 频毗娑罗在全国铺设道路，这样就可以方便他出行，并召集各村落领袖前来商议大事。这些道路还便于他征收（和管理）赋税。他欢迎从北方远道而来的佛陀，因为任何旨在削弱婆罗门力量的教义都必然会增加国王的权力。他意在把摩揭陀建造成一个小型帝国，而不是仅仅把几个武士氏族勉强聚拢在一起。长久以来印度与西方帝国的发展道路截然不同，现在也渐渐走上帝国之路。

| 时间线 8 | |
|---|---|
| **罗马** | **印度** |
| | 恒河流域十六雄国 |
| **老塔克文** | |
| | 大雄尊者出生（传统记载前 599） |
| **塞尔维乌斯·图里**（前 578） | |
| | 佛陀出生（传统记载前 563） |
| 伊特鲁里亚联盟 | （摩揭陀）**频毗娑罗王** |
| **“傲慢者”塔克文**（前 535） | |
| 罗马共和国时期开始（前 509） | 大雄尊者去世（传统记载前 527） |
| 凯尔特人入侵 | |
| 罗马出现第一位独裁官 | |
| | 佛陀去世（传统记载前 483） |

## / 09

# 为人之道与用兵之道

在中国，公元前551年至公元前476年间，一位哲学家和一位将领试图在乱世中有所作为。

东周建立后，诸侯国中崛起了四大强国——晋、齐、楚、秦。还有一个国家也在崛起，那就是位于东南沿海的越国。历史上把这段时间称为春秋五霸时期，实际上还有四个诸侯国通过吞并其他一些小国而崛起成为强国。鲁国和吴国都是沿海国家，郑国与周天子直辖的领土接壤，宋国则位于它们的最东边。

周地处天下之中，但其统治已经几乎完全成为象征性的。各诸侯国由自己的国君统治，依靠自己的军队在边境地区御敌。尤其是晋国，它一直在与北方的蛮族部落狄人作战。战争持续了几十年，晋国的势力范围也逐渐向北扩展。

在这个由多个诸侯国拼缀而成的国家内部，局势逐渐变得很不稳定。周襄王在位很长一段时间后去世了，他的儿子继位（在位6年），然后他的孙子继位（在位7年）。他的孙子年龄尚小，并无子

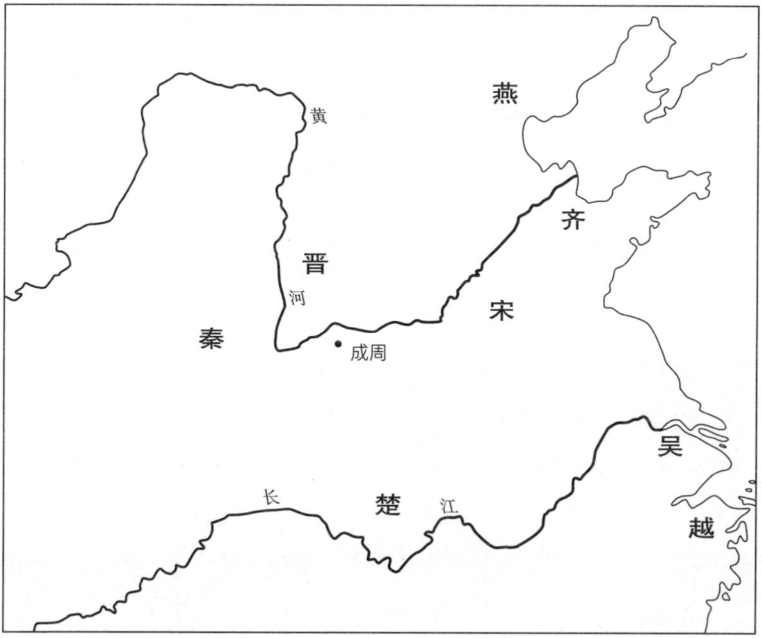


**地图 9–1　春秋时期强国**

嗣，于是到了公元前 606 年，他的弟弟周定王继位。

这些短暂的统治似乎表明了周朝的都城出现了某种动乱，而楚王伺机而动。

地处南部地区的楚国不属于最初的“中原地区”，而晋国和郑国依然视楚国为半蛮夷地区。但无论楚国是否属于蛮夷之地，都不影响其实力强大的事实。在周迁都后的 250 年间，楚国士兵不断向北部和东部地区发起进攻，吞并了一个又一个诸侯国。18 世纪的历史学家高士奇写道：“夫前世带砺之国，棋布星罗。”他列举了几个曾经分布于楚国北部边界的分封国，这些分封国在春秋时期一个接一个地从地图上消失了。他解释说："自邓亡，而楚之兵申、息受之；申、息亡，而楚之兵江、黄受之；江、黄亡，而楚之兵陈、蔡受之；陈、蔡不支，而楚兵且交于上国矣。"[2]

周定王刚一登基，楚王就亲率大军北上。楚军并非直接进攻洛阳，而是声称为了攻打犬戎；80 年前这个北方蛮夷部落曾联合周襄王同父异母的兄弟争夺王位，他们一直在侵扰中原周边地区。晋军把犬戎赶至秦国，而秦国的军队却很快把他们向南驱赶得更远，现在他们就活动在王畿的西部边境地区。

楚国攻打这些蛮夷部落并非为了保护周王的领土。楚王向这些小国进军时，犬戎并没有威胁到周朝。司马迁的记载表明，楚王并不把周天子放在眼里。他写道："定王元年，楚庄王伐陆浑之戎。"[3] 在此之前，从来没有一个诸侯国的国王被赐予过"王"的头衔。事实上，楚王称自己为"王"是非法的，但周天子似乎无力反对。

楚王对蛮夷的讨伐充其量算是敷衍了事。一到北方，他就派出一名使者，不是去要求犬戎投降，而是去了周朝的王宫，提出了非分的请求。司马迁写道："使人问九鼎。"500 多年来，周朝的九鼎一直象征着王权。*

我们不知道为什么楚庄王想打听九鼎的事情，但这绝对不可能是好奇心使然。据司马迁记载，周定王没有直接给出回答，而是派了一位朝廷官员出面应付，不久后，楚王就撤回到南方。周王如何化解了这场危机至今仍是个谜。也许是楚王称自己为"王"时，周定王并未反对。

楚国不断发展壮大。据《左传》（孔子编写的《春秋》的补充

---

* 参见第 1 册第 49 章。

注释）记载，楚王占领了小国蔡国之后，就把蔡国的太子活活烧死了。侵周十年之后，楚王又入侵郑国。也许是担心自己也被烧死，郑公提出效忠楚国，成为其诸侯国。据《左传》记载，他当时乞求道："不泯其社稷，使改事君。"[4]

楚王同意了。现在，他的领土对周的两侧边界都构成威胁。

与此同时，周定王的王位先后传给了他的儿子、孙子还有曾孙。他的曾孙周景王于公元前 544 年登基，他在位的 20 年间，天下并不太平。尽管他想立自己最宠爱的儿子姬朝（他的庶长子）为太子，但还没来得及正式册封他就去世了。这一年是公元前 520 年。

周景王的嫡长子姬猛立刻抓住时机，夺取了王位。姬朝勃然大怒，向他的哥哥发起进攻，将其击败，然后自己即位。姬猛不久就忧惧而死，后来被称为周悼王。他的其他几个兄弟都逃出了都城。

逃跑的几个兄弟中有一个是姬匄，他逃到位于北方的晋国寻求帮助。晋王同意派出一支作战经验丰富的大军援助姬匄。他还举行了一个加冕仪式，宣布姬匄是流亡在外的合法君主。后来姬匄的谥号是敬王，这样的称号仿佛是在强调自己登上王位是正当之举，不过有些站不住脚。周敬王带领着晋军折回，朝着守卫森严的周都进军。

姬朝率军阻击。兄弟俩打了三年的内战，到了第四年，周敬王攻入周都，姬朝兵败逃亡。

这一切结束后，东周的统治几乎一片混乱，血雨腥风。王气已经消散，周边的诸侯国都想取周朝而代之，于是它们之间发生了更大的战争。

在鲁国，一位改革家在乱世中出生。他的名字叫孔丘，几千年来，后世读书人都奉其为师。2000 多年后，耶稣会传教士来到中国，他们把孔夫子拼写成 Confucius，这个拉丁化的名字开始闻名于全世界。

跟印度同时代的哲学家一样，孔子也出生于一个没落的贵族家庭，他是商纣王同父异母哥哥的旁系后代。但与印度哲学家不同的是，他家境非常贫寒。

他在 21 岁的时候娶妻并生有一子，他当时做的是记录国库粮食运输的差事。[5] 这个差事要求精确、注重细节、记录完整，年轻的孔子发现自己天生适合这一差事，因为他从小就是一个一丝不苟且做事有条不紊的男孩。随着年龄的增长，他对祭祀祖先和神灵的仪式、与生死以及婚姻有关的仪式、诸侯国朝堂上的礼仪和周王朝堂上的礼仪颇感兴趣。

孔子做了十年左右的政府史官。他因为通晓诸多仪式庆典而声名鹊起。鲁国朝廷一有需要就召他进宫，以确保能以合适的礼仪接待来访者。那时他已经接纳那些迫切想跟他学习知识的人为学生。

他三十出头时，鲁昭公就定期向他请教。他不再做史官的差事，成为了鲁国官员儿子们的老师。[6] 就在他刚刚开始新的事业——关于礼仪庆典和礼仪道德的知识成为其新事业的核心内容——之时，周王室爆发了内战。

虽然周王朝在政治上失去了影响力，但是其周围诸国的君主仍然有个共识，那就是周王如以往一样依然享有仪式上的重要性，即使他没有实际的统治权，但他仍然掌管着某种他们不愿破坏的宇宙秩序，这在一定程度上掩盖了周王缺乏影响力的现实。楚国问询九鼎一事或许是第一次打破了这种共识。两位同时加冕的周朝君主——他们都声称自己才是合法的王位继承人——之间的血腥争斗表明，周朝权力的裂痕已经无处不在。

孔子是一个看重秩序的人，他开始教授他的学生如何在无序和混乱的世界里寻找秩序和安定。

他的学说极力宣扬以往社会中最好的一面——或者至少他认为曾经存在过的理想社会。他收集中国最古老的诗歌和乐曲，编成一部诗集，名为《诗经》，供后人使用（孔子认为，人们从中可以学到很多东西，下至父子之道，上至君臣之道）。[7] 他还收集了大量仪式和典礼制度，编成一部名为《礼》的书，不仅包括丧葬时人们应持有的态度（参加丧葬之日不应流露喜悦之色）[8]，而且包括每月可行之事（“仲秋之月……可以筑城郭，建都邑，凿窦窖，修囷仓”），规范了一切应有之礼。他的语录被弟子编成另外一部作品集《论语》。

《论语》中的哲理并非孔子首创，正如大雄尊者不是耆那教的鼻祖一样。孔子的创新之处在于通过回顾过去来探寻前行之路。他告诉他的弟子：“我非生而知之者，好古，敏以求之者。”[10] 他通过研究历史得知，在局势动荡的中国，平静和美德都存在于礼仪之中。据说，他曾说过：“不学礼，无以立。恭而无礼则劳，慎而无礼则葸，勇而无礼则乱，直而无礼则绞。”

在一个似乎只能靠武力维系国家统治的世界里，孔子为人们提供了另外一种治理国家之道。了解自身职责并能践行一生的人可以成为国之栋梁——君王、将军或是贵族。《论语》曰：“为政以德，譬如北辰。居其所而众星拱之……道之以德……有耻且格。”*[12]

在 40 岁之前，孔子被迫逃离鲁国。当时鲁昭公被一个来自贵

---

*　乔纳森·克莱门茨（Jonathan Clements）的《孔子传》（*Confucius:A Biography*）可供初学者了解这位哲学家的生平及其生活的年代；对于非专业人士来说，1938 年阿瑟·韦利（Arthur Waley）的《论语》译本（Vintage，1989 年）或是近些年出版的西蒙·利思（Simons Leys）的《论语》译本（W.W. 诺顿，1997 年）都十分通俗易懂；姚新中的《儒家思想简介》（*An Introdcution to Confucianism*，剑桥大学出版社，2000 年）则是更为详细的、更学术的入门读物。

族家庭的对手赶出了鲁国，孔子跟随流亡的鲁昭公逃到了邻国齐国，请求齐景公相助，而齐景公平时对这个南方邻国总是忽冷忽热。

然而，当时齐景公十分热情地接待了流亡中的鲁昭公。但是孔子发现自己遭到齐国大臣的嫉妒，他们联合起来不让孔子接近齐景公。[13]孔子找不到任何差事可做，只好又回到了鲁国。回到鲁国之后，孔子明确表示自己不再参与任何政事。这是明智之举，因为鲁国当时被三个家族共同统治，任何一方都没能明显占上风。（最终，孔子谋了一份文职，但他把大部分时间都用在了编写鲁国的历史《春秋》上。）

在西部稍远的地区，周敬王名义上统治着周王朝，可他面临着诸多麻烦。他那流亡在外的哥哥姬朝12年来一直不安分，蛰伏待机；他的属下（可能是那些不满晋国干涉自己内政的人）造反，再度攻打周都，把周敬王赶了出去。周敬王来到晋国，请求晋昭公出手相助。次年，晋军再次成功护送周敬王回到周都。[14]

这是晋国最后一次大胜。没过多久，晋昭公就发现自己陷入了困境。在不断地攻打蛮夷之后，晋国几大家族变得越来越富有：其中一个大家族宣称生来就拥有兵权，另外一个大家族不仅占领了大量蛮夷的土地，还与蛮夷部落缔约结盟。这几个家族与其他各家族开始相互倾轧，以期更多地控制晋国朝政。公元前505年，内部的斗争越发严重，甚至影响了晋国进攻蛮夷部落。据《春秋》记载，晋国军队显然因内部斗争而四分五裂，因此不得不从对蛮夷部落一个据点的围攻中撤兵，无功而返。[15]

公元前497年，晋国的两个大家族与另外四个大家族间爆发内战，齐、鲁、郑、卫为削弱晋国的霸权，也相继卷入了战争。

现在，鲁国四分五裂，晋国动荡不安，而周王软弱无能。楚国统治南方地区已有100年之久，现在正在应对吴国和越国对其东南部的入侵。吴国暂时占据上风，宣布自己在整个南方地区称霸，而越国见此便开始倒戈攻打其盟国。[16]周天子甚至在政治舞台上销声匿迹了。很多历史学家把周朝定都东部的时期（东周时期，公元前770年至公元前256年）分为两个阶段（春秋时期，公元前770年至公元前476年；战国时期，公元前475年至公元前221年），这两个时期之间的前481年到前403年是一个过渡阶段，纷争不断。

在这期间，另一位哲学家（勉强称得上）也尝试为统一中国出谋划策。此人就是孙子，曾经是吴王的将领。*他认为连年战争对于国家来说毫无益处："夫兵久而国利者，未之有也。"[17]《孙子兵法》所讲的内容主要就是如何通过尽量避免战争而战胜敌人。"不战而屈人之兵，善之善者也，"孙子写道，"其用战也，胜久则钝兵挫锐……未睹巧之久也。"[18]孙子是不提倡西亚的战争中常见的围城战术的。"勿围城，"孙子说，"攻城则力屈……则诸侯乘其弊而起，虽有智者不能善其后矣。"

孙子深知国家内部的敌人与外部的敌人同样可怕。在一个国家里，如果你的朋友像敌人那样算计你，那么欺诈就成了一种生活方式。"兵者，诡道也，"孙子写道，"能而示之不能，用而示之不用，近而示之远，远而示之近。"[20]这位善战的将领不仅懂得蒙蔽敌人，而且时时提防敌人蒙蔽自己。孙子解释道："辞卑而备者，进也；辞强而进驱者，退也……无约而请和者，谋也。"[21]

孔子和孙子是同时代的人，他们都提出了关于秩序的哲学，用来应对国家分裂；要么通过合理行使社会职能实现稳定，要么通过

---

* 关于孙子生活的年代是存在争议的。他的著作《孙子兵法》直接提到了东南部的越国，因此其生活年代应定位在吴国称霸而越国奋起反抗之后那段时期。他写道："以吾度之，越人之兵虽多，亦奚益于胜败哉？"

武力实现稳定。孙子的理论和孔子的理论一样既系统又全面，而且还一度占了上风。据公元前 1 世纪的史学家刘向记载，东周各国“贪饕无耻，竞进无厌……上无天子，下无方伯。力功争强，胜者为右。兵革不休，诈伪并起”[22]。

各国政府已经成为军事统治者的舞台，每个人通过无休止的战争来维持自己的权力。战争可以使国家向外扩张领土，没有战争，国家就会从内部瓦解，如同被戳破的气球，因此战争就如同为热气球充气的热源，支撑着各个国家。

| 时间线 9 | |
| --- | --- |
| **印度** | **中国** |
| | **定王** |
| 恒河流域十六雄国 | 楚庄王问鼎 |
| 大雄尊者出生（传统记载前 599） | |
| 佛陀出生（传统记载前 563） | 孔子出生（前 551） |
| （摩揭陀）**频毗娑罗王** | **景王** |
| 大雄尊者去世（传统记载前 527） | **悼王** |
| | **敬王** |
| 佛陀去世（传统记载前 483） | 孙子《孙子兵法》 |
| | 春秋时期结束（前 476）孔子去世 |

# / 10

## 波斯帝国的扩张之路

公元前 539 年至公元前 514 年间，居鲁士大帝在战争中阵亡，冈比西斯征服埃及，印度的摩揭陀王国发展壮大。

居鲁士大帝攻下巴比伦后统治帝国还不到九年时间，就在与一位并不知名的女王的冲突中战败身死。

他一路北上扩张领土，横跨乌浒河（Oxus river，今称阿姆河）后直入咸海以东的中亚荒野之地。居住于此的山区部落是斯基泰人的一支，希罗多德称他们为马萨格泰人（Massagetae），他们骁勇好战，使用带有青铜尖的弓箭和长矛，崇拜太阳，并且“不事耕种，渔牧为生”。[1]

起初居鲁士尝试与马萨格泰人缔约，以将其征服。他给马萨格泰人的女王托米丽司（Tomyris）传去口信，提出要娶她为妻。托米丽司不但拒绝了此事，而且派她的儿子袭击波斯军队的队尾。托米丽司的儿子战败被俘。

由于无法忍受这份耻辱，托米丽司的儿子自杀了。听闻此事，她给居鲁士传去口信："我向太阳发誓，定会让你饱饮鲜血。"之后她便率领举国之兵抵抗来袭的波斯人。公元前 530 年，两军相遇，这场战争规模不大，却惨烈无比。希罗多德说："我认为这是非希腊人之间有史以来最激烈的一次战斗。"考虑到他对非希腊人的态度，他这样说就意味着这可能是有史以来最野蛮的一场战争。他们用弓和箭作战，还用上了长矛和匕首。

马萨格泰人做到了亚述人没能做到的事情：他们消灭了大部分波斯士兵。居鲁士本人也在此战中身亡。马萨格泰人在战场上获胜之后，托米丽司就在一片血泊中查看波斯人的尸体，直到她找到居鲁士的尸体。她割下居鲁士的头颅，把它塞进一个灌满了鲜血的酒囊里，然后对着居鲁士的尸体说："我警告过你，我定会让你饱饮鲜血。"[2]

杀子之仇已报，托米丽司任由剩下的波斯士兵把这位伟大国王的尸体从战场上带走。他们洗掉国王脸上的鲜血，以战败的葬礼仪式把他的尸体运回帕萨尔加德（Pasargadae）。

居鲁士早已为自己建好了坟墓：那是一座尖顶的石屋，外表雕刻着树木花纹，下面是七层金字塔形的阶梯。人们为他的尸体穿上王袍，佩戴上配饰，让他手里拿着武器，然后把他安放在一个金质的长榻上。坟墓封闭之后，一队波斯祭司受命居住在坟墓附近的一座小房子里，守护居鲁士的长眠之地。

居鲁士的长子冈比西斯二世加冕继位。他担任父亲的指挥官也有些年头了。事实上，居鲁士跨越乌浒河之前，冈比西斯二世一直都伴其左右，之后居鲁士派他回到帕萨尔加德处理事务，因为在居鲁士眼里那场战争实在是微不足道。

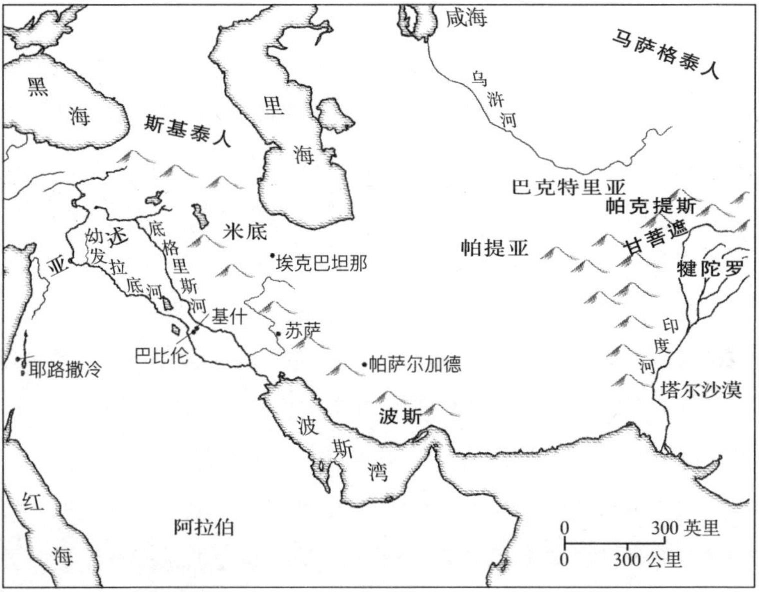


**地图 10-1　波斯和中亚**

冈比西斯二世面对着父亲的帝国，似乎和许多其他伟人的儿子一样涌起了一种冲动：他想超越自己的父亲。这与复仇无关，因为他并没有入侵居鲁士殒命的东北部边境地区。相反，他先把王宫和帝国的行政中心从父亲统治时代的首都帕萨尔加德迁到了一个新的城市——埃兰国古都苏萨，那里离帝国的中心更近。然后他把目光投向埃及。

在埃及，法老阿普里斯带领他的军队陷入了一场巨大的灾难之中。

在尼罗河三角洲西部地区，希腊殖民地昔兰尼——锡拉人在北非海岸所建立的殖民地——在经过了近六十年的苦苦挣扎之后终于开始崛起。昔兰尼的第三位国王强大的巴图斯（Battus the Prosperous）向所有希腊城邦发出公告，请求更多的人来此定居，并承诺来者都会分得一块土地。不久，“相当多”的人聚集在昔兰尼，他们大多来自希腊本土，来了之后就四处占领土地。

当地的北非人，也就是希罗多德说的“利比亚人”，对此十分反感。他们向埃及求助，并且“恳求得到埃及国王阿普里斯的庇护”。于是阿普里斯派了一支埃及军队来帮助他的北非同胞驱逐那些希腊入侵者。不幸的是，大部分埃及军队都被希腊人消灭了，用希罗多德的话来说，他们“被彻底击败了，几乎没有人活着回到埃及”[3]。

阿普里斯之前显然就很不受欢迎，而这场灾难让埃及人民开始公然反对他。希罗多德写道：“他们认为阿普里斯是故意让他们去送死。”这样一来，留下的臣民越少，他的统治就会越稳固。从昔兰尼一战中幸存归来的人对此更是耿耿于怀：他们“联合那些已故士兵的朋友公然发动叛乱”。[4]

阿普里斯派出大将军阿玛西斯去平定叛乱。

然而，这一决定大错特错。阿普里斯的父亲普萨美提克二世在位时，阿玛西斯就已辅佐其侧，这意味着阿玛西斯在朝的时间比阿普里斯在位的时间还要长。面对着想推翻阿普里斯统治的武装叛乱，阿玛西斯经不住那些埃及叛乱者的诱惑，并且将以下言论公之于众：如果叛乱者乐意，就可以立他为王。[5]

有人把阿玛西斯叛变的消息告诉了阿普里斯，阿普里斯派出一位官员去找阿玛西斯，命令阿玛西斯立刻返回位于塞易斯的王宫，汇报其所作所为。希罗多德评论道：“阿玛西斯当时正骑在马背上，他抬起屁股放了个屁，然后告诉那位官员把这个屁带回去给阿普里斯。”[6]

阿普里斯得知此事后割掉了那位使者的鼻子和耳朵，这使更多埃及人开始反对他。毋庸置疑，他不得不为王位而战，但他手里只剩下三万人左右的雇佣兵，这里面既有爱奥尼亚希腊人又有卡里亚人（他们是具有希腊血统的雇佣兵，来自小亚细亚西南沿海）。

两军在位于孟斐斯和塞易斯之间一个叫莫麦斐斯（Momemphis）的地方相遇。埃及军队的人数比雇佣兵多，再加上阿玛西斯是一位久经沙场的将军，因此埃及人大获全胜，而阿普里斯被俘。他被带回塞易斯王宫关押了起来，但并没有被处死。

显然，后来阿普里斯逃跑了。据从厄勒芬廷（Elephantine）出土的一块石碑碎片记载，三年后阿玛西斯在塞易斯王宫中突然得到消息，阿普里斯正从北方率海军前来复仇，随之而来的还有“人数不详的希腊人”，他们打算“毁掉整个埃及”，然而阿玛西斯的军队在面对他们时却逃走了。[7]阿普里斯北上雇用了希腊援军。

由于碑文损毁严重，所以难以准确得知这场战争的详情，但碑文最后写道：“陛下（阿玛西斯）像一头雄狮一样战斗，杀死了众多敌人……无数敌船沉入水中，船上的敌人像鱼一样沉入水中。”[8]阿普里斯也在厮杀中身亡，随希腊船只沉入水中。

正当阿玛西斯在塞易斯即位时，波斯新任国王冈比西斯二世打算进攻埃及的消息传来。

冈比西斯二世必须先建立海军。虽然波斯人自己从没有航海的传统，但是居鲁士给他儿子留下了一个延伸至地中海岸边的帝国，而且冈比西斯二世认为小亚细亚沿岸的爱奥尼亚水手也是他的臣民。他要求他们建造船只，并配备船员。他还向其统治之下的腓尼基各城邦提出了同样的要求。刚刚起步的波斯海军结合了希腊人和腓尼

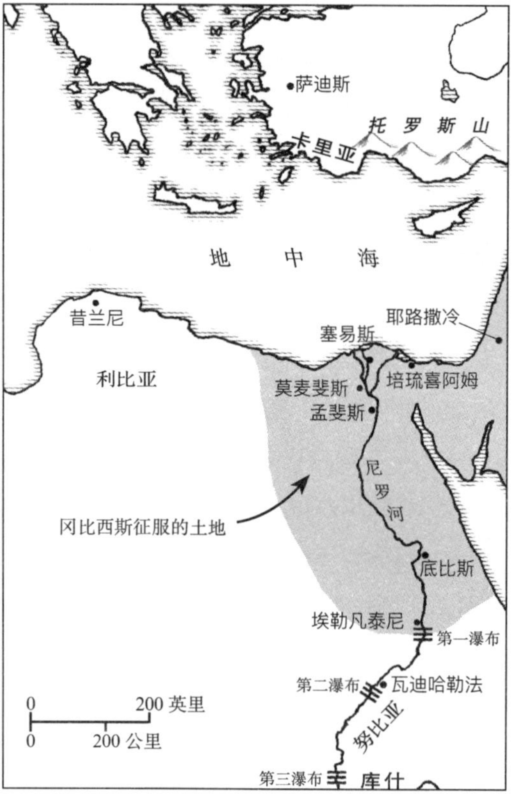


**地图 10–2　埃及和昔兰尼**

基人的航海技能，而这两个民族一开始就是海上民族。

冈比西斯二世继位四年后开始进攻埃及。他的海军沿着海岸线一路南下，波斯陆军则穿过沙漠一路进发。冈比西斯二世亲自率军，同行的还有手持长矛的大流士（Darius）。大流士算得上是冈比西斯二世的贴身侍卫，他的父亲是统治着帝国东北部地区帕提亚的一个波斯贵族。[9]

阿玛西斯的军队已准备好迎战波斯人。但阿玛西斯已经 70 多岁了，一生奔波的他年老体衰，因此还没等冈比西斯二世到来就老死了。

这对冈比西斯二世来说可谓机遇难得，因为守卫埃及的重任现在落在了阿玛西斯的儿子普萨美提克三世的身上，可他并不是一个有天赋的将领。普萨美提克三世在埃及东北部边境部署军队，把防守力量集中在边境要塞培琉喜阿姆，这是尼科二世建成的用来保卫运河的地方。这样安排并没有什么错。但战争开始之后，形势开始对埃及军队不利，于是他把防守力量一路撤回孟斐斯。

这让波斯人几乎可以自由进入三角洲，而且可以从陆地和海上同时围攻孟斐斯。我们并不了解之后战争的详情，但可以确定的是，普萨美提克三世很快就被迫投降。这距离他当上埃及法老还不到一年时间。

统一埃及之后，冈比西斯二世自称埃及法老，“上埃及和下埃及之王、女神瓦杰特（Wajet）之宠冈比西斯”——瓦杰特是下埃及的眼镜蛇女神，埃及统一时期她的形象曾出现在红色王冠上。[10] 据说冈比西斯二世还下令将阿玛西斯的尸体挖出来肢解，但他的尸体已变成了干硬的木乃伊，于是他只能烧掉阿玛西斯的尸体。

希罗多德（他并不喜欢冈比西斯二世）说这种行为简直就是大不敬。冈比西斯二世可能是想表明自己是被废黜的阿普里斯的继任者，他亵渎阿玛西斯的尸体是因为他想把这位老将军刻画成一个篡位者的形象，所幸其统治现在已经结束了。他告诉埃及人民他是“瓦杰特之宠”，是来解救他们的。这种套路已经屡见不鲜。

这位“瓦杰特之宠”没有在他的新领土停留太久。冈比西斯二世任命一位总督治理埃及，自己则返回波斯帝国处理其他事务。但这位伟大国王的任期很短暂。征服埃及三年后，也就是居鲁士去世八年之后，冈比西斯二世的统治就突然神秘地结束了。

希罗多德详细记载了冈比西斯二世的统治，他似乎是把所有反对冈比西斯二世的故事都收集了起来：按照他的描述，冈比西斯二世就是个疯子，他随意处决反驳他的官员，杀害了自己的兄弟，娶了自己的两个妹妹然后谋杀了其中一个，还有一次他心血来潮，粮草都没有准备就率兵去攻打埃塞俄比亚。鉴于冈比西斯二世曾成功地带领整个军队穿越阿拉伯沙漠，平安抵达埃及，以上的描述似乎不太可信。希罗多德的助手指出，他收集的这些故事大多来自埃及，那么这种对冈比西斯二世的仇恨也就解释得通了。显然，冈比西斯二世并没有成功地为自己树立解放者的形象，他算不上是一位受欢迎的法老。

不过，冈比西斯二世死得既突然又奇怪，而且没有指定继承人。

据最古老的史料记载，在开始攻打埃及时，冈比西斯二世把家事交给了一个被希罗多德称作帕提载铁斯（Patizeithes）的人处理。冈比西斯二世带着他的弟弟巴迪亚（Bardiya）出征，但攻下埃及之后，他便派弟弟巴迪亚回波斯去查看都城的情况。

但就在从埃及回波斯路上的某个地方，巴迪亚消失了。

事有凑巧，管家帕提载铁斯有一个弟弟名叫司美尔迪斯（Smerdis），他与巴迪亚长得非常相像，经常被人认错。* 这位管家很快得知巴迪亚失踪的消息，他想隐瞒这件事。他说服弟弟去冒充失

---

* 史料中这个人又被称作司美尔迪斯或高马他（Gaumata），而且关于司美尔迪斯或高马他（意为假巴迪亚）和他的哥哥两人到底谁是篡权的幕后主谋，这一点也不得而知。帕提载铁斯也被称为玛古斯（Magus），因为他是朝廷的祭司。

踪的王子，让他坐上王位，然后四处散布消息说居鲁士之子巴迪亚取代冈比西斯二世为王。

冈比西斯二世当时正在叙利亚视察帝国西部边境地区。据希罗多德记载，冈比西斯二世一听说王位被窃取，就飞奔上马，却碰掉了剑鞘，割伤了自己的大腿。那个伤口不断恶化，三个星期后，这位伟大的国王死于坏疽。[11]

冈比西斯二世死后，那个冒名顶替者设法在波斯王位上待了 7 个月之久，巴比伦人甚至都按照他登基之年来记载文件年代。[12] 在此期间，他从未离开过苏萨的皇宫，也从未召见过任何熟悉王室的波斯贵族，以免自己假冒的身份被识破。

然而，这种掩人耳目的事情迟早会败露，很快就有一些波斯贵族开始询问为什么自己从未被传唤进宫。这些贵族中有一个人名叫欧萨尼斯（Othanes），他是一位经验丰富的军人，也是冈比西斯二世的一位妃子的父亲，还有一个贵族名叫大流士，他是冈比西斯二世出征埃及时的持矛者，埃及战争结束后他回到了波斯，现在就在苏萨（原因不明）。

共有七位波斯领主一致同意去暗杀那个冒名者和他哥哥。欧萨尼斯看似是这场阴谋的领导者，但是人手是大流士派出的，他们把武器藏于自己的长袍之下，以此骗过宫廷侍卫的眼睛。大流士的父亲是帕提亚的总督，他说可以声称刚从父亲那里来，有口信要带给国王。[13]

一切按计划进行，但是当这七个人马上就要走到国王寝宫门口时，国王的宦官拦住了他们。他们掏出武器杀死了那些宦官，冲进去砍掉了那个冒名者和他哥哥的脑袋，并且将头颅展示给其他波斯贵族看，证明那个声称自己是巴迪亚的人其实根本就不是居鲁士的儿子。

现在，波斯帝国岌岌可危。整个国家没有国王，而且居鲁士的两个儿子也都不在了。或许这七位密谋者都各怀野心（希罗多德写道，七个人就如何公平地选出一人为王，或者波斯是否有可能成为民主国家展开了一场希腊式的辩论，虽然这场争辩有理有据，却不太可能讨论出什么结果），但是大流士仍是国王的不二人选。因为他年富力强，当时只有 30 岁左右，一直是冈比西斯二世的亲信，出身于阿契美尼德氏族，而且他的父亲一直手握着帝国的大部分兵权。公元前 521 年，其他六个密谋者推举他为波斯国王，然后他就开始处理那些因居鲁士的继承人死亡而带来的一系列麻烦。

这个故事有诸多疑点。

冈比西斯二世轻而易举就死了可能是第一个疑点。这位伟大的国王究竟发生了什么？希罗多德的故事也不是不可能，但是冈比西斯二世几乎一生都与武器为伴，因此这种死因有些蹊跷，不合常理。一位捕风捉影的希腊史学家克特西亚斯说，冈比西斯二世出于无聊割破了自己的大腿。[14] 一张埃及莎草纸上面只是简单地记载说冈比西斯二世在回到自己国家之前，就死“在垫子上”了（这种说法很奇怪，因为这表明他已卧病在床有一段时间了），还记载说大流士在那时成为了国王。[15] 大流士自己继位时的铭文贝希斯敦铭文（Bisitun Inscription）里只是简单地写道：“冈比西斯二世因自身原因而死亡。”这种说法通常表明他是死于某种自然原因。

当然，死于坏疽可能属于自然原因，但一开始的伤口并非出于自然原因；大流士对这件事情避而不谈不一定对他有利。就像他发现苏萨王位上的那个人是个冒名顶替者这件事对他有利一样，冈比西斯二世是“自然死亡”也对他有利。

这就给我们带来了第二个疑点：死于波斯七个密谋者之手的

“巴迪亚”的真实身份是什么？在一个人人都知道国王相貌的城市，冒名顶替者真的可能掌权近一年之久吗？也许真正的巴迪亚并没有在沙漠中消失，也许他安全到达了苏萨，然后发动政变反抗他的哥哥，这样的话，冈比西斯二世听说篡位的消息时勃然大怒就是可以理解的了。

如果真是这样的话，那么大流士可就是卑鄙小人了。他在苏萨杀掉的根本就不是冒名顶替者，而是居鲁士大帝最后一个亲生儿子。仅凭砍下的头颅是很难确认死者身份的，更何况那个头颅还被砍得面目全非。

在这种情形下，大流士究竟是什么样的人就成了一个大疑点。我们对冒牌巴迪亚故事的了解主要都是通过大流士自己的贝希斯敦铭文，大流士在这篇铭文中极力美化自己：“人们十分惧怕那个冒名顶替者，因为他把许多以前认识巴迪亚的人都杀死了……没有人敢吭声……直到我来了……然后，我与几个人一起杀了他……我重建了波斯、米底，还有其他一些地方。”[16]

但另一方面，大流士口中假巴迪亚的故事也可能是真实的。一个在居鲁士王宫里长大的年轻人与居鲁士的儿子长得十分相似也不是完全不可能，而且如果像大流士所说的那样，在苏萨的巴迪亚真是一个冒名顶替者，那么真正的巴迪亚确实消失了。

这就给我们带来了第三个疑点：冈比西斯二世的弟弟究竟发生了什么？

大流士把巴迪亚之死归因于冈比西斯二世。他写道：“冈比西斯二世杀死了巴迪亚，然而人们并不知道巴迪亚被杀了。”但是大流士把冈比西斯二世描述成卑鄙小人对自己十分有利，因为这样居鲁士王朝就是因内乱而终结的，如此一来他就可以顺理成章地开始一个新的王朝。如果这个故事是真实的，也就是说在苏萨的巴迪亚的确是一个冒名顶替者，那么故事中的卑鄙小人很可能既不是冈比西斯二世也不是大流士，而是巴迪亚消失后受益最多的帕提载铁斯。他密谋除掉居鲁士小儿子可能就源于弟弟与巴迪亚长得很像这一点。

不过现在帕提载铁斯已经死了，他的手下也都死了（大流士处死了他们），冈比西斯二世和巴迪亚也死了。大流士自己则娶了冈比西斯二世的遗孀，但她绝口不提第一任丈夫的死因。大多数嫌疑人都死了，活着的都缄默不语，因此谜底无从解开。

与此同时，帝国多处偏远地区的人们已经开始谋划叛乱。

大流士立即备战以维持新帝国的稳定。从贝希斯敦铭文来看，不仅巴比伦地区爆发了叛乱，北部的斯基泰人、东部的米底人，以及大流士的父亲无法再掌控的帕提亚地区，也都爆发了叛乱。星星点点的叛乱之火燃烧起来，波及整个帝国。

但是，大流士只用了很短的时间就镇压了所有的叛乱。无论大流士是如何坐上王位的，他都证明自己非常有能力巩固王位：他不像之前居鲁士那样仅仅是通过暴政来巩固政权，他直接摧毁自己的敌人。

冈比西斯二世的军队大多是征发而来的士兵，他们是作为贡品献给冈比西斯二世的。如果一支军队大多是征发而来的士兵，那么这些士兵的生命多是微不足道的，与对方作战时就会投入大量的兵力，靠人数取胜。对冈比西斯二世来说，这个策略确实行之有效，因为他的对手缺乏经验。但在居鲁士与斯基泰人的战争中，这个策略就起不到什么作用了。

大流士对待他的军队策略不同。他的军队不再是依靠雇佣军和征发而来的士兵，他计划组建一支专业化的军队，规模可能不大，但是供给充足，训练有素，忠心耿耿。这支专业化军队的核心是由一万名步兵和一万名骑兵组成的，他们全都是波斯人或米底人，这支军队比之前那些庞大而又笨拙的军队行动速度快了许多。[17] 大流士在他的铭文中写道："我掌控之下的波斯和米底军队是一支精简的军队。"[18] 这些军队靠民族情感维系在一起，其中那一万步兵十分忠诚，他们称自己是同甘共苦之军，时刻保卫自己的地位不受侵犯。

新的军队中有一支平定了米底东部地区的叛乱，大流士则指挥另一支小分队镇压了巴比伦的叛乱，此外还有一支小分队前往小亚细亚。事实证明，这支规模不大、速度敏捷、灵活性强、训练有素的核心军队是成功的。不到一年的时间，他镇压了所有的叛乱。庆祝大流士成功的大浮雕刻在一片悬崖之上，俯瞰着通往苏萨的道路（途经之人都会看到那块浮雕），浮雕上大流士的脚踩在那个篡位的冒牌巴迪亚的胸膛之上，他面前还有巴比伦、斯基泰、米底等六国的国王，他们统统被绳索和铁链捆绑着。

大流士不仅军事才能出众，而且善于统治（这是一个罕见的结合）。

他把重新夺回的帝国划分成一些更有秩序的省份或是辖地，各省由一位值得信赖的总督管辖，每位总督每年须向苏萨进贡。如果哪位总督未能足量进贡或未能有效地管理他们的辖地，那么他就会被处死。大流士的这番统治似乎相当奏效，因为镇压那些已征服民族的工作由国王移交到了辖地总督手中，他们不得不更加谨慎地监管自己的辖区，这是之前居鲁士那些耳目所不能及的。

对此，我们从《以斯拉记》中可见一斑。负责监管耶路撒冷的总督发现，寺庙（和寺庙围墙）的建造进度令人担忧。这座寺庙不断加高，看起来十分可疑，很像是防御要塞的中心。一位名叫达乃（Tattenai）的总督特地去询问那些建造者究竟想修建什么。

那些犹太人理直气壮地说居鲁士给过他们建筑权，但达乃不愿相信他们的话，他命令他们在自己向大流士汇报之前停止修建。达乃在给大流士的报告中写道："这殿是用大石建造的，梁木插入墙内，工作甚速。"[19] 大流士下令搜寻王室的资料，最终在埃克巴坦那一座古老的图书馆里（找遍了所有地方）找到了居鲁士的命令，大流士看过后便允许总督让工匠继续修建。《圣经》中的描述并不同情达乃，但是达乃无疑是担心自己因为没有看到萌芽中的叛乱而丢了脑袋。

随着现有的帝国逐步稳定下来，大流士可以把目光转向新的疆域了。他打算向印度进军。

对于波斯人来说，印度并不像 150 年之后马其顿的亚历山大眼中那般陌生。毕竟北部地区的印度人和波斯人同是雅利安人的后代。大流士的贵族和十六雄国时期的印度王子们的名字十分接近：乌塔纳（Utana）是图卡拉（Thukra）的儿子，维达法纳（Vidafarnah）是瓦亚帕拉（Vayaspara）的儿子，而巴加布亚（Bagabuxsa）是达图瓦哈亚（Datuvahya）的儿子。

就在波斯人不断向东部和西部扩张领土时，印度摩揭陀王国正在蚕食其周边的土地。野心勃勃的频毗娑罗王征服了鸯伽，并声称憍萨罗的部分领土是他妻子的嫁妆，而他的儿子和他一样野心勃勃。王子阿阇世（Ajatashatru）不愿老老实实地等着继承王位，于是他发动了一场叛乱来推翻自己的父亲，并且把父亲关入监牢活活饿死。《提婆达多的嫉妒》（The Jealousy of Davadatta）这个故事写道："频毗娑罗王被他的儿子囚禁在一座塔里。”*

阿阇世的母亲因丧夫悲伤过度而去世。就在此时，她的哥哥，也就是现在的憍萨罗国王，收回了当年被频毗娑罗当作嫁妆而占领的土地，然后阿阇世发动战争又夺回了那片土地。

一开始，他手下的士兵均被憍萨罗的防守力量击退，但憍萨罗内忧重重。憍萨罗的太子和阿阇世一样野心勃勃，他趁乱篡夺了王位，还把自己的父亲逐出了憍萨罗。然后他自己发动了一场反对释迦族（Shakya）的迦纳-僧伽的战争，佛陀就来自这个部落联盟。他彻底消灭了这个部落联盟，从此以后历史上再无关于它的记载。[20]

与此同时，他那被篡夺了王位的父亲正逃往阿阇世的都城王舍城（Rajagriha，这里被五座小山环绕，形成天然屏障，因此设防十分严密）。[21] 他到了王舍城之后，开始寻求庇护。这似乎并非明智之举，但因为他是阿阇世的叔叔，所以可能会享有一些王室特权。不过他年事太高，到了城墙外时已经因长途跋涉而精疲力竭，还没等城门打开就去世了。[22]

此时，阿阇世又找到一个攻打憍萨罗的借口。他重整军队，公开宣誓要为死去的叔叔报仇（丝毫不顾忌攻打自己叔叔的领地会带来何种后果）。但在去憍萨罗之前，他不得不处理内乱。他的哥哥正在争夺王位，此前他一直都是鸯伽的摄政王。他准备与北部地区的迦纳-僧伽部落离车（Licchavi）结成联盟，共同对抗阿阇世。阿阇世在两个地区之间的边境沿着恒河岸修建了一座堡垒——华氏城

---

*　根据其他的记载，频毗娑罗王退位（把王位传给了他的儿子）后就开始绝食。然而，随着阿阇世继位，诸多问题也显露出来，这表明对发动叛乱的描述是真实可信的。

（Pataliputra，又译波吒厘子），然后就奔赴战场了。

这场战争持续了 12 年之久。但至少阿阇世不用同时对抗他在憍萨罗的表兄。一场突发的洪水淹没了大部分憍萨罗军队，因为他们驻扎在了河床地带，这是很不明智的（后来，一场类似的灾难淹没了大量亚历山大阵营的追随者，他们本来要追随他到东部进行一场战役）。没有了驻扎的军队，阿阇世就可以轻而易举地进入憍萨罗。[23]

这场持续 12 年的手足之战中的一些细节保留在了佛教故事中。这场战争迫使阿阇世去创新。一方面，他发明了几个新的进攻性武器，其中包括一台巨大的投石机和一种新型战车；另一方面，这场 12 年的战争还造就了一支只负责拿钱打仗的专业化军队，这是印度的第一支常备军。[24]

阿阇世的军队并非他唯一的武器。佛陀在北上末罗的途中去世，于是阿阇世立刻宣布摩揭陀王国有权守护佛陀的神圣遗产。为把佛陀语录收集编纂成经文，他下令在首都王舍城设置一个机构，负责记载佛陀的话语和经文。这个佛教机构负责整理佛陀所有的话语，这就是后来的《巴利文大藏经》，它是在阿阇世的监督下完成的。

创建帝国、为了政治利益创立宗教传统、王室内乱严重：印度北部也进入了和西方世界相似的状态。

在居鲁士的率领下，波斯士兵可能曾经到过印度河流域，然而这只不过是我们的猜测。居鲁士肯定没遇到过任何印度部落，也没有入侵过印度河流域。但是大流士知道那里有条印度河，他只是不知道这条河流向哪里。

于是他雇了一个名叫斯库拉克斯（Skylax）的卡里亚水手，一

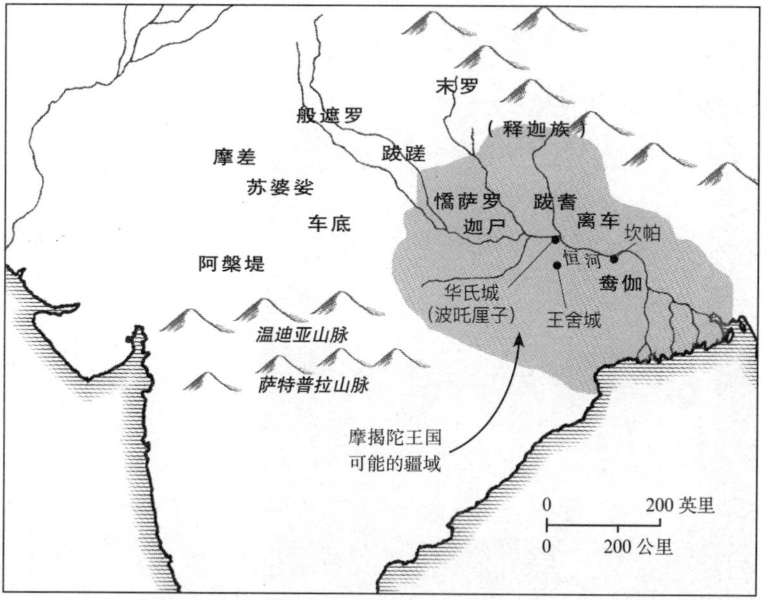


地图 10–3　摩揭陀王国的扩张

个来自小亚细亚西南部的希腊人，沿着印度河顺流而下，并且命人把沿途所见绘制成地图。据希罗多德记载，整个行程的起点是印度河北部一个叫帕克提斯（Pactyice）的地方，想必居鲁士和大流士都是通过开伯尔山口到达印度河流域的。通过开伯尔山口之后，大流士一行肯定是在印度河岸建造船只后乘船前行，经过了十六雄国之一的犍陀罗。他们穿过塔尔沙漠，然后进入大海。之后，他们向西航行，环绕整个阿拉伯半岛南部海岸，最后北上回到红海。大流士已经下令疏通了淤塞的从红海到尼罗河的运河，这样船只就可以取道尼罗河三角洲进入地中海。

描述过这次为期三年的旅程后，希罗多德说：“这次成功的环

**图 10–1 最早的世界地图**

现存最早的世界地图以巴比伦为中心，其周围环绕的是“盐海”。大英博物馆，伦敦。

图片来源：纽约 HIP / 艺术资源

游航行之后，大流士征服了印度人。”[25] 当然并不是“所有的印度人”，但是大流士控制了旁遮普，犍陀罗王国和甘菩遮王国可能也在其统治之下。在苏萨的一块铭文中，列出了大流士从远方带来修建新王宫的材料，其中包括埃及的金器、吕底亚的石材和犍陀罗的木材。另一块铭文把他所征服的远东地区称为“印度辖地”。这一地区每年负责向苏萨进贡金粉。[26]

在这一时期，巴比伦的一些史官绘制了现存最早的世界地图。在黏土板上，幼发拉底河、亚述以东地区和其他一些城市都属于巴比伦，整个巴比伦被“苦海”——波斯湾包围。还有八个地区与巴

| 时间线 10 | | | |
|---|---|---|---|
| **印度** | **波斯和埃及** | | |
| | **波斯** | **米底** | **埃及** |
| 恒河流域十六雄国 | | | **普萨美提克二世** |
| 大雄尊者出生（传统记载前 599） | | **阿斯提阿格斯** | **阿普里斯** |
| | **冈比西斯一世** | | |
| 佛陀出生（传统记载前 563） | | | **阿玛西斯** |
| | **居鲁士二世（大帝）**（前 559） | | |
| （摩揭陀）**频毗娑罗王** | | | |
| 大雄尊者去世（传统记载前 527） | **冈比西斯二世**（前 530） | | |
| | | | **普萨美提克三世** |
| | **大流士一世** | | |
| （摩揭陀）**阿阇世王** | | | |
| 佛陀去世（传统记载前 483） | | | |

比伦距离十分遥远，但依然第一次被绘制进一张地图里。

也正是在这些年间，巴比伦的一块碑文中提到了一个叫布莎莎（Busasa）的女人，她来自印度，在基什开了一家旅店。据推测，她曾经顺印度河而下，从海上来到波斯湾——不是从印度迁至巴比伦，而是从大流士帝国的一个地方迁至另外一个地方。[27] 波斯已成为连接印度和遥远的西亚各民族的桥梁。

/ 11

# 希波战争

公元前527年至公元前479年间，大流士没能攻下雅典，希腊各城邦联合起来反对他的儿子薛西斯。

波斯帝国四处扩张，却没有入侵斯基泰人居住的西北地区。

希罗多德和其他古代历史学家所指的“斯基泰”可不像新泽西州一样能轻易在地图上找到。斯基泰人有20个部落，还有许多国王，200多年来他们一直在不断迁移。公元前516年，他们居住区域的中心位于流入黑海的两大河流——西边是多瑙河，东边是顿河——之间。

早在公元前700年，斯基泰人就首先出现在亚述人的记载里，当时他们是游牧民族，到了公元前516年，他们仍然是游牧民族。一位斯基泰国王在第一次面对波斯人入侵时对大流士说道：“如果我们有城镇，我们可能会担心城镇被占领，如果我们有农田，我们可能会担心农田被荒废……但我们既没有城镇也没有农田。”[1]他们的习俗很凶残。他们用阵亡敌人的头骨做杯子，还把他们右臂的皮

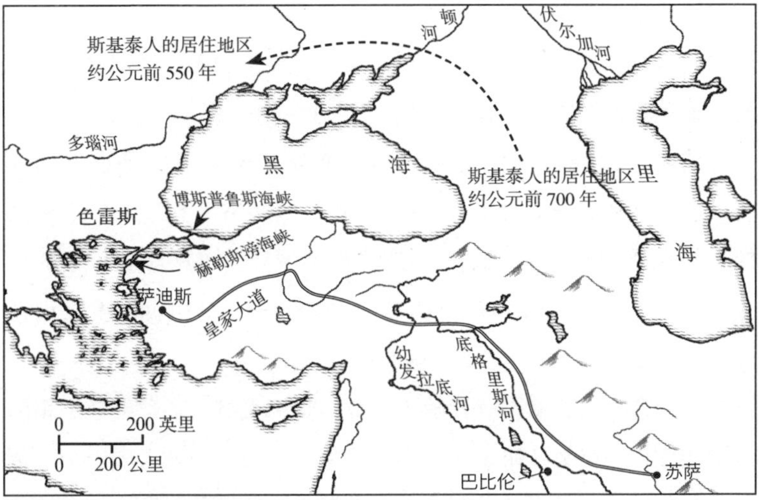


**地图 11-1　斯基泰人的土地**

（“整张皮还连带着指甲，”希罗多德如是说道）扒下来做箭套；亲人去世后，他们会把尸体拖去祭奠四十天，并且为尸体供奉食物和美酒；他们把大麻种子撒到滚烫的石头上，然后吸入烟雾，“一闻到这种气味就高兴地尖叫”（与此截然不同的是，人们通常认为吸食大麻必然让人如梦如幻、萎靡不振）。[2]

公元前 516 年，大流士已经开始计划攻打斯基泰人。他对西北边境地区觊觎已久。小亚细亚的萨迪斯已成为他的第二个行政中心。为了更方便进出萨迪斯，大流士修了一条新路，从苏萨一直通向小亚细亚。这条“皇家大道”（Royal Road）沿途遍布驿站，信使可以在这里换马，这样就能在西部地区和都城之间快速往返。

大流士亲自骑马沿着“皇家大道”去萨迪斯，然后从萨迪斯又回到自己的边境地区。为了攻打斯基泰人，他打算率领海军北上到小亚细亚沿岸，穿过赫勒斯滂海峡，然后进入博斯普鲁斯海峡。之后他们打算从那里驶入黑海，再沿斯基泰领土的南部边境抵达多瑙河（希罗多德称之为伊斯特河）。[3]

同时，他的陆军要跨越另一个海峡，这个海峡将小亚细亚与欧洲的土地隔开。这个海峡并不宽，但是还没有一个东部地区的帝国能成功越过。大流士把修建横跨博斯普鲁斯海峡桥梁的任务委派给一个希腊工程师，他是爱奥尼亚人，名叫芒德罗克列斯（Mandrocles）。然后，他召集来自己的手下。

实力强大的波斯军队开始了沿着“皇家大道”向萨迪斯进军的漫漫征程，一路上征服了一座又一座城市，所经之处大地也为之颤抖。与此同时，工程师芒德罗克列斯测量了博斯普鲁斯海峡。海峡最窄处宽达 650 米，这样的宽度很难修建传统的桥梁。但这并没有难倒芒德罗克列斯，他设计了一座建在战船上的桥，那些战船的甲板又矮又平，他用绳索把那些战船拴在一起，组成了一条浮在水面上的木板路，然后把泥土和石块铺在上面。这是历史上第一座浮桥：用希腊诗人埃斯库罗斯（Aeschylus）的话说，这是“一条由螺栓连接、用亚麻缝制的路”[4]。几千年后，军队依然照此模式修建浮桥。

成千上万的波斯步兵和骑兵跨过浮桥，朝着多瑙河流域的一个狭窄地带进发。他们将与海军会合，然后建造另外一座通往斯基泰领土的浮桥。另一边的色雷斯各城邦没有阻挡波斯军队前进的步伐，因为大多数色雷斯人都惧怕斯基泰人，而波斯军队或许可以保护他们。

斯基泰人并没有奋起反抗，他们一发现波斯人到来就立刻开始撤退，但他们在离开前填上了水井，堵住了泉水，而且焚烧树木和草地。随后到来的波斯人发现自己所到之处寸草不生，时常找不到食物和水源，马匹和士兵越发饥渴难耐。他们根本无法与斯基泰人

图 11-1　浮桥

几百年以来，浮桥始终是军事战略中的重要环节。这座位于弗吉尼亚州、横跨詹姆斯河的浮桥是美国南北战争期间修建的。图片来源：梅德福历史学会图册 /CORBIS

展开激战，因此也根本无法施展其训练有素的各种技能。“就这样拖了很久，”希罗多德写道，“……于是形势开始变得对大流士十分不利。”[5]

最后，这位伟大的国王不得不撤军。所有波斯军队再次跨过多瑙河上的浮桥，撤回南方，他们未能征服斯基泰人就离开了。在这个问题上，波斯宫廷历史学家和后来的波斯国王只记载多瑙河南部地区的历史，就像多瑙河北部地区根本不存在一样。在他们看来，波斯人所不能征服之地显然是无足轻重的。[6]

但大流士不会空手而归。他回到萨迪斯，把军队留给自己最信任的波斯将军美伽巴佐斯（Megabazus）掌管，并且命令他征服色雷斯。

色雷斯各城邦本希望能摆脱斯基泰人的威胁，现在却发现自己的城邦一个接一个地沦于波斯人手中。美伽巴佐斯是一位出色的将军，波斯士兵则训练有素，而色雷斯各城邦都有自己的将领和军队，但缺乏团结，这使波斯军队的任务变得更加容易。“如果色雷斯人是由一个人统治的或是有共同的目标，”希罗多德评论道，“那么他们将立于不败之地，而且会成为迄今为止世界上最强大的国家……但这种事情永远不可能发生，这也就是为什么他们会不堪一击。”[7]

美伽巴佐斯把色雷斯变为一个新的波斯辖地：斯库德拉（Skudra）。[8] 然后，他把目光转向南方另外一个王国：马其顿王国。

马其顿王国位于色雷斯和希腊大陆诸城邦之间，既不同于北面的色雷斯，又不同于南面的希腊。马其顿各城邦都属于同一王国，由一位国王统治。

第一位马其顿国王出身于武士首领阿吉德（Argead）的氏族。

阿吉德原本来自南方，很可能是希腊。诗人赫西俄德（Hesiod）赋予马其顿人一个神话人物般的祖先，说他们是希腊英雄的表兄，是宙斯的后代，这很可能反映了某种真实的古代社会关系。*

阿吉德向北征服了塞尔迈海湾周边地区，然后在更远的北部地区建成了一个都城［艾伽伊（Aegae），位于古代要塞埃德萨附近］，组建了一支军队，并且在那里征税。马其顿是欧洲第一个达到这种组织程度的国家。[9]

但是这样的国家依然很原始，动荡不安。马其顿历代国王不像东方国家那样遵循君权神授的传统，他们都是通过武力夺取王权的武士。尽管马其顿的中心牢牢处在马其顿国王统治之下，但是北部地区却不够稳定。西部地区有一个松散的部落联盟叫伊利里亚（可能是来自西北地区的移民，因为据考古发现，他们与分布在意大利北部的操凯尔特语的西哈尔施塔特人有诸多相似之处），北部地区的

---

* 马其顿和马格尼斯（Magnes）兄弟（据赫西奥德的《列女传》现存部分中的宗谱记载）是宙斯的儿子，他们“喜欢骑马”，并且“居住在奥林匹斯山附近”，这些都是马其顿人的特征。他们是希腊人的表兄弟，因为他们的母亲赛利亚（Thyria）是赫楞（Hellen）的妹妹，赫楞的三个儿子都是传说中的希腊英雄——多洛斯（Dorus，多利安人的祖先）、克苏托斯（Xuthus，爱奥尼亚人）和埃俄罗斯（Aeolus，伊奥利亚人的祖先）。希腊人无法欣然接受这种关系。他们认为马其顿人十分粗鲁，近乎野蛮。即使是比其他马其顿氏族更接近希腊血统的王室，也得为其希腊血统申辩一番。大流士入侵时期，马其顿王子亚历山大一世去奥林匹亚参加奥林匹克运动会，他的竞争对手抱怨说他不应该来参加，因为只有希腊人才可以参加比赛。亚历山大拿出家谱炫耀，最终奥林匹亚诸官员宣布亚历山大是希腊人，有资格参赛。最后他赢得了比赛，这表明他的对手的抱怨不仅仅是出于种族歧视。（希罗多德：《历史》V.22）

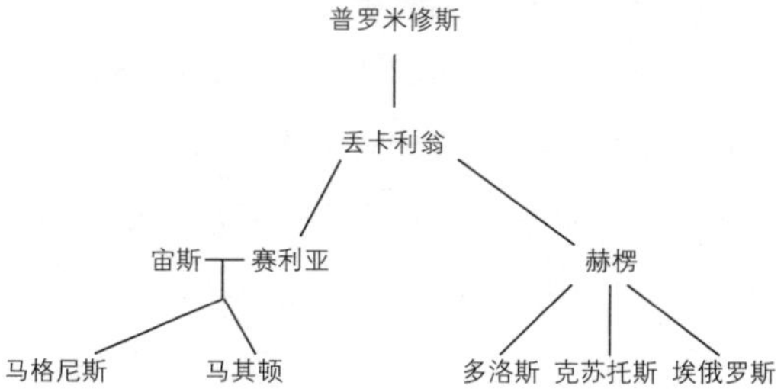

色雷斯各部落被统称为帕约尼亚人（Paeonians）。

在美伽巴佐斯率波斯军队征服色雷斯时，马其顿的国王是阿敏塔斯一世（Amyntas I，据说他是第九位阿吉德氏族的国王）。波斯人冲向马其顿腹地，烧毁了帕约尼亚人的城镇。阿敏塔斯一世看到地平线上硝烟四起，立刻断定抵抗是徒劳无用的。

美伽巴佐斯的儿子率领七位波斯代表跨过马其顿边境捎来口信，阿敏塔斯一世就在艾伽伊的王宫隆重接待了他们。“他们要求为大流士献上许多泥土和水”[10]，希罗多德告诉我们，这是波斯的一个习俗，象征着统治一个国家的陆地和海洋。阿敏塔斯一世当即同意了。他还把自己的女儿嫁给美伽巴佐斯的儿子来讨好美伽巴佐斯。事实证明，此次联姻对马其顿人来说极为有利，从此无论是伊利里亚人还是残留的帕约尼亚人，都不会再给他们的北部边界带来麻烦，因为这样做可能会惹怒波斯人。

与此同时，南方的希腊人立刻陷入了恐慌。美伽巴佐斯风卷残云般地对北部地区发动进攻，而马其顿的阿敏塔斯一世又与波斯结盟，现在波斯征服希腊半岛已不在话下。

不幸的是，希腊各城邦一直以来就像色雷斯各部落一样分散，两个最强大的城邦雅典和斯巴达也一直处于内乱之中。

梭伦改革没能通过立法使雅典实现和平。

著名的梭伦法典重组了雅典的政府。雅典的最高官员仍然是执政官，但是执政官下面还有两级政府机构。四百人议事会是从雅典中层和上层公民中抽签选出的，负责讨论并决定哪些法律条文需要进行投票表决。雅典有投票权的公民组成政府机构的最后一级，即公民大会。

虽然雅典所有的公民都可以参加公民大会，但实际上并没有听起来的那么民主。要成为一位雅典公民，你必须拥有一定的财产。[11]但梭伦也立法规定公民的儿子可以继承公民权，即使他们的父亲变得贫穷，失去土地。这是为了避免投票权越来越集中在少数富有的垄断者手里。

和所有的立法改革一样，三分之二的雅典公民都对梭伦改革表示不满。富人不满足于公民大会赋予他们的影响力，而最贫穷的雅典人不满足于只能进入雅典政府最底层的机构。

梭伦改革引发了雅典人三派纷争，每一派系都有自己的绰号。海岸派希望继续梭伦改革，平原派（来自最古老的家族，是主流派系）希望所有权力回归最富有的雅典人的手中，而山地派想要彻底的民主，他们认为穷人和没有土地的人应和其他人享有同等的权利。山地派是三派中最激进的一派，用亚里士多德的话说，他们的领袖庇西特拉图（Peisistratus）是“一个极端的民主主义者”。[12]一方面，他在与雅典的敌人战斗时受过伤，这使他赢得了大众的支持（对于一个想要获得大众拥护的人来说，投身战争总是很行之有效的）；另一方面，他似乎一直是一个很有人格魅力的人。“他说话的方式十分巧妙，很有魅力，”普鲁塔克评论道，“他很擅长假装自己才干非凡，虽然他自己根本不具备那些才能，但是看起来却比那些确有才能的人更像真的。”[13]他还抱怨说他的敌人一直想暗杀他，这样说并非出于多疑，而是极会算计，因为这样他就有理由让更多侍卫在身边保护他。

他身边聚集了越来越多的武装力量，这使最为保守的雅典人开始担心，甚至刚从荒野之地归来的梭伦也十分担忧。但是现在梭伦年事已高，说话不再有分量，号召力也大大减弱。他已无力改变事

地图 11–2　希波战争时期的希腊

黑　海
博斯普鲁斯海峡
色雷斯
拜占庭
卡尔西登
赫勒斯滂海峡
西革昂
特洛伊
皇家大道
福西亚
士麦那
萨迪斯
爱奥尼亚海岸
萨摩斯岛
以弗所
米卡尔
米利都
斯岛
哈利卡纳苏斯
卡里亚
罗得岛
卡尔帕索斯岛
0
100 英里
0
100 公里

态的发展方向。

公元前 560 年，庇西特拉图带着手持棍棒的侍卫冲进雅典卫城，宣布自己接管雅典。这次叛乱和基伦叛乱一样以失败而告终。他高估了追随者的实力，海岸派和平原派则不计前嫌，联合起来共同把山地派赶出了雅典。

庇西特拉图在流亡中重新集聚力量。他已经尝试过只靠武力发动叛乱，现在他尝试依靠策略。他偷偷与海岸派的首领贵族麦加克勒斯（Megacles）结盟，并且承诺在海岸派帮助他消灭平原派（既然双方不必再团结起来对抗那些贫穷的乌合之众，他们之间显然已经开始纷争不断）之后把自己的女儿嫁给麦加克勒斯。

这一次，在自己的追随者和麦加克勒斯的支持下，庇西特拉图在位的时间稍稍长了一些。但很快，他再次遇上了麻烦。据希罗多德记载，这一次，他惹怒了他的妻子，因为他“没有照常与妻子进行夫妻生活”，“后来不知道她的母亲是否过问了此事，总之她告诉了她的母亲”。[14] 麦加克勒斯得知此事后（他可能已经后悔当初与粗鄙的山地派联姻）决定再次转换阵营，与平原派联合在一起，又把庇西特拉图赶了出去。

庇西特拉图尝试过叛乱，也尝试过政治同盟，接下来他只能尝试通过金钱夺回政权，于是他选择了这条路。他转而从事银矿开采，积聚了许多财富，大约 10 年后，公元前 546 年，他雇了一支佣兵军队，重新控制了雅典。他下令夺走雅典公民的所有武器（显然持有武器并非他眼中的贵族特权），从那时起他开始了僭主统治。[15]

在他看来，他统治雅典是为了雅典人好。而事实上，他变得十分受雅典人爱戴：他为穷人减税，“预支给穷人钱帮助他们劳作”[16]，而且通常情况下他表现得像一个温和谦逊的施惠者，当然前提是没有人冒犯他。

公元前 528 年，庞西特拉图去世，他的长子希庇亚斯（庞西特拉图与麦加克勒斯的女儿那段非正常婚姻之前与前妻所生的儿子）继承了僭主之位，摆出一副威严君主的样子。但是这一切并没有引起任何人的不满，直到后来家庭出现了一场变故。据亚里士多德记载，希庇亚斯的弟弟希帕尔库斯（Hipparchus）疯狂地爱上了一个名叫哈莫迪厄斯（Harmodius）的俊美青年，但哈莫迪厄斯拒绝与他扯上任何关系。遭到拒绝之后，希帕尔库斯四处散布消息说哈莫迪厄斯是个道德败坏的人。

哈莫迪厄斯十分恼火。他找来一个朋友，和他一起在一个庆典达到高潮时冲向希帕尔库斯，把他杀死。他们希望节日庆典的喧闹能掩盖他们的罪行，但是卫兵还是当场杀死了哈莫迪厄斯并逮捕了他的同伙。

弟弟被杀一事让希庇亚斯勃然大怒。他下令让那个年轻的同伙永受折磨，那个年轻人实在忍受不住痛苦，于是招供出很多密谋反对希庇亚斯及其统治集团的希腊人，后来他终于被折磨致死。

亚里士多德写道："为了给弟弟复仇，希庇亚斯处死了很多人，还流放了很多人，他变成了一个令人无法信任的面目可憎之人。"[17] 他除掉了那个年轻同伙提到的所有人，还除掉了那些阻拦他的人。

把雅典人从水深火热中拯救出来的是一位看似不可能的救星：斯巴达的老国王。这位国王名叫克里昂米尼（Cleomenes），德尔斐的先知曾多次告诉他，推翻雅典暴政是他神圣的使命。公元前 508 年，他振作起来，带领斯巴达军队向雅典进发。*

---

*　波斯和希腊的事件发生在公元前 520 年和公元前 500 年间，但确切日期不太清楚；可能是公元前 510 年，或甚至更早一点。

德尔斐神谕并非毫无偏向（雅典贵族为了防止希庇亚斯生疑，雇人在之前的神谕平台处建造了一座华丽的大理石神庙），而克里昂米尼似乎也并不希望与雅典平起平坐。事实上，斯巴达人在伯罗奔尼撒半岛中心的扩张已经使整个社会十分不平等。土生土长的斯巴达人处在社会最顶层。在他们之下是众多为其所征服的下层阶级，这些人不能成为公民：他们是农奴、奴隶和劳工。斯巴达人喜欢这种不平等的社会。斯巴达唯一平等的一点是，年满 30 岁的男性公民都可以在城市的公民大会上投票。但是即便是在那里，斯巴达人也是不可以进行辩论的，因为政府认为宣扬不同观点毫无益处。普鲁塔克告诉我们，这里的年轻人在童年时期就被训练成了沉默寡言并甘愿服从的人。[18] 他们从不训练与人争辩，斯巴达人在古希腊语中被称作“Lyconians”，由此衍生出了英语中“laconic”（寡言的）一词。[19]

克里昂米尼进军雅典并非出于热爱公平，而是因为害怕波斯不断强大。如果雅典彻底四分五裂，那么就很难阻挡波斯军队南下，而雅典是斯巴达和波斯之间最大的屏障。克里昂米尼希望把希庇亚斯赶出雅典，使雅典统一并恢复其实力。

于是斯巴达军队把希庇亚斯赶出了雅典，并且帮助雅典人举行选举。然而他们又不肯放弃染指雅典的内部事务，大力支持其中一位候选人。* 雅典人看出斯巴达人企图借此把雅典变成自己的附属城

---

* 这句话所指的是一系列非常复杂的事件。希庇亚斯被赶走之后，一位获得贵族支持的领袖以萨格罗斯（Isagorus）和一位由民众支持的领袖克里斯提尼（Cleisthenes）掌握了权力。以萨格罗斯向克里昂米尼求助，在克里昂米尼的支持下，以萨格罗斯把 700 个雅典家族赶出雅典。之后雅典民众奋起反抗，把斯巴达人和以萨格罗斯都赶下了台，推举克里斯提尼上台。希腊城邦内部和城邦之间的这种错综复杂的相互妥协在研究希腊政体演变问题时十分重要，但是如果我要继续讲述所有这些内部事件，这段历史将会变得相当冗长。因此，对整个世界舞台没有什么影响的希腊内部问题，我将一笔带过，不做详细介绍。倘若读者想了解更为全面的希腊政治发展史，可参阅希罗多德的《历史》、亚里士多德的《雅典政制》，或是权威的希腊历史著作，比如萨拉 · B. 波默罗伊的《古希腊：政治、社会、文化史》等书籍。

市，于是他们去寻求强大的同盟者来帮助他们抵抗这个南方的强大城邦。

有人（希罗多德并没有说是谁）在公民大会上建议，雅典人只有与特别强大的军队结成同盟才能扑灭斯巴达的嚣张气焰，比如波斯军队。于是他们派出代表团去萨迪斯与那里的总督［大流士同父异母的兄弟阿塔菲尼斯（Artaphrenes），大流士回到波斯波利斯时把萨迪斯的事务留给他掌管］会谈，希望他能与雅典结盟共同对抗斯巴达。

雅典人似乎高估了自己在国际舞台上的地位，这对于他们来说应该是一个非常合理的建议，但希罗多德写道，代表团“在表达自己想法时，阿塔菲尼斯……问雅典人他们是谁，是从哪里来的”。他显然是明知故问，这是在挫雅典人的锐气，他最终的目的只有一个：只有雅典人同意把“泥土和水”献给大流士以示完全顺从，波斯人才会出手相助。

代表们在波斯人的包围之下只得同意，至少这能使他们活着离开萨迪斯，尽管回雅典后他们不得不为此承担后果。“回去后这给他们带来了诸多麻烦”，希罗多德评论道。[20]雅典人并不想失去自由。他们开始靠自己的力量解决斯巴达的问题，通过一系列规模不大却艰苦卓绝的战争，他们把剩下的斯巴达军队赶出了雅典。

斯巴达人离开之后，雅典人花费了一段时间重组那个僭主统治的政府。最终尘埃落定，雅典人分成了十个“部落”，这些部落的划分打破了之前的家族同盟，意在打破旧时贵族生来享有权力的制度。四百人议事会变成了五百人议事会，由每个部落选出五十位代表。为了最终消除贵族家庭统治，雅典又被划分为三十个地理单元，每一个单元叫作一个区，每个区的雅典人必须使用该区的区名而不是他们家族的名称。*[21]这是一个不错的主意，但是实际上并没有起到什么效果，大多数雅典人最终还是使用了自己家族的姓氏。

雅典还推行了一种新的习俗。如果有 6000 名同胞把同一个人的名字写在用来投票的陶片上，那么这个人就会被从雅典流放出去。这些碎陶片被称为放逐陶片（ostraka），而流放十年的习俗也因此被称为陶片放逐法（ostracism）。这也是一种防止专制统治的手段："只要有人……权力过大……"亚里士多德写道，"这种过度的特权通常会导致独裁统治……因此，一些国家采用陶片放逐法。"[22]

据亚里士多德记载，第一批因陶片放逐法遭到放逐的雅典人是希庇亚斯的朋友，他们与这位前任僭主一同被赶出雅典。

与此同时，另一个希腊城邦也决定寻求波斯军队的帮助。

这个城邦就是爱奥尼亚的米利都，它位于波斯统治的小亚细亚边缘地带。米利都的僭主是一位雄心勃勃的武士，名叫阿里斯塔格鲁斯（Aristagorus），多年来一直是这个城邦的统治者。现在，他打算将统治之网布得更远。他去找萨迪斯的总督，提出只要波斯人为他提供船只和士兵，他愿意全权代表波斯征服希腊的基克拉泽斯群岛。

阿塔菲尼斯同意了，而阿里斯塔格鲁斯很高兴自己有机会成为一个小帝国的君主，统治整个群岛，于是组建了一支军队，驶向第一个目的地纳克索斯岛（Naxos）。

不幸的是，他们根本无法攻下纳克索斯岛上的希腊城邦。当地

---

* 人们把这些改革归功于雅典政治家克里斯提尼。他出身贵族，也是在德尔斐修建神庙，得到神谕恩宠的希腊人之一，亚里士多德说他深得民心。

居民并没有上前迎战，他们只是把所有粮食拖回城中，然后静待其离开。经历了四个月的围城之后，阿里斯塔格鲁斯花光了波斯资助的钱，而阿塔菲尼斯对这位僭主的作战能力很不满意，便决定不再投入任何财力。阿里斯塔格鲁斯没能实现自己的野心，只能灰头土脸地驶回米利都。

不过，他从对岸的希腊城邦那里学到了为政之道。他像那些出色的雅典政治家一样，转变了自己的立场。他决定改弦更张，从支持波斯变为反对波斯——这纯属权宜之计。他打算带领小亚细亚的希腊诸城邦发动叛乱，推翻波斯君主的统治，或许最终能把这些城邦归于自己的统治之下。

他小心打探后发现，爱奥尼亚所有的僭主无疑都愿意加入叛乱。但他从纳克索斯岛的惨败中得到了教训，那就是战争要付出昂贵的代价。要发动反对波斯人的战争，他还需要更多的支援。

最适合的同盟者无疑是尚武的斯巴达。希腊各城邦为了抵御外敌而组成了一个松散的联盟——伯罗奔尼撒同盟，斯巴达是其中实力最强的城邦，也是领头者。如果斯巴达加入反对波斯的战争，那么联盟中的其他城邦也会加入。于是，阿里斯塔格鲁斯去斯巴达拜访克里昂米尼。但克里昂米尼拒绝了，他认为这好比是蚍蜉撼树，他先是嘲笑了阿里斯塔格鲁斯一番，然后强行把他赶出了斯巴达。

“从斯巴达被赶出去之后，”希罗多德写道，“阿里斯塔格鲁斯选择来到雅典，因为在希腊诸城邦中它的实力仅次于斯巴达。”[23] 在这里，他发现了更愿意接受自己计划的人。

被流放在外的雅典僭主希庇亚斯正打算卷土重来。他之前逃离希腊，渡过赫勒斯滂海峡找到波斯人，他希望波斯军队能帮他夺回雅典。阿塔菲尼斯认为希庇亚斯会成为波斯进入希腊理想的切入点，于是同意了希庇亚斯的计划。他给雅典捎去口信说，如果不把希庇亚斯请回去，就会入侵雅典。这个消息刚一传到雅典，阿里斯塔格鲁斯就露面了，他建议雅典人与他共同抗击波斯。[24]

雅典对波斯的这个最后通牒感到十分愤怒，同意派出20艘战船帮助阿里斯塔格鲁斯发动叛乱，位于沿海的雅典同盟城市埃雷特里亚（Eretria）也派出了5艘战船。[25]公元前500年，战争开始了。

这场波斯与希腊之间的战争持续了20多年，然而波斯的史书对此却只字未提。但在希腊，20多年来这场战争一直是所有男人生活的中心，是每个女人的牵挂。我们的描述全部都来自希腊人：战争结束的时候希罗多德年仅五岁，后来他是通过与很多当事人交谈才还原了整个战争；比希罗多德晚20年左右出生的修昔底德（Thucydides）基于其他史料修正了希罗多德的一些记载；希腊剧作家埃斯库罗斯比上述两位历史学家年长，他曾亲历战争，他的戏剧《波斯人》（*The Persians*）就是他根据亲身经历创作出的作品，但这部戏剧的重点是在表现希腊人的勇气，而不是描述战役本身。[26]在这些人眼里，希波战争对人性的发展十分重要。但从波斯人的角度来看，这些战争算不上什么，还是不提为妙。

参与叛乱的爱奥尼亚各城邦一开始就高调劫持了大流士海军的300艘战船，然后配以希腊水手。[27]大流士立即派出身手敏捷并且训练有素的军队去镇压爱奥尼亚的叛乱。在大流士的军队到达之前，阿里斯塔格鲁斯和他的盟军已经突袭攻入了萨迪斯。总督阿塔菲尼斯躲进守卫森严的堡垒里，但是萨迪斯遍地都是爱奥尼亚人，他们打算将萨迪斯洗劫一空。不幸的是，这座城市几乎立刻就被大火吞没了。由于萨迪斯的建筑物主要是由芦苇搭建的，一个士兵放火焚烧一间房屋后，大火就迅速蔓延到了整个城市。

据希罗多德描述，“萨迪斯的战火”[28]使波斯人怒不可遏。波斯军队和爱奥尼亚军队在以弗所遭遇，最终爱奥尼亚联军惨败。他们被打得七零八落，而雅典人发觉参与其中并无利可图，于是决定撤回雅典。但爱奥尼亚人别无选择，只能继续战斗。烧毁萨迪斯等于断了自己的后路，他们现在已经无法全身而退。

于是他们开始转战海上。一支爱奥尼亚联合海军北上穿过赫勒斯滂海峡，赶走了驻扎在拜占庭城的波斯军队。然后这些船只驶回海岸，沿途征集盟友。[29]叛乱势力越发强大，波斯人陷入连年征战之中。

公元前 494 年，形势开始对爱奥尼亚不利，由 600 艘战船组成的波斯舰队在米利都附近的海上与爱奥尼亚的战船对抗。波斯人一直在重整旗鼓，为下一次大规模交锋做准备，他们对爱奥尼亚舰队也了如指掌，因为 353 艘希腊战船中有 300 艘是在战争一开始时从大流士的海军手里劫持而来的。[30]

爱奥尼亚人的几十艘战舰都沉没了。战事对希腊人越发不利，有几十艘战舰的爱奥尼亚人甚至弃船而逃。爱奥尼亚舰队的海军将领向西西里岛驶去，做了海盗（他只掠夺迦太基人和伊特鲁里亚人的过往船只，“而从不对希腊船只下手”）。[31]阿里斯塔格鲁斯自己则彻底逃离小亚细亚，去了色雷斯，他在企图夺取一个色雷斯的城市时被杀死。

获胜的波斯人在叛乱者阿里斯塔格鲁斯的故乡米利都海岸登陆。他们切断米利都与外界之间的联系，在城墙下挖出地道，然后攻陷了整座城市。“大多数男人都被杀死了，”希罗多德说道，“他们的妻儿……沦为奴隶……他们把活着的人都带到了苏萨。”大流士把这些人安置在底格里斯河口的沼泽地带，那里曾经是迦勒底人的家园。[32] 尽管雅典人并未参战，只是远远地观望着一切，但依然忧心忡忡。米利都曾经是雅典的子城，摧毁米利都就像是在雅典人的身上割了一刀。

更糟糕的事情还在后面。大流士并没有忘记最初参与叛乱的雅典人和埃雷特里亚人。公元前 492 年，他派他的女婿马多尼乌斯（Mardonius）率领两股部队发动进攻：陆军穿过小亚细亚，跨越博斯普鲁斯海峡上的浮桥，然后直入色雷斯和马其顿；海军驶过爱琴海，然后与陆军会合，一同攻打希腊北部诸城邦。

然而，第一次波斯侵略希腊的战争很快无果而终。就在波斯海军马上要达到目的地时，风暴骤起，几乎所有船只都撞上了阿索斯山附近的礁石而损毁。陆军等不到按计划应当来会合的海军，于是就撤退了。

波斯人花了两年的时间重建海军。公元前 490 年，一支新的舰队整装待发，马多尼乌斯（他先前被召回苏萨受训）也重新上任。

据希罗多德说，第二次入侵的军队包括 600 艘船，就算这种说法有些夸张，但当时海上入侵的力量的确十分强大，波斯人甚至无须动用陆军力量来增援。希庇亚斯就在其中一艘船上，他曾发誓，只要波斯人消灭敌对势力，他就会重新坐上雅典僭主之位。

波斯大军开始横扫内陆，他们先是摧毁了纳克索斯（阿里斯塔格鲁斯实在不是什么做将领的料，波斯军队几天之内就占领了纳克索斯），然后开始围攻埃雷特里亚。他们的下一个目标是雅典：雅典就像阿提卡地区的女王，攻占雅典是控制希腊的关键。

埃雷特里亚的防御很快被摧毁了。雅典人做好准备面对波斯人带来的浩劫，他们派了一位信使南下向斯巴达求援。这位信使名叫菲迪皮茨（Pheidippides），他是经过专门训练的送信人，据说他只用了 24 小时就跑完了斯巴达与雅典之间 240 千米的路程，本领十分惊人（希罗多德很可能是少说了菲迪皮茨所用的时间，但他跑过的距离是毋庸置疑的）。* 但斯巴达人拒绝出手相助。当时他们正在庆祝一个宗教节日，因此满月之前不能出兵。

斯巴达人信仰宗教（可以说是近乎迷信），但他们如此回复很可能是为了避免与波斯人正面交锋。波斯人的目的是报复雅典人，他们的怒火直指那些曾经参与爱奥尼亚叛乱的希腊城邦，而当时斯巴达并没有参与其中。

此时，雅典人孤立无援，只能独自面对波斯人。

希罗多德告诉我们，他们的指挥官米太亚得（Miltiades）把步兵——雅典重装步兵（hoplite）——编排成一个略不寻常的队形：中间薄弱，而两翼强大。这支重装步兵是以他们的盾牌——雅典大圆盾（hoplon）命名的，这种盾牌的把手在盾牌边缘处，而不是在盾牌的中央。这种设计是为了使步兵可以把右臂空出来使用矛，这意味着步兵右侧的身体会有一部分暴露在盾牌之外，但是这种盾牌向左侧伸出的部分能够遮挡左侧士兵身体的右侧。换句话说，这种盾牌要求使用者紧紧地排列在一起组成方阵。重装步兵孤身奋战是非常容易受到攻击的。只有保持密集紧凑的方阵，重装步兵才有生存的机会。

这种纪律严明的方阵和孤注一掷的心态，弥补了雅典士兵人数

---

* 这就是马拉松长跑的起源。几百年之后的普鲁塔克说，雅典人对波斯人的这场胜利还产生了另一个关于奔跑的故事：这个故事的主角是特西普斯（Thersippus），或者优克勒斯（Euclus，不同史料记载不同），他带着胜利的消息从战场一路跑到雅典城中心，传达了消息之后他就因伤势严重而死去。这个故事可能是真实的，不过也可能是基于菲迪皮茨奔跑的最初版本虚构出来的（有人认为菲迪皮茨是战斗胜利之后跑去送信的，不过这种说法可能是错误的）。不管是谁最先跑的（也不管此人跑了多少路程），现代奥林匹克竞赛中最长距离的赛跑仍然以马拉松命名，以纪念这种非凡的耐力。

较少的劣势。希罗多德告诉我们，“雅典人冲向入侵者”，这让波斯人以为他们也许都疯了。[33] 然而事实上，雅典军队的中间部分很快就被击溃了。但是军队两翼的众多士兵把波斯人夹在了中间，直到这些入侵者开始从致命的方阵中间撤离。他们往船只方向逃跑，却慌不择路地进了沼泽地，许多人陷入泥淖，而且由于盔甲过重而无法逃生。

还有许多波斯人最终回到了船上然后逃跑了。但雅典人截获了 7 艘船，杀死了很多入侵者。希罗多德统计的波斯死亡人数为 6400 人，而雅典死亡人数只有 192 人，可见希罗多德（像亨利五世统计的阿金库尔战役的死亡人数那样）是出于爱国而夸大了事实。但马拉松战役中雅典人的获胜还是十分令人震惊的。他们打败的是强大的波斯。

在雅典统计死亡人数时，斯巴达人终于到达了战场。

这些参加马拉松战役的人后来被称为马拉松勇士，他们在雅典备受尊重，就像为自由而战的美国二战老兵一样。然而，他们的常胜将军米太亚得却未得善终，他因未能攻下帕罗斯（Paros）岛（绝对忠于波斯的一方土地）而被撤职。他带着在战役中受的伤回国受审，不久就因坏疽而去世了。

大流士此时正在考虑重新与希腊作战的战略。公元前 486 年，即马拉松战役四年后，他增加赋税，可能是为了重建军队。埃及几乎立刻爆发了叛乱，也许是对赋税过重不满，但是大流士已经无力顾及此事。他在公元前 486 年秋天患病，并在入冬前离开了人世。[34]

他的大儿子薛西斯继承了王位。

薛西斯一直在效仿他的父亲。王室有变故时通常会有人趁机发动叛乱，他像大流士一样，先派军队去镇压那些叛乱。巴比伦不可避免地发生了叛乱，于是他把整个城市划分为两个小的辖地，从而避免了一些派系之争。他靠纯粹的武力重新征服了埃及，然后在埃及和波斯的铭文上都刻上自己“两国之王”的封号。[35]

然后，他把目光移回希腊。公元前 484 年，薛西斯帝国的所有港口都在造船。有 320 艘战船上配备了希腊雇佣兵，还有 200 艘战船来自埃及。埃及人还帮助薛西斯建造了另外一座浮桥，这座浮桥位于大流士建造的浮桥南边一点，横跨赫勒斯滂海峡，整座桥是由埃及的亚麻绳索连接在一起的。[36]

与此同时，雅典正在建造一支由三列桨战船组成的舰队，这种战船细长的船身（约 35 米长，但只有 4.5 米宽）能容纳 170 名桨手，这意味着它们航行起来能像刀刃划过水面一样，速度远远超过其他船只。公元前 481 年，雅典和其他 30 个城邦一起组成了一个新的联盟——希腊联盟，与波斯对抗。斯巴达人重新加入了反波斯的大业，在联军中他们毕竟是战斗经验最丰富的军队。

同年秋天，薛西斯亲自率军前往萨迪斯，他们在那里过冬，养精蓄锐，从长途跋涉中恢复。之后，在公元前 480 年的春天，他带领军队横跨赫勒斯滂海峡。

希腊人预感到北方地区可能坚守不了很长时间。他们把前线设立在马斯利湾南边，而大部队则在温泉关（Thermopylae）集结，在那里诸山之间有一条可供通行之路。对于薛西斯来说，这是唯一一条可以进入希腊半岛南部地区的合适的道路（虽然还有一条隐蔽的山路可走，但他不可能发现这条路）。海军在优卑亚岛的最北端停了下来。

他们在那里待命。此时，后方的希腊已做好了充分的准备迎接灾难。雅典人决定做最坏的打算，由五百人议事会通过的一项法令的副本得以存留下来：

> 由议事会和人民表决……将城市委托给雅典女神雅典娜……安全起见，雅典人和住在雅典的外国人必须把自己的子女送到特洛伊森（Troezen）……他们须把老年人和能带走的财产都转移至萨拉米斯。国库官员和女祭司须留在雅典卫城守卫众神的财产。所有其他适龄的雅典人、外国人则登上早已备好的 200 艘战船，为自己和其他希腊人的自由而战，抵御蛮族入侵。[37]

随后，薛西斯大举进攻。在入侵者面前，色雷斯投降了，之后马其顿各城邦也纷纷投降。薛西斯向希腊本土进发，如果他可以穿过那些山脉，那么南部诸城邦也将难逃厄运。一支来自阿提卡的军队奉命守卫那条隐蔽的山路，以防万一。而最重要的温泉关则交由斯巴达国王列奥尼达（Leonidas，克里昂米尼的继承人）率领的 7000 人驻守。

要不是一个希腊叛徒投奔薛西斯并给他绘制一张山路的地图，那么波斯人和希腊人就会在这个狭窄的地带相遇，而这些兵力已经足够了。薛西斯从一万名训练有素的士兵中选出一些精兵强将，由一名将领带着翻越山脉，希罗多德称这些将士为“不死军”。他们来到山的另一侧之后，就开始从后面包围斯巴达人。

列奥尼达看到自己的军队就要受到两面夹击，意识到自己败局已定。他下令只留下三百人驻守，其他士兵全都撤回南部地区。他率领这三百士兵以及来自底比斯和特斯佩亚（Thespia）这两个希腊城邦拒绝离开的几支军队拖住薛西斯的军队。阿提卡是在劫难逃了，但是如果那些撤退的斯巴达人能赶到科林斯湾，那么他们仍然可能守住伯罗奔尼撒半岛，以及妇女和孩子所在的特洛伊森，还包括萨拉米斯：这样的话，一切依然属于希腊。

斯巴达人在战死沙场之前一直都在战斗。在这场战争中，连“不死军”都阵亡了，薛西斯的两个兄弟也战死沙场。[38]后来，这些将士在温泉关战役中的英勇事迹成为历史上最著名的英雄故事。薛西斯却不为所动。他下令将列奥尼达的尸体斩首，然后将其钉在十字架上，仿佛是在处死一名罪犯。

普鲁塔克告诉我们，希腊人疲惫不堪，绝望不已，开始就下一步何去何从进行激烈的争论，不过这场争论并没有持续多久。希腊联军中的雅典军队恳请其他军队支援阿提卡以保护雅典，但其他军队对此没有信心，他们认为面对强大的波斯军队，很难保住漫长的北方战线，他们的意见占了上风。整个军队撤回到伯罗奔尼撒半岛，在那里他们可以把船只集中在萨拉米斯岛附近的海域，并且在连接伯罗奔尼撒半岛和阿提卡的狭窄地峡——科林斯地峡——建立起一道防线。雅典人虽然跟着联军撤走，心中却十分不满，普鲁塔克写道：“他们为这样的背叛感到愤怒，也因遭到盟军的抛弃而感到沮丧和痛心。”[39]

薛西斯带领着他的士兵向雅典进发，一举攻下了雅典。波斯士兵烧毁了雅典卫城，雅典人束手无策，只能隔水相望，眼睁睁地坐看自己的家园浓烟四起。

剧作家埃斯库罗斯记载下了之后发生的一切，他当时就在雅典。在他的戏剧《波斯人》中，一位波斯使者返回都城苏萨向太后汇报说，她的儿子薛西斯已决定立刻进攻伯罗奔尼撒半岛上的希腊人：

一名来自敌军阵营的希腊人
向您的儿子悄声道：
在夜色的掩护下，所有希腊人都会拿起桨，
然后疯狂地向各个方向逃走
以保住性命。[40]

这个消息是希腊首领忒密斯托克利（Themistocles）散布出去的，他知道局势对波斯有利。这是因为希腊人困在了伯罗奔尼撒半岛上，还失去了盟友，所以很容易被一场进展缓慢却极具破坏力的战争而拖垮。因此对薛西斯而言，最好的策略就是耐心等待，派海军围困伯罗奔尼撒半岛，这样就没有外界岛屿可以提供援助，然后再重新积聚力量发动进攻。

于是忒密斯托克利送信给波斯国王薛西斯，主动提出投诚，他还告诉薛西斯，如果波斯马上发动进攻，疲惫萎靡的希腊人就会四散而逃。薛西斯听信了他的话，不再包围伯罗奔尼撒半岛。他派出船只直接进入狭窄的海域，去攻击聚集在那里的雅典三列桨战船。

您的儿子，随即
发现自己被希腊的诡计与诸神的妒忌蒙蔽，
当即告知他所有的船长：
一旦太阳落山，
黑暗笼罩天穹，
他们的船只就兵分三路，
阻挡希腊人逃向大海，
其他船只则包围这座岛屿。[41]

这正是忒密斯托克利想要的，因为那些三列桨战船速度快、易操控，能够在萨拉米斯周围狭窄的海域高效作战，而庞大的波斯船只却无法从中突围。

船与船相撞，
在黄铜撞角的撞击之下，
所有的船头都撞毁了。
希腊人开始登场。
他们站在甲板上抛出
长矛。
起初我们拿起长矛抵抗，
但是很快我们的战船混在了一起，
在狭窄的海峡里迎头相撞，
舰首铜头相互撞击，
船桨和甲板化为碎片。
然后希腊人井然有序地包围上来
发动进攻，最终所有船只都底朝天沉入水中，
海面上再也看不到
船只的残骸和漂浮的尸体。
尸体被冲到了海岸和礁石上。[42]

波斯人生活在地势高的内陆地区，根本不会游泳。那些落水的人几乎都淹死了。

薛西斯坐在高台上的一个黄金宝座上观战，越看越愤怒。这场失利本不至于使薛西斯一败涂地，但是他被愤怒冲昏了头脑。他下

令处死所有的海军船长——这些人都来自波斯统治之下的腓尼基诸城邦——理由是他们太过懦弱。所有腓尼基水手都因此开始反对他。腓尼基人海上经验丰富，他们十分清楚为何战败。

与此同时，巴比伦再次爆发叛乱。忒密斯托克利继续依计行事，他释放了一名波斯战俘，此人回去找到薛西斯，告诉他希腊舰队打算行驶至达达尼尔海峡，然后在薛西斯率军赶回去之前毁掉那座浮桥。[43] 听到这个消息后，薛西斯决定撤军。

他宣布，任何擒住忒密斯托克利的人都会得到重赏（这个做法毫无意义），然后就率领大部队回到马其顿和色雷斯，把一部分士兵留给他的女婿马多尼乌斯掌管。事实上，薛西斯是留马多尼乌斯在这里等死，而使自己撤军时不至于过分难堪。雅典军队穿过科林斯地峡，在普拉提亚与马多尼乌斯率领的少量士兵相遇。英勇的列奥尼达的侄子鲍桑尼亚（Pausanias）继承了叔父的将军职位（他同时也是斯巴达的摄政王，现在斯巴达的国王是列奥尼达的小儿子），他率兵突袭，希腊人取得了胜利，而马多尼乌斯死在了战场上。“他的尸体在战争结束第二天就消失了，”希罗多德写道，“没有人知道他葬在了哪里。”[44]

然而，对波斯人的战斗还未结束。希腊派出海军与波斯舰队的残余力量交战，而波斯舰队已经沿爱琴海岸一路撤回小亚细亚。波斯人看到希腊舰队跟在后面，决定不再冒险再进行一次海战。他们把战船停靠在小亚细亚沿海，就在米卡尔山（Mycale）的西边，然后准备上岸迎敌。

据史料记载，普拉提亚和米卡尔这两场战役恰好发生在公元前479年的同一天。在米卡尔之战中，波斯人本指望自己阵营的爱奥尼亚人出手援助。但是当希腊大军压境时，爱奥尼亚人却逃跑了，

| 时间线 11 | |
|---|---|
| **波斯** | **希腊** |
| **居鲁士二世（居鲁士大帝）**（前 559） | （雅典）庇西特拉图 |
| | （马其顿）**阿敏塔斯一世** |
| **冈比西斯二世**（前 530） | |
| **大流士一世** | （斯巴达）**克里昂米尼** |
| | （斯巴达）**达玛拉都斯** |
| | 马拉松战役（前 490） |
| **薛西斯一世**（前 486） | （斯巴达）**列奥尼达** |
| | 温泉关和萨拉米斯战役（前 480） |
| | 普拉提亚和米卡尔战役（前 479） |

他们撤回到自己的城邦，留下波斯人独自作战。雅典和斯巴达联军将波斯人一路追击到萨迪斯。活着回到萨迪斯的波斯士兵寥寥无几。

波斯战争以希腊在普拉提亚和米卡尔的胜利而告终。尽管波斯海军自此衰落，再也没有恢复元气，但这次战败并没有给波斯人造成太大的心理创伤。[45] 从斯巴达到爱奥尼亚海岸的希腊诸城邦共同御敌，这是整个希腊世界第一次自发联合行动，打败了共同的敌人。整个希腊不是因政治而联合在一起，而是因共同的语言和习俗凝聚在了一起。

# / 12

# 伯罗奔尼撒战争

公元前478至公元前404年间，薛西斯去世。雅典和斯巴达联合发布了一则维持两国三十年和平的声明，但和平只维持了十四年。

击退波斯人后，刚刚团结起来的希腊人必须决定怎样处理爱奥尼亚的城邦。爱奥尼亚的多个城邦加入了希腊，正式宣称脱离波斯帝国。诗人埃斯库罗斯曾作诗赞颂他们刚刚获得的自由：

那些生活在亚洲辽阔土地上的人
不再受到
波斯帝国法律的统治
也无须再向其朝贡
无须受波斯帝国的颐指气使
也不再卑躬屈膝
并对王权充满敬畏
王权早已死去[1]

但是波斯的实力并未消亡，波斯大军仍然占据着亚洲广袤的土地。爱琴海位于波斯和希腊大陆之间，但对于爱奥尼亚人来说，波斯这个蹒跚的巨人好像就在他们城墙的另一边。

斯巴达人建议他们放弃爱奥尼亚的各个城市，将这片土地丢弃给波斯人处理，因为他们无法“永远守护爱奥尼亚”。[2] 雅典士兵即刻提出异议。这些土地大部分都是雅典人的殖民地，所以斯巴达人可以轻易地提出放弃（就像他们在波斯入侵期间也放弃过雅典一样，他们只要能够拯救伯罗奔尼撒就满足了）。“他们激烈地提出自己的反对意见。”希罗多德说。在经过了激烈且周密的商讨之后，雅典人设法说服大多数其他希腊军队加入进来，一起将波斯人从爱奥尼亚海岸赶走。

斯巴达人虽然很不高兴，但还是答应留下来。他们不想跟波斯人战斗，但是也不想让雅典获得权力，成为希腊联盟的领袖。他们留下来，是为了保证自己的指挥官鲍桑尼亚继续担任希腊联盟的最高指挥官。鲍桑尼亚领导希腊人获得了普拉提亚战役的胜利，而且自列奥尼达的儿子在塞莫皮莱草原上牺牲后，鲍桑尼亚就接替了他的位置。

鲍桑尼亚率领他的海军出发去围攻拜占庭，在这之前拜占庭已经被波斯士兵再次占领。雅典人在本国将军克桑提波司（Xanthippus）的指挥下重新集结，前往博斯普鲁斯海峡助阵。最后，拜占庭再次易手，又一次成为希腊的城市。

这是雅典和斯巴达最后一次结盟。

希罗多德对希波战争之后历史的发展没有再做更多的描述，他的《历史》只写到了米卡尔战役。对于接下来发生的一系列事件，我们需要找来修昔底德的著作进行研究，他在大约 70 年之后撰写了自己的历史著作，此外还有普鲁塔克的《忒密斯多克利传》(*Life of Themistocles*)，它也能给我们提供一些有关的细节。

根据修昔底德的描述，当雅典和斯巴达士兵围攻拜占庭的时候，本土的雅典人和斯巴达人却在争执不休。在普拉提亚战役战胜马多尼乌斯后，忒密斯多克利率领雅典士兵返回了雅典。然而，他们的城市已经变成一片废墟：城墙坍塌，雅典卫城的神庙被推倒并焚毁，雅典娜神庙里的神圣的橄榄树也被砍倒，树桩都被烧焦了——但是仅仅几天之内，树桩上就长出了绿芽。[3] 雅典并未灭亡，从前线回来的雅典人开始重建被拆毁的城墙，这是一项长期任务。

雅典人重建城池的消息传到了斯巴达。仅仅几天之后，斯巴达就派代表团抵达雅典，要求雅典人不仅要停止重建，而且要“跟他们一起将伯罗奔尼撒半岛外城市的城墙拆毁”。[4]

斯巴达这样做等于是公然宣称自己要称霸整个希腊。此时的雅典既缺少士兵，又失去了城墙，因此无力抗拒斯巴达的要求。但忒密斯多克利却心生一计，只是在那种棘手的情况下，他没有说出实情。他告诉斯巴达人，他自然会带一队雅典官员马上赶到斯巴达去商讨这个问题。然后，他自己先行前往斯巴达，但是在路上像蜗牛一样慢吞吞地走着，而且他告诉其他的雅典官员尽量在雅典多逗留一阵子，至少要等到城墙修筑到起码的高度。与此同时，凡是能走得动的雅典人都必须放弃其他事情，全力以赴地修筑城墙，必要的时候还要把房子拆掉以提供建筑材料。修昔底德写道：“时至今日，从（城墙）上还能看出当时仓促修筑的痕迹；地基是由各种各样的石头奠筑的，有些地方石块粗糙，相互不太吻合，一看就是按照人们搬过来的次序堆叠起来的，没考虑石材的形状；那些柱子也是这样，有的是从坟墓中扒出来的；有些雕刻有图案的石头和普通的石头也堆在了一起。”[5]考古发掘也显示，确实有许多随意排列的石头和圆柱都被筑进雅典城墙里。

而在南边的斯巴达，忒密斯多克利则故作疑惑地大声咕哝着为什么他的同伴还没有到达，并且假装虔诚地希望他们没有遭遇不幸。等到他们到达斯巴达的时候，城墙已经修好了，于是忒密斯多克利就告诉斯巴达人，雅典现在有了防御，在处理本国的事务的时候将不再需要征求斯巴达是否同意。斯巴达人感觉受到了侮慢，却也不得不忍着，因为他们确实不想去攻打一个有城墙防御的城市，不久，忒密斯多克利就回国了。

在拜占庭，爱奥尼亚人也开始抱怨斯巴达的统治。他们去求见雅典的指挥官克桑提波司，抱怨说斯巴达的鲍桑尼亚将军是个暴君；而且更严重的是，他正与薛西斯秘密谈判。对于这种指控谁都不能等闲视之，斯巴达的长老会在听到风声后召唤鲍桑尼亚回国受审。克桑提波司获得了最高指挥权，这对雅典人来说是赢了一局。

与此同时，在斯巴达，鲍桑尼亚被无罪释放。但他职业生涯的前景却因为这一丝丑闻而一片惨淡。斯巴达人另派了指挥官去拜占庭，但克桑提波司拒绝服从他的领导。现在雅典人取代了斯巴达人成为联军的领袖。斯巴达人非常恼怒，收拾好行装返回自己的城邦，来自伯罗奔尼撒其他城邦的士兵也回去了。

这为旧希腊同盟敲响了丧钟。雅典人干脆宣布成立一个由自己领导的新的同盟——提洛同盟。斯巴达则宣布自己担任伯罗奔尼撒同盟的领导，这个同盟只包括伯罗奔尼撒城邦。

而鲍桑尼亚受到越来越多的怀疑，成为那些未经证实的叛国指控的目标（这些事情愈演愈烈，主要是因为在拜占庭的时候，人们

地图 12–1 希腊与伯罗奔尼撒战争

偶尔会看到他身着波斯服装）。最终他意识到，他不可避免地会再次被捕并遭受审判。他在斯巴达一所寺庙的密室里躲避了起来。斯巴达官员直接把密室的门封死了，把屋顶拆了，让他在里面活活饿死。[6] 这个拯救过伯罗奔尼撒半岛的人就这样在他族人的眼皮底下死去了。

事情到此并未结束。在雅典，忒密斯多克利开始推行自己的保护雅典安全的计划（包括烧毁其他希腊城邦的船只，以及四处出海搜刮希腊小岛的钱财）。[7] 忒密斯多克利首先是一个实用主义者，为了达到自己的目的，他总是不惜牺牲个人的尊严。当有士兵批评他的建议时，忒密斯多克利就进行公开演讲，说雅典人对自己亏欠很多，说不管他提出何种要求雅典人都应该听他的。这种话说得多了，他终于激怒了足够多的雅典人（毕竟，有很多人也参加了米卡尔战役），他们采用陶片放逐法将其驱逐。普鲁塔克点评道："流放是他们的一贯做法……陶片放逐法不是一种惩罚犯罪的手段，而是一种缓解和平息嫉妒的方式——通过羞辱一位杰出的人，有这种情绪的人会从中获得快感。"[8]

这是希腊民主的阴暗面。希腊人不会善待自己的伟人，除非这些人足够幸运，能够通过死亡淡出政治舞台。马拉松战役没有拯救米太亚得，普拉提亚战役没有给鲍桑尼亚带来任何好处，而萨拉米斯战役也不会拯救忒密斯多克利。在忒密斯多克利被流放后，斯巴达人送信给雅典人说，他们在调查鲍桑尼亚的过程中发现，有未确切提及的证据表明忒密斯多克利也有亲波斯倾向。雅典人派刺客去追杀被他们流放的将军，但是忒密斯多克利没那么容易被抓到。他开始了漫长的逃亡之路，一路上总是避开希腊船只和希腊港口，最后（一如既往地务实）到了波斯王庭，并且自荐为希腊事务顾问，条件是薛西斯同意把悬赏捉拿他的赏金支付给他本人。

幸运的是，薛西斯似乎挺欣赏他的这种厚脸皮的态度，给了忒密斯多克利赏金，并让他“说出自己对希腊事务状态的一些想法”。忒密斯多克利照做了，但他的谈话似乎大多是有关艺术而非真正的希腊事务。普鲁塔克评论说，他所谈及的希腊事务并没有给波斯人带来任何军事优势，几乎都是希腊的服饰、文学和饮食之类的内容。[9] 他在流放中去世，享年 65 岁，可能是病死，也可能是因为再也无法忍受国家对自己的放逐而服毒自尽。[10]

同时，由雅典人领导的提洛同盟的士兵，开始从波斯人手中夺回各个岛屿和城市。波斯人也发动了反击，但他们的信念不够坚定。波斯帝国已经从内部开始腐败。薛西斯刚愎自用，拒绝为在萨拉米斯的失败承担责任，这足以体现他毫无自制，而且据多种不同的史料记载，他越来越沉迷于奢侈享乐。《圣经 · 以斯帖书》(Esther)写道：“薛西斯在自己的苏萨王宫举行了为期一周的狂欢，在狂欢最后他（跟他的客人一样，已经连续好几天都醉得不省人事）下令让他最喜欢的王后出来，在所有宴乐的男人面前亮相，以便让这些人称赞她的美貌。她拒绝了，薛西斯大怒，传话告诉她，她将永远不能再出现在他的面前，并且决定休掉她。他下令让所有的总督把他们辖地最漂亮的女子都送到宫里。这些女子入宫后，他每晚都命一个来侍寝，如是数月，这样他就可以每一个都尝试一下，然后选出自己最喜欢的。”[11] 希罗多德的史书也提到了薛西斯对女人的嗜好，他说：“他（薛西斯）先是喜欢上了兄弟的妻子，然后又喜欢上了兄弟的女儿。”[12]

记下这些故事的人显然不是他的朋友。薛西斯去世的时候，已经众叛亲离。薛西斯去世 50 年后，曾在波斯朝廷里待过的希腊历史学家克特西亚斯（Ctesias）提到，薛西斯睡觉时，守护他卧房的一个得到他宠信的管事太监让一个名叫阿尔达班（Artabanos）的波斯军队长官（一个千夫长）进入卧室看望国王。几分钟后，薛西斯就死了。那年是公元前 465 年。

薛西斯的尸体被发现后，阿尔达班指责薛西斯的长子大流士谋杀了自己的父王，然后撺掇薛西斯年仅 18 岁的小儿子——急性子的阿尔塔薛西斯，劝他去为父报仇。“大流士大声喊冤，”克特西亚斯记录道，“说他没有杀害父王，但他还是被处死了。”[13]

这下阿尔塔薛西斯成了继承人，因为他的二哥希斯塔斯普（Hystaspes）此时尚在北部省份巴克特里亚（Bactria）做总督。历史学家狄奥多罗斯继续讲述说：“阿尔达班一与新国王单独相处，就放下了所有的伪装，袭击阿尔塔薛西斯。阿尔塔薛西斯奋力还击，尽管负了伤，还是消灭了这个叛贼。”[14] 薛西斯去世、新王登基的消息一传到巴克特里亚，希斯塔斯普就匆匆赶回来争夺王位。不过阿尔塔薛西斯跟他兵戎相见，而且更走运一些。战斗正酣时，一场沙尘暴席卷而来，在漫天的风沙中，阿尔塔薛西斯杀死了自己的哥哥，成了最后的胜者。[15]

王室的混乱一般都会使整个帝国到处爆发叛乱。最严重的叛乱发生在埃及。当薛西斯去世的消息传至那里，普萨美提克三世在世的几个儿子中的伊那罗斯（Inaros，当时已过中年，住在赫利奥波利斯）觉得自己有望重夺王权。伊那罗斯向雅典人寻求支持，而雅典人非常愿意派兵南下，帮助他发动叛乱。[16]

伊那罗斯和雅典的联盟军队打起了游击战，阿尔塔薛西斯花了 11 年时间才击败这支军队。当波斯军队最终抓住伊那罗斯后，阿尔塔薛西斯下令将这个十多年来神出鬼没的“埃及佐罗”（Egyptian

Zorro）钉死在十字架上。

在希腊，越来越多的雅典军队卷入内战。提洛同盟很难团结在一起，而雅典也越来越多地需要使用武力去对付自己的盟友，只是它或许还没有意识到这一点。公元前 460 年，纳克索斯岛宣布它想退出提洛同盟（意味着“听从雅典的命令”），战争随即发生：“它遭到了包围，不得不再回到（同盟中），”修昔底德写道，“这是同盟首次被胁迫去征服一个结盟城邦的例子。”[17] 然而，这并非最后一例。提洛同盟的其他城邦反对雅典征收贡品和船只，雅典则以武力回应。他们向色雷斯进军，雅典海军攻打埃伊纳城并且俘获了 70 艘船；当伯罗奔尼撒同盟的一员麦加拉与科林斯（另一个伯罗奔尼撒同盟城邦）发生边界争端，争吵不止时，雅典人不仅欢迎麦加拉加入提洛同盟，还帮助麦加拉人建立起新的防御城墙，而且派遣雅典军队进驻麦加拉城——他们是不请自来。修昔底德总结道：“他们变得越来越好斗……雅典人已经不像之前那样了，他们再不是那个有着悠久历史、受人欢迎的统治者。”[18]

雅典和斯巴达似乎交换了位置，雅典人成了爱琴海上的恶霸。虽然提洛同盟名义上还是同盟，但它已经变得越来越像一个雅典帝国了。* 雅典城这座美丽的城市看起来也越来越像一座堡垒。克桑提波司的儿子伯里克利（Pericles）曾被选为军事指挥官，他建议雅典人将城墙从雅典一直修到比雷埃夫斯（Piraeus）港口，总长度达 13 千米，以便货物和士兵能够顺利进入水域而无惧攻击。[19] 公元前 457 年，“长墙”开始动工。

---

* 历史上从来没有“雅典帝国”，但很多历史学家认为，实际上从公元前 454 年开始，提洛同盟已经失去了“同盟”（成员城市的联合体）的功能，而成为一个受雅典军队管辖的帝国。

长墙刚一竣工，雅典和斯巴达的军队就发生了冲突。在公元前457年，斯巴达军队以多里斯人的请求为借口，进入了维奥蒂亚地区，它在阿提卡的西北部，而多里斯人甚至在更远的西北部。这不是他们的唯一动机："一个雅典团体在暗中给斯巴达人鼓劲，"修昔底德说，"那个团体的成员希望结束雅典的民主统治，并停止建设长墙。"[20]

雅典也派出14 000名士兵进入了维奥蒂亚地区。硝烟散去后，斯巴达人宣布取得了胜利，他们在回国前砍倒了所有能找到的果树。但由于雅典人在仅仅两个月后又回到了维奥蒂亚地区，并声称该地区归属雅典，因此斯巴达人所取得的很难说是决定性的胜利。事实上，两股力量算得上是势均力敌。一开始是雅典占上风，但是它在埃及的战斗中遭到了挫败，失去了相当多的士兵，因此两股力量渐趋平衡。

公元前446年，雅典向斯巴达求和。条约的具体内容并没有流传下来，但是多位希腊政治家的言论表明，雅典人愿意放弃一些他们在科林斯地峡和伯罗奔尼撒半岛沿岸所获取的土地来实现停战。两个城邦还达成一致，不去干涉对方的盟友。双方将条约的有效期限定为30年，所以该条约就被称为《三十年和平条约》（Thirty Years' Peace）。

这之后不久，希罗多德就离开了雅典。他不喜欢雅典接连不断的政治狂潮，所以选择去图里（Thurii）这个新的泛希腊殖民地，而这里正吸引着希腊各地的公民前往。

尽管政治局势动荡，雅典却蓬勃发展起来。雅典的领导人伯里克利是一名优秀的公共演说家，越来越受到民众的支持，他主持在雅典卫城上为雅典娜女神建立了一座神庙。这座神庙就是帕特农神庙，神庙上的浮雕描绘了传说中希腊人战胜半人马怪兽的事迹——这象征着希腊人战胜了所有的敌人并因此欢庆胜利。一座用象牙雕刻的 12 米高的宙斯坐像被放置在奥林匹亚神庙中，奥林匹亚神庙后来因为被列为古代世界七大奇迹之一而变得闻名遐迩。哲学家苏格拉底一直都在雅典演说和讲学，吸引了大批追随者；他像佛陀一样，不著一字，却发展建立了一整套明晰且影响深远的哲学理论——他所有的教诲都是由其门生记录下来的。

但是，雅典的繁华只是表面，其核心早已腐朽。雅典和斯巴达之间的仇恨并没有消失。《三十年和平条约》仅维持了 14 年，然后双方就兵戎相向了。

实际上，战争首先是在雅典和斯巴达的盟友之一——科林斯爆发的。公元前 433 年，科林斯的殖民地克基拉岛试图摆脱科林斯的统治，于是向雅典寻求援助。

严格说来，克基拉岛本身既不属于伯罗奔尼撒同盟也不属于提洛同盟，因此雅典人可以答应其请求，这并不算是破坏和平条约。可是另一方面，由于克基拉岛是科林斯的殖民地，而科林斯又是斯巴达的盟友，因此如果雅典参与针对科林斯的战争，那么毫无疑问，斯巴达人一定会觉得受到了侵犯。

雅典人不愿错过这一削弱科林斯实力的机会。经过整整两天的公开辩论，议会决定派出 10 艘战船。[21] 为了确保能捞到好处，议会还告诫这支小型舰队的船长，除非科林斯人在克基拉岛登陆或是威胁到了克基拉岛船只的安全，否则雅典人将不会发动攻击。[22]

科林斯的战船一到就径直驶向在克基拉岛集结准备迎战的船只。雅典舰队的指挥官一直努力遵从指示，袖手旁观，直到科林斯的战船将克基拉人击败且步步紧逼，造成了大量人员伤亡，才加入战斗。用修昔底德的话说就是，科林斯人对克基拉人大肆“屠杀”，“他们乘船一路杀过来，根本就不去俘虏对手”。[23]

见此情景，雅典战船不仅加入了战斗，而且召唤来了援军。这样一来，雅典就跟科林斯打起来了，而科林斯是斯巴达的盟友。《三十年和平条约》就此终止。

这次海战史称西波塔战役（Battle of Sybota），是接下来一年半的时间里一系列小战役中的第一战。直到公元前 431 年底比斯（斯巴达的盟友）攻击普拉提亚，这一系列小战役才结束。普拉提亚是维奥蒂亚的一座城市，也曾是希腊联军与波斯大军交战的著名地点，目前处在雅典人的保护之下。这是第一次真正威胁到另一座城市城墙的进攻。修昔底德说，这次“公然行动”最终彻底破坏了条约，使其再也无法得到修复。“雅典立即进行战争准备，”他写道，“斯巴达和它的盟友也一样。”[*24]

斯巴达人的战争狂热被激发了起来（“雅典人渴望统治世界各地！”），他们把前线推进到地峡附近，准备进军阿提卡。雅典与马其顿国王——阿敏塔斯的孙子佩尔狄卡斯二世（Perdikkas II）仓促建立联盟，伯里克利还下令让阿提卡的乡下人全都躲到雅典城墙内。当第一批雅典人在战斗中牺牲后，伯里克利在葬礼上发表演说来怀念他们，在演说中他大谈雅典的文明——雅典的自由、雅典的教育（这让雅典的男子“知书达理但不柔弱”）、雅典人一直以来对贫困

---

* 伯罗奔尼撒战争从公元前 431 年持续到公元前 405 年。一些历史学家把《三十年和平条约》之前斯巴达和雅典之间的敌对状态称为“第一次伯罗奔尼撒战争”，而把两国在公元前 431 年至公元前 405 年间的战争称为“第二次伯罗奔尼撒战争”，但是由于两军之间大多数直接的战斗发生在第二阶段，故我选择只把第二阶段视作真正的战争。

的抗争，以及公民了解公共事务的能力——至高无上。最后，他以一种前所未有的爱国呼吁结束了演说。“你们必须自己意识到雅典的力量，”他向他领导的人民疾呼，“日复一日，你要把目光放在她的身上，直到心中盈满了对她的热爱；然后，当她所有的伟大在你们面前受到挑战时，你们必须认识到，是勇气、责任以及行动中那强烈的荣誉感让你们赢得这一切。”[25]这不是呼吁人们对国王忠诚，而是对某种信念忠贞不渝；它让人们认同自己作为雅典人的身份，这种身份与种族无关，而是建立在一个自愿且自发的跟某种“理念”的联系上。

这是一次激动人心的呼吁，但大多数在伯罗奔尼撒战争头两年牺牲的雅典人死得没这么光彩，也少了些爱国意味。公元前 430 年，雅典暴发瘟疫。

修昔底德此时也生活在这个城市中，他幸存了下来。他这样叙述道：

> ……健康人突然开始头部发热，眼睛红肿、发炎，喉咙、舌头等器官开始出血，而且伴有口臭现象。接下来出现打喷嚏和声音嘶哑的症状，之后痛苦很快蔓延至胸部，开始剧烈咳嗽……体表……泛红、乌青，而且冒出小脓疱和溃疡……绝大多数患者会在第七天或第八天的时候出现体内炎症……如果他们熬过了这个阶段，病情就会转移到肠道，诱发严重的溃疡且伴有严重腹泻，绝大多数病人会变得无比虚弱，很可能丧命……身体的私处以及手指和脚趾也会出现溃烂。许多人虽然能生还，却会失去手脚，一些人还会双目失明。[26]

且不说疾病让雅典损失了大量身体健全且能够上战场的战士（“他们像羊群一样死去”），对于一个已经为自己的未来忧心忡忡的城市来说，这场瘟疫更是难以承受的打击。修昔底德说：“到目前为止，这场疾病最可怕之处是在每个人都觉得自己患病时，人群中弥漫的绝望之情，人们感到绝望，而这种绝望夺走了他们的抵抗力，这让他们更容易受到疾病的侵袭。”[27]

城市的糟糕状况加剧了人们的绝望感。阿提卡的农村居民还在赶往雅典以寻求庇护。但当他们赶到时，沿着城墙内侧专为他们修建的临时庇护所却变成了死人坑：“死亡在这些令人窒息的小屋中无休止地肆虐着。垂死的人层层累累……还有那些神庙圣坛，他们曾经在这里获得食物，而现在，这里也满是病死的人的尸体。”[28] 焚烧尸体的火日夜不息，小偷肆无忌惮地进出已经无人居住的房屋，没有人再费心为死者设祭或举行任何仪式。在生存的需求面前，神圣和亵渎神圣的区别渐渐消失。* 伟大的雅典将军、雅典人一直信赖并依靠的伯里克利也被这场瘟疫夺去了生命。

这场战争开始时情况就很糟糕，后来则变得更糟糕。修昔底德也患上了瘟疫，身体恢复后，他负责指挥一队雅典士兵保护色雷斯。但他的士兵受到敌军围攻，只得撤退，修昔底德被判流放。希腊的战船基本都投入于国内战事，当来自亚平宁山脉的部落（可能是被

---

* 人们至今仍在讨论肆虐雅典的这场瘟疫到底是什么。修昔底德没有提到淋巴结炎，也就是人们通常说的淋巴腺鼠疫（黑死病）常见的症状。有一种可能性是伤寒，但修昔底德确实提到，动物和人都深受其害，这意味着疫情可能原本是一种动物疾病，然后在公元前 430 年夏天，在雅典高温的环境下从动物宿主传到了人身上。约翰·怀利（John Wylie）和休·斯塔布斯（Hugh Stubbs）曾令人信服地说这场瘟疫很可能是兔热病，这是一种细菌感染，通常不会在人与人之间传播，但是它很可能在出现之后，在公元前 430 年发生了突变。这一谜题至今未解；参见约翰·怀利和休·斯塔布斯《雅典的瘟疫（公元前 430 年至公元前 428 年）：流行病和家畜流行病》，《古典季刊》1983 年第 33 卷第 1 期，第 6—11 页，该文简要说明了几种可能的疾病。

北方的凯尔特人逼得走投无路）从山坡上下来向他们发起攻击的时候，希腊就没有办法前去支援位于意大利半岛的希腊城邦。希腊定居者被从意大利半岛赶了出去，希腊人在这里的据点几乎丧失殆尽。

希腊人正忙于相互厮杀，几乎没有注意到东边王朝的情况。公元前 424 年，阿尔塔薛西斯去世了，他在统治期间功绩平平，死的时候也没引起世人的注意。他的妻子跟他在同一天去世（我们没有详细信息，但是这个巧合十分可疑），他们的一个儿子薛西斯二世继承了王位，但在位时间只有 45 天。根据克特西亚斯（他总是能把波斯王室的事务变成有趣的逸闻）记载，一天晚上，薛西斯二世喝得酩酊大醉，当他在床上酣睡之时，一个同父异母的庶出兄弟谋杀了他，之后自行称王。他这个同父异母的兄弟脾气暴虐，很不讨人喜欢。消息从王室很快传到了唯一一个可能的王位竞争者那里，他也是薛西斯二世的一个同父异母的庶出兄弟，他娶了同父异母的妹妹为妻。但是至少他已经在辖地做了一段时间的总督，受过历练，能力很强。

这个同父异母的兄弟叫欧克士（Ochus），他与埃及的总督交好，得到了总督的军事援助。他进军苏萨，抓住了篡位者，并将他处死。他自己登上了王位，并将自己的庶子之名改为一个体面的王族名字：大流士二世。[29] 他的统治自公元前 424 年年底开始。那一年，波斯帝国先后有三位国王统治。

到了公元前 421 年，雅典和斯巴达发现他们回到了《三十年和平条约》订立之前的那种状况：士兵人数持续减少，如果不尽快恢复常规的种植和收获，就会面临饥荒，双方都没有取得决定性胜利的希望。他们再次议和，签订了《尼西亚斯和约》(Peace of Nicias)，这是以促成和谈的希腊领导人的名字命名的。

和约维持了六年。尼西亚斯的同僚——同样在雅典政府效力的阿尔西比亚德（Alcibiades）不希望维持长久和平，他想要的是个人的功名。

阿尔西比亚德是一个酗酒成性、挥霍无度的人，自少年时代就因美貌闻名，是一个有着双重性取向的浪荡子。普鲁塔克这样评论道："他总是拖着自己的斗篷装腔作势地走过，把头倾向一侧，说话口齿不清。"[30] 他还痴迷于公众的欢呼喝彩，这让他在那个时期感到生不逢时。雅典需要重建实力，而无须理会斯巴达，但阿尔西比亚德知道这样做他无法获得任何荣誉。公元前 415 年，他抓住了一次当英雄的机会。

一个位于西西里岛的希腊定居点埃盖司塔（Egesta，今称塞杰斯塔）向雅典海军寻求支援，以对付西西里岛的其他两个希腊城邦——塞里努斯（Selinus）和叙拉古（Syracuse，今称锡拉库萨）。叙拉古原本是科林斯的殖民地，是亚得里亚海西部最富有的希腊城邦之一，并一直与科林斯保持着联系。如果雅典派兵去帮助埃盖司塔，他们可能再次上演与科林斯的战争，而且或许还会取得胜利。

阿尔西比亚德说服雅典派出了一支庞大的舰队去对付那个遥远且毫无战略意义的目标。雅典的援军包括 25 000 名士兵、130 多艘三层桨战船，以及同等数量的运送给养的船只。[31] 在舰队出发前，有人搞了个恶作剧（有人在晚上醉酒后把一排神像的脸涂花了），舰队差点因此没能出海，因为许多雅典人认为这是个凶兆。但最终人们还是目送战船离开，驶向西西里岛，也驶向一场彻头彻尾的灾难。

阿尔西比亚德、尼西亚斯和另一个富有经验的将军负责指挥。三位将领几乎马上就陷入了争执，争论应该在何时进攻，如何进攻。没过多久，他们收到了雅典传来的消息：雅典那边怀疑是阿尔西比亚德污损了那些神像（他可能真的做出了这种幼稚的恶作剧），雅典人决定召他回雅典接受审判。

这种传唤肯定不会有什么好结果，所以阿尔西比亚德乘船出走。他来到斯巴达，表示愿意帮助斯巴达人一劳永逸地解决与雅典的问题。如果他不能以一种方式成名，那么他会尝试另一种。

让我们再回到西西里海岸。尼西亚斯虽然是一个出色的调解者，却缺乏决断力，他迟迟不能做决定，总是要深思熟虑，直到叙拉古人集结好了自己的军队，还得到了其在伯罗奔尼撒同盟中盟友的增援。到了此刻，即使雅典人说服了伊特鲁里亚人加入自己一方，也断难获胜。[32] 尼西亚斯写信给雅典，乞求准许撤退；他说，鉴于叙拉古人的敌军规模庞大，因此只有他指挥的军队规模达到现在的两倍才有望取胜。

雅典人的境况此时已经岌岌可危，可是他们还浑然不觉。他们立即征召士兵，派遣他们去增援尼西亚斯，将其兵力增加了一倍。[33]

看见增援的军队真的到来，尼西亚斯大吃一惊，然后他计划率领全军撤退。但是叙拉古人打探到了这一消息，并且用修昔底德的话说，“他们变得比以往任何时候都更渴望压下雅典人的势头：而雅典人此刻也认识到，自己无论在海上还是在陆上，都已不能再称霸一方，否则，他们永远不可能计划撤退”[34]。叙拉古人的战舰封锁了雅典军队撤退的路线，于是四万雅典士兵试图徒步从岛上撤退，逃到岛的另一边。他们一路奔逃，头顶夏天的烈日，还要防备身后

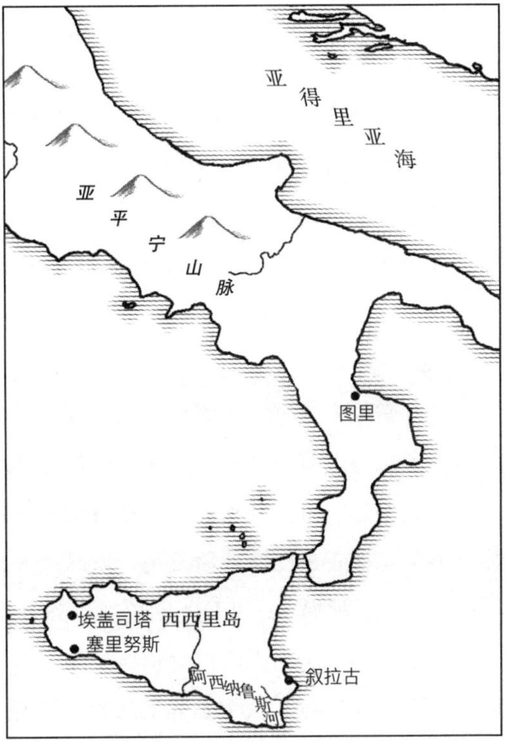


**地图 12-2 西西里岛战争**

的追兵，这次可怕的行军以灾难告终。他们希望到达阿西纳鲁斯（Assinarus）河，在河的对岸进行防御，但是当他们到达岸边时：

> 他们精疲力竭，同时口渴难耐……他们纷纷冲进河流，此时下什么命令都没用了，每个人都想先游过去……此刻，在陡峭的对岸，叙拉古人一字排开，向雅典人投掷石块发动攻击，而当时大多数雅典人正在贪婪地喝水，就这样挤作一

> 团……在深深的河床上。身后的伯罗奔尼撒人也冲下河来，对雅典人尤其是那些仍在水中的，大开杀戒，河水立刻变得浑浊，而雅典人还跟刚才一样继续喝水，顾不得河水变成了泥浆，还混满了血水，大部分人甚至为了争水互相打斗。最后，很多尸体堆积在河边，雅典军队的一部分力量已经在河流中被消灭，而从那里逃走的小股部队也被骑兵切断了后路，尼西亚斯只好投降。[35]

尽管叙拉古指挥官许诺留尼西亚斯一命，可等尼西亚斯一放下武器，还是马上就被杀死。雅典俘虏被送到采石场当苦力，有的因受不了高温且肮脏的环境死去，活着的则在死尸堆旁苟延残喘。为数不多的幸存者逃回雅典后发现，斯巴达人在阿尔西比亚德的帮助下已经侵入了阿提卡，并且不断扩展其势力范围。

但斯巴达人仍然无法迫使雅典投降，历经八年之后，战争还在继续。到了这时候，大多数希腊人已经厌倦了与斯巴达人的战争。在这些年里，剧作家阿里斯托芬（Aristophanes）写了喜剧《吕西斯特拉忒》（*Lysistrata*），剧中的雅典妇女宣布，在她们的丈夫结束战争前，她们不会与其行房。她们的领头人吕西斯特拉忒宣称："我们只需搽了脂粉，坐在屋里，穿上件透明的袍子等待我们的伴侣……他们肯定会把持不住，疯狂地要来与我们同床共眠。此刻，我们要推开他们，然后他们就会赶快去求和，我对此坚信不疑！"[36]

这样的解决方案并没有奏效。相反，波斯人又一次掺和进来，两个城邦之间的问题变得更加难以解决。

把波斯人扯进来的不是别人，正是阿尔西比亚德，此时他已经因为自作孽被赶出了斯巴达。斯巴达的太子阿吉斯在城外浴血奋战时，阿尔西比亚德却明目张胆地与他的妻子搞到了一起，以至于全城的人都知道了这件事。普鲁塔克指出：“她怀了他的孩子，而且甚至没有否认这一点。”[37]阿吉斯回家后暗自算了一下，意识到孩子不是自己的。阿尔西比亚德也不想坐以待毙，于是逃到了萨迪斯。到了那里，他向主管小亚细亚事务的总督提沙费尔尼斯（Tissaphernes）自荐，表示愿意帮波斯人从雅典和斯巴达正在进行的战争中获利，争取把两个城邦都搞垮。

阿尔西比亚德和提沙费尔尼斯（他没有与住在苏萨的国王商议）的计划部分获得了成功。提沙费尔尼斯传话给斯巴达人，说愿意为他们正在进行的战争提供资助，条件是一旦雅典战败，斯巴达人要将爱奥尼亚诸城邦交由波斯统治。斯巴达人同意了，这正中提沙费尔尼斯的下怀；他鼓励斯巴达人依赖波斯提供的资金，但是在付款的时候做得很糟糕。修昔底德记载道：“提沙费尔尼斯给（斯巴达）海军提供经费非常不及时，而且给的时候也总是短缺，渐渐把他们的海军拖垮了。”[38]

同时，阿尔西比亚德写信给雅典，表示愿意重新加入他们，他说自己能为雅典提供大量的波斯金币，只要他们同意他官复原职就行。雅典人几近绝望，只好同意这个不是办法的办法。

这一系列的动作最终可能导致一场大型海战，雅典和斯巴达将会摧毁对方的舰队。阿尔西比亚德确实在公元前 407 年回到了雅典，带着充足的黄金去帮助他们重整海军；同年秋天，他率领 100 艘雅典战舰迎战斯巴达海军。

与此同时，还发生了两次指挥权的变更。大流士二世已经听闻了提沙费尔尼斯擅自进行谈判的消息，把他召回苏萨，并派自己的小儿子居鲁士前往萨迪斯，命令他坚定地把波斯的增援部队交给斯巴达调遣。而斯巴达海军也换了一个新的海军将领，叫莱桑德（Lysander）。据普鲁塔克记载，在得到波斯的增援部队和资金之后，莱桑德给自己军队发放的军饷要比雅典人从阿尔西比亚德那里得到的多出三分之一，阿尔西比亚德“捉襟见肘，每天的军饷都发不出去”。[39]

军饷不足，人数也处于劣势，雅典海军的命运似乎已经注定。在公元前 407 年秋至公元前 405 年间进行的一系列战役中，雅典战船或被击沉，或被俘获，船员要么被杀，要么淹死。在 8 月最后一场毁灭性战役中，雅典海军一次性就损失了 171 艘战船。

阿尔西比亚德很狡猾，他逃之夭夭；之后，他出现在弗里吉亚总督那里，而且被总督奉为上宾。[40] 不过没过多久，他的好运就耗尽了，因为莱桑德（他一直与波斯人交好）要求那个总督杀了他。总督同意了并派人烧毁了阿尔西比亚德的房子；阿尔西比亚德惊醒后穿过火海冲出来，却正好被标枪射中。

莱桑德继续摧毁雅典舰队，尽其所能地烧毁了每艘船，然后进军雅典。他在 10 月到达雅典，将其团团围住。雅典人认识到，一味抵抗下去只能饿死，所以投降了。希腊士兵兼历史学家色诺芬写道：“（雅典的）陆路和海路都被封锁，他们没有船只，没有盟友，也没有食物。”[41] 至此，战争结束。

莱桑德命令雅典人拆毁长墙，同时还令自己的士兵吹奏庆祝胜利的乐曲。雅典被迫放弃对那些曾经归属“雅典帝国”的城邦的控制。[42] 不过这并不是可能发生的最严重的惩罚。雅典的主要城墙还在，没有被拆毁，而且雅典拥有一定的自由，可以重建自己的政府。不幸的是，雅典人内部立刻展开了一次大规模的争吵，讨论应该怎么来建立新的政府。最终莱桑德没有办法，只好返回雅典，主持成立

**时间线 12**

| 波斯 | 希腊 |
|---|---|
| **冈比西斯二世**（前 530） | |
| **大流士一世** | （斯巴达）**克里昂米尼**<br>（斯巴达）**达玛拉都斯** |
| | 马拉松战役（前 490） |
| **薛西斯一世**（前 486—前 465） | （斯巴达）**列奥尼达** |
| | 温泉关和萨拉米斯战役（前 480）<br>普拉提亚和米卡尔战役（前 479） |
| **阿尔塔薛西斯**（前 465—前 424） | |
| | （马其顿）**佩尔狄卡斯二世**<br>（雅典）伯里克利<br>伯罗奔尼撒战争（始于前 431） |
| **大流士二世**（前 424—前 404） | |
| **阿尔塔薛西斯二世**（前 404） | |

了一个由 30 名贵族组成的寡头政府，后来简称“三十僭主”。[43] 他们的凶残臭名昭著，任何被怀疑想要恢复雅典民主政治的人都会被他们处死。莱桑德一开始对雅典的态度很温和，后来却对大屠杀视而不见，甚至派斯巴达步兵去帮助新政权镇压反对势力。

很快，屠杀就超越了政治层面。亚里士多德后来这样写道：“他们意在清除所有威胁到他们的人，以及那些他们想要霸占其财产的人。在很短的时间里，他们就屠杀了至少 1500 人。”[44]

绝望之中，剩余的雅典人集结到一起，向近邻底比斯求助，并袭击“三十僭主”以及负责保护他们的斯巴达驻军。这意味着很可能再次引发雅典与斯巴达之间的战争，但是斯巴达国王看到这种混乱的局面后废除了莱桑德的安排，而且召回了斯巴达驻军。此时大流士二世刚刚去世，他的儿子阿尔塔薛西斯二世继位，此人的脾气如何还是个未知数；斯巴达不一定能继续依赖波斯的黄金。

“三十僭主”中没有被杀死的人逃离了雅典。次年，也就是公元前 403 年，被雅典人誉为一个新时代的开始，因为在那一年雅典得以恢复其民主政治。但是迎接新时代到来的雅典人已经倾家荡产。

# / 13

## 罗马第一次陷落

在罗马，公元前 495 年至公元前 390 年间，贵族和平民之间的矛盾升级，高卢人焚毁了罗马城。

罗马的第一个独裁官组织军队击败了入侵者，将他们从城墙外赶走，这一步他做到了。然而，他的努力却没有给罗马带来真正的和平。李维写道，在罗马的周边，没有“让人安心的和平，也没有公开爆发战争”；相反，两方持续对峙，一方是正在崛起的、咄咄逼人的罗马，一方是它周围的城镇，后者不能确定是该去挑战罗马，还是置之不理。[1]

不过，虽然罗马人不用再那么担心伊特鲁里亚人（在西西里岛的战争中，他们在雅典人身后重新集结了自己衰弱的部队，不过也因此吃了大亏），他们也有自己的麻烦。“这个国家的政治分歧很大，”李维说，“罗马人与他们的统治阶级表现得完全不一样，反而对被入侵的前景感到欣喜。”[2]

罗马已经将它的网撒向外部的各民族，而当它开始转变为一个帝国的时候，也面临与波斯人和斯巴达人一样的困境：如何让掌权者（最初的征服者）和无权的人（被征服，现在被吸收进来的人）融合成一个和谐的整体。

在斯巴达，征服者被称为公民（civil），被征服者被称为“黑劳士”（helot）。在罗马，两个阶层的人的来源却有些许不同。贵族（patrician，来自拉丁语单词 pater，是“父亲”的意思）是之前为老国王效力的罗马元老院议员的后代。其他人都是平民（plebian）：众所周知，这是一个难以界定的术语，因为它实际上是一个否定词，表示“非贵族”。它不仅包含现在住在罗马的被征服的土地上的人，而且包括罗马城中祖先身份卑微的原住民。

平民的数量远多于贵族，但贵族却不成比例地占有大量的土地和财富。虽然从共和国初期开始，平民会定期选出一个代表自己的执政官（consul），但罗马的法官、祭司、地主和将军都是贵族。

与雅典的情况一样，贵族和平民之间的债务问题日益突出。一个平民如果需要在饥荒或参战时借钱养活家人，就必须把自己作为抵押品；如果这笔钱无法偿还，他和他的家人就会变成奴隶。[3] 贵族以这种方式不仅获得了土地和资金，而且拥有了罗马平民的所有权，这种情况越来越多。平民发现，最令人不平的是，他们之所以会陷入债务危机变为奴隶，全都是因为要去打仗为国家卖命。

公元前 495 年，这种不满演变成一场骚乱。一位战功赫赫、非常出名的老兵蹒跚着来到罗马的公共集会场所，“他的衣服肮脏不堪，”李维写道，“他的脸色苍白得可怕，身体瘦弱得不像样子……头发和胡须十分蓬乱……看上去非常可怜。”人们认出了他是谁，人群中一阵窃窃私语，越来越多的人聚集过来听他演讲。他撕开自己的衬衫，露出他在军队服役时胸口所受的累累剑伤，他的背部则满是被有钱的主子殴打的伤痕。“我在军队服役时，”老人说，“发生了萨宾战争，敌人打过来，毁了我的庄稼，烧了我的小屋。我所有的家当包括我的牛都被抢走了。现在，我已经没力气当兵了，他们却要我纳税，于是现在我浑身是债。”[4]

说到这里，整个城市因债务而沦为奴隶的人（有的还戴着锁链）都涌上街头，高呼着要求元老院马上做出决定，让他们免除受奴役的命运。大部分议员都躲了起来，不见踪影。然而，执政官决心要避免不必要的暴力发生，所以他们便四处搜寻，把议员都拉回元老院，让他们好好讨论一下债务奴隶的问题。随着议员们展开讨论，愤怒的债务奴隶围在元老院外，有的推开大门，有的趴在窗户上，想听一听元老院准备如何解决这个问题。

这可不是理智地讨论债务问题的最佳环境，而元老院的讨论也的确毫无进展，直到后来出现了某种外界的“帮助”：有消息说，位于罗马南边的近邻沃尔斯奇人（Volscii）正在向着罗马行军而来。元老院匆忙地通过了一个决议：以后平民只要积极在军中服役，就不会因债务而沦为奴隶。听到这一决议，街上几乎所有的人都立刻参军，去跟沃尔斯奇人作战。沃尔斯奇人被彻底击溃，因为这支负债累累的人组成的军队冲锋陷阵，非常勇猛，就如李维所描述的那样，他们“求战心切”。

但是，权力失衡这一更大的问题还是没有得到解决。李维写道，罗马需要找到“解决国内两个阶级的利益冲突的方案，无论是通过正当方式还是肮脏手段，都必须恢复其内部的和谐”[5]。使用“肮脏的手段”当然不太让人喜欢；这表明，即使在李维生活的年代，元老院中虽然会就某个问题辩论不休，但已经有了一种姑且把眼前的问题解决的作风。而事实上，在击退了沃尔斯奇人之后，平民士兵回到罗马城（他们不能永远留在军中服役），很快他们就发现，元老院根本没有提供一个永久性的解决方案。

他们在罗马的唯一优势就是人数众多，于是他们很好地利用了这一点。公元前 494 年，他们发起了世界上第一次有记录的罢工。“他们聚集起来，来到距离罗马城 5 千米的圣山（Sacred Mount）……”李维说，“在那里……他们安营扎寨。”[6] 后来人们称其为“平民撤离事件”（Plebian Secession），这让罗马贵族（他们失去了大部分奴隶和军队）和其余的平民陷入恐慌。整个城市似乎被冻结了，很容易受到攻击，其日常活动也无法进行。

最后，元老院和执政官提出了一个方案。从今往后，平民可以通过叫作护民官（tribune）的特殊官员来参与政事，护民官总是从平民阶层中委任，而且将“凌驾于法律之上”（也就是说，他将不会受到来自元老院和执政官的压力，因为罗马那时还没有成文法）。他们的任务是保护平民免遭不公正的待遇。这是罗马第一个限制贵族担任的公职，之前的很多公职都不让平民担任。

“平民撤离事件”发生的当年，即公元前 494 年，元老院就任命了两位护民官。这场危机暂时平息下去。

在接下来的半个世纪中，执政官、元老院议员、祭司和护民官之间的权力争夺使罗马迫切需要制定一部成文法典来进一步保护平民。罗马派往雅典的使臣归来后谈到梭伦的法典，说它是为了缓解雅典贵族和民主之间的紧张关系而编纂的。他们甚至带回来一份雅典法典的副本。现在罗马城已经太过庞大，也太多样化，很难再依靠那些不成文的传统来治理。罗马需要“一部让每一个公民个人……同意且接受的”法律。[7]

因此，在公元前 451 年，罗马委任了一个由十名立法者组成的委员会——史称“十人委员会”（decemvirs），这些人在公元前 450 年取代固定的罗马公职人员来履行公职。他们的任务不仅是管理政府，而且要制定法律来治理罗马。对于这些人得到委任一事，并非没有争议。李维说：“关于执政委员会中是否可以有非贵族血统的人加入，人们总免不了一番争论。”[8] 因为一些罗马人仍然不愿意看到平民参与任何政府事务。但是，这个问题最后还是得到了解决，在这一年里，十人委员会开始花时间制定法律，然后将其公之于众，让大家评论。法律在讨论中不断被修改，随后举行全体公民大会，通过了这些法律。人们普遍觉得还需要再制定一些条款，因此次年十人委员会又多制定了两部法律。

最后制定出的十二部法律被刻写在铜板上，陈列于罗马广场，这样所有人就都能看到。这部法典由此被称为“十二表法”。李维说，在他生活的时代，这些条文还是罗马法的基础。可惜这些铜板已经丢失；我们现在了解到的，是从各种罗马文献的引用中收集而来的。

重新收集而成的“十二表法”并不完整，不过还是能看出一些为了保持罗马两个阶级之间和平的条文。第三表写道：“对于自己承认或经判决的债务，有三十日的法定宽限期。”（Eris confessi rebusque iure iudicatis XXX dies iusti sunto.）期满，（不还债的）债务人会被带到长官面前（申请执行）。如果他既没有担保人也没有收入，那么可以拘禁他；但原告需要为他提供食物（这样做的成本可能最终会比免除债务还要高）。根据第十二表，凡以不诚实的方法取得对物品的占有的，由长官委任三名仲裁员处理，如果占有人败诉，则应返还所得孳息的双倍。再有就是第九表“不允许制定任何私法”（Privilegia ne irroganato），它也是整个十二表法的基石：这样，在未经平民同意的情况下，贵族再也不能将其意志随意强加给平民了。

第八表是对伤害和损害的处理规定，这会让人们想起汉穆拉比法典：一个人打断了另一个人的骨头，必须要缴纳罚款，但如果被打的是奴隶，则罚款减半。如果土地所有者未将道路保持在可供通行的状态，有通行权者可以让车辆通过他认为适宜的地方。一个三次被卖为奴隶的儿子可以宣布自己与父亲断绝关系。

这些法律其实也给我们提供了线索，让我们看到，虽然十二表法是罗马朝着正确方向迈出的一步，但罗马还存在大量不公正现象。其中一些不公正现象源于古代常规的习俗：第四表直截了当地写道，“畸形儿应该被杀死”；第五表解释说，“因为女子天性轻浮，所以她们即使长大了也应该有监护人”。其他的一些法律是罗马特有的，第八表这样写道，“任何人都不能在夜间举行集会”，这是为了保护贵族免遭平民密谋伤害。最臭名昭著的是，第十一表规定“禁止贵族和平民通婚”，这一条款在经历了元老院的激烈辩论后最终于公元前 445 年被废除；并非每个人都相信，贵族血统和普通的罗马人结合后罗马还会蓬勃发展。[9]

护民官和十二表法没有完全缓解罗马内部的矛盾，但是这些改革有助于在足够长的时间内把人们凝聚到一起，一致对外。公元前 437 年，罗马与其宿敌——台伯河上游的费德那开始了漫长的战争。在罗慕路斯（Romulus）统治时期，费德那就曾侵袭过刚刚崛起的拉丁人的城邦；罗慕路斯攻打过费德那和维爱这两座伊特鲁里亚城邦，但两次都失败了。现在罗马与费德那的战争再度爆发，并且一直持续到公元前 426 年。

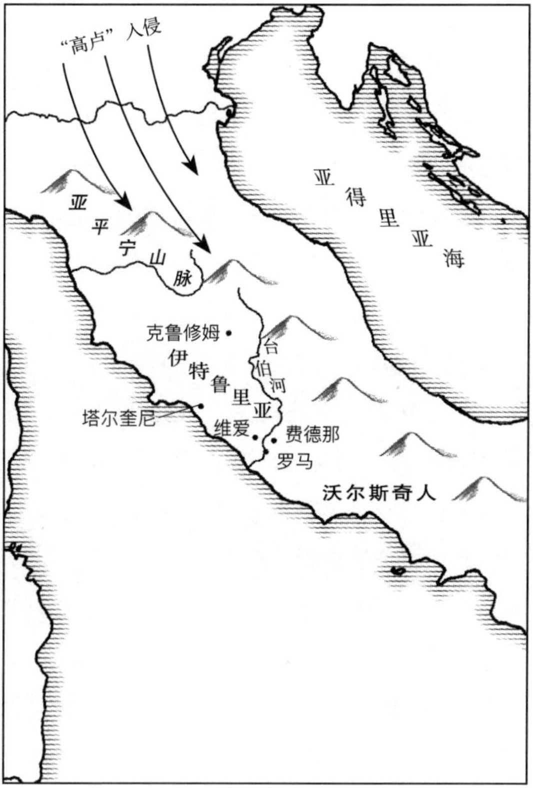


地图 13–1 高卢入侵

之后的二十年里，小战役仍然不断，直到公元前405年罗马对维爱进行了围城之战。这又演变成一场持久战；五年后，罗马人仍在城墙外驻扎着，这时北面的威胁渐渐逼近。凯尔特人，也就是罗马人所说的"高卢人"，一个世纪以来一直在向南推进。他们离罗马越来越近了。

但是，罗马人正忙着向周边扩张领土，似乎并未对高卢人投以较多关注。公元前 396 年，罗马总算攻下了维爱；这场战争对于双方来说都很残酷，因为维爱是伊特鲁里亚城邦中最富有、资源最丰富的。[10] 李维写道："比起自身遭受的损失，它使罗马损失了更多。"这意味着这次围城之战大大削弱了罗马的军事实力。而维爱城并非当时罗马军队攻击的唯一对象；罗马士兵一直在附近的乡村扫荡，恐吓农民，把更多的村庄纳入罗马的领土。

在这支师老兵疲的军队正想停下来喘口气的时候，一个叫凯第修斯的平民带着一则可怕的警告去找护民官。他"在寂静的夜里"听到一个声音恶狠狠地说，"告诉地方官，高卢人就要来了"。这个警告被"一笑置之，部分原因是凯第修斯只是一个无足轻重的人"[11]；另一部分原因是罗马仍然受困于贵族情结而不能自拔，只有权贵的话才有人听。

但是另一个坏消息接踵而来，这是来自罗马北部的克鲁修姆的消息，克鲁修姆是可怕的拉尔斯 · 波希纳（Lars Porsena）的大本营。成千上万的凯尔特人突然出现在城门外，挥舞着武器。"情况真是可怕之极，"李维写道，"尽管事实上克鲁修姆人未曾与罗马建立正式联系，或者说也没有理由去期待它的友谊……但是他们还是派出了一个代表团向元老院请求援助。"[12]

克鲁修姆能够尽弃前嫌与罗马修好，从这一点上就能看出眼前的危险是多么巨大。高卢人一心要统一整个半岛。罗马要是有能力出兵，那它是会出兵的。但是，在经过三十年持续的战争后，元老院实在是无兵可派。

于是乎，他们只好派使节去说服高卢人，在那里驻扎下来可以，但不要武力攻陷克鲁修姆。这次游说原本可能会有些成效，可惜，当高卢人对罗马使节表现出蔑视时，罗马使节大发雷霆，把事情搞砸了。罗马使节拔剑出鞘，而高卢人无需任何鼓动，就把这视为挑战。“他们的怒火燃烧起来，而这正是他们民族的特征。他们以可怕的速度向罗马进发，”李维写道，“……这支庞大的队伍集结起来，战马和步兵绵延好几千米，士兵一个个高声呐喊‘向罗马进军！’”[13]

罗马指挥官匆忙在台伯河河岸指挥军队应战，阵列是如此单薄，以至于高卢人在刚开始的时候怀疑这是陷阱，甚至后撤了一点，因为罗马士兵的数量真的太少了。但是，高卢人很快就弄明白了，罗马军队的战线过长，这些就是他们能够召集起来的所有士兵了，于是高卢人蜂拥而上，冲进了罗马人的前沿阵地。战役一开始就变成了一场屠杀，后来罗马的军队完全崩溃。四下逃窜的罗马士兵有很多因为盔甲太重而沉入水中，淹死在台伯河里。幸存者中有一半逃进了维爱城，闭门免战。剩下的人设法回到了罗马，但他们的数量明显不足以保卫整个罗马城，因此人们全部撤退到卡匹托尔山（主神殿所在地），城市的其他部分则无人防守。*

高卢人涌入罗马城，大肆屠杀没来得及退到卡匹托尔山的人，恣意烧毁房屋。与此同时，罗马人“简直不敢相信自己的眼睛或耳朵，他们眼睁睁看着那些野蛮的敌人在他们熟悉的街道上大摇大摆地走过……城里此起彼伏的，有胜利者的欢呼，有妇女的尖叫，有小孩的哭喊，还有火焰噼啪燃烧的声音，以及砖石坠落发出的经久不息的隆隆声……这些人都没能躲入内城，而是落到了敌人手里”[14]。

罗马人被困在卡匹托尔山，无力回击。另一方面，下面的高卢士兵也攻击不到他们。虽然按理说，只要围攻的时间够长，就有可能饿死他们，但高卢人并不知道里面有多少食物和水。而且，虽然

* 学者们对李维在书中描述的凯尔特人展开攻击的确切日期有一些意见分歧。

卡匹托尔山上的条件已经很艰难，下面城市里的条件很快就变得同样糟糕。食物有限，另外，高卢人驻扎在低洼的地方，几乎不通风，罗马城燃烧所产生的大量烟尘在低地聚集，造成了严重的咳嗽和肺部感染。最终，这种拥挤的环境引发了传染病。开始是几十人、几十人地死去，然后是成百成百地，尸体太多，以致埋都埋不过来；活着的人只好把尸体堆成一大堆进行焚烧。[15]

到这时候，高卢人能听进去罗马人的提议了：倘若高卢人放弃围城，他们可以向高卢人支付黄金。之所以这么做，是因为罗马人得到了意想不到的帮助，因此大受鼓舞。来自欧洲南部海岸古希腊殖民地的马萨利亚人，也曾遭到行踪不定的凯尔特人的袭击，凯尔特人曾突然出现在马萨利亚人的城墙下面，并安营扎寨。马萨利亚人就是花费重金才让他们撤兵的。据罗马历史学家庞培 · 特洛古斯（Pommpeius Trogous）所言，马萨利亚人后来还派使者去德尔斐神殿感谢阿波罗解救了自己；马萨利亚人与祖国的泛希腊神殿的关系一直都比较疏远。

得到罗马被围攻的消息时，他们的使节正在做完祭祀后回去的路上。[16] 他们把这个消息带回了马萨利亚，他们的领袖决定，值得现在就去培养与罗马将来的良好关系。马萨利亚人把自己国库里的金子全都拿了出来，还说服有钱人捐款，把凑来的金币一起加到罗马人的赎金中去。高卢人拿到金子后就回到北方山区，那里气候凉爽，比意大利半岛南部的炎热气候更加舒适。

罗马人摆脱了被围困在卡匹托尔山的处境，赶忙重建城市，以防敌人返回。“所有的工作都是匆匆忙忙进行的，”李维总结道，“没有人有工夫去看一下街道是不是直的……而且只要有空地，人们就会把房子盖起来。这就解释了为什么……罗马更像是由一群擅自闯

| 时间线 13 | |
|---|---|
| **希腊** | **罗马** |
| （斯巴达）**克里昂米尼** | |
| （斯巴达）**达玛拉都斯** | 罗马共和国时期开始（前 509） |
| | 凯尔特人入侵 |
| | 罗马出现第一位独裁官 |
| | 平民撤离事件（前 494） |
| 马拉松战役（前 490） | |
| （斯巴达）**列奥尼达** | |
| 温泉关和萨拉米斯战役（前 480） | |
| 普拉提亚和米卡尔战役（前 479） | |
| （马其顿）**佩尔狄卡斯二世** | 十二表法 |
| （雅典）伯里克利 | |
| 伯罗奔尼撒战争（始于前 431） | |
| | 高卢人烧毁罗马（前 390） |

入的人建起的，而不是一座规划得当的城市。”[17] 第一次遭到野蛮人的劫掠，不但成为罗马帝国雄心壮志的污点，而且给罗马城本身留下了永久的印记。

# / 14

# 秦国的崛起

在中国，公元前 403 年至公元前 325 年间，晋国被一分为三，之后秦国开始处于支配地位。

经过与邻国、蛮族和本国贵族间几十年的战争，北方的晋国最终还是被分割了。司马迁将晋国的衰落隐晦地记录下来：“威烈王二十三年，九鼎震。命韩、魏、赵为诸侯。”[1]

韩、魏、赵三家是晋国内部相互争霸的三个家族，最后他们瓜分了晋国。当他们要求周王将其封为刚刚瓜分的领土的诸侯时，周王也没办法拒绝。事实上，“九鼎震”是一个非常糟糕的比喻：东周的君王现已失去其权威，甚至失去了对自己领地的有效管辖。

至此，晋国不复存在。在公元前 4 世纪初，春秋时期的 13 个主要国家已经变成 7 个，而周王的领土位于中心，周王惴惴不安。楚国宣告了对其东面两个小国的主权，使领土面积几乎增加了一倍。宋国、鲁国幸存下来，虽然其面积已经小了很多。赵、魏、韩三个新国家三分了晋国的领土，并且吞并了郑国和古老的卫国；燕国失去了西部的一些领土，但它将领土向东部沿海扩张，弥补了损失。

但是，成为最大赢家的是秦国，其领土面积至少是原先的四倍。最终，秦国的东部边界跨越了黄河与长江。

战国时代开始了，接下来发生的事情从这个时期的名称上就能推知一二：各国之间战乱频仍。把这些战争详细地叙述一遍将会是件很累人的事情，但是在公元前 403 年至公元前 361 年间，各国间无休止的纷争慢慢使它们分出强弱。到公元前 361 年，平原上最强大的三个国家一字排开，从东到西分别是齐、魏和秦。领土一直向南延伸的强大楚国一度遇到了东部的越国的挑战。

七国之中，齐国最为繁荣。齐王能力非凡，不仅把齐国治理得井井有条，使税收工作有条不紊地进行，而且政府对食盐进行垄断专营。[2] 魏国在军事实力上颇具优势。秦国领土广阔，一路向西延伸，却与世隔绝，距权力中心很远，高原和山脉将其与其他的古老中原国家隔开。[3] 这也让秦国被冠以野蛮人的称号。司马迁这样评论道："秦僻在雍州，不与中国诸侯之会盟，夷狄遇之。"[4] 即使百年之后，一个魏国的贵族还是对秦国嗤之以鼻，他认为这个国家贪婪且不值得信任，秦国人不讲礼仪，不会与他人和平共处，且奸诈阴狠。[5]

这种情况在公元前 361 年开始发生转变，此时，一个叫商鞅的贵族来到秦国君王的宫殿，并提出要帮助秦国成为一个强国。

商鞅出生于卫国，是国君的庶子，所以无权继承王位。他不满于出身所赋予他的权力限制，所以当秦国的国君秦孝公邀请能者贤士共同建设秦国的消息传到东边时，商鞅离开了自己的国土，踏上了西行的旅程。

秦孝公对商鞅的思想印象非常深刻，于是给予商鞅自由发挥的

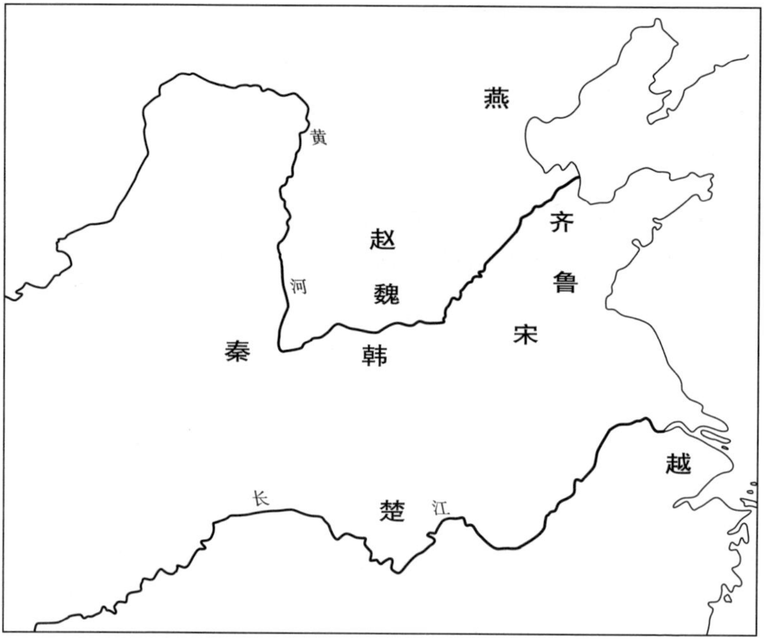


地图 14–1　战国时期形势图

权力，任其对他认为有必要改变的地方进行变革。商鞅立刻通过建立对叛国和骚乱的严酷处罚制度来落实新政，私斗也将受到法律的惩罚。为了加强这一点，他下令将秦国分成许多小区域，这些小区域构成一个整体的网络，每个区域由不超过 10 户人家组成，每户人家都有责任将其他人干的坏事上报。用商鞅传记作者的话来说，秦国人十家编成一什，五家编成一伍，互相监视检举，一家犯法，十家连带治罪。不告发奸恶的处以腰斩的刑罚，告发奸恶的与斩敌首级的同样受赏，隐藏奸恶的与投降敌人的受到同样的惩罚。[6] 即使逃到远处，也没法摆脱官员和邻居那警惕的目光；除非旅客带着官方的许可证，否则旅馆老板就不能给他们提供房间住宿。

实行了这些控制机制后，商鞅让秦国变成一个强大的国家。商鞅没有模仿东部那些由贵族统治的国家的阶级和特权体系，而是把秦国的弱点（即缺乏贵族统治以及混杂了中原和非中原特点的传统）变成长处。从现在开始，秦国人只会因其“军功”被授予爵位，那些没有战绩的贵族将失去爵位。“宗室非有军功论，不得为属籍。”[7]商鞅急于显示，即使出身高贵也不能享有特权。他甚至因为太子触犯了新法而要惩罚他。这似乎在王宫里引起了一些麻烦；商鞅最终承认，对太子施以极刑并不明智，于是代之以在太子的一位老师身上烙印，割掉另一位老师的鼻子。[8]

此外，从现在开始，秦国任何人都不能通过劳役而躲避兵役。商鞅还认为商人都是寄生虫，他们只是售卖他人制造的物品而从中获利。据司马迁的《史记》记载，商鞅鼓励秦国人致力于农业生产，让粮食丰收、布帛增产，以免除自身的劳役或赋税。因从事工商业或懒惰而贫穷的，把他们的妻子全都没为官奴。[9]

另一方面，那些努力劳作的人可以得到大片土地作为回报。这是一次创新，而且可能是中国最早的经官方批准的土地私有制。[10]这种私有制背后有一整套法律规定：现在，未经官法许可，不得迁入新居，这就意味着农民不能抛弃目前的土地，然后迁移到新的农田去。他们必须妥善耕作自己的土地，否则就会饿死。[11]

并非所有人都喜欢这一变法。据司马迁的《史记》记载：“令行于民期年，秦民之国都言初令之不便者以千数。”[12]不过，重视耕作意味着秦国的荒地得以开垦，种上了粮食。尽管商鞅制定的刑法严酷，但是他的政策（允许罪犯通过耕种未开垦的土地来赎回自由）从别国吸引来了越来越多的贫苦农民。在秦国，他们至少有机会通过参军获得军功来提升社会等级。100年后，哲学家荀子参观了秦国，看到一个士兵从战场上砍了五个敌人的脑袋回来，就会被委任来负责管理邻居的五户人家。他评价道："故四世有胜，非幸也，数也。"[13]

大多数古代历史学家都很不喜欢商鞅，但就连司马迁也不得不承认，所有这些法律的颁布，在过去缺少法律的秦国建立起了一种稳定的秩序。司马迁写道："行之十年，秦民大说，道不拾遗，山无盗贼，家给人足……乡邑大治。"[14]

尽管如此，司马迁还是认为，推行暴政的秦国不适于生活。虽然生活富足，但是秦国的人民是被奴役的。百姓对偷窃和暴乱的恐惧的确减少了，其他担忧却涌上心头。没人敢肆意讨论这些法令，因为商鞅下令将不满者流放。[15]音乐和诗歌被扔到一边，因为不会产生什么收益；哲学也遭到鄙视。为了让秦国变强，他还焚烧了他当时能够找到的所有儒家的书籍。

商鞅的政策使秦国日益强盛。公元前343年，周天子正式承认秦孝公的霸主地位。秦孝公是公元前4世纪第一个自己争得这一地位的诸侯，也是史上第一个获得霸主称号的秦国国君。[16]

现在，商鞅变法的最终目标已经变得非常清晰。新的制度使人们能吃得饱，人口数量不断攀升，而且由于奖励军功，秦国的年轻人踊跃服兵役。公元前340年，秦国开始采取武力方式征服邻国。

商鞅的第一个目标就是魏国，这个后起的国家面对秦国军队时没有做多少抵抗就失败了。不过，这场胜利也是商鞅最后的成就了。秦孝公去世了，他的儿子秦惠文王继位——20多年以前，就是他，目睹自己的两位老师因为自己的罪过而分别被处刑。自那之后，他就一直憎恨商鞅。掌权后，他立即下令逮捕商鞅。

商鞅伪装出逃，到达边关时，想躲到一家客栈寄宿，但是客栈的主人没有接纳他，而是告知他，以商君之法，留宿无凭证的客人是要被治罪的。

由于无处藏身，商鞅很快就被秦惠文王派出的军队杀死，他的尸体被带回秦都，处以车裂之刑。

秦惠文王处死了让自己不爽的商鞅后，决定保留其变法内容。毕竟，是变法让秦国变得前所未有的强大；而且，由于秦国空前强大，在公元前 325 年，他就抛开周天子的册封，自立为王。

其他诸侯的反应跟大家所预计的一样：此后，所有诸侯国的君主都自行称王。战国时期的战争像以前一样持续着，只是现在领导各个诸侯国的不再是以前的封建领主，而是国王。

在这个动荡不安的时代里，传播哲学思想的教师继续努力去探究他们的生活，追寻他们那个时代的核心问题：在这个不断分裂的世界中，人要怎样保持自我的完整？

商鞅发现孔子的教诲不利于自己的变法，但是孔子的学说被他最出名的再传弟子孟子传承了下来。孟子的学说主要关注君臣关系：统治者按照上天的旨意进行统治，但因为上天“不语”，统治者就需要听取子民的意见来衡量他事实上是否执行了上天的意志。[17] 如果他听得足够仔细，就会知道战争从来不是上天的旨意。孟子对齐国国君说：“然则王之所大欲可知已，欲辟土地，朝秦楚，莅中国而抚四夷也。以若所为求若所欲，犹缘木而求鱼也。”[18] 这种哲学不会受到国王们的欢迎，因为他们更喜欢缘木求鱼；孟子希望成为某个诸侯王的谋士，却屡屡遭到他们的拒绝。

然而，孟子不是唯一一个想要提出解决方案的人。他的文章体现出儒家思想中强调人性可臻完美、人性本善的核心，并提出在乱世保持心境平和的办法，那就是加强道德修养，遵循这些善的原则。但是在战国时期，很多人认为这完全不够。他们通过日常的观察得出结论：人的本性都是以自我为中心的，渴望获得权力；人们生活在日常纷争中，关注礼等形式似乎毫无意义。

战国时期，一种与孟子的观点有很大不同的新哲学慢慢形成，它是由来自更古老年代的神秘思想凝聚而成的。这种哲学理念最终以书面形式记录下来，成为《道德经》。道家认为寻求和平的办法在于无为，人们需要被动地接受事物本来的样子。一般人认为这样做肯定很容易。

道家不讲道德教条。关于道德行为的所有主张都难免有缺陷，反映出人自身固有的堕落本性。[19]所有的积极言论，连同所有的进取心和野心都要加以避免。正如《道德经》所言：

> 道常无为，而无不为。侯王若能守之，万物将自化……不欲以静，天下将自定。[20]

从混乱中退出，坚守信念，耐心等待将要发生的事情自然地发生：在天下大乱的时代，这是一种非常实用的哲学。也许最有名的道家人物就是庄子，他出生时正值各国争雄，纷纷变法图强。他感叹道："帝王之功，圣人之余事也，非所以完身养生也。今世俗之君子，多危身弃生以殉物，岂不悲哉！"[21]

庄子自己做了这样的比喻：

| 时间线 14 | |
|---|---|
| **罗马** | **中国** |
| 平民撤离事件（前 494） | |
| | 孔子去世 |
| | 春秋时期结束（前 476） |
| 十二表法 | |
| | 三家分晋（前 403） |
| 高卢人烧毁罗马（前 390） | |
| | **秦孝公** |
| | 商鞅变法 |
| | **秦惠文王** |

> 昔者庄周梦为蝴蝶，栩栩然蝴蝶也，自喻适志与，不知周也。俄然觉，则蘧蘧然周也。不知周之梦为蝴蝶与，蝴蝶之梦为周与？[22]

那个时期的道家学者发现，最让他们满意的就是放手不去管物质世界的纷扰。门外轰轰烈烈的军事行动，君王颁布的限制人身自由的法律，这些只是偶然的烦恼，并非事物的本质。一个人，不论其周遭有多少限制，仍然可以像蝴蝶一样，心无挂碍，逍遥自在。

# / 15

# 马其顿征服者

公元前 404 年至公元前 336 年间，一万名希腊军人撤离波斯，一名马其顿人承担起了创建希腊统一体的任务。

雅典和斯巴达之间的战争已经结束。雅典变得荒凉孤寂：经济破产，民众心怀怨愤，长墙也被拆毁，多达 7 万雅典人因瘟疫、战争或政治清洗死去。[1] 对于未来，人们都没有计划，雅典到处都是寡妇以及永远不可能嫁出去的女人，因为太多男人都战死了。阿里斯托芬在他的戏剧《公民大会妇女》(*The Assemblywomen*) 中对那个时代发出了痛苦的哀叹。“情形尚可挽回，”一个雅典女人这样宣告，“我提议，把雅典的治理权交到女人手里！”[2] 在她们提出的解决城邦问题的方案中，有项法案规定，任何一个想要和青年女子同寝的男人必须“先满足一个年龄更大的女人”。[3]

作为这场战争名义上的胜利者，斯巴达的状况也好不到哪儿去。种植和收获的时令都已错过。大军横扫伯罗奔尼撒半岛，摧毁了葡萄树，砍倒了橄榄树，并屠宰了成群的牛羊。越来越多的斯巴达人绝望地发现，在自己的家园里找不到活路，只好去当雇佣兵。

数千名斯巴达人去为波斯王室效力。公元前 404 年，阿尔塔薛西斯二世从他父亲大流士二世那里继承了王位。但在波斯，围绕王位继承权总是会展开一场争夺，这几乎成了一种习惯。而大流士的小儿子、现担任萨迪斯总督的居鲁士正计划着夺取王位。他是一个雄心勃勃且劲头十足的年轻人；而阿尔塔薛西斯二世并不是个强势的人物，他不善骑射[4]，对其生平事迹有过描述的普鲁塔克说阿尔塔薛西斯二世生性“软弱，易于屈服”[5]。

为了获得更多支持，居鲁士“向在各地驻防的指挥官发出命令，要求他们在伯罗奔尼撒尽可能多地招兵买马，有多少招多少，越多越好”（这出自色诺芬的记述，他就是一个响应号召的年轻雇佣兵）[6]。从表面上看，居鲁士雇用这些士兵是为了保护波斯在小亚细亚的领地。但到了公元前 401 年，他军队中的一万多名希腊雇佣兵却暴露了他的野心。波斯的吕底亚总督，也就是那个曾与阿尔西比亚德谈判的提沙费尔尼斯，匆忙赶往东部去给国王通风报信。

阴谋被戳穿以后，居鲁士率军向幼发拉底河进发，渡过河流之后，他转而向南，沿着河流左岸向巴比伦进军。他很可能是想把巴比伦作为一个基地，好进一步攻击波斯帝国的心脏。当时大多数波斯军队似乎都聚集在埃克巴坦那。[7] 阿尔塔薛西斯二世花了很长时间才把这支军队集结起来，发放食物等给养，然后率军出征（普鲁塔克说他“天性迟缓”）。[8] 这样一来，没等波斯国王的军队到达，居鲁士就已经到达巴比伦了。由于需要长途跋涉，他不得不给希腊雇佣兵额外付了不少钱，因为他们总是抱怨路途遥远。[9]

在叛军到达位于巴比伦北部大约 65 千米的库纳克萨（Cunaxa）

时，波斯大军的前锋才终于出现。*色诺芬是希腊队伍中的一员，他跟随军队全副武装地行军至此，对于波斯大军的到来，他这样描述道：

> 刚过中午，就出现了一团白云似的灰尘，又过了一段时间，一团黑压压的东西从远处的平原上延伸而来。当他们靠近些，我们突然就看到了青铜武器的寒光，再接着是矛头和敌方军队……穿着白色盔甲的骑兵……拿着柳条盾牌的步兵……拿着长及地面的木质盾牌的重装步兵（据说这些士兵来自埃及）……以及更多的骑兵和弓箭手……在他们前面……则是他们所谓的镰刀战车。这些战车上有长柄大镰刀，它们从车轴上以一个角度伸出来，驾车人座位下也装有朝向地面的镰刀，这些镰刀可以将行进中遇到的所有东西切断。他们想驾驶战车冲进希腊队伍，杀出一条血路。[10]

这是一支巨大的防御力量；而居鲁士的军队兵少将寡，武器不足。

尽管如此，居鲁士还是冲破了波斯军队的防线，直到与自己的哥哥面对面。他投出标枪，刺中了他的胸部，阿尔塔薛西斯二世轰然落马。他的侍卫赶紧把他从前线拖走，带到一座小山上，在那里克特西亚斯给他包扎了伤口；标枪穿透了他的铠甲，但没有刺穿他的心脏。居鲁士边打边撤，以为自己赢了；他策马疾驰，高呼胜利，

---

* 我们现在并不清楚库纳克萨的确切位置。普鲁塔克说，那里距离巴比伦有“500 弗隆”远，从对战斗的描述可以看出，那个地方就在幼发拉底河畔。

这时，一支流矢刺穿了他的太阳穴。*

波斯军队成功阻断了叛军的攻击，那位梦想篡位的人也死了。许多希腊军官被俘虏。阿尔塔薛西斯二世传旨给剩下的希腊雇佣兵，说可以接受他们投降，但他们拒绝了。一万名希腊士兵重新集结起来，开始从库纳克萨撤退，原路返回。年轻的色诺芬被推选为其中的一名领袖。

这场长征大约开始于公元前 401 年的 9 月，持续了数月之久。希腊人拖着沉重的步伐沿底格里斯河行军，缺少食物和水，还要应付后方波斯追兵的不断袭击。而且，他们沿途所遇到的当地居民往往怀有敌意，也不断攻击他们。他们长途跋涉，穿过沙漠，爬过高山，即使在冬季的风暴和近 2 米厚的积雪中也得继续前行。很多人因饥饿、干渴、寒冷，以及战斗的创伤而死。他们的鞋子被冻在了脚上，失去脚趾的人只能被丢在后面等死。[11] 他们感到绝望，不知道能不能到达海岸，只有到了那里，才可以乘船返回希腊。

这场长征开始将近一年以后，就在他们奋力攀爬另一座高山的时候，在后面压阵的色诺芬听到了前方士兵的大喊。他起初以为士兵的喊叫预示着另一场攻击。但是“叫喊声越来越大，且距离越来越近”，他写道，“那些一直步行的士兵开始跑向前方那些持续叫喊的人，前面的人越聚越多，喊叫声也越来越大”。[12] 最后，叫声变得清晰。他们高喊的是：“大海！大海！”

这一万名希腊士兵在行军中展现出惊人的忍耐力，堪称壮举，

---

* 色诺芬、克特西亚斯和普鲁塔克对两人的这次遭遇战的描述不尽相同，不过无论如何，这一切都以阿尔塔薛西斯二世的受伤和居鲁士的死亡而告终。

却并非出人意料，惊世骇俗。真正出人意料的是，阿尔塔薛西斯二世领导下的波斯大军似乎除了阻挠一下撤退的希腊人之外什么也做不了，最终让希腊人从波斯权力的中心成功逃脱。普鲁塔克总结道："（阿尔塔薛西斯二世）为了追上并俘虏居鲁士带领的希腊士兵的所有努力……都没有成功，而希腊人虽然失去了居鲁士，还牺牲了自己的将领，但最终还是逃离了波斯人的地盘。"[13]

阿尔塔薛西斯二世的波斯帝国实力很弱，最终也失去了对埃及的控制。一个来自塞易斯的名叫阿米尔塔尼乌斯（Amyrtaeus）的埃及贵族自称法老，而阿尔塔薛西斯二世无暇西顾，造成波斯的总督无法从他那里获得足够的支持来平息叛乱。阿米尔塔尼乌斯不是埃及第一个组织反抗的"自由斗士"，但他是很长一段时间里第一个获得了足够权力来开创一个崭新王朝——第二十八王朝的法老（普萨美提克三世是第二十六王朝的最后统治者，曼涅托将波斯人统治时期列为第二十七王朝）。阿米尔塔尼乌斯在位 4 年，是第二十八王朝唯一的法老。对于他统治下埃及的情况，我们知之甚少。当时的阿拉米文文件显示，埃及至少有一些地方仍然认为自己被波斯统治着。铭文显示，阿米尔塔尼乌斯去世后，另一支反叛力量夺取了政权，其领导者名为尼斐利提斯一世（Nepherites I），他宣布自己是新王朝即第二十九王朝的建立者；六年后，一个叫阿科里斯（Achoris）的人篡夺了王位。[14]

在宣布自己是埃及法老三年后，阿科里斯派人到希腊，向雅典寻求帮助，试图将自己的国家从波斯的控制下解放出来。

与此同时，希腊人的内斗又开始了。在重建和平的道路上，雅典没能走多远；这个城邦仍在承受由"三十僭主"的大清洗造成的政治分裂。公元前 399 年，即一万希腊人成功返回的第二年，雅典人判决哲学家苏格拉底有模棱两可的反雅典罪行。苏格拉底曾与阿尔西比亚德以及“三十僭主”中最凶残的成员即一名叫克里底亚（Kartias）的贵族交好，克里底亚在结束“三十僭主”可怕统治的战斗中死去。被判处死刑后，苏格拉底不屑于逃走，平静地喝下了毒芹酒；他的死亡被一名叫柏拉图的年轻学生记录了下来。

斯巴达此时已经在重新考虑其与波斯的关系。伯罗奔尼撒战争结束时，为了换取波斯的金币，斯巴达人曾答应放弃爱奥尼亚城邦，将其让给波斯人。现在，他们违背了承诺，派出斯巴达官员去管理爱奥尼亚城邦。这等于公然要建立强大的帝国，其他希腊城邦无法容忍这种行为。三十年的战争还没完全结束，雅典、底比斯、科林斯和阿尔戈斯就联合起仅存的军队，迫使斯巴达放弃占有这些城邦。

这场战争被称为科林斯战争，始于公元前 395 年。经过三年毫无意义的战斗后，斯巴达又开始变卦，不过不是针对希腊人，而是对波斯人，他们提出只要波斯人还站在自己这一边，那么斯巴达终究还是会放弃那些爱奥尼亚城邦。

阿尔塔薛西斯二世同意了其要求，并派出波斯战船帮其摆脱困境。这一举动让雅典非常愿意帮助埃及的阿科里斯击退波斯人，埃及–雅典联盟还是能够与波斯–斯巴达联盟抗衡的。

不幸的是，雅典兵力薄弱，很难长期坚持，而斯巴达人也很快发现，他们的士兵同样筋疲力尽。公元前 387 年，阿尔塔薛西斯二世（非常高兴地看到，他的两个潜在敌人又一次内斗，耗尽了对方的力量）下令，除非两个城邦同意和平解决问题，否则波斯人将插手干预［色诺芬在其《希腊志》（*Hellenica*）一书中记录下了条约原文］：“如果任何一方不接受和平，我，阿尔塔薛西斯，将对其开战……陆上、海上都不放过，无论付出多少战船和金钱。”[15]

遗憾的是，雅典对他的盟友埃及食言了，留下阿科里斯在反波斯的战争中孤军奋战；斯巴达也放下了武器；在相对短暂的一段时期内，大家都各自回去重建自己的城邦。所谓的“国王的和平”（King's Peace）起了作用。色诺芬写道：“这一次，斯巴达人和雅典人及其各自的盟友发现，自从……雅典的城墙被拆毁后，他们第一次享受到和平。”[16]

阿尔塔薛西斯二世的统治实在是乏善可陈，唯一的亮点可能就是收回小亚细亚了。埃及铭文显示，他最终派了一支摇摆不定的军队南下深入到阿科里斯的虎穴，但是遭到阿科里斯（他成功劝说一些希腊雇佣兵成为正规埃及海军的一部分）回击后，波斯人就撤退了。

阿科里斯死后，另一个埃及人掌握了政权，他是个无名小卒，即埃及第三十王朝的建立者涅克塔尼布一世（Nectanebo I）。阿尔塔薛西斯二世又做了一次尝试，想要把埃及夺回来。这一次，他试图换一种方式来扭转战局，他雇用雅典士兵顺流而下进行攻击，不再像往常那样从东侧的培琉喜阿姆要塞，而是从西侧的三角洲进入埃及。[17] 虽然这支联军比埃及军队更强大，但涅克塔尼布更擅谋略，把他们成功击退。他在尼罗河三角洲每条水道都留了一小股军队，让他们且战且退，不断向南走，把入侵者引得越来越远。他很清楚尼罗河的洪水大约什么时候出现，而雅典人和波斯人对此则懵懂无知。他最终成功将入侵的这支联军拖住，直到周围的河水开始猛涨。这时候，他迅速向南方撤退；波斯人和雅典人面对洪水无计可施，只好撤出了三角洲。[18] 之后，涅克塔尼布一世在位 18 年，而在此期间，阿尔塔薛西斯二世再也没尝试过入侵埃及。*

希腊的毁灭至少让一个雅典人确信，只有他们拥有同一个希腊身份，在同一面旗帜的引领下齐心协力，希腊的城邦才能存活下来。泛希腊主义而非通过武力建立帝国，是希腊世界的唯一希望。

这个雅典人是伊索克拉底（Isocrates），他是一位演说家和修辞学教师，出生于伯罗奔尼撒战争开始之前，曾眼睁睁地看着自己的城邦变得支离破碎。公元前380年，亦即“国王的和平”出现七年后，他发表了《全希腊盛会献词》（*Panegyricus*），这是一次呼吁所有希腊城邦重视其共同遗产的宣言。** 伊索克拉底写道，雅典必须是这一行动的领导者，因为“这个城邦让‘希腊’这个词看上去不只是一个民族，而是一种思维方式；人们被称为希腊人，是因为他们共享同样的教育，而不是因为他们拥有同样的出身”。[19]

呼吁希腊古城邦自愿认同一种身份的主张，最初是由伯里克利在希腊城邦陷入痛苦的战争深渊中时提出的，此时伊索克拉底将其加以改造，试图联合起雅典和斯巴达，形成完整的希腊，共同抵御非希腊世界。《全希腊盛会献词》首先是一次对泛希腊联合的召唤，但它也呼吁希腊人自愿联合起来共同应对那些未曾被教育做希腊人的敌人，如反对波斯人和他们的国王阿尔塔薛西斯二世——他的统治未经过其帝国的其他地方的“同意”，而是“凭借拥有更强大的军队”。[20]

泛希腊主义的呼吁却得到了让人有点出乎意料的响应。

---

* 当然，这并不意味着战斗结束了；公元前366年，小亚细亚的总督与雅典、斯巴达和埃及联合来反抗阿尔塔薛西斯二世，但由于联盟各方在战略上不能达成一致，阿尔塔薛西斯二世还没有采取多少措施来应付，这次叛乱就瓦解了。希腊历史学家狄奥多罗斯称此为“总督大起义”。虽然它涉及面确实很广泛，但从其最终结果来看，它就像从来没有发生过似的（狄奥多罗斯，SXV.90）。

** “赞颂节”（Panegyric，意为“聚会”）是“泛希腊节”的另一个名字。

公元前 359 年，两个国家的主权交接同时发生。阿尔塔薛西斯二世的长子大流士怀疑阿尔塔薛西斯二世可能会倾向于让小儿子欧克士继承王位，于是计划弑父篡位。阿尔塔薛西斯二世听到了风声，得知了儿子的阴谋，于是在暗杀计划的当晚坐在床上等着。当大流士赶到时，他召来了自己的侍卫。大流士被逮捕、定罪，然后被以割喉的方式处死。

阿尔塔薛西斯二世没过多久就老死了；欧克士毒死了他的另一个兄弟，保住了王位，成为阿尔塔薛西斯三世。

在马其顿，另一个国王也登上王位。他的名字是腓力二世；自 100 年前阿敏塔斯一世向大流士一世投降后，他是马其顿的第 13 位国王。一个世纪以来，这十三位国王的平均在位时间不足八年，可见在马其顿当国王并不是件安全的差事。

腓力的老父亲阿敏塔斯四世曾在晚年娶了一个年轻的妻子，为的是能留下一个合法的王位继承人（他已经生了至少三个私生子，他们都对王位虎视眈眈）。[21] 这个叫欧律狄斯（Eurydice）的女人，生下了所需的继承人：三个儿子分别是亚历山大二世、佩尔狄卡斯（Perdikkas）和腓力。然后，她开始与一个叫托勒密的马其顿朝臣公然偷情；根据马其顿人的说法，事实上老国王曾把他们捉奸在床，但是他已经年近 80 岁，遂不再深究此事。

年迈的阿敏塔斯四世去世后，亚历山大二世成为国王。他在西北部遇到了麻烦，那里的伊利里亚部落威胁要入侵马其顿。马其顿与波斯的联盟曾在北部和南部给予马其顿一些保护，使其免受敌人侵扰。但是在亚历山大二世统治时期，波斯人已是鞭长莫及，顾不上马其顿了。3 世纪的历史学家查士丁告诉我们，亚历山大二世为了避免被征服，只好贿赂伊利里亚人，并送他的弟弟腓力（只有十岁）前往伊利里亚做人质。

最终，腓力被允许回家，但他哥哥的命运却注定要终结。亚历山大二世的亲生母亲欧律狄斯安排好了人谋杀他，以便让她的情人托勒密夺取王位。亚历山大二世死后，托勒密宣布自己代表合法继承人掌权，成为阿敏塔斯次子佩尔狄卡斯的摄政王。此时，已经15岁的腓力再次被送去做人质；这一次，他被送到了南部的希腊城邦底比斯，这个城邦也一直威胁要入侵马其顿。

佩尔狄卡斯其实也不是傻瓜，他一直等到亲政的年纪，然后，在那些不喜欢托勒密的马其顿贵族的支持下，他处死了他母亲的情人（欧律狄斯的下场如何没有记录）。随后，他登上了王位，并尽其所能去恢复王室血脉：他与底比斯谈判让其释放腓力，王后也为他生下了王子。之后，他转而去面对伊利里亚人，因为他们再次威胁要入侵马其顿。

在他统治的第六年，他让他的弟弟腓力做了他儿子的摄政王，然后率领马其顿军队投入到与伊利里亚人的战争中。这场战争是一次灾难。佩尔狄卡斯战死，一同战死的还有4000名马其顿士兵。[22]腓力此时只有24岁，但不得不担负起保卫国家的责任，对抗来自西北部的威胁。

作为侄子的摄政王，他开始指挥军队，但（查士丁说）“战争威胁迫在眉睫，已经来不及等年幼的王子长大与其齐心协力共同御敌，（因此）他的人民要求腓力亲政”[23]。这一记载可能是准确的，不过它也可能是为了遮掩篡权的行为。无论如何，马其顿非常需要腓力的领导力。伊利里亚人并不是唯一迫在眉睫的威胁；雅典人正试图推出自己扶植的王位继承人去统治马其顿，以便将马其顿纳入雅典的控制之下。

腓力无力同时对付伊利里亚和雅典，于是他将一个边界城邦交由雅典控制，以此来缓解雅典的威胁。然后，他重新整顿马其顿军队，教尚处于半野蛮状态的马其顿士兵按照希腊的方阵作战，这是他在底比斯做人质时学到的。[24] 次年，马其顿军队在对抗伊利里亚人时获得了胜利。

这时，马其顿显然已经足够强大，连雅典也不敢入侵。这样一来腓力无需再打防御战，而是可以开始建立自己的帝国了。他拼命战斗，并且努力娶妻（娶了七次）。他要么与塞尔迈湾沿岸的国家结盟，要么直接占领这些国家，塞尔迈湾位于马其顿和色雷斯的边界，也是马其顿的北部和西北边境。他的第四任王后，是伊庇鲁斯（Epirus）王 17 岁的女儿奥林匹亚。根据古代的记载，奥林匹亚貌美惊人，但脾气大得可怕，而且生活习惯古怪；她把大蛇养来当宠物，而且让它们在卧室里随意爬来爬去。她的父亲认为腓力会因两国的联姻而保护伊庇鲁斯；但是当他去世后，腓力直接吞并了它。

公元前 356 年，奥林匹亚为腓力生下了第一个儿子和继承人。这个孩子叫亚历山大，以腓力死去的兄长的名字命名。

现在，腓力开始把目光转向南方。希腊城邦斐赖（Pherae）的统治者被暗杀后，腓力南下，恢复了那里的秩序，然后得到了城邦的控制权。他进军色雷斯，夺取了潘盖翁山（Mount Pangaeus）的金银矿，这给接下来的战争提供了资金支持。他夺回了刚即位时抵押给雅典的城邦，继而向更远的南方和东方进军。在一场战役中，一支箭射瞎了他的右眼，我们可以从他的雕像上看到他少了一只眼睛。

对于这一切，希腊都没有做出有组织的回应。斯巴达位于很远的南方，不想为此费心；而雅典曾经抗议过，但遭遇了严重的饥荒，无力发动另一场战争。腓力长驱直入，一步步蚕食希腊。他的南进

**图 15-1 马其顿国王腓力**
腓力二世的这件大理石头像显示他一只眼睛下垂，那是箭伤所致。
图片来源：Gianni Dagli Orti/CORBIS

战略并不是单纯为了征服希腊的领土，而是想要吸收希腊的文明。他的步兵、骑兵以及宫廷中都有不少希腊人。

一匹来自色萨利（Thessaly）的名叫布塞弗勒斯（Bucephalas，亦译作“霸驰飞路”）的希腊战马让公众看到了他儿子亚历山大早熟的才智。普鲁塔克说，腓力花了很大价钱买到这匹马，但发现没有人能驾驭它。他下令将其送回，但亚历山大表示反对；腓力说他需要自己骑上这匹马给众人看，他的反对才有效。“亚历山大跑过去，”普鲁塔克写道，“抓住缰绳，并把马头转过来，让其面向太阳——显然他注意到，这匹马是因为自己面前那拉长且剧烈晃动的影子而感到恐惧。”[25] 这下，他就可以骑上马了，这件事一下子就传遍了整个马其顿（后来还传遍了希腊）。虽然年纪尚小，但亚历山大已经是个战略家了。

他一直都是腓力唯一一个合法的儿子。腓力的一个情妇曾生下一个比亚历山大略小的儿子，也叫腓力；但不幸的是，这个孩子是个低能儿。（普鲁塔克说，这是奥林匹亚干的，是她给这个孩子下药损害了他的大脑；但是，并没有其他证据来支持这一观点。）

马其顿的朝臣冒险谏言，建议腓力最好再生一个候补继承人，但他显然已经开始不惜一切代价躲着奥林匹亚了。（当地传言说，这与她床上的蛇大有干系。普鲁塔克写道：“有一次奥林匹亚睡着了，腓力看到一条蛇就在她身边伸展开来，他们说，这次事件不同寻常，彻底冷却了腓力的欲望和感情。”）[26] 他把所有的希望都寄托在亚历山大身上。公元前 343 年，他邀请希腊哲学家亚里士多德北上到马其顿担任亚历山大的导师，这是一个待遇优厚的职位，亚里士多德接受了。

到了公元前 340 年，腓力的实力已经强大到足以向雅典宣战。

因为不止一个希腊城邦在是否反击的问题上犹豫不决，使腓力入侵希腊变得非常容易。此时，希腊哲学家伊索克拉底已经 90 岁了，对希腊人的自愿联合已经不抱什么希望；继《全希腊盛会献词》之后，他又发表《致腓力》（*To Philip*），呼吁马其顿国王来领导希腊。“你已经获得了其他希腊国家未曾得到的财富和权力，”他这样宣布，“而仅仅这些就自然而然地成为说服和强迫别人的资本。我相信，接下来我所建议的内容会需要上述的财富和权力，因为我要建议你来做希腊联盟的负责人，领导希腊军队共同对抗野蛮人。”[27]

照看德尔斐神殿的城邦联盟听取了伊索克拉底的意见，邀请腓

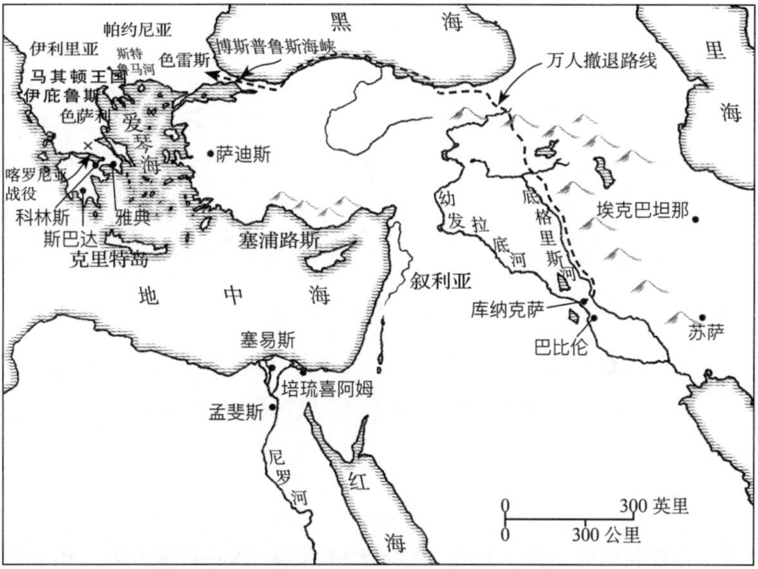


**地图 15–1 一万名希腊士兵的行军**

力进入希腊。雅典请求斯巴达帮助其抵抗入侵，但斯巴达拒绝与这一宿敌产生任何瓜葛。因此，当腓力的军队最终从北方南下时，雅典仅设法集合了少数盟国士兵，主要来自底比斯和维奥蒂亚的城邦。

公元前 338 年夏天，两军在喀罗尼亚（Chaeronea）平原上相遇。现存的关于此次战争最完整的记载保留在西西里的狄奥多罗斯的史书中：

> 双方军队都已经做好交战准备。若论胆量和个人勇气，两军堪称势均力敌，但在数量和军事经验上，（腓力的）军队占了很大的优势。因为他已身经百战，赢得了大部分战争，对战争颇有心得，但对于雅典而言，其最好的将领都已经逝去……

> 日出时分，两军摆出了作战的队形。国王命令他刚成年的儿子亚历山大……率领一个侧翼，并由一些最好的将领伴其左右。腓力自己率领另一翼，这支队伍精挑细选，因地制宜，抢占了有利的关键位置。雅典人开始进攻……两军交锋，战斗非常惨烈血腥。战役持续时间很久，到处是可怕的杀戮，然而双方难分胜负，直到急于向父王证明自己骁勇的亚历山大——后面紧跟一批勇士——率先突破了敌人的主力，杀死了所有直接迎战的人，击溃了前进的障碍。他的手下紧随其后，向前推进，将敌人的防线分割成碎片；地上死尸堆集，抵抗他的那一翼纷纷逃窜。[28]

喀罗尼亚战役的人员伤亡相对较少（有 1000 名雅典人阵亡，对单独一场战斗来说这是个不小的数字，但与战争年代的伤亡总数相比微不足道），但有两点非同一般：这是亚历山大首次在战役中担任重要的军事指挥职务；另外，它也标志着一个时代的终结。希腊城邦将再也无法摆脱马其顿帝国的控制。

毫无疑问，腓力意识到，他无法通过战斗来获得其他希腊城邦的忠诚，于是转变了策略。他对雅典显示出了高度的尊重，释放了俘虏，甚至组建了仪仗队护送雅典烈士回城。[29] 雅典人呢，面对如此残局，也只好尽量利用其中任何一点好的方面，假装把腓力看作雅典的朋友。

次年，腓力在科林斯发表讲话，暗示希腊服从自己的王权统治是有利于希腊的。[30] 斯巴达仍然拒绝与腓力的计划发生任何瓜葛，但其他希腊城邦都同意（自然是因为腓力的军队还在旁边虎视眈眈）加入这个新的希腊同盟。这一联盟称为科林斯同盟（Corinthian

League），而像之前以雅典为中心的提洛同盟一样，组建它也是意在攻打波斯。与提洛同盟不同的是，科林斯同盟由马其顿国王作为最高统帅。

波斯此时恰好正经历又一次混乱的权力更替，所以非常虚弱。阿尔塔薛西斯三世在位 19 年；他在位时期的最大成就是在公元前 343 年击败了埃及最后一位本土法老涅克塔尼布二世，收回了埃及。

现在，埃及又一次处在一位波斯总督的控制之下，接受波斯国王（曼涅托称其为第三十一王朝）的统治。

随后，亦即喀罗尼亚战役同年，阿尔塔薛西斯三世去世。他死亡的细节不详，尽管国王在去世前病了一小段时间，但几乎可以肯定，他并非死于疾病，而是死于下毒，毒药是一个叫巴戈阿斯的宦官假借吃药的名义给他服下的。巴戈阿斯曾是阿尔塔薛西斯三世征服埃及时的一名指挥官，他的权力欲逐渐膨胀。

阿尔塔薛西斯三世死后，巴戈阿斯开始控制波斯帝国。不久之后，有两个年轻的王子也突然死于胃病（巴戈阿斯一直忙于下毒）。只有一个王子活了下来，他叫阿西斯（Arses）。巴戈阿斯有可能原打算让他当一个傀儡国王；可是，当阿西斯显示出独立的迹象时，也被巴戈阿斯毒死了。

当腓力正策划攻击这个由宦官掌控的波斯帝国时，灾难却突然降临，夺去了他的生命。

这场灾难主要是他自己造成的。公元前 337 年的科林斯同盟会议后，腓力决定再婚。这场婚姻绝对不会给他带来任何政治优势，而他显然是被欲望驱使；那个女孩是土生土长的马其顿人，是一个名为阿塔罗斯（Attalus）的朝臣的漂亮侄女。在婚宴上，所有马其顿人都喝得酩酊大醉（这是马其顿庆典的一个传统），此时阿塔罗斯致祝酒词：他在空中挥舞着酒杯，宣称众神会给马其顿送来一位合法的王位继承人。

严格说来，亚历山大当然是合法的继承人，但由于他的母亲奥林匹亚是希腊人，因此他只有一半的马其顿血统。阿塔罗斯的祝酒词是对他王储位置的直接挑衅，他的意思是马其顿的王位应该只属于血统纯正的马其顿人（这也清楚地表明，虽然腓力热爱所有希腊的东西，但这一观点并没有被马其顿人分享）。

亚历山大也醉了，他拿一个杯子砸向阿塔罗斯，并骂他人渣。腓力可能是醉得最厉害的那个，他拔出剑来要攻击亚历山大，但是扑到了地上。“先生们，”亚历山大站在他父亲旁边轻蔑地说，“趴在地上的这个人正准备从欧洲跨向亚洲，但被绊倒在从一个座位到另一个座位的路上！”[31]

更糟糕的事情即将到来，阿塔罗斯也掺和进这件事里。据狄奥多罗斯记载，在之前一段时间，腓力有一个年轻漂亮的情人，他也是阿塔罗斯的朋友。（马其顿人跟希腊人一样，在风月之事中往往更关注是被动接受还是主动进攻，但另一半的性别却不那么重要。）这个漂亮的年轻男子取代了腓力以前的情人，那个老情人名叫鲍萨尼亚斯，是个侍卫。为情所困的鲍萨尼亚斯当众侮辱他的情敌是“阴阳人”，即非真正的男人。年轻男子感觉很屈辱，于是在一次战斗中义无反顾地冲到腓力面前，但求一死，而且真的死在了敌人的剑下。

阿塔罗斯为了给寻死的朋友报仇，邀请鲍萨尼亚斯吃饭，把他彻底灌醉，然后把他交给自己的一伙朋友轮奸，一报还一报：被强奸者是逆来顺受者，“像个娘们”，这正是鲍萨尼亚斯曾用来侮辱年轻男子的说辞。鲍萨尼亚斯清醒过来后，怒不可遏又羞辱不堪，他去找腓力抱怨，但腓力拒绝惩罚阿塔罗斯，因为他是一位值得信赖且有价值的将领。相反，他试图通过给他升官和赠送礼物的方式安抚鲍萨尼亚斯。

但他不再爱他了，鲍萨尼亚斯只有自己舔舐伤口，医治自己被拒绝的屈辱，就这样到了公元前 336 年。是年，腓力组织了一次盛大的庆典，以庆祝他即将攻打波斯；首先是一场由腓力率队的开幕式游行，游行的终点是一个剧院，那里满是准备为他欢呼的马其顿人。腓力跨过剧院的门槛时，鲍萨尼亚斯从身后将匕首刺进了他的肋部。

然后鲍萨尼亚斯朝他的马跑去。他被绊倒在地，立刻就被侍卫乱刀砍死。[32] 但是腓力也已经死了。

很多人怀疑亚历山大，说他那样轻视自己的父亲，势必在某种程度上参与了这件事。普鲁塔克说，“亚历山大对此事绝对难逃干系”，不过他也没有给出确凿的细节。[33] 但是，由于鲍萨尼亚斯也死了，又没有他叛国的证据，因此没人敢做出任何指控。无论如何，亚历山大很受军队的拥戴，第二天就被拥立为王。

普鲁塔克说，他继承了王位，但这个国家“被怨愤、深仇大恨和危险紧紧包围”。被征服的北部领土不甘心被马其顿统治；南部的希腊人对科林斯同盟也不够顺服，以至于亚历山大没办法完全倚靠他们；波斯则对马其顿严阵以待。

但亚历山大还有一件事要去处理。阿塔罗斯已被提前派往小亚细亚，为马其顿接下来入侵波斯探查路线。亚历山大从来没有忘记那次侮辱；他派杀手追上阿塔罗斯，将其置于死地。

| 时间线 15 | |
|---|---|
| **中国** | **希腊** |
| | 马拉松战役（前 490） |
| | （斯巴达）**列奥尼达** |
| 孔子去世 | 温泉关和萨拉米斯战役（前 480） |
| 春秋时期结束（前 476） | 普拉提亚和米卡尔战役（前 479） |
| | （马其顿）**佩尔狄卡斯二世** |
| | （雅典）伯里克利 |
| | 伯罗奔尼撒战争（始于前 431） |
| 三家分晋（前 403） | 希腊军队万人撤退（前 401） |
| | 科林斯战争（前 395） |
| **秦孝公** | （马其顿）**腓力二世**（前 359—前 336） |
| 商鞅变法 | |
| | 喀罗尼亚战役（前 338） |
| | （马其顿）**亚历山大三世**（前 336） |
| **秦惠文王** | |

/ 16

# 罗马加强对属地的控制

公元前 367 年至公元前 290 年间，迦太基与叙拉古交战，而罗马也对任何处于进攻范围内的国家发动进攻。

当希腊人尝试着建立同盟（伯罗奔尼撒同盟、希腊同盟、提洛同盟以及效仿它们的科林斯同盟）的时候，拉丁姆（Latium，即拉丁平原）上的城邦也凝聚成一个同盟——拉丁同盟。罗马人称这个同盟为拉丁姆氏族（Nomen Latium）。虽然一个世纪以来它都与拉丁同盟城邦相处得很友好（罗马和同盟之间的第一个和平条约大概在公元前 490 年签署），罗马却从未加入这个同盟。罗马不想成为同盟中彼此平等的城邦中的一员。

在高卢人烧毁罗马后的 30 年里，罗马人重建了城墙，击退了来自邻国的各种攻击，出兵东至阿涅内河与更多的高卢人作战（李维说，罗马士兵“心惊胆战”地参加战斗，但“成千上万的野蛮人在战斗中被杀死”）[1]，而且遭遇了又一次贵族与平民间的对峙。这一次对峙于公元前 367 年以贵族的让步结束：平民可以正式参选执政官，而第一位平民执政官也在同年当选。

元老院宣布，需要额外设立一个节日庆祝这次和解，李维本人称其为“值得关注”的一年，因为“经过长时间的辩论，双方同意和解，并最终达成了一致意见”。[2]“达成一致意见”有点言过其实，因为贵族和平民还在不断激怒对方，但这一新的安排似乎在两个摩擦不断的阶级的关系中扮演了润滑油的角色。在接下来的几十年里，罗马城内相对和平，所以统治者可以重新把注意力放在建立帝国上。

公元前 358 年，罗马说服拉丁同盟重新拟定和平条约。[*] 像之前一样，双方有义务在对方受到攻击时保卫对方。不过从现在开始，联合战役的战利品都将由双方平分，获胜后罗马得到的东西将会是同盟中所有城邦所获的总和。[3] 罗马不再是意大利半岛上一个普通的城市，它是跟整个拉丁同盟一样强大的政权。

公元前 348 年，罗马人又修改了另一个条约，这一次是与迦太基之间的条约。罗马战船仍然只能行驶到美丽海岬，不能再向西行驶得更远；迦太基人依然承诺不在拉丁人的领土上建立任何堡垒。但是，一个新的条件让和平条约变得略有不同：“如果迦太基在拉丁姆夺取了任何一座不受罗马控制的城市，他们可以留下货物和人，但要把城市交给罗马。”[4] 当时，迦太基是罗马在征服道路上的合作伙伴。即便罗马领导人已发誓与拉丁同盟建立友好关系，但罗马仍意图控制城邦之外的乡村。

在接下来的 50 年里，罗马的侵略导致其陷入四次战争和一次叛乱，而第五次战争也即将爆发。

---

* 这个条约被称为《卡修斯条约》(foedus Cassianum)。

利里河的对岸有一个部落联盟，统称为萨莫奈人。他们来自亚平宁山脉南部，生活在罗马南边、坎帕尼亚东海岸地区的农场和村庄中。[5]除了善于务农，他们还是勇猛且令人生畏的战士，李维如此描述他们："资源丰富，武力强大。"[6]

早期罗马尽管同意将利里河作为跟萨莫奈人的边界，但却在公元前 343 年破坏协议，与萨莫奈人开战。罗马的官方记载对这一事件做出了清楚的解释，根据李维的说法，罗马人只是对一个处于绝境的民族的求援做出回应，因为萨莫奈人向住在西南海岸坎帕尼亚地区的人发动"不义之战"。但是在李维对事件的叙述中，罗马的野心却暴露无遗。坎帕尼亚的使者请求道："事情到了目前的地步……坎帕尼亚不是被朋友兼并，就是被敌人吞并，你们，罗马人，必须自己占有它，而不是让（萨莫奈人）接管。对你们而言，这是一次善行；而对于他们，则是恶行……罗马人，你们的帮助足以保护我们，而且不管我们有什么……我们都将认为那是你们的。"[7]

不管坎帕尼亚人的请求多么迫切，要想让罗马的其他邻国也请求罗马人吞并它们，却是不可能的。第一次萨莫奈战争是罗马走向帝国的下一步，但其开局并不是特别成功。公元前 341 年，第一次萨莫奈战争陷入僵局，双方同意签署条约。

第二场战争——与拉丁地区的战争——在第一次萨莫奈战争之后接踵而至。拉丁同盟城邦看到罗马在南部的行动后得出结论：没有任何条约能阻止罗马的扩张。经过复杂的政治角力，拉丁同盟城邦最终决定进攻罗马，而萨莫奈人为了阻止拉丁联盟的力量继续向南扩张加入了罗马阵营。

李维写道，这次战役对于罗马军队来说特别艰难，因为向其进军的拉丁人"与他们在语言、风俗、武器类型，尤其是在军事建制

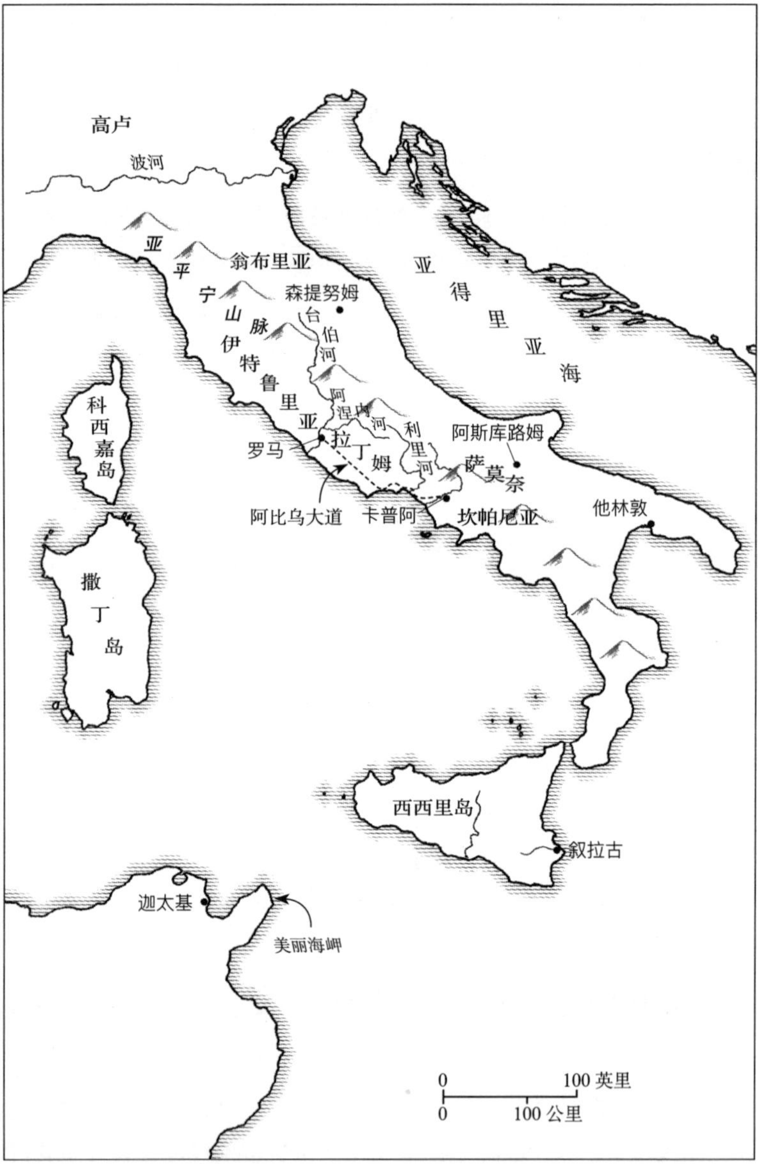


地图 16–1　罗马的敌人和盟友

上都是一样的”。这让指挥军队的罗马执政官忧心忡忡。为防止罗马士兵分不清敌友，他们“命令任何人都不能擅离自己的位置去攻打敌人”。[8]

拉丁士兵和罗马–萨莫奈军队在卡普阿附近遭遇，发生了一场血战。罗马人“大肆屠杀对手，使其只有不到1/4的人活下来，从而打破了敌人的阵形”，而罗马全军也被“在军旗前……打散，他们身后同样是一片血腥”。[9]虽然经过了如此惨烈的杀戮，两军还是重新集结对垒，再次冲锋厮杀。这一次，罗马人取得了胜利。

拉丁人投降后，罗马人占领了整个意大利的土地：不只是拉丁姆，还有坎帕尼亚北部和伊特鲁里亚南部。[10]罗马根据被纳入罗马范围内的各民族的忠诚度来区别对待他们。李维说，拉丁人“被剥夺了各城市之间的通婚权、贸易权，以及召集议会的权利”，这削减了拉丁同盟城市之间的联系。站在罗马这边的坎帕尼亚人“获得了公民身份，但没有选举权”，其他几个同盟城市的居民也是如此。[11]这是一个奇怪的特权类别，即半公民权（civitas sine suffragio）；新出现的半公民受到十二表法的保护，但无法参与罗马的决策。

罗马开始迅速地建立新殖民地，通过建设和征战扩展其边界。[12]然而，羽翼渐丰的罗马并不稳定；李维用“变质的和平”这个短语来形容罗马与新征服的国家以及尚未征服的邻国之间的关系。

到了公元前326年，即使是“变质的和平”也无法继续了，萨莫奈战事再起。这次战争又是罗马挑起的；罗马人越过之前的边界，即利里河，在萨莫奈人的土地上建立殖民地。[13]第二次萨莫奈战争持续了20多年，两军之间重复上演着一系列令双方都感到疲惫的冲突。

罗马人和萨莫奈人作战时，另一场冲突正在近海酝酿。罗马人正忙着在萨莫奈人的领土上活动时，一个名为阿贾托克勒斯（Agathocles）的野心勃勃的西西里人抓住时机，也想建立帝国。阿贾托克勒斯之前是叙拉古的一个制陶匠，他娶了个有钱的老婆，自己花钱招募了一支军队。公元前 317 年，他武力夺取了叙拉古的政权，自立为君，采用的是米罗达巴拉但 / 拿破仑 / 萨尔贡二世 / 居鲁士用过的老一套理由。狄奥多罗斯写道："他宣称会将充分的自主权交还给人们。"[14] 这通说辞听起来非常空泛，因为他接着就开始征服西西里岛的其他部分了。

他把迦太基人赶出了西西里岛，而迦太基面对地中海中出现的这个强权，并不愿吃哑巴亏。公元前 310 年，迦太基海军封锁了叙拉古。阿贾托克勒斯对此做出的回应是派叙拉古军队去攻打迦太基。[15]

迦太基人对这次意外袭击感到惊恐不安，整个城市陷入一片恐慌。迦太基的祭司还遵循着几个世纪前由推罗传入的古老迦南宗教的做法，将多达 500 个孩子作为祭品敬献给迦太基主神，以确保获得胜利。[16] 狄奥多罗斯写道，"他们认为自己忽略了由先辈建立起来的对神的敬仰"，于是急于弥补这一疏失，他们认为正是这个问题导致了阿贾托克勒斯的入侵："他们的城市中有一座克洛诺斯（太阳神巴尔的希腊语名字，他是腓尼基人信奉的神）的青铜像，他伸着手，手掌朝上，向地面倾斜，因此每一个孩子被放在上面后都会滚下来，落到一个满是火焰的大坑中。"* [17]

---

* 很多古代作家的作品中都记录过迦太基人有将 10 岁以下的孩子用来献祭的做法，包括普鲁塔克、昆图斯 · 库尔提乌斯 · 鲁弗斯（1 世纪时的历史学家，他的书中引用了很多古代文献，这些文献现在已经失传）和西塞罗等。这种习俗源于迦南（腓尼基），《圣经》中就有提及，如《申命记》。《申命记》（12:31）让以色列人不要像"周边国家"那样把儿女当作祭品投入火中，因为亚伯拉罕的神很嫌恶这一点。在迦太基古代港口附近的考古发掘发现过祭仪牺牲者的遗体，不过从未发现狄奥多罗斯提到的雕像。相关考古和文献证据参见大卫 · 索伦（David Soren）等人著的《迦太基》（*Carthage*）。

这种可怕的仪式并没有给他们带来胜利。不过迦太基并没有陷落，叙拉古也没有，于是双方在公元前 306 年签订了条约。阿贾托克勒斯继续当叙拉古的王，但迦太基人握有西西里岛西部的控制权。[18]

在这之后，公元前 304 年，罗马终于又一次与萨莫奈人讲和。同时，他们又开始了另一项建立帝国的工作。居鲁士曾设计了“皇家大道”，意图将国家最初的心脏地带与被征服的领土联系起来。罗马人也效仿这一做法，建造将罗马城和边远的领地联系起来的道路。执政官阿比乌斯·克劳狄（Appius Claudius）在公元前 312 年启动了这项工程，这条大道沿着海岸，通向坎帕尼亚的卡普阿。后来，这条道路以他的名字命名，称为“阿比乌大道”（Appian Way）。

罗马人与萨莫奈人的和平持续了 6 年。李维写道，公元前 298 年，执政官选举刚结束，谣言就开始在整个罗马蔓延：“伊特鲁里亚人和萨莫奈人在大量征兵……罗马的敌人正在集结自身和盟友的所有武力，积极备战。”[19] 利里河对岸的反罗马联盟不仅包括萨莫奈人和重整旗鼓的伊特鲁里亚人，还有从北部南下的高卢人的一支和翁布里亚人，后者是来自伊特鲁里亚东北部的亚平宁部落的联盟。这些不同的民族都愿意联合起来对抗罗马，这明确反映出他们对罗马的不断扩张有着日益强烈的危机感。

罗马军队迎战这一联盟武装，“第三次萨莫奈战争”就此开始。经过三年的苦战，战争在森提努姆（Sentinum）战役时达到高潮。森提努姆就位于亚平宁山脉另一边的翁布里亚。这很可能是当时罗马军队到达的最远距离，很多士兵也是第一次越过亚平宁山脉。李维写道：“发生在森提努姆的那场战役四海皆知。”

> 决战之日已定，萨莫奈人和高卢人参战。战斗开始后，伊

**时间线 16**

| 希腊 | 罗马 |
| --- | --- |
| 马拉松战役（前 490） | 平民撤离事件（前 494） |
| （斯巴达）**列奥尼达** | |
| 温泉关和萨拉米斯战役（前 480） | |
| 普拉提亚和米卡尔战役（前 479） | |
| （马其顿）**佩尔狄卡斯二世** | 十二表法 |
| （雅典）伯里克利 | |
| 伯罗奔尼撒战争（始于前 431） | |
| 希腊军队万人撤退（前 401） | |
| 科林斯战争（前 395） | 高卢人烧毁罗马（前 390） |
| （马其顿）**腓力二世**（前 359—前 336） | |
| | 第一次萨莫奈战争（前 343） |
| 喀罗尼亚战役（前 338） | 拉丁战争（前 340） |
| （马其顿）**亚历山大三世**（前 336） | |
| | 第二次萨莫奈战争（前 326） |
| | 第三次萨莫奈战争（前 298） |

特鲁里亚人和翁布里亚人去攻击罗马的大本营。但是三个逃兵将这些计划打乱……他们在夜间偷偷地找到（罗马指挥官）费边，告知他对手的作战意图。[20]

面对四路联盟，罗马人无法招架，于是他们派出一支军队去突袭伊特鲁里亚和翁布里亚本土，伊特鲁里亚和翁布里亚的队伍只得赶紧返回家乡去保护他们的家人和农场。所以战斗开始后，罗马人面对的只剩下高卢人和萨莫奈人。李维说，他们在实力上“难分伯仲”。当高卢人驾驶战车冲下来时，罗马骑兵惊恐地四散开来。许多罗马士兵从未见过战车，一名将军当场丧命；不过，高卢人也死伤无数，单单是移开成堆的尸体就花了好几天时间。最后，双方都有数千人死亡，高卢人和萨莫奈人的防线被冲开，其营地失守，退路也被堵死。

现在，罗马人获得了对乡村地区的控制权，但是李维总结说，这些乡村“仍未获得和平”。最惨烈的一场战役于公元前 295 年在森提努姆结束，但是，袭击、战争、反抗和起义又持续了五年。公元前 290 年，罗马人与萨莫奈人签署了另一个条约，结束了第三次萨莫奈战争。但是，即使在此之后，罗马士兵每年还是要远征，前往意大利半岛的北部和中部作战；罗马的势力吞没了整个乡村地区，并且在不断加强。

# / 17

# 亚历山大和继业者战争

公元前 336 年至公元前 272 年间，亚历山大大帝将全世界大部分文明地区统一为一个帝国，但不久后帝国就被他的将军们瓜分。

马其顿国王腓力去世后，他的儿子亚历山大取代他成为马其顿国王和科林斯联盟的统帅。但伴随腓力国王的去世，许多希腊城邦宣布脱离联盟，其中包括底比斯和雅典；雅典甚至轻率地设立了一个祭祀日，并追授鲍萨尼亚斯一顶金色王冠。[1]

亚历山大率领马其顿军队直扑反叛者，一路重新征服希腊人。他来到底比斯的城门下，提出如果底比斯人能够将领导脱离联盟的两个贵族交出来，他就帮助底比斯恢复其往日的地位。底比斯拒绝了这一提议，于是亚历山大命令他的士兵攻破城门。普鲁塔克写道："如被风暴席卷一般，底比斯被劫掠一空并被夷为平地，亚历山大希望以儆效尤，恐吓希腊的其余城邦归顺……三万人民作为奴隶被公开出售……将近 6000 人死在利剑之下。"[2]

随后，他向雅典提出了同样的提议，雅典立刻同意了。"像狮子一样，他狂暴的情绪现在得到了满足，”普鲁塔克补充说，“或者是因为在展现了极端残忍后，他打算表现得仁慈，无论是哪个原因，这对雅典人民很有利；因为他……原谅了他们过去所有的冒犯。”[3] 雅典人竭尽所能讨亚历山大欢心，他们把所有曾反对加入科林斯同盟的人都流放了。

在这之后，科林斯同盟余下的城邦在两个月内都屈服了。亚历山大南下行军至科林斯地峡，并在那里举办了一场同盟大会，大会时（他的士兵们守在一旁）各同盟代表争相推举他接替他父亲担任同盟统帅。

这种民主作秀，辅之以军事支持的做法，便是亚历山大的行事特点。他做成的事情几乎皆是凭借武力，但在他的内心深处，他渴望被征服的人民发自内心拥护他。靠武力征服的旧观念与人们不受强迫、靠共有的忠诚或共同的身份紧密联系的新观念在他身上同时存在，又难以相容。

亚历山大现在是希腊人的国王，这一点没有哪个斯巴达或雅典英雄曾成功做到。他的身后有精锐的马其顿战士，再加上四万人左右的希腊军队；他做好了勇敢面对波斯雄狮的准备。

在波斯，宦官巴戈阿斯下场悲惨。王子阿西斯去世后，巴戈阿斯选择了阿尔塔薛西斯三世的一个远房亲戚——一位仪表堂堂（2米高）、据说性格温和的人——作为他的下一个傀儡，他叫科多曼（Kodomannos）。科多曼对宫廷政治并不熟悉，巴戈阿斯认为他容易控制。然而，他低估了科多曼。科多曼以“大流士三世”之名加冕登基，一继位，他便邀请巴戈阿斯前往觐见室饮酒。巴戈阿斯知道接下来会发生什么，试图以生病为由推辞，但国王暗示，事已至此，他最好还是喝下他的药。一个小时后，巴戈阿斯死了，大流士

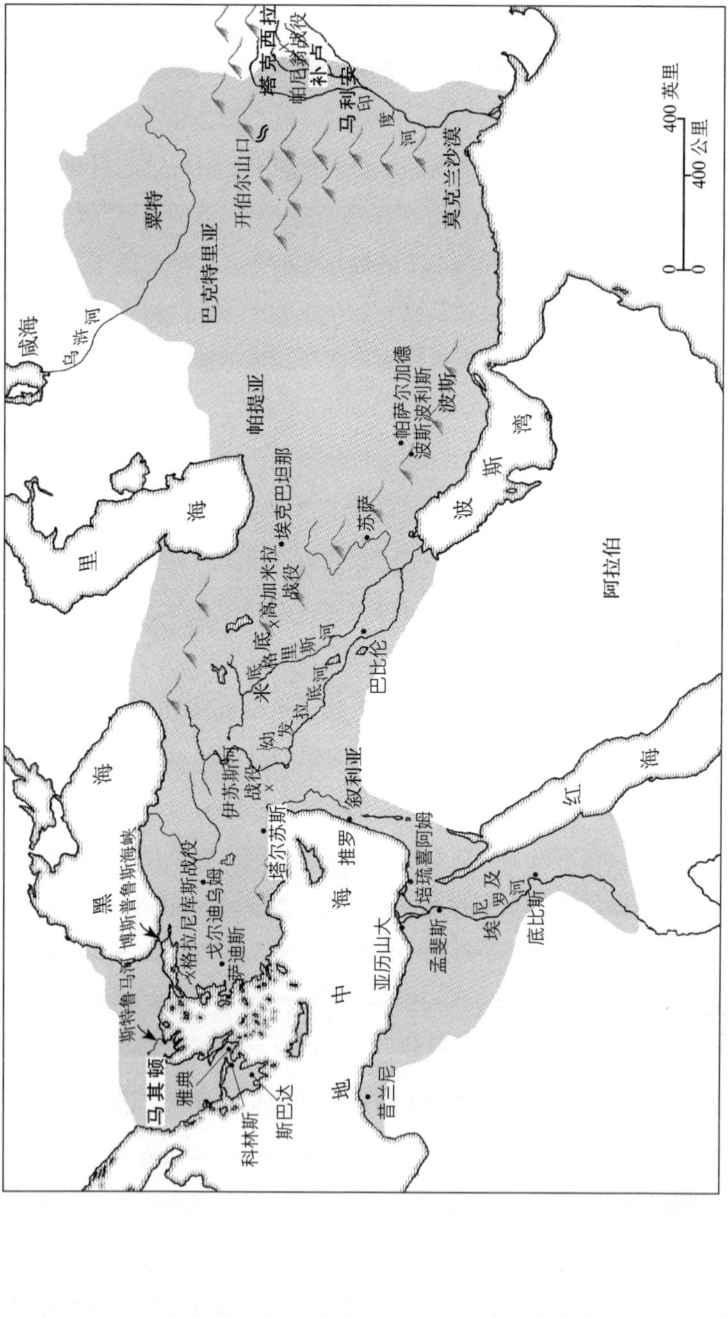


地图 17-1　亚历山大的帝国

三世控制了波斯。[4]

公元前 334 年，亚历山大率领 32 000 名士兵进入大流士三世的领土；狄奥多罗斯说，其中近 14 000 人是马其顿人，其他人来自附属城邦。[5] 他的行动比波斯人预期的更快，波斯军队无法及时赶上以阻止这支军队跨越赫勒斯滂海峡。

失去了先发优势，波斯指挥官们遂群策群力，商议了一个新的战略（大流士三世未参与其中；他刚刚除掉了巴戈阿斯，或许想将主要精力用于监视苏萨）。波斯将军迈农建议避免在陆上开战。他说，波斯人应该撤退并烧毁所有的补给品，诱使亚历山大的军队跨越缺少食物和水的土地，同时派遣周围的军舰攻打亚历山大的大本营马其顿。[6]

这是一个很好的计划，它将罗马人在意大利打败四路联盟的战术与斯基泰人打败大流士一世的战术相结合。但迈农遭到了呵斥。相反，波斯军队行军至格拉尼库斯河（Granicus）岸，在特洛伊旧城附近安营扎寨。

亚历山大不顾自己的指挥官帕曼纽的劝告，集结自己的兵力冲过波斯边界的河流。尽管第一批上岸的马其顿人惨遭屠杀，但是亚历山大的进攻很快逼得波斯人节节败退。希腊军事历史学家阿里安（Arrianus）将胜利归功于士兵骁勇善战，以及“马其顿人的茱萸木*长矛比波斯人的轻骑枪更有威力”[7]，但亚历山大亲赴战场，无疑让马其顿人更加凶猛。与大流士三世不同，亚历山大参与了第一次冲锋，并一直战斗在前线直到战斗结束。事实上，他曾经被一支矛刺入胸甲，并由于来自后面的斧头的重击而丢了头盔，不过都侥幸逃

*　茱萸木取自欧洲红瑞木（*Cornus sanguinea*），现仍旧用于制弓，因为它易弯曲而不断裂。

命。他差点被人砍掉头颅，是他的一名指挥官黑人克雷图斯（Cleitus the Black）救了他，他在攻击者挥起武器进行二次攻击前，齐肩砍掉了那人的手臂。[8]

古代记录记载马其顿军队约损失了 200 人，而波斯军队大约损失了 4000 人，其中包括大流士三世的儿子、女婿和姐夫。幸存的波斯人四散逃跑，亚历山大宣布爱奥尼亚所有城邦解放（这意味着它们现在归入他的统治之下）。亚历山大继续向萨迪斯进军，但是据阿里安说，在他离那儿还有十三四千米时，就遇到了前来投降的该城守将。[9] 至此，小亚细亚也被他收入囊中。

在他一路胜利进军的途中，他停在了戈尔迪乌姆城，这是迈达斯的旧国都。在那里的朱庇特神庙里，他见到了据说是迈达斯的父亲戈耳狄俄斯（Gordius）第一次进入该城时所驾的马车。据罗马历史学家昆图斯 · 库尔提乌斯 · 鲁弗斯（Quintus Curtius Rufus）说："这辆车的轭非常特别，它被一些紧紧缠绕而且不知道是怎么系在一起的结捆绑着。"当地人说能把它解开的人便是整个亚洲之王，这对于亚历山大来说是一个不可抗拒的挑战。"他花了好长时间也没有成功，解不开这些结，"鲁弗斯说，"随后他说，'这些结如何解开并不重要'，说罢便用他的剑斩断所有的绳结，巧妙地避开了神谕的预言——或者，事实上实现了它。"[10]

与此同时，大流士三世对前往巴比伦愈发担忧（他的妻子、孩子和王庭的大部分人同去），巴比伦将作为他对抗侵略者的基地。据鲁弗斯说，他在这里集结了一支绝对庞大的军队：超过 25 万的波斯人、米底人，以及从他的帝国各个地方征调的战士。他率领这支庞大的军队从巴比伦出发，直入古亚述中心地区的空旷地带，在那里波斯军队能够得以展开并消灭马其顿军队。

但亚历山大高烧不退，滞留在塔尔苏斯（Tarsus）直到痊愈。大流士三世无法忍受敌人的飘忽不定，决定（不顾来到波斯阵营的马其顿逃兵的忠告），直扑小亚细亚。结果，两军在叙利亚的伊苏斯河畔相遇，在那里庞大的波斯军队毫无优势可言，无法在狭小的战场展开。[11]

马其顿军队再次冲破了波斯人的防线。* 大流士三世眼见战局对他不利，撒腿就跑，鲁弗斯说："他甚至不顾体面丢弃了他的皇室徽章，以防它们泄露他逃跑的事实。"[12] 对于懦弱这一点，巴戈阿斯并未完全错看大流士三世；他非常害怕，吓得抛妻弃子，还扔下了年迈的老母亲。当胜利的亚历山大来到波斯军营中心时，发现大流士三世的家人都在那里，马其顿士兵将他们囚禁在王族的帐篷中，等待他回来。"他们不停地询问大流士三世在哪里"，鲁弗斯说，他们确信大流士三世不会放弃抵抗，除非他已经死了。听到他逃跑的消息，亚历山大的人非常震惊。

亚历山大一向善待俘虏，只要他们没有参与守城之战（攻城战总是让他心情不好），便饶恕他们。大流士三世逃之夭夭，在安全的地方安顿下来，随后致信亚历山大，提出要成为亚历山大的盟友，同时要求用赎金赎回他的妻儿。

在回信中，亚历山大拒绝缔结任何条约，除非大流士三世亲自过来称他为"亚细亚大陆之王"。他的信这样结尾："未来，你若想与我进行交流，都要用'亚细亚之王'的称呼。不要再以平等的身份给我写信。"[13]

---

* 战役的每个阶段都被阿里安（《亚历山大远征记》第二卷）和昆图斯·库尔提乌斯·鲁弗斯（《亚历山大史》第三册）还有其他历史学家详细记录下来。在这里我不对亚历山大的战争进行详尽的描述，但有兴趣的读者若想看到更为完整的描述，可以参阅这两本书。

合谈无望已基本上是板上钉钉的事。大流士三世留守幼发拉底河以东；亚历山大为大流士三世的亲眷提供了舒适但守卫严密的住所，然后开始穿越叙利亚征战。公元前 332 年，他到达推罗城，该城拒绝投降并坚持了七个月。最终城池被攻破，亚历山大因耽搁了这么久而火冒三丈，让他的部下屠杀了城中的三万多人。

在此之后，他南下前往埃及，并取代大流士三世，让人封自己为法老，当年大流士三世是因为登基而自然承袭了这个封号。随后，公元前 331 年，他掉头北上对付大流士三世。大流士三世又一次企图逃避战争：他再次提出赎回他的家人，并同时承诺亚历山大，他可以不费一兵一卒拥有幼发拉底河以西的全部土地，除此之外，还可以娶一个波斯公主，只要亚历山大同意签订一份友好条约。亚历山大的将军帕曼纽认为这个主意非常好，因为这样所有的战士就都能回家了。“如果我是你的话，我会接受。”他告诉亚历山大。对此，亚历山大反驳道：“如果我是你，我也会。”[14]

两军再次在战场上相遇，这一次是在底格里斯河以北的高加米拉（Gaugemela）。波斯人再次被打败，大流士三世再次逃跑。亚历山大的士兵耀武扬威地第一次进入苏萨，然后是波斯波利斯。在这里，亚历山大发现了一批希腊战犯，他们都被充作奴隶，其中一些人在上次战争前就已当了几十年俘虏。为了防止他们逃跑，他们的波斯主人将他们干活时用不着的胳膊或腿都给砍掉了。亚历山大再一次勃然大怒，命令他的部下洗劫城市；允许他们烧、杀和奴役，但他禁止他们强奸任何女性。[15] 我们没有办法知道这个命令具体的执行情况如何，只知道城市一片狼藉，大流士三世的宫殿也被烧毁。

大流士三世自己跑到了埃克巴坦那。亚历山大派一小队轻骑追赶他，但还不等他们追上逃亡的波斯国王，大流士三世自己的人便已倒戈。他的骑兵指挥官和一名总督刺伤了他，把他留在马车上，他死在七月炎热的阳光下。[16]

亚历山大现在已是伟大的国王，他的士兵们希望他们的征战能到此结束。[17]但是只要有尚未征服的土地，亚历山大就无法放下。波斯东北部的总督辖地，其中包括巴克特里亚和粟特（Sogdiana），尚未在他的统治之下。他开始穿越将印度次大陆与中亚地区隔开的高山，向更高更远的地方进军。这里地形崎岖，在接下来的三年的战斗中，士兵对他的忠诚度开始下滑。帕曼纽的儿子被指控密谋杀死亚历山大，亚历山大将他折磨致死，然后下令也处死他的父亲（这种做法很残酷，但在马其顿并不罕见）。

然后，他准备迎娶粟特的一位公主，即美丽的罗克珊娜（Roxane）。这是亚历山大第一次结婚，对于他那个年代的人来说，算是相当晚了；像他的父亲一样，他是双性恋，但他把他的大部分精力花在了战斗中，爱情只是第二位的。现在，他的王后将是一个来自番邦的女孩，马其顿人视其为奴隶、野蛮人。不仅如此，他们对亚历山大越来越偏好穿波斯衣服并遵循波斯礼仪而日益愤怒。在他们看来，亚历山大占领的领土越多，他就变得越不像马其顿人。

这种怨恨在公元前 328 年的一场烂醉的晚宴中爆发，还是那个在格拉尼库斯河边救过亚历山大性命的克雷图斯，他指责亚历山大将用忠诚的马其顿人的鲜血赢得的胜利视为理所应当。亚历山大气得跳了起来，四处寻找武器；克雷图斯的朋友比他稍微清醒一些，把他拖出了房间，但他坚持从另一扇门返回继续嘲讽国王。亚历山大从卫兵那里抓过来一支矛，大声咒骂他的同胞。[18]

当他清醒过来后，被自己的做法吓坏了。但他并没有放弃远东作战的计划，尽管追随他的士兵如今已经没有了当初曾经表现出来的那种愉快的崇拜。不管他们是否全力支持他，他都打算征服印度。

在印度河的另一边，摩揭陀阿阇世王的直系后裔（多年以前，阿阇世王征服了周边的王国，使摩揭陀变得强大）已经失去了王位。公元前 424 年，一个名叫摩诃帕德摩 · 难陀（Mahapadma Nanda）的王族私生子夺取了摩揭陀的王位，并继续征服周围地区。

他是迄今为止印度最伟大的征服者。他 88 岁时仍在战斗；当他最终去世时，经过几十年的建设，摩揭陀的国界向南一直推移到德干高原（南部干燥的沙漠的北缘）。他将王国留给了他的子孙后代。当亚历山大穿过开伯尔山口进入印度时，摩诃帕德摩 · 难陀的一位后人达纳 · 难陀（Dhana Nanda）正担任摩揭陀的国王。

在亚历山大有机会接近这个极其富有且强大的印度国王之前，他不得不穿过横亘在他们之间的土地。但他一直都没有深入印度腹地，因而未能与达纳 · 难陀正面交锋。

横亘在他和印度北部诸国之间的第一个印度王国是塔克西拉（Taxila），它的国王在立国时取了这个名字。亚历山大一越过印度河（也许他使用了浮桥，尽管横渡的细节不为人知），当时的国王塔格西莱斯（Taxiles）就带着礼物和进贡的士兵拜见了他。[19] 塔格西莱斯希望与亚历山大结盟对付下一个国家补卢（Paurava），它位于希达斯皮斯河（Hydaspes，今称杰赫勒姆河）畔，统治它的是身高 2.1 米的国王波拉斯（Porus）。

亚历山大收下了礼物和士兵，同意帮助塔格西莱斯对付他的敌人。印度人和马其顿人的联军行军至希达斯皮斯河，在那里他们可以看到河对岸的波拉斯和他的军队（据阿里安说，军队里有“象队”）[20]。亚历山大带着四个自己钦点的贴身护卫——分别是托勒密、佩尔狄卡斯、利西马科斯和塞琉古，率领他的军队过河（有的游泳，有的涉水，有的乘坐匆忙制作的船），向象队和2.1米高的波拉斯进攻。

虽然马其顿人和战马看到这些庞然大物都十分惊慌，但仍旧奋勇向前，迫使波拉斯的军队不断收缩，越聚越紧，直到波拉斯的象队踩死了自己的士兵。最后，波拉斯被迫投降；亚历山大钦佩他的勇气，饶他不死。

不过，获胜的亚历山大的军队也蒙受重创。而且，当他们发现亚历山大现在打算带领他们跨越恒河（这条河比印度河还要宽），且河对岸有更多不友善的印度军队和象军时，他们拒绝继续前行。

这一次，无论是亚历山大的愤怒还是他的魅力都无法说服他们。最终，普鲁塔克说，他“把自己关在帐篷里，躺在那里生闷气，他并不为他已经取得的成就感到满足，除非他能跨越恒河”[21]。他待在帐篷里，足足生了两天闷气。最后，他意识到自己已经无力回天，在第三天露面并同意折回。[22]

然而，他带领他的士兵沿着印度河向南走到海边，然后再朝西行军，而不是直接掉头穿过开伯尔山口。这变成了一段长达7个月的艰苦长征，令人心力交瘁。在他们行军南下到海岸的途中，士兵们不得不一边走一边攻打河边充满敌意的村镇，在对马利安人（Mallians）城镇的一次攻击中，亚历山大被一支箭射中胸部，好几个小时处于假死状态。当他们继续行军时，他几乎无法骑马，伤口也一直无法完全愈合。有一段路程是沿海岸向西行军，穿过盐滩。“穿过一个未开化的国家，”普鲁塔克说，“当地人的日子过得很糟

**图 17–1　亚历山大大帝，马其顿国王**

亚历山大大帝大理石半身像，公元前 336 年至公元前 323 年。
罗马，巴拉科古博物馆。
图片来源：阿里纳利国家摄影博物馆 / 艺术资源，纽约

糕，只有几只羊，还是劣等的品种，肉质差，令人恶心，当地人一直靠海鱼为食。”[23] 这里热得令人难以忍受。所有的水都是咸的。他的手下开始因为饥饿、口渴和疾病死亡。这一支由 12 万步兵和 1.5 万骑兵组成的军队，只有 3 万人勉强回到家乡。一场辉煌的征服之战竟如此惨淡收场。

回到苏萨，亚历山大尽可能地把征服印度抛至脑后，转而专心履行他作为国王的职责，不再扮演征服者的角色。他再次结婚，这一次娶的是大流士三世的一个女儿，即公主斯妲特拉（Stateira），她至少比他高 15 厘米。他还主持了一场马其顿贵族和几百个波斯贵妇

之间古怪的集体婚礼。对于赫费斯提翁（Hephaestion）——他最亲密的朋友，他最信任的将军，大概也是他少年时代的恋人——他把大流士三世的另外一个女儿，斯妲特拉的妹妹德莉比娣丝许配给了他。

亚历山大试图通过婚礼盛典化解波斯人与马其顿人之间长期存在的敌意——波斯人认为马其顿人粗鲁，马其顿人认为波斯人柔弱。他还召集了数千名波斯男孩，让马其顿军官指挥他们，接受马其顿的战斗训练。两个举措都事与愿违。大多数集体婚姻很快就散了，马其顿步兵十分讨厌波斯男孩，他们扬言要回到马其顿去。“他们想让亚历山大把他们全部遣散，”普鲁塔克写道，“现在他得到了一群正合他意的波斯跳舞男孩，如果他高兴的话，他可能会带着那些男孩继续去征服世界。”[24]

亚历山大曾经认为，共同的希腊身份可能会以某种方式将帝国的各个地区凝聚在一起。如今这种前景几乎已经消失了，但消失得并不彻底。亚历山大充满感情地呼吁波斯人（“虽然你是外邦的新成员，但也是我军队的正式武装，你们都是我的同胞和我的士兵”），同时呼吁他的马其顿旧部（“一切日趋统一：无论是波斯人模仿马其顿人的习俗，还是马其顿人模仿波斯人的习俗，这都不丢人。生活在同一个国王统治下的居民应该享有同等的权利”）。[25]

他仍然想说服马其顿人和波斯人和谐相处，他从苏萨到了埃克巴坦那，在那里举办希腊式的盛大庆典。他希望这可以缓解王国里明显的动乱趋势。但在埃克巴坦那的庆典过程中，赫费斯提翁病倒了。他可能患了伤寒，还没等完全恢复，他就不顾医生的建议，又开始大吃大喝，导致胃穿孔。几个小时后他就死了。

赫费斯提翁的死让亚历山大一蹶不振。他极度悲伤地离开埃克巴坦那前往巴比伦。在这里，他也生病了。普鲁塔克说他从这个月的第 18 天起开始发烧，而且病情持续恶化。10 天后，他死了。这一年是公元前 323 年，他 33 岁。

他的尸体躺在他的寝殿里，晾了好几天，而他的指挥官们都在争论谁能接管帝国。亚历山大从来没有指定一个继任者，不久之前他知道罗克珊娜怀上了一个孩子，因此没有任何必要这么做。普鲁塔克写道："将军们争论了好几天，这些天里尸体一直保持清洁和新鲜，没有任何腐败的迹象，尽管它躺在一个密闭闷热的地方，无人问津。"[26] 有些人把这看作一种神迹；而实际上，很有可能是亚历山大在深度昏迷了两三天后才死亡。这使他的尸体直到开始进行防腐处理时还没有腐烂。

亚历山大单凭强大的武力东征西讨，建立了一个毫无管理可言的国家，没有政府机构，没有有组织的税收制度，没有日常的通信系统，没有国家认同，也没有都城；而亚历山大在国内巡行不定，最后死在了军营里。帝国神速地建立起来，又神速走向凭借强力凝聚在一起的其他古老帝国的结局：土崩瓦解。

帝国解体开始于罗克珊娜。她怀孕五个月，身处异乡，而且非常熟悉波斯传统，这让她更加忧心忡忡——她刚刚听说亚历山大的波斯妻子斯妲特拉也怀孕了，斯妲特拉那时还在苏萨。她大概也听说了托勒密对她的孩子的评价——即使是男性，也将是半个奴隶，没有哪个马其顿人将臣服于他。[27] 另一边的斯妲特拉则是一个伟大的国王的女儿。

罗克珊娜模仿亚历山大的笔迹给她写了一封信，并盖上亚历山大的印章，邀请她到巴比伦。当斯妲特拉带着她的妹妹——赫费斯提翁的遗孀德莉比娣丝来到时，罗克珊娜给了她们俩各自一杯毒酒。

不等天黑，两人就都死了。[28]

亚历山大唯一的继承人现在是罗克珊娜未出生的孩子。但是一个未出生的孩子不能执政，即使是通过摄政王也不行。在亚历山大的死讯传遍所有那些好不容易才征服的土地之前，帝国需要选出一个新国王。马其顿军队聚集在亚历山大的寝殿外面等待他的死讯，除非一个亚历山大的血亲继承王位，否则他们不会承认。他们开始竭力支持亚历山大同父异母的兄弟：低能儿腓力，老腓力的情妇所生的儿子，全名是腓力·阿里达乌斯（Philip Arrhidaeus）。这个男孩现在三十出头，容易被说服，也容易被引导。他也在巴比伦，亚历山大很喜欢他，亚历山大带他到那里是为了保证他的安全。

当军队开始支持腓力时，亚历山大的一名将军跑去找到了他，把头戴王冠的他带来，并设法让他安静，好让军队有时间立他为王。"但命运已经带来了内战，"昆图斯·库尔提乌斯·鲁弗斯写道，"因为一个王位不能共享，但好几个人都渴望得到它。"[29] 想从亚历山大征服的土地中分一杯羹的人们，都曾在过去的十年里与他并肩战斗：托勒密，马其顿人，传言说是老腓力的一个私生子，是亚历山大最信任的将领之一；利西马科斯，印度战争中他的同伴之一；还有佩尔狄卡斯，曾担任骑兵统帅，在赫费斯提翁去世后成为亚历山大的副手。

意识到军队不愿意他们中的任何一位成为亚历山大帝国的最高元首后，这些人做出了妥协。腓力将继续担任名义上的国王，如果罗克珊娜的孩子是男孩，腓力和婴儿将是共治者。两人都需要一个摄政王，受命的人是佩尔狄卡斯。

佩尔狄卡斯会留在巴比伦，这里将作为帝国的中心。其他人同意模仿波斯的体制，出任各地的总督。托勒密管辖埃及；安提柯管

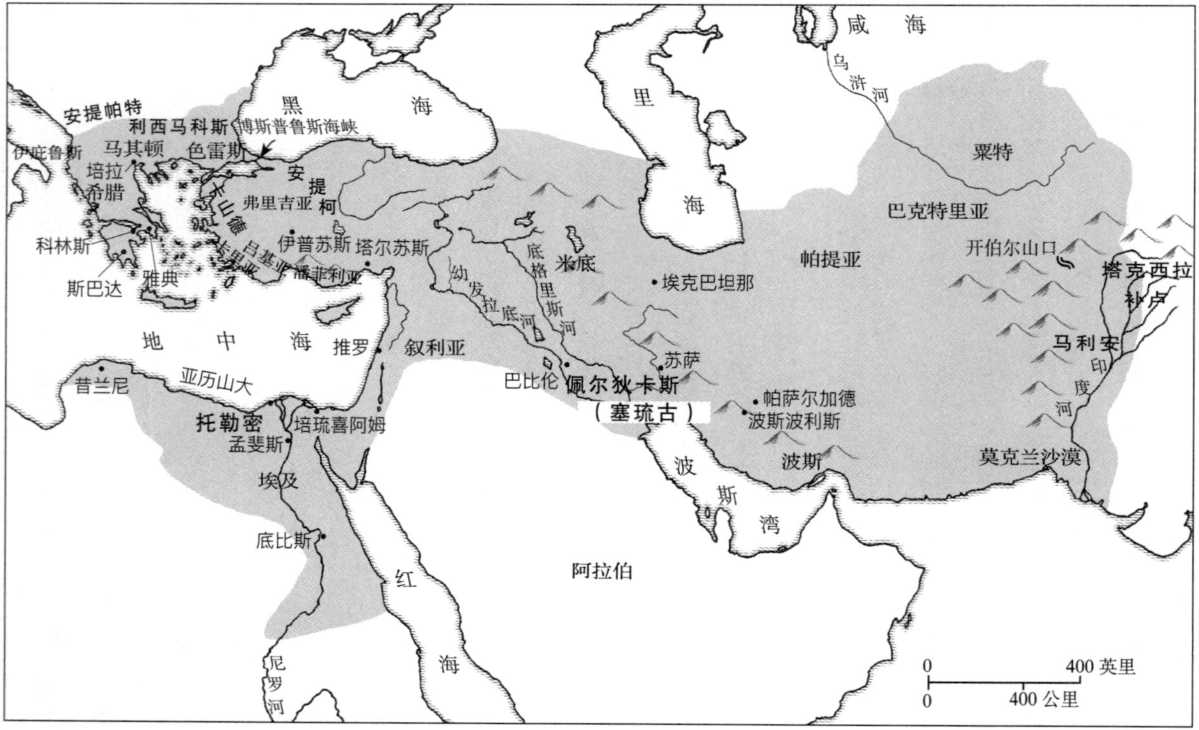


地图 17–2　巴比伦分封协议

辖小亚细亚的大部（鲁弗斯说，包括“吕基亚、潘菲利亚、大弗里吉亚”）；利西马科斯得到了色雷斯；安提帕特——一个值得信赖的官员——在亚历山大不在期间曾担任马其顿的摄政王，将继续留在马其顿，并密切监视希腊；安提帕特的儿子卡山德得到了卡里亚（小亚细亚南海岸）。其他五名军官被授权管理帝国的其他地区。

将亚历山大的土地分给总督们（以下简称“巴比伦分封协议”）的做法直接导致了战争。鲁弗斯写道：“曾经是国王臣民的人现在亲自掌管王国。表面上他们为国王管理国家，既然他们同属一个种族，就没有理由互相开战……但在当时的情况下，他们都难以满足于他们所得到的。”[30] 无论是他们共同的种族还是他们对亚历山大的忠诚，都无法避免悲剧的上演。分封一结束，“接班人的战争”或“继业者战争”就爆发了。

**第一幕**

罗克珊娜的孩子顺利降生，是一个男孩：这个马其顿婴儿成为亚历山大四世，佩尔狄卡斯作为摄政王，势力增大。但埃及有潜力成为所有“总督辖地”中最强大的军事力量；托勒密上任时只带了2000人，但当他提供优厚军饷的消息传开后，希腊雇佣兵纷纷涌向埃及。到其实力足够强大时，托勒密就露出了狼子野心，他绑架了运往马其顿的亚历山大的遗体，把遗体埋在了埃及，就好像亚历山大是他的祖先似的。

佩尔狄卡斯知道这是托勒密企图攫取帝国控制权的一招。他召集他的军队南下讨伐托勒密。这次袭击是一场灾难，佩尔狄卡斯的军队蒙受了羞辱。撤退后，佩尔狄卡斯的高级军官联合起来将其杀死，其中一人是他的副手塞琉古。

现在，一位继业者出局了。托勒密责令腓力和婴儿亚历山大四世离开巴比伦返回马其顿，在那里将有安提帕特保护他们。他奖励了塞琉古，因为后者除掉了佩尔狄卡斯，并把巴比伦交由他统治——但是作为总督，而不是摄政王。

**第二幕**

之后没多久，也就是公元前 319 年，马其顿的安提帕特去世。他没有把马其顿留给他的儿子卡山德（他已经有卡里亚），而是给了另一个马其顿人。于是，托勒密和安提柯同意与卡山德结盟，帮助他夺回父亲的领土。

但凶狠的老奥林匹亚，即亚历山大的母亲，仍旧很不安分。她让人把她的孙子亚历山大四世连同他的母亲罗克珊娜关在马其顿的都城佩拉的自己的房子里。随后，她召集自己的支持者，争夺马其顿的控制权。卡山德的胜利将意味着一个新王室的建立，奥林匹亚习惯了当国王的母亲，不能坐视不管。

奥林匹亚以一国之力不能长期抵挡三位强大的总督，但在他们占领马其顿之前，她还是设法得到了低能儿腓力的支持。她一直讨厌他，并且厌恶他和她的孙子一起统治的方案。在卡山德和他的盟友到达营地解救腓力前，她刺死了他。公元前 316 年，卡山德攻占佩拉，他抓住了奥林匹亚，并控告她犯有谋杀罪，对她处以石刑。他以安全为借口，把罗克珊娜和年幼的亚历山大（此时九岁）软禁在一座叫安菲波利斯（Amphipolis）的城堡中，城堡俯瞰着斯特鲁马河。

现在马其顿已经分裂成五个王国：卡山德在马其顿本土，利西马科斯在色雷斯，安提柯（绰号“独眼”，因为他在战斗中失去了一只眼）在小亚细亚，塞琉古控制帝国中央的巴比伦和波斯湾，托勒密在埃及。*

### 第三幕

在北部的马其顿，在安菲波利斯城堡中，自从她的丈夫死后，罗克珊娜一直担忧的命运降临到她身上。公元前310年左右，罗克珊娜和亚历山大四世晚餐的酒被人下毒，双双殒命。亚历山大的独子死时年仅12岁，他的父亲在这个年纪已经驯服了布塞弗勒斯（亚历山大的爱马）。

马其顿的卡山德无疑是罪魁祸首，其他四个将军对所发生之事也心知肚明。但在接下来的五年里，没有一个人提及此事。没有人称王，没有人放弃总督的称号。他们都坚持重复一个谎言：年轻的亚历山大还活着，在马其顿的城堡里，他们都以他的名义执政。五人中没有一人愿意第一个称王：无论谁是第一个，其他四人都会联合起来反对他。

### 第四幕

最后是安提柯打破了平衡，仅仅两场胜利后——这两场胜利都是在他的儿子德米特里统率下取得的——整个形势就已经清楚地表明，他是五人之中最强大的。其中第一战是公元前307年入侵雅典。

---

* 信不信由你，我对此已经极尽简化了。场上还有一些小角色：拉俄墨冬在叙利亚，菲罗塔斯在奇里乞亚，培松在米底，米南德在吕底亚，欧迈尼斯在卡帕多西亚，波利伯孔在希腊南部，还有一小撮其他人。即使是简化版本也足以让人头晕目眩，想要清楚了解继业者战争的完整故事，需要一张流程图。在这里，我试图在描绘战争的每一个细节（除对专家以外难以理解，这类叙述也毫无意义，因为最终的结果是小角色们统统从场上消失）和普通教科书的说辞之间找一个折中，教科书说亚历山大的帝国分裂成三个部分，这是事实，但遗漏了太多未曾提及的信息。

卡山德像在他之前的安提帕特一样，不仅是马其顿的国王，还是希腊的霸主。德米特里进军雅典，将卡山德的手下驱赶出城；然后，他在萨拉米斯指挥了抗击托勒密战船的海战。托勒密的舰队被击败。

安提柯在战胜了卡山德和托勒密之后称王。利西马科斯（仍然在色雷斯）和塞琉古（在巴比伦）决定不激怒他。他们没有结盟反对他，而是也开始自称为王。托勒密和卡山德如法炮制。亚历山大四世的死仍旧没有公开，不过人们已经相信他早已不在人世。

**第五幕**

随后五王都开始挑衅对方的边界，这一过程在公元前 301 年的伊普苏斯之战中达到高潮。托勒密的势力集中在南方，他在这场战斗中袖手旁观。卡山德与利西马科斯组成联盟攻打安提柯，一直难分胜负，直到塞琉古从巴比伦带着强大的武装赶到，并把他的力量并入利西马科斯和卡山德一方。

年过 80 的安提柯力战至死。他死后，他的军队四处溃散；他的儿子德米特里逃往希腊，并在那里自立为王，放弃了曾经是他父亲帝国中心的小亚细亚的土地。利西马科斯赢得了小亚细亚的西部，将其并入色雷斯。塞琉古占有了其余大部分土地。曾经实施了谋杀亚历山大四世的丑恶行径的卡山德，在战争中所得极少，几乎没有为马其顿扩张土地。五个王国并立的形势没有变（托勒密、利西马科斯、卡山德、塞琉古和德米特里），但它们各自的领土已经发生了很大变化。

**第六幕**

塞琉古在与其他继业者打仗的同时，也一直在与印度国王旃陀罗笈多（Chandragupta，又称月护王）进行谈判。

大约在公元前 325 年到公元前 321 年之间，旃陀罗笈多在狭小的孔雀王国执政。他登基后没多久就转而对摩揭陀的最后一位难陀王发动战争。难陀王朝的残酷早就已经使历任国王不得民心，旃陀罗笈多得到了很多支持。他占领了摩揭陀，将他狭小的孔雀王国变成一个帝国。

他的崛起一定程度上要归功于他最亲密的顾问考底利耶（Kautilya）的运筹帷幄。据说考底利耶受到赞美是因为他编写了古代政治手册《政事论》（*Arthashastra*），这部手册的很多内容可能都是后来添加的，但是其中仍然保留了考底利耶的原则。考底利耶教导说，统治者的任务有二。他必须加强内部秩序，方法是确保他的臣民能恰当地遵守种姓制度：

> 遵守自己的义务将引领人们进入天堂（svarga）和无限幸福的境界。如果种姓制度被破坏，世界将会因为种姓和义务的混乱而毁灭。因此，国王绝不允许人民背离他们的本分；对于任何坚守自己的本分，永远遵守高贵者（Aryas）的习俗，并追随种姓规则和宗教生活准则的人，他的今生后世必将永享安乐。[31]

同时，他必须维持外部秩序，方法是警惕任何打算进行征服的邻国，并采取适当的预防措施。[32]

旃陀罗笈多的邻居们是否有征服的打算我们无从得知，但是旃陀罗笈多本人确实有这个打算。他想将自己的统治范围扩大至恒河流域以外——但是这将侵犯塞琉古的领地，塞琉古占据了之前亚历山大的印度领土和其他财富。

旃陀罗笈多提议做一个交易：如果塞琉古能将印度的领土让给他，他会给塞琉古提供战象。塞琉古虽然很强大，但也意识到他无法同时捍卫自己王国的最东端和最西端。于是他同意了，公元前 299 年，两人宣誓和平共处。

**第七幕**

同年，德米特里拿下了马其顿。马其顿的卡山德前年已经去世，他的儿子们为了继承权争夺不休，直到其中一人向在南部希腊的德米特里寻求帮助。这是一个错误；德米特里向北进军，干掉了卡山德的两名继承人，并将马其顿纳入他的版图。至此，五王已经变成四王：托勒密、利西马科斯、塞琉古和承袭父职的德米特里。

对于德米特里来说，这只是一个暂时的胜利。此时，一位来自过去的面孔出现了：皮洛士（Pyrrhus），伊庇鲁斯王的孙子，几十年前他的王国被腓力攻占。皮洛士是奥林匹亚弟弟的儿子，因此是亚历山大大帝的表弟。作为流放的王室成员，他的童年颠沛流离（为了防止他受到伤害，他在不同的亲戚家来回辗转）。此外，他相貌奇丑，普鲁塔克说，“与其说人们是惧怕他威严的王者风范，不如说是惧怕他的长相”，因为“他没有普通人的上牙床，取而代之的是一整块连续的骨头，上面有一些小线痕，就像一排牙的牙缝”。[33] 谣传说他有魔力，能治疗脾脏的疾病，只要用他的右脚碰碰患者的肚子就行（有此魔力的是他的右脚大脚趾）。

虽然身体有缺陷，皮洛士却缔结了一桩精明的婚姻，娶了托勒密的继女。他请求他的岳父帮助他夺回古国伊庇鲁斯的领土。托勒密也很乐意攻击德米特里，后者现在手握希腊和马其顿。在埃及军队的帮助下，皮洛士夺回了伊庇鲁斯。到公元前 286 年，他占领了马其顿余下的土地，将德米特里驱赶出去。

德米特里逃到小亚细亚，随后他自不量力，打算进攻东部的塞琉古。他很可能是一个酒鬼，当时不是有自杀倾向就是有妄想症；塞琉古像拍死一只苍蝇一样消灭了他的军队，然后将他软禁起来，在那里他酗酒而死。[34]

皮洛士对马其顿的统治持续了两年，之后利西马科斯从色雷斯南下将他赶走（普鲁塔克说利西马科斯“没有其他事可做”）。皮洛士撤退到伊庇鲁斯，利西马科斯——也许是出于尊重他是亚历山大的表弟——允许他留在这里。

现在四位国王已减少为三位：托勒密、塞琉古、利西马科斯。总督辖区已经变成了三个王国：托勒密、塞琉古，以及稍小的色雷斯–马其顿。

亚历山大继业者战争的小插曲发生在意大利。罗马年复一年对邻国发动无休无止的战争，当时它正在进攻他林敦（Tarentum，今称塔兰托）城，这是南方的一块希腊殖民地。他林敦派使者去希腊寻求帮助，皮洛士答应了他的请求，当时他被困在伊庇鲁斯，没有其他机会扩展势力或赢得荣耀。

皮洛士离开伊庇鲁斯，乘船前往他林敦。一到那里，他就购买和借来战象（可能是向迦太基借）并召集雇佣兵（主要是萨莫奈人）以保卫城市。罗马人进攻时，皮洛士让他们损失惨重——他们从来没有见过大象。随后，他把罗马人赶回距罗马城 60 千米的范围内。

在接下来的一年，即公元前 279 年，他试图在另一场激战中故

| 时间线 17 | | |
|---|---|---|
| 印度 | 希腊 | 罗马 |
| | （马其顿）**佩尔狄卡斯二世** | 十二表法 |
| | （雅典）伯里克利 | |
| | 伯罗奔尼撒战争（始于前 431） | |
| （摩揭陀）**摩诃帕德摩·难陀** | | |
| | 希腊军队万人撤退（前 401） | |
| | 科林斯战争（前 395） | 高卢人烧毁罗马（前 390） |
| | （马其顿）**腓力二世**（前 359—前 336） | |
| （摩揭陀）**达纳·难陀** | | 第一次萨莫奈战争（前 343） |
| | 喀罗尼亚战役（前 338） | |
| | （马其顿）**亚历山大三世**（前 336） | |
| （孔雀王朝）**旃陀罗笈多** | | 第二次萨莫奈战争（前 326） |
| | **腓力·阿里达乌斯 / 亚历山大四世** | |
| | 继业者战争 | |
| | 伊普苏斯战役（前 301） | 第三次萨莫奈战争（前 298） |
| **埃及** **塞琉古帝国** | **色雷斯-马其顿** | 阿斯库路姆战役（前 279） |
| **托勒密** **塞琉古** | **利西马科斯** | |

技重施，这一次的战斗发生在阿斯库路姆（Asculum）。他同样赢得了这次战斗，但在这场恶战中，他损失的人数与罗马的差不多。当一名士兵祝贺他胜利时，他回答道："这样的胜利再有一次，就足以毁掉我。"普鲁塔克说："他已经失去了跟着他的很大一部分武装力量，几乎都是他的好朋友和主要指挥官；他无处招募新兵……与之相比，就好像喷泉里不断会有水流出来一样，罗马阵营很快又填满了新兵。"[35] 到公元前 275 年，经过跟罗马的连年征战，皮洛士已

经疲惫不堪。他抛下他林敦，让它自生自灭，自己回到了希腊。

3 年后，罗马人终于成功地征服了他林敦。同年，皮洛士——仍旧在追求荣耀——正在一场激烈的小规模斯巴达内战中战斗时，一位老妇人从屋顶朝他扔砖头，将其砸晕。他立刻就被对手杀死了，尸体被烧掉。只有那只有魔力的大脚趾留了下来。

# / 18

# 皈依佛法的孔雀王朝

公元前297年至公元前231年间，印度国王对佛法的关注多过攻城略地，最终他的王国四分五裂。

公元前297年，孔雀王旃陀罗笈多退位，他的儿子宾头娑罗（Bindusara）继位。旃陀罗笈多已成为耆那教的信徒；他出家成为一名苦行僧，为了践行不贪婪、超然物外的教义，他拒绝进食，终致身亡。

宾头娑罗在其统治期间似乎全心致力于王朝建设。不过我们现有的关于他的各次征服的记录都来自写于几百年之后的佛经。但据其中一本佛经记载，宾头娑罗征服了“两海之间的土地”，这暗示了孔雀帝国可能已南下扩张至德干高原，最远达卡纳塔克邦。* 希腊人称他为阿利特罗卡得斯（Amitrochates），意为“杀戮敌人者”，

---

* 正如学者罗米拉·塔帕所暗示的，如果“两海”是指阿拉伯海和孟加拉湾的话（《阿育王和孔雀王朝的衰落》），那么就很可能是这种情形。

这正是称呼一个征服者比较恰切的名字。除此之外，人们对宾头娑罗二十五年的统治知之甚少。[1]

孔雀帝国的中心在北部。南方坐落着几个不同的王国：羯陵伽（Kalinga）在东南部；安德拉（Andhra）位于南部半岛的中心；哲罗（Chera）在西部偏南；次大陆的最顶端，是潘地亚（Pandyas）的土地。[2]

我们对它们在公元前500年以前的历史一无所知。不过我们确切地知道，虽然这些王国也说羯陵伽语，使这里的人与更靠北的王国互有往来［据史诗《摩诃婆罗多》记载，羯陵伽国王闻寿（Srutayu），确实曾与俱卢族（Kauravas）并肩战斗］，但是更靠南方的民族说的语言与羯陵伽语的语源并不相同。* 没有人知道这些南方民族的起源，不过他们的祖先可能跟印度北部的统治者不同，他们可能是早在1000年前就从非洲成功穿越阿拉伯海的强悍水手的后裔。

对于孔雀王朝向南部的蔓延，羯陵伽国进行了抵抗。公元前272年左右宾头娑罗去世时，羯陵伽国尚未被征服。征服这里的使命落到了宾头娑罗的儿子阿育王（Asoka）头上。

后世之所以知道阿育王，很大程度上是因为他曾下令让人在帝国各地镌刻铭文，这些铭文起初刻在崖壁上［后世称为“阿育王摩崖法敕”（the Rock Edicts）］，后来刻在砂岩柱上［后世称为“阿育王石柱法敕”（the Pillar Edicts）］。这些法敕使我们得以一窥阿育王的早期生活。他年少时就曾被父亲派到塔克西拉（现在是孔雀帝国

---

* 南部语言被19世纪的语言学家们贴上了“达罗毗荼语系”的标签，它与北部语言（所谓的印度-雅利安语支）的关系问题因政治因素的参与而更加混乱，因为印度后来的权力斗争被描绘成“本地人”与“入侵者”之间的冲突。这种关系尚不明确。

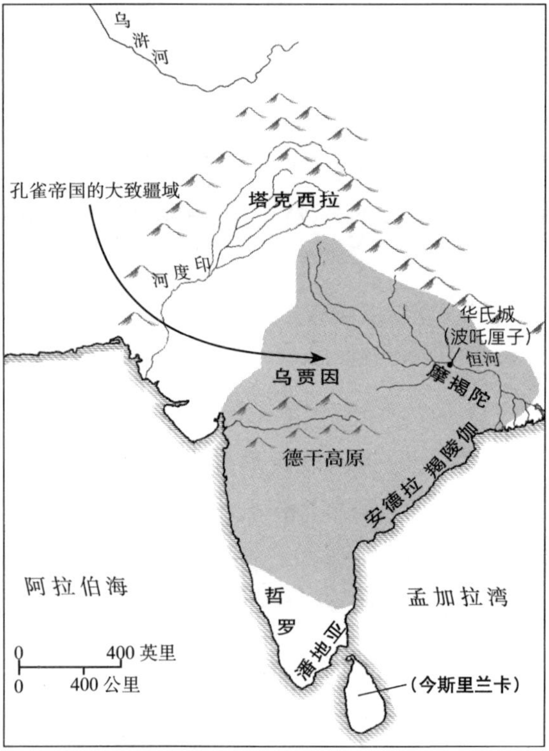


**地图 18–1 印度孔雀帝国**

的一部分）去平叛。在此之后，他被派去治理孔雀帝国的五个省份（janapada）之一乌贾因（Ujjain）。[3]

在那里，他爱上了一个名叫黛维（Devi）的美丽女子，她是一个商人的女儿。尽管与她生了两个孩子，但他并没有娶她；后来，黛维的儿子成了一名传播佛法的人，这表明黛维也是一个佛教徒。[4] 然而，即便她可能跟阿育王说过佛教的戒律，这些在他的意识中恐怕也没留下任何印记。阿育王在其统治的早期，丝毫没有体现出对和平的渴望。

宾头娑罗逝世后，阿育王不得不与他的兄弟们争夺王位，经过四年的斗争，他铲除了他的竞争对手。我们没有证据表明他把他们都害死了，但是从那往后，只有他的一个兄弟曾被再次提到。[5]

阿育王独自继续统治了八年多，承袭了他父亲不断征服的传统。之后，在公元前 260 年，他率领一支军队南下征服反抗的羯陵伽国。[6] 记录下这场战役的法敕，向我们展示了阿育王对待羯陵伽国人民冷酷无情的阴暗景象："15 万人遭驱逐，10 万人被杀，数十万人死亡。"[7]

这种可怕的暴力想法似乎钳住了阿育王的思想，直到后来它带给阿育王一场彻底的转变。"后来，"法敕继续写道，"我感到自责。人民遭受屠杀、死亡和放逐令我极其痛苦，它重重地压在我心上。"[8]

从这一刻起，他的统治发生了转变，反常地变得与政治无关。他似乎已经不把时间用在管理国家，而是一心一意追求佛法（dhamma，或译作"正法"）。羯陵伽铭文写道："我非常诚挚地修习佛法，追求佛法并讲授佛法。"在同一块法敕上，后面还写道："我的任何一个儿子或可能有的重孙不应该考虑进行新的征服……佛法所带来的喜悦应该是他们全部的喜悦，因为这对现世和来世都很有价值。"[9]

给王位继承人留下这样的遗产，这在西方还是闻所未闻。王子们不应该追寻父辈们征服的脚步并竭力在战争中更胜一筹；相反，他们应当远离战争，选择天国的欢愉。阿育王最后的法敕说："只要日月长存，那么人们就可以追随佛法。"[10]

征服羯陵伽国后，阿育王最伟大的成就在宗教方面而非政治方面。他影响最深远的举措之一是召集了一个佛教会议以重申佛法的

**时间线 18**

| 希腊 | 印度 |
| --- | --- |
| | （摩揭陀）**达纳·难陀** |
| 喀罗尼亚战役（前 338） | |
| （马其顿）**亚历山大三世**（前 336） | |
| **腓力·阿里达乌斯 / 亚历山大四世** | **旃陀罗笈多** |
| 继业者战争 | |
| 伊普苏斯战役（前 301） | |
| | **宾头娑罗**（前 297） |
| **埃及**：**托勒密**　**塞琉古帝国**：**塞琉古**　**色雷斯-马其顿**：**利西马科斯** | **阿育王**（前 272） |
| | 第三次佛教大会（前 245） |

原则，即第三次佛教大会（Third Buddhist Council），于公元前 245 年在华氏城举行，《巴利文大藏经》之一就诞生于此。在会议的最后，阿育王的儿子摩哂陀（Mahinda）作为一名传教士被送往远离印度东南海岸的一个大岛（现在的斯里兰卡）。[11] 其他弘法教徒在阿育王的资助下被派去希腊。

但是阿育王对佛法的专注并未使他完全放弃建设帝国的雄心。他正竭力寻找一个新的统一原则，好在不使用武力的情况下能将帝国凝聚起来。[12] 亚历山大也曾面临相同的问题，只是情况略有不同。作为那些古老的游牧岁月的遗留物，氏族制度在印度存续了很久，难以跟帝国的建立相适应；人们对氏族忠诚，倾向于把全国分成更小的政治单元，每个氏族都会与周围的氏族进行友好或敌对的谈判。孔雀王朝的征服靠着杀戮将国家暂时统一起来，但阿育王现在已经背离了那个战略。为了取代旧有的氏族忠诚和靠征服建立起来的忠诚，阿育王提倡第三种忠诚——一个共同的信念体系，它将使所有的印度人变成“子民”（羯陵伽铭文上如是说）。[13]

然而，这种方法也失败了。阿育王在公元前231年去世，之后，孔雀帝国像亚历山大的帝国一样迅速分崩离析。不再有新的法敕，也没有其他东西取代它们，后来的几十年里，印度历史都笼罩在黑暗之中，阿育王的子孙失去了对王国的控制力，王国再度分裂成一个个小王国，各个小王国之间战乱不止。

# / 19

# 第一个皇帝，第二个帝国

公元前 286 年至公元前 202 年间，秦灭六国，成为第一个统一中国的帝国，但很快就灭亡了。

再把视线转回中国。所有诸侯都已经在分封的土地上称王（与亚历山大帝国的总督差不多），各国之间征战不止。秦国迅速崛起，新王继位，商鞅遭车裂，之后秦国军队继续征战。其他诸侯国也是如此。齐国大败魏国，之后魏国国力下降；楚国最终吞并了越国，取代魏国成为三强之一。[1] 此时，秦、齐、楚有三分天下之势。

多年来，这三个诸侯国中没有任何一个国家对统一天下有清晰的规划。但秦国的军队经过商鞅的训练，在三国之中是最强悍的。公元前 260 年，秦国打败赵国（晋国分裂后形成的三个王国之一），其野心已经初露端倪。在中国广阔的平原上，对垒两军的规模往往非常庞大，而在多山的希腊或者意大利半岛上，根本无法展开如此庞大的军队。两国交战，往往造成数以十万计的人丧生。赵军投降后，大批俘虏被屠杀。[2]

四年后，秦国入侵王畿，吞并周的领土，终结了周王朝几百年来的统治。前 249 年，秦相吕不韦又带兵灭掉了周的残余势力。“秦庄襄王灭东周……”司马迁在《史记》中写道，“周既不祀。”[3] 由于多年来周早已名存实亡，所以几乎没有人真正注意到这一点。

但是在秦军入侵周都洛邑后，发生了一场灾难性的事件。秦国将九鼎从王畿运走，但是其中一鼎落入水中；秦国千方百计打捞，但均告失败。所以就只剩下八个鼎。天赐王权的象征已被损坏，不再完整。[4]

公元前 247 年，秦国的新王继位，他就是年轻的嬴政。他的父亲庄襄王在位不到三年就去世了，当时嬴政只有 13 岁。替他治国理政的有多位大臣。

他比大多数年轻的国王都要幸运。摄政的官员恪尽职守，他们执行嬴政的意志，击退了秦国邻国的攻击，包括在嬴政成年之前挫败五国联盟企图灭秦的图谋。

22 岁时，嬴政已完全掌握了秦国的权力。[5] 此时，他打算征服的不只是周边的邻国，而是整个中国。公元前 232 年，秦军的规模已空前壮大；公元前 231 年，按司马迁的记载，他首次下令将各个年龄段的男子登记在册。公元前 230 年，中原各国开始一个接一个被吞并。韩国于公元前 230 年投降，两年后，赵国投降。燕国太子丹担心秦国势力日益膨胀，派出刺客伪装成使臣来到嬴政的宫殿，希望在秦国入侵他的领地之前将其除掉。嬴政识破了假使臣的真正目的，将其杀死。次年，他进军燕国，迫使燕王杀死太子丹，并砍下他的头。

嬴政接下来的统治以残酷为特征。这也使他登上了其他国王未曾攀登上的权力巅峰。诸国相继落入嬴政之手。公元前 225 年，魏国投降；公元前 223 年，楚国投降；公元前 221 年，齐国也被迫投

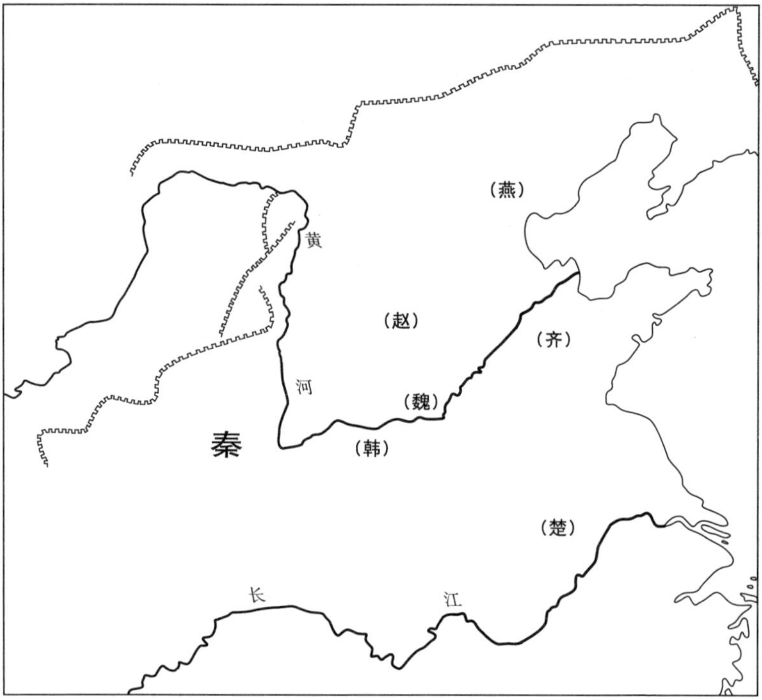


**地图 19–1 秦灭六国**

降。到公元前 221 年末，在他的父亲去世 26 年后，嬴政成了全天下的主人。对此，司马迁写道："秦王政立二十六年，初并天下为三十六郡，号为始皇帝。"[6]

现在，嬴政不再仅仅是一国之王，而是皇帝。他称自己为"始皇帝"，意思是"第一个皇帝"。从这一天起，我们可以将这片国土称作"中国"了，这个名字最早就是来自第一个大一统的秦帝国。*

---

* 有人认为，"China"一词的产生与中国第一个统一的王朝"秦"有关，英文中"秦"的转写是"CHIN"。——译者注

这个新生的国家之前从未有过单一的政府，这意味着秦始皇必须创立一个单一的政府。不过他不是一切从头开始（这样做本来会较为容易），而是在现有的一堆不实用且又彼此相互矛盾的习俗和官僚体系的基础上建立了一个政府。

与在一片未开发的土地上建一座新房相比，重修一座古老而摇摇欲坠的房子是一场噩梦。这项工作需要勤奋不懈，秦始皇也的确表现得非常勤政。他打破了家族势力、财富继承和宗族忠诚的旧传统，取而代之的是，他将帝国分成若干易于管理的部分，设立 36 个郡，每个郡又分成若干县。设郡守（文职官员）、郡尉（军事官员）管理各郡，另设郡监（监御史，简言之，就是间谍），负责监视郡守、郡尉。[7] 官员的亲眷不能做官，秦始皇甚至没有把国事交给儿子分担——看来他认同一种非常古老的观点，即世袭王权不利于国家的健康发展。此外，他命令之前各个国家的贵族都搬来都城咸阳定居。在这里，他们生活舒适，但同时也受到密切监视。[8]

他紧接着进行了其他方面的改革。他修建四通八达的驰道；他开挖运河用于运输和灌溉；他重新制定历法，这样一来，他统治下的所有人都遵循相同的历法。在他称帝两年后竖立的石碑上写道："上农除末，黔首是富。普天之下，抟心揖志。器械一量，同书文字。日月所照，舟舆所载。皆终其命，莫不得意。"[9] 这些改革均取得了显著成效。而且，百姓对这些改革也十分高兴，他们觉得这是通往崭新的幸福生活的道路。

像商鞅一样，秦始皇不喜欢孔子的学说以及任何似是而非的学说。他认为，稳定国家的关键是高效的自上而下的统治而非形而上学的冥想。所以，他将商鞅焚书的建议更推进一步。他的丞相宣布了他的新规定：

> 今皇帝并有天下，别黑白而定一尊。私学而相与非法教，人闻令下，则各以其学议之……入则心非，出则巷议。夸主以为名，异取以为高，率群下以造谤。如此弗禁，则主势降乎上，党与成乎下。禁之便。臣请史官非秦记皆烧之。有敢偶语诗书者弃市。以古非今者族。[10]

这一法令使大量的书籍横遭劫难，幸免的只有医学、占卜和农艺类书籍。

后世并不欣赏这个决定（司马迁尖锐地评论道，“焚诗书，坑术士，六艺从此缺焉”），[11]但是对于一个要从一堆旧事物中创造一个新国家的人来说，他的这些做法自有其内在逻辑。各诸侯国有很多旧时的经典和文献，记录着事情原来的做法；秦始皇的目的是建立一个新的国家，在这里不可“以古非今”。同时期，为了国家的统一，亚历山大已经身经百战，希腊人通过节日团结各个城邦，阿育王尝试着建立一个共有的宗教愿景，秦始皇则全力销毁那些记载着这个国家曾一度四分五裂的证据，将他的帝国融为一体。秦始皇要开创一个全新的时代。[12]

也许是这份对新开始的坚持让秦始皇开始修建长城。事实上，长城并不是全新的事物，之前的诸侯国都曾修建城墙抵御蛮夷，或是用于互相防御。但秦始皇决定将所有的城墙连在一起，他把这项工程交给了他的将军蒙恬。

许多西方国王都曾在不同时期建造城墙以抵御敌军入侵。但是，从来没有人尝试过在整个帝国的边界建造城墙。[13]秦始皇的长城是由土和石头砌成的，是他眼中中国的具体化，这一共同的文明靠着比砂浆更坚固的纽带紧紧相连；长城以内属于中国，长城以外则是居无定所的蛮夷之地。

但这一象征是以成千上万的中国人的生命为代价的。建造连绵不断的城墙需要就地取用各种材料（在山上是用石头，在平原地带则用夯土，在沙漠中则是用沙子和砾石），长城的建造者则是佃农、战俘、士兵，还有农民，这些人都是为了国家利益而被征召来服徭役的。[14]

秦始皇不仅在活着的时候对中华大地影响深远，而且在死后也要永垂不朽。他让人为自己建造了一座陵墓，除了埃及，我们从未在其他地方见过如此宏伟的陵寝。司马迁在《史记》中对这座墓有所描述。根据他的描述，秦始皇一直考虑自己能否永垂不朽，因此一登基就开始着手这件事：

> 始皇初即位，穿治郦山，及并天下，天下徒送诣七十余万人，穿三泉，下铜，而致椁，宫观百官奇器珍怪徙臧满之。令匠作机弩矢，有所穿近者辄射之。以水银为百川江河大海，机相灌输，上具天文，下具地理。以人鱼膏为烛，度不灭者久之。[15]

最令人吃惊的是，他的坟墓里放置了 7000 多个真人大小的陶制兵马俑。它们手持真正的青铜兵器，是以真实的士兵为原型塑造的，在这个庞大的陶俑队伍中，没有两张脸是雷同的。[16]

像埃及的第一位法老一样，秦始皇必须把分散而独立的小国统一起来；像这些法老一样，他必须在充斥着不同意见的王国中让人们服从他。但是秦始皇的时代距离公元前 3000 年法老所处的年代已经非常久远，他已经不能再通过迫使数百名官员陪葬来彰显他的权力。于是他用陶制的兵马俑填补这一空缺，这一做法曾令人感到

**图 19–1 秦兵马俑**

真人大小的陶俑，于1974年在中国西安秦始皇的陵墓中被发现。图片来源：埃里希 · 莱辛 / 艺术资源，纽约

困惑。

公元前210年，在做了26年秦国国王和11年中国皇帝后，秦始皇被葬入陵墓。他被小心地埋葬在这座豪华的坟墓里，墓穴上面覆盖了泥土，然后再种上树木，所有参与设计的建筑师一律被处死，这样一来，它的入口就永远不会被人发现。

秦始皇死后，他的王朝很快就覆灭了。秦始皇的继承人是他21岁的儿子胡亥，即秦二世。秦二世的统治并不稳定，他父亲的帝国建立不久，各个独立的王国归服中央集权政府的时间并不长。他对他的宠臣赵高抱怨说："大臣不服，官吏尚强，及诸公子必与我争，为之奈何？"[17]

赵高建议秦二世靠武力展现他的权威，清除所有看似犹犹豫豫、不愿意接受他的权威的郡守和前贵族。秦二世欣然接受了这个建议，开始排除异己。这场大清洗以成百人（甚至包括妇女，其中十人被拖出来当众五马分尸）的死亡告终，对此举国震惊。尽管如此，秦二世还是感到越来越不安，集结了由 5 万精锐士兵组成的军队，让其驻扎在首都周围。

仅 7 个月后，驻扎在原楚国境内的军队就发生哗变。起义是由那些遭受秦官吏压迫的人发起的，从一个郡蔓延到另一个郡，参加者多到不计其数。秦二世的军队无法镇压这场起义。在秦统治下一度隐姓埋名的贵族一个接一个冒出来，纷纷称王：首先是赵王，接下来是魏王、齐王和燕王。各国旧势力已经开始卷土重来。

内战开始了，并在接下来的三年里愈演愈烈。秦二世的脾气变得越来越暴躁，就连丞相赵高也借故不去上朝，害怕皇帝在盛怒之下会杀了他。赵高称病躲在家中，并在家里策划了宫廷政变；他的女婿将负责实施政变，除掉秦二世，由另一个王室公子即秦二世的侄子取代他。

接下来发生的一幕表明，丞相赵高事实上早就想借国家的动荡来夺取政权。为了逼迫他的女婿阎乐带人闯入王宫，他绑架了阎乐的母亲，将其扣为人质。同时，他小心翼翼地躲在后面，继续假装效忠皇帝。

阎乐左右为难，最后只得率领军队袭击皇宫，闯进大殿，他朝秦二世头顶正上方的绸帘射了一箭，以吸引秦二世的注意。秦二世此时已经被皇宫侍卫抛弃，他要求面见丞相；阎乐则受到幕后主使人的指挥，拒绝了这一要求。随后秦二世开始讨价还价。他提出他愿意退位去做郡守；后来说做一个小军官也行；最后，他又提出，只要能活命，他愿意当个平民。阎乐拒绝了他的这些要求，最后他告诉秦二世，丞相早已经下令要杀了他。说罢，他的士兵们纷纷上前准备动手，但秦二世在他们靠近之前自杀了。[18]

随后丞相又重新露面，拥立秦二世的侄子子婴继位，但新皇帝并不信任他的拥立者。继位后他便将赵高召到宫中，当场将他杀死。*

秦三世子婴在位仅 46 天，之后一支由刘邦率领的起义军攻入了皇宫，子婴投降。不久以后项羽率领的起义军到来，项羽杀死了子婴，大肆屠杀朝廷官员，随后焚烧宫殿，将抢得的珍宝分给他的盟友。项羽将秦国划分为 18 个新的王国，由诸侯和部将为王。司马迁最后写道："秦竟灭矣。"

五年后，中国回到了往日四分五裂、战乱不休、多国并存的局面。随后，出现了一个新的领导者，他靠个人奋斗登上了权力的巅峰。他就是刘邦，他靠自己的手段在秦朝的改革中获益：他出身农民之家，后来当过一个小官（一名亭长，负责管理一队囚犯）。在秦以前的旧制度下，他是不可能担任这样的官职的。[19]

他在起义之初加入了项羽的军队。灭秦之后，项羽自立为西楚霸王，统治原来楚国的领土。他将另外一块位于汉中的较为偏远地方赏赐给刘邦，封他为汉王。为了巩固自己的权力，项羽还谋杀了那个最有资格自称楚王的人。

这为刘邦提供了机会。他率领自己的军队攻打项羽，宣称要讨伐杀死楚王的凶手。[20] 他最初对项羽的攻击并不成功，但他还是设法占领了黄河岸边的荥阳城。从这里开始，他与其他自立为王的人

---

* 许多历史资料不承认子婴是真正的皇帝。

| 时间线 19 | |
|---|---|
| **印度** | **中国** |
| （摩揭陀）**达纳·难陀** | **秦惠文王** |
| **旃陀罗笈多** | |
| **宾头娑罗**（前 297） | |
| **阿育王**（前 272） | |
| | **秦昭襄王** |
| | 周朝灭亡（前 256） |
| 第三次佛教大会（前 245） | |
| | **秦王政** |
| | *秦朝*（前 221—前 206） |
| | **始皇帝**（秦王政） |
| | **秦二世**（前 209） |
| | *汉朝*（前 206—公元 220） |
| | **高祖** |

进行了持久的战争。

到公元前 202 年，他凭借自己的能力控制了中国几乎每一个古老的王国，而项羽仍然是他最大的（现在是唯一的）敌人。不过，项羽此时已经意识到自己斗不过刘邦了。项羽为人凶残，越来越不得人心；他屠杀了秦廷所有的人，这件事并没有被人遗忘；此外，他所到之处鸡犬不留，将一切都破坏殆尽，这也让他臭名昭著。在最后一战中，他走投无路，支持者越来越少，陷入四面楚歌之中，最终拔剑自刎。

刘邦称帝，庙号高祖。他用项羽最初给他的封地的名字“汉”作为自己的王朝的名称，定都长安。[21] 汉朝将是大一统下中国第一个统治时间比较久的王朝；它统治了 400 年，它的基业建立在秦朝短暂而辉煌的统治之上。

# / 20

# 诸子之战

公元前 285 年至公元前 202 年间，亚历山大的继业者将他们的王国传给后代，汉尼拔带领他的象队翻越阿尔卑斯山。

老托勒密曾经是亚历山大的将军，现在是埃及的国王，他终于决定在 82 岁时退位。公元前 285 年，他退位并将王位传给他的小儿子托勒密二世*；他本人则安享晚年，并在此期间撰写了一部亚历山大战争史，在书中极力赞扬自己。**

传位这件事后患无穷。托勒密·克劳诺斯身为长子却未获得王位，愤怒之下，他立即离开了埃及王庭。不久之后，他来到色雷斯拜访他的妹妹阿尔西诺伊（Arsinoe），她已经嫁给了利西马科斯。[1]

---

* 我们既可以用全名，也可以用世代编号区分托勒密家族的人。为求简单我只用编号。在本章中托勒密家族的名字有：托勒密一世“救主”、托勒密二世“与姐姐恋爱者”、托勒密三世“施惠者”、托勒密四世“笃爱父亲者”、托勒密五世“神显者”。托勒密一世的长子托勒密·克劳诺斯（Ptolemy Ceraunus）因为从未统治过埃及，未能得到世系编号，所以我在提及的时候保留了他的名字。

** 这本书后来逸失了，但我参考的资料来源之一——阿里安的《亚历山大远征记》（*The Campaigns of Alexander*）是以此书为基础写就的；所以，通过这本书也能感受到托勒密的声音。

这场特殊的联姻一直是利西马科斯的保障。他试图保住色雷斯和马其顿以及他在小亚细亚的领土，尽管在他东边，塞琉古的势力日益庞大，但是与南部的托勒密联姻是一个好方法，如此便确保塞琉古在攻打他之前会三思。这是他的第二次婚姻（阿尔西诺伊至少比他父亲的老战友年轻30岁），他与前妻所生的长子阿贾托克勒斯是他的继承人。

惹是生非的托勒密·克劳诺斯的出现给了阿尔西诺伊一些启发，她想到可以让自己的儿子继承王国。他们两人一起指控阿贾托克勒斯与塞琉古密谋暗杀利西马科斯，并计划夺取色雷斯-马其顿的王位。

利西马科斯年纪大了，又很多疑，轻易就被说服了。托勒密·克劳诺斯到了色雷斯之后也就一年的光景，利西马科斯就被怀疑蒙蔽了双眼，试图毒害自己的儿子。下毒这一招失败后，利西马科斯将阿贾托克勒斯投进了暗无天日的大牢。在众人的视线之外，他死了。

后世的历史学家认为是托勒密·克劳诺斯谋杀了他。当然，那个搬弄是非的人仍然没闲着。不久后他出现在塞琉古的王庭，请求塞琉古与他一道对抗邪恶的毒害亲子的利西马科斯。[2] 塞琉古那时候已经80岁，利西马科斯71岁。前者集结兵力向利西马科斯的领地进军。

利西马科斯出来迎战，他越过赫勒斯滂海峡，在小亚细亚的土地上作战。在战斗中，两位从亚历山大军官团的日子算起已经彼此认识了40年的老人短兵相接。塞琉古发出致命一击，利西马科斯战死沙场。他的尸体在战场上躺了好几天后，他的小儿子才赶到为他收尸。

塞琉古准备率军渡过赫勒斯滂海峡，意图占领马其顿。但他还没有走多远，假装是他的同盟的托勒密 · 克劳诺斯就调转矛头，在军营里将其暗杀。至此，托勒密 · 克劳诺斯独自一人就消灭了现存的亚历山大的两位继业者。

托勒密 · 克劳诺斯马上就夺取了马其顿–色雷斯的王位，并娶了他妹妹阿尔西诺伊。娶胞妹为妻是埃及人的习俗，希腊人不这么做，所以他的做法让他在新王国里很不受欢迎。他的下一步行动更是招致众人的反感：他杀掉了阿尔西诺伊的两个儿子，因为他们是他统治的威胁。阿尔西诺伊离开他，跑到埃及投奔她的另一个兄弟——托勒密二世，并嫁给了他。这为他赢得了一个希腊绰号“与姐姐恋爱者”托勒密（Ptolemy Philadelphus），这当然不是什么美誉。

与此同时，老托勒密躺在床上安然去世，他是亚历山大的继业者中唯一一个得以善终的。

托勒密 · 克劳诺斯的残暴统治维持了两年。公元前 279 年，曾困扰意大利半岛的凯尔特人也涌入了小亚细亚。高卢人像潮水一样涌入马其顿，托勒密 · 克劳诺斯外出迎敌，结果死在战场，结束了自己的恶棍生涯——他实在是古代最大的恶棍之一，只是其恶名并不太为人所知。* 他的国家最后落入“独眼”安提柯的孙子安提柯二世手中。[3]

塞琉古的儿子安条克一世接管了他父亲的王国。安条克是半个波斯人（塞琉古年轻的时候，曾在亚历山大军营中的那场集体婚礼中娶了一个波斯贵族妇女），他现在领导的帝国的基本统治结构就是

---

* 托勒密 · 克劳诺斯去世的确切日期无人知晓。

从波斯人那里学来的。各省由总督治理，而帝国有好几个都城，每个都城负责管辖帝国的一部分。波斯人曾把苏萨、埃克巴坦那、萨迪斯和巴比伦这几个城市作为都城；塞琉古保留了萨迪斯和巴比伦，又建立了两个新的城市作为陪都。安条克城位于奥龙特斯河畔，曾经有好几代名叫托勒密的国王占据这片土地。不过，他最喜欢的城市是塞琉西亚，他把它建在底格里斯河西岸，通过一条运河使之与幼发拉底河相连。

托勒密·克劳诺斯死后第二年，高卢人越过赫勒斯滂海峡，威胁要攻入塞琉古帝国。安条克一世将其击退，为自己赢得了“救主”的绰号。高卢人撤退后在小亚细亚安顿下来，后来他们被称为“加拉太人”（Galatian）。

10 年后，罗马士兵从意大利半岛的海岸出发，向西西里岛进军。波里比阿认为，这是一个历史性的时刻。这是“罗马人第一次从意大利出发渡海”，而且西西里岛是“他们离开意大利海岸踏足的第一个地方”。[4] 罗马已进入其历史的下一阶段，罗马人开始着手进行自己的首次海外征服。*

像大多数羽翼渐丰的帝国建造者那样，对于这次入侵，罗马人也有自己的借口。西西里岛在叙拉古和迦太基的控制下仍旧处于分裂状态，西西里岛的港口城市墨西拿（Messina）原本是希腊人的殖民地，如今处在叙拉古的统治下。但是一伙从坎帕尼亚来的意大利

---

* 罗马历史一般分为王国时期（公元前 753 年至公元前 509 年），共和国时期（公元前 509 年至公元前 31 年）和帝国时期（公元前 31 年至公元 476 年）。共和国时期往往又分为早期共和国（公元前 509 年至公元前 264 年）、中期共和国（公元前 264 年至公元前 133 年）以及晚期共和国（公元前 133 年至公元前 31 年）。对于这些时期起止的确切年份，学者们的意见并不一致。

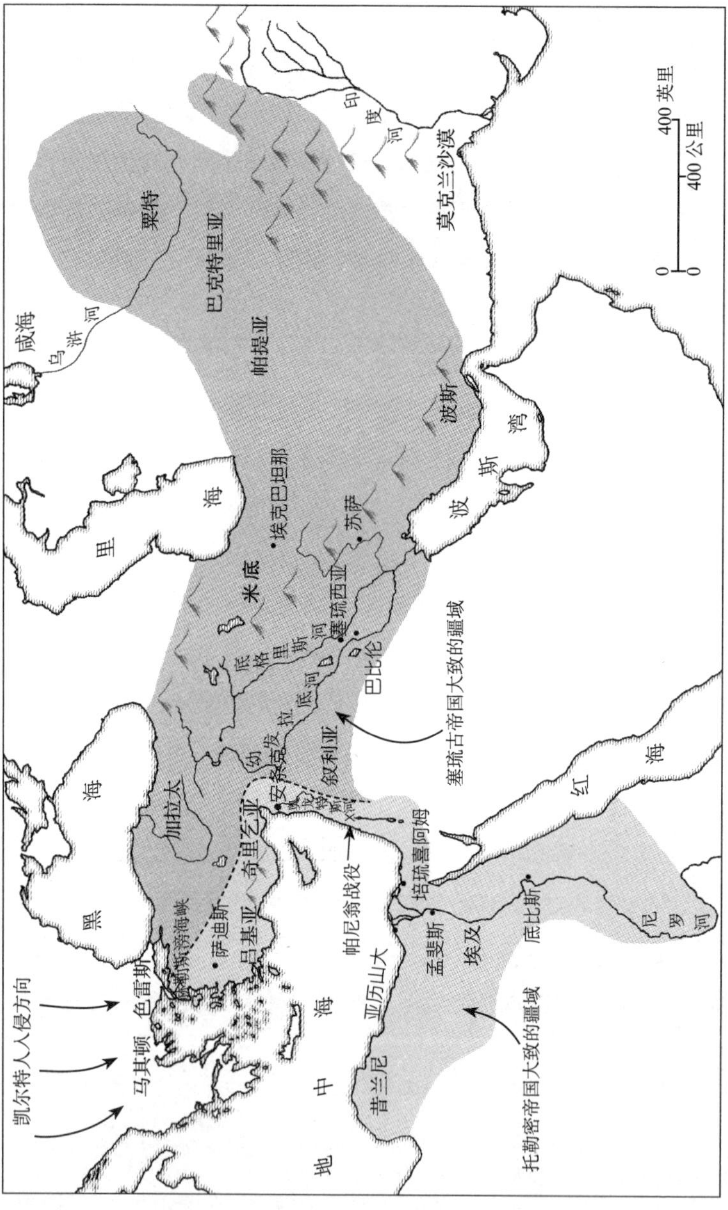
凯尔特人入侵方向
马其顿
色雷斯
赫勒斯滂海峡
萨迪斯
吕基亚
奇里乞亚
加拉太
黑海
里海
地中海
帕尼翁战役
亚历山大
昔兰尼
孟斐斯
埃及
底比斯
尼罗河
培琉喜阿姆
安条克
叙利亚
幼发拉底河
底格里斯河
塞琉西亚
巴比伦
米底
埃克巴坦那
苏萨
波斯
波斯湾
帕提亚
巴克特里亚
粟特
咸海
乌浒河
印度河
莫克兰沙漠
红海
塞琉古帝国大致的疆域
托勒密帝国大致的疆域
0 400 英里
0 400 公里

地图 20-1 塞琉古王朝

雇佣兵叛徒航行到了西西里岛，控制了这个城邦。墨西拿人派人送信到迦太基和罗马，请求帮助驱逐侵略者。

严格说来，由于罗马人和迦太基人一直相安无事，他们这样做倒也并无不妥。但这件事却成为后来旷日持久的战火的导火索。迦太基人率先到达那里，他们发现叙拉古的暴君希伦二世（阿贾托克勒斯早在二十几年前就去世了）已经赶到。希伦二世认为这座城邦理应属于他，所以对墨西拿人向其他势力寻求帮助感到不满。不过迦太基人并没有马上挑起三方之间的战争，他们跟希伦二世合伙占领了墨西拿，赶走了之前的侵略者。

罗马人迟来了一步，他们不肯放弃围攻墨西拿的计划，于是转而攻击迦太基的占领军。此后，罗马入侵者遍及岛上各处，到处占领迦太基人控制的土地，并对叙拉古进行围城。[5]

对此，迦太基人的反应是将掌管墨西拿守军的指挥官钉在十字架上，然后着手准备战斗。他们很清楚，罗马人的此次海外冒险是他们第一次试探性地触及意大利境外的土地。在接下来的二十三年里，这两个大国将会在第一次布匿战争（公元前 264 年至公元前 241 年）中一决雌雄。

波里比阿写道："看到战争一再拖延下去，（罗马人）第一次开始自己建造战船……他们遇到了很大的困难，因为他们的造船工匠完全没有经验。"[6] 这可以说是第一次布匿战争中的另一个"第一次"。为了攻打西西里岛，罗马执政官向罗马的盟友和附属城邦借船［他们将这样的海军叫作"海上盟邦"（socii navales）］。[7] 但他们很快意识到，罗马不能仅仅依靠其他城邦的海军。后来，一艘迦太基的战船在罗马控制的海岸搁浅，造船工匠把船拆开，仿照它建造了自己的船；与此同时，船员在陆地上练习划船。一批战船造好后，这支新的罗马舰队驶入大海，但很快便被一位迦太基的统帅俘虏。[8]

罗马人重建战船并改进了设计，再次出海。根据波里比阿的记载，两年后两国的海军就“势均力敌”了。罗马人虽是将其他文化中的战略、法律、体制甚至是神话中的精华部分搜集拼凑起来变成自己的，但是他们学得非常快。

到公元前 247 年，经过 17 年频繁的战斗，罗马人已经开始稍稍占有优势。罗马军队登陆北非并安营扎寨，不过此时进攻迦太基本土还远超他们所能。但是西西里岛几乎已完全落入他们手中。迦太基的领袖们换掉了无能的指挥官，将军队的控制权交给了一名新军官，一个 20 多岁的叫哈米尔卡・巴卡（Hamilcar Barca）的人。

哈米尔卡下令组建了一支由迦太基人和雇佣兵组成的混合军队，总共约 1 万人，还有 70 头大象。他为自己在西西里岛夺取了一个基地，从这里不断侵扰意大利海岸，经过几场恶战，他赢得了胜利；这些胜利把迦太基人“从极度的绝望状态”中拯救出来。[9]

公元前 242 年，罗马和迦太基的战争已经进入了第 22 个年头，常年交战使两国都疲惫不堪。“他们被接连不断的恶战搞得筋疲力尽，”波里比阿说，“他们的资源……被年复一年的高额军事开支耗尽。”[10] 哈米尔卡在西西里岛上的这支由雇佣军和迦太基人组成的军队已经连续征战了三年多，从未在任何一场战斗中失利，但也没能夺下整个岛屿。罗马人在对抗迦太基的陆军方面无法取得任何进展，但是罗马海军成功地使迦太基人的补给船越来越难以将补给运给西西里岛上的哈米尔卡的士兵。

首先请求休战的是迦太基人。公元前 241 年，母城向哈米尔卡送来了信息：他们不愿抛弃他，但现在已经不可能继续运送食品和武器，他有权按照自己的意愿收拾局面。看到上峰如此无能，哈米尔卡除了投降别无选择。他和他的军队从位于埃里克斯山（Mount Eryx）半山腰的营地撤离，撤退时他们“悲愤交加”，[11] 还对条约提出抗议，因为条约要求迦太基人放弃西西里岛的一切，释放所有囚犯，并在未来十年支付一大笔赔款。[12]

战争结束了。元老院下令关闭雅努斯神殿的大门，以象征罗马的每一寸土地永享和平。西西里岛如今也是罗马的土地了，它已成为罗马的第一个海外省。

这种和平之下蕴藏着一个更为可怕的冲突的种子。

我们再来看东部，这里的战争仍在持续。埃及的托勒密二世（现在娶了自己的姐姐）和安条克一世（塞琉古的儿子）就他们领土交界处的叙利亚纠纷不断，并把他们的这场纠纷传给了各自的儿子，但除此以外，继位时并没有发生什么变故。托勒密二世于公元前 246 年去世，他的儿子托勒密三世继位；安条克一世（按照古老的波斯传统）以叛国罪的名义处死了长子，将他的王位传给了二儿子，使其成为安条克二世。* 在马其顿，“独眼”安提柯一世的孙子安提柯二世在 80 岁时去世，他做了将近 50 年的国王，将王位传给了他的儿子。

在南边的埃及，托勒密三世统治了 22 年，这期间国泰民安。安条克二世过得可没有那么好。他在接管了塞琉古帝国六年后失去了巴克特里亚的总督辖地，这块领地在希腊总督狄奥多特（Diodotus）

---

* 一共有 13 位名叫安条克的塞琉古国王。前五位的名字分别是安条克一世“救主”（这个称号可能是因为他把高卢人赶走了）、安条克二世“神”、安条克三世“大帝”、安条克四世“神显者”和安条克五世“父贵者”。

的领导下造反，宣称自己是一个独立的王国，狄奥多特自己做了国王。巴克特里亚与安条克二世的任何一个城池都相距很远，路途崎岖艰险，安条克二世无力将其夺回。此后不久，帕提亚也独立了，一个名为阿尔沙克（Arsaces）的当地领袖取得了王位。此时，安条克二世正全力关注西部边境；他正跟埃及打仗，争夺古老的西闪米特人的土地，这些地方包括古腓尼基、以色列和犹太的领土，他无力同时守住自己庞大帝国两侧的边界。*

最终，安条克二世与托勒密三世达成了暂时的和平，这两位国王靠一桩王室联姻使这次交易更牢靠；托勒密三世的女儿北上和亲，嫁给安条克成为他的第二任妻子。然而，这次交易并没有夺回帕提亚和巴克特里亚，安条克二世的第一任妻子非常不满，毒死了他，所以到头来恢复和平的努力还是失败了。

他的继任者是他的儿子（与第一任妻子所生）塞琉古二世，他也没能夺回这两块叛乱的辖地，后来他坠马摔死了。塞琉古二世长子的统治只勉强维持了三年，之后他的指挥官暗杀了他；王位随后传给了他的小儿子，即安条克三世。

安条克三世于公元前 223 年继位，年仅 15 岁。由于国王还只是个孩子，米底和原来波斯的腹地都加入了巴克特里亚和帕提亚的行列，发动叛乱。但是，安条克三世比他前面的三位国王都要强大。他不懈地征战，把土地一片接一片地夺回：先是小亚细亚开始松动的边界；然后，在年仅 18 岁的时候，他率军攻打米底和波斯，迫使两者投降；最终，他打败了巴克特里亚和帕提亚。但是对于最后的这两块领地，他并没有试图重新吞并。他与巴克特里亚和帕提

---

* 这场边境争端无休无止，《圣经 · 但以理书》反复提及，其中说“北方之王”与“南方之王”一次又一次相互进攻，双方军队的规模也越来越大。(《但以理书》11.2 ; 29)。

亚王议和，这样做就巩固了东部边境，使他能分出一点精力关注西部边境。*

这个计划非常不错，因为埃及正逐渐丧失对边界的控制。公元前 222 年，托勒密三世将王位传给他的儿子托勒密四世。所有的传记作家都不喜欢这位国王。普鲁塔克评价道："他是一个懒散、纵欲且柔弱的王子，……沉湎于女色和美酒。"[13]"他把统治国家看作一场永不结束的盛宴，"波里比阿批评道，"不理朝政，难以接近（人缘差），对那些处理国家对外利益的人不屑一顾，漠不关心。"[14]父王死后，他就毒死了母亲，免得她密谋暗害他，然后他又烹杀了他的弟弟马古斯（Magus），因为马古斯在军队中极有威望。[15]

托勒密四世的事务大多交由他的情妇和他情妇的兄弟阿贾托克勒斯（普鲁塔克称他为"那个皮条客"）以及他的一个顾问——一个名叫索西比乌斯（Sosibius）的希腊人。索西比乌斯为他出谋划策，共同管理国家。他则"醉生梦死，饮酒不止"[16]。公元前 204 年，托勒密四世去世（可能是死于肝功能衰竭），把王位留给了他五岁的儿子托勒密五世，显然，索西比乌斯和"那个皮条客"伪造了文书，指定由他们两人摄政。

索西比乌斯去世数月后，阿贾托克勒斯、他的妹妹和他们的母亲处在了埃及权力的顶端。他们并没有在权力之巅待多久，这三人非常不得人心，军队首先发难，带领暴民冲进王宫，把他们拖出来扔到街上，剥光他们的衣服，并在盛怒之下将其撕碎。波里比阿记载道："一些（暴徒）开始用牙齿撕咬他们，其他一些人用刀刺，

---

* 在安条克三世入侵时，帕提亚由阿尔沙克二世统治，他是帕提亚开国之君的儿子；巴克特里亚已被一个叫欧西德莫斯的篡位者从狄奥多特的继承人手里抢了过来。

还有人剜出了他们的眼睛。三人中任何一个刚刚倒下，身体就被大卸八块，直到被人们完全肢解，当埃及人的激情被点燃时，他们的野蛮残暴简直令人震惊。”[17]

年轻的托勒密五世在孟斐斯登基，由一个精心挑选的埃及谋士团辅佐。但是，他刚刚 12 岁时，安条克三世就开始进攻埃及的北部边境。约瑟夫斯记载，自称“全亚洲之王”的安条克三世“夺取了犹太地”。[18] 这场入侵止于公元前 198 年的帕尼翁战役（Battle of Panium），当时塞琉古和埃及的军队在约旦河源头附近展开激战。战斗结束后，埃及彻底失去了对西闪米特人土地的控制，再也没能重新占领那些北部的土地。几乎每一个古代历史学家都把托勒密四世时期描述为埃及辉煌时代的终结。这一古老国家在希腊统治者领导下的复兴到此结束。

再往西，哈米尔卡 · 巴卡仍然在罗马人强加的和平条款下挣扎。迦太基辉煌不再。地中海诸岛曾是他们帝国的一部分，现在，迦太基人已经失去了它们，反而是罗马人牢牢地在那里扎根。

为了弥补损失，哈米尔卡决定将迦太基帝国向西扩展。他率领一支由士兵和移民组成的队伍前往伊比利亚（今西班牙）建立一个崭新的迦太基殖民地，以弥补在西西里岛的损失。这个伊比利亚殖民地将成为迦太基势力的一个新中心——而且它也将成为一个极好的基地，迦太基人可以从这里发动针对罗马的报复性打击。他在西西里岛受的屈辱转变成了对罗马的仇恨，他尽可能地把这份仇恨传给他的小儿子汉尼拔（Hannibal），波里比阿这样记录道：

> 当他的父亲将要率领他的军队离开，远征西班牙时，大

> 约九岁的汉尼拔就站在他父亲祭祀的祭坛旁边……然后（哈米尔卡）把汉尼拔叫到身边，温柔地问他是否愿意随他一起远征。汉尼拔无比兴奋地接受了，像普通的男孩子一样，请求获准同去。然后，他的父亲拉着他的手，领着他来到祭坛，命令他把手放在（动物）祭品上，并要他发誓永远不会成为罗马人的朋友。[19]

在立下与罗马永远势不两立的誓言后，哈米尔卡带着儿子和移民踏上了征程。

公元前 236 年，迦太基远征队来到了伊比利亚半岛，开始征服这里并着手建立一个新的小王国。他的作战中心是加迪尔（Gadir，今西班牙加的斯），哈米尔卡从这里开始成功建立自己的新殖民地。汉尼拔正是在这里长大，看着他父亲以各种威逼利诱的手段使周边的人民归顺。波里比阿告诉我们："（哈米尔卡）在这个国家度过了将近九年时间，在此期间，他使许多部落归顺迦太基，有一些靠武力，有一些通过外交手段。"[20] 他还派出间谍翻越阿尔卑斯山进入意大利半岛北部，侦察将来可能用到的侵略路线。[21] 汉尼拔在成年之前从未踏足过他的故国迦太基城。

与此同时，克基拉岛受到其他敌对希腊城邦的入侵和北部高卢人持续攻击的双重威胁。罗马人受邀保护该岛，这是他们第一次派战船驶向希腊。干预结束后，一支罗马驻军留了下来，理论上是作为维和军队；罗马人还没有做好准备去攻击它的希腊邻居。

同一年，即公元前 229 年，哈米尔卡·巴卡在围剿一个凯尔特人据点的战斗中丧生。汉尼拔此时 18 岁，人们认为他太过年轻，还不能执掌大权。他的姐夫取代他获得伊比利亚殖民地的统治权，这个人似乎并没有切身感受到对罗马的家仇国恨。接下来的八年时间里，他主要致力于统治伊比利亚的殖民地（他建立了一个叫新迦太基的城池），对东面的罗马人置之不理。假以时日，他本可以在伊比利亚半岛上建立一个崭新且持久的王国。但是，公元前 221 年，他的一个奴隶杀了他，伊比利亚军队的领导权又回到了 26 岁的汉尼拔手中。

汉尼拔把新迦太基放到一边，立即开始准备经由陆路入侵罗马领土。他开始沿着海岸线一路打过去，以扫清通往阿尔卑斯山的通道。当他接近马萨利亚时，马萨利亚（自从帮助罗马人收买了那些入侵的高卢人后，与罗马一向交好）向罗马寻求帮助。

罗马人捎信给迦太基，警告说，如果汉尼拔越过了萨贡托镇，他们将把这种行为视为战争行为。汉尼拔随即围攻并洗劫了全镇，罗马使者马上前往迦太基，向迦太基元老院下了最后通牒：要么让汉尼拔投降，要么准备迎接第二次布匿战争。[22] 迦太基人反驳说，萨贡托镇是凯尔特人的殖民地，不是罗马的盟友。而罗马的使节反驳道，在很多年前，萨贡托镇曾经向罗马寻求帮助，所以现在罗马有权声称萨贡托镇是受罗马人保护的。

结果是这两个国家决意开战。李维说：“在罗马人看来，自己先前的手下败将如今无端地发动攻击，这让他们非常愤怒；而在迦太基人看来，战胜者贪婪且专横的态度令他们感到强烈的憎恨。”[23] 年长的罗马使节大声喊道：“我的袍子里夹着两样东西，一个是和平，一个是战争，如果你们不小心，就会让战争从里面掉下来。”迦太基元老院的议员大声回敬道：“我们接受它！”[24]

于是，公元前 218 年，汉尼拔率军向阿尔卑斯山进发。他留下他的弟弟汉诺（Hanno）负责伊比利亚的殖民地，自己率领一支庞

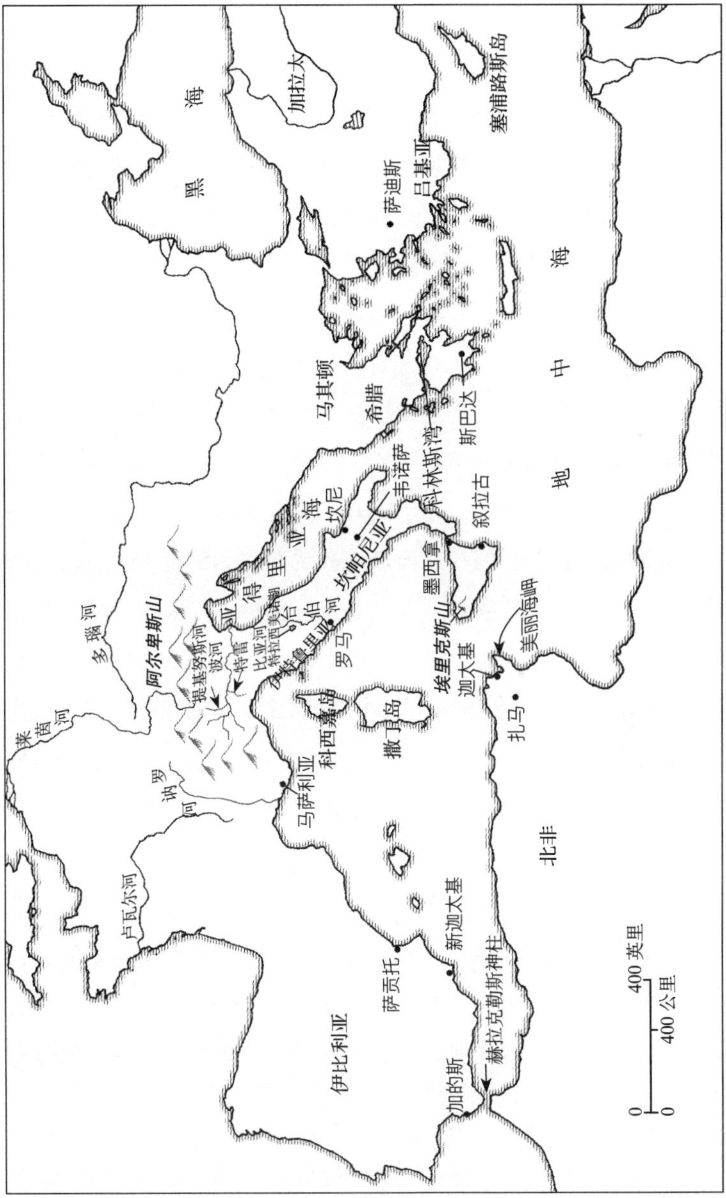


地图 20-2 布匿战争时期的世界

大的军队，包括 10 万多步兵，也许还有两万骑兵和 37 头大象。*

罗马人派出两支舰队迎战，一支驶往北非海岸，另一支在执政官普布利乌斯·科尔内利乌斯·西庇阿（Publius Cornelius Scipio）的指挥下，朝伊比利亚半岛进军。西庇阿在罗讷河口抛锚停航，打算在汉尼拔和他的军队过河时拦截他，但汉尼拔的军队比预期行动得要快，科尔内利乌斯·西庇阿晚了三天才到达渡河地点。汉尼拔此时已经带领军队朝阿尔卑斯山迈进。[25]

比起穷追不舍的罗马人，他自己的士兵其实是更大的问题。他们大多是在非洲长大，西班牙海岸是他们所知的最冷的地方；一想到要爬上陡峭的不知名的高山他们就不寒而栗，看到阿尔卑斯山后更是感到绝望。李维说："高耸的山峰被雪覆盖，直入云霄，简陋的小屋紧贴在岩石上，因严寒而被冻死的野兽和牲畜，头发凌乱的山里人，所有自然中的物体，无论是有生命的还是无生命的，都在严寒下显得那么僵硬：这一切，连同其他言语无法表达的恐怖景象，使他们忧虑重重。"[26] 他们不断受到当地野蛮部落的威胁。第一次受到当地人攻击的时候，许多迦太基战马在一条狭窄的山道上受惊，连人带马滑落下去，落在上千米之下的岩石上，摔得粉身碎骨。随着他们向更高处爬，积雪下面光滑的冰使更多的人和牲畜丧生。

李维告诉我们，汉尼拔的军队花了 15 天的时间翻越山脉，他本人估计损失了 36 000 人和 34 头战象。下山之后，他的军队来到了波河附近的平原，此时军队人数锐减，士气低落。他重整旗鼓，进击科尔内利乌斯·西庇阿。西庇阿率领一部分军队乘船，紧赶慢

* 这是一个估计值，有关汉尼拔进军到达意大利时他的军队的实际规模，不同资料所给出的数值差别很大。

赶回到意大利迎战他。汉尼拔成功越过山岭的消息也很快传到罗马，元老院立即召回入侵北非的军队以加强本土的防守。

公元前 218 年 11 月，科尔内利乌斯·西庇阿与汉尼拔在提基努斯河（Ticinus）相遇。虽然迦太基的骑兵非常疲惫，但他们几乎瞬间就突破了罗马人的防线。罗马人四处逃窜，西庇阿本人也身负重伤。李维评论说："这表明，……迦太基人占有优势。"[27]

科尔内利乌斯·西庇阿率军后撤，以便与从北非返回的军队会合，他们回到了罗马，大受褒扬，但这实际上是非常危险的反应。在罗马，公众的看法与现实之间完全脱节，使国家陷入险境。"人们对罗马军队最终获胜的信心未受影响，"波里比阿写道，"因此，当郎格斯（北非先遣队指挥官）和他的军团到达罗马穿城而过时，人们仍然认为这支军队只要在战场出现就能决定战争的输赢。"[28] 事实远非如此。当一个月后两军在特雷比亚河（Trebbia）再次相遇时，多达三分之一的罗马士兵阵亡。

两名执政官的联合军队被打败的消息传回罗马后引起了恐慌，李维写道："人们觉得汉尼拔随时都会出现在城门外。"[29] 罗马全面戒备，所属海岛上也布满驻军，同时召集盟友增援，并装备了一支新的舰队。到公元前 217 年，汉尼拔稳扎稳打，继续向南推进，摧毁了沿途的村庄，穿过伊特鲁里亚，直扑罗马城。执政官盖乌斯·弗拉米尼乌斯（Gaius Flaminus）与一支增援的罗马军队会合，在特拉西美诺湖（Trasimene）与迦太基人对阵，在浓雾中，两军展开了激战。15 000 名罗马人阵亡，弗拉米尼乌斯本人在战场上被活活碾死，尸体难觅。关于灾难的消息再一次席卷了罗马城。李维说："人们涌上广场，女人在街头走来走去，每遇到一个人，就过去问如此突然的可怕消息意味着什么……没有人知道该期望什么，或是该害怕什么。在接下来的几天里，城门外聚满了人，多数是女人，她们期待看到某张挚爱亲人的脸，哪怕只是听到一点消息。”[30]

然而，并没有什么好消息。汉尼拔的大军势不可当。他继续向南推进，暂时绕过罗马，但这只不过是为了将罗马南面的土地先收入囊中。“罗马人一直尾随迦太基人的后卫部队，”波里比阿写道，“与他们保持一两天的行军路程，但是小心翼翼，绝不去接近或是与敌人交战。”[31]

次年，两个新当选的执政官保卢斯（Paullus）和瓦罗（Varro）联合起来试图遏制汉尼拔。罗马人设法集结了一支超过 10 万人的军队，去迎战迦太基不足 5 万的人马。公元前 216 年 8 月 2 日，两军在东南沿海的坎尼（Cannae）相遇。

罗马人仰仗自己人数众多，认为单凭人数就能把侵略者碾得粉碎，他们把军队集结成紧密的方阵，以不可阻挡的力量向前猛冲。面对罗马的攻势，汉尼拔的策略是安排一支弱小的部队在正面迎击，这支队伍看起来根本不足以和罗马人抗衡。但他在自己的后部以及很远的左翼和右翼，布置了两队最强壮最凶猛的士兵，他们是来自非洲的雇佣兵。他亲自率领前队。他必须身先士卒，将自己置于和正面部队同样的险境，否则他不可能指望他的士兵实现他的作战意图。

罗马人向前推进，汉尼拔弱小的正面部队虽然作战凶猛，但同时也在节节后退，慢慢地，他们将罗马军队拉成了 V 字形。紧接着，V 字型两侧的汉尼拔军队发起攻击。罗马军队毫无心理准备，没想到要应付三面的进攻，而且他们也没有受过这样的训练。混战中，5 万余名罗马士兵阵亡。6000 名骑兵中只有 70 人逃脱，瓦罗带领他们逃到了韦诺萨（Venusia）城，战败和溃逃令他颜面扫地。

坎尼大战的战况传回罗马，几乎每个罗马家庭都意识到，他们已经失去了一个兄弟、一位父亲或是一个儿子。“这次溃败之后，”波里比阿说，“罗马人放弃了所有凌驾于意大利之上的希望，开始担心本土的安危，并且甚至开始担心他们自己的生存。”[32]

与此同时，迦太基战船驶向希腊，向马其顿国王腓力五世（“独眼”安提柯一世的重重孙）提供帮助，提出帮他驱逐希腊半岛上的罗马“维和士兵”，罗马的境况变得更糟。腓力五世接受了帮助，马其顿人和迦太基人一起攻打罗马占领军和他们的希腊盟友，其中包括斯巴达和“埃托利亚联盟”（Aetolian League）城邦（这是位于马其顿以南、科林斯湾以北的半岛中部的城邦联盟）。现在，第一次马其顿战争与第二次布匿战争交织在一起，罗马人腹背受敌。

跟第一次布匿战争一样，第二次战争也是久拖不决。* 公元前211 年，罗马人经过两年围城，最终占领了叙拉古，并重新夺回了西西里岛的部分领土；希腊数学家阿基米德当时就在城里，他在罗马军队洗劫城市时遇难。但是罗马人在伊比利亚半岛上的军事行动就没那么成功了。西庇阿家族的两兄弟普布利乌斯和格涅乌斯（Gnaeus）带领罗马军队进入伊比利亚，向坚守汉尼拔老家的哈斯德鲁巴（Hasdrubal）发起进攻。尽管哈斯德鲁巴无法将罗马入侵者完全赶出去，这对西庇阿兄弟却命丧沙场。

这使一位罗马军官（普布利乌斯的儿子，后世直接称其为西庇阿或大西庇阿）对迦太基人怀恨在心，就像汉尼拔长久以来对罗马心怀仇恨一样。公元前 209 年，西庇阿率军来到新迦太基为父报仇。

---

* 李维《罗马建城以来史》（*The History of Rome from Its Foundation*）的第 21—30 卷［安布里·德·赛林考特（Aubrey de Selincourt）的译本分别由企鹅出版社以《与汉尼拔的战争》（*The War with Hannibal*）出版］详细记述了第二次布匿战争中所有的重大战役。

他的围城之战取得了成功，哈斯德鲁巴逃跑，沿着他内弟的路线翻越阿尔卑斯山。

这对于迦太基人而言并不完全是坏事，因为哈斯德鲁巴带来的不仅有他自己的军队，还有 8000 名征召来的凯尔特人，此外，在从新迦太基到阿尔卑斯山的一路上，他还征召了更多人。他写信给汉尼拔，计划与他在翁布里亚会师。

然而，这封信被罗马军官截获。在哈斯德鲁巴到达翁布里亚之前，离他最近的罗马军队对他发动了突然袭击。哈斯德鲁巴的盟友在战斗中的表现并不尽如人意（“高卢人总是缺乏后劲”，李维评价道）。[33] 哈斯德鲁巴的士兵中超过 5 万人阵亡，而哈斯德鲁巴本人眼见必败无疑，便扬鞭策马朝着在他面前聚集的罗马士兵直冲过去，战死沙场。罗马人砍下他的首级，小心地保存起来，一路带着；当他们到达汉尼拔的前哨阵地时，把它扔到汉尼拔的军营前。[34]

汉尼拔不仅失去了他的姐夫，还失去了伊比利亚的殖民地，那里已经成了罗马的一个省。天平已经开始慢慢地朝罗马倾斜；而且，罗马为了对付迦太基，还渐渐停止了在马其顿的第二战场上的行动。公元前 207 年，也就是哈斯德鲁巴战死的同年，罗马士兵开始从希腊半岛徒劳的战斗中撤离。用李维的话说，希腊各城邦和腓力五世自己“都厌倦了漫长而乏味的战争”，而且罗马人意识到，他们的军队需要离大本营更近一点。西庇阿曾建议新的战场应该是北非；罗马人应该继续进攻，直接驶向迦太基，这一策略很可能迫使汉尼拔远离意大利乡村。

公元前 205 年，腓力五世与南部的希腊各城邦签署了《腓尼基和约》（Treaty of Phoenice）。和约允许罗马人控制一些小城邦，但将其他领土移交给马其顿，并终止了马其顿和埃托利亚同盟之间的一切敌对行为。现在所有的士兵都可以参与攻打北非的行动，西庇阿将入侵力量合兵一处。公元前 204 年，他率领一支由罗马人和非洲雇佣兵组成的联合军队在北非海岸登陆。

他的入侵获得了预想的效果：迦太基人向汉尼拔发出紧急求助，汉尼拔班师回国。他这样做是出于爱国主义的精神，但这是一种模糊的、不情愿的爱国主义；他从九岁起就离开了出生的地方，他把大部分人马都留在了意大利，也许是希望很快就能回去继续征战。他还没有完全实现父亲的遗愿：罗马仍旧挺立在那里。“很少有流亡者离开自己的祖国时像汉尼拔离开他的敌人的国家那样内心沉重，”李维说，“他一次又一次地回头看着意大利的海岸……咒骂自己没有能率军直捣罗马。”[35]

回到迦太基，他就亲自征募了一支军队。这支军队由不情愿的迦太基人和非洲雇佣兵组成，此外还有少数他带回的老兵。然后，在公元前 202 年，汉尼拔和西庇阿在美丽海岬（今邦角半岛）南边的扎马（Zama）会面，进行和谈。和谈也许是真的，但与此同时，西庇阿正在等待他叫来的援军。对于十四年前坎尼会战的失败，罗马人仍旧记忆犹新，当时阵亡士兵的儿子现在都已经二十多岁，他们满怀愤怒，准备和迦太基人殊死一战。

罗马援军到达后，和谈不可避免地失败了。罗马人与迦太基人展开了最后一场决战。这一次，西庇阿胸有成竹。在意大利的平原上，汉尼拔作为入侵者战无不胜。但在这里，他上演拿手好戏的环境完全消失了。他在一片陌生的岩石遍布的土地上进行防御作战，他的军队是由“一群没有共同语言、习俗、法律、武器、服饰、相貌，甚至也不是出于相同信念参战的人组成的”[36]。他们多是为金钱而战斗，为战后所能进行的劫掠而战斗；当西庇阿的军队以雷霆

| 时间线 20 | | | | |
|---|---|---|---|---|
| **罗马** | **中国** | **亚历山大的继业者** | | |
| | | **埃及**<br>**托勒密** | **塞琉古帝国**<br>**塞琉古** | **色雷斯 – 马其顿**<br>**利西马科斯** |
| 阿斯库路姆战役（前 279） | | **托勒密二世**<br>（前 287） | | |
| 第一次布匿战争（前 264） | | | **安条克一世** | **托勒密 · 克劳诺斯** |
| | **秦昭襄王** | | **安条克二世** | **安提柯二世** |
| | 周朝灭亡（前 256） | **托勒密三世**<br>（前 246） | | |
| | **秦王政** | | **塞琉古二世** | **德米特里二世** |
| | | | **安条克大帝** | |
| | *秦朝*（前 221—前 206） | **托勒密四世**<br>（前 222） | | **腓力五世** |
| 第二次布匿战争（前 218）<br>坎尼战役 | **始皇帝**<br>（秦王政） | | | |
| | **秦二世**（前 209） | | | |
| 扎马战役（前 202） | *汉朝*<br>（前 206—公元 220） | **托勒密五世**<br>（前 204） | | 《腓尼基和约》 |
| | **高祖** | 帕尼翁战役（前 198） | | |

之势袭来时，绝大多数人都吓得落荒而逃。

扎马战役以西庇阿的完胜而结束，汉尼拔最终被迫回到迦太基避难。他告诉元老院他无法带领他们走向胜利，与罗马达成和平协议是唯一的选择。迦太基元老院同意了，于是迦太基向西庇阿投降。由于这场胜利，罗马人将他称作“征服非洲的西庇阿”。迦太基被迫交出自己的舰队，从此放弃向西部扩张的野心；在罗马人的命令下，500 艘战船被拖离岸边，放火烧掉，一直烧到吃水线，然后沉入海底。[37] 第二次布匿战争就此结束。

汉尼拔曾放弃了他征服罗马的野心，去捍卫一个他几乎记不得的城市，他留在迦太基，加入了元老院，企图帮助迦太基人重建他们此刻已经变得蛮荒的国家。但是甚少有人为此感激他。扎马战役结束六年后，汉尼拔听到了某种风声。他自己的同胞正计划把他交给罗马人以示友好。

他立刻乘船逃离了迦太基。这距离他回到自己的祖国还不到 7 年。这一次，他再也不会回去了。

# / 21

## 罗马解放者与塞琉古征服者

公元前200年至公元前168年间，罗马与塞琉古发生冲突，希腊化的巴克特里亚王国向南延伸至印度，拉丁语成为意大利的官方语言。

安条克三世已经50岁了，现在是他统治塞琉古帝国的第32个年头。他将塞琉古王朝的边界向南推，直抵古埃及的土地，并迫使帕提亚和巴克特里亚与其和平共处，这些成就到后来为他赢得了“安条克大帝”（Antiochus the Great）的称号。现在，他决心展开一场新的征程：向西进军并攻占小亚细亚更多的土地，甚至可能越过赫勒斯滂海峡，夺取色雷斯。

他知道，如果他不向西采取些行动的话，罗马人很可能就会骑到他的脖子上。罗马军队因为战胜了迦太基而欢欣鼓舞，现在重新回过头来，对东方虎视眈眈。塞琉古帝国是当时世界上领土最广阔的帝国，随着迦太基被征服，安条克三世成为罗马的新敌人。

夹在这两个大国之间的国王是马其顿的腓力五世，他使他的国家在第一次马其顿战争中毫发无损。在希腊仍有以维持和平名义留下的罗马驻军，但是马其顿通过《腓尼基和约》获得了更多的土地。在罗马人专心对付迦太基人时，腓力五世曾与安条克三世订下一个秘密条约，瓜分曾经属于托勒密的埃及领土。

罗马人断定腓力五世仍打算入侵希腊，他们不希望希腊半岛处在一个亲塞琉古的国王的控制下；希腊需要继续作为罗马和安条克三世的力量之间的缓冲带。公元前200年，罗马尚未完全结束在迦太基的军事行动就开始向腓力五世进军。

埃托利亚同盟再次站在罗马一方，雅典也是，于是第二次马其顿战争到公元前197年就迅速结束了。在最后的库诺斯克法莱（Cynoscephalae）战役中，腓力五世的士兵被彻底击溃，马其顿国王甚至担心自己可能会失去王位。[1]但是，罗马人不希望在接下来的几十年中仍旧为了镇守希腊各城邦而战斗，于是提出了和平协议，允许腓力五世继续统治马其顿。腓力五世不得不放弃征服希腊各城邦的想法，交出所有战船，支付赔款，并从希腊的领土上撤出所有士兵。罗马执政官弗拉米宁（Flamininus）在马其顿掌管罗马军队，被获准玩一把米罗达巴拉但/拿破仑/萨尔贡二世/居鲁士的把戏：他宣布罗马人现在已经将希腊人从马其顿人的压迫中解放了出来。该法令如是说："在亚洲和欧洲的所有希腊人都是自由的，并享受自己的法律。"

波里比阿指出，对这一点有一些怀疑的声音；不止一个埃托利亚领导人指出："希腊人一直没有得到自由，只是换了主子。"[2]但罗马人坚称他们是大公无私的（"这完全是一个令人钦佩的举动……罗马人民和他们的将军本应该下定决心承担无限的风险和费用以确保希腊的自由"），[3]亚该亚同盟的城市（其中包括科林斯城）很高兴能够签订一个亲罗马的条约，只要它也是反对马其顿的。

条约甫一签订，安条克三世就出现在北方。到公元前 196 年，他已经成功击退了在亚洲遇到的缺乏组织的反抗，跨过赫勒斯滂海峡并占领色雷斯，对罗马的新盟友他也没看在眼里。他更倾向于同罗马打一仗，而不是与其保持和平，部分原因是他现在有了一个新的军事顾问：汉尼拔逃离迦太基后出现在了塞琉古王庭。他满怀痛苦和愤怒离开了他的家乡；他对迦太基的爱已然褪去，但他对罗马的憎恨依然存在。他来到安条克三世的王庭，这是唯一一个强大到足以与罗马抗衡的国家，在这里，他可以延续他一生孜孜以求的事业。波里比阿告诉我们："他给安条克三世留下了深刻印象，只要国王采取与罗马敌对的政策，他就可以暗地里依靠汉尼拔并把他当作最全心全意的支持者……因为他会将他的全部能力都用来伤害罗马人。"* [4]

夺走希腊无疑会伤害罗马人。希腊各城邦如今的处境非常困难，东北边是一个古老且可怕的国家，西边是一个新兴的而且同样令人胆寒的国家，它们在两者间进退两难，按照各自的效忠对象分成两派。爱琴海同盟的很多城市保留了它们与罗马的条约，但相反埃托利亚同盟同意与安条克三世结盟。更多的罗马军队抵达希腊南部，同时，安条克三世的塞琉古大军（与马其顿盟友和象队一道）自北方南下。

公元前 191 年，两军在温泉关相遇。罗马执政官发表演讲激励士兵，让他们对埃托利亚同盟各个城邦领导人的水平产生严重怀疑。"你们是为了希腊的独立而战，"执政官大声喊道，"以前，你们将

---

* 这是对整个罗马的厌恶，不一定是对某个罗马人的仇恨。在他被从迦太基流放多年后，汉尼拔发现自己与大西庇阿同在一个城市，后者要求与他见面；两人花了一些时间友好地讨论军事战略，汉尼拔称赞西庇阿作为指挥官能力超群（不过他认为他自己是个更好的将军）。

其从腓力国王那里解放出来，现在，你们要把它从埃托利亚同盟和安条克三世那里解放出来。自此以后，你们将长驱直入，进入罗马统治的亚细亚、叙利亚以及所有那些延伸至地平线的富裕王国。整个人类对罗马这个名字的敬畏，将仅次于对神的敬畏！”[5]这不是一个关于解放特别有说服力的演说，但它确实起了作用。罗马人逼得安条克三世的军队节节败退，死伤上万人，安条克三世被迫从希腊半岛全部撤出。

这场失败是安条克大帝的霸业终结的开始。当他撤退时，他也失去了小亚细亚土地的一部分；小亚细亚总督所辖的叫亚美尼亚也脱离了帝国，在那里阿尔塔夏一世（Artaxias I）于公元前 190 年自立为王。罗马人随后将战斗引入了塞琉古的土地，领军的是西庇阿家族的另一成员。安条克三世给予汉尼拔海军的指挥权，并亲自指挥陆地防守，但他们都失败了。汉尼拔的舰队在小亚细亚的南部海岸附近投降；安条克三世的军队再一次被打败，这次是在马格尼西亚（Magnesia）。西庇阿凭借他的胜利为自己赢得了“亚细亚提库斯”（Asiaticus）的称号，而安条克三世被迫签订《阿帕梅亚条约》（Treaty of Apamea），条约剥夺了他的大部分海军以及托罗斯山脉以北的领土。

腓力五世也没有幸免。他因为与安条克三世交好遭受了惩罚，失去了他的海军、多个边境城市和儿子德米特里——德米特里被当作人质抓到罗马，以确保他父亲能好自为之。

安条克三世作战失利，似乎使他手下的总督受到了鼓舞，纷纷开始进行反抗。次年，亦即公元前 187 年，安条克大帝死于一场镇压东部叛乱总督的小规模战斗中。他的儿子塞琉古四世继承了塞琉古帝国的王位，但他被迫像腓力五世一样将长子兼继承人送到罗马做人质。

汉尼拔失去了保护者，只好再次流亡。普鲁塔克说，他最终定居在黑海沿岸一个不知名的小镇上，在那里，他在所住的房子下挖了七条地道，每条地道都延伸了“相当远的距离”，通往各个方向，这样他就不会被追杀他的罗马人擒住。

但公元前 182 年，在他 65 岁的时候，他被恰好到此拜访国王的一名罗马元老院成员认了出来。此人威胁国王，让他不要允许汉尼拔离开，否则罗马会对此感到愤怒。国王不情愿地派出当地警卫堵住了七条通道，准备逮捕这位老将军。汉尼拔不愿被活捉，遂饮下毒药自尽。据普鲁塔克说，他的最后一句话是：“让我们免除罗马人持续不断的恐惧和忧虑吧。”[6]

塞琉古入侵的威胁不断减弱，这给了东面的巴克特里亚人一个扩大自己领地的机会。他们目前的国王是一个叫作德米特里一世的希腊裔巴克特里亚人，他将目光投向了东南方：印度。这里自亚历山大大帝时代起一直是他们眼中的富饶之地，正等待着被征服。

在印度，没有一个能抵御入侵的强大王国。阿育王死后，他的儿子们虽然继承了父亲对佛法的痴迷，却丧失了他对土地的控制力。在从公元前 240 年阿育王逝世到德米特里一世入侵 50 年左右的时间里，孔雀王朝共有 7 位国王相继统治，国土日益缩小。

这些孔雀王朝国王中的最后一位是布柯提婆陀（Brhadratha，一译“坚车王”）。他是一名虔诚的佛教徒，他的生平事迹记录在一些宗教经文中，书中描述他苦修了一千天以寻求真理。在这千日之中，据说他让他的长子监国，[7] 这暗示这位国王对权力的掌控很弱。事实上，布柯提婆陀在公元前 185 年左右失去了他的王国，他的一个军队指挥官刺杀了他。这名指挥官是一个虔诚的印度教徒，名叫普士亚密多罗·巽伽（Pusyamitra Sunga），他控制的已经是一个无比衰微的王国。佛教典籍中也记载了他的故事；据说他为了重新确立印度教的正统地位，对佛教徒展开了宗教迫害。可是由于在他统治期间修建了很多舍利塔，这个记录可能并不真实。我们可以肯定的是，巽伽建立了一个王朝，并开始对古老的摩揭陀王国进行扩张。不同于他之前的国王，他愿意为权力而战。

就在此时，德米特里一世穿过开伯尔山口南下，朝旁遮普进发。他接下来的入侵没有留下任何书面记录；为了重新勾勒出希腊巴克特里亚国王的征服过程，我们必须从他们留下的硬币上找线索（每个国王都会把自己的肖像铸在硬币上，于是，尽管我们对这些国王可能一无所知，但仍旧能知道他们大概的长相）。我们猜测，德米特里一世首先攻克的是布路沙布逻（Purushapura，今称白沙瓦）和塔克西拉，它们已经独立于孔雀王朝有一段时间了，还没有被巽伽征服。德米特里一世攻占了它们，到公元前 175 年，他似乎已经拿下了旁遮普。

与此同时，巽伽王也在向东部和西南部扩展自己的势力。印度出现了两个相邻的大国，一个由是希腊人统治，一个是由印度原住民统治。

我们再回到马其顿。腓力五世做人质的那个儿子（也叫德米特里）已经从罗马返回，他受到马其顿人民的热烈欢迎，这把他弟弟的鼻子都给气歪了。只要德米特里仍在异国做囚犯，这个年轻人——珀尔修斯——显然就是继承人；而现在他的地位受到了威胁。[8] 他开始暗示腓力五世，新释放的德米特里已被罗马人洗脑，他们打算把他推上马其顿的王位，好做罗马的傀儡。“我们心知肚明，”他评论

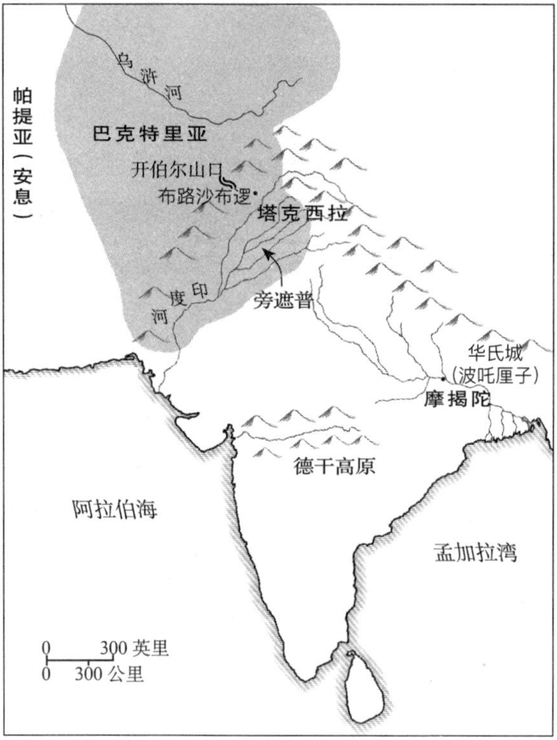


地图 21-1 巴克特里亚和印度

道，带有明显的不情愿，“我不想说他是叛徒，但至少是间谍。罗马人把他的身体还给了我们，但是留下了他的心。”[9]公元前 181 年，腓力五世终于屈服于怀疑和猜测。李维说，他下令将毒药放进德米特里的杯子，这个年轻人在开始感到疼痛后意识到发生了什么。他死时尖叫着，责骂父亲残暴无情。

两年后腓力五世本人去世，珀尔修斯成为马其顿国王。他给罗马送信以示友好，但这些信都是骗人的；实际上他勾结马其顿，再一次入侵了希腊。

在娶了塞琉古四世的一个女儿后，他的意图更加昭然若揭。但是他不能指望塞琉古四世能帮助他对付罗马；婚礼刚刚结束，塞琉古四世就被他的大臣谋杀，一场储君争夺大战爆发了。塞琉古四世的弟弟安条克四世（后来被称为“神显者”安条克）赢得了权力，作为摄政王辅佐塞琉古四世尚在襁褓中的儿子，后来他杀死了这个婴儿。

同时，珀尔修斯还在尽量不引起罗马怀疑的情况下着手征服希腊。波里比阿说，他进军到希腊的中部和北部，并拜访各个城邦以“赢得它们的信任”，他在穿过各个城邦的领土时小心翼翼，不“造成任何损害”。[10] 这样持续了三年，之后希腊的一位国王——小亚细亚帕加马城的统治者欧迈尼斯（Eumenes）——亲自来到罗马汇报了珀尔修斯的所作所为。珀尔修斯企图刺杀欧迈尼斯灭口；这个决定是一个错误，因为刺杀失败了，这就进一步坐实了那些指责。

公元前 171 年，17 000 名罗马士兵向马其顿进发，拉开了第三次马其顿战争的序幕。珀尔修斯派使者到罗马，并用委屈的口吻问为什么罗马人不放过他。罗马人告诉使者说：“回去告诉你的国王，如果他真的想要一个答案，他应该跟马上就要带领军队到达马其顿的执政官谈。”[11]

像第二次马其顿战争一样，第三次马其顿战争持续了三年左右；跟第二次战争类似的是，罗马人最终在一场战役中彻底粉碎了马其顿的力量，这一次战场是在皮德纳（Pydna）。不同于第二次马其顿战争，第三次战争使马其顿走向了灭亡。罗马人厌倦了在希腊北部反复进行的令人生厌的小规模战争。公元前 168 年，珀尔修斯被俘虏并押送至罗马，在罗马执政官的监督下，马其顿被分为四个不同的附属国。诞生过亚历山大这样一代伟人的马其顿王国就此终结。

罗马使节来到安条克四世的宫廷，问他是否打算支持珀尔修斯与罗马的战争；安条克四世向他们保证，他无意参与珀尔修斯与罗马的战争，他这么说绝对是实事求是。[12]

他的计划是入侵埃及。年轻的埃及国王托勒密六世在他的摄政王的指令下，曾要求塞琉古王国归还其西闪米特的土地——以色列、犹太、叙利亚这些古国以及周围的土地。这些土地是安条克大帝从托勒密王朝夺取的，都被纳入一个名为“柯里叙利亚”（Coele Syria，又译作“叙利亚山谷”）的总督辖地，现在埃及希望把它们要回去。

在罗马正忙于与马其顿作战时，安条克四世率领军队南下围攻亚历山大城。但他高估了罗马对付珀尔修斯所花的时间。元老院不会无视这等明目张胆、厚颜无耻扩张领土的行为；一位罗马使者携带一封信出现在安条克的军营中，信上要求安条克撤军，把埃及留给托勒密六世治理。安条克四世说他需要跟谋士讨论一下这件事情，但是罗马的使者（据李维记载）“用他带着的木棍绕着国王画了一个圆圈并说道：‘在你迈出这个圈子前，给我一个可以向元老院报告的答复。’他犹豫了几分钟，对如此强硬的命令惊讶不已，最后回答说：‘元老院认为怎么做正确，我照做就是。’”[13] 他还没有准备好去全面应对罗马的愤怒。

他随后率军向北撤退到海岸，将他的一腔愤怒发泄在了柯里叙利亚总督辖地上，任何人只要对埃及人的要求表现出同情，就都

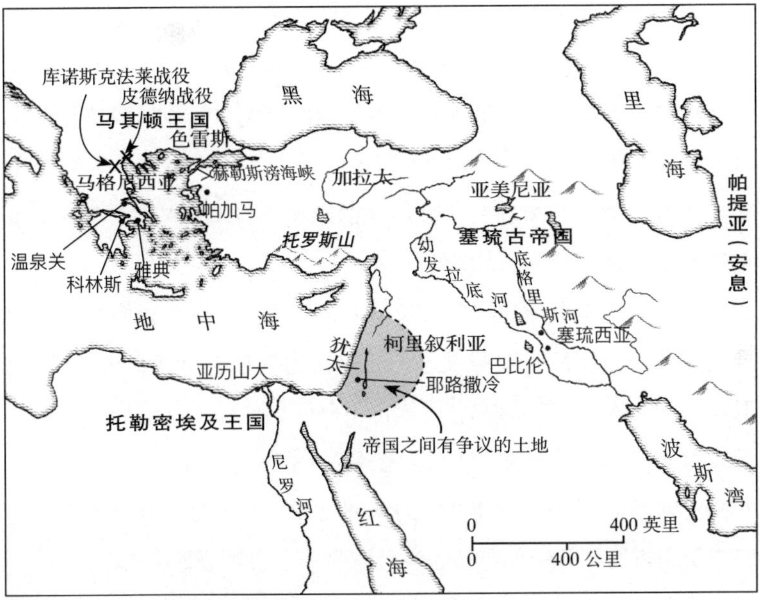


**地图 21-2　多方争夺的总督辖地**

会被他清洗掉，这包括许多耶路撒冷的居民。“在同一时刻，安条克，即被称为‘神显者’的那个人，曾就他对整个叙利亚的权力问题与托勒密六世发生争吵，”约瑟夫斯在他的《犹太战史》(*Wars of the Jews*) 一书中说，“……(他) 率领一支大军袭击犹太人，靠武力夺取了他们的城市，杀死了一大批支持托勒密六世的犹太人，并且……毁坏了圣殿。”[14]

毁坏圣殿是一种纯粹的机会主义行为；安条克四世破产了，他需要神圣的财宝。在他穿越犹太地的一路上，不仅掠夺圣殿里的金银财宝，屠杀耶路撒冷的居民，而且在耶路撒冷驻军以保证犹太人效忠于他。[15]

对于一个征服者而言，驻军是例行公事，但是安条克四世让犹太人保持忠诚的做法是倒行逆施。他对犹太人的宗教一无所知；他计划将犹太人更紧密地纳入塞琉古王朝的控制（使他们脱离托勒密六世的保护），这个计划包括改造他们的宗教，让耶和华等同于宙斯。然后，这个主神进一步被用他的原型来打造："神显者"安条克就是宙斯兼耶和华在人间的化身。[16]

这是对希腊众神与波斯人对国王神性观念的一个相当标准的融合，也是一个统治古波斯领土的希腊统治者最有可能采用的做法。但是犹太人跟大多数的古老民族都不一样，他们不仅信仰一个独一无二的上帝，而且相信上帝与人有本质上的区别。对于犹太人而言，安条克四世的做法是一种可怕的渎神行为。安条克四世要他们在神庙中祭祀宙斯，并把他自己的生日作为一个宗教节日庆祝。

耶路撒冷的犹太人偷偷藏匿起来，否则就会受到鞭笞，直到屈服。安条克四世因为犹太人的固执而怒不可遏，宣布犹太教为非法宗教。任何不肯吃猪肉（吃猪肉有悖犹太教教规）或者被发现藏有犹太教经书的人都将被处死。据《马加比二书》记载："两个女人因对她们的孩子施行割礼而被处死，他们把婴儿挂在这两名妇女的脖子上，押着她们在城市里游街示众，然后猛地把她们头朝下从城墙上推下去。"*[17]

这种野蛮行径持续不到一年，犹太人就爆发了起义。领头的是一个家族的五兄弟，他们一家都是古老的祭司部落的后裔。老大犹大（Judas）是起义军的领导者；他来到田野乡间，征募愤怒的犹太

* 《马加比一书》和《马加比二书》是经外书（Apocrypha）中的历史记录，它们是介于《旧约》和《新约》之间的一套经书。早期宗教界的神父并不普遍接受这些经书，认为它们缺乏神圣的启示；对它们在《圣经》中的地位的辩论一直持续到 16 世纪。1546 年，天主教特伦托大公会议（Council of Trent）宣布经外书是"神圣且规范的"，但新教徒普遍抵制这些书。

人，最后，有 6000 人加入他的队伍，他们开始了一场反对塞琉古占领者统治的游击战争。“他来无影去无踪，”《马加比二书》记载道，“他放火烧掉城镇和村庄，夺取了多个战略位置，赶走了不少敌人。他发现夜晚很适合发动这种攻击，他的英勇事迹也传遍了四方。”[18] 他为自己赢得了自由战士的美誉，如“犹大·马加比”（意为“锤子犹大”），这场起义后来被称为马加比战争。

犹太人的愤怒，加上安条克四世在其他地方的困境（他不得不分兵北上抵御入侵的帕提亚人），让起义军坚持了比较长的时间。此外还有一个因素：按约瑟夫斯的记载，犹大创立了“跟罗马人的友好联盟”；罗马人急于一探塞琉古的实力。[19] 犹太–罗马联盟并没有维持多久，但它帮助耶路撒冷整整四年都没有落入安条克之手。*

最后，“神显者”安条克死了，随之而来的是惯常的内部争夺继位权的斗争，一时间没有人有能力派遣更多的士兵南下到耶路撒冷，犹大趁机宣布自己是国王，即耶路撒冷哈斯摩尼王朝的第一位国王。最终，安条克四世的侄子德米特里一世（不要将其与希腊巴克特里亚的德米特里或马其顿的德米特里混淆）得到了塞琉古王国的王位。他坐稳了王位后，便派出一支军队南下重新征服耶路撒冷。犹大战死沙场，耶路撒冷再次成为塞琉古王朝统治下柯里叙利亚的一部分。但德米特里一世从他已故叔叔的灾难性决定中汲取了教训，授予犹大的弟弟约拿单（Jonathan）很大的权限，让他按照犹太人的习惯管理犹太人，只要他一直是帝国附属国的忠实管理者就行。约

---

*　公元前 165 年，犹大夺回了神庙的控制权，使其重新回到犹太人手中，并着手进行净化神庙的仪式（圣坛已被玷污，人们曾用一头猪祭祀宙斯）。据《马加比一书》第四章称，圣坛的净化于公元前 164 年 12 月完成，并重新用于祭祀，后来犹太人在光明节庆祝这一事件。根据《塔木德》（Talmud，犹太法典，是对犹太教的核心文本的书面阐述的合集）记载，马加比的起义军没有足够的纯橄榄油供净化仪式用，他们仅有的一瓶橄榄油却奇迹般地烧了 8 天。

瑟夫斯说，约拿单“行为非常谨慎”，这意味着他不像他的哥哥那样是一个动不动就要打仗的急性子。[20] 他尊重塞琉古当局，并设法在耶路撒冷执政将近 20 年。

与此同时，罗马越发兴盛。

几年前，发生了一件具有特殊意义的事情。公元前 180 年，坎帕尼亚的库迈城请求罗马允准其将官方语言从欧斯干语（Oscan）这种古老的方言改为拉丁语。

库迈人已有了半公民权，这是一种没有投票权的公民权。半公民权更像是一种盟约，这个权利不会破坏城邦之前所有的原始身份。[21] 现在，库迈人向罗马人要求一种新的身份。他们没有成为完全的罗马人，也没有完全放弃讲欧斯干语。他们不仅认同罗马的政治，而且认同罗马的文化，但也不放弃自己作为库迈人的身份。

希腊人就从来没有提出这样的关于统一的请求，因为他们都讲希腊语。可能正是由于有共同的语言，他们才没有让自己的泛希腊身份压倒他们作为斯巴达人、雅典人、科林斯人、底比斯人的身份。但是拉丁语的官方地位允许库迈人保持自己作为库迈人的身份。拉丁语不会是他们唯一的语言，但会被用于商业和行政管理，将库迈人与其他保留自己身份的城市和人民绑在一起，同时在原有的身份上增加一个新的身份。

罗马批准了这一请求。库迈人可以使用拉丁语作为官方语言，从这个角度讲，库迈人已经变成了罗马人。罗马人并没有觉得需要进一步抹去他们附属城市的旧身份，用罗马习俗取代古老习俗，用对罗马的忠诚取代古老的忠诚，用罗马的神取代古老的神。

但这种罗马身份的赠予仅限于此。外族人一直在涌入罗马，

| 时间线 21 | | | |
|---|---|---|---|
| **罗马** | **亚历山大的继业者** | | |
| | 埃及 | 塞琉古帝国 | 色雷斯－马其顿 |
| | **托勒密三世**（前 246） | | |
| | | **塞琉古二世** | **德米特里二世** |
| | | | **安条克大帝** |
| | **托勒密四世**（前 222） | | **腓力五世** |
| 第二次布匿战争（前 218） | | | |
| 坎尼战役 | | | |
| 扎马战役（前 202） | **托勒密五世**（前 204） | | 《腓尼基和约》 |
| 第二次马其顿战争 | | 帕尼翁战役（前 198） | |
| | | **塞琉古五世**（前 187） | |
| 库迈将其官方语言改为拉丁语 | **托勒密六世**（前 180） | | **珀尔修斯** |
| | | **“神显者”安条克** | |
| 第三次马其顿战争 | | | 皮德纳战役（前 168） |
| | | **安条克五世** | |
| | | **德米特里一世** | |

结果是外国的自由人在数量上有超过在罗马出生的自由人的危险。公元前 168 年，监察官塞姆普罗尼乌斯·格拉古（Sempronius Gracchus）开始将所有在外国出生的自由人作为一个单一的部落进行登记。他们可能会成为罗马人，像库迈人一样。他们甚至可能有投票权。但无论有多少人来到罗马，他们将永远无法在票数上超过土生土长的罗马人。

# / 22

# 东方与西方

公元前 202 年至公元前 110 年间，汉朝开辟了丝绸之路。

汉朝第一位皇帝汉高祖*是农民出身。在他统治期间，在秦朝暴政下销声匿迹的古老的贵族开始重新抬头。大一统的老问题并没有消失。

在汉朝初年，各个诸侯国都厌倦了战争，汉高祖为了维持统一，采取了灵活的治理措施，一方面施以严政，另一方面承诺让分封的诸侯国具有一定的独立性。只要有分封的诸侯胆敢造反，他就会派军平定，不过他也下诏大赦，称所有没有谋反的贵族都不会被随意捕杀。对帮他获取帝位的功臣，他免除了其赋税和徭役。有一次，他花了整整一个月时间围剿一个反叛的城池。拿下该城后，他下令赦免那些反抗他但没有诅咒他的人，只有那些诅咒他的人被处

---

* 历史学家将公元前 206 年到公元 25 年这段时期称为“西汉”；其中公元 9 年到公元 25 年是一段短暂的中断期，区分了“西汉”与“东汉”（公元 25 年至公元 220 年）。

以死刑。[1]秦朝的皇帝采取的治理之策是将王权攥得死死的，汉朝的皇帝则稍微松开手，把一定程度的自由作为某种赏赐。他发动的最大规模的战争是为了抵御外敌。中国并不总是频繁地面临有组织的外敌入侵，这一点跟西方的许多文明有所不同。但是几个世纪以来，游牧民族也不断在中国北方的边境上活动。汉朝之前，许多战国时期的小国都曾修建长城用以防御外族侵扰，现在这些长城已经被连在一起，变成了防御游牧民族的万里长城。中国人认为那些频频进犯的游牧民族都是蛮夷（“非我族类”），处于真正的中国社会之外。

实际上，这些游牧民族并不像中国人想象的那样未开化。许多居住地接近的游牧部落已经开始组成一个松散的联盟，匈奴就是其中一个例子。[2]联盟中的每一个部落都有自己的首领，他们都服从联盟的国王（称为“单于”）。其实，匈奴联盟正是仿照南方的汉族政权建立起来的。

他们可能是狄、戎或者其他中国早期典籍所记载的“蛮夷”的后裔。[3]他们同“真正的中国人”并无太大不同，比如，司马迁就曾不经意地说匈奴人是夏朝的一支的后人。[4]但是，司马迁立刻又补充说，匈奴人当然要（比中原人）缺少一些人性，他也暗示，绝大多数中原人都忽视了这种相似性。

汉朝初期，匈奴首领是一个名叫冒顿的单于。史书中记载的游牧民族领袖的名字很少，冒顿是其中之一。在他的组织领导下，匈奴每年都在一个地点（蒙古高原某地）举行大会并进行祭祀。[5]汉高祖曾在匈奴大会期间召集 30 万大军北上围剿。这些游牧民族同一个世纪之前的斯基泰人一样，充分发挥了他们善于机动的优势。他们一路撤退，直到汉高祖的亲兵将大部队远远地甩在了后面，这时 40 万匈奴大军突然调转方向包围上来。汉高祖用了整整 7 天的时间才突出重围。[6]

经历这场遭遇之后，汉高祖决定与匈奴讲和。这是因为，在他的帝国内部，还有很多曾经参与反秦的将军意欲发动叛乱，他不想在内部还未安定的情况下就与外敌开战，导致自己腹背受敌。他不仅送给匈奴很多礼物和钱财以安抚他们，而且令人惊讶地承认了冒顿单于的权力，甚至将一名宗室女子远嫁匈奴和亲。

汉朝早年，皇位承继并不顺利。汉高祖在位七年后于公元前 195 年驾崩，他的儿子继位，史称汉惠帝。但是汉朝真正的权力握在汉高祖的遗孀吕氏手中，皇太后临朝称制，担任她儿子的摄政王。

吕后不是汉高祖唯一的妻子，却是他的结发妻子（此外汉高祖还有一群嫔妃所生的儿子，这些嫔妃一般都是名门望族家庭的女儿）。吕后嫁给汉高祖时，他还是一个普通人。她是一个意志强硬的女人，她的儿子惠帝却天生仁慈柔弱。[7]她毒害或杀死了很多嫔妃和皇子，她的残忍让自己的亲儿子都不堪忍受，于是汉惠帝终日借酒消愁，不理朝政。据司马迁《史记》记载，“孝惠以此日饮为淫乐，不听政”[8]。刚刚 23 岁他就驾崩了，而他的生母吕后却没掉一滴眼泪。司马迁写道：“发丧，太后哭，泣不下。”[9]

实际上，儿子一死，她就得以重用外戚，让自己家族的兄弟、侄子担任将军、大臣、诸侯等手握重权的职务，这样就进一步巩固了她自己的势力。在惠帝遗孀的配合下，她立汉惠帝的儿子为继承人，宫中谣传这个孩子实际上是一个侍女的儿子，并非皇室血脉（惠帝整日饮酒浇愁，可能并无子嗣）。新帝即位，年纪稍长以后他总是询问一些有关自己身世的问题，让人难以回答。吕后便将他害死，并指派另一个据说是惠帝儿子的人继位。[10]

通过插手皇位问题，吕后在这 9 年间稳稳地掌握着大权。在她于公元前 179 年去世后，朝臣把对她的不满发泄到她的宗族身上，诛杀了很多吕氏族人。铲除吕氏族人后，皇位和很多政府职位都出现空缺，不过汉朝平稳地度过了这场特殊的危机。虽然朝野混乱，但皇帝的位置并没有像秦始皇驾崩后那样落入奸佞小人之手，最后让整个嬴氏家族蒙羞。伟大的史学家司马迁总结道："黎民得离战国之苦，君臣俱欲休息乎无为……天下晏然。刑罚罕用，罪人是希。民务稼穑，衣食滋殖。"[11] 国家成功地抵御了北方蛮夷的侵略，百姓得以休养生息，这种无为而治的政策使国家逐渐繁荣昌盛起来。百姓得到满足也就不会再生叛乱，吕后的势力被清除后，高祖与嫔妃所生的另一个儿子宣布即位。

这位年轻人就是文帝。他所继承的这个国家尚不具备帝国的风范，他所能用以团结百姓的，只不过是民众对秦朝暴政的可怕记忆，这使他们更愿意站在反秦的刘氏家族这一边。文帝在位 20 多年，直至老死（他于公元前 179 年到公元前 156 年间在位），在位期间他表现出了极大的智慧。文帝效仿其父，利用百姓对秦朝的憎恨使国家保持统一，并继续无为而治，放任各地的农业和商业自由发展。

同他父亲一样，他也面临外族入侵的困扰。一支更北的游牧民族——他们不是匈奴联盟的一部分，而是月氏人——开始南下进犯匈奴边境。同凯尔特人一样，他们之所以南下侵略，也是因人口过剩出现粮食危机，同时他们也希望侵占更多领地，意图进入中国境内。

但是匈奴人将他们驱逐到了西边。司马迁记载："匈奴破月氏王，以其头为饮器。"[12]（这表明匈奴人与稍微偏西的游牧的斯基泰人有文化上的联系，尽管未必有血缘上的联系，因为二者有同样

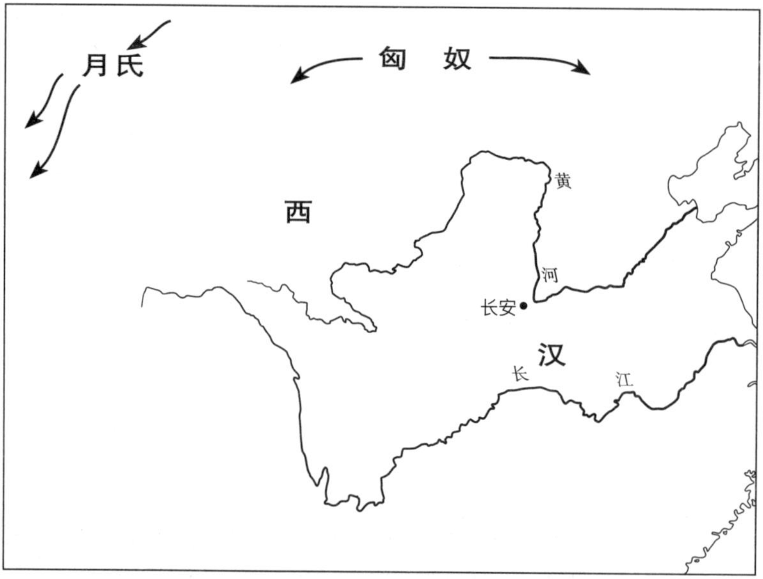


地 22-1 西汉时期形势图

“迷人”的风俗。）西迁的月氏人被称为大月氏，他们的行动带来了多米诺骨牌效应：公元前 160 年左右，他们侵入大夏*，并在其北边的乌浒河岸边驻扎下来。这是远东地区和地中海地区民族之间的最早的较长时间的接触。汉朝也因此避免了一场危险。由于匈奴将其他的蛮族击退，汉文帝也就不用再召集大军前去防御。

公元前 157 年前后，汉文帝驾崩，并顺利地将帝位传给了他的儿子，之后，帝位又传到了他儿子的儿子头上，这位皇帝就是大名鼎鼎的汉武帝，他于公元前 141 年即位。汉武帝是汉朝历史上第六

* “大夏”原文是“巴克特里亚”，因涉及中国史，本章依中国史书习惯，称之为“大夏”。——译者注

位或者第七位皇帝（取决于你具体把几个婴儿皇帝算在内）。在汉武帝 53 年的统治期间，汉朝国力增强，于是对匈奴转守为攻，迫使其后退。这结束了汉高祖以来的和平局面。现在汉朝已经有实力应对一场战争。

除了击退匈奴，汉武帝的功业还有许多值得大书特书的地方。在他之前的诸位先帝推行休养生息的政策。此时，秦朝的暴政已经结束多年，汉朝经济繁荣，皇帝终于可以深入治理国家，建设一个伟大的帝国。他重新开始对多种物产征税，将冶铁、煮盐、酿酒等生意改为官营，削减地方官员趁先帝无为而治时聚敛的个人财富。[13] 他还开始重建官僚体系，首次要求想做官的人必须参加并通过一个资格考试。[14]

继位后不久，可能是在公元前 139 年前后，他派了一位名叫张骞的使节出使西域。我们不知道是何种原因促使汉武帝这样做，但是那时候，汉朝的确不断接受来自西部的物品。东西两边的人因为货物交易而产生了对彼此的好奇。[15]

张骞的出使并不顺利，他被匈奴兵抓到，送到了单于面前。不过匈奴人没有杀他，反而还赏给他一个妻子，他在那里住了十年，终于在匈奴人对他的监视不再那么紧的时候，抓住机会逃跑了。之后他一直向西访问了大夏和安息*，亲眼看见了大月氏人北上迁徙的过程。公元前 126 年，张骞返回大汉，受到极大褒扬，他也将掌握的情况详细向皇帝汇报。

他对皇帝说，大夏住着很多农民，但是没有国王："只有一些小领主统治着不同的城市。"[16] 实际上，沿途发现的古代钱币显示，

---

* 安息即帕提亚阿萨息斯王朝，因涉及中国史，本章依中国史书习惯，将原文的"帕提亚"译为"安息"。——编者注

最后一位大夏国王名叫赫利奥克勒斯（Heliocles），他还是希腊人。公元前 130 年前后，大月氏人入侵，终结了他的统治。张骞到达大夏时恰逢入侵的游牧民族迅速占领这个国家。

游牧民族到来之时，那里的统治者可能已经南下去了印度。张骞还报告说，大夏人曾跟他说过一个叫作“身毒”的地方，那片土地位于“东南可数千里……其人民乘象以战，其国临大水焉”。大夏的希腊人翻山越岭逃入印度，这样大夏王国就分成了两部分：一部分原本由希腊人控制，现在被月氏人征服；另一部分则在南方形成了印度–希腊王国。

几十年后，这些“印度–希腊人”就变得更像印度人而非希腊人了。他们最负盛名的国王是米南德一世（Menander I，中国古书称之为“弥兰陀”），他于公元前 150 年左右在位。他在位时铸的硬币上刻有希腊文字并画有他身着希腊盔甲的形象，但是《弥兰陀王问经》* 这部佛教典籍中记载了他皈依佛教的故事。“整个印度无人能与弥兰陀王比肩，”经文开头说道，“他的王国强大繁荣，军队的力量无穷无尽。”尽管如此，他还是孜孜不倦地询问他的权威本质为何，以及有关他为获得统治权而征战的这个世界的问题。一天，在检阅了自己“不计其数的战象、骑兵、弓箭手和步兵”之后，他请求同一位大师谈话，以纾解他心中的困惑，后来他们之间的对话就成了《弥兰陀王问经》这部佛教经典。[17]

据《弥兰陀王问经》（*Milin Panha*）记载，这场讨论最终让国王放弃王位，开始其朝圣之旅。“此后，他以长者的智慧为乐，”经卷的最后说，“他把国家交给了儿子，放弃了世俗生活，四海为家，

---

* 梵文为“Milinda Panha”，佛教典籍又称《那先比丘经》。——译者注

增长见识”[18]。这事虽然有可能发生，但不像是真的。弥兰陀之所以出名，不仅是因为他皈依了佛教，还因为他将印度-希腊王国的边境一直扩展到了华氏城，这必然是经过连年征战才能实现的。后来的一部佛教典籍《伽尔-吉本集》（*Gargi-Samhita*）证实了这一点，它说希腊人来到“华氏城厚厚的夯土城墙外，所有的行省……一片混乱”。

不管弥兰陀最终是不是放弃了战争，他的征战都吞并了一个信奉印度教的王国，并扩大了一个信奉佛教的王国的地盘，佛经对他的这一功绩有所记录。他于公元前130年去世，《弥兰陀王问经》说道，“神圣的遗骨”被供奉在舍利塔中，“坚固的佛塔下埋着伟大逝者的遗骨”。

张骞的报告中还提及了更西边的安息，当时该国还有国王在位。安条克一直在被迫抵抗安息人的入侵，在他之后的三名塞琉古国王也肩负着同样的重任。从本质上来讲，安息人和匈奴人的祖先并无不同，他们都是马背上的游牧民族，骁勇善战，多年来一直都在侵犯塞琉古的边境，并将其不断向西驱赶，一直推到靠近叙利亚的地区。在安条克之后第三位国王德米特里二世（Demetrius Ⅱ）统治时期，安息人已经深入到底格里斯河和幼发拉底河之间的古亚述王国的腹地。安息人牢牢地控制住了这片土地，甚至在上面建起了防御城墙。他们到处搜罗大石头来修建这些城墙；亚述那西尔帕的纪念碑也被推倒，碑石被当作建墙的石料，用来守卫他那古老的领地，以防御塞琉古人。

公元前139年，安息国王米特拉达梯一世（Mithridates I）在战争中俘获了德米特里二世，并将他一路押回安息。安息国王对德米特里二世很好，虽然他被关禁闭，但环境舒适。然而，这十年的

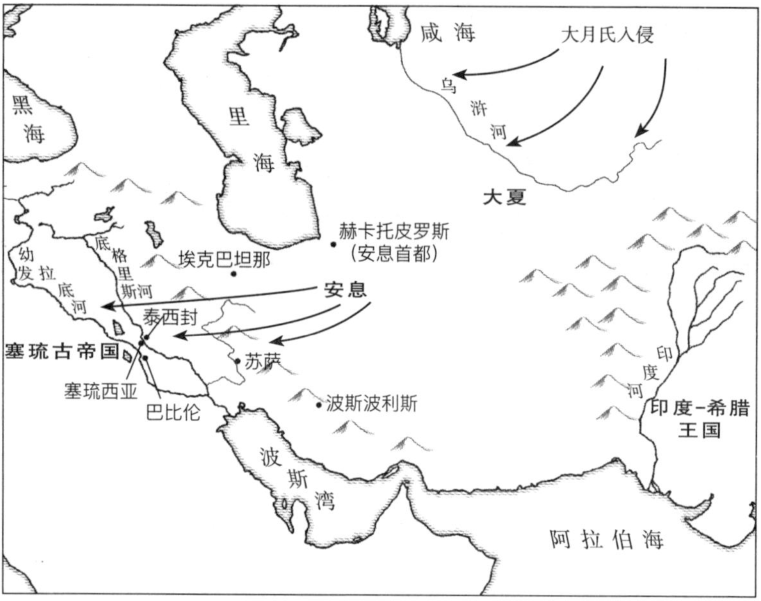


**地图 22-2 安息人（帕提亚人）**

牢狱生活使这位一度伟大的塞琉古国王分外难堪。约瑟夫斯称，他在圈禁中去世："德米特里二世被送到米特拉达梯一世面前，"他写道，"安息国王给予德米特里二世极大的礼遇，直到他因病去世。"[19] 还有另外一种说法，说他逃出了敌国，之后不久就去世了。王位首先由他的一个儿子继承，但很快他的这个儿子被谋害，后来他的另一个儿子即位。

与此同时，安息越来越逼近巴比伦，并在泰西封建造了营地，他们可以利用这个营地进一步深入塞琉古的土地。帕提亚人势力不断增强的事实，在张骞呈交给汉武帝的报告中都有述及。他说，安息人的文明是非常具有组织性的文明，令他印象深刻："其属小大数百城，地方数千里。”安息农民种植水稻、小麦和酿酒的葡萄；他们的商人远渡重洋与遥远的国家进行贸易。此时，安息帝国已经一直延伸到张骞口中的“条支”，那里“暑湿。耕田，田稻。有大鸟，卵如瓮。人众甚多，往往有小君长”。但是所有这些小领主都要听从安息国王的命令。[20]上面描述的正是两河流域。塞琉古人已经一路退出两河平原，他们的国家已经不再是那个能对罗马构成威胁的帝国。

这块土地是安息人自己拿下的。汉武帝统治下汉朝广阔的疆域与安息最伟大的国王米特拉达梯二世的领土在此接壤。米特拉达梯二世于公元前 123 年即位，之后不久他就惊动了小亚细亚的罗马官员。一个叫卢基乌斯·科尔内利乌斯·苏拉的人（普鲁塔克记录了他的生平）被派去留意“米特拉达梯二世的不安分举动，因为他在逐渐获取大量新的权力和领土”。[21]苏拉一直远行至幼发拉底河，并在那里碰上一位米特拉达梯二世派来见他的使者，据普鲁塔克记载，“两国之间还没有信使往来”；苏拉是“第一个与安息人建立联系和友谊的罗马人”。

米特拉达梯二世也向东边派去了商人和使节。司马迁记载道：“汉使至安息，……汉使还，而后发使随汉使来观汉广大，以大鸟卵及黎轩善眩人献于汉。”

同时期，从东边来的使节也在向西去。继张骞的“凿空之旅”之后，汉朝派出越来越多的使者沿着张骞的道路向西进发，出使西域。司马迁记载道：“自博望侯开外国道以尊贵，其后从吏卒皆争上书言外国奇怪利害，求使。”[22]

在这个过程中也发生了一些战斗，汉军在这条新开辟的商路上镇压了很多当地部落的反抗。公元前 110 年，自西向东的贸易路线完全建立起来。西汉政府在沿途设立了有军队驻守的驿站，以保护商人免受土匪抢劫。安息人从汉朝人手里购买他们自己无法制造的丝绸和漆器。汉朝皇帝则购买大宛出产的所谓“汗血宝马”。越来越多的外国访问者来到汉朝，皇帝允许他们沿着海岸线参观，以显示汉朝疆域广阔、国土富饶。在安息，同时出现在普鲁塔克和司马迁史书中的米特拉达梯二世成为东西方两个崛起大国之间的桥梁。

| 时间线 22 | | | | |
|---|---|---|---|---|
| **亚历山大的继业者** | | | **中国** | **匈奴** |
| **埃及** | **塞琉古帝国** | **色雷斯-马其顿** | 周朝灭亡（前 256） | |
| **托勒密三世**（前 246） | | | **秦庄襄王** | |
| | **塞琉古二世** | **德米特里二世** | **秦王政** | |
| | **安条克大帝** | | | |
| **托勒密四世**（前 222） | | **腓力五世** | *秦朝*（前 221—前 206） | |
| | | | **始皇帝**（秦王政） | |
| | | | **秦二世**（前 209） | |
| **托勒密五世**（前 204） | | 《腓尼基和约》 | *汉朝*（前 206—公元 220） | |
| 帕尼翁战役（前 198） | | | **高祖** | **冒顿单于** |
| | **塞琉古四世**（前 187） | | **惠帝**（前 195） | |
| **托勒密六世**（前 180） | | **珀尔修斯** | **吕后**（前 187） | |
| | **安条克·埃庇法尼斯** | | **文帝**（前 179） | |
| | 皮德纳战役（前 168） | | | |
| | **安条克五世** | | | |
| | **德米特里一世** | | | |
| | **德米特里二世** | | **武帝**（前 140） | |
| | | | 张骞出使西域 | |
| | （安息）**米特拉达梯二世**（前 125） | | | |

# / 23

# 破坏制度

公元前 157 年至公元前 121 年间，罗马人摧毁了迦太基，镇压了一次奴隶起义，也给了共和国致命一击。

罗马重新恢复了与迦太基的贸易往来。这座北非城市是黄金、白银、美酒和无花果的重要来源，所以出于现实的考虑，两座城市之间倒还能相安无事。[1]

但是迦太基的处境比较危险。第二次布匿战争结束时签订的条约剥夺了迦太基大部分的陆军和海军，使得迦太基城在外来入侵者面前显得极为脆弱。其中最让迦太基人担心的便是它南边位于北非海岸的努米底亚（Numidia）。努米底亚国王马西尼萨（Masinissa）跟罗马结成了同盟，西庇阿攻打迦太基时他就曾派军支援过罗马，罗马则帮助他扩大了在北非的王国（当年珀尔修斯派使节前往迦太基，希望能获得他们的帮助赶走罗马人，他还在罗马人那里搬弄迦太基人的是非）。第二次布匿战争结束后，马西尼萨不断武装进犯迦太基边境，并将夺得的土地据为已有。李维说："对于一个肆无忌惮的人来说，这简直轻而易举。”因为罗马条约规定，迦太基人不能对任何罗马的同盟者使用武力。[2]

公元前 157 年，政治家马库斯·凯托（Marcus Cato）率领罗马代表团来到北非，他此行的目的是让努米底亚人放过迦太基。在元老院中，凯托本人一直都是最强硬的反迦太基派。当他亲眼看到迦太基的时候，他惊呆了。这里根本不像罗马人以为的那样“穷困潦倒，境况惨淡”，而是（用普鲁塔克的话来说）“人丁兴旺，富人云集，充满各种武器和军火”。他急匆匆地回到罗马，向元老院发出警告，“除非他们能想出办法来限制这个罗马长久以来无法与之实现和解的敌人的快速发展，否则罗马自己就会陷入危险境地”。[3]

并不是所有的元老院议员都认为罗马大军必须立即征讨迦太基；凯托此时已经年近 80 岁，他的表现让人觉得他是一朝被蛇咬十年怕井绳。每次有人反对他，他就在元老院的演讲上不管主题是什么最后都用“总的说来，我认为应该彻底摧毁迦太基”做结尾，使得议员们很恼火。[3]

元老院不堪其扰，只好不断要求迦太基证明其忠诚。最后，罗马强迫迦太基人放弃他们的城市并在距离海岸线至少 16 千米远的地方重新建造一座城。迦太基人愤怒地拒绝了。公元前 149 年，在大西庇阿的孙子西庇阿·艾米利乌斯（Scipio Aemilius）的率领下，罗马战船驶向北非海岸，把迦太基城团团围住，这一围就是三年。这纯粹就是一种惩罚，有的人称之为“第三次布匿战争”。[5] 围城刚一开始，凯托就因年老体衰而去世；很多罗马人都说他的墓志铭应该这样写：“凯托引发了第三次也是最后一次针对迦太基人的战争。”[6]

在元老院的议程上，迦太基并不是唯一的问题。在希腊，斯巴达也在制造麻烦。

斯巴达已不再是主导亚该亚同盟的城邦，它的老盟友和同盟中的其他城邦都不把它当回事。斯巴达对其中一项同盟决议不满，于是宣布它要直接向罗马（各个城邦都心照不宣地将罗马视作希腊半岛上真正的强权）上诉。同盟中的其他城邦马上通过一项规定，称只有同盟才有资格向罗马上诉。

斯巴达对此事的回应同它几个世纪以来的回应一模一样：他们武装起来，威胁要动用武力。争论的双方纷纷给罗马写信。一位正在马其顿处理另一个问题的罗马使者传话回来，让它们双方在罗马官员到达并帮它们解决问题前先克制一下。但是为时已晚。公元前148年，双方兵戎相向。

次年，罗马外交使节出面调停争端。他们在科林斯城进行磋商，并达成有些偏袒斯巴达的决议，这一安排并不怎么明智；科林斯人怒火中烧，冲到大街上，见到看起来像斯巴达人的人就上前一顿暴打。在暴乱中，罗马官员也挨了打。

罗马官员怒不可遏，回到罗马后使劲渲染这起事件的严重性。波里比阿记述道："他们宣称，他们差点丢了性命，简直是死里逃生……他们说这次动乱不是一次突发事件，而是亚该亚方面别有用心，故意侮辱罗马。"[7]

作为回应，罗马舰队驶向希腊。主帅是执政官穆米乌斯（Mummius），他带领 26 000 名士兵、3500 名骑兵在科林斯地峡安营扎寨。有些亚该亚同盟中的城邦在一位科林斯将军的率领下试图回击，但是希腊军队的阵线很快就被攻破；那位科林斯指挥官逃离前线，然后服毒自尽；战败的亚该亚同盟的士兵逃进科林斯城。穆米乌斯一把火烧掉了这座城市，然后占领了这里。

罗马终于全面吞并了希腊。

在波里比阿看来，希腊城邦遭受的灾难是咎由自取。“迦太基人的所作所为给他们的子孙留下供人指责的话柄，”他写道，“但是希腊人所犯的错误简直令人发指，别人即使想支持他们也找不到这么做的理由。”对于马其顿，他好像也说过类似的话。这里一直都有人宣称自己是马其顿的王族，直到罗马将其吞并，把这里变成一个行省，剥夺了共和国时期留给它的哪怕是极小的自由。

与此同时，“所作所为给后代留下话柄”的迦太基陷入一片大火。同年，西庇阿·艾米利乌斯率军最终攻陷了迦太基。罗马士兵在街道上横冲直撞，四处纵火。两个星期后，迦太基变成一片灰烬。迦太基陷落的时候，波里比阿本人就站在艾米利乌斯身边：“看到这座城市在熊熊大火中彻底毁灭，”他写道，“西庇阿突然开始落泪……我大胆地问他（我曾是他的导师）此时此刻在想什么……他马上转过身来抓住我的手说：‘噢，波里比阿，这是一件重大的事情，但我不知道为什么感到恐惧和害怕，生怕某些人某一天也会对我的祖国做出这样的事情。’”[8]

迦太基曾经矗立的那片土地现在成了罗马在北非的一个行省。罗马击败了所有邻近的古代强国：帕提亚、埃及。只有版图已经大大缩小的塞琉古暂时处境安全。

在进一步征战之前，罗马需要先解决一些内部矛盾。连年征战并不断获胜，给罗马带来了大量外国战俘，他们被带到罗马的各个行省当作奴隶。罗马的奴隶被看作主人的财产。主人可以任意殴打、强奸甚至让他们挨饿；但是，只要罗马奴隶主赐予某个奴隶自由，他就会变成一个可以享有所有公民权利的罗马公民。历史学家芬利（M. I. Finley）指出，这一制度使罗马奴隶制的情况变得非常奇怪。只需奴隶主的一个恩赐，一件财物马上就变成了人，而且由于罗马的奴隶种族背景复杂（这与美国南部的奴隶不同。在美国，奴隶即使在被解放之后仍然有着独特的肤色，这提醒他们曾属于奴隶阶级），自由了的人会“在一代，至多两代之后融入整个人群”。[9] *

实际上，受到虐待的奴隶很清楚自己和他们的主人本质上并无不同。脱离迦太基的控制之后，西西里迅猛发展，到了公元前 136 年，岛上已有几千名奴隶。狄奥多罗斯写道，西西里人“使劲压榨他们，给他们最少的关心、最少的粮食和最少的衣物……奴隶生活艰辛，充满痛苦，经常无端被打，最后实在忍无可忍。他们聚到一起商讨起义，最后将计划付诸行动”。[10]

起义在恩纳（Enna）爆发，400 名奴隶团结起来，杀死了一个因残暴而出名的奴隶主。他们还杀死了奴隶主家里包括婴儿在内的所有人，只放过了一个对她父亲的奴隶表示过友善的女儿。然后，他们任命了一个很有个人魅力的奴隶攸努斯（Eunus）当他们的国王和领袖。他不仅颇有煽动人心的演讲才能，还颇有战略思想。狄奥多罗斯记述道：“他在三天内就武装了 6000 多人……之后他一直在号召奴隶加入其中，他甚至还敢跟罗马将军对战，而且，由于他现在有了 1 万多名士兵，所以常常会因人数优势而将罗马将军打败。”[11]

在他领导的这场起义中，还有很多奴隶领袖加入进来做了他手下的将领。最终参加这场起义的奴隶人数在 7 万到 20 万之间，这就是历史上著名的“第一次奴隶战争”（First Servile War）。罗马也爆发了其他认同此举的奴隶起义，紧接着其他希腊城市也爆发了奴隶

---

* 芬利指出，这种制度跟古希腊的制度差别很大。在希腊的制度下，自由了的奴隶会变成“自由的居民，他们在政治领域仍然是外邦人”《古代奴隶制度与现代意识形态》（*Ancient Slavery and Modern Ideology*，1987）。

起义。这些起义最终都被镇压下去，只有西西里的战争仍在继续。

第一次奴隶战争持续了3年之久，部分原因是西西里的劳动人民并不同情身处困境的西西里奴隶主。“当这么多麻烦降临到西西里人身上时，”狄奥多罗斯写道，“普通民众非但不同情，反倒幸灾乐祸，他们原本就对他们之间的不平等心生嫉妒。”很多农民借机将富人的田产放火烧掉，把罪责推给造反的奴隶。[12]他们袖手旁观，对恢复旧秩序无动于衷，因为他们也曾是旧秩序的受害者。

在这一点上，西西里并非特例。不仅在罗马各行省，就连罗马城内部也出现了贫富差距日益扩大的现象。罗马连年征战，这意味着成千上万名罗马步兵必须为国家效命沙场；当他们返回家乡时，军饷极少，有的人还落下残疾，面对的却是荒芜的田地、破败的房屋和未还清的债务。[13]与此同时，商人们则从新开辟的商路中获益颇丰，而随着新吞并的土地越来越多，税收也越来越多，于是政客的薪酬也越来越高。

罗马对新吞并土地的管理方式也乏善可陈。罗马历史学家阿庇安（Appian）在200多年后写了《内战》（*Civil Wars*）一书，书中描绘了罗马人如何治理他们在意大利半岛上攻下的土地：

> 罗马人通过战争一个接一个地征服意大利的部落，他们占领了部分土地……由于他们没有时间去（销售或出租）这些战争荒地，而这类荒地的数量往往占了更大的部分，他们就颁布公告说，暂时愿意耕种这些土地的人都可以去耕种，并获取每年收成的一部分……富有的人占据了大部分的未分配土地……而且，他们还通过购买或武力方式，将穷邻居的小农场据为己有，慢慢地，他们的土地横贯整个地区，而不再是普通的庄园。[14]

要耕种这么大面积的土地，地主需要很多劳力，但是罗马的法律规定，被雇用的人只要是自由人就必须去服兵役。于是乎，富人就选择买下越来越多免服兵役的奴隶。阿庇安说："结果，有权势的公民变得越来越有钱，全国的奴隶数量成倍增长，"但普通劳力"只能被贫穷、赋税和兵役拖垮"。

对这个设计糟糕的制度发出质疑声最大的是护民官提比略·塞姆普罗尼乌斯·格拉古（Tiberius Sempronius Gracchus），他是一位执政官的儿子。西庇阿·艾米利乌斯征讨迦太基时他就在服兵役，并因为第一个爬上敌人城墙而赢得了声誉。[15] 在外省任公职时，他亲眼看到罗马各省的土地被富人占有，牧羊人和农民则失去了他们的土地。他回到罗马后开始从政，决心改革这种制度。他在公开演讲中称，罗马的将军们命令他们的士兵为了家园和社稷而战，但是这些士兵面临的正是失去家园的风险，这真是太讽刺了。普鲁塔克写道："他告诉他们，他们奋勇拼杀并为此受伤，结果却是维持了其他人的奢华和财富。人们赞誉他们是世界的主人，到头来却没有一寸真正属于自己的土地。"[16]

格拉古提出的改革计划由于会削减富人的私有土地，因此自然不受罗马富人的欢迎。他们劝说其他护民官对格拉古的提案投反对票。这是完全合法的，任何一位护民官都有权反对另一位护民官提出的法案。格拉古怀疑他们收取了贿赂，凭着这些怀疑，他不惜突破罗马宪法的限制。在支持者的帮助下，他限制了一系列公共服务，宣布只有对他的法案进行公投，这些服务才会恢复。

这种为了做好事而突破法律规定的行为，让越来越多罗马的立法者开始反对格拉古。无论他的初衷是什么，他都树立了一个危险的先例：他利用公众对个人的拥护来实现个人意志。

法案通过之后，格拉古让他自己、他岳父和他年轻的弟弟盖乌斯（Gaius）负责监督法案的执行过程，这样一来，人们对他的猜忌就加重了。越来越多的人都开始暗地里嘀咕，不只是那些立法者，还包括之前一直站在格拉古这边的普通民众。护民官的职责应该是保护普通民众，但他绕过了其他护民官。民众希望他的法案能够通过，但是很多人对他采取的方法心存忧虑。

公元前 132 年，格拉古重新参选护民官，此时人们对他的怀疑升级为一场暴乱。选举当天，他正站在议院里时，谣言开始四散：富人们不允许人们投他的票，暗杀者正在找他。他周围的人越来越焦躁。当此之时，格拉古将手放在头上。阿庇安说他这是向支持者发出一个信号，让他们开始付诸武力将他送上公职；普鲁塔克说他周围的人以为他要戴上王冠（这一要求太不可能了），他们于是纷纷亮出棍棒。不知道是谁发出了第一击，然后整个人群都炸开了，陷入混战。元老院的议员们将长凳拆开，拿起凳子腿当武器。据普鲁塔克记载，第一个打到格拉古的人是另一个护民官，他手里握着一个椅子腿。格拉古摔倒了，然后被乱棍打死，除了他以外，这次暴乱中还有 300 人殒命。他死时还不到 31 岁。

包括格拉古在内的所有人的尸体都被直接抛进台伯河中，没有搞任何仪式。普鲁塔克说：“这是罗马废除王国体制后罗马人中第一次出现煽动叛乱的情况，这一事件以流血收场。”[17] 在此之前，元老院和民众之间的矛盾都是在罗马宪法规定的边界内解决；提比略·格拉古被谋杀，等于撕开了这个边界，此后它再也没有弥合起来。后来，罗马人在回顾这段历史时将格拉古遭受的一击视为对共和制度的致命一击。但实际上，给这个制度插上第一刀的人正是格拉古——就在他决定为了穷人的利益而绕过其他护民官的时候。“他

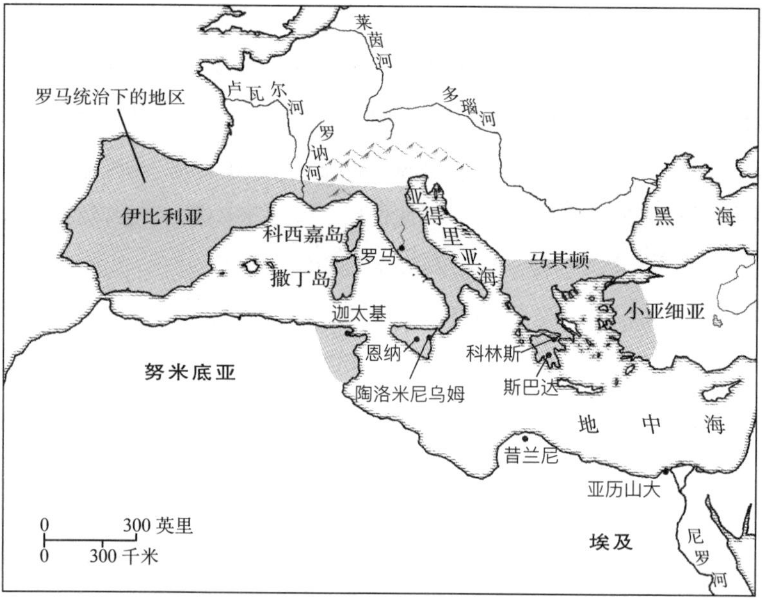


地图 23-1 奴隶起义

之所以丢了性命，”阿庇安总结道，“是因为他用过于不合法的方式来进行一项伟大的计划。”[18]

同年，执政官普布利乌斯・鲁皮利乌斯（Publius Rupilius）残酷地镇压了奴隶起义，在西西里爆发的第一次奴隶战争就此结束。他把起义军的领袖围在陶洛米尼乌姆（Tauromenium）城，哪怕城中景象已是惨不忍睹，他也拒绝解除围困。狄奥多罗斯记述道：“最开始（城里的人）吃孩子……然后吃女人，最后也开始吃男子。”[19]这座城最终投降后，鲁皮利乌斯残酷折磨城内的奴隶，并将他们活生生地从悬崖上扔下去。然后，他在整个西西里追击奴隶国王攸努斯，抓住他后将其扔进监狱，“在那里，他的身体腐烂生蛆”。[20]

| 时间线 23 | |
|---|---|
| **中国** | **罗马** |
| *秦朝*（前 221—前 206） | |
| **始皇帝**（秦王政） | 第二次布匿战争（前 218） |
| | 坎尼战役 |
| **秦二世**（前 209） | |
| *汉朝*（前 206—公元 220） | 札马战役（前 202） |
| **高祖** | 第二次马其顿战争 |
| **惠帝**（前 195） | |
| **吕后**（前 188） | 库迈将其官方语言改为拉丁语 |
| **文帝**（前 179） | |
| | 第三次马其顿战争 |
| | 第三次布匿战争（前 149） |
| **武帝**（前 140） | 迦太基被毁（前 146） |
| 张骞出使西域 | 第一次奴隶战争（前 135） |
| | 提比略·格拉古去世 |
| | 盖乌斯·格拉古去世 |

提比略·格拉古死去八年之后，比他小九岁的弟弟盖乌斯·格拉古（Gaius Gracchus）也开始参选护民官。普鲁塔克说，就这兄弟俩而言，哥哥冷静镇定，弟弟真诚热情；哥哥谈吐严谨，弟弟则激情澎湃。他获得了足够多的选票当上了初级护民官，不久他就显示出要为其兄报仇的意图。他的改革方案比其兄长的还要激进；他提议将所有的公共土地都分给穷人，国家要负责步兵的衣食，所有的意大利人都应被赋予作为公民权一部分的投票权，他还提出了十几项修改现行罗马制度的提案。其他执政官竭尽全力不让他成功。受挫的盖乌斯纠集自己的支持者，“用武力反对执政官”，当双方对阵之时，另一场血雨腥风的暴乱开始了。

盖乌斯在这场冲突中被杀。杀死他的人将他的首级砍下来，当作战利品献给一个执政官。3000 名罗马人在这次暴乱中丧命。同样，死者的尸体被扔进台伯河，这一次由于尸体太多，差一点阻塞了河道。格拉古是在一场使用棍棒的斗殴中被打死的，而令他弟弟丧命的暴动则使用了刀剑。双方都是有备而来，提前准备了武器。

# / 24

# 繁荣的代价

公元前 118 年至公元前 73 年间，罗马的同盟者要求公民权，汉朝在征战上开销巨大，苏拉和马略在罗马争权夺势。

格拉古的灾难过后，可以清楚地看出，对于不断加重的贫穷和无地问题，新法律并不会提供任何解决方案。罗马宪法规定了有关设立护民官和执政官、元老院议员和法官，以及监督和平衡等制度，但这既不能带来公正，也不能阻止公正被践踏，因为富人或者具有强烈个人魅力的人的意志总是能够颠覆法律的规定。几乎每一位罗马演说家在谈及过去的“迦太基被毁之前”的黄金时代时都会充满向往，当时的共和制很健康。在迦太基被毁几年之后，罗马历史学家塞勒斯特（Sallust）谈及之前的历史也扼腕叹息：“（当年）民众和元老院以和平且有节制的方式共同控制政府，敌人没有与我们争夺权力或荣耀；对敌人的畏惧使整个国家的人心都凝聚到一起。”[1]

至于是不是真的存在过这样一段时期则另当别论。罗马人需要充满渴望地回顾历史，靠着这样一个假想中的黄金时代来应付现在

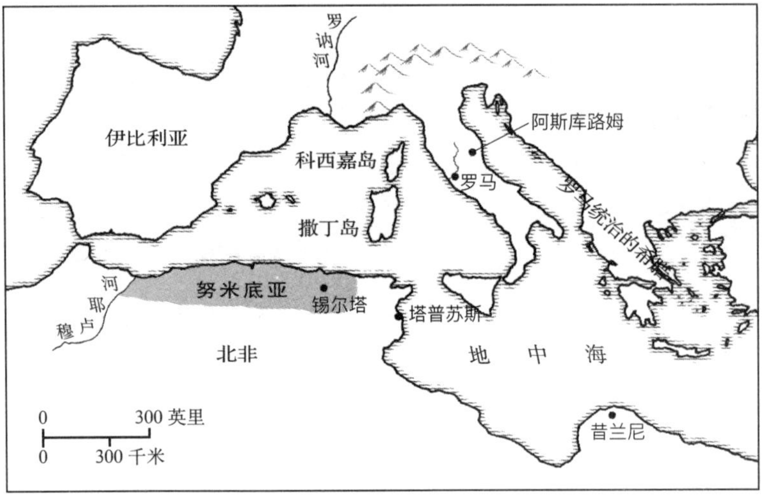


地图 24-1　努米底亚

的状况。罗马一度非常纯洁，现在则充满了贪婪、腐败、骄傲、颓废，以及其他伴随繁荣而来的问题，这一评价在一场朱古达战争（Jugurthine War）之后进一步得到证实。

在北非，努米底亚国王马西尼萨将王位传给了儿子米西普萨（Micipsa）。米西普萨有两个儿子，此外还有一个名叫朱古达（Jugurtha）的侄子。这个侄子不在继承人之列，米西普萨在军中给他安排了职务，派他率领努米底亚的军队与西庇阿 · 艾米利乌斯的军队一同作战。朱古达由此和罗马的军官熟络起来，他们告诉他（塞勒斯特如此记述）可以通过贿赂罗马政府来帮助他继承他叔叔的王位：“在罗马，金钱可以买到任何东西。”[2]

米西普萨于公元前 118 年去世，朱古达趁机用武力夺取了王位；他的亲信杀害了他的一个堂兄，另一个堂兄阿德贝尔（Adherbal）则逃到别国。为了确保罗马人不会站在这位合法继承人一边，朱古达“派使者带着大量金银前往罗马”去贿赂那些元老院议员。这招很有用。塞勒斯特记述道：“他们对朱古达的愤恨不满变成了支持和友好。”[3]

随后阿德贝尔出现在罗马以寻求帮助，但他发现朱古达早已用金钱买下了王位。元老院裁定王国应在两人之间平分。他们两人一回到努米底亚，朱古达就向阿德贝尔发动了战争，在他的首都捉住了他，然后将其折磨致死。

在罗马，公众对此无比愤怒，这使元老院不能再坐视不管。公元前 111 年，罗马派了一名执政官率军前往努米底亚惩罚朱古达。但同很多罗马官员一样，这位执政官也是一个腐化堕落之徒。塞勒斯特说：“朱古达派人对他施以金钱诱惑。”而他则“很快就范”，象征性地罚了朱古达一笔钱，就打道回府了。[4] 接着，又一个官员被派来，他将朱古达抓回罗马进行审判。但是刚一到罗马，朱古达又用金钱伺候，结果案子也不了了之。元老院让他毫发无损地回去了。据说，在穿过城门时，他回头望着这座城市说：“这座城市可以被出售，如果能找到一个买家，它也就时日无多了。”[5]

接连不断的贿赂行为激怒了罗马公众，对于自己的政府，他们所痛恨的莫过于其受贿行为。在公元前 109 年之前，没有一位罗马官员在处理朱古达的问题上是清白的。就在这时，出现了一位叫作盖乌斯·马略（Gaius Marius）的官员，他是一个“新人”，也就是说他的家庭没有任何政治势力，也不富有。由于罗马民众痛恨贪污腐败，这一背景对他很有利。他在北非待了两年时间，通过战斗赢得荣誉；公元前 107 年，他被选为执政官。*

---

* 马略在北非最初的职位是执政官梅特拉斯（Metellus）的助手；马略认为梅特拉斯处理战争的问题不够果断，没能及时结束战争，于是就花了一年的时间，通过竞选获得了指挥官的职位。

当选之后，他花了三年时间征讨朱古达。最后，在他的高级官员苏拉（就是那个 15 年前拜会过米特拉达梯二世、第一个与帕提亚人建立联系和友谊的罗马人）的帮助下，马略成功地将朱古达诱入陷阱并将其擒获。

朱古达被戴上脚镣，被人拖着在罗马的大街上示众，此举不仅代表了罗马的胜利，还象征正义和诚实战胜了权贵的腐败。马略本人被誉为罗马的英雄。此后他又接连五次被选为执政官。

实际上这与罗马的宪法是矛盾的。按说，罗马宪法是不允许执政官连任的（这样执政官会获得越来越多的权力）。但是马略得到了人民的拥戴，既然宪法以前未曾阻止那些有钱有势的人消灭像格拉古兄弟那样的平民英雄，现在又何必在意它呢?

为了回报 1000 个意大利同盟者在战争中给予罗马的帮助，马略授予了他们公民权，这再次突破了罗马宪法的规定。“我很抱歉，”他回答道，“但是战争的鼓噪声使我未听到法律的声音。”[6]

担任了六届执政官后，马略意识到自己不太可能赢得第七次选举，就自行选择退休。自从征讨朱古达后，罗马到现在都没有再打过一场真正意义上的战争，但如普鲁塔克所言，马略“天生就不是一个和平的人，也不愿过普通人的生活”。[7]

不过，真正的战争不久就会到来。半岛上的意大利城邦都是罗马的附属国，多年来那里的人一直都在要求成为享有投票权的真正的罗马公民，但是元老院对这种特权一直都控制得很严。普通民众认为罗马的公众遭受压迫的感觉也传给了其他意大利城邦的民众，而且没人在意他们一直以来的请求——西塞罗后来评论说：“格拉古一直坚持支持民众，但是忽略了同盟者和拉丁人的权利和条约。”[8] 现在同盟和拉丁人希望能在罗马自身的事务上发出声音。按古代史学家查士丁的说法，他们不仅想要公民权，还要成为罗马权力的伙伴。[*][9]

元老院拒绝分享权力，结果一股反对罗马的情绪开始蔓延。最开始，这种情绪体现在拒绝罗马风俗和拉丁语等做法上，人们开始重新使用意大利古代的语言。历史学家 E. T. 萨蒙（E.T.Salmon）指出，在这一时期的意大利城邦的文字记录中，古代词汇明显偏多。[10] 随后，一些意大利城邦成立了一个新的联盟，他们将称之为“意大利”。公元前 91 年，愤怒的意大利人在阿斯库路姆杀死了一位罗马官员，双方立刻开战。

这次战争史称“同盟者战争”（Social War），是一场介于内战和重新征服外国人之间的战争。罗马慢慢地通过谈判和武力征伐将这些意大利城邦重新纳入自己的控制之下。公元前 90 年的执政官出身于本属权贵却相对贫穷的尤利·恺撒（Julii Caesares）家族，他采取了类似汉高祖在一个世纪之前的成功经验，赐予拒绝加入反抗联盟的意大利同盟者以公民权。罗马大军则去征讨那些继续叛乱的城邦。老马略现在已经年近七十，他结束退休生活，重返政坛，率领军队征伐北方城邦，但此时他已是心有余而力不足：他行动迟缓，优柔寡断，最后，按普鲁塔克的记述，“体力不支，无法胜任”，只得再次退休。[11]

马略的老部下卢基乌斯·科尔内利乌斯·苏拉在同盟者战争中

---

* 同盟中相当于的“提比略·格拉古”的是一个叫德鲁苏斯（Drusus）的护民官，他提议罗马应该给予所有意大利人公民权，并且提议把土地分给穷人。他的改革方案遭到执政官菲利普斯的抵制，后者派人刺杀了德鲁苏斯。

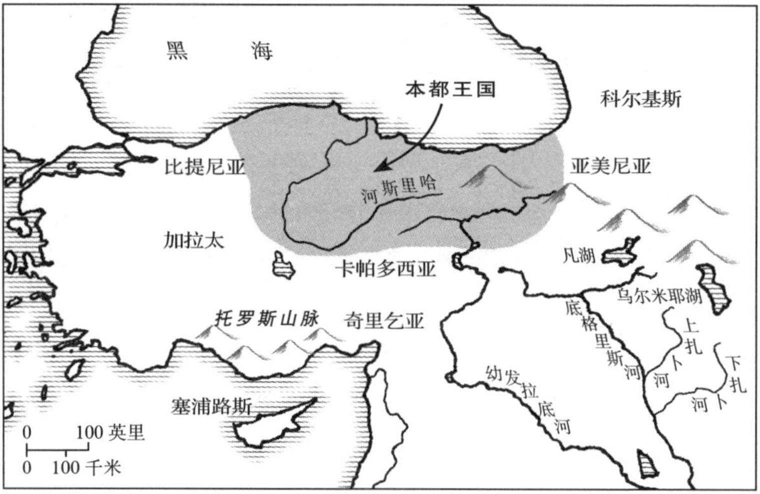


地图 24–2 本都王国

脱颖而出。他负责南方的战事。在给马略做了20年副手之后，他早已习惯严酷的军旅生涯，并取得了一场又一场胜利。“苏拉战功赫赫，”普鲁塔克说，“罗马人将他视为伟大的将领。”[12]

公元前88年，同盟者战争结束。罗马再次成为整个意大利半岛的霸主，意大利各个城邦也都获得了完全的罗马公民权。由于苏拉声名显赫，他顺理成章地被选为执政官。他满心希望能够获得当年的令人艳羡的军队统帅一职，这样他就能率领罗马军团进入小亚细亚，对付那边老是作乱的国王：本都的欧帕托尔·狄奥尼修斯*（Eupator Dionysius），这个位于西北的王国正欲吞并更多的小亚细亚

* 欧帕托尔·狄奥尼修斯（前132—前63年）更为人所知的名字是米特拉达梯六世（Mithridates VI），罗马文献则更多称其为米特拉达梯大王；为了避免读者将其与帕提亚国王米特拉达梯二世混淆，我决定采用他的不太为人所知的本名。

领土。

只要能战胜欧帕托尔·狄奥尼修斯，就必然会取得荣耀，苏拉自然是这份差事的不二人选。实际上，他早已带着35 000名士兵在郊外训练，准备进行这场战争。但是，此时的马略越来越嫉妒他昔日的副手。虽然他现在年事已高，经常生病，身体肥胖，他还是要求元老院任命他为统帅，率军攻打欧帕托尔·狄奥尼修斯。

很多罗马人都觉得这简直是无稽之谈。（普鲁塔克说："他们觉得马略应该去温泉里泡泡澡，好好舒服舒服，他戎马一生，且年老体衰，此刻已是心有余而力不足。"）[13] 不过马略几十年来一直活跃在罗马政坛，根基深厚。他贿赂了一位护民官，让他支持自己当统帅。这个护民官名叫苏庇修斯（Sulpicius），他纠集起一支"反元老院"的武装力量，多少通过武力成功地给马略争来了统帅一职。他还派了两名护民官去接管苏拉的军队，准备将其交给马略。

可是当这两位护民官到达后，士兵们用乱石将他俩活活砸死了。

普鲁塔克说："多年来，罗马繁荣表面的下面顽疾丛生，现在的情形则使它爆发。"[14] 全面的内战爆发了。在罗马，马略、苏庇修斯和他的武装暴徒"开始追杀苏拉的朋友"。出于对这些人性命的担忧，元老院的议员向苏拉派去另外一名半真半假的信使劝他投降。苏拉非但没有投降，反倒召集军队向罗马进军。

这是对宪法的严重破坏：任何执政官在被授权执掌军权的情况下都不可以率军在罗马神圣的城墙内用兵。城墙之内完全是元老院的地界。不过在苏拉看来，马略雇用苏庇修斯的武装人员的行为已经破坏了宪法。为了回击，他也不得不破坏宪法。

苏拉的一些手下拒绝侵入罗马的神圣城墙。苏拉也清楚自己的行为有多严重，就没有再难为他们，而是直接甩下他们继续前进。

当他到达罗马城后，元老院要求他在城外停下，等候他们处理此事。他拒绝了元老院的要求，手举火把冲进城门，高喊着让士兵放火烧毁敌人的房屋。“在当时激动的情绪之下，怒火主导了一切，”普鲁塔克说，“他眼中全是敌人，他……用熊熊烈火作为他对罗马的回报，烈火可分不清有罪之人和无辜之人。”[15]

马略逃到了北非。苏庇修斯被抓住关押了起来，苏拉（及其武装的手下）召集元老院，对他判以死刑（也并对逃亡中的马略进行缺席审判，判处死刑）。苏拉在恢复秩序和军事独裁之间小心翼翼地行事，然后做出了让步，同意进行一场自由选举来推选执政官。当选者是卢基乌斯·辛那（Lucius Cinna），他并不是苏拉的朋友。但他发誓效忠于其他执政官，遵守元老院的决议。

苏拉心里还是惦记着赢取小亚细亚的荣耀，于是将城市留给辛那和元老院，回到城外重整军队。然后他率军东征，准备征讨本都。

在世界的另一端，另一个伟大的帝国也正在遭受苦难。就在罗马陷入同盟者战争之时，已经在位近 50 年的汉武帝也一直在与匈奴人作战，因为后者不断侵扰汉朝边境和西边新开辟的商路——“丝绸之路”。

公元前 101 年，汉朝将军李广利率军进行了中国历史上最昂贵的一次征战：进攻西北地区的大宛*[16]。在这之前，另一位将军李广已为汉朝征战 40 余载，汉文帝统治时期就曾率军打击入侵的匈奴。司马迁写道，在一次战役中，身边只剩 100 余人的李广将军遭到数千名匈奴骑兵的包围，但他机智应变，成功逃脱。当时，他令他的

* Ferghana，即拔汗那，今乌兹别克斯坦费尔干纳地区。汉代称“大宛”。中国古籍又作“破洛那”或“钹汗”。——译者注

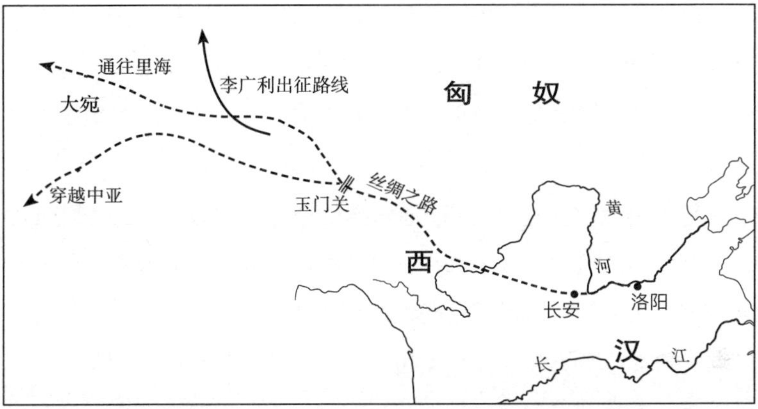


地图 24–3 丝绸之路

骑兵“下马解鞍”。他跟手下人说：“彼虏以我为走，今皆解鞍以示不走，用坚其意。”手下人遵令行事，匈奴人以为有诈，不敢靠前。夜幕降临后，李广命令手下人裹上毯子睡在马下。匈奴人见此，认为“汉有伏军于旁欲夜取之”，于是都撤退了，天亮后，李广和手下人快马加鞭，找到了大部队。[17]

同一时期，罗马的将领们还只知道纯粹靠人数优势打败敌人，缺乏这种战略思维。这种智谋帮助了李广将军。与马略不同的是，即使他上了年纪，他还是很坚韧、很灵活，能率军打硬仗、攻坚城。

匈奴将汉朝的进攻视作对他们在周遭统治的直接挑衅，遂在公元前 101 年从另一端入侵大宛以阻击汉军。李广利第一次深入大宛便损失惨重。他率军北上时经过了一处盐泽遍布的险恶之地。他们粮草和饮水的唯一来源就是沿途的城池供给，但当远远看到汉军出现时，很多城池都紧闭城门，城中人拒不出来。李广利只有两个选择，一是停下来围城，风险是围城成功后获得的粮草还不足以抵消围城消耗的粮草，二是继续前行。据司马迁记载，他采取的是中间路线：如果几天之后该城还不投降，大军就放弃围城继续前进。李广利最后到达目的地郁成时，几万人的大军“士至者不过数千，皆饥罢”。[18]

他不愿无功而返，便率军攻打郁成城。但他们很快就被击退，此时李广利意识到他别无选择，只好打道回府。他顺着来路回到敦煌。这次出征无功而返，白白耗费了整整两年时间，出征结束时李广利所剩军马不及来时的五分之一。

汉武帝接到报告说这支军队正在归途中，震怒之下派人守在大宛通往汉朝的关卡玉门关的路上，阻挡这支队伍入关。“军有敢入，斩之。”送信的人传旨说。李广利束手无策，既不能回家，更不能回到大漠。整个夏天他就带着剩余人马在玉门关外盲目地等待。

汉武帝认为帝国的声誉受到了影响，既然通往西方的道路已经被开辟，他就不能在西域各国面前丢脸。《汉书》中记述说其他小国会嘲笑大汉。“天子业出兵诛宛，宛小国而不能下，则大夏之属渐轻汉，而宛善马绝不来，乌孙、轮台易苦汉使，为外国笑。”所以他倾尽国力，征召兵马，调集粮草，此外还从属国那里征集了士兵，还将郡国监狱里的囚犯都放出来，让他们也参军攻打大宛。可以想见，李广利得到了由囚犯和雇佣军组成的补充兵员后，可能不会特别感激汉武帝。不过他从上次的失败中吸取了教训。他再次向着郁成进发。这次，沿途中第一个拒绝提供补给的城市遭遇了围城、占领和洗劫，所有居民都被屠杀。[19]在此之后，再也没人能阻止他们前进。

郁成沦陷。不久，大宛的国王也被杀。匈奴已经无法阻止汉朝的进攻。于是，在征伐大宛四年之后，汉朝终于完全控制了这里。

这是一个重要的成就，这一胜利不仅证明汉朝军力强于匈奴，而且对丝绸之路上的西部国家起到了震慑作用，让他们知道还是乖乖给汉朝的兵马和商队让路比较好：西域所有国家都被深深震慑了，“天下骚动”。[20]汉武帝成功地向世人证明大汉无比强大，他可以按自己的意愿与西域国家进行贸易。

当然，这一骄傲的成就也是以昂贵的代价换来的。汉武帝于公元前 87 年驾崩，同一年，苏拉正在带领罗马军队征讨小亚细亚，丝绸之路仍然开放。但是汉朝国库已被消耗殆尽，军队也疲惫不堪。随后的汉朝的两位皇帝——昭帝和宣帝都没能进一步推动帝国向前发展。

苏拉安全撤离意大利半岛之后，其他执政官将辛那赶出了城并紧闭城门。辛那在城外怒不可遏，召集起一支军队准备杀进去。在北非的马略听到这个消息后，立刻回去与辛那在城外碰面。

自从逃离罗马后，马略就再也没有剪过胡子，他穿着破衣烂衫一瘸一拐地慢慢向辛那走过来，就像一个受尽迫害、落魄潦倒的老人。有关这番可怜景象的消息马上就传回了罗马，其余的执政官很快便失掉了民心（在公元前 1 世纪的罗马，没有人能获得长期的支持）。当然贿赂也很可能起了作用，不管怎样，元老院派人送信，把辛那和马略从城外请了进来。

尽管马略衣衫褴褛，他却用个人财产征召了一支人数庞大的北非雇佣军。他和辛那带着这支让人胆战心惊的军队穿过了罗马的城门。

马略后来的所作所为说明他的思维已经混乱了。一开始，他指谁，他的私人侍卫就会不由分说地杀死那个人，虽然最开始被杀的人都是苏拉的朋友，但是后来就变成了不分青红皂白的屠杀。普鲁塔克记述道："如果有人向马略请安，而他没有回话或回礼，这就是让手下当街除掉这个人的信号，后来连马略的朋友每次来见他都胆战心惊。"[21] 最后就连辛那都开始害怕起他来。

与此同时，苏拉则满身荣耀（或者是罪恶，这取决于你是希腊历史学家还是罗马历史学家），他夺回了小亚细亚，重新收服了很多叛乱的希腊城邦。有关罗马变故的消息传到他那里后，他决定班师回朝。

"苏拉回来啦！"普鲁塔克写道。这说法听起来就像是苏拉来拯救罗马人民一样，这个消息让马略越发疯狂。他开始无节制地饮酒，染上了胸膜炎，之后陷入幻觉，他总是想象着自己正率领罗马军团攻打本都，不时大喊着下达军令。公元前 86 年 1 月 17 日，他死在了家中。

实际上，苏拉不像马略以为的那样接近罗马。他直到公元前 83 年才回到意大利；与此同时，越来越多的罗马显贵纷纷逃离辛那"无法无天的谋财害命"，前来迎接苏拉，到最后，他身边已经"聚拢起了一个完完整整的元老院"。[22] 辛那召集起一支军队，亲自去迎战苏拉，但是军队还没出发，辛那的手下人就发生哗变，杀死了他。

很明显，由于辛那和马略变得越来越残酷无情，罗马人开始越来越倾向于苏拉；尽管如此，当最后到达罗马城下时，苏拉还是不得不率军攻城。马略的儿子率领父亲的老部下进行了殊死的抵抗。但是苏拉手下有两员干将庞培（Pompey）和克拉苏（Crassus），在他们三人的分头指挥下，城池终于被攻破。

苏拉进入罗马后，将 6000 名囚犯（都是他回罗马的路上跟他

**图 24-1 苏拉**

公元前 88 年罗马执政官。威尼斯考古博物馆。

图片来源：斯卡拉 / 艺术资源，纽约

作战的人）带到大竞技场。他本人开始向元老院发表讲话。演讲进行到一半的时候，竞技场上传来尖叫之声。原来是他早已下令将那 6000 名毫无还手之力的人全部杀死。普鲁塔克记述道："苏拉面无表情，冷静沉着地继续讲话，并且告诉元老院的议员们……不要管外面的事情，他只是在处罚一些罪犯。此事过后，哪怕是罗马最愚钝的人都明白，他们赶走了一个暴君，却又换来了一个新的。"[23]

事实确实如此。提比略·格拉古的死对共和制造成了伤害，现在这一创伤进一步加深恶化。结果，敢于挑战独裁者的人却是那些想要实现独裁的人；苏拉控制罗马后（公元前 81 年他被任命为独裁官，尽管罗马并未面临迫在眉睫的危机）开始了清洗运动。"我想到谁就会收拾谁，"他在一次公开演讲中这样说，"但是如果我忘了谁，我也会回来再收拾他的。”马略和辛那的朋友不是被杀就是逃亡，辛那的女婿尤利乌斯・恺撒幸运地逃脱了。那些负责杀人的官员很快就将政治清洗变为针对个人的报复或谋杀。普鲁塔克记述道：“更多人是因他们的财产而被杀的，那些行刑的人都会说，某人是因为他的大房子而被杀的，某人是因为他的花园，某人则是因为他的温泉。”[24] 苏拉的左膀右臂也跟苏拉本人一样坏。庞培被指派去追杀马略留在意大利半岛上的残余力量，他一直追到西西里和北非，把他们全都赶尽杀绝，回到罗马，他还搞了一次胜利大游行。[25] 与此同时，克拉苏则负责焚烧他和苏拉想霸占的房子。他雇了一队救火队员和一个地产中介。房子着火后，中介就会出场提出要低价购买房子；房主一般都会同意，这样就不会白白损失房子；此时，救火员就会马上赶来将火扑灭。[26]

在罗马获得了他想要的一切后，苏拉于公元前 80 年退休，回到了乡下。到了乡下，他再次结婚，而且差不多同时还找了一个男情人。尽管他一把年纪了，对性的要求却颇为活跃；然而，他的身体却并不怎么样，可能受到肝硬化的困扰。“有很长时间，他都不知道自己的肠子溃烂了，直到最后腐肉里长了很多蛆虫，”普鲁塔克写道，“他雇了很多人没日没夜地消灭蛆虫，但是蛆虫的数量实在太多，怎么也除不净，他的衣服上、浴缸里、脸盆中满是蛆虫，就连他吃的肉都受到了污染，那些东西持续不断大量涌出。”他就在这样一种让人恶心的状况下度过了余生。他就像罗马的共和制一样，虽已病入膏肓，却还假装身体健康，苟延残喘，直至灭亡。

| 时间线 24 | |
|---|---|
| **中国** | **罗马** |
| *汉朝*（前 226—公元 220） | 札马战役（前 202） |
| **高祖** | 第二次马其顿战争 |
| **惠帝**（前 195） | |
| **吕后**（前 187） | 库迈将其官方语言改为拉丁语 |
| **文帝**（前 179） | |
| | 第三次马其顿战争（前 171） |
| | 第三次布匿战争（前 149） |
| **武帝**（前 140） | 迦太基被毁（前 146） |
| 张骞出使西域 | 第一次奴隶战争（前 135） |
| | 提比略·格拉古去世 |
| | 盖乌斯·格拉古去世 |
| | 朱古达战争（前 112） |
| | 盖乌斯·马略，执政官 |
| | 同盟者战争（前 91） |
| **昭帝**（前 87） | 卢基乌斯·苏拉，执政官 |
| | 卢基乌斯·辛那，执政官 |
| **宣帝**（前 75） | |

/ 25

# 政治新人

公元前78年至公元前44年间，斯巴达克斯领导了一场起义，恺撒同庞培和克拉苏建立同盟。

公元前78年，苏拉在乡间病逝。他结了5次婚，有23个孩子，最后一个孩子波斯图穆斯·科尔内利乌斯·苏拉（Postumus Cornelius Sulla）在他去世后才出生。

苏拉和马略之间的争斗所造成的余波仍在继续影响罗马。苏拉的副手庞培率军深入伊比利亚半岛攻打马略的同盟者。另一支军队则向东围剿本都王国，试图彻底解决它，当年，马略因返回罗马没有完成这一使命。除了这两场战争外，罗马还要在地中海不断地打击海盗，所以此时绝大多数罗马军队都不在意大利半岛上。

半岛上武装力量的缺失导致一帮奴隶掀起了一场起义。这些奴隶都是经验丰富的战士，他们都经受过训练，参加罗马的一种公共运动——角斗。

从伊特鲁里亚人的时代开始，观看奴隶之间的角斗就成为一种娱乐活动，自公元前 3 世纪起，罗马的公共节日上就开始出现越来越多的角斗项目。* 罗马的对外战争给罗马和周边的城邦带来了很多适合从事这种运动的奴隶，他们是来自高卢、伊比利亚半岛、色雷斯、叙利亚以及希腊的战俘。[1] 成功的角斗士会被当作英雄来崇拜（“男人将灵魂献给他，女人将身体献给他”，这是稍晚的罗马神学家德尔图良的评论），即便如此，角斗士们还是罗马社会所鄙视的阶层。“（罗马人）给他们荣耀，又贬低、无视他们，”德尔图良评价道，“事实上，他们甚至公开责骂羞辱角斗士；奴隶没有任何公民权。奴隶所崇尚的，罗马人都予以蔑视。他们赞美艺术，却贬低艺术家。”[2]

罗马以南的卡普亚（Capua）有一所臭名昭著的角斗士培训学校，角斗士主人将来自各地的角斗士关在笼子里。普鲁塔克记载说：“大多数人都是高卢人和色雷斯人，他们没有做错任何事情，只是因为主人残忍，他们才被关在笼子里，等到时候让他们相互残杀。”[3] 公元前 73 年，78 名角斗士成功地冲出了囚笼。他们抢劫了附近的一家肉店，夺走刀子肉叉，冲出城去。军队从卡普亚追出来，角斗士杀死士兵，夺走了武器。

战斗就这样开始了，结果持续了两年之久，并被称为“角斗士战争”（Gladiator War）**。角斗士们推选斯巴达克斯作为他们的领袖；普鲁塔克说他是一个来自游牧部落的色雷斯人，但是他“极有智慧，有教养，行为举止更像是一个希腊人，而不像色雷斯人”（这是对

---

* 一般认为，第一次罗马角斗表演发生于公元前 264 年，当时人们命令奴隶分成两队，互相进攻，这是葬礼上的一种仪式。

** 它也被称作第三次奴隶战争（Third Servile War，国内一般称作“斯巴达克斯起义”），第二次奴隶战争也是在罗马和奴隶起义军之间展开，公元前 104 年在西西里爆发。那场起义不到一年就被扑灭了。

他的褒扬）。结果证明，他是一个杰出的战略家。罗马派出 3000 名士兵追剿这些角斗士。他们把角斗士赶到一座山头上，此时角斗士只有两条路可以逃跑：一条要通过罗马人防守的关口，另一条则是从另一面的悬崖峭壁下去。好在，峭壁下长满了藤蔓，在斯巴达克斯的指挥下，陷入重围的角斗士砍下藤条，编成梯子，顺着绳梯爬了下去。然后，他们绕到罗马士兵的营地后方，趁其不备发动袭击，占领了罗马军队的大营。[4]

在此之后，他们又打败了很多其他的罗马追击军队，这样他们也越来越认识到自身的实力。据阿庇安记载，斯巴达克斯的军队后来发展到 7 万人，此时，罗马人才彻底改变了他们对这场战争的看法。阿庇安说，“罗马最开始认为对手不值一提，对其不屑一顾”，结果，这场战争变得“让罗马人感到恐惧”。[5]

斯巴达克斯最初的想法其实只是想回家，他试图劝说大家离开罗马，朝阿尔卑斯山进军，到时候大家可以解散，各自回到色雷斯或高卢故乡。但是他们不听。“他们人多势众，”普鲁塔克说，“充满信心，在所到之处大肆破坏，把意大利掀了个底朝天。”[6]

这下元老院开始严肃对待这次起义，把两个执政官都派去镇压起义军。结果，两个人都失败了，于是元老院又任命苏拉的副将克拉苏前去镇压起义军。他对斯巴达克斯的第一仗以溃败告终。不过，苏拉的伙伴全部都以冷酷无情著称，克拉苏也不例外，他拉出 500 名在战场首先溃逃的士兵，通过抽签，抽出并处死了其中 50 人，并且让其他人看着：这种残酷的惩罚方式就是著名的“什一抽杀律”（decimation）。

在第二次战斗中，他残酷的惩罚方式起到了震慑作用，士兵们拼死作战。斯巴达克斯被赶到了海岸。他跟海盗达成协议，让海盗驾船将他们送到西西里。然而，海盗拿了他的钱之后却将船开走了，把他们晾在了利基翁（Rhegium），就是地图上意大利靴子尖上的那一块。

也就是说，他的军队被困在了一个微小的半岛上，克拉苏命人在半岛最狭窄的地方修建了一道高墙，而且在高墙的前面挖了一条约 5 米深的壕沟。斯巴达克斯被困住了，但是并没被困多久；一场暴风雪不期而降，在暴风雪中，他用土石、木头和树枝填平壕沟，带着大部分人马突破了重围，逃之夭夭。

到了这时候，罗马的官员意识到克拉苏需要援军。阿庇安说，元老院"命令刚从西班牙回到罗马的庞培前去增援"[7]。听说这事儿之后，克拉苏怕庞培抢功，于是铆足了劲儿，拼命想在他的同伴（也是竞争对手）赶到前结束战争。"有些人已经在大声叫嚣，说战争的胜利属于庞培，"普鲁塔克写道，"他们说，现在就等着他赶到，发起进攻，然后战争就会结束。"[8]就在克拉苏准备发起最后的攻击时，斯巴达克斯的手下却被胜利冲昏了头脑（他们过于自信，已经不大听从他们将军的命令），依据错误的判断，选择了一个非常糟糕的时机，对罗马阵线发起了进攻。罗马军团最终瓦解了他们的进攻，绝大多数角斗士都临阵脱逃，斯巴达克斯直接向克拉苏扑过去，结果没想到同伴却丢下了他。最后他战死沙场。

克拉苏也真是不走运：恰在此时，庞培率兵赶到。很多逃跑的奴隶正好撞到他的阵前，于是他抓住并杀死了不少人。有 6000 名奴隶被活捉，之后被钉在从卡普亚城到罗马的阿庇乌大道上。道路两边几乎立满了这样的十字架。[9]绝大多数人都认为这是献给庞培而不是克拉苏的纪念碑。庞培也大受鼓舞，甚至致信元老院说，虽然克拉苏赢得了战斗，但是庞培彻底"结束了战争"。[10]

次年，即公元前 70 年，克拉苏和庞培都被选为执政官。普鲁塔克说他们两人除了整天吵架之外什么事都没做成，但是他们因为分发粮食而深得民心。[11] 他们越来越被视作平民英雄；而且，享有罗马投票权的人肯定一度认为，困扰罗马多时的腐败问题终于消失了。克拉苏暗中赚钱的招数无法再使用，庞培最大的缺陷就是他总爱把别人的功劳往自己身上揽。此时，另外一位年轻的政治家西塞罗（Cicero）出现，他热衷于打击元老院内部的腐败问题。公元前 70 年，他控告并证明贵族韦雷斯（Verres）有腐败问题，而且没让韦雷斯逃掉。

于是当地中海上的海盗日益猖獗时，代表民众的护民官就建议让庞培率军去清剿。护民官提出这样的建议也的确合乎情理。为了清剿海盗，护民官建议授权庞培暂时统率一支庞大的军队，不仅包括罗马在地中海上的所有船只，还包括超过 10 万名士兵。[12] 元老院不愿意将这么大的军权集中在一个人手上，否决了这个提案，但公民大会投票通过了对庞培的任命。

他的成就无人能及，因而在民众中越来越受欢迎。他的家族也迅速在罗马变得权倾一时；甚至连恺撒（他在苏拉死后已经回到了罗马）都请求娶他的女儿庞培娅（Pompeia）为妻。庞培答应了这门婚事，之后又立即率军出征。打败海盗之后，他再次受命征讨东边的本都。

公元前 66 年，庞培迅速结束了这场战争，然后顺着地中海沿岸一路横扫过去，攻克了衰微的塞琉古帝国控制的叙利亚。在耶路撒冷，他进入神殿看了一眼，甚至还将头探进了至圣所（Holy of Holies）。这一举动震惊了所有的祭司，但是在庞培将城市控制权交给他们后，他们也就原谅了这个入侵的异教徒。在新的安排

**图 25-1 庞培**

伟大者庞培，公元前 106—前 48 年。嘉士伯艺术博物馆，哥本哈根。

图片来源：阿里纳利国家摄影博物馆 / 艺术资源，纽约

下，耶路撒冷成为罗马的犹太（Judea）行省的一部分，哈斯摩尼（Hasmonean）国王不再掌权，而是由庞培指派的一位名叫约翰·许尔堪二世（John Hyrcanus Ⅱ）的祭司来当“大祭司和总督”。这是一个政教合一的职务，祭司为罗马治理犹太行省，并向统管罗马新占领的叙利亚的罗马总督报告。

做好这些安排后，庞培就满载荣誉地打道回府。

在罗马，恺撒和西塞罗都是政坛上冉冉升起的新星。西塞罗于公元前 63 年被选为执政官，这是与传统大不相同的；上一次“新人”（novus homo，即来自无人当过执政官的家族的人）被推选为执政官已是 30 年前的事了。恺撒也被推选担任两个非常重要的公职：他于公元前 65 年被推选为市政官（aedile），在公元前 63 年当上了

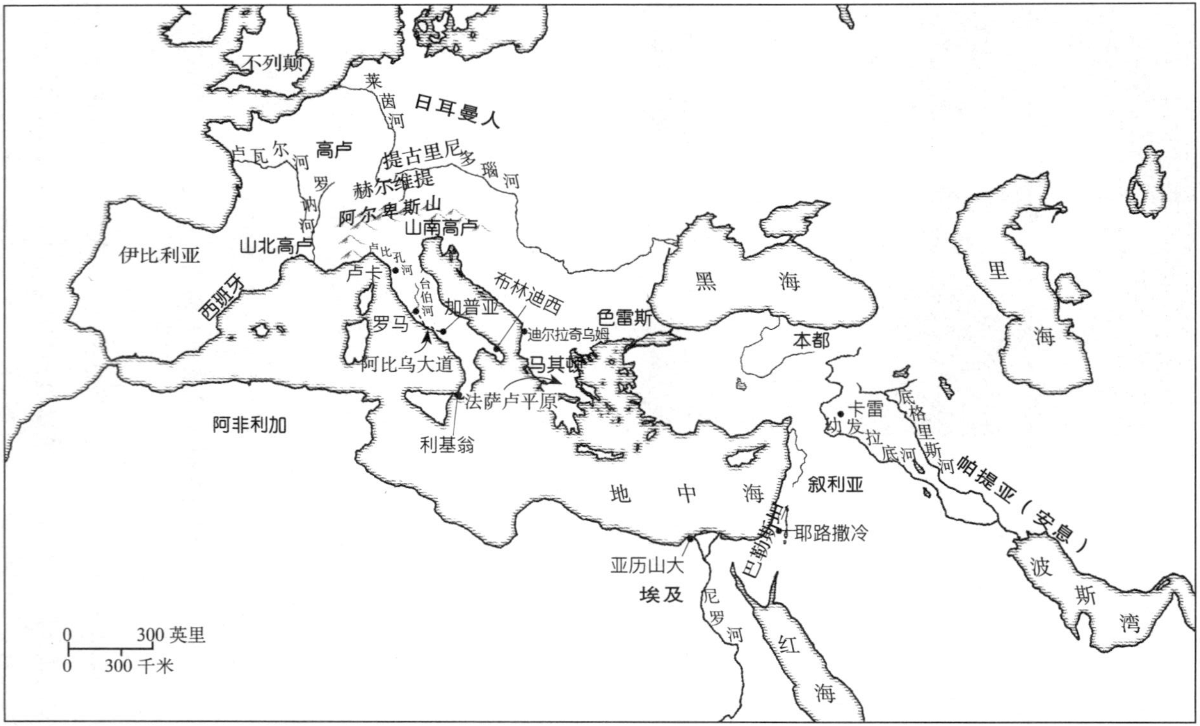


地图 25–1　庞培和恺撒的战争

最高祭司（Pontifex Maximus，国家宗教的最高祭司）。* 不幸的是，他为了竞选大祭司已经负债累累，任期届满的时候，他自己差一点就因欠债被抓。他需要离开罗马，更需要挣点钱。他为自己谋得了罗马在伊比利亚半岛的西班牙行省（Hispania）总督的职务，但是债主堵在港口，抓住了他，要扣押他的行李抵债。

克拉苏出面为恺撒的债务做了担保，债主们这才放他走。克拉苏是个成功的商人，他拥有银矿和大片的农场，还有在农场上工作的大量奴隶。[13] 克拉苏看人很准。在西班牙行省，恺撒挣够了还债的钱，这下可以返回罗马了。回到罗马后，他马上把庞培（受人爱戴的征服者）和克拉苏（富商）召集到一起，建议他们三个人私下里组成一个同盟。如果他们能够给予恺撒足够的支持以及资金，帮他在公元前 59 年成功当选执政官，掌权后他就会尽力通过任何他们想要的法案。

庞培十分乐意加入，他想为他军队中的老兵谋取更多好处。克拉苏可就没那么容易被说服了。角斗士战争结束后，他还在为庞培的争功而生气，此刻他仍不相信庞培。（当他第一次听说庞培的绰号是“伟大者”后，他嗤之以鼻，反问道：“大什么大？”）[14] 但是他知道，如果恺撒能够推动制定新的财政制度，这将大大有利于他的买卖，比他自己去推动这样的制度要好。于是三巨头同意结成同盟。恺撒甚至还解除了他女儿的婚约，将她重新许配给庞培。庞培比他

---

* 除了执政官和护民官外，还有一系列政府职务。裁判官（praetor）是执政官的助理，帮助他署理政务；财务官（quaestor）负责国家财务；市政官（aedile）负责公共建筑事务以及组织节日庆典；总督（governor）管理罗马的行省；监察官（censor）监督公众行为，惩罚不道德者（英文中 censorious 意为“吹毛求疵”，即来自这个词）。由于罗马的宗教是由国家管理的，因此宗教官员同时也兼管世俗事务。大祭司是一种高级祭司，可以检查下级宗教官员如祭司（flamen），负责管理对特定神祇的祭祀和维斯塔贞女（Vestal Virgin），同时负责记录罗马的国家编年史。

的女儿大了足足 25 岁，并且已经结过三次婚。庞培同意了，联姻进一步巩固了同盟关系。*

竞选获得成功后，恺撒成为执政官。他一上任就立即推行了将土地重新分配给穷人的各种制度。这使他很不受另一名执政官毕布路斯（Bibulus）和元老院的欢迎，他们不希望看到一个执政官像护民官一样为民众争取利益。（普鲁塔克说："他这样做是自降身价。"）民众则非常高兴，公民大会通过了恺撒的方案，庞培则派兵前往广场以确保元老院不会从中作梗。当毕布路斯走近广场想要表示反对时，一桶大粪扣到了他头上。据普鲁塔克说，自此之后，他"在剩下的任期里一直将自己关在家里，足不出户"。[15]

执政官任期结束后，恺撒（在庞培的武装力量的帮助下）受命出任山北高卢（Transalpine Gaul，即外高卢）总督，这是阿尔卑斯西侧的一个行省（东侧的行省则称山南高卢或内高卢）。他在那里攻无不克，赢得了堪比庞培的极高美誉。他首先击退了入侵山北高卢的赫尔维提和提古里尼的凯尔特人部落；然后，他又把战火烧到敌人的境内，进入莱茵河地区，当地部落统称"日耳曼人"。他从庞培那里学到了一条经验，那就是要保证让罗马居民知道他所取得的每一次胜利，办法是不断地向罗马发送战报，总是说又为共和国赢得了什么什么。"罗马在收到我的信函后，"他在自己的《高卢战记》中写道，"用为期 15 天的公共节日来庆祝（我的）成就，如此

---

* 这些高层人物之间总是有千丝万缕的关系。恺撒的姑姑嫁给了马略。恺撒的第一位妻子是辛那的女儿，第二位妻子是苏拉的外孙女（庞培亚 · 苏拉，她母亲是苏拉的女儿，父亲是庞培的堂兄弟）。庞培的第二位妻子是苏拉的孙女，第四位妻子是恺撒的女儿尤利娅。恺撒解除尤利娅的婚约后，庞培把自己的女儿许配给了那个被毁约的未婚夫，而其实他女儿已经跟苏拉的儿子订婚了。克拉苏只是娶了自己亲兄弟留下的寡妻，并未再娶，不过有传闻说他一直和维斯塔贞女有不正当关系。

殊荣之前任何人都未曾得到过。”*[16]

与此同时，他还染指国内事务。他进入意大利，一直深入到北端的卢比孔河（Rubicon），并在那里的卢卡（Luca）城为自己建造了一座行营。一般认为卢比孔河是意大利的北部边界。普鲁塔克说，他在那里“进行政治密谋”，并大行贿赂：“很多人前来见他……每个人走的时候手上都拿着东西作为礼物，心里则希望将来能得到更多。”[17]

公元前 56 年，克拉苏和庞培前来拜访他，他们前来商讨三巨头同盟的下一步计划。他们决定让克拉苏和庞培去竞选公元前 55 年的执政官；一旦他们掌权，给恺撒的回报是让他在高卢的任期延长 5 年，使其可以继续巩固自己的势力。执政期结束后，克拉苏便做将军，率军东征攻打帕提亚人，帕提亚现在是地中海另一侧实力最强大的国家，如果能战胜他们，克拉苏就可赢得他长期渴望但尚未得到的军事荣耀。庞培已经不能再领兵作战，所以他会出任西班牙行省总督一职，并像恺撒那样从中谋利。

达成这份协议后，庞培和克拉苏便回到了罗马。罗马公众对这两人仍充满怀疑，但是他们并不准备放弃竞选。在花费了前所未见的巨资进行贿赂之后，他们双双再次当选执政官，这与他们上一次出任执政官相隔了 15 年。元老院随后也无悬念地投票同意对恺撒的任命。“这是不得已而为之，”普鲁塔克说，“元老院为其投票通过的法案感到痛苦。”[18]

但是人民仍然站在恺撒——富有同情心的恺撒，攻无不克的恺撒——这一边。三巨头再次获得成功。他们三个人正在获得超乎他

---

*　《高卢战记》开篇第一句是“高卢全境分成三部分”（Omnis gallia est divisa in tres partes）。这句话的拉丁语原文是英语世界最知名的一句拉丁文，因为一代又一代学习拉丁语的学生的第一份拉丁语作业就是翻译恺撒的这段文字。

们自己想象的荣耀和财富。

两位执政官上任后，恺撒向一个新敌人发起了新的战争。公元前55年，他为了进行军事侦察第一次登上了不列颠岛的东南海岸。

不列颠岛上的居民是早期岛上原住民混杂聚居形成的部落，他们可能在不列颠还是个半岛而非岛屿时就生活在这里，还有一些凯尔特人从欧洲大陆横渡海峡，到达后定居于此。在不列颠，这些部落因为受到地域限制无法进行游牧生活，他们以小部落王国的形式定居下来。我们对不列颠部落的了解主要来自恺撒的描述，以及后来蒙茅斯的杰弗里（Geoffrey of Monmouth）所写的《不列颠诸王史》（*Historia Regum Britannia*），它将罗马和中世纪的地名与威尔士神话结合到一起，事实成分少而爱国情怀多［“不列颠是最好的岛，它坐落在高卢和希伯尼亚（Hibernia，爱尔兰的拉丁名）中间的西海上。”这个开篇就显示出他亲罗马的立场］。[19]

这部史书最开始叙述的是埃涅阿斯（Aeneas）的孙子布鲁图斯（Brutus）开始探险之旅，发现了不列颠岛，他以自己的名字给该岛命名。这个故事极不可信。这种习惯性地将不列颠历史和古代神话联系在一起的做法，在杰弗里叙述不列颠早期诸王的时候仍在被采用。* 史书中最突出的人物是一个叫卡西韦劳奴斯（Cassivelaunus）的人，蒙茅斯的杰弗里称他是“不列颠国王”，但在恺撒的记载中，这个人不过是一个篡夺了特里诺文特人（Trinovantes）王位的武夫。

---

* 据蒙茅斯的杰弗里记载，不列颠最早的国王中有一个有着威尔士名字，叫卢尔（Llur），他有三个女儿，分别叫克罗尼拉、拉高和科得利亚。为了确定哪个女儿配得上他王国的最大部分，他问她们谁最爱他。科得利亚答道：“我爱您就像女儿爱她的父亲。”这让卢尔极为愤怒；当然，大家可以看出来，这就是莎士比亚戏剧《李尔王》的来源。

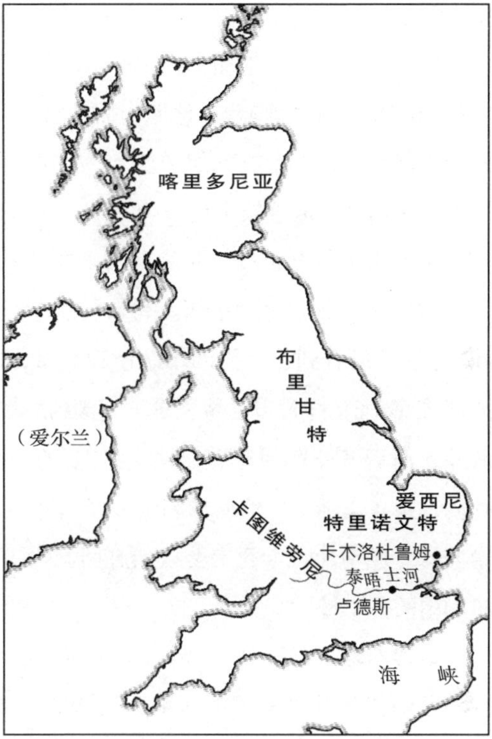


地图 25-2 不列颠

将蒙茅斯的杰弗里和恺撒的描述对照来看，特里诺文特人的国王卢德（Lud）将特里诺文特发展成南部最强大的部落国家；他还扩大了沿泰晤士河的主要定居点，并且建了防御围墙，为了纪念他，这个聚居点被命名为卢德斯（Lundres）。卢德去世后，他的兄弟卡西韦劳奴斯篡夺了卢德儿子的王位。被夺走王位后，王子曼都布拉修斯（Mandubracius）渡海逃到恺撒在高卢的军营，请求罗马人帮他夺回王位。不过跟很多向罗马求援的国王一样，他后来对当初的举动表示后悔。

第一次侦察时，恺撒估摸了一下敌人的情况。（“所有的不列颠人都用靛蓝将身体涂蓝，”他回去后写道，“他们会刮净身体上的毛发，只保留头发和上唇的胡子。”）[20] 次年，即公元前 54 年，他带着一支军队回来夺取这块土地。

卡西韦劳奴斯带着一队战车出来迎敌，这是恺撒和他的手下第一次在战场上碰到这种东西。与驾驶战车的武士作战需要快速改变战术。“可以看到，我们的军队甲胄太沉，不利于与这样的敌人作战。”恺撒观察并写道，特别是不列颠的战车手可以从战车上跳下来战斗，而后又能跳回车上，快速撤退。“他们可以在战车的辕杆上跑动，站在车轭上，然后像闪电一样迅速回到车上。”[21] 恺撒派骑兵做前锋，成功地将卡西韦劳奴斯赶回泰晤士河，并在河水中布满了防御用的尖木桩。

恺撒暂时驻扎下来，周围的部落纷纷派使者向罗马大军投降。罗马军团找到并袭击了卡西韦劳奴斯的总部，杀死了所有的牲口，抢走了大批粮食。最终卡西韦劳奴斯不得不派信使提出投降条件。眼见冬天快要来临，恺撒同意与卡西韦劳奴斯达成和平协议，条件是让曼都布拉修斯治理特里诺文特，并做罗马的附庸国王；他还让卡西韦劳奴斯发誓不会骚扰新王，处理完这一切之后，恺撒回到了高卢。

此时，恺撒的声誉已无人能及，但是一个可怕的消息正在等着他：他的爱女、庞培的妻子尤利娅死于难产。

不久之后，克拉苏在进军帕提亚时也遇到了灾难。公元前 53 年，也就是恺撒在高卢取得胜利后的第二年，克拉苏率领 7 万名步兵、4000 名骑兵向幼发拉底河（此时是帕提亚的边界）进军。罗马人与帕提亚军队在卡雷（古代的哈兰）短兵相接。这个城市是巴比伦王那波尼德的出生地，也是亚伯拉罕的父亲他拉的葬身地。罗马人马上就发现自己寡不敌众，帕提亚军队的弓箭手从很远的距离射箭便可轻松地刺穿他们的盔甲。普鲁塔克写道：

> 他们或被射伤，或被射死，被射中的人都面临死亡，但不是快速轻松的死亡，而是充满疼痛和抽搐的；他们身负箭伤在地上扭动，这让伤口变得更大，如果用力将带刺的箭头拔出来，就可能割破静脉，他们是在自己撕裂、折磨自己。很多人就这么死了，活下来的那些也落下残疾，什么都干不了……他们双手紧握盾牌，牢牢地站在地上，不能作战也不能逃跑。[22]

克拉苏派自己的儿子、副将普布利乌斯（Publius）率军冲击对方的阵线，帕提亚人慢慢向后撤退，诱使普布利乌斯和手下人马跟踪追击，然后忽然掉头，从两边将其包抄。普布利乌斯所有的人马都陷入了重围。普布利乌斯看到败局已定，自杀身亡。帕提亚人割下他的首级，用一支长矛挑着，在攻击剩余的罗马军队时举着它在克拉苏面前摇晃。

两天后，克拉苏和几乎所有人马被杀。帕提亚将军苏莱纳（Surena）将克拉苏的首级带给了帕提亚国王奥罗德（Orodes）。据罗马历史学家狄奥·卡西乌斯（Dio Cassius）记载，奥罗德用他的人头在胜利庆典上做道具。

罗马帝国赶紧关闭了东部边境。驻扎在叙利亚的罗马军队遭遇了帕提亚人的进攻，帕提亚人失败了，仅仅是因为他们不习惯围城。

奥罗德国王现在统治的帕提亚东邻中国，西至幼发拉底河，包括了之前塞琉古帝国全盛时期的大部分领土。

而在罗马，三巨头只剩下了两个。帕提亚人获胜的次年，恺撒在高卢镇压了一场严重的叛乱，之后，他准备返回罗马，此时他比庞培要富裕得多，取得的军事胜利也更多。

元老院对未来充满恐惧：恺撒无上的荣誉和财富，再加上他的士兵，放在一起只能变成一个词——“独裁者”。此时，元老院不再受到庞培的武力胁迫，必须答应恺撒的愿望。尤利娅和克拉苏之死削弱了两个人的关系，庞培也越来越嫉妒恺撒的胜利。“庞培开始畏惧恺撒，”普鲁塔克说，“在此之前，庞培一直都看不起他。”[23]

庞培和元老院联名向北方的恺撒送去一则信：除非交出所有军队，否则恺撒不能进入罗马城。

恺撒提出了很多折中方案，包括只带少量军团进城，但是庞培说服了元老院，让他们拒绝了这个要求。恺撒知道，如果他手无寸铁地进入罗马，可能很快就会死于暗杀。他决定像之前的苏拉一样，以征服者的姿态率军进城。于是，他从高卢出发，向着意大利北部开进。

普鲁塔克说，恺撒很清楚这会引发血腥的内战，所以在抵达卢比孔河之前他停下来想了又想。最后，“在激情的驱使下，他将所有思虑抛诸脑后”。他大喊道：“骰子已经掷下！”（Alea iacta est!）他渡过卢比孔河，“战争的大门随之打开”。[24]

意大利很快就陷入一片恐慌。男女老少纷纷从一边的海岸逃到另一边，希望能够躲开不可避免的大战。战报像雪片一样飞进城中，说恺撒就快到了。庞培自己也很恐慌，他离开罗马，也让元老院跟着他一起离开；显然，他害怕罗马人民会敞开大门迎接恺撒。

**图 25–1 尤利乌斯·恺撒**

尤利乌斯·恺撒的大理石像。公元前 100 年前 44 年。佛罗伦萨乌菲兹美术馆，意大利。

图片来源：阿里纳利国家摄影博物馆 / 艺术资源，纽约

他向南逃到靠近东部海岸的布鲁迪辛乌姆（Brundisium），在那里建立起一个临时政府，然后派自己的军队渡河到希腊城邦迪拉西乌姆（Dyrrhachium）进行集结。

恺撒认为这显示出了他的极端软弱，西塞罗后来也认为这是个非常糟糕的决定。由于恺撒回到罗马后并没有对庞培穷追不舍，因此这一拖延给了庞培足够的时间，让他纠集起一支庞大的军队，同时还有一支强大的舰队。同苏拉多年前的经历一样，庞培发现自己周围聚集起了包括西塞罗在内的很多罗马显贵。

与此同时，在意大利，恺撒进入罗马，“发现这座城市比他想

象的要安定”，很多元老院议员留了下来，并希望能跟这位伟大的征服者和平共处。[25] 他没有像马略和苏拉那样进行大清洗，他只是控制了这座城市，然后用个人的威严震慑那些意欲反抗他的人。为了迎战庞培，恺撒准备将国库掏空，剩下的那名护民官对此表示反对，此时恺撒说：“年轻人，如果你还在这儿阻挠，我就会杀了你。我不喜欢这么做，更不喜欢这么说。”普鲁塔克说，听到这话后那名护民官“慌忙逃走了”，随后恺撒的所有战争开支都是予取予求的。

恺撒花了两年时间才打败逃到了希腊的那个人。经过数月“断断续续的战斗”（普鲁塔克语），战争在公元前 48 年以一场在法萨卢平原上的大战告终。恺撒用步兵迎战庞培的骑兵，使用在不列颠人身上学到的方法来对付骑兵，即直接冲到马前面用标枪对准骑兵的脸。骑兵团完全不适应这种战术，停止不前。抵抗瓦解了。眼见自己的军队溃不成军，庞培回到营帐中呆坐着一动不动，直到听到恺撒的士兵的脚步声在营地响起，才起身换上旧衣服偷偷溜走。

听到恺撒获胜的消息后，元老院宣布恺撒是第一个独裁者，十一天后又宣布他为执政官。恺撒的副官马克 · 安东尼（Mark Antony）在法萨卢战役中曾负责指挥其中一翼，现在作为恺撒的副手代为管理罗马，而恺撒则因为得知庞培向埃及逃去，决定继续追击。[26]

不管恺撒对庞培一路紧追不舍直到埃及有什么个人原因，单从政治上讲，这次追击也很有意义。埃及虽然早已没有了往日的辉煌，但还是一个富裕又暗藏隐患的王国，这个国家有一个软弱的年轻国王：托勒密十三世。他是伟大的托勒密一世的后人。

我们已经知道，托勒密六世与塞琉古曾就柯里叙利亚问题争吵不休。在此后的一个世纪里，托勒密王室虽然一直对继承人问题持有争议，他们的血脉却基本没有中断。不过这时托勒密十三世正在与他的姐姐克丽奥佩特拉七世（Cleopatra VII）吵闹不休，争夺王位。当庞培的船靠近埃及海岸时，克丽奥佩特拉正在亚历山大城，年轻的托勒密十三世则在贝鲁西亚准备向他的姐姐发起进攻。[27]

普鲁塔克说，托勒密十三世“非常年轻”，大多数决策都是他的谋士所做。他们认为，既然恺撒正在朝埃及进兵，准备抓捕并惩罚庞培，如果他们替恺撒把这件事办了，就能赢得恺撒的支持。他们派了一个使团驶离海岸前去迎接庞培的船，他们向他致礼，称其为“最高统治者”，然后请他上船，将他摆渡上岸。就在他们马上要靠近陆地，庞培准备下船时，托勒密十三世的一个手下从后面扑过去，另外两个人上来砍下了他的首级，并且把他的尸体抛入大海。庞培此时 60 岁，就在他被杀前一天，即 9 月 28 日，他刚刚庆祝完自己的生日。[28]

恺撒抵达之后，埃及官员将庞培的首级放在一个篮子里献给他。据说，他非常生气，因为他本想羞辱一下他的老盟友，而不是杀死他。但这给了他一个绝好的理由来控制埃及，他现在可以拿这个作为理由惩罚这个国家。他下令让克丽奥佩特拉和托勒密十三世同时来亚历山大见他，他会从中选择一位埃及的合法统治者（在他的监督下）。*

他做选择时可不算客观。他被克丽奥佩特拉的美貌迷倒，于是就任命她而不是她弟弟为埃及的统治者。托勒密十三世与赶到的恺撒的增援军队发生了冲突，并因此丧生。克丽奥佩特拉加冕，然后仪式性地嫁给了她的弟弟，这是托勒密家族一直以来都遵循的一个埃及习俗。

---

* 恺撒入侵亚历山大期间，他的士兵在多处纵火；多位古代作者记述说亚历山大图书馆——古代世界藏书量最多的图书馆——就是在这期间被焚毁的。

与此同时，恺撒与克丽奥佩特拉陷入了炽热的恋爱之中，为此，他在亚历山大耽延了好几个月（至少是不问政事的）。最后，他告别了怀孕的克丽奥佩特拉，在罗马共和国的四周征战了一圈：向东摧毁了本都的军队，然后穿越非洲边界，接着北上来到伊比利亚半岛，最后回到罗马。

在征战之际，他被四次选为执政官，这样就可以从法律上保证他的权威。公元前 46 年，恺撒的支持者（以及害怕他们的罗马人）同意为他搞一个凯旋仪式，这个仪式让人想起了古代的伊特鲁里亚国王的做法。罗马城中竖起许多他的雕像，与那些古代国王并列在一起。他还被允许穿上紫色的袍子，并在仪式中被呼唤为“大将军”（imperator）*；凯旋仪式上，人们举着横幅，上面写着“我来，我见，我征服！”（Veni，vidi，vici!）[29]

凯旋仪式之后，他就接管了治理内政、通过法律等工作，将元老院、护民官、公民大会和平民会议等各种大权集于一身。他还拥有军队和普通民众的支持：军队中所有的士兵都效忠于他（他将罗马公民权赐予了所有参加高卢战争的人），普通民众也视他为最仁慈的保护者。他甚至还更改了历法，为了施行我们现在所采用的每四年一个闰年的历法，凯旋仪式的次年公元前 45 年被延长到了 445 天。

元老院可能是担心如果不持续给他授予荣誉，他的军队就会报复，民众也会反抗。公元前 44 年，元老院同意任命他为终身独裁官——这和国王还不一样。不过现在可以明显看出来，在他年轻时的某个时期，恺撒曾梦想有一天能当上国王，这个梦在他脑中扎

---

* “大将军”后来成为罗马皇帝头衔的一部分，意为“终身元首”或“皇帝”。

了根。

公元前 44 年 2 月 15 日，安东尼曾尝试将王冠戴在恺撒头上。在一个宗教节日上，安东尼手持一个月桂花环王冠，将它献给恺撒，但是人群中只传出稀稀拉拉的掌声。恺撒意识到了大家的情绪，反复数次将递过来的王冠推开，这么一来，人们就欢呼起来。罗马人民的态度已经表达得很清楚，他们不想让恺撒当上真正的国王。可能国王这个概念会让他们过多地想到东边的帕提亚；也可能是人们坚持认为罗马应该实行精英领导体制，这让他们特别厌恶王权的世袭性质。恺撒没有合法的儿子（不过克丽奥佩特拉倒是给他生了一个儿子，即托勒密十五世・恺撒里翁），但在遗嘱中，他指定他 18 岁的甥孙、他姐姐的女儿的儿子屋大维（Octavian）为合法继承人。

不久之后，元老院同意恺撒可以戴王冠，但是只有在他出征帕提亚的时候才行，因为神话说只有国王才能征服帕提亚。对于部分元老院议员来说，这件事可能是压死骆驼的最后一根稻草。那些人越来越担心罗马共和国会失去其共和的特点，哪怕这一点也基本上是个神话。那些心怀敌意的元老院议员，包括恺撒自己的表弟马尔库斯・布鲁图斯（Marcus Brutus，恺撒在遗嘱中也指定他为继承人之一）计划在下个月，即公元前 44 年 3 月 15 日恺撒来到元老院时暗杀这位终身独裁官。所有人都知道恺撒的副手安东尼不会加入这场阴谋，所以他们还计划在行动时将安东尼挡在门外。

在恺撒的继承人屋大维的传记中，希腊作家大马士革的尼古劳斯（Nicolaus of Damascus）对这次暗杀进行了细致入微的描写：

> 他走了进来，元老院的议员们看见他之后，出于尊重纷纷站了起来。那些打算对他下手的人聚拢在他身旁。第一个上来

> 的是图里乌斯·辛布尔（Tullius Cimber），他的哥哥被恺撒流放，所以他上前几步，仿佛要为他的哥哥请愿。他抓住了恺撒的外袍，对于一个要请愿的人来说，他这么做显得过于胆大妄为。他这样做，让恺撒无法站起来使用双手。恺撒非常生气，但是那些心怀不轨的人突然纷纷亮出匕首，扑了上去。刺下第一刀的是塞维利乌斯·卡斯卡（Servilius Casca），他本来是对准恺撒的左肩刺去，但是由于过于紧张，他刺空了。恺撒猛地站起身自卫，卡斯卡喊他的弟弟过来帮忙，他情急之下喊出的是希腊语。后者马上过来，用剑刺进了恺撒的身体。紧接着，是卡西乌斯［卡西乌斯·朗吉努斯（Cassius Longinus）］斜着刺到了他的脸。马尔库斯·布鲁图斯刺穿了他的大腿。卡西乌斯·朗吉努斯急于发出第二击，但是又一次刺空，反而刺到了布鲁图斯手上。米努修斯（Minucius）也打算刺向恺撒，却扎到了鲁布利乌斯（Rubrius）的大腿。这幅场景看上去就像是他们因为恺撒而打起群架。身中数剑之后，恺撒倒在了庞培的雕像前，他倒地后他们还在继续刺他，这样就显得每个人都有份。最后他身中 35 刀，终于断了气。[30]

普鲁塔克说他死前曾大声求救；好几部希腊典籍里都记录说他用希腊语向布鲁图斯喊道："还有你吗，我的儿子？"* 此外苏埃托尼乌斯（Suetonius）说，恺撒身中第一刀后惊讶不已，喊道："竟然动粗了！"[31]

恺撒的杀手们其实是处在自一百年前的格拉古开始的逻辑循环

* 不过他并没有说出那句著名的"Et tu，Brute?"（还有你吗，布鲁图？），这句话是 1500 年后莎士比亚在戏剧里编的。

| 时间线 25 | | | |
|---|---|---|---|
| **帕提亚** | **埃及** | **不列颠** | **罗马** |
| | | | 第一次奴隶战争（前 135） |
| | | | 提比略·格拉古去世 |
| **米特拉达梯二世** | | | 盖乌斯·格拉古去世 |
| | | | 朱古达战争（前 112） |
| | | | 盖乌斯·马略，执政官 |
| | | | 同盟者战争（前 91） |
| | | | 卢基乌斯·苏拉，执政官 |
| | | | 卢基乌斯·辛那，执政官 |
| | | | 角斗士战争（前 73） |
| | | | 克拉苏，执政官 |
| | | | 庞培，执政官 |
| | | **卡西韦劳奴斯** | 西塞罗，执政官 |
| **奥罗德二世** | | | 尤利乌斯·恺撒，执政官 |
| | **托勒密十三世 /** | | 法萨卢战役（前 48） |
| | **克丽奥佩特拉七世** | | 暗杀恺撒（前 44） |

的末端。在权力野心面前，没有任何宪法或权力制衡制度能够阻挡它，恺撒本人证明了这一点，现在，他则死于自己曾使用过的伎俩。但是，恺撒之死表现出罗马人还惦记着共和制。很多军团旗帜和罗马建筑物上都刻着共和国的正式名称 SPQR（Senatus Populusque Romani），即“罗马元老院和人民”。

罗马是一个人民享有权力的地方——几十年来事实却并非如此，但是念及自身，即他们的集体身份，他们想不出别的方式。这是一个强有力的谎言，而且当谎言的荒谬展现时，哪怕是独裁者也会吓一大跳。

# / 26

## 罗马帝国

公元前44年至公元14年间，屋大维成为第一公民。帕提亚人拒绝罗马的统治方式，整个帝国依然假装罗马是一个共和国。

恺撒的尸身横躺在元老院的地板上，安东尼直到这时才冲破阻拦闯进了元老院大厅。他来得太迟，已经帮不了恺撒，但他阻止了谋杀者将恺撒的尸体扔进台伯河的计划。于是乎，他们离开元老院，列队朝着主神殿进发，仍然手持佩剑。他们朝着聚拢过来的人群大喊，让他们加入进来，并喊道："恢复他们的自由。"这是一个极为关键的时刻，因为街上的人很可能会自发组织起来反对他们。一些著名的罗马市民加入了他们的阵营，很快剑拔弩张之势得以平息。与此同时，三名恺撒的家奴将他的尸体从空无一人的元老院抬回了家。[1]

安东尼不太确定人民的情绪是不是会失控，所以他逃到一个朋友家，化装成奴隶的样子，急急忙忙溜出了城。布鲁图斯和卡西乌斯则继续发表演讲，称恺撒之死是一个悲剧性的必然事件。次日，他俩重新召集元老院议员，提出既然恺撒已死，应该为他搞一个大型的荣誉葬礼，并将他供奉为神。元老院同意了。此举使罗马平静下来，而且也鼓舞了安东尼，他还没逃多远，此时折返回到罗马，显然没有人要清洗恺撒的同盟。

但是在接下来的几天里，恺撒的遗嘱被公之于众，罗马失去了平静，因为在遗嘱中恺撒指示将他的巨额私人财产平分给每个罗马人。人们抬着他的尸身穿过街巷，布鲁图斯和卡西乌斯同意了这一安排，因为这是荣誉葬礼的一个必要部分，但当市民们看到对待他们如此慷慨大方的那个人受到的残害，一场暴动开始酝酿。

在广场上发表葬礼演讲的安东尼趁机煽风点火，鼓动暴乱。他身边有一个武装的侍卫团，是他的同盟者带来的，这位同盟者就是马尔库斯·艾米利乌斯·雷比达（Marcus Aemilius Lepidus），他曾被恺撒任命为高卢行省和近西班牙行省的总督。雷比达还没有出发上任，但是已经在罗马招募了一些随他前往赴任的士兵。现在他带着这些士兵围在安东尼身边保护他。安东尼用一个胜过千言的举动结束了演讲：他将恺撒那染满鲜血、千疮百孔的外袍从胳膊下拿了出来，展开给所有人看，让他们看看恺撒死时身上中了多少刀。

展示恺撒的外袍的做法将街上的人们推上了愤怒的巅峰。市民们手持火把在街巷里奔突，他们大喊着布鲁图斯和卡西乌斯的名字，要把他们找出来撕成碎片。

没人找得到他们。暴动刚露端倪，他俩就出了城，现在藏身于安提乌姆（Antium）。马克·安东尼控制了政府，为了感谢雷比达的支持，他授予雷比达罗马大祭司的职务。

不过，安东尼的权力并不稳固。元老院认为他是“小恺撒”，他会像恺撒一样成为一个专制统治者，但没有恺撒那样的个人魅力去说服人们站在他那边。

此时，在安提乌姆流亡的布鲁图斯正在争取公众的理解和支持，他给罗马送钱，支持举办公共节日，希望能借此重新赢回民心。他在元老院里的盟友之一是演讲家西塞罗，他在演讲中不断赞扬布鲁图斯的慷慨以及打击专制的决心。普鲁塔克记载："此时，人们开始对安东尼感到不满，认为他也是在建立君主制；他们希望布鲁图斯回来。"[2]

照这样发展下去，布鲁图斯原本可以在几个星期后以一个英雄的形象回去，但这中间又杀出一个人：恺撒的养子屋大维。此时他年仅 18 岁，正在意大利之外执行军务，但是他一听到舅祖父被谋杀的消息马上就回家了。

屋大维回来后，西塞罗（他认为安东尼是个傻瓜，而且未来是个独裁统治者）马上认定他就是对抗安东尼势力的最佳同盟。这样一来，他自然也就不再支持暗杀者布鲁图斯。普鲁塔克写到布鲁图斯对此心怀怨憎，"在信中狠狠地斥责他"。[3]

这并未将西塞罗重新拉回他的阵营，于是布鲁图斯暂时放弃，前往雅典，住在一个朋友那里。

安东尼由于是恺撒的朋友，不能反对朋友的甥孙。但他很明智地将屋大维的到来视为对自己权力的威胁。他对这个年轻人出言不逊，问他是不是真的能接管恺撒的事业；他嘲笑屋大维不苟言笑的举止，还试图阻止他参选护民官。

看到安东尼反对他，屋大维便开始与批评安东尼的人以及他的反对者交朋友。后来，安东尼听到传言说屋大维计划要暗杀他。年轻的屋大维否认有这事，但是这一猜疑足以让两个人从政治上的竞争对手变成实际的敌人。"两个人都赶紧在意大利各处招兵买马，并出重金重新招募那些已经回乡的老兵，”普鲁塔克说，“另外也争取首先留住那些尚未解散的军队。”[4] 西塞罗又开始动用他那三寸不烂之舌，在二人间搬弄是非。他成功地让元老院宣布安东尼为罗马人民的公敌，这意味着罗马军队会将他驱逐出意大利。

安东尼带着自己召集起来的军队撤到北方，屋大维则率领另一支军队追击他，同时罗马的两位执政官也跟他一起出击。公元前 43 年，双方在摩德纳（Modena）相遇。虽然安东尼的人马最终突破防线落荒而逃，但是在屋大维这边，两位执政官和很多士兵都在此役中阵亡。对于罗马人来说，这只能算是险胜，不值得庆贺。

安东尼越过阿尔卑斯山来到高卢，将那里的驻军招至自己麾下。他们之前就跟随他，尊重他，听他的指挥，这次的危机更是让他展现出了自身最佳的一面。“他在危机中展现出的性格比平时任何时候都要好，”普鲁塔克说，“厄运中的安东尼近乎完美。”[5]

屋大维此时对自身的处境也进行了深入思考。只要西塞罗和元老院希望继续实行共和制，他们就不会全心全意支持他，他们现在支持他不过是想借此将安东尼赶出罗马。但是屋大维不想重新实行共和制。他想要他舅祖父那样的权力，但是这样的话西塞罗就不会支持他。“他看出来西塞罗的意愿是追求自由，”普鲁塔克写道，“于是就不再尊敬他。”[6]

于是，他效仿恺撒的先例，决定与他的对手建立同盟以加强自身地位。他没有攻打安东尼，而是派朋友捎去口信：如果安东尼同意见他，他会向他提出一个方案。

11 月，两人在博洛尼亚（Bologna）秘密会面，并花了三天时间讨论合作的可能性。他们决定按照前辈的方式建立一个三巨头同盟。他提出的第三个巨头就是安东尼的同盟者雷比达，他现在不仅是祭司长，还是高卢行省和近西班牙行省的总督，手下有不少人马。

这一次，三巨头达成了正式协议，并将同盟协定付诸书面。“他们决定建立帝国，”普鲁塔克说，“国家就像是他们获得的遗产，他们将其瓜分。”

每个人都写下了一张清单，单子上列明了夺权之后他们打算处死的人。他们在如此安排时甚至都没有做一些合法性的粉饰。死亡清单上一共有 300 人，包括西塞罗（出现在安东尼的单子上）、安东尼的亲叔叔（出现在屋大维的单子上）、雷比达的亲哥哥（出现在雷比达的单子上，因其曾公开反对他）。

三个人率领大部队回到罗马，大肆杀戮。之后，三人对帝国进行了瓜分。屋大维得到了西部，安东尼得到东部。雷比达是三巨头中最弱的一个，他失去了高卢和近西班牙，得到了阿非利加，这实在算不上是什么肥差。

但是他暂时控制了罗马城，这让他稍微有些心安。在雷比达管理首都的同时，安东尼和屋大维率军前往希腊，追杀卡西乌斯和布鲁图斯。

卡西乌斯和布鲁图斯在马其顿驻扎，他们将军队分成两拨，分别驻扎在两个地方。这样安东尼和屋大维就不得不分头作战。屋大维负责攻打布鲁图斯，但是战役当天他忽然患病，苏埃托尼乌斯记述说他“身有不适”，很快被布鲁图斯击溃。[7] 安东尼这边则打败了卡西乌斯，卡西乌斯不知道布鲁图斯元气未伤，自尽而亡。随后，安东尼替屋大维干掉了布鲁图斯。

屋大维打道回府，一路上病情不断加重，人们甚至担心他在到达罗马前便会病亡。安东尼则继续留在东边保卫边界。罗马的叙利亚行省正面临危险：在国王奥罗德二世的指挥下，帕提亚人正在向其西部边境集结，准备入侵罗马统治的土地。罗马叙利亚行省总督安提帕特（Antipater）刚刚被人毒死；他的儿子希律（Herod）现在统治着叙利亚，但是他毫无统治经验。

安东尼到达叙利亚，但是他的注意力马上就从迫在眉睫的敌人的攻击转移到另一件事上。公元前41年，也就是打败布鲁图斯和卡西乌斯次年，他遇上了克丽奥佩特拉，她乘船驶到西里西亚来看他，并用她的美貌引诱他：

> 她乘坐一艘饰有紫帆银桨的镀金大船，桨手和着船上飘出的长笛、横笛、竖琴之声划动船只。她在金色华盖下横躺着，打扮得就像画中的维纳斯，两个美貌的童子侍立两旁，宛如画中的丘比特，手执香扇轻轻摇动。还有扮成海中仙子的侍女，她们有些在掌舵，有些则在拉动缆绳。阵阵香气从船上飘到岸上，岸上观者如潮，人们奔走相告，纷纷奔到港口观赏奇景。[8]

安东尼本该在叙利亚保卫边境，但他被爱情冲昏了头脑，跟随克丽奥佩特拉去了亚历山大城。

公元前40年，仅仅几个月后，帕提亚人发起了进攻。帕提亚人横扫叙利亚，一直打到犹太行省，想要擒住并杀死罗马任命的统治者希律。希律逃到了罗马，他们就将犹太祭司长兼总督许尔堪（他要向希律报告）拉出来割掉了双耳。犹太律法规定祭司长不能是肢体残缺的人，这样他就再也不能做祭司长了。

就在这次胜利之后，奥罗德二世被他的儿子弗拉特斯四世（Phraates IV）杀死；而且，为了除掉所有的潜在对手，弗拉特斯四

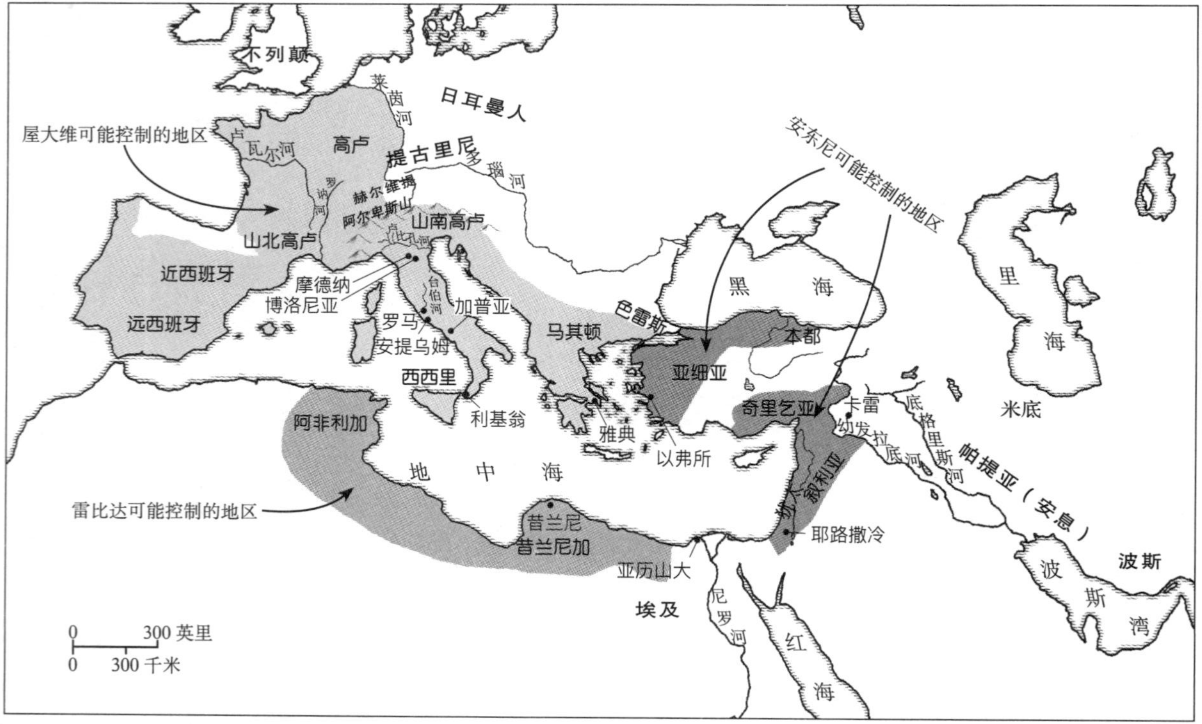


地图 26–1　三巨头统治下的罗马

世还杀掉了他所有的兄弟和自己的长子，这种做法就连帕提亚人都觉得很过分。安东尼挣脱克丽奥佩特拉的怀抱，回到罗马与屋大维商议对策，此时屋大维已经奇迹般地康复了。安东尼开始率军东征，逃亡回来的希律紧随其后。

帕提亚在弗拉特斯四世统治下试图保住叙利亚这块土地，但是安东尼成功地将他们驱逐出犹太。公元前 37 年，他将希律立为罗马的分封王——一个犹太人的世俗国王，由此废除了犹太人政教合一的传统。

与此同时，再往西边一点，屋大维除掉了雷比达。雷比达早已不耐烦自己作为三巨头中势力最弱的一方。他率军驶向西西里，将其据为己有。此举表明他想在三巨头中拥有更多的权力。

屋大维登上西西里海岸，恳请雷比达的士兵不要对抗他：如果他们愿意不与雷比达为伍，他们就能避免让罗马陷入内战。军团一个接一个地都照做了，雷比达的个人魅力无法与屋大维相匹敌。最后，雷比达被迫跟在自己的军队后面，来到屋大维的大帐投降求饶。屋大维饶了他一命，但是收回了他的行省、兵力和“三巨头之一”的头衔。[9] 他将雷比达软禁起来，后者就这样度过了余生。

现在，权力由屋大维和安东尼共享，不过安东尼所处的形势越来越糟。首战告捷之后，他领导的攻打帕提亚的战争却不可阻挡地走向了灾难。他试图强攻米底，却因战败而被迫后撤，结果损失了 20 000 名步兵和 4000 名骑兵。[10]

公元前 34 年，安东尼放弃了这场战争。他回到埃及，回到了克丽奥佩特拉身边。他的放弃给了屋大维足够的借口，让他宣称安东尼是罗马公敌，这样他就能将安东尼控制的部分也纳入自己囊中。

但他需要说服亲安东尼的元老院议员支持自己。公元前 32 年，屋大维向元老院大声宣读了安东尼的遗嘱。这样做是非法的，但当元老院听说安东尼将绝大多数钱财都留给了克丽奥佩特拉给他生下的有着一半埃及血统的孩子（是双胞胎，而且是一男一女），并要求死后将自己葬在埃及时，他们便把安东尼当成一个外国敌人，同意对他正式宣战。[11] 屋大维发言说，由于安东尼已经完全被克丽奥佩特拉迷住，清除他的时候应该不会遇到什么麻烦；他认为安东尼的将军甚至也是克丽奥佩特拉的侍女或者一两个埃及宦官。

听到向他宣战的消息，安东尼开始在以弗所组建陆军和海军。据普鲁塔克记载，他的阵容非常庞大，有 500 艘战船，还有 10 万步兵和很多王族同盟，其中一位就是犹太王希律。

屋大维率领舰队和步兵征讨安东尼。在一系列激战之后，两支海军在希腊北部海岸突出来的亚克兴角相遇。屋大维的战船击沉了安东尼的 300 艘战船，安东尼和克丽奥佩特拉逃离战场驶回埃及。眼见屋大维胜利在望，很多人都转而投奔他。

屋大维认为将安东尼留在埃及是不明智的，这会给罗马带来更多的麻烦。于是他等了一个冬天，第二年开春便向埃及进发。

安东尼听到屋大维到来的消息后以剑切腹，慢慢流血而死。克丽奥佩特拉也自尽而亡，不过她的尸体上没有明显的刀伤或剑伤；后来，她的仆人说，她可能是让一条毒蛇咬死了她，为的是避免余生做屋大维的囚犯。

屋大维下令将克丽奥佩特拉与恺撒生的儿子也处死。那一年是公元前 30 年，他独自一人控制着整个罗马帝国。

公元前 29 年，他回到罗马，此时的罗马人民已经厌倦了战争。

屋大维给自己搞了一场凯旋仪式，并给罗马市民发钱。他还下

**图 26–1　屋大维**

屋大维青铜头像，公元前 63 年至公元 14 年。维罗纳考古博物馆，意大利。

图片来源：Cameraphoto Arte ，威尼斯 / 艺术资源，纽约

令关闭雅努斯神庙的大门，以示罗马现在进入了新的和平时期。在屋大维看来，他在亚克兴角的胜利是一个全新的开始。不是罗马共和国结束、罗马帝国开始了（后来的历史学家持此种观点），而是共和国有了一个全新的开始。

为了继续维持这种假象，他就不能解散元老院，那样做会让罗马的正式国名少掉一半。元老院现在的处境也很微妙。屋大维刚刚结束了一场打击罗马公民的战争，并处死了恺撒唯一的儿子。这可都是独裁者才会有的行为，如果他表现得太像一位国王，人们就会起来反抗他，他也无法置之不理。另一方面，如果元老院强迫他放弃所有权力，就会引发另一场内战。过去几年的经验表明，原本的

共和制并不能在罗马城维持长久的和平。

就像屋大维将亚克兴角的胜利看作共和制的转折点，他和元老院之间形成的妥协其实也只是名义上的。公元前 27 年，屋大维参加了元老院 1 月的会议，正式宣布他放弃在危机期间元老院赋予他的所有权力：这表明这些权力都是非常时期的权力，而非普通的权力，而且共和制仍然有效。

屋大维在他的《行述》（*Res Gestae*，亦译作《功德录》，这是刻在铜板上的一段文字，后来竖立在他的陵墓前）中述及了这一点。上面说："我结束内战之后，基于民众一致的同意，获得了至高无上的权力，然后我将国家从我个人的掌控下转移到罗马元老院和人民手中。"[12]

屋大维表现出了他对共和制的尊重，共和国也回报了他。屋大维继续当执政官（共和制下的职位），而且元老院将外省交由他控制——由于绝大多数士兵都驻扎在外省而非罗马，这实际上就等于授予他军权。他还被准许在意大利建立一个新的组织，即一支人数众多的常备卫队，称作"禁卫军"（Praetorian Guard）。这等于是给了他一支私人军队，而且打破了罗马从来不在首都附近驻军的传统。[13] 他还保留了自公元前 29 年便获得的"大将军"头衔：这个头衔原本是一年授予一次，且只授予战果辉煌的将军，现在这个头衔变成一个永久的称谓。另一个永久称谓则是奥古斯都（Augustus）。从语言层面上讲，这个词的含义是"神圣""超然""不同"；但它也是一个全新的名字，没有任何旧的政治含义，所以屋大维可以赋予它任何细微的含义。[14] 屋大维本人视"奥古斯都"（这个词后来变成了他举世皆知的名字）这个头衔为对他美德的回报，元老院将此头衔授予他是为了肯定他拒绝攫取权力的美德。他在《行述》中罗列了他所有的征服战绩（"我扩展了罗马人民各行省的边界，那些行省周围的邻居曾不服从帝国的统治……我在高卢、西班牙和日耳曼这些行省重建了和平……我将埃及也纳入了罗马人民的帝国的统治”）[15]，但这些都不是他权威的基础。他之所以应该得到“奥古斯都”这个称号，是因为“在我结束所有内战后，因为全体人民的认可，我被置于控制整个帝国的无上位置，之后，我却将大权交还给了元老院和罗马人民。元老院因为我的这一功绩而授予我‘奥古斯都’这个称号……之后我就可以庄严地站在所有人面前，但是我所实际拥有的权力并不比别人多”。[16]

当然，这几乎与事实相反；奥古斯都实际上有着皇帝般的权力，只不过是没有皇帝的头衔罢了。他的一些同时代人［如地理学家斯特拉波（Strabo）］都觉得他所谓的“第一协议”（First Settlement）纯属无稽之谈。

在随后的几十年里，奥古斯都继续以有实无名的皇帝身份进行统治，而且基本上不跟元老院商量他究竟可以有什么样的正式特权。公元前 23 年，奥古斯都谢绝再度参选执政官，此前他已在这个职位上连任九年。他这么做的真正动机至今不明。他可能是意识到，如果他每年都当选执政官，很多元老院的议员就永远没有机会当选，而对于很多人来说，这是他们一生的终极梦想。那样的话必然会导致不满。[17] 此外，公元前 23 年他身患重病，苏埃托尼乌斯说他浑身上下都是癣和斑点，此外他还患有膀胱结石。[18] 他不参选，可能是不想公开露面，让大家都看到他那不堪的样子。

不管怎样，放弃执政官的职位并没有让他牺牲多少，因为他仍然处在权力结构的顶端，高于执政官。元老院同意任命他为资深执政官，这意味着他不仅可以合法地插足任何他想参与的元老院事务和执政官事务，还可以动用军事权力——这是罗马城内的最高权力（imperium）。这是一项非常重要的特权，特别是他现在已经有了一支驻扎在罗马附近的常备军。

实际上，他拥有王权包含的一切权力，包括合法地强迫罗马城按照他的意愿去行事的权力。但他还是远离皇帝（emperor）这个词。塔西佗说，奥古斯都在另一个名称即 princeps 下行使皇帝之实。后世有时将这个词翻译为“亲王”（Prince），但奥古斯都只是简单地称自己为“第一公民”（First Citizen）。[19]

公元前 20 年，奥古斯都与帕提亚国王弗拉特斯四世实现和解。安东尼的战败对于奥古斯都来说是件好事，但对于罗马而言是耻辱。帕提亚人俘虏了罗马战俘，缴获了罗马军旗，奥古斯都需要将它们赎回。

弗拉特斯四世同意交还战俘和军旗，但是他从罗马那得到了什么则不得而知。奥古斯都给了他一名女奴，她很快就成了他的情人，但是除此之外肯定还有别的好处。

弗拉特斯四世还将他的四个儿子送到罗马当人质，这通常是示弱的行为。[20] 不过鉴于帕提亚的家族关系错综复杂，罗马接受人质弄不好反倒帮了帕提亚人的忙；这样弗拉特斯四世在几年内就不用再担心后院起火，也不用总是要闻一闻杯子里是不是被人下了毒。罗马人也可以借此机会将罗马人的生活方式传授给帕提亚人（很久之前，亚述人就曾这么培养过埃及的王子）。与帕提亚的长期和平有利于罗马的繁荣发展。这样一来，长期因敌对关系而中断的商路再次开通，这条商路不仅可以通往印度，还可以到达更东边的国家。

罗马在繁荣发展，不过奥古斯都在维持共和国的形式方面也遇到了越来越多的困难。元老院议员们去元老院参会的时间越来越晚；

这一点不难理解，因为就算他们去了也是浪费时间，不会通过什么真正的法律，但是奥古斯都希望罗马看起来一切如常。公元前17年，他宣布，如果再有议员迟到，迟到者就要支付罚金。

与此同时，他也不断将更多的权力揽到手中。公元前13年，雷比达在软禁中去世。苏埃托尼乌斯写道，屋大维随后便“接过了大祭司一职，而在雷比达还在世的时候他从来没考虑这么做”[21]。这就意味着控制罗马政务的人现在也成了国家的宗教领袖，政教合一进一步加强了他的权威，并会在未来变成一种常态。

这样一来，元老院也就变得更加无关紧要。公元前11年，奥古斯都不得不修改元老院的规定，这样哪怕达不到元老院要求的最少400人（总数是600人）出席，元老院的事务也可以继续进行。他还宣布，议员们可以不再按照资历顺序发言，因为现在每个人都习惯了站起来说：“我同意前一位的观点。”为了让所有人在开会时都保持清醒，他开始随机点名发言，就像大学老师面对一群不认真听讲的大一新生似的。[22]

与此同时，奥古斯都试图找到一名继承人并建立一个王朝，这个想法与共和制完全背道而驰。

元老院也大体同意继承人的想法，因为没人希望奥古斯都一去世就爆发一场内战，但是对于他来讲，没有什么合法的办法来指定下一任罗马最高统治者。一个更私人化的问题是奥古斯都没有儿子。他考虑让一位女婿做自己的继承人，所以早在公元前24年他就将自己年仅14岁的女儿尤利娅（Julia）嫁给了他最中意的继承人，也就是他17岁的侄子马塞勒斯（Marcellus）。但是次年马塞勒斯就去世了。之后，奥古斯都又将尤利娅嫁给他的一名手下阿格里帕（Agrippa），但在公元前12年阿格里帕也去世了。

奥古斯都没有给他那可怜的女儿一丝喘息的时间，马上又将她嫁给他指定的最后一位继承人，即他妻子在上一次婚姻中生下的儿子提比略（Tiberius）。无论是谁，都不会把提比略当作最佳人选。他性格冷酷，难以接近，沉默寡言，而且有其他怪癖：走路姿势僵硬，讲话时手指乱动。[23] 奥古斯都选他做继承人，只是让他先占下位置。实际上皇帝是希望等到尤利娅的儿子长大后再指定他为继承人。但是经他这么反复折腾，他女儿的家庭生活变得非常悲惨。尤利娅痛恨提比略，他们的家庭生活非常不幸。后来提比略跑到罗得岛独自生活，留在罗马的尤利娅则陷入乱交和酗酒。她的丑闻招致诸多议论，奥古斯都最终不得不将她关在潘达特里亚岛，这个岛整个就是一座监狱。

他的家庭事务并没有太多地影响他统治罗马帝国。公元前 4 年，希律王（安东尼立的那个分封王）去世，留下三个儿子和一座庞大的重建过的神殿。他在位时（作为罗马的藩属）命人将那个破败的“第二圣殿”建成了一个展示他的功业的工程。由于神殿所在的圣殿山地块太小，没有扩建的空间，希律王就将它周围的土地都挖空，然后建造了一个巨大的地下室，扩大了地基的面积。

现在，希律王去世了。奥古斯都并没有从希律留下的三个儿子中选择一个做继承人，而是将巴勒斯坦分成三部分，可能是圣殿的面积暴露了这个家族的野心，此时这一野心被奥古斯都扼杀了。希律 · 安提帕（Herod Antipas）分到了加利利海边的加利利，阿基劳斯（Archelaus）得到了撒马利亚和犹太，兄弟中的老三腓力则得到北部。希律 · 安提帕和腓力的统治都没有什么问题，但是阿基劳斯过于残忍，以至于在公元 6 年的时候奥古斯都将他从宝座上赶下来，安排了一位罗马官员即一位地方财政官在他的位置上监管这一地区。

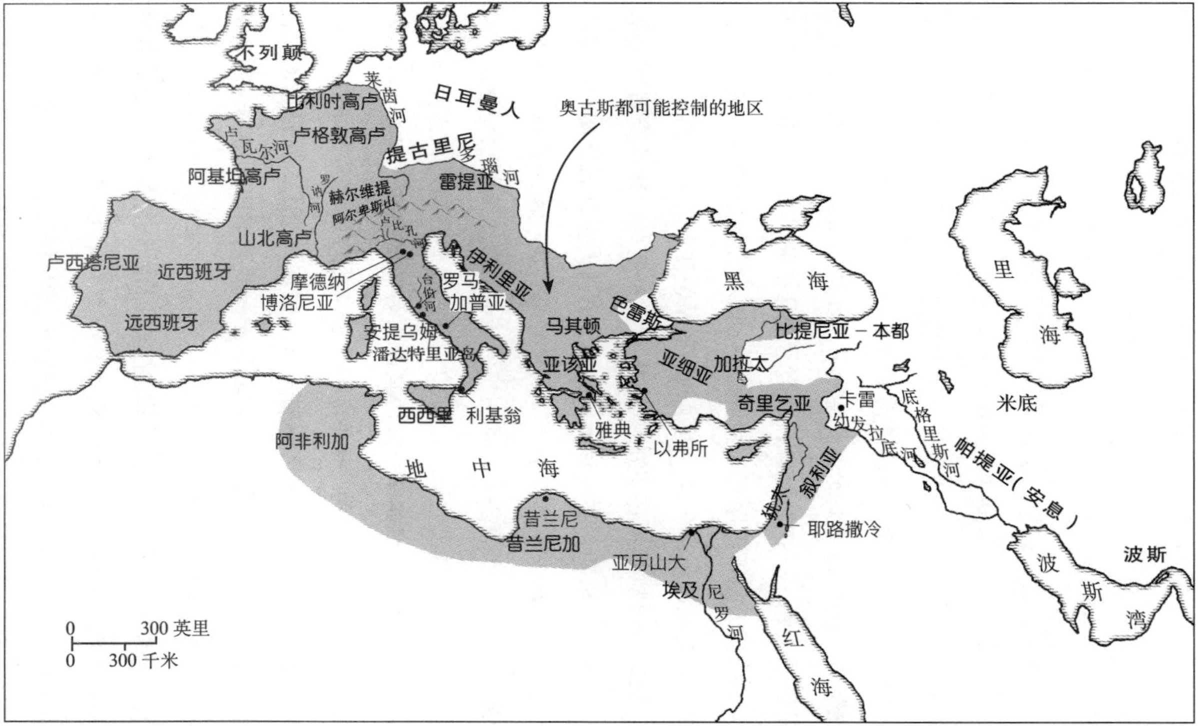

地图 26-2　奥古斯都统治下的罗马

这位财政官在整个区域内说了算，尤其是对处决人犯等严肃的法律事务，但是只要希律·安提帕和腓力不惹是生非，罗马人就放手不管。

再往东去，帕提亚人正在掀起反对罗马的浪潮。

公元前 2 年，弗拉特斯四世的家族走上了下坡路。那位女奴为他生下一个儿子，这个儿子快成年时将他父亲杀死，成为弗拉特斯五世。从他统治时期留下的硬币来看，硬币上不仅有他，还有他的母亲（在他的旁边）；她可能和儿子共同统治国家，但她看上去更像是他的配偶——在帕提亚，这倒不是什么闻所未闻的丑闻（但听起来的确让人很不舒服），尤其是她可能只比他大 15 岁。帕提亚人民对他们的统治非常不满，仅仅四年后就将他们赶下了台。

此后，弗拉特斯四世的一个儿子登上王位，他接受过罗马教育，名叫沃诺奈斯一世（Vonones I）。罗马人正是希望能对帕提亚施加这样的影响，这是除了让罗马人亲自在巴勒斯坦进行统治之外最佳的方式。不幸的是，好景不长。沃诺奈斯统治时期的硬币上有他的头像，可以看出他留着西方的发型，很显然这是在他罗马生活期间学到的。沃诺奈斯一世的罗马做派惹恼了朝臣。明明是一个帕提亚人，却说着罗马话，穿着罗马人的衣服，有着罗马人的习惯，让帕提亚社会中的保守势力非常不满。在和平年代，保持本国文化的重要性和紧迫性会凸显。这在战争年代反而不那么重要，因为军事对抗要比文化传统更重要。

沃诺奈斯一世只统治了四年左右，然后一位帕提亚爱国者阿尔达班（Artabanus）将他赶下台（或者杀死），夺取了王权。帕提亚继续与罗马保持和平，但是这仅是暂时的，因为帕提亚一直在抵制所有的罗马影响，并将自己视作幼发拉底河另一岸的上等国家。*

到了公元4年，奥古斯都放弃了立自己的血亲为继承人的想法。尤利娅的两个儿子年纪轻轻便死了。第三个儿子阿格里帕·波斯图穆斯（Agrippa Postumus）生性邪恶，大家都认为他是个疯子，奥古斯都也将他送到潘达特里亚岛监禁起来。他现在只剩下提比略，所以他正式将这个女婿收为养子，让他成为其家庭一员。

这并没有让提比略成为奥古斯都的继承人，因为还没有人将世袭的可能性提到台面上来。但是他将越来越多的军权交给了提比略；罗马军团的支持是帝王权力最强有力的支持，这就等于是直接赐予提比略一顶王冠。公元13年，元老院确认提比略同奥古斯都一样，将成为资深执政官和第一公民，这样就解决了权力世袭的问题。

这一决定做得正是时候。公元14年8月两人一同出行时，75岁高龄的奥古斯都突然患上腹泻。他的健康每况愈下，后来连床都下不了了。

临终之日，他叫人拿来镜子，对着镜子整理了一下头发，就好像要见什么人似的。苏埃托尼乌斯记述道："他让人把朋友们叫到身边，等他们都到了之后，他问他们他在人生戏剧中的角色扮演得是否还不错。"大家表示他的确演得不错，他引用了当时一出流行的戏剧中的两句话（这几乎是他最后的话了）：

> 戏剧演得如此之好，请鼓掌吧
> 你们在掌声中便可退下。[25]

---

* 帕提亚的内部政治非常不确定，后世所有的推测都不确定；这些历史事件只是最有可能的情况。

| 时间线26 | |
|---|---|
| **帕提亚** | **罗马** |
| | 同盟者战争（前91） |
| | 卢基乌斯·苏拉，执政官 |
| | 卢基乌斯·辛那，执政官 |
| | 角斗士战争（前73） |
| | 克拉苏，执政官 |
| | 庞培，执政官 |
| | 西塞罗，执政官 |
| **奥罗德二世** | 尤利乌斯·恺撒，执政官 |
| | 法萨卢战役（前48） |
| **弗拉特斯四世** | 暗杀恺撒（前44） |
| | 屋大维，执政官 |
| | 亚克兴战役（前31） |
| | 第一协议（前27） |
| | 第二协议（前23） |
| | 屋大维，大祭司 |
| **弗拉特斯五世** | |
| **沃诺奈斯一世** | |
| **阿尔达班二世** | |
| | 屋大维去世（公元14） |

在他生命的最后时刻，他终于承认了所有罗马人都不敢说出来的一个事实：他作为共和国的保护者的角色不过是演戏，他拒绝接受皇帝头衔也不过是假装，所有这些都是演给罗马人民看的。

# 注　释

## 01　在埃及的亚述人


1. Isa. 37:38, NIV.
2. 改写自 R. C. 汤普森（R. C. Thompson）的译文，转引自 Kraeling, pp. 338–340。
3. Olmstead, *History of Assyria,* p. 343.
4. Frame, p. 164.
5. Olmstead, *History of Assyria,* p. 351.
6. 改写自布林克曼（J. A. Brinkman）编纂的各种版本的以撒哈顿铭文，出自 “Through a Glass Darkly: Esarhaddon’s Retrospects on the Downfall of Babylon,” *Journal of the American Oriental Society* 103:1 (1983), p. 39。
7. Brinkman, “Through a Glass Darkly,” p. 41.
8. Frame, 167.
9. Francis Reynolds, ed., *State Archives of Assyria*, vol. 18: *The Babylonian Correspondence of Esarhaddon and Letters to Assurbanipal and Sin-saru-iskun from Northern and Central Babylonia* (2003), p. 4.
10. E. D. Phillips, “The Scythian Domination in Western Asia: Its Record in History, Scripture, and Archaeology,” *World Archaeology* 4:2 (1972), p. 131.
11. 为使文意更清晰稍作改写，原译文出自 Ivan Starr in *State Archives of Assyria*, vol. 4, *Queries to the Sungod: Divination and Politics in Sargonid Assyria* (1990), Queries 18, 20, 24, and 43, pp. 22, 24–25, 30, 48。
12. C. H. Emilie Haspels, *The Highlands of Phrygia: Sites and Monuments*, vol. 1, *The Text* (1971), p. 73.
13. Strabo, *The Geography of Strabo in Eight Volumes* (1928), 1.3.21.
14. Luckenbill, *Ancient Records*, vol. 2, pp. 516, 530, 533, 546.
15. Starr, Query 84, p. 98.
16. 稍作缩写，原文出自 Laessoe, p. 114。
17. Clayton, p. 193.
18. Shaw, p. 358.
19. 稍作缩写，原文出自 Frame, p. 194。
20. Clayton, p. 195.
21. Gebel Barka Stele, translated by Assmann, pp. 336–337，语言按现代习惯修改。
22. Herodotus, 2.151; also Redford, *Egypt,* p. 431.
23. Assmann, p. 337.
24. James Henry Breasted, *A History of Egypt* (1967), p. 468.
25. Nah. 3:8–10.
26. Olmstead, *History of Assyria*, p. 417.
27. Ibid., p. 422.

28. 尼托克丽丝收养石碑（The Nitiqret Adoption Stele），稍作改写，原译文出自 Shaw, p. 376。
29. Olmstead, *History of Assyria*, p. 423.
30. Phillips, "The Scythian Domination in Western Asia," p. 132.

## 02 米底人和波斯人

1. Konstantinos Staikos, *The Great Libraries: From Antiquity to the Renaissance (3000 BC to AD 1600)* (2000), p. 13.
2. 稍作缩写，原文出自 Benjamin R. Foster, *Before the Muses: An Anthology of Akkadian Litera- ture*, vol. 2 (1996), p. 714。
3. Frame, p. 255.
4. Ibid., p. 258.
5. 按时间顺序排到的碑文，John Malcom Russell, *The Writing on the Wall: Studies in the Architectural Context of Late Assyrian Palace Inscriptions* (1999), p. 159。
6. Herodotus, 1.98.
7. A. T. Olmstead, *History of the Persian Empire* (1959), p. 30. 8. Starr, pp. 267–270.
9. Saggs, *Babylonians,* p. 161.
10. Frame, p. 260.
11. Saggs, *Babylonians,* p. 114.
12. Ezra 4:9–10, NIV.
13. P. Calmeyer, "Greek Historiography and Acheamenid Reliefs," in *Achaemenid History II: The Greek Sources*, ed. Heleen Sancisi-Weerdenburg and Amelie Kuhrt (1987), p. 11.
14. David Frankel, *The Ancient Kingdom of Urartu* (1979), p. 19.
15. Phillips, p. 135.
16. 2 Kings 23.
17. Herodotus, 1.105.
18. Ibid., 1.106.

## 03 征服和暴政

1. Buckley, p. 37.
2. *Phaedo* 109b, quoted in Robin Waterfield, *Athens* (2004), p. 41.
3. Pomeroy et al., p. 92. 4. Herodotus,
4. 156–157.
5. Ibid., 4.159.
6. Fragment 5, quoted in Buckley, p. 66.
7. Fragment 6, quoted in Buckley, p. 67.
8. Herodotus 6.52.
9. Luckenbill, *Ancient Records*, vol. 2, pp. 291–292.
10. Herodotus, 6.57.
11. *Lycurgus* 15, in Plutarch, *Greek Lives*, translated by Robin Waterfield (1998), p. 24.
12. *Lycurgus* 12–14, in Plutarch, *Greek Lives*, pp. 18–22.
13. *Lycurgus* 10, in Plutarch, *Greek Lives,* p. 18.
14. Herodotus, 7.104.
15. Waterfield, p. 39.
16. Eusebius, *Chronicle,* in A. Schoene and H. Petermann, trans. *Armeniam versionem Latine*

*factam ad libros manuscriptos recensuit H. Petermann* (1875), pp. 182–183.
17. Waterfield, p. 43.
18. Eusebius, *Chronicle*, p. 198.
19. Thucydides, 1.125.
20. Thucydides, 1.126.
21. *Solon* 12, in Plutarch, *Greek Lives,* p. 55.
22. *Athenian Constitution*, translated by H. Rackham, 2.1–3, in *Aristotle in 23 Volumes,* vol. 20 (1952).
23. *Solon* 17, in Plutarch, *Greek Lives*, p. 61.
24. *Lycurgus* 15, in Plutarch, *Greek Lives*, p. 25.
25. Michael Gagarin, *Drakon and Early Athenian Homicide Law* (1981), pp. 19–21.
26. *Solon* 1, in Plutarch, *Greek Lives,* p. 46.
27. *Solon* 14, in Plutarch, *Greek Lives*, p. 57.
28. Buckley, pp. 91–92.
29. *Solon* 6, in Plutarch, *Greek Lives,* p. 50.
30. Herodotus, 1.29.
31. *Solon* 25, in Plutarch, *Greek Lives*, pp. 69–70.

## 04 帝国始末

1. Livy, 1.15, *Early History of Rome*, p. 50.
2. R. M. Ogilvie, "Introduction: Livy," in Livy, *Early History of Rome*, p. 18.
3. Livy, 1.1–1.2, *Early History of Rome*, pp. 34–36.
4. Livy, 1.15, *Early History of Rome*, p. 50.
5. Livy, 1.16, *Early History of Rome*, p. 51.
6. Livy, 1.19, *Early History of Rome*, p. 54.
7. Dionysius of Halicarnassus, *Roman Antiquities,* vol. 1, *Books I–II* (1937), 2.62.
8. Livy, 1.33, *Early History of Rome*, p. 72.
9. Dionysius of Halicarnassus, *Roman Antiquities*, vol. 2, *Books III–IV* (1939), 3.45.
10. Gary Forsythe, *A Critical History of Early Rome: From Prehistory to the First Punic War* (2005), pp. 39–40.
11. Salvatore Settis, ed., *The Land of the Etruscans: From Prehistory to the Middle Ages* (1985), p. 30.
12. Jacques Heurgon, *Daily Life of the Etruscans* (1964), p. 136.
13. Christopher S. Mackay, *Ancient Rome: A Military and Political History* (2004), p. 12.
14. Dionysius of Halicarnassus, *Roman Antiquities*, vol. 2, 3.61–62.
15. Ray Kamoo, *Ancient and Modern Chaldean History: A Comprehensive Bibliography of Sources* (1999), p. xxxi.
16. Luckenbill, *Ancient Records*, vol. 2, p. 417.
17. Kamoo, p. xxxiii; Luckenbill, *Ancient Records*, vol. 2, p. 419.
18. Herodotus, 1.103.
19. Christopher Johnston, "The Fall of Nineveh," *Journal of the American Oriental Society* 22 (1901), p. 21.
20. Diodorus Siculus, *Bibliotheca Historica,* vol. 1 (1956), p. 171; Paul Haupt, "Xenophon's Account of the Fall of Nineveh," in *Journal of the American Oriental Society* 28 (1907), p. 101.
21. Luckenbill, *Ancient Records*, vol. 2, p. 420.
22. Nah. 2:6–10, 3:3, 3:19, NIV.

23. Assmann, p. 338.
24. 2 Kings 23:29, NIV.
25. 2 Chron. 35:21, NIV.
26. Luckenbill, *Ancient Records*, vol. 2, p. 421.
27. 2 Kings 23:31–35.
28. Verbrugghe and Wickersham, p. 58.
29. Jer. 46:2–6, NIV.
30. Donald B. Redford, *From Slave to Pharaoh: The Black Experience of Ancient Egypt* (2004), p. 146.

## 05 短命的帝国

1. Josephus, *The Antiquities of the Jews*, 10.6.1.
2. Jer. 36.
3. Quoted in Ronald H. Sack, *Images of Nebuchadnezzar: The Emergence of a Legend* (2004), p. 49. 非常感谢萨克先生收集整理了有关尼布甲尼撒和那波尼德统治的古代和古典资料。
4. Herodotus, 2.158.
5. Clayton, p. 196.
6. Herodotus, 4.42; Shaw, p. 381; Redford, *Egypt,* p. 452.
7. Herodotus, 4.42.
8. Josephus, *Antiquities of the Jews*, 10.6.2.
9. Sack, p. 49.
10. 2 Kings 24; Rogerson, p. 151.
11. Josephus, *Antiquities of the Jews*, 10.7.3.
12. The Wadi-Brisa Inscription, in Sack, p. 16.
13. Verbrugghe and Wickersham, p. 58.
14. Saggs, *Babylonians,* p. 167.
15. 稍作缩写和改写，原文出自 Diodorus Siculus, pp. 149–150。
16. Verbrugghe and Wickersham, p. 59.
17. Saggs, *Babylonians*, p. 166.
18. Verbrugghe and Wickersham, p. 58.
19. *Politics* 3.1276, in H. Rackham, trans., *Aristotle in 23 Volumes*, vol. 21 (1944).
20. Redford, *Egypt*, p. 461.
21. Redford, *From Slave to Pharaoh,* p. 146.
22. Clayton, p. 196.
23. Redford, *Egypt,* p. 463.
24. Josephus, *Antiquities of the Jews*, 10.7.3.
25. Jer. 37:7–10, NIV.
26. Jer. 38:4; also Josephus, *Antiquities of the Jews*, 10.7.3.
27. Letter 4, quoted in Rogerson, p. 153.
28. 2 Kings 25:4–6, NIV.
29. Josephus, *Antiquities of the Jews*, 10.8.4.
30. Raymond Philip Dougherty, *Nabonidus and Belshazzar: A Study of the Closing Events of the Neo- Babylonian Empire* (1929), p. 33; Herodotus, 1.74.
31. Herodotus 1.74.
32. Dan. 4:33, NIV.
33. Quoted in Sack, p. 44.

34. Matthias Henze, *The Madness of King Nebuchadnezzar: The Ancient Near Eastern Origins and Early History of Interpretation of Daniel 4* (1999), pp. 96–99.

## 06 居鲁士大帝

1. Herodotus, 1.107.
2. 以下均引自 Herodotus, 1.108–119。
3. Herodotus, 1.119.
4. 2 Kings 25:27–29.
5. The *Chronicle* of Jerachmeel, quoted in Sack, pp. 58–59.
6. Verbrugghe and Wickersham, p. 60.
7. Quoted in Sack, p. 22. 麦加斯梯尼的原作已佚，此处文字保留于优西比乌的引文中。
8. Leick, *The Babylonians,* p. 64.
9. Dougherty, p. 24.
10. Quoted in Oates, p. 132.
11. Quoted in Dougherty, pp. 72–73.
12. Diodorus Siculus, 2.32.2–3.
13. Herodotus, 1.123–126.
14. Ibid., 1.129–130.
15. Ibid., 1.75–87.
16. Ibid., 1.88–90.
17. Xenophon, *The Education of Cyrus* (2001), 8.2.1.
18. Ibid., 1.1.2.
19. Ibid., 1.1.5.
20. Ibid., 8.2.8–9.
21. Ibid., 8.2.11–12.
22. Pierre Briant, *From Cyrus to Alexander: A History of the Persian Empire* (2002), pp. 38–40.
23. The *Verse Account of Nabonidus,* quoted in Sack, p. 17.
24. Harran Inscription of Nabonidus, translated by Oppenheim, quoted in Henze, pp. 59–60.
25. The *Verse Account of Nabonidus*, quoted in Sack, p. 18.
26. Gene R. Garthwaite, *The Persians* (2005), p. 29.
27. Herodotus, 1.189.
28. Xenophon, *Education of Cyrus*, 8.5.13.
29. The Cyrus Cylinder，稍作缩写，原译文出自 Dougherty, pp. 176–168。
30. Ezra 1:1–3, NIV.
31. Ezra 3:12–13, NIV.

## 07 罗马共和国

1. Herodotus 1.164–165.
2. A. Trevor Hodge, *Ancient Greek France* (1998), p. 19.
3. Barry Cunliffe, *The Extraordinary Voyage of Pytheas the Greek: The Man Who Discovered Britain* (2002), p. 16.
4. Daithi O'Hogain, *The Celts: A History* (2002), p. 1.
5. Ibid., p. 2.
6. Hodge, pp. 5, 190–193.

7. Heurgon, p. 13.
8. David Soren et. al., *Carthage: Uncovering the Mysteries and Splendors of Ancient Tunisia* (1990), p. 49.
9. *Politics*, 3.1280, Rackham, *Aristotle in 23 Volumes,* vol. 21.
10. Heurgon, p. 13.
11. Arnaldo Momigliano, "An Interim Report on the Origins of Rome," *Journal of Roman Studies* 53:1–2 (1960), pp. 108–109.
12. Livy, *Early History of Rome*, 1.41–43.
13. Ibid., 1.47.
14. This quote and the following from Livy, *Early History of Rome*, 2.10.
15. Thomas Babington Macaulay, "Horatius: A Lay Made About the Year of the City CCCLX," stanza 27.
16. Polybius, *The Rise of the Roman Empire* (1979), 3.22.
17. Livy, *Early History of Rome,* 5.34.
18. O'Hogain, p. 2; Bernhard Maier, *The Celts: A History from Earliest Times to the Present* (2003), pp. 44–45.
19. Polybius, *Rise of the Roman Empire,* 2.17.
20. Maier, p. 24; O'Hogain, p. 7.
21. Cunliffe, pp. 19–20.
22. *Epitome of the Philippic History*, quoted in Maier, p. 38.
23. Mackay, pp. 26–28.
24. Livy, *Early History of Rome,* 2.17–19.

## 08 王国和改革者

1. Edgerton, p. 54.
2. Thapar, *Early India,* p. 152.
3. *The Laws of Manu*, translated by Georg Buhler (1970), 1.93–100.
4. Jan Y. Fenton et al., *Religions of Asia* (1993), pp. 46–48.
5. Thapar, *Early India,* pp. 146–148.
6. Rig Veda 10.90, in Edgerton, p. 68.
7. Wolpert, p. 39.
8. Thapar, *Early India,* p. 149.
9. Fenton et al., p. 90.
10. From the Introduction to the Jataka, 1.54, translated by Henry Clarke Warren in *Buddhism in Translation* (1896), pp. 56–61.
11. Quoted in Michael Carrithers, *Buddha: A Very Short Introduction* (2001), p. 46.
12. Ibid., p. 62.
13. Karen Armstrong, *Buddha* (2004), p. 9.
14. Ibid., p. xi.
15. A. L. Basham, *The Wonder That Was India* (1963), p. 47.
16. Thapar, *Early India,* p. 152.

## 09 为人之道与用兵之道

1. Xueqin, p. 5.

2. Gai Shiqi, *Zuozhuan Jishibenmuo,* vol. 45 (1979), quoted in Xueqin, p. 170.
3. Ch'ien, p. 77.
4. Cho-yun Hsu, *Ancient China in Transition: An Analysis of Social Mobility, 722–222 BC* (1965), pp. 59–60.
5. Jonathan Clements, *Confucius: A Biography* (2004), pp. 10–15. 感谢他将孔子一生的零散记录汇总为一个年表。
6. Clements, pp. 21–22.
7. James Legge, trans., *The Sacred Books of the East*, vol. 27: *The Texts of Confucianism, Li Ki, I–X* (1968), 17.9.6.
8. Ibid., 2.1.7.
9. Ibid., 3.2.1, 12.
10. James Legge, trans., *Confucian Analects, The Great Learning, and the Doctrine of the Mean* (1971), 7.19.
11. Ibid., 1.1.
12. Ibid., 3.1, 3.
13. Clements, p. 39.
14. Ch'ien, p. 787.
15. Jaroslav Prusek, *Chinese Statelets and the Northern Barbarians in the Period 1400–300 BC* (1971), p. 187.
16. Hsu, p. 69.
17. Sun-Tzu, *The Art of War,* translated by Lionel Giles (2002), 2.6.
18. Ibid., 3.2.
19. Ibid., 2.2–4.
20. Ibid., 1.18–19.
21. Ibid., 9.24, 26.
22. Quoted in Xueqin, p. 7.

## 10 波斯帝国的扩张之路

1. Herodotus, 1.216.
2. Ibid., 1.214.
3. Ibid., 4.159.
4. Ibid., 2.161.
5. James Henry Breasted, *Ancient Records of Egypt: Historical Documents from the Earliest Times to the Persian Conquest* (1906–1907), 4.1000, pp. 510–511.
6. Herodotus, 2.162.
7. Breasted, *Ancient Records*, 4.1003, p. 511.
8. Ibid., 4.1005, p. 512.
9. J. M. Cook, *The Persian Empire* (1983), p. 46.
10. Briant, p. 57.
11. Herodotus, 3.64–66.
12. J. M. Cook, *Persian Empire,* p. 50.
13. Herodotus, 3.72.
14. Maria Brosius, trans. and ed., *The Persian Empire from Cyrus II to Artaxerxes I* (2000), p. 21.
15. Ibid., p. 48.
16. Ibid., p. 23.

17. J. M. Cook, *Persian Empire,* p. 53.
18. Brosius, pp. 32–33.
19. Ezra 5:3–9, NIV.
20. Basham, p. 47.
21. Thapar, *Early India,* p. 154.
22. Keay, p. 67.
23. Ibid.
24. Thapar, *Early India,* p. 155.
25. Herodotus, 4.44.
26. Olmstead, *History of the Persian Empire*, p. 145; Herodotus, 3.94 and 4.44; Brosius, p. 40.
27. Olmstead, *History of the Persian Empire*, p. 145.

## 11 希波战争

1. Herodotus, 4.127.
2. Ibid., 4.64–65, 73–75.
3. Ibid., 4.89.
4. *The Persians*, in Aeschylus, *The Complete Plays*, vol. 2, translated by Carl R. Mueller (2002), p. 12
5. Herodotus, 4.126, 131.
6. Briant, p. 144.
7. Herodotus, 5.3.
8. Morkot, p. 65.
9. Peter Green, *Alexander of Macedon, 356–323 BC: A Historical Biography* (1991), pp. 1–2.
10. Herodotus, 5.18.
11. Waterfield, p. 51.
12. *Solon* 29, in Plutarch, *Greek Lives*, p. 73; *Athenian Constitution*, in Rackhain, *Aristotle in 23 Vol- umes*, vol. 20, secs. 13–14.
13. *Solon* 29, in Plutarch, *Greek Lives*, p. 74.
14. Herodotus, 1.61.
15. *Athenian Constitution,* in Rackham, *Aristotle in 23 Volumes*, vol. 20, sec. 15.
16. Ibid., sec. 16.
17. Ibid., sec. 19
18. *Lycurgus* 16, in Plutarch, *Greek Lives*, p. 26.
19. Pomeroy et al., p. 152.
20. Herodotus, 5.73.
21. *Athenian Constitution*, in Rackham, *Aristotle in 23 Volumes*, vol. 20, sec. 21.
22. *Politics*, in Rackham, *Aristotle in 23 Volumes*, vol. 21, 1302b; Buckley, p. 145.
23. Herodotus, 5.97.
24. Ibid., 5.96.
25. Ibid., 5.99.
26. Buckley, pp. 161–162.
27. H. T. Wallinga, "The Ancient Persian Navy and its Predecessors," in *Achaemenid History I: Sources, Structures, and Synthesis*, ed. Heleen Sancisi-Weerdenburg (1987), p. 69.
28. Herodotus, 5.102.
29. Herodotus, 5.103.
30. H. T. Wallinga, in Sancisi-Weerdenburg, p. 69.

31. Herodotus, 6.17.
32. Herodotus, 6.19.
33. Herodotus, 6.112.
34. John Curtis, *Ancient Persia* (1990), p. 41.
35. Garthwaite, p. 36; Briant, p. 547.
36. H. T. Wallinga, in *Sancisi-Weerdenburg*, p. 43; Shaw, p. 384.
37. M. Jameson, in Peter Green, *Xerxes of Salamis* (Praeger, 1970), p. 98, quoted in Pomeroy et al., p. 194.
38. Pomeroy et al., p. 195.
39. Plutarch, *Themistocles*, sec. 9, in *Plutarch's Lives*, vol. 1, The Dryden Translation.
40. Aeschylus, *The Complete Plays*, pp. 139–140.
41. Ibid., p. 140.
42. Ibid., p. 142.
43. Plutarch, *Themistocles*, sec. 16, in *Plutarch's Lives*, vol. 1, The Dryden Translation.
44. Herodotus, 9.84.
45. H. T. Wallinga, in *Sancisi-Weerdenburg*, p. 74.

## 12 伯罗奔尼撒战争

1. Aeschylus, *Persians* (1981), pp. 67–68.
2. Herodotus, 9.106.
3. Waterfield, p. 72.
4. Thucydides, 1.90.2.
5. Ibid., 1.93.2.
6. Ibid., 1.133–134.
7. Plutarch, *Themistocles*, secs. 19–21, in *Plutarch's Lives*, vol. 1, The Dryden Translation.
8. Plutarch, *Themistocles*, sec. 22, in *Plutarch's Lives*, vol. 1, The Dryden Translation.
9. Plutarch, *Themistocles*, sec. 29, in *Plutarch's Lives*, vol. 1, The Dryden Translation.
10. Thucydides, 1.138.4; Plutarch, *Themistocles*, sec. 31, in *Plutarch's Lives*, vol. 1, The Dryden Translation.
11. Esther 2:12–16.
12. Herodotus, 9.585.
13. Brosius, p. 54.
14. Diodorus Siculus, 11.69.2–6.
15. J. M. Cook, *Persian Empire,* p. 127.
16. Thucydides, 1.103.2.
17. Ibid., 1.99.4.
18. Ibid., 1.99.1–2.
19. *Pericles* 13, Plutarch, in *Greek Lives*, p. 156.
20. Thucydides, 1.108.4.
21. Pomeroy et al., p. 251.
22. Thucydides, 1.45.3.
23. Ibid., 1.50.2.
24. Ibid., 2.7.1.
25. Ibid., 2.43.1.
26. Ibid., 2.49.2–8.
27. Thucydides, 2.4.

28. Thucydides, 2.52.2–3.
29. J. M. Cook, *Persian Empire,* p. 129.
30. *Alcibiades* 1–3, in Plutarch, *Greek Lives*.
31. Pomeroy et al., p. 306.
32. Buckley, p. 388.
33. Pomeroy et al., p. 309.
34. Thucydides, 7.51.1.
35. Ibid., 7.84.2–5, 85.1.
36. Aristophanes, *Lysistrata* (1912), p. 1.
37. *Alcibiades* 24, in Plutarch, *Greek Lives*.
38. Thucydides, 8.78.
39. *Alcibiades* 35, in Plutarch, *Greek Lives*.
40. *Alcibiades* 37, in Plutarch, *Greek Lives*.
41. Xenophon, *Hellenica*, 2.2.10, translated by Peter Krentz.
42. Waterfield, p. 209; Xenophon, *Hellenica*, 2.2.23; Victor Davis Hanson, in Thucydides, p. 549.
43. Waterfield, p. 210.
44. *Athenian Constitution*, in Rackham, *Aristotle in 23 Volumes*, vol. 20, p. 35.

## 13 罗马第一次陷落

1. Livy, *Early History of Rome*, 2.21.
2. Ibid., 2.24.
3. Mackay, p. 34.
4. Livy, *Early History of Rome*, 2.23.
5. Ibid., 2.32.
6. Ibid., 2.32.
7. Ibid., 3.35.
8. Ibid., 3.333.
9. Based partly on Oliver J. Thatcher, ed., *The Library of Original Sources*, vol. 3: *The Roman World* (1901), pp. 9–11.
10. Livy, *Early History of Rome*, 5.21.
11. Ibid., 5.32.
12. Ibid., 5.36.
13. Ibid., 5.38.
14. Ibid., 5.41.
15. Ibid., 5.47.
16. Cunliffe, pp. 21–22.
17. Livy, *Early History of Rome*, 5.55.

## 14 秦国的崛起

1. Ch'ien, p. 79.
2. Fairbank and Goldman, p. 54.
3. J. J. L. Duyvendak, trans., in his introduction to *The Book of Lord Shang: A Classic of the Chinese School of Law* (1928), p. 1.

4. Ch'ien, p. 108.
5. Cotterell, *China*, p. 53.
6. *Shih chi* 68, translated in Duyvendak, p. 14.
7. Ibid., p. 15.
8. Ibid., p. 16.
9. *Shih chi* 68, translated in Cotterell, *China*, p. 55.
10. Shu-Ching Lee, "Agrarianism and Social Upheaval in China," *American Journal of Sociology* 56:6 (1951), p. 513.
11. *The Book of Lord Shang*, translated by Duyvendak, p. 180.
12. *Shih chi* 68, in Duyvendak, p. 16.
13. *Shih chi* 68, in Cotterell, *China*, p. 57.
14. *Shih chi* 69, in Duyvendak, pp. 16–17.
15. Ibid., p. 17.
16. Ch'ien, p. 79.
17. Franz Michael, *China Through the Ages: History of a Civilization* (1986), p. 48.
18. Mencius, I.A.7.
19. Fairbank and Goldman, pp. 53–54.
20. Quoted in Michael, pp. 49–50.
21. "Giving Away a Throne," in *The Complete Works of Chuang Tzu*, translated by Burton Watson (1968), n.p.
22. "Discussion on Making All Things Equal," in Watson, *The Complete Works of Chuang Tzu*.

## 15 马其顿征服者

1. Pomeroy et al., pp. 327–328.
2. Scene 1, in Aristophanes, *The Birds and Other Plays*, translated by David Barrett and Alan H. Sommerstein (2003), p. 221.
3. Scene 3, Ibid., p. 257.
4. J. M. Cook, *Persian Empire*, p. 212.
5. Plutarch, *Artaxerxes*, in *Plutarch's Lives*, vol. 2, The Dryden Translation.
6. Xenophon, *The Persian Expedition* (also known as *Anabasis*) 1.1, translated by Rex Warner (1972), p. 56.
7. 我们通过西西里的狄奥多罗斯得知科特西亚斯的说法，参见 George Cawkwell's "Introduction" to the Warner translation of Xenophon, *The Persian Expedition*, p. 40。
8. Plutarch, *Artaxerxes*, in *Plutarch's Lives*, vol. 2, The Dryden Translation, p. 646.
9. Xenophon, *The Persian Expedition*, 1.4.
10. Ibid., pp. 86–87.
11. Ibid., 4.5.
12. Ibid., 4.7.
13. Plutarch, *Artaxerxes*, in *Plutarch's Lives*, vol. 2, The Dryden Translation, p. 658.
14. Clayton, pp. 201–202.
15. *Hellenica*, 5.19, in *The Works of Xenophon*, vol. 2, translated by H. G. Dakyns (1892).
16. Ibid., 5.23.
17. Clayton, p. 203.
18. J. M. Cook, *Persian Empire*, p. 48.
19. *Panegyricus* 50, in Isocrates, *Isocrates II*, translated by Terry L. Papillon (2004), p. 40.

20. *Panegyricus* 166, in Isocrates, p. 68.
21. Green, p. 14.
22. Ibid., p. 22.
23. Justin, *The History*, 7.5, in William Stearns Davis, ed., *Readings in Ancient History*, vol. 1 (Allyn and Bacon, 1912).
24. Green, pp. 23–24.
25. *Alexander* 6, in Plutarch, *Greek Lives*.
26. *Alexander* 3, in Plutarch, *Greek Lives*.
27. *To Philip* 15–16, Isocrates, p. 78.
28. Diodorus Siculus, 16.14.
29. Pomeroy et al., p. 389.
30. Justin, *History*, 8.8.
31. *Alexander* 10, in Plutarch, *Greek Lives*.
32. 这个故事出自狄奥多罗斯，以及亚里士多德在《政治学》(Rackham 翻译）中的讲述，也见 Guy MacLean Rogers, *Alexander: The Ambiguity of Greatness* (2004), pp. 31–34。
33. *Alexander* 11, in Plutarch, *Greek Lives*.

## 16 罗马加强对属地的控制

1. Livy, *Rome and Italy: Books VI–X of The History of Rome from Its Foundation*, 6.42, translated by Betty Radice (1982), p. 95.
2. Ibid., 6.42.
3. Edward T. Salmon, *The Making of Roman Italy* (1982), p. 5.
4. Polybius, *Rise of the Roman Empire* 3.24.
5. Mary T. Boatwright et al,. *The Romans: From Village to Empire* (2004), p. 79.
6. Livy, *Rome and Italy*, 7.29, p. 135. 7. Ibid.,
7. 30, pp. 136–137.
8. Ibid., 8.6, pp. 164–165.
9. Ibid., 8.10–11, pp. 171–173.
10. Salmon, p. 40.
11. Livy, *Rome and Italy*, 8.14, p. 178.
12. Boatwright et al., p. 82.
13. Ibid., p. 84.
14. Diodorus Siculus, 9.9.
15. Soren et al., p. 91.
16. Ibid., pp. 90–91, 128–130.
17. Diodorus Siculus, 20.6–7.
18. Soren et al., p. 92.
19. Livy, *Rome and Italy*, 10.13, 304–305.
20. Ibid., 10.28, pp. 327–328.

## 17 亚历山大和继业者战争

1. Green, p. 114.
2. Plutarch, *The Life of Alexander the Great*, translated by John Dryden (2004), p. 13
3. Green, p. 118; Plutarch, *Alexander the Great,* p. 13.

4. Diodorus, Siculus, 17.5–6.
5. Ibid., 17.17.
6. Quintus Curtius Rufus, *The History of Alexander* (lost, summarized by John Yardley), translated by John Yardley (2001), p. 23; also Arrian, *The Campaigns of Alexander*, 1.12, translated by Aubrey de Selincourt (1971).
7. Arrian, I.15, p. 73.
8. Didodorus Siculus, 17.20; Arrian, 1.16.
9. Arrian, 1.17.
10. Rufus, 3.15–18, p. 27.
11. Arrian, 2.8.
12. Rufus, 3.12, p. 42.
13. Arrian, 2.15, p. 128.
14. *Alexander* 29, in Plutarch, *Greek Lives*, p. 339.
15. G. M. Rogers, pp. 124–145.
16. Arrian, 3.23.
17. G. M. Rogers, p. 135.
18. Arrian, 4.9.
19. Ibid., 5.4, p. 259.
20. Ibid., 5.9, p. 267.
21. *Alexander* 63, in Plutarch, *Greek Lives,* p. 369.
22. Rufus, 9.19.
23. Plutarch, *Alexander the Great*, p. 64.
24. Ibid., p. 67.
25. Rufus, 10.3.14.
26. Plutarch, *Alexander the Great,* p. 71.
27. Rufus, 10.6.13.
28. Plutarch, *Alexander the Great,* p. 72; also Diodorus Siculus, 18 and 19.
29. Rufus, 10.9.1.
30. Ibid., 10.10.7–8.
31. Sarvepalli Radhakrishnan and Charles A. Moore, eds. *A Sourcebook in Indian Philosophy* (1957), p. 198.
32. Vohra, p. 25.
33. Plutarch, *Pyrrhus*, in *Plutarch's Lives*, vol. 1, The Dryden Translation, p. 520.
34. Plutarch, *Demetrius*, in *Plutarch's Lives*, vol. 2, The Dryden Translation, p. 480.
35. Plutarch, *Pyrrhus*, in *Plutarch's Lives*, vol. 1, The Dryden Translation, p. 537.

## 18 皈依佛法的孔雀王朝

1. Keay, p. 88.
2. Thapar, *Early India,* p. 5.
3. Wolpert, p. 57.
4. Keay, p. 90.
5. Ibid., p. 91.
6. Thapar, *Early India,* p. 180.
7. Translated by Romila Thapar in *Asoka and the Decline of the Mauryas* (1998), p. 255.
8. Ibid., pp. 255–256.
9. Ibid., p. 256 and Keay, pp. 91–92.

10. Keay, p. 95.
11. Wolpert, p. 64. 摩哂陀的故事出自 Dîpavamsa 7, 28–31，见马克斯 · 穆勒（Max Muller）的导言，*Sacred Books of the East*, vol. 10: *The Dhammapada* (1981)。
12. Vohra, p. 25.
13. Ibid.

## 19 第一个皇帝，第二个帝国

1. Charles O. Hucker, *China's Imperial Past: An Introduction to Chinese History and Culture* (1975), p. 40.
2. Ibid., p. 41.
3. Ch'ien, p. 83.
4. Ibid., p. 123.
5. Ibid., p. 130.
6. Ibid., p. 123.
7. Fairbank and Goldman, p. 56.
8. Hucker, pp. 43–44.
9. Ch'ien, p. 140.
10. Ibid., p. 147.
11. Sima Qian, "The Biography of the Chief Minister of Qin," in *Historical Records*, translated by Raymond Dawson (1994), p. 31.
12. Sima Qian, "The Annals of Qin," in *Historical Records*, p. 69.
13. Jorge Luis Borges, "The Wall and the Books," in Daniel Schwartz, *The Great Wall of China* (2001), p. 10.
14. Ann Paludan, *Chronicle of the Chinese Emperors: The Reign-by-Reign Record of the Rulers of Imperial China* (1998), pp. 18–19.
15. Ch'ien, p. 155.
16. Arthur Cotterell, *The First Emperor of China* (1981), p. 28.
17. Ch'ien, p. 156.
18. Ibid., pp. 161–162.
19. Denis Twitchett and Michael Loewe, eds., *The Cambridge History of China*, Volume I: *The Ch'in and Han Empires, 221 BC–AD 220* (1986), p. 113.
20. Ibid., p. 117.
21. Sima Qian, *Records of the Grand Historian: Han Dynasty I*, translated by Burton Watson (1993), pp. 74–75.

## 20 诸子之战

1. Plutarch, *Demetrius*, in *Plutarch's Lives*, vol. 2, The Dryden Translation, p. 465.
2. Diodorus Siculus, 21.12.
3. Plutarch, *Pyrrhus,* in *Plutarch's Lives*, vol. 1, The Dryden Translation, pp. 540–541, and Polybius, *Rise of the Roman Empire*, 2.43.
4. Polybius, *Rise of the Roman Empire*, 1.5, p. 45.
5. Ibid., 1.7–12.
6. Ibid., 1.20, p. 62.
7. J. H. Thiel, *A History of Roman Sea-power before the Second Punic War* (1954), p. 63.

8. Polybius, *Rise of the Roman Empire*, 1.21, p. 64.
9. Polybius, *The Histories*, 1.75, translated by Evelyn Shuckburgh (1889), pp. 83, 85.
10. Polybius, *Rise of the Roman Empire*, 1.58, p. 105.
11. Livy, *The War With Hannibal: Books XXI–XXX of The History of Rome from Its Foundation*, 21.41, translated by Aubrey de Selincourt (1965), p. 66.
12. Polybius, *Rise of the Roman Empire*, 1. 63, p. 109.
13. Plutarch, *Cleomenes*, in *Plutarch's Lives*, vol. 2, The Dryden Translation, p. 351.
14. Polybius, *Rise of the Roman Empire*, 5.34, p. 291.
15. Clayton, p. 211.
16. Polybius, *Rise of the Roman Empire*, 5.34, p. 292.
17. Ibid., 15.33, p. 491.
18. Josephus, *Antiquities of the Jews*, 12.3.3.
19. Polybius, *Rise of the Roman Empire*, 3.11, p. 189.
20. Polybius, *Rise of the Roman Empire*, 2.1, pp. 111–12.
21. Soren et al., p. 102.
22. Polybius, *Rise of the Roman Empire*, 3.20–21.
23. Livy, *The War with Hannibal*, 21.1, p. 23.
24. Polybius, *Rise of the Roman Empire*, 3.33, p. 209.
25. Ibid., 3.49.
26. Livy, *The War with Hannibal*, 21.32, p. 56.
27. Ibid., 21.47, p. 72.
28. Polybius, *Rise of the Roman Empire*, 3.68, p. 237.
29. Livy, *The War with Hannibal*, 11.57, p. 83.
30. Ibid., 22.7, p. 102.
31. Polybius, *Rise of the Roman Empire*, 3.90, p. 257.
32. Ibid., 3.118, p. 275.
33. Livy, *The War With Hannibal*, 27.48, p. 493.
34. Ibid., 27.51.
35. Ibid., 30.20, p. 644.
36. Ibid., 30.36, p. 664.
37. Leonard Cottrell, *Hannibal: Enemy of Rome* (1992), p. 242.

## 21 罗马解放者与塞琉古征服者

1. Livy, *The Dawn of the Roman Empire: Books 31–40* [of *The History of Rome from Its Foundation*], 33.19, translated by J. C. Yardley (2000), pp. 112–113.
2. Polybius, *Rise of the Roman Empire*, 18.45, p. 514.
3. Ibid., 18.46, p. 516.
4. Ibid., 3.11, p. 189.
5. Livy, *Dawn of the Roman Empire*, 36.17, p. 268.
6. Plutarch, *Flamininus*, in *Plutarch's Lives*, vol. 1, The Dryden Translation, p. 515.
7. The story is found, among other places, in the *Maitreyopanishad* of the *Sama-Veda*.
8. Polybius, *Histories*, 23.7.
9. Livy, *Dawn of the Roman Empire*, 40.5, p. 486.
10. Polybius, *Histories*, 27.1.
11. Livy, *The History of Rome*, vol. 6, translated by E. Roberts (1912), 42.36.
12. Ibid., 42.26.

13. Ibid., 45.12.
14. Josephus, *Wars of the Jews*, 1.1, in *The Works of Josephus*, p. 546.
15. John Bright, *A History of Israel* (1974), pp. 424–425.
16. Ibid., p. 424.
17. 2 Macc. 6:10, Revised Standard Version.
18. 2 Macc. 8:1, 7–9.
19. Josephus, *Wars of the Jews*, 1.4.
20. Ibid.
21. A. N. Sherwin-White, *The Roman Citizenship* (1973), p. 42.

## 22 东方与西方

1. Sima Qian, *Records of the Grand Historian*, p. 77, 84.
2. Di Cosmo, *Ancient China and Its Enemies*, p. 157.
3. Ibid., p. 165.
4. Burton Watson, trans., *Records of the Grand Historian of China: Translated from the Shih chi of Ssu-ma Ch'ien*, vol. 2 (1968), p. 129.
5. Twitchett and Loewe, p. 384.
6. Ibid., p. 386.
7. Sima Qian, *Shih chi 9: The Basic Annals of the Empress Lu,* in *Records of the Grand Historian*, p. 267.
8. Sima Qian, *Records of the Grand Historian*, p. 269.
9. Ibid., p. 270.
10. Ibid., pp. 273–274.
11. Ibid., p. 284.
12. Sima Qian, *Shih chi 123*, in Watson, *Records*, vol. 2, p. 264.
13. Hucker, pp. 123–125.
14. Hucker, p. 128.
15. Sima Qian, *Shih chi* 123, in Watson, *Records*, vol. 2, p. 264.
16. Ibid., p. 269.
17. T. W. Rhys Davids, trans., *The Questions of King Milinda* (1963), Book 1, p. 7.
18. Ibid., Book 7, p. 374.
19. Josephus, *Antiquities of the Jews*, 13.14.
20. Sima Qian, *Shih chi* 123, Watson, *Records*, vol. 2, p. 268.
21. Plutarch, *Sylla*, in *Plutarch's Lives*, vol. 1, The Dryden Translation, p. 610.
22. *Shih chi* 123, in Watson, *Records*, vol. 2, p. 276.

## 23 破坏制度

1. Soren et al., p. 115.
2. Livy, *The History of Rome*, 6.42.23.
3. Plutarch, *Marcus Cato*, in *Plutarch's Lives*, vol. 1, The Dryden Translation, p. 478.
4. Ibid., p. 478.
5. Philip Matyszak, *Chronicle of the Roman Republic* (2003), p. 120.
6. Plutarch, *Marcus Cato*, in *Plutarch's Lives*, vol. 1, The Dryden Translation, p. 479.
7. Polybius, *Histories*, 38.3–11.

8. Ibid. 39, p. 530.
9. M. I. Finley, *Ancient Slavery and Modern Ideology* (1980), p. 97.
10. Diodorus Siculus, 34.1–4.
11. Ibid., 34.16.
12. Ibid., 34.48.
13. Finley Hooper, *Roman Realities* (1979), p. 155.
14. Appian, *The Civil Wars*, 1.1, translated by Oliver J. Thatcher in *The Library of Original Sources*, vol. 3: *The Roman World* (1901).
15. Plutarch, *Tiberius Gracchus*, in *Plutarch's Lives*, vol. 2, The Dryden Translation, pp. 357–358.
16. Ibid., p. 361.
17. Ibid., p. 369.
18. Appian, *Civil Wars*, 1.2.
19. Diodorus Siculus, 34.21.
20. Ibid., 34.23.
21. Plutarch, *Caius Gracchus*, in *Plutarch's Lives*, vol. 2, The Dryden Translation, pp. 381–383.

## 24 繁荣的代价

1. *The Jugurthine War* 41, in Sallust, *The Jugurthine War/The Conspiracy of Cataline*, translated by S. A. Handford (1963), p. 77.
2. *The Jugurthine War* 8, in Sallust, p. 41.
3. *The Jugurthine War* 14, in Sallust, p. 47.
4. *The Jugurthine War* 28, in Sallust, p. 64.
5. *The Jugurthine War* 37, in Sallust, p. 73.
6. *Marius* 28, in Plutarch, *Greek Lives*, p. 148.
7. *Marius* 32 in Plutarch, *Greek Lives*, p. 152.
8. Cicero, *On the Commonwealth*, 3.41, in *On the Commonwealth and On the Laws*, translated and edited by James E. G. Zetzel (1999), p. 74.
9. Justin 38.4.13, quoted in Salmon, p. 128.
10. Salmon, p. 129.
11. *Marius* 33 in Plutarch, *Greek Lives,* p. 153.
12. *Sulla* 6 in Plutarch, *Greek Lives*, p. 179.
13. *Marius* 34 in Plutarch, *Greek Lives,* pp. 153–154.
14. *Marius* 35 in Plutarch, *Greek Lives,* p. 154.
15. *Sulla* 9, in Plutarch, *Greek Lives*, p. 185.
16. Twitchett and Loewe, p. 410.
17. *Shi chi 109*, in Watson, *Records*, vol. II, pp. 142–143.
18. *Shi chi* 123, in Watson, *Records*, vol. 2, p. 282.
19. Ibid., 123, p. 284.
20. *Han shu* 96, quoted in Twitchett and Loewe, p. 410.
21. *Marius* 43, in Plutarch, *Greek Lives,* p. 164.
22. *Sulla* 22 in Plutarch, *Greek Lives,* p. 199.
23. *Sulla* 30, in Plutarch, *Greek Lives,* p. 208.
24. *Sulla* 31, in Plutarch, *Greek Lives*, p. 210.
25. Hooper, p. 215.

26. Ibid., p. 223.

## 25 政治新人

1. Carlin A. Barton, "The Scandal of the Arena," *Representations* 27 (1989), p. 2.
2. Tertullian, *De spectaculis* 22, in Barton, p. 1.
3. *Crassus* 8, in Plutarch, *Fall of the Roman Republic: Six Lives by Plutarch*, translated by Rex Warner (1972), p. 122.
4. *Crassus* 9, in Plutarch, *Fall of the Roman Republic*, p. 123.
5. Appian, *Civil Wars*, 1.118.
6. *Crassus* 9, in Plutarch, *Fall of the Roman Republic*, p. 124.
7. Appian, *Civil Wars*, 1.119.
8. *Crassus* 11, in Plutarch, *Fall of the Roman Republic,* p. 127.
9. Appian, *Civil Wars*, 1.121.
10. *Crassus* 11, in Plutarch, *Fall of the Roman Republic*, p. 127.
11. *Crassus* 12, in Plutarch, *Fall of the Roman Republic*, p. 128.
12. Hooper, p. 226.
13. Ibid., p. 121.
14. Ibid., p. 120.
15. *Pompey* 48 and *Caesar* 14, in Plutarch, *Fall of the Roman Republic*, pp. 207, 257.
16. Caesar, *The Conquest of Gaul*, 2.35, translated by S. A. Handford, revised by Jane F. Gardner (1982), p. 73.
17. *Caesar* 20, in Plutarch, *Fall of the Roman Republic*, p. 263.
18. *Caesar* 21, in Plutarch, *Fall of the Roman Republic*, p. 265.
19. Acton Griscom, *The Historia Regum Britannia of Geoffrey of Monmouth* (1929), p. 221.
20. Caesar, *Conquest of Gaul*, 5.14, p. 111.
21. Ibid., 4.36, p. 103.
22. Plutarch, quoted in Hooper, p. 273.
23. *Caesar* 28, in Plutarch, *Fall of the Roman Republic,* p. 271.
24. *Caesar* 32–33, in Plutarch, *Fall of the Roman Republic*, p. 276.
25. *Caesar* 35, in Plutarch, *Fall of the Roman Republic,* p. 279.
26. Plutarch, *Antony*, in *Plutarch's Lives*, vol. 2, The Dryden Translation, p. 487.
27. Clayton, p. 216.
28. *Pompey* 79–80, Plutarch, *Fall of the Roman Republic*, pp. 240–241.
29. Harriet I. Flower, ed., *The Cambridge Companion to the Roman Republic* (2004), p. 328.
30. Nicolaus of Damascus, *Life of Augustus*, translated by Clayton M. Hall (1923).
31. Suetonius, *The Deified Julius Caesar* 82, in *Lives of the Caesars*, translated by Catharine Edwards (2000), p. 39.

## 26 罗马帝国

1. Suetonius, *The Deified Julius Caesar* 83, in *Lives of the Caesars,* p. 39.
2. Plutarch, *Marcus Brutus*, in *Plutarch's Lives*, vol. 2, The Dryden Translation, p. 586.
3. Ibid., p. 587.
4. Plutarch, *Antony*, in *Plutarch's Lives*, vol. 2, The Dryden Translation, pp. 490–491.
5. Ibid., p. 491.

6. Ibid., p. 492.
7. Suetonius, *The Deified Augustus* 16, in *Lives of the Caesars*, p. 49.
8. Plutarch, *Antony*, in *Plutarch's Lives*, vol. 2, The Dryden Translation, p. 496.
9. Suetonius, *The Deified Augustus* 16, in *Lives of the Caesars*, p. 50.
10. Hooper, p. 305.
11. Chris Scarre, *Chronicle of the Roman Emperors* (1995), p. 18.
12. Hooper, p. 331.
13. Mackay, p. 184.
14. Hooper, pp. 332–333; Mackay, p. 185.
15. *Res Gestae,* ll.38–41, 58, in *The Monumentum Ancyranum*, translated by E. G. Hardy (1923).
16. Ibid., ll.74–80, 85–87.
17. Mackay, p. 185.
18. Suetonius, *The Deified Augustus* 79, in *Lives of the Caesars*, p. 84.
19. Tacitus, *Annals of Imperial Rome*, 1.1.
20. Garthwaite, p. 80.
21. Suetonius, *Augustus* 31, in *The New Testament Background: Selected Documents*, edited by C. K. Barrett, p. 5.
22. Hooper, p. 334.
23. Suetonius, *Tiberius*, in *Lives of the Caesars,* p. 131.
24. Garthwaite, p. 80.
25. Suetonius, *The Deified Augustus* 98, in *Lives of the Caesars*, p. 95.

# 授权声明

American Oriental Society: Thirteen lines from J. A. Brinkman's "Through a Glass Darkly: Esarhaddon's Retrospects on the Downfall of Babylon," *Journal of the American Oriental Society* 103, No. 1. Used by permission of American Oriental Society, University of Michigan.

American Oriental Society: Ten lines from "The Death of Sennacherib," translated by R. C. Thompson and quoted by Emil Kraeling in *Journal of the American Oriental Society*, University of Michigan.

Bar-Ilan University Press: Five lines from *Three Sulgi Hymns: Sumerian Royal Hymns Glorifying King Sulgi of Ur*, translated by Jacob Klein, Copyright © 1981, Bar-Ilan University Press. Used by permission of Bar-Ilan University Press, Ramat-Gan, Israel.

Cambridge University Press: Ten lines from "The Cyrus Cylinder" from *The Cultures Within Ancient Greek Culture: Contact, Conflict, Collaboration* by Carol Dougherty and Leslie Kurke, Copyright © 2003. Used by permission of Cambridge University Press.

CDL Press: Six lines from *Before the Muses: Anthology of Akkadian Literature, Vol. I,* and eight lines from *Before the Muses: Anthology of Akkadian Literature, Vol. II*, translated by Benjamin R. Foster. Used by permission of CDL Press.

Electronic Text Corpus of Sumerian Literature: Twelve lines from *Gilgameš and Aga*, nineteen lines from *The Cursing of Agade*, ten lines from *A Praise Poem of Ur-Namma* (Ur-Namma C), twelve lines from *The Lament for Urim*, and seven lines from *Išbi-Erra and Kindattu* (Išbi-Erra B) (segments A, B, D, and E), translated by J. A. Black, G. Cunningham, J. Ebeling, E. Fluckiger-Hawker, E. Robson, J. Taylor, and G. Zólyomi. Used by permission of the Electronic Text Corpus of Sumerian Literature, The Oriental Institute, University of Oxford.

George Allen and Unwin, Ltd: Four lines from "The Rigveda," translated in *The Beginnings of Indian Philosophy* by Franklin Edgerton, Copyright © 1965, Harvard University Press, reverted to the original publisher, George Allen and Unwin, Ltd. Used by permission of George Allen and Unwin, Ltd.

Indiana University Press: Excerpts from *The Grand Scribe's Records* by Ch'ien, Ssu-ma, edited by William H. Nienhauser, Jr., Copyright © 1994. Used by permission of Indiana University Press.

Johns Hopkins University Press: Ten lines from Hesiod's "Works and Days," *Theogony, Works and Days, Shield*, translated by Apostolos N. Athanassakis, Copyright © 2004, Johns Hopkins University Press. Used by permission of Johns Hopkins University Press.

Oxford University Press: Seven lines from "The Middle Kingdom Renaissance" by Gae Callender, from *Oxford History of Ancient Egypt*, Copyright © 2000, edited by I. Shaw. Used by permission of Oxford University Press.

Oxford University Press: Eleven lines from *Myths from Mesopotamia, Revised*, Copyright © 1989, edited by Stephanie Dalley. Used by permission of Oxford University Press.

Oxford University Press: Excerpts from *Greek Lives*, edited by Robin Waterfield, copyright © 1999, Oxford University Press, and excerpts from *Histories*, edited by Robin Waterfield, Copyright © 1998, Oxford University Press. Used by permission of Oxford University Press, UK.

Oxford University Press: Two lines from *New History of India* by Stanley Wolpert, Copyright © 2004, Oxford University Press. Used by permission of Oxford University Press, US.

Penguin Group: Twenty-five lines from *The Epic of Gilgamesh*, translated with an introduction by N. K. Sandars, Copyright © 1972, N. K. Sandars. Used by permission of Penguin Group, UK.

Penguin Group: Excerpts from *The Early History of Rome: Books I–V of the History of Rome from Its Foundation* by Livy and translated by Aubrey de Sėlincourt; Copyright © 1960, Estate of Aubrey de Sėlincourt. Used by permission of Penguin Group, UK.

Smith and Kraus Publishers: Thirty-eight lines from "The Persians," *Aeschylus: Complete Plays, Volume II*, translated by Carl Mueller, Copyright © 2002, Smith and Kraus Publishers. Used by permission of Smith and Kraus Publishers.

Sterling Lord Literistic Inc: Eighteen lines from Virgil's *The Aeneid*, translated by C. Day Lewis, Copyright © 1953 by C. Day Lewis. Used by permission of Sterling Lord Literistic, Inc.

University of California Press: Three lines from *Babylonians* by H. W. F. Saggs, Copyright © 2000, University of California Press. Used by permission of University of California Press.

University of Chicago Press: Excerpt from I. M. Diakonoff, *Early Antiquity*, translated by A. Kirjanov, Copyright © 1999. Used by permission of Chicago Distribution Services, a division of The University of Chicago Press.

University of Chicago Press: Excerpts from *Ancient Records of Assyria and Babylonia, Vol. I: Historical Records of Assyria from the Earliest Times to Sargon* by Daniel D. Luckenbill, Copyright © 1926, University of Chicago Press. Excerpts from *Ancient Records of Assyria and Babylonia, Vol. II: Historical Records of Assyria from Sargon to the End* by Daniel D. Luckenbill, Copyright © 1927, University of Chicago Press. Excerpts from *The Annals of Sennacherib* by Daniel D. Luckenbill, Copyright © 1924, University of Chicago Press. Used by permission of University of Chicago Press.

University of Chicago Press: Five lines from *A Babylonian Genesis*, translated by Alexander Heidel, Copyright © 1951, University of Chicago Press. Used by permission of University of Chicago Press.

University of Toronto Press: Seven lines from *Rulers of Babylonia from the Second Dynasty of Isin to the End of Assyrian Domination (1157–612 BC)* by Grant Frame, Copyright © 1995, University of Toronto Press. Used by permission of University of Toronto Press.

University of Toronto Press: Four lines from *Assyrian Royal Inscriptions* by Albert Kirk Grayson, Copyright © 1972, University of Toronto Press. Used by permission of University of Toronto Press.

Wolkstein, Diane: Four lines from "Wooing of Inanna," *Inanna, Queen of Heaven and Earth*, Copyright © 1983. Published by permission of Diane Wolkstein.

# 致谢

好几年以来，我都很难回答这个问题：“你这些天来都在做什么？”只要我回答说：“我在写一本世界史，”人们都会毫无例外地大笑起来。

我的确是在写一本整个世界的历史。不过，要不是诺顿出版社跟我合作多年的编辑斯塔林·劳伦斯（Starling Lawrence）先提出来，我是不会着手进行这个写作项目的。他的建议、鼓励，以及在书籍编辑方面的经验，使得书稿的第一部得以成形。本书得以问世，他绝对功不可没。同样要感谢斯塔尔和珍妮的慷慨与热情。

我的经纪人理查德·亨肖（Richard Henshaw）能力卓越，帮我打理各种专业事务，娴熟而高效。他的帮助和友谊让我永远感激不尽。

任何一本类似这样的通史都仰仗于多位专家的辛勤劳动。特别要感谢苏美尔史专家萨缪尔·诺厄·克莱默（Samuel Noah Kramer）、美索不达米亚和巴比伦史专家格温德琳·莱克（Gwendolyn Leick）、埃及法老谱系专家彼得·克莱顿（Peter Clayton）、亚述国王方面的专家丹尼尔·卢肯比尔（Daniel Luckenbill）、印度史专家罗米拉·撒帕尔（Romila Thapar）、古巴比伦国王方面的专家格兰特·弗雷姆（Grant Frame）、希腊语文献翻译方面的专家罗宾·沃特菲尔德（Robin Waterfield），以及汉语文献翻译方面的专家伯顿·沃森（Burton Watson）。我大量使用了牛津大学东方研究所提供的苏美尔文学电子资源库。

威廉与玛丽学院斯韦姆图书馆的馆员以及负责馆际互借的员工在工作的时候任劳任怨，对我帮助颇多。还要感谢牛津大学萨克勒图书馆的黛安娜·伯格曼（Diane Bergman）所给予我的帮助。

才华横溢的萨拉·帕克（Sarah Park）协助我绘制了本书中的地图，我热切盼望她能继续协助我，做好中世纪卷的地图工作。

感谢宁静山庄的以下人员：彼得·巴芬顿（Peter Buffington），协助我处理各种许可、查阅图书资料、打理电子邮件，以及各种杂事（而且还要感谢他的是，每当我告诉他，我又往下写了十五年，他都会说我干得不错）；萨拉·巴芬顿（Sara Buffington），她帮我处理了大量英制和公制的转换，复印文档等，还有她的友情带给我支持；查利·帕克（Charlie Park）工作充满热情，负责网站、宣传、技术方面的建议。从参考文献到婴儿尿布，伊丽莎白·韦伯（Elizabeth Weber）都尽力为我提供帮助；还有南希·布朗特（Nancy Blount）——她在本项目进展到最关键的时期，我从大学图书馆借阅的书籍多达 364 本，而且已经八个月没有回复任何电子邮件的紧要关头，担任了我的助理。她做事高效，还不乏幽默，让混沌的状态重新变得有序。

还要感谢帮助我完成这一项目的其他历史学家、专业以及非专业人士，他们包括：《图书与文化》（*Books & Culture*）的约

翰 · 威尔逊（John Wilson）；威廉与玛丽学院的莫琳 · 菲茨杰拉德（Maureen Fitzgerald），他们给予了我远远超出自身责任的帮助；还有我的父亲（及业务伙伴）小詹姆斯 · L. 怀斯（James L. Wise Jr.），他还把我们家的鸡窝改造成了我的办公室，把它布置得漂漂亮亮的。

感谢罗伯特 · 埃里克 · 弗赖肯伯格（Robert Eric Frykenberg）、罗林 · 菲普斯（Rollin Phipps）、迈克尔 · 斯图尔特（Michael Stewart）和玛莎 · 达特（Martha Dart）阅读初稿并提出宝贵建议。伊丽莎白 · 皮尔逊（Elizabeth Pierson）具有专业的编辑技巧，帮我查找出了很多前后不一致的地方，让我都倍感惊讶。

感谢劳伦 · 温纳（Lauren Winner）给予我同情和鼓励，感谢格雷格 · 史密斯和斯蒂芬妮 · 史密斯（Greg and Stephanie Smith）没有放弃做午饭的机会—— 一年一两次吧。苏珊 · 坎宁安（Susan Cunningham）不断提醒我该做什么。

我的哥哥鲍勃 · 怀斯（Bob Wise）提供了专业的摄影帮助，随叫随到。（鲍勃和希瑟：我跟你们保证，第一卷已经写完了，我会回复你们的电话和邮件的。）杰茜 · 怀斯（Jessie Wise）既是我尊敬的同事，也是了不起的母亲和奶奶。当我一头扎进苏美尔文字的时候，她担负起了教埃米莉识字读书的任务，而且经常去花园里采摘，给我弄吃的。我的儿子克里斯托弗是第一个在高中历史课上使用本书的学生，他给了我非常有价值的反馈；在进行校勘工作时，本、丹尼尔和埃米莉在帮我审读的时候，还提醒了我生活还是“很棒的！”我最最想感谢的是我的丈夫彼得，他让我既能写作，同时还能享受生活。Sumus exules, vivendi quam auditores——学然后知不足。